INTELECTUAIS
E A SOCIEDADE

THOMAS SOWELL
INTELECTUAIS E A SOCIEDADE

O impacto desastroso de ideias descoladas do mundo real

Tradução
Fábio Alberti

COPYRIGHT © FARO EDITORIAL, 2025
COPYRIGHT © THOMAS SOWELL, 2009
THIS EDITION PUBLISHED BY ARRANGEMENT WITH BASIC BOOKS, AN IMPRINT OF PERSEUS BOOKS, LCC, A SUBSIDIARY OF HACHETTE BOOK GROUP, INC., NEW YORK, NEW YORK, USA.

Todos os direitos reservados.

Nenhuma parte deste livro pode ser reproduzida sob quaisquer meios existentes sem autorização por escrito do editor.

Avis Rara é um selo da Faro Editorial.

Diretor editorial **PEDRO ALMEIDA**
Coordenação editorial **RENATA ALVES**
Editora-assistente **LETÍCIA CANEVER**
Tradução **FÁBIO ALBERTI**
Preparação **DANIELA TOLEDO**
Revisão **THAÍS ENTRIEL E 3GB COMUNICAÇÃO**
Diagramação **OSMANE GARCIA FILHO**
Imagem de capa **ESTÚDIO FARO**

Dados Internacionais de Catalogação na Publicação (CIP)
Jéssica de Oliveira Molinari CRB-8/9852

Sowell, Thomas
 Intelectuais e a sociedade / Thomas Sowell ; tradução de Fábio Alberti. -- São Paulo : Faro Editorial, 2025.
 576 p.

 ISBN 978-65-5957-838-2
 Título original: Intellectuals and Society

 1. Intelectuais 2. Opinião pública 3. Influência (Psicologia) I. Título II. Alberti, Fábio

25-2216   CDD 305.552

Índices para catálogo sistemático:
1. Intelectuais

1ª edição brasileira: 2025
Direitos de edição em língua portuguesa, para o Brasil, adquiridos por FARO EDITORIAL

Avenida Andrômeda, 885 — Sala 310
Alphaville — Barueri — SP — Brasil
CEP: 06473-000
www.faroeditorial.com.br

SUMÁRIO

Prefácio 9
Agradecimentos 15

PARTE 1
INTRODUÇÃO
Intelecto e Intelectuais 19
Conhecimento e Noções 27

PARTE 2
OS INTELECTUAIS E A ECONOMIA
"Distribuição de Renda" 51
Sistemas Econômicos 65
O Governo e a Economia 81

PARTE 3
OS INTELECTUAIS E AS VISÕES SOCIAIS
Um Conflito de Visões 97
Pessoas Abstratas em um Mundo Abstrato 116
Argumentos Sem Argumentos 137
Os Padrões dos Ungidos 169

PARTE 4
REALIDADE OPCIONAL
Filtrando a Realidade 185
Verdade Subjetiva 214

PARTE 5
OS INTELECTUAIS E A LEI
Mudando a Lei.. 231
Lei e "Resultados".. 256

PARTE 6
OS INTELECTUAIS E A GUERRA
As Guerras Mundiais 281
A Guerra Fria e o Futuro 315

PARTE 7
INTELECTUAIS E RAÇA
Disparidades e Suas Causas... 355
Raça e Inteligência.. 384
Liberalismo e Multiculturalismo.. 408
Raça e Justiça Cósmica 433

PARTE 8
VISÃO GERAL
Padrões e Visões 449
Incentivos e Limitações 464
A Influência dos Intelectuais... 480

Notas.. 505
Notas Numéricas... 514

INTELECTUAIS
E A SOCIEDADE

PREFÁCIO

A presente edição de *Intelectuais e a sociedade* — amplamente revisada e significativamente ampliada — contém não apenas quatro novos capítulos sobre intelectuais e raça como também acréscimos, revisões e reorganizações de outros capítulos. O novo material inclui ainda uma crítica do conceito de justiça de John Rawls e uma reavaliação do que foi denominado "teoria do gotejamento" por trás do "corte de impostos para os ricos". Contudo, os temas básicos e a estrutura deste livro permanecem e são enriquecidos pelo novo material e suas implicações. Isso se tornará um tanto evidente na seção final, bastante revisada e que resume os principais temas do livro.

Nunca houve na história, ao que parece, um período em que os intelectuais tenham desempenhado na sociedade um papel mais importante do que o que desempenham na época em que vivemos. Quando aqueles que geram ideias, os intelectuais propriamente ditos, estão cercados por uma ampla penumbra daqueles que disseminam tais ideias — quer como jornalistas, professores, funcionários públicos ou auxiliares de juízes e outros membros dos âmbitos intelectuais —, sua influência no curso da evolução social pode ser expressiva, ou até mesmo crucial. É claro que essa influência depende das circunstâncias vigentes; por exemplo, quando intelectuais são livres para propagarem as próprias ideias em vez de servirem de instrumento da propaganda estatal, como ocorre em países totalitários.

Certamente não vem a ser muito proveitoso estudar as ideias expressadas por escritores de peso como Ilya Ehrenburg durante a vigência da União Soviética, pois trata-se simplesmente de ideias permitidas ou defendidas pela ditadura soviética. Em resumo, o estudo da influência de intelectuais é centrado nos lugares em que eles tiveram mais liberdade para exercer sua influência — a saber, em nações modernas democráticas.

Por motivos diversos, este estudo de padrões da atividade intelectual dará menos atenção a um gigante da intelectualidade como Milton Friedman do que a qualquer outro erudito de menor importância, simplesmente porque o professor Friedman foi de muitas maneiras um pensador bastante atípico de seu tempo, tanto em seu trabalho acadêmico (que lhe rendeu um Prêmio Nobel) quanto em seu trabalho como comentarista popular de temas da época. Uma história geral da intelectualidade "equilibrada" dos nossos tempos teria de dedicar ao professor Friedman uma quantidade de atenção muito maior do que a que ele teria em um estudo voltado para padrões gerais, em relação aos quais ele foi uma marcante exceção. Alexander Solzhenitsyn foi outro importante personagem na história intelectual, moral e política de seu tempo e que do mesmo modo foi uma figura atípica demais em comparação aos padrões intelectuais de nossa época para ser incluído num estudo dos padrões gerais da profissão.

Este é um estudo de *padrões*, por isso não se limita a pensadores contemporâneos, mas inclui padrões que em muitos casos já existem no âmbito da intelectualidade há pelo menos dois séculos. E por ser um estudo de padrões *gerais*, ele não busca dar explicações sobre "cada pardal que cai no chão", para citar a Bíblia. Tampouco é uma simples série de críticas a determinados intelectuais ou a determinadas questões, embora não se possa criticar um padrão de pensamento sem examinar exemplos concretos desse pensamento.

Nesse contexto, a discussão sobre as guerras do Iraque ou a guerra do Vietnã, por exemplo, não tem por objetivo determinar se o envolvimento dos norte-americanos foi um ato de sabedoria ou insensatez, mas, sim, compreender o papel dos intelectuais em relação a esses conflitos. De modo semelhante, a finalidade de se discutir *The Bell Curve* [A curva do sino, em tradução livre] não é determinar os méritos ou deméritos da obra em si — algo sobre o qual já escrevi em outro ensaio[a] —, e, sim, mostrar as implicações da beligerância dos intelectuais com relação a esse livro, cujos autores não corresponderam suficientemente aos padrões existentes entre intelectuais para tornar *The Bell Curve* em si o foco principal.

Muitos livros foram escritos a respeito de intelectuais. Alguns fazem análises profundas sobre determinadas figuras importantes; *Intelectuais*, de Paul Johnson, é um exemplo particularmente incisivo desse tipo de trabalho. Outros livros sobre intelectuais buscam padrões gerais: *Ideology and the Ideologists* [Ideologia e os ideologistas, em tradução livre], de Lewis S. Feuer, é um exemplo muito criterioso e perspicaz dessa abordagem. *Public Intellectuals* [Intelectuais públicos, em tradução livre], de Richard A. Posner, trata de intelectuais que dialogam diretamente com o público, ao passo que *Intelectuais e a sociedade* trata de intelectuais que influenciam — e às vezes moldam — atitudes e crenças do público, sejam eles amplamente lidos ou não pela população em geral. Nas palavras de J. A. Schumpeter, "muitos keynesianos e marxistas jamais leram uma linha de Keynes ou de Marx".[1] Eles recebem suas ideias em segunda ou terceira mão pela influência da *intelligentsia*. Muitos professores podem não ter lido nada sobre John Dewey, e ainda assim empregarem uma abordagem educacional que reflita toda uma visão e uma pauta formuladas um século atrás por Dewey e que hoje se introduzem nas escolas.

Entre as muitas coisas ditas por aqueles que estudaram intelectuais, um comentário feito pelo professor Mark Lilla, da Universidade de Columbia, no livro *The Reckless Mind* [A mente inconsequente, em tradução livre], é particularmente revelador:

> Professores ilustres, poetas talentosos e jornalistas influentes recorreram aos seus talentos para convencerem todos os que pudessem escutar de que tiranos modernos eram libertadores e que os seus crimes inescrupulosos eram nobres quando vistos pela perspectiva adequada. Quem quer que tome para si a tarefa de escrever uma história honesta da intelectualidade da Europa do século XX precisará ter estômago forte.
>
> Mas não apenas isso. Também precisará superar a repulsa por tempo suficiente para refletir sobre as origens desse estranho e surpreendente fenômeno.[2]

Embora *Intelectuais e a sociedade* não seja uma história intelectual da Europa do século XX — esse seria um projeto bem mais ambicioso para alguém bem mais jovem —, a obra tenta desvendar alguns dos fenômenos intrigantes no mundo dos intelectuais, já que esse mundo afeta a sociedade como um todo. Em vez de simplesmente tecer generalizações a partir de escritos ou do comportamento de determinados intelectuais, este livro analisará tanto a visão como os incentivos e as restrições por trás dos padrões gerais existentes entre membros da *intelligentsia*, do passado e do presente, assim como o que disseram e a influência que exerceram sobre as sociedades.

Embora já saibamos bastante sobre as biografias ou ideologias de certos intelectuais importantes, as análises sistemáticas acerca da natureza e da função de intelectuais como grupo social são muito menos comuns. Esta obra busca desenvolver essa análise e explorar suas implicações para o caminho ao que a *intelligentsia* está conduzindo nossa sociedade e a civilização ocidental como um todo.

Este livro não é escrito *para* intelectuais, ainda que trate deles. O objetivo é alcançar compreensão sobre um importante fenômeno social e compartilhar essa compreensão com todos aqueles que buscam compreendê-la, seja qual for sua posição social. Aqueles no âmbito da *intelligentsia* que buscam autopromoção ou mostrarem-se ofendidos serão deixados de lado.[b] Este livro é endereçado aos leitores que estejam dispostos a se juntarem a mim numa busca por alguma compreensão de um segmento distinto da população cujas atividades podem ter, e tiveram, implicações de grande impacto para nações e civilizações.

Enquanto alguns estudos de história intelectual, e sobretudo estudos de diferenças ideológicas, busquem explicar visões sociais conflitantes por meio de distintas "premissas de valor" entre aqueles que se encontram em lados opostos de diversas questões, *Intelectuais e a sociedade* busca elucidar diferenças ideológicas ao recorrer a diversas concepções subjacentes sobre os fatos da vida, a natureza dos seres humanos e a natureza e a distribuição do conhecimento.

Diferenças ideológicas baseadas em premissas distintas de valor são essencialmente gostos diferentes, e isso, como se costuma dizer, não se discute. Mas diferenças baseadas em crenças sobre fatos, causalidade, natureza humana e a natureza e distribuição do conhecimento são, em última análise, questões relacionadas a diferentes percepções do mundo real, que conduzem a hipóteses que podem ser empiricamente testadas.

Crenças sobre fatos e causalidade podem mudar — algumas vezes de súbito — em virtude de uma nova evidência empírica ou de uma nova análise. A longa história das grandes e absolutas mudanças nas posições ideológicas dos indivíduos — às vezes até abruptas, como as conversões do "caminho para Damasco" — parece bem mais compatível com a descoberta de que os fatos sobre o mundo são muito diferentes do que se supunha inicialmente; às vezes como resultado de algum acontecimento dramático como a Revolução Francesa ou o Pacto Nazi-soviético, e às vezes como resultado de um desenrolar mais gradativo ou mais pessoal de eventos incompatíveis com expectativas baseadas em uma visão ideológica existente. Tais mudanças se estendem para muito além do universo dos intelectuais, e podem ser percebidas em frases como "radicais na casa dos vinte anos e conservadores na casa dos quarenta". Porém, os intelectuais nos deixaram registros concretos de suas mudanças em orientações ideológicas, e vale a pena explorar esses registros.

Um extraordinário e comovente registro de tais mudanças pessoais é um livro escrito há muito tempo, intitulado *The God That Failed* [O Deus que falhou, em tradução livre]. Nessa obra são narrados vários rompimentos de intelectuais com o comunismo, rompimentos que captaram a essência de um processo que afetou, de maneira muito ampla e ao longo de muitos séculos, várias visões de mundo, tanto seculares quanto religiosas, que foram abandonadas graças à experiência adquirida, e com frequência mais veloz do que se pode abandonar o que se valoriza de maneira profunda. Aqueles que viam o marxismo como o caminho para melhorar a condição dos pobres podem acabar por considerar mais promissores outros caminhos para alcançar esse objetivo, sem terem mudado de forma nenhuma o fim ou as premissas de valor por trás desse fim. Para os nossos propósitos — tentar entender padrões gerais de crenças e táticas entre intelectuais —, a validade das suas suposições e as consequências das suas conclusões são coisas que podemos testar, de um modo que não podemos testar premissas de valor nebulosas. Também podemos observar as consequências das concepções predominantes entre intelectuais sobre a sociedade mais ampla que os cerca, não raro com desânimo.

Thomas Sowell,
Hoover Institution
Universidade de Stanford

AGRADECIMENTOS

Este livro, como acontece com outros de minha autoria, deve muito ao trabalho dedicado das minhas excelentes assistentes de pesquisa, Na Liu e Elizabeth Costa. Na Liu, que trabalha comigo há mais de vinte anos, não apenas rastreou muitos fatos como também contribuiu com muitos ideais para o livro, assim como fez em outros. Agora ela também cria os arquivos de computador a partir dos quais os meus livros podem ser impressos. Minha outra assistente nos últimos anos, Elizabeth Costa, faz para mim o copidesque e a checagem de fatos, e raramente escapa ao seu escrutínio algum erro cometido por mim. Eu também me beneficiei de informações e comentários fornecidos pelo doutor Gerald P. O'Driscoll, do Cato Institute, pelo professor Lino A. Graglia, da Universidade do Texas, em Austin, pelo doutor Victor Davis Hanson, da Hoover Institution, e pelo professor William R. Allen, da Universidade da Califórnia, em Los Angeles. Todos os erros ou deficiências que perdurarem apesar dos seus esforços serão de minha responsabilidade.

PARTE 1
INTRODUÇÃO

CAPÍTULO 1
INTELECTO E INTELECTUAIS

Inteligência é rapidez para compreender, e difere de perspicácia, que é a capacidade de agir sabiamente com relação ao que se compreendeu.
Alfred North Whitehead[1]

Intelecto não é sabedoria. Pode haver "intelecto imprudente", como bem pontuou Thomas Carlyle ao caracterizar o pensamento de Harriet Taylor,[2] amiga e mais tarde esposa de John Stuart Mill. A pura inteligência — o intelecto, a capacidade de apreender e de manipular conceitos e ideias complexos — pode ser colocada a serviço de conceitos e ideias que conduzam a conclusões equivocadas e a ações imprudentes, dados todos os fatores envolvidos, incluindo aqueles que foram deixados de lado em algumas das engenhosas teorias elaboradas pelo intelecto.

A inteligência privilegiada — até mesmo a genialidade — não é garantia de que fatores importantes não tenham sido omitidos ou mal compreendidos. *O Capital*, de Karl Marx, foi um exemplo clássico de desenvolvimento intelectualmente magistral de um erro fundamental de interpretação — no caso, a ideia de que "trabalho", o manejo físico dos materiais e instrumentos de produção, é a fonte real de riqueza. Se isso fosse verdade, certamente países com muito trabalho e pouca tecnologia ou empreendedorismo seriam mais prósperos do que países onde ocorresse o inverso, quando na verdade é flagrantemente óbvio que o que acontece é o exato oposto. Algo semelhante acontece com a complexa e engenhosa obra *A Teoria da Justiça*, de John Rawls, na qual a justiça se torna categoricamente mais importante do que qualquer outra consideração social. No entanto, é certo que, se duas coisas tiverem algum valor, uma delas não pode ser categoricamente mais valiosa que a outra. Um diamante pode valer bem mais que uma moeda, mas moedas em quantidade suficiente valerão mais do que qualquer diamante.

INTELIGÊNCIA VERSUS INTELECTO

A capacidade de apreender e manipular ideias complexas é suficiente para definir intelecto, porém não é suficiente para abarcar a inteligência, que envolve a combinação de intelecto com capacidade de julgar, e cuidado na seleção de fatores explicativos relevantes e no estabelecimento de verificação empírica de qualquer teoria que surja. Inteligência menos capacidade de julgar é igual a intelecto.

A sabedoria é a qualidade mais rara de todas — é a capacidade de combinar intelecto, conhecimento, experiência e julgamento de modo a produzir uma compreensão coerente. Sabedoria é a realização do antigo conselho: "Adquire entendimento em lugar de tudo o mais". Sabedoria exige autodisciplina e entendimento acerca das realidades do mundo, incluindo as limitações da nossa própria experiência e da própria razão. O oposto de um intelecto superior é a estupidez ou a ignorância, mas o oposto de sabedoria é insensatez, algo muito mais perigoso.

George Orwell afirmou que algumas ideias são tão imbecis que apenas um intelectual poderia acreditar nelas, pois nenhum homem comum seria tão tolo. Nesse sentido, o desempenho dos intelectuais do século XX foi particularmente pavoroso. Raras vezes um ditador assassino em massa do século XX se viu sem os seus apoiadores intelectuais, não somente em seu próprio país, mas também em democracias estrangeiras, onde as pessoas eram livres para dizer o que desejassem. Lenin, Stalin, Mao e Hitler tinham admiradores, defensores e apologistas no âmbito da *intelligentsia* em nações democráticas ocidentais, não obstante o fato de que todos esses ditadores eliminaram pessoas de seus próprios países numa escala inédita até mesmo para os regimes despóticos que os precederam.

DEFININDO INTELECTUAIS

É necessário sermos claros sobre o que entendemos por intelectuais. Fazemos referência a "intelectuais" aqui como uma categoria *ocupacional*, pessoas cuja ocupação é lidar principalmente com ideias — escritores, acadêmicos e similares.[c] A maioria de nós não vê neurocirurgiões ou engenheiros como intelectuais, apesar do árduo treinamento mental que esses profissionais enfrentam, e apesar dos desafios intelectuais das suas ocupações. De modo semelhante, quase ninguém considera intelectual nem mesmo o mais brilhante e bem-sucedido gênio das finanças.

No centro do conceito de intelectual reside o comerciante de ideias como tal — não a aplicação prática de ideias, como fazem os engenheiros que aplicam princípios científicos complexos para criar estruturas ou mecanismos físicos. Um analista político, cujo trabalho pode ser comparado com uma atividade de "engenharia social", raramente aplicará na prática os esquemas que cria ou defende. Disso se encarregam os burocratas, os políticos, os assistentes sociais, a polícia ou quem mais seja diretamente responsável pela execução das ideias do analista político. Rótulos como "ciência social aplicada" podem ser adicionados ao trabalho de analista político, mas esse trabalho é essencialmente a aplicação de ideias gerais que acabam por produzir ideias mais específicas sobre políticas sociais, para que sejam colocadas em prática por outras pessoas.

O trabalho do analista político não é realizar pessoalmente essas ideias específicas, como um médico aplica seus conhecimentos em medicina diretamente a seres humanos de carne e osso ou como um engenheiro visita um canteiro de obras onde se está construindo um prédio ou uma ponte, com suas botas de cano alto. O resultado — o produto final — de um intelectual consiste em ideias.

O produto final de Jonas Salk foi uma vacina. O produto final de Bill Gates foi um sistema operacional de computador. Apesar da capacidade intelectual, das ideias e dos talentos envolvidos nessas realizações e em outras, esses indivíduos não são intelectuais. *O trabalho de um intelectual começa e termina com ideias*, por mais influentes que essas ideias possam ser nas coisas concretas — pela ação de outras pessoas. Adam Smith jamais teve um negócio, e Karl Marx nunca administrou um Gulag. Ambos eram intelectuais. As ideias, como tais, não são apenas matéria-prima para a atividade do intelectual, mas também referência para realizações intelectuais e a origem das tentações muitas vezes perigosas dessa ocupação.

Os intelectuais mais prestigiados do mundo acadêmico, por exemplo, são os que trabalham em áreas mais impregnadas de ideias. Quando pensamos em intelectuais acadêmicos, o que costuma vir à nossa mente não é uma faculdade de administração, de engenharia, de medicina ou um departamento de atletismo. Além disso, as ideologias e atitudes predominantes entre intelectuais acadêmicos em geral são menos predominantes nesses departamentos. No entanto, departamentos de sociologia em geral se situam politicamente mais à esquerda em comparação com faculdades de medicina, departamentos de psicologia mais à esquerda do que faculdades de engenharia, departamentos de línguas mais à esquerda do que departamentos de economia, e assim por diante.[3]

Emprega-se às vezes o termo "pseudointelectual" para indicar membros menos inteligentes ou menos instruídos dessa profissão. Porém, assim como um policial ruim ainda é um policial — não importa o quanto lastimemos esse fato —, assim também um intelectual superficial, confuso ou desonesto é não apenas um integrante dessa atividade como também um exemplo da profissão. Quando se torna claro a quem nos referimos quando falamos em intelectuais — de que se trata de uma denominação profissional e não de um indicador de qualidade ou um título honorífico —, então poderemos examinar as características dessa profissão e os estímulos e limitações enfrentados por essas pessoas, a fim de sabermos de que modo essas características se relacionam ao comportamento dos intelectuais. A principal pergunta evidentemente é como o comportamento desses intelectuais afeta a sociedade na qual eles vivem.

O impacto de um intelectual, ou dos intelectuais de maneira geral, não depende de que sejam os ditos "intelectuais públicos" a se dirigirem à população em geral, diferentemente dos intelectuais cujas ideias muitas vezes restringem-se a outros em suas respectivas especialidades ou a outros intelectuais em geral. Alguns dos livros que tiveram grande impacto no século XX foram escritos por Karl Marx e Sigmund Freud no século XIX — e raramente foram lidos pelo grande público, e menos ainda compreendidos. Mas as conclusões, diferentes das intrincadas análises, desses escritores inspiraram um grande número de intelectuais no mundo inteiro, e por meio desses intelectuais chegaram ao grande público. O grande prestígio desses escritos conferiu importância e confiança a muitos seguidores que não compreenderam por completo esses ensaios, ou tampouco tentaram compreendê-los.

Mesmo intelectuais cujos nomes foram pouco conhecidos pelo público em geral tiveram impacto no mundo inteiro. Friedrich Hayek, cujos escritos — notadamente *O Caminho da Servidão* — deram início a uma contrarrevolução em oposição às ideias predominantes em seu tempo (uma contrarrevolução à qual mais tarde se juntaram Milton Friedman, William F. Buckley e outros, e que alcançou o ápice na política com a ascensão de Margaret Thatcher na Grã-Bretanha e de Ronald Reagan nos Estados Unidos), era pouco popular e lido, mesmo nos círculos mais intelectuais. Mas Hayek inspirou muitos intelectuais públicos e ativistas políticos mundo afora, que por sua vez tornaram suas ideias tema para um discurso mais abrangente, e uma influência na criação de políticas governamentais. Hayek foi um exemplo clássico de intelectual descrito pelo juiz Oliver Wendell Holmes como um pensador que "cem anos depois de morto e esquecido, homens que jamais ouviram falar nele se moverão no compasso do seu pensamento".[4]

A INTELLIGENTSIA

Em torno de um núcleo mais ou menos sólido de criadores de ideias existe uma penumbra daqueles cujo papel é usar e disseminar essas ideias. Entre esses últimos se incluiriam professores, jornalistas, ativistas sociais, assessores políticos, assistentes de juízes e outros que baseiam suas crenças ou ações nas ideias de intelectuais. Jornalistas que desempenham a função de editorialistas ou colunistas são a um só tempo consumidores das ideias dos intelectuais e produtores das suas próprias ideias, e assim podem ser considerados intelectuais nessas funções, tendo em vista que a originalidade não é essencial para a definição de um intelectual, contanto que o produto final sejam ideias. Mas jornalistas que desempenham a função de repórteres deveriam comunicar fatos, e, à medida que esses fatos são filtrados e distorcidos em conformidade com as noções predominantes entre intelectuais, esses repórteres são parte da penumbra em torno dos intelectuais. Eles são parte integrante da *intelligentsia*, que inclui os intelectuais, porém não se limita a eles. Por fim, há aqueles cujas profissões não sofrem muita influência das ideias dos intelectuais, mas que de qualquer maneira têm interesse como indivíduos em permanecer *a par* dessas ideias, pelo menos para poderem discuti-las em ocasiões sociais, e que se sentiriam lisonjeados por serem considerados parte da *intelligentsia*.

IDEIAS E RESPONSABILIDADE

Em virtude do enorme impacto que os intelectuais podem exercer, sendo ou não conhecidos, é crucial tentar compreender os padrões do seu comportamento e os incentivos e as restrições que afetam esses padrões.

Evidentemente as ideias não são recurso exclusivo dos intelectuais. E não é a complexidade, nem a dificuldade, tampouco o nível qualitativo das ideias o fator decisivo para determinar se os indivíduos que as produzem são ou não considerados intelectuais. Engenheiros e financistas lidam com ideias no mínimo tão complexas quanto as ideias com as quais lidam sociólogos ou professores de inglês. Contudo, é mais provável que estes últimos venham à mente quando intelectuais são tema de discussão. Além disso, são estes últimos que mais exibem as atitudes, as crenças e os padrões de comportamento associados aos intelectuais.

POSSIBILIDADE DE VERIFICAÇÃO

Os critérios pelos quais engenheiros e financistas são julgados são externos, para além do domínio das ideias e fora do controle dos seus colegas. Um engenheiro cujas pontes ou prédios desmoronem está arruinado, assim como um investidor que vai à falência. Por mais plausíveis ou admiráveis que suas ideias possam ter parecido no início para os seus colegas engenheiros ou seus colegas investidores, o pudim só pode ser avaliado quando é comido. O fracasso desses profissionais pode muito bem ser calculado pela diminuição da estima em suas respectivas profissões, mas isso é efeito, não causa. Por outro lado, ideias que possam ter parecido pouco promissoras aos colegas engenheiros ou colegas investidores podem acabar aceitas entre eles se o sucesso empírico dessas ideias se tornar manifesto e duradouro. O mesmo vale para cientistas e treinadores esportivos. Mas as ideias de um desconstrucionista são verdadeiramente testadas quando outros desconstrucionistas as consideram interessantes, originais, persuasivas, elegantes ou engenhosas. Não há teste externo.

Em resumo, entre aqueles que ocupam uma profissão mentalmente desafiadora, o limite que divide os que têm maior probabilidade de serem considerados intelectuais e os que não são intelectuais tende a ficar entre aqueles cujas ideias estão, no final das contas, sujeitas a critérios internos e aqueles cujas ideias estão, no final das contas, sujeitas a critérios externos. Os próprios termos de admiração ou rejeição entre intelectuais refletem os critérios não empíricos envolvidos. Ideias tidas como "complexas", "excitantes", "inovadoras", "sutis" ou "avançadas" são admiradas, ao passo que outras ideias são rejeitadas como "simplistas", "antiquadas" ou "reacionárias". Mas ninguém julgou as ideias de Vince Lombardi relacionadas ao modo como se joga futebol americano por sua plausibilidade *a priori* nem por serem mais complexas ou menos complexas do que as ideias de outros técnicos de futebol, nem por representarem concepções novas ou antigas sobre como o jogo deve ser jogado. Vince Lombardi foi julgado pelo que aconteceu quando as suas ideias foram colocadas à prova no campo de futebol.

De modo semelhante, no campo bastante diverso da física, a teoria da relatividade de Einstein não ganhou aceitação com base em sua plausibilidade, elegância, complexidade ou novidade. Outros físicos foram céticos no início, e, além disso, o próprio Einstein recomendou que as suas teorias não fossem aceitas até que pudessem ser comprovadas empiricamente. O teste decisivo ocorreu quando cientistas de todo o mundo observaram um eclipse solar e descobriram que a luz se comportava de acordo com a teoria de Einstein, por mais improvável que pudesse ter parecido antes.

O grande problema — e o grande perigo social — com critérios puramente internos é que eles podem, com facilidade, se tornar impermeáveis à realidade do mundo externo e permanecer circulares em seus métodos de validação. Se uma nova ideia parecerá plausível ou não, isso dependerá daquilo em que as pessoas já acreditam. Quando a única confirmação externa é o que outros indivíduos acreditam, tudo dependerá de quem são esses outros indivíduos. Se forem simplesmente pessoas que costumam pensar da mesma maneira, então a unanimidade do grupo quanto a uma nova ideia em particular dependerá daquilo em que esse grupo já acredita de modo geral — e nada dirá acerca da validação empírica dessa ideia no mundo externo.

Ideias vedadas ao mundo externo no tocante à sua origem ou validação podem, contudo, ter grande impacto sobre o mundo externo no qual milhões de seres humanos vivem. As ideias de Lenin, de Hitler e de Mao tiveram impacto enorme — e muitas vezes mortal — sobre esses milhões de pessoas, por menor que fosse a validade que tais ideias tivessem tido em si mesmas ou aos olhos de outros fora dos círculos de seguidores com ideias semelhantes e subordinados dotados de poder.

O impacto das ideias no mundo real é bastante evidente. O inverso, contudo, é bem menos claro, apesar das opiniões em voga de que importantes mudanças em ideias são geradas por eventos grandiosos.[5] Como assinalou George J. Stigler, finado economista e ganhador do Prêmio Nobel: "Uma guerra pode arrasar um continente ou destruir uma geração sem propor novas questões teóricas".[6] Com bastante frequência as guerras fizeram essas duas coisas no decorrer de muitos séculos, portanto, não temos aqui nenhum fenômeno atual que necessite de uma nova explicação.

Embora se possa considerar a teoria econômica keynesiana, por exemplo, como um sistema de ideias particularmente relevante para os eventos da época na qual foi publicada — ou seja, a época da Grande Depressão de 1930 —, o que causa espanto é quão raramente se pode dizer isso de outros sistemas intelectuais memoráveis. Quando as leis da gravidade de Newton foram desenvolvidas, a queda de objetos era mais comum, ou mais carregada de impacto social? Quando a *Origem das Espécies*, de Darwin, foi escrita, estavam surgindo novas espécies, ou espécies antigas estavam desaparecendo, com mais frequência ou mais sucessivamente? O que produziu a teoria da relatividade de Einstein a não ser o próprio pensamento de Einstein?

RESPONSABILIZAÇÃO

Os intelectuais, no sentido restrito que se conforma amplamente ao uso geral, em última análise não prestam contas para o mundo externo. O predomínio e a presumida necessidade disso são confirmados por coisas como a posse acadêmica, e pelos conceitos amplos de "liberdade acadêmica" e de "autonomia" acadêmica. Na mídia, conceitos amplos de liberdade de expressão e de imprensa têm aplicações semelhantes. Em suma, a não responsabilização com o mundo externo não é simples acaso; trata-se de um princípio. John Stuart Mill argumentou que os intelectuais deveriam ser isentos até dos padrões sociais — embora definam padrões sociais para os outros.[7] Os intelectuais não apenas foram protegidos de consequências materiais, como também receberam, com frequência, imunidade contra perda de reputação depois de ficar comprovado que erraram. Nas palavras de Eric Hoffer:

> Um dos espantosos privilégios dos intelectuais é que eles estão livres para serem escandalosamente mentecaptos sem que isso prejudique a sua reputação. Não sofreram infâmia os intelectuais que idolatravam Stalin enquanto ele eliminava milhões e esmagava toda e qualquer demonstração de liberdade, por mais ínfima que fosse. Sartre retornou em 1939 da Alemanha, onde estudou filosofia, e disse ao mundo que havia pouco a escolher entre a Alemanha de Hitler e a França. Ainda assim, Sartre acabou tornando-se um papa da *intelligentsia*, reverenciado pelos cultos do mundo inteiro.[8]

Sartre não foi o único. Em 1968, o ambientalista Paul Ehrlich afirmou: "A luta para alimentar toda a humanidade terminou. Na década de 1970 o mundo enfrentará a fome — centenas de milhões de pessoas morrerão de fome, e nenhum programa de emergência iniciado agora mudará isso".[9] No entanto, a década de 1970 chegou e passou, assim como outras décadas depois dela, e não aconteceu nada parecido com o que o ambientalista alertou. Pior: problemas crescentes em um número cada vez maior de países foram a obesidade e excedentes da produção agrícola invendáveis. Mas o professor Ehrlich continuou a receber não apenas aclamação popular como também honras e bolsas de instituições acadêmicas de prestígio.

De modo semelhante, Ralph Nader tornou-se uma figura pública de destaque com a publicação do livro *Unsafe at Any Speed* [Perigoso a qualquer velocidade, em tradução livre], em 1965, no qual descrevia os carros norte-americanos de maneira geral, e o Chevrolet Corvair em particular, como propensos a acidentes. Estudos empíricos mostraram que o Corvair era, no mínimo, tão seguro quanto os outros carros da sua época,[10] mas mesmo assim Nader não somente continuou a ter credibilidade como também conquistou fama como pessoa idealista e sagaz, o que fez dele uma espécie de santo secular. Inúmeras outras previsões equivocadas a respeito de todo tipo de assunto, desde o preço da gasolina até o resultado das políticas da Guerra Fria, proporcionaram a incontáveis outros falsos profetas tanto respeito quanto eles teriam se fossem profetas de verdade.

Em resumo, restrições que se aplicam a pessoas na maioria das outras áreas nem de longe se aplicam igualmente aos intelectuais. Seria de surpreender se isso não levasse a um comportamento diferente. Entre essas diferenças estão o modo como veem o mundo e o modo como veem a si mesmos em relação aos seus semelhantes e em relação às sociedades em que vivem.

CAPÍTULO 2
CONHECIMENTO E NOÇÕES

Desde cedo, as pessoas sagazes são alertadas quanto à sua inteligência, separadas dos seus amigos em classes para privilegiados e apresentadas a oportunidades às quais outros não têm acesso. Por esses e outros motivos, intelectuais tendem a ter um senso inflado da própria sabedoria.
Daniel J. Flynn[1]

Como qualquer pessoa, os intelectuais têm uma combinação de conhecimento e de noções. Para alguns intelectuais em certas áreas, esse conhecimento inclui a compreensão dos procedimentos sistemáticos disponíveis para testar noções e determinar a sua validade como conhecimento. Levando-se em conta que as ideias são o trabalho da sua vida, seria de se esperar que os intelectuais submetessem de maneira mais completa ou sistemática as noções a esses testes. Se o fazem na prática, ou em que medida o fazem, essa é em si mesma uma noção que tem de ser testada. Há, todavia, outras habilidades nas quais os intelectuais tendem a se destacar, entre as quais as habilidades verbais, que eles podem usar para escapar da necessidade de testar as suas noções favoritas.

Em suma, as várias habilidades dos intelectuais podem ser empregadas para incentivar padrões intelectuais ou para contornar esses padrões e promover pautas não intelectuais ou até anti-intelectuais. Em outras palavras, intelectuais — definidos como uma categoria profissional — podem ou não exemplificar o processo intelectual. De fato, é possível para pessoas que *não* são definidas como intelectuais — engenheiros, investidores, médicos — aderir a procedimentos intelectuais com mais frequência ou mais rigor do que alguns intelectuais ou do que a maioria deles. Até que ponto isso é verdadeiro é outra questão empírica. O importante aqui é que a simples palavra "intelectual", aplicada a uma categoria profissional, não insinua a presença de princípios ou padrões intelectuais que podem ou não estar realmente presentes.

Por mais importantes que possam ser os princípios intelectuais rigorosos em áreas específicas nas quais alguns pensadores se especializam, quando as pessoas atuam como "intelectuais públicos", dando sustentação a ideias e a políticas diante de uma população mais ampla e não apenas de seus pares, essas pessoas podem ou não transpor o rigor intelectual para discussões mais gerais, mais voltadas para a formulação de políticas ou carregadas de ideologia.

Bertrand Russell, por exemplo, foi um intelectual público e também uma importante autoridade dentro de seu campo. Contudo, o Bertrand Russell que nos interessa aqui não é o autor de tratados memoráveis sobre matemática, e sim o Bertrand Russell que defendeu o "desarmamento unilateral" para a Grã-Bretanha na década de 1930, enquanto Hitler rearmava a Alemanha. A defesa do desarmamento feita por Russell envolvia até a "dissolução do exército, da marinha e da força aérea"[2] — repito, com o rearmamento de Hitler não longe dali. O Noam Chomsky que nos interessa aqui não é o acadêmico da área de linguística, mas o Noam Chomsky que fez pronunciamentos políticos tão extravagantes quanto os de Russell. O Edmund Wilson que nos interessa aqui não é o crítico literário conceituado, e sim o Edmund Wilson que incentivou os norte-americanos a votarem nos comunistas nas eleições de 1932. E nisso se juntaram a ele outros intelectuais celebrados da época, como John dos Passos, Sherwood Anderson, Langston Hughes, Lincoln Steffens e muitos outros escritores bem conhecidos naquele tempo.[3]

Em visita aos Estados Unidos em 1933, George Bernard Shaw disse: "Vocês, americanos, têm tanto medo de ditadores. Só numa ditadura um governo pode realizar alguma coisa. Vejam a confusão que a democracia tem causado. Por que vocês têm medo da ditadura?".[4] Quando saiu de Londres para passar férias na África do Sul em 1935, Shaw declarou: "É ótimo sair de férias e saber que Hitler cuidou de tudo tão bem na Europa".[5] Embora as ações de Hitler contra os judeus tenham dado fim à simpatia que Shaw nutria por ele, o famoso dramaturgo permaneceu favorável à ditadura soviética. Em 1939, depois do pacto germano-soviético, Shaw disse: "Stalin tem Hitler bem na palma da sua poderosa mão, e o interesse de Stalin pela paz é incontestável. E todos, menos eu, estão tremendo de medo!".[6] Uma semana depois teve início a Segunda Guerra Mundial: Hitler invadiu a Polônia pelo Oeste, e em seguida Stalin invadiu a Polônia pelo Leste.

É interminável a lista de intelectuais prestigiados que fizeram declarações absolutamente irresponsáveis e que defenderam coisas irremediavelmente fantasiosas e insensatamente perigosas. Muitos intelectuais públicos receberam justo reconhecimento dentro dos seus respectivos campos, mas o que importa aqui é que muitos *não se mantiveram dentro dos seus respectivos campos*. A respeito de alguns dos seus colegas agraciados com o Prêmio Nobel, George J. Stigler afirmou:

"Enviam advertências severas ao público numa base mensal, e algumas vezes sem nenhuma outra base".[7]

O equívoco fatal desses intelectuais é supor que a capacidade ímpar em determinada área possa ser generalizada para todos como sabedoria ou moralidade superior. Esse erro dificilmente é cometido por grandes mestres de xadrez, prodígios do mundo da música e outros que são tão notáveis dentro das suas respectivas especialidades quanto os intelectuais são nas suas. Basta aqui fazer uma distinção clara entre a profissão intelectual e os padrões intelectuais que os membros dessa profissão podem infringir, e infringem, sobretudo em seu papel de intelectuais públicos, fazendo declarações sobre a sociedade e defendendo políticas de governo. O que foi dito sobre John Maynard Keynes por seu biógrafo e colega economista Roy Harrod poderia servir para muitos outros intelectuais: "Ele discorria sobre uma ampla variedade de tópicos; em alguns desses tópicos era um grande especialista, mas quanto a outros ele pode ter extraído opiniões de algumas poucas páginas que por acaso havia lido. Nos dois casos o ar de autoridade era sempre o mesmo".[8]

O que muitos intelectuais parecem não compreender é que ser a principal autoridade mundial em dado assunto, como o direito marítimo ou a civilização maia, não confere nem mesmo competência mínima sobre outros assuntos, como a legislação antitruste, as questões ambientais ou a política externa. Como declarou o escritor britânico Lowes Dickinson a respeito dos cientistas: "Além de serem preconceituosos, eles supõem que o fato de serem homens de ciência confere valor aos seus preconceitos".[9]

CONCEITOS CONFLITANTES DE CONHECIMENTO

O modo como o termo conhecimento é usado por muitos intelectuais não raro limita arbitrariamente a informação comprovada que pode ser considerada conhecimento. Essa limitação arbitrária da abrangência da palavra foi expressa numa paródia em versos sobre Benjamin Jowett, diretor do Balliol College, na Universidade de Oxford:

Meu nome é Benjamin Jowett.
Se isso for conhecimento, eu sei.
Eu sou o diretor dessa faculdade,
O que eu não sei não é conhecimento.

Uma pessoa considerada "especialista" geralmente tem um tipo especial de conhecimento — talvez acadêmico, ou então outros tipos de conhecimento que não são largamente encontrados na população em geral. Alguém que tenha ainda mais conhecimentos sobre coisas mais mundanas — encanamento, carpintaria ou determinado esporte, por exemplo — provavelmente não será chamado de "especialista" por intelectuais que não consideram conhecimento o que eles não sabem. Embora o tipo especial de conhecimento associado aos intelectuais seja normalmente mais valorizado, e os detentores desse conhecimento costumem gozar de mais prestígio, não é de modo nenhum garantido que o tipo de conhecimento dominado por intelectuais tenha obrigatoriamente efeitos mais poderosos no mundo real.

O mesmo vale até para o conhecimento especializado. Sem dúvida as pessoas que comandavam o *Titanic* tinham muito mais experiência em muitos aspectos da navegação marítima do que a maioria das pessoas comuns, mas era fundamental para os eventos e suas consequências o conhecimento prosaico da localização de certos icebergs em determinada noite. Do mesmo modo, muitas decisões econômicas importantes dependem fundamentalmente dos tipos de conhecimento trivial que os intelectuais podem desprezar como conhecimento no sentido que costumam atribuir ao termo.

Localização é apenas um desses tipos de conhecimento trivial, e sua importância de modo algum se limita à localização de icebergs. Por exemplo, o conhecimento trivial do que se localiza na Broadway com a 23rd Street em Manhattan, e de como a vizinhança é, pode não ser considerado relevante para determinar se dada pessoa deve ser considerada especialista. Para uma organização que busca um local para abrir uma loja, porém, esse conhecimento pode ser a diferença entre falir e lucrar milhões de dólares.

Empresas investem muito tempo e dinheiro para decidir a localização das suas operações, e essas localizações não são nada aleatórias. Não é por acaso que os postos de gasolina se localizam com frequência em esquinas, e muitas vezes perto de outros postos de gasolina, assim como revendedoras de automóveis com frequência se localizam próximas umas das outras; as papelarias, porém, raramente se localizam perto de outras papelarias. Pessoas especialistas de negócios relataram como um dos fatores que levaram ao crescimento espetacular da Starbucks foi a cuidadosa atenção da administração da loja à seleção dos locais para os seus pontos de venda — e a desobediência a essa prática foi mencionada como um dos fatores que levaram a Starbucks ao fechamento de centenas de pontos de venda em 2008.[10] Entre corretores de imóveis, é clichê dizer que os três fatores mais importantes para se estipular o valor de uma casa são "localização, localização e localização".

A localização é somente um dos muitos fatos prosaicos com consequências importantes, e muitas vezes decisivas. Para um enfermeiro, saber se determinado paciente é alérgico a penicilina é conhecimento trivial, mas pode significar a diferença entre vida e morte. Quando um avião se aproxima do aeroporto para realizar uma aterrissagem, a observação da torre de controle de que o piloto se esqueceu de baixar o trem de pouso é uma informação cuja imediata comunicação ao referido piloto pode também ser fundamental, embora tal conhecimento não exija nada mais desafiador intelectualmente do que alcance visual e bom senso. Saber com antecedência que o Dia D da invasão da Europa aconteceria na Normandia, e não em Calais, onde Hitler esperava que fosse, teria levado a uma concentração de forças militares nazistas totalmente diferente e custaria milhares de vidas mais entre as tropas que desembarcassem na praia, condenando talvez toda a operação e mudando o curso da guerra.

Em suma, boa parte do tipo de conhecimento que os intelectuais concentram pode não ter resultados tão decisivos quanto os que são alcançados com o conhecimento prosaico ou intelectualmente irrelevante disperso entre a população em geral. No conjunto, o conhecimento mundano ou prosaico pode superar amplamente o conhecimento especial das elites, tanto em quantidade como em resultados. Embora o conhecimento especial seja quase invariavelmente conhecimento articulado, outros tipos de conhecimento não precisam ser articulados, nem ser articulados conscientemente a nós mesmos. Friedrich Hayek incluiu no conhecimento "todas as adaptações humanas ao ambiente em que a experiência passada foi incorporada". Ele acrescenta:

> Nem todo conhecimento nesse sentido é parte do nosso intelecto, nem é o nosso intelecto a totalidade do nosso conhecimento. Nossos hábitos e habilidades, nossas atitudes emocionais, nossos recursos e nossas instituições — todos são, nesse sentido, adaptações à experiência passada que cresceram por meio da eliminação seletiva de condutas menos apropriadas. São uma base indispensável para uma ação exitosa, como também é o nosso conhecimento consciente.[II]

Concentração e Dispersão do Conhecimento

Quando o conhecimento especial e o conhecimento mundano são englobados no conceito de conhecimento, é de se duvidar que a pessoa mais culta no mundo tenha ao menos 1% do conhecimento total na Terra, ou mesmo 1% do conhecimento consequente em determinada sociedade.

Isso traz muitas implicações sérias que podem, entre outras coisas, ajudar a explicar por que tantos intelectuais de renome apoiaram com tanta frequência noções que se provaram desastrosas. Não foi somente com políticas específicas em ocasiões específicas que os intelectuais muitas vezes defenderam decisões equivocadas e perigosas. Toda a sua abordagem geral à criação de políticas — sua ideologia — refletiu repetidas vezes uma concepção equivocada crucial sobre o conhecimento e sua concentração ou dispersão.

Muitos intelectuais e seus seguidores ficaram excessivamente impressionados com o fato de elites altamente instruídas como eles terem muito mais conhecimento per capita — no sentido de conhecimento especial — do que a população como um todo. A partir desse ponto, basta um pequeno passo para considerarem essas elites instruídas guias superiores para o que deve ou não ser feito em uma sociedade. Eles ignoraram muitas vezes o fato fundamental de que a população de maneira geral pode ter muito mais conhecimento total — no sentido mundano — do que as elites, ainda que tal conhecimento esteja disperso em fragmentos individualmente irrelevantes entre um vasto número de pessoas.

Se ninguém tem nem mesmo 1% do conhecimento atualmente disponível, sem contar as enormes quantidades de conhecimento a serem ainda descobertas, a imposição de cima para baixo das noções preferidas entre as elites, com base na superioridade e na virtude dessas elites, é uma fórmula para o desastre.

Por vezes esse desastre é econômico, como se provou por exemplo com a noção de planificação da economia adotada em tantos países no mundo durante o século XX, de tal maneira que até mesmo a maioria dos governos controlados por comunistas e socialistas, no final daquele século, começou a substituir esse planejamento econômico, de cima para baixo, por mercados mais livres. Sem dúvida os planejadores governamentais tinham muito mais qualificação, e muito mais dados estatísticos à sua disposição, do que a pessoa comum que fazia negócios no mercado. Contudo, o conhecimento mundano imensamente maior exercido por milhões de pessoas comuns fazendo as suas próprias adaptações mútuas gerou quase invariavelmente taxas de crescimento econômico mais altas e melhor padrão de vida depois que o planejamento central foi descartado, sobretudo na China e na Índia, onde os índices de pobreza diminuíram acentuadamente enquanto as suas economias cresciam a taxas aceleradas.[d]

A economia planificada é apenas uma de uma classe mais geral de processos de tomada de decisão social que dependem da hipótese subjacente de que as pessoas com mais conhecimento per capita (no sentido especial) devem guiar as suas sociedades. Outras formas dessa noção geral são o ativismo judicial, o planejamento urbano e outras expressões institucionais da crença de que não se pode deixar que as decisões sociais sejam determinadas pelas ações e pelos valores da população menos instruída em geral. Mas, se ninguém detém nem mesmo 1% de todo o conhecimento em uma sociedade — no sentido mais amplo no qual muitos tipos diferentes de conhecimento são consequenciais —, então é essencial permitir que os outros 99% de conhecimento, distribuídos entre a população como um todo em quantidades pequenas e individualmente irrelevantes, sejam livremente empregados na elaboração de adaptações mútuas entre as próprias pessoas. São essas incontáveis interações e adaptações mútuas que mobilizam 99% restantes de conhecimento — e geram novo conhecimento no processo de avanço e recuo de propostas de compra e venda, refletindo mudanças na oferta e na procura. É por isso que o livre mercado, a restrição judicial e a confiança nas decisões e tradições que brotam das experiências de muitos — e não das suposições de uma elite reduzida — são tão importantes para aqueles que *não* compartilham da visão social predominante entre elites intelectuais. Em resumo, as fronteiras ideológicas separam os que têm concepções diferentes do significado do conhecimento e, em consequência disso, veem o conhecimento como concentrado ou disperso. "De modo geral, 'o mercado' é mais inteligente do que o mais inteligente de seus participantes individuais";[12] foi dessa maneira que o falecido Robert L. Bartey, editor do *Wall Street Journal*, expressou a sua crença de que, por meio das interações e acomodações mútuas de muitos indivíduos, os processos sistêmicos podem mobilizar mais conhecimento para a sociedade e suas tomadas de decisões do que qualquer um desses indivíduos.

Processos sistêmicos são essencialmente processos por tentativa e erro, com retorno frequente ou contínuo — e consequencial — dos que estão envolvidos nesses processos. Por outro lado, processos políticos e legais são aqueles nos quais as decisões iniciais são mais difíceis de mudar, seja devido ao fato de que admitir um engano tem alto custo para a carreira política, seja — na lei — devido aos precedentes legais que são criados. Por que se espera que transferir decisões daqueles que têm experiência pessoal e interesse no resultado para aqueles que não têm nenhuma dessas duas coisas leve a melhores decisões? Essa é uma pergunta que raramente é feita, e mais raramente ainda é respondida. Dado o custo mais alto de corrigir decisões substitutas em comparação com o custo de corrigir decisões individuais, e o maior custo de insistir em decisões erradas por parte de quem toma decisões por si só, em comparação com o menor custo de tomar decisões erradas por outros, o sucesso econômico das economias de mercado não surpreende, e também não causam surpresa os resultados contraproducentes, e não raro desastrosos, de diversas formas de engenharia social.

As pessoas em ambos os lados da linha divisória ideológica podem acreditar que aqueles que detêm mais conhecimento deveriam ter mais peso na tomada de decisões que impactam a sociedade, mas essas pessoas têm concepções radicalmente diferentes a respeito de onde existe de fato mais conhecimento na sociedade. Se o conhecimento for definido de forma ampla, incluindo muito conhecimento mundano cuja presença ou ausência é consequencial e não raro crucial, então os indivíduos que têm diploma de doutorado são tão toscamente ignorantes da maioria das coisas consequenciais quanto outros indivíduos, tendo em vista que ninguém pode ser realmente conhecedor no nível requerido para a tomada de decisões consequencial para a sociedade como um todo, exceto dentro de uma faixa estreita do amplo espectro de preocupações humanas.

A ignorância, os preconceitos e o pensamento coletivo de uma elite instruída não deixam de ser ignorância, preconceito e pensamento coletivo — e é perigoso, além de absurdo, que aqueles que detêm 1% do conhecimento em uma sociedade guiem ou controlem os que têm os restantes 99% desse conhecimento. A diferença entre conhecimento especial e conhecimento mundano não é simplesmente incidental ou semântica. Suas implicações sociais acarretam grandes consequências. Por exemplo, é bem mais fácil concentrar poder do que concentrar conhecimento. É por esse motivo que tanta engenharia social fracassa e que muitos déspotas conduziram os seus países ao desastre.

Quando o conhecimento é concebido, como fez Hayek, para incluir o conhecimento não articulado, mas expresso em nossos hábitos individuais e costumes sociais, então a transmissão desse conhecimento de milhões de pessoas para que seja concentrado em tomadores de decisão substitutos torna-se problemática demais ou mesmo impossível, tendo em vista que muitos dos que operam com tal conhecimento não o têm completamente articulado nem com relação a si mesmos, razão pela qual dificilmente conseguiriam transmiti-lo a outros, ainda que desejassem fazê-lo.

Considerando que muitos intelectuais, se não a maioria deles, opera segundo a suposição implícita de que o conhecimento já está concentrado — em pessoas como eles próprios —, eles são particularmente suscetíveis à ideia de que uma concentração correspondente de poder de tomada de decisão numa elite imbuída de espírito público pode beneficiar a sociedade. Essa suposição serviu como base para movimentos de reforma como o progressismo nos Estados Unidos e para movimentos revolucionários em vários outros países mundo afora. Além disso, levando-se em conta que já está concentrado conhecimento suficiente, os que têm esse ponto de vista muitas vezes entendem que é preciso criar uma vontade e um poder que os acompanhem para lidar coletivamente com uma ampla gama de problemas sociais. A ênfase na "vontade", no "compromisso", no "cuidado" ou na "compaixão" como ingredientes fundamentais para lidar com questões sociais deixa implicitamente de lado a necessidade de saber se as pessoas que supostamente têm essas qualidades também contam com conhecimento suficiente.

Algumas vezes, a potência do conhecimento é explicitamente afirmada, e toda dúvida sobre essa potência é então rejeitada como demonstração de ignorância ou obstrução. John Dewey, por exemplo, expôs isso com clareza: "Em posse do conhecimento, podemos, em um breve espaço de tempo, começar a trabalhar num curso de invenção social e engenharia experimental".[13] Mas a pergunta que se ignora é: quem tem esse conhecimento — se é que alguém o tem?

Uma vez que os intelectuais têm todos os incentivos para enfatizar a importância do tipo especial de conhecimento que detêm, em comparação com o conhecimento mundano que os outros têm, com frequência defendem linhas de ação que ignoram o valor, o custo e as consequências do conhecimento mundano. É comum, por exemplo, que a intelectualidade desaprove muitos métodos de classificação e rotulagem de coisas e pessoas, dizendo, no caso das pessoas, por vezes, que "cada pessoa deve ser julgada como um indivíduo". O custo do conhecimento necessário para que se faça isso quase nunca é considerado. Substitutos de baixo custo para esse conhecimento dos indivíduos — de relatórios de crédito a testes de QI — são usados precisamente porque julgar "a pessoa por inteiro" significa adquirir e avaliar grandes quantidades de conhecimento a um custo elevado que pode incluir o adiamento de decisões em que o tempo é de importância fundamental. Dependendo de quão amplamente se definir "julgar a pessoa como um todo", o tempo exigido pode ultrapassar a expectativa de vida humana, o que tornaria isso impossível em termos práticos.

Os exércitos ordenam as pessoas em patentes, as faculdades ordenam os candidatos em faixas de pontuação nos vestibulares, e praticamente todos classificam as pessoas segundo incontáveis outros critérios. Muitos desses métodos de classificação, talvez a maioria deles, são criticados pela intelectualidade, que não consegue reconhecer a escassez e o custo elevado do conhecimento — e a necessidade de se tomar decisões consequenciais, apesar dessa escassez e do custo elevado, que inclui obrigatoriamente os custos dos equívocos. Os riscos de tomar decisões com conhecimento incompleto (não havendo alternativa) são parte da tragédia da condição humana. Contudo, isso não impediu que os intelectuais criticassem os riscos inerentes que aparecem em tudo, de medicamentos farmacêuticos a operações militares — nem os impediu de ajudarem a gerar uma atmosfera geral de expectativas que não podem ser satisfeitas, na qual "os mil choques naturais dos quais a carne é herdeira" se tornam mil bases para ações judiciais.

Sem um pouco de noção da tragédia da condição humana, é bastante fácil encontrar culpados por qualquer coisa que corra mal. Os intelectuais não raro agem como se o seu tipo especial de conhecimento acerca de generalidades pudesse e devesse substituir e neutralizar o conhecimento mundano específico dos outros. Essa ênfase no conhecimento especial dos intelectuais com frequência leva à rejeição do conhecimento mundano e de primeira mão como "preconceitos" ou "estereótipos" em benefício de crenças abstratas comuns no âmbito da intelectualidade, que pode ter pouco ou nenhum conhecimento de primeira mão acerca dos indivíduos, das organizações ou das circunstâncias concretas envolvidas. Ademais, essas atitudes não somente são difundidas para muito além das fileiras da *intelligentsia* como também se tornaram base para políticas, leis e decisões judiciais.

Um pequeno, mas revelador, exemplo das consequências sociais dessa atitude é que muitas políticas empresariais de estabelecer a idade para aposentadoria dos seus funcionários foram tornadas ilegais como "discriminação de idade", porque alega-se que essas políticas se baseiam em estereótipos associados aos idosos, que podem ser produtivos depois da idade da "aposentadoria compulsória". Em outras palavras, supõe-se que terceiros sem interesse no resultado, sem experiência direta em empresas ou indústrias específicas e sem conhecimento de cada trabalhador envolvido compreendam os efeitos da idade mais do que aqueles que têm essa experiência, esse interesse e esse conhecimento direto, por mais mundano que esse conhecimento possa ser. Além disso, os empregadores têm incentivos econômicos para manter os trabalhadores produtivos, sobretudo porque esses empregadores precisam pagar os custos para recrutar os seus substitutos e investir na atualização desses substitutos, ao passo que os tomadores de decisão substitutos não arcam com nenhum custo por estarem errados.

A própria expressão "aposentadoria compulsória" mostra o virtuosismo retórico da *intelligentsia* — e que talento brutal advém dela em obscurecer a análise racional em lugar de esclarecê-la. Raras vezes, ou nunca, existiu algo como a aposentadoria mandatória. Determinados empregadores estabeleceram uma idade depois da qual eles parariam automaticamente de contratar pessoas. Essas pessoas continuaram livres para irem trabalhar em outro lugar, e muitas fizeram isso. Mesmo em uma empresa com política automática de aposentadoria, os funcionários que claramente continuassem produtivos e valiosos poderiam renunciar à política de aposentadoria, por um período determinado ou indefinidamente. Mas essas renúncias se baseariam no conhecimento específico de indivíduos específicos, não em generalidades abstratas relacionadas à capacidade produtiva de pessoas mais velhas.

Quase todas as conclusões desfavoráveis sobre qualquer minoria étnica são igualmente rejeitadas pela *intelligentsia* como "preconceitos", "estereótipos" e coisas do gênero. Por exemplo, um biógrafo de Theodore Roosevelt disse: "Durante os seus anos como fazendeiro, Roosevelt desenvolveu muitos preconceitos contra indígenas, estranhamente em conflito com sua atitude esclarecida com relação aos negros".[14] Eis aqui um escritor, distante quase cem anos dos indígenas com os quais Theodore Roosevelt lidou pessoalmente no Oeste, afirmando *a priori* que as conclusões de Roosevelt estavam erradas e se baseavam em preconceitos, mesmo reconhecendo que preconceito racial não era um traço comum da mentalidade de Roosevelt.

Provavelmente, jamais ocorreria a esse escritor que foi ele quem chegou a uma conclusão baseada em preconceito, mesmo que fosse preconceito comum entre intelectuais, ao passo que as conclusões de Theodore Roosevelt eram baseadas em sua experiência pessoal direta com indivíduos específicos. Muitos intelectuais não parecem dispostos a reconhecer que o homem em ação naquela época conseguiria chegar a conclusões exatas sobre os indivíduos específicos que encontrara ou observara — e que intelectuais tão distantes no espaço e no tempo poderiam estar equivocados ao tirarem conclusões com base nos próprios preconceitos que compartilham.

Outro escritor, ainda mais afastado no espaço e no tempo, rejeitou como preconceito o conselho de Cícero aos seus amigos romanos para que não comprassem escravos britânicos porque era muito difícil instruí-los.[15] Considerando a enorme diferença entre o mundo primitivo, ignorante e tribal dos bretões daquela época e o mundo sofisticado dos romanos, é difícil imaginar de que forma um bretão levado a Roma como escravo poderia entender as circunstâncias, os métodos e as expectativas complexas de uma sociedade tão diferente. Mas a possibilidade de que Cícero soubesse do que falava por experiência direta não foi levada em conta pelo escritor, que o apelidou de preconceituoso sem nenhuma cerimônia.

Um exemplo bem mais recente de intelectuais que rejeitam a experiência alheia em primeira mão e dão preferência a suposições prevalecentes entre eles próprios envolveu acusações de estupro — nacionalmente divulgadas — apresentadas contra três estudantes da Universidade Duke em 2006. Esses estudantes eram membros da equipe masculina de lacrosse, e, em meio à onda de condenação que imediatamente tomou conta do *campus* e da mídia, os únicos defensores desses estudantes no início eram integrantes da equipe feminina de lacrosse.

As mulheres dessa equipe já conheciam, havia bastante tempo, os homens acusados, e desde o início foram inflexíveis em afirmar que os três jovens em questão não poderiam ter cometido o crime de que eram acusados, pois seriam incapazes de tal ato. Tendo em vista que, além de estupro, esse caso envolvia uma questão racial, é preciso observar também que uma mulher negra da equipe de lacrosse assumiu a liderança na defesa do caráter desses homens.[16]

Considerando a falta absoluta de provas de ambos os lados da questão, desde o início, não havia motivo para que declarações infundadas a favor ou contra os acusados fossem aceitas ou rejeitadas sem questionamento. Contudo, as declarações das jogadoras da equipe feminina foram não só rejeitadas como também denunciadas.

As jogadoras do time de lacrosse da Duke foram chamadas de "garotinhas mimadas e estúpidas" em comentários citados no *The Atlanta Journal Constitution*, pessoas que "negam o bom senso", segundo um jornalista do *New York Times*, de "burras", de acordo com um jornalista do *Philadelphia Daily News*, e "ignorantes ou insensíveis", de acordo com um jornalista do *Philadelphia Inquirer*.[17]

Em outras palavras, membros da intelectualidade, a centenas de quilômetros de distância, que nunca haviam nem ao menos colocado os olhos nos homens em questão, estavam tão convencidos da culpa deles, em função de noções *a priori* comumente compartilhadas nos meios intelectuais, que chegavam a atacar jovens mulheres que tinham conhecimento pessoal direto dos indivíduos em questão, incluindo as atitudes e o comportamento desses homens com mulheres em geral e com uma mulher negra em particular. Apesar da certeza absoluta e da atitude arrogante da mídia, fatos devastadores que mais tarde vieram a público — absolvendo os homens acusados e levando à demissão e à destituição do promotor público que os processou — mostraram que as mulheres do time de lacrosse da Duke estavam certas, e a mídia, errada. Foi um exemplo clássico da presunção de conhecimento por parte de intelectuais com menos conhecimento do que as pessoas cujas conclusões eles invalidaram e denunciaram. Infelizmente, esse não foi um caso isolado; não foi nem sequer um exemplo raro.

Especialistas

Uma atividade especial que se assemelha, mas não coincide por completo, com a dos intelectuais é a do especialista. Com efeito, uma pessoa pode ser especialista em literatura espanhola ou em filosofia existencialista — em ambos os casos o produto final consiste em ideias — ou pode ser especialista no reparo de transmissões de automóveis ou em apagar incêndios em campos de petróleo, casos em que o produto final é um serviço prestado. Certamente apenas nos dois primeiros casos os especialistas se encaixariam em nossa definição de intelectuais.

Especialistas de qualquer tipo são exemplos particularmente claros de pessoas cujo conhecimento se concentra numa faixa restrita do vasto espectro de preocupações humanas. Além disso, as interações de inúmeros fatores no mundo real significam que, mesmo dentro dessa faixa restrita, fatores externos a ela podem por vezes afetar os resultados, de tal modo que um especialista cuja atividade não abarque esses outros fatores externos pode ser um amador no que diz respeito a tomar decisões consequenciais, mesmo dentro do que em geral se supõe que seja o campo de atuação desse especialista. Por exemplo, nos Estados Unidos do início do século xx, especialistas em reflorestamento previram uma "escassez de madeira" que nunca se tornou realidade, porque esses especialistas não conheciam economia o suficiente para entenderem como os preços distribuem recursos ao longo do tempo, e também distribuem recursos entre utilizadores alternativos em dado momento.[18]

Uma histeria semelhante a respeito de um iminente esgotamento de outros recursos naturais, como o petróleo, permaneceu por bem mais de um século, apesar de repetidas previsões de que teríamos reservas de petróleo que durariam somente cerca de doze anos, e de várias constatações, decorridos cerca de doze anos, de que havia mais reservas de petróleo conhecidas do que as que tínhamos no início, quando a previsão fora lançada.[19]

Com especialistas, assim como com organizações ou movimentos sem fins lucrativos que carregam nomes idealistas, há com frequência uma sugestão de esforços desinteressados, não corrompidos pela parcialidade do interesse próprio. Essa é uma das muitas impressões que não sobrevivem ao escrutínio empírico — mas que raras vezes é submetida a esse escrutínio. Tirando o interesse pessoal que os especialistas têm no uso de conhecimentos específicos — em lugar de outros mecanismos econômicos ou sociais — para moldar decisões consequenciais, existem muitas evidências empíricas da sua parcialidade. Urbanistas são um exemplo característico:

> É comum urbanistas convocarem sessões de visualização nas quais o público é consultado sobre o que deseja para as suas regiões. Em uma típica sessão de visualização, o público responde a perguntas importantes sobre suas preferências. Gostaria de ter mais ou menos poluição? Gostaria de passar mais ou menos tempo em deslocamentos? Gostaria de morar em um bairro feio ou bonito? Os urbanistas interpretam as respostas como apoio a suas noções preconcebidas, em geral uma forma de crescimento inteligente. Se desejarmos menos poluição, teremos, portanto, menos uso de automóveis. Se quisermos gastar menos tempo em deslocamentos para o trabalho, teremos de querer uma cidade mais densa. Se quisermos torta de maçã, devemos nos opor ao alastramento urbano que pode subdividir o pomar de maçãs.[20]

À parte a tendenciosidade das perguntas, uma tentativa honesta de obter uma contribuição expressiva para um processo de tomada de decisão a partir de respostas a perguntas que não custam nada para serem respondidas, nem sequer incluem alguma noção de custos, seria relevante apenas para um mundo sem custos, enquanto o fato crucial do mundo que habitamos é que todas as nações ou inações implicam custos que devem ser levados em conta para que se chegue a uma decisão racional. O termo "racional" é empregado aqui no seu sentido mais básico — a capacidade de estabelecer uma relação, como nos "números racionais" em matemática —, de maneira que as decisões racionais são decisões que pesam uma coisa em relação a outra, um compromisso, em oposição a uma cruzada para se alcançar uma "coisa boa" sem avaliar os custos.

Urbanistas, assim como outros especialistas, têm também plena consciência de que os seus próprios rendimentos e suas carreiras dependem de fornecer ideias que sejam vendáveis àqueles que os empregam, incluindo políticos, cujos objetivos e métodos se tornam os objetivos e os métodos dos especialistas. Mesmo quando os especialistas passam pela formalidade de avaliar custos e benefícios, isso pode permanecer apenas uma formalidade em um processo no qual se escolheu politicamente um objetivo. Por exemplo, um político pede a um urbanista que pretende construir um sistema ferroviário que "revise para cima as estimativas do número de passageiros do sistema e para baixo os custos", e mais tarde ocorram custos em excesso e reduções de receitas que acabam em escândalo público. Mas o político pode dizer: "A culpa não é minha; eu confiei nas previsões feitas por nossa equipe, e pelo visto eles cometeram um grande erro".[21]

Em outras palavras, especialistas muitas vezes são convidados não para fornecerem informações precisas e objetivas ou análises imparciais para o propósito de tomada de decisão por autoridades responsáveis, mas, sim, para darem cobertura política para decisões já tomadas e baseadas em considerações bastante diferentes. A mudança de decisões socialmente consequenciais de processos sistêmicos, envolvendo milhões de pessoas que realizam adaptações mútuas — à sua própria custa e próprio risco —, para especialistas que impõem a todos um plano diretor seria problemática, mesmo que os especialistas tivessem liberdade para seguir o próprio discernimento. Em situações nas quais os especialistas não passam de parte da fachada que oculta decisões arbitrárias e até corruptas de outros, confiar no que "todos os especialistas" dizem a respeito de determinado assunto é arriscado demais. Mesmo quando os especialistas têm total liberdade, o mais provável é que "todos os especialistas" concordem com a necessidade de utilizar conhecimentos especiais para resolver problemas.

Especialistas têm seu lugar, e podem ser extremamente valiosos nesses lugares; sem dúvida esse é um dos motivos para a existência de um antigo ditado: "Especialistas devem ficar ao lado, não acima". Contudo, para uma tomada de decisão mais abrangente, os especialistas não substituem os processos sistêmicos que envolvem inúmeros fatores sobre os quais nenhum dado indivíduo pode ser especialista, e envolvem 99% do conhecimento relevante distribuído em fragmentos entre a população como um todo e coordenado sistematicamente durante o processo das suas adaptações mútuas à demanda e à oferta uns dos outros.

O simples fato de que os planejadores socioeconômicos na União Soviética tinham de definir mais de 24 milhões de preços[22] mostra o nível de insensatez da tarefa assumida pelo planejamento central. Que o planejamento central tenha falhado repetidas vezes em países ao redor do mundo, tanto em democracias como em ditaduras, não chega a surpreender, porque os planejadores socioeconômicos não podiam ser especialistas — nem mesmo capacitados — em todas as coisas que controlavam. O fato de os países terem, um após o outro, abandonado o planejamento central no final do século xx — até mesmo em países com governos comunistas ou socialistas — sugere a intensidade e a inegabilidade desse fracasso.

A planificação econômica é somente um aspecto da engenharia social de cima para baixo, mas resultados ruins em outros campos não são sempre tão flagrantemente óbvios, tão imediatamente quantificáveis e tão inegáveis quanto na economia, embora esses outros resultados sociais possam ser tão ruins ou ainda piores.[23] Embora advogados e juízes sejam especialistas em princípios legais, e desempenhem funções valiosas dentro de sua especialidade, ao longo dos anos ambos têm ultrapassado progressivamente a esfera dessas funções para usar a lei "como instrumento de mudança social" — em outras palavras, para tomar decisões amadoras em questões complexas que vão muito além dos limites estreitos da qualificação profissional. Além disso, o consenso entre especialistas que têm pensamento semelhante com relação a questões que vão além da sua especialização encorajou muitos especialistas legais — e também especialistas em outras áreas — a imaginar que a diferença entre as percepções do seu grupo de elite e as percepções de outras pessoas é quase incontestavelmente uma diferença entre pessoas instruídas e as massas desinformadas.

Um dos muitos exemplos dessa atitude ocorreu na década de 1960 em uma conferência jurídica na qual um comissário de polícia aposentado tentou explicar aos juízes e professores de direito presentes como as recentes ampliações de direitos legais de criminosos pela corte minavam a eficiência da polícia. Encontravam-se entre os presentes o juiz da Suprema Corte William J. Brennan e o desembargador Earl Warren, que permaneceram de semblante fechado durante a apresentação do comissário de polícia, de acordo com um relato do *New York Times*, porém mais tarde "caíram na gargalhada" quando um professor ridicularizou o que o comissário de polícia havia acabado de dizer.[24] Contudo, esse repúdio depreciativo não foi baseado em nenhuma evidência concreta — e mais tarde acumularam-se evidências, com o passar dos anos, que tornaram dolorosamente claro que a imposição da lei estava de fato em colapso, e concomitantemente os índices de criminalidade tiveram um aumento vertiginoso.

Antes da revolução nas interpretações judiciais do direito criminal no começo dos anos de 1960, o índice de homicídios nos Estados Unidos seguia em queda havia décadas, e em 1961 chegou a menos da metade do que era em 1933.[25] Mas essa longa tendência decrescente nos índices de assassinatos repentinamente se inverteu ao longo da década de 1960, e em 1974 esses índices de homicídio dobraram com relação aos índices de 1961.[26] Aqui, porém, como também em outros lugares, as observações em primeira mão e os anos de experiência pessoal diária — nesse caso, de um comissário de polícia aposentado — foram não apenas desconsiderados como também expostos ao ridículo por pessoas que confiaram em suposições infundadas compartilhadas entre os integrantes da elite intelectual. Essa questão e esse episódio não foram o único exemplo de indivíduos com a visão dos ungidos que rejeitaram com desdém pontos de vista alternativos em vez de responder a eles.

A FUNÇÃO DA RAZÃO

Existem concepções acerca da razão e da sua função social, assim como há concepções acerca do conhecimento e da sua função social. Ambos merecem uma análise mais atenta.

Razão e Justificativa

A suposição implícita de posse de conhecimento superior entre as elites intelectuais é a base de uma das exigências dos intelectuais que remontam pelo menos ao século XVIII — a saber, que ações, políticas ou instituições "se justifiquem diante do tribunal da razão". Como William Godwin declarou em 1793: "É preciso colocar todas as coisas a serviço da razão".[27] Os termos sob os quais essa exigência é expressa mudaram desde o século XVIII, mas a premissa básica não mudou. Muitos intelectuais dos nossos dias, por exemplo, acreditam que seja uma reflexão importante o fato de não compreenderem por que os executivos de empresas merecem receber salários tão elevados — como se existisse alguma razão inerente pela qual se devesse esperar que terceiros compreendessem, ou uma razão pela qual a sua compreensão ou seu consentimento fossem necessários para que as pessoas diretamente envolvidas na contratação e no pagamento de executivos de empresas procedessem com base em seu próprio conhecimento e experiência, num assunto no qual eles têm interesse, e os intelectuais, não.[e]

De forma semelhante, muitos entre os intelectuais expressam não apenas surpresa como também indignação em vista do número de tiros disparados pela polícia em confrontos com criminosos, embora muitos desses intelectuais jamais tenham disparado uma arma na vida, muito menos passado por uma situação real de risco de morte que exigisse decisões numa fração de segundo. Antes de descarregar todo o seu ultraje e exigir mudanças, raras vezes a *intelligentsia* percebe, se é que alguma vez percebe, a necessidade de buscar alguma informação sobre a precisão das armas de fogo quando disparadas sob estresse. Na verdade, um estudo do Departamento de Polícia da Cidade de Nova York constatou que, mesmo dentro de um raio de alcance de apenas 2 metros, pouco mais da metade dos tiros disparados pela polícia erra completamente o alvo. Em distâncias de 14 a 23 metros — menores que a distância da primeira à segunda base num campo de beisebol —, somente 14% dos tiros são certeiros.[28]

Por mais surpreendentes que possam ser esses fatos para pessoas que nunca dispararam um revólver, nem mesmo contra um alvo imóvel e no ambiente seguro e tranquilo de um campo de tiro, muito menos em meio à confusão e ao estresse de arriscar a vida contra alvos em movimento, o fundamental aqui é que muitos intelectuais e pessoas por eles influenciadas não julgaram necessário buscar essas informações irrefutáveis antes de despejar indignação, na mais completa ignorância dos fatos. Além disso, mesmo um criminoso que é alvejado por uma bala não se torna necessariamente inofensivo, por isso não há razão para cessar os disparos contra tal criminoso se ele continuar representando uma ameaça. Mas tal conhecimento mundano não desperta interesse naqueles que se juntam a grupos de elite intelectual para expressar indignação contra coisas que estão além da sua experiência ou da sua competência.[f]

Exigir que as coisas se justifiquem perante o tribunal da razão, num mundo em que ninguém detém nem mesmo 1% de todo o conhecimento relevante, é exigir que a ignorância receba explicações e que a sua permissão seja obtida. Como pode um neurocirurgião justificar o que faz a alguém que nada sabe a respeito do cérebro nem a respeito de cirurgia? Como pode um carpinteiro justificar a sua escolha de pregos e madeiras a pessoas que nada sabem sobre carpintaria, sobretudo se o carpinteiro estiver sendo acusado de irregularidades por advogados ou políticos cujas habilidades de articulação podem superar largamente as do carpinteiro, embora tenham muito menos conhecimento a respeito de seu ofício? A confiança gerada por seu conhecimento especial normalmente superior pode ocultar dessas próprias elites a extensão da sua ignorância e a concepção equivocada que resulta do assunto em questão. Além disso, argumentos contra o carpinteiro transmitidos por elites articuladas, mas ignorantes, a um público geral que é igualmente ignorante a respeito do assunto — quer o público esteja em júris, quer em cabines eleitorais — podem facilmente mostrar-se convincentes, ainda que esses mesmos argumentos pareçam absurdos para outros carpinteiros.

Uma coisa é a população como um todo fazer suas próprias transações e adaptações individuais com relação a assuntos que são pertinentes a seus integrantes de maneira individual, e outra bem diferente é uma população tomar decisões coletivas como eleitores ou jurados para a sociedade em geral. A tomada de decisão coletiva, seja por meio de processos democráticos, seja por meio de comandos de cima para baixo, envolve pessoas tomando decisões por outras pessoas, e não por si mesmas. O mesmo problema de conhecimento insuficiente causa dano a ambos os processos. Voltando por um momento ao planejamento central como substituto para a tomada de decisões de modo geral, quando os burocratas na época da União Soviética tinham que estabelecer mais de 24 milhões de preços, era uma tarefa impossível para qualquer grupo controlável de burocratas, porém bem menos difícil num país com centenas de milhões de pessoas, cada uma delas decidindo sobre os relativamente poucos preços importantes para as suas próprias transações econômicas.

Tanto os incentivos como os conhecimentos são diferentes. Uma pessoa tem muito mais incentivo para investir tempo e atenção em decisões com consequências pessoais diretas e relevantes para essa própria pessoa do que para investir quantidades similares de tempo e de atenção para depositar um voto entre milhões em decisões que afetarão, sobretudo, outros indivíduos, e cujo efeito sobre a própria pessoa tem possibilidade muito remota de ser alterado pela forma como o seu voto único entre milhões é depositado.

A ideia de que as coisas devem se justificar perante o tribunal da razão abre as comportas para condenações generalizadas de coisas que pessoas com ignorância atestada não entendem. Divergências de profissões e rendimentos não compreendidas pelas elites intelectuais, que em geral não têm muito conhecimento de particularidades cotidianas nem da economia em geral, tornam-se facilmente e sem nenhuma cerimônia "desigualdades" e "injustiça", tal como os intelectuais que jamais dispararam uma arma de fogo na vida não hesitam em expressar indignação diante da quantidade de projéteis disparados pela polícia em confrontos com criminosos. Nessa e em outras situações, as noções triunfam sobre o conhecimento — quando se trata de noções predominantes entre os intelectuais.

Essa falácia pueril — e as consequências sociais negativas às quais ela pode levar — não se limita às elites intelectuais. O silenciamento das tomadas de decisão individual pela imposição de decisões coletivas vindas de terceiros, sejam esses eles provenientes da elite ou da massa, em geral significa essencialmente permitir que a ignorância suplante o conhecimento. Uma pesquisa de opinião ou o voto popular numa questão envolvendo carpintaria seria tão irrelevante quanto os pontos de vista predominantes nos círculos da elite. O único aspecto positivo é que as massas são bem menos propensas do que as elites a pensar que devem se impor sobre pessoas cujo interesse e cujo conhecimento relevante para determinada questão são muito maiores do que os delas. Além disso, é menos provável que as massas disponham das habilidades retóricas para ocultar dos outros, ou de si mesmas, que é isso que estão fazendo.

A exaltação da "razão" pelos intelectuais acontece muitas vezes em prejuízo da experiência, permitindo-lhes ter plena confiança a respeito de coisas nas quais eles têm pouco ou nenhum conhecimento ou experiência. A ideia de que o que eles não sabem não é conhecimento pode também ser um elemento presente em muitas referências a "tempos mais antigos e mais simples" que são feitas por pessoas que não realizaram nenhum estudo detalhado desses tempos, e que provavelmente nem mesmo suspeitam que o que falta é o seu conhecimento das complexidades desses tempos, não as complexidades propriamente ditas.

Oliver Wendell Holmes observou que o Direito Romano continha "um conjunto de tecnicalidades mais difíceis e menos compreendidas que as nossas".[29] Pontos de vista semelhantes foram expressados pelo professor Richard A. Epstein, da Universidade de Chicago, que também lecionou Direito Romano em Oxford: "As controvérsias sobre direito privado que geram discussões acaloradas entre advogados e acadêmicos nos dias de hoje foram muitas vezes discutidas com grande ingenuidade e imaginação há centenas de anos".[30] Na mesma linha de ideias, o renomado historiador N. J. G. Pounds afirmou: "A evolução da família e das estruturas familiares, como a maioria das outras instituições humanas, mostra uma progressão do complexo para o simples".[31]

Os burocratas planejadores não são as únicas elites cujo conhecimento especial se mostrou menos eficiente na prática do que a quantidade imensamente maior de conhecimento mundano na população geral, e não é apenas no mercado econômico que o desequilíbrio de conhecimento entre as elites e as massas pode ser o contrário da forma como esse desequilíbrio é percebido pelas elites. Se, nas palavras de Oliver Wendell Holmes, a alma do direito não é a lógica, mas, sim, a experiência,[32] então aqui também são os milhões — e principalmente as sucessivas gerações de milhões — que têm um conhecimento muito maior na forma de experiência pessoal do que os círculos relativamente pequenos de especialistas em direito. Isso não significa que os especialistas não tenham função a desempenhar, seja no direito, seja em outros aspectos da vida. Mas a natureza dessa função é bem diferente quando a especialização da elite e a experiência da massa devem ser combinadas, como em países onde leis são aprovadas por representantes eleitos do povo e são executadas por juízes e outros especialistas em direito.

Dentro de uma área de tomada de decisão suficientemente circunscrita, especialistas nessa área delimitada em particular podem ter um papel vital a desempenhar. Os poucos com experiência jurídica podem tomar decisões judiciais aplicando as leis que se desenvolveram a partir das experiências de muitos. Mas isso é essencialmente diferente de criar ou de mudar a lei para que se adeque às noções dos juízes ou às noções em voga entre os professores de direito. Da mesma maneira, alguém com talentos e habilidades especiais para reunir informação e comunicá-la ao público através dos meios de comunicação pode ser uma parte indispensável do funcionamento de uma sociedade democrática, mas isso é bem diferente de ter jornalistas assumindo a função de filtrar e distorcer as notícias a fim de darem sustentação a conclusões que reflitam noções comuns dentro dos círculos jornalísticos, como será documentado no Capítulo 10.

A diferença entre desempenhar funções circunscritas e usar essas funções para exercer poder ou influência a fim de tentar moldar decisões sociais mais abrangentes também se aplica a professores que atuam como doutrinadores em sala de aula, ou a líderes religiosos que promovem a teologia da libertação, e também a generais que desalojam um governo civil com golpes militares. O que as várias elites ambiciosas não militares estão fazendo é essencialmente criar golpes menores e mais numerosos, apropriando-se de decisões sociais que outros foram autorizados a tomar, a fim de conseguirem poder ou influência em matérias para as quais não têm experiência, e em muitos casos não têm nem mesmo capacidade.

Em resumo, se uma pessoa permanece em uma função circunscrita, com base em sua experiência, ou se se aventura para além dessa função em áreas fora da sua experiência, depende em parte de saber se presume ter mais conhecimento do que aqueles cujas decisões estão sendo impedidas. A forma como o conhecimento é visto afeta a forma como a sociedade é vista, e como a própria função de cada um nessa sociedade é vista.

Racionalismo "Passo a Passo"

A fé dos intelectuais na "razão" às vezes os leva a crer que são capazes de decidir cada questão *ad hoc* à medida que os problemas surgem. A princípio, pode-se aplicar a razão a um período tão restrito ou tão amplo quanto se queira — um dia, um ano, uma geração ou um século, por exemplo —, analisando-se as implicações de decisões ao longo de qualquer espaço de tempo que se escolha. O racionalismo "passo a passo" traz o risco de que a análise seja limitada às implicações imediatas de cada questão à medida que ela surge, deixando passar implicações mais abrangentes de uma decisão que pode ter mérito quanto à questão imediata em discussão, considerada de modo isolado, mas que pode ser desastrosa no que diz respeito a repercussões de longo prazo ignoradas. Um exemplo clássico foi a resposta de um intelectual francês à crise checoslovaca que levou à conferência de Munique de 1938:

> Um respeitado cientista político francês, Joseph Barthélemy, que lecionou direito constitucional na Universidade de Paris e foi embaixador francês na Liga das Nações, fez no *Le Temps* a pergunta que os líderes franceses tinham de responder: "Vale a pena incendiar o mundo para salvar o estado da Checoslováquia, um amontoado de nacionalidades diferentes? É necessário que 3 milhões de franceses, todos os jovens de nossas universidades, de nossas escolas, de nossas zonas rurais e de nossas fábricas sejam sacrificados para manter 3 milhões de alemães sob a soberania checa?".[33]

Tendo em vista que não era a França que ameaçava incendiar o mundo, e sim Hitler, a questão mais abrangente era determinar se alguém que ameaçava incendiar o mundo se não obtivesse o que desejava era alguém que deveria ser aplacado por meio dessa abordagem "passo a passo", sem que se considerasse o que esse aplacamento poderia representar no sentido de encorajar uma série sem fim de exigências crescentes. Por outro lado, Winston Churchill havia frisado, seis anos antes, que "cada concessão feita" à Alemanha "foi imediatamente seguida de uma nova exigência".[34] Churchill claramente rejeitou o racionalismo "passo a passo".

Na ocasião em que Barthélemy abordou a crise checoslovaca, Hitler já tinha dado o passo decisivo na preparação para a guerra ao remilitarizar a Renânia, num gesto de desafio aos compromissos do tratado; Hitler também já havia iniciado o recrutamento militar quando não havia ameaça militar contra a Alemanha, e tinha tomado a Áustria à força. Como disse Winston Churchill na época: "A Europa enfrenta um programa de agressão, bem calculado e cronometrado, que se desenvolve passo a passo". Isso suscitou a questão de longo prazo apresentada por Churchill: "Quantos amigos perderíamos, quantos aliados potenciais veríamos cair, um após o outro, no pavoroso abismo, quantas vezes o blefe funcionaria até que por trás do blefe forças cada vez maiores se acumulassem?".[35] Em resumo, tudo fazia crer que o pior aconteceria, e apresentar de forma isolada a crise checoslovaca imediata era uma maneira de não confrontar as implicações de uma série de ações tomadas durante um espaço de tempo mais longo, levando a uma ameaça crescente enquanto mais e mais recursos acabavam sob controle da Alemanha nazista, aumentando o seu poderio militar.

Essa ameaça seria ainda maior com os recursos substanciais da Checoslováquia sob o controle de Hitler — como a França acabaria descobrindo apenas dois anos depois, quando tropas invasoras alemãs logo tomaram o país utilizando, entre outras coisas, tanques fabricados na Checoslováquia.

A abordagem "passo a passo" tem sido usada para incontáveis questões, externas e internas. No centro dessa abordagem encontra-se a noção implícita de que os intelectuais podem definir uma questão do modo que acharem conveniente — e que o que acontece no mundo real permanecerá dentro dos limites dessa definição. Contudo, o tempo é somente uma das muitas coisas que podem superar as fronteiras das definições e concepções produzidas pelo homem.

Por exemplo, por mais que pareça humano o "perdão" dos empréstimos aos países do Terceiro Mundo, ao menos numa perspectiva passo a passo, o que acontece hoje afeta o modo como as pessoas se comportarão amanhã. Nesse caso, os países do Terceiro Mundo tomam repetidas vezes dinheiro emprestado e repetidas vezes não o devolvem, seja devido ao "perdão" explícito, seja porque as agências internacionais de auxílio lhes permitem emprestar dinheiro repetidas vezes em volumes cada vez maiores, usando rendimentos de empréstimos posteriores para pagar empréstimos anteriores, porém sem nenhum fim à vista no que diz respeito ao pagamento de algum empréstimo com recursos próprios. Raras vezes a irresponsabilidade fiscal forneceu uma saída para a pobreza, quer para indivíduos, quer para nações.

Os furacões na Flórida e os incêndios florestais no sul da Califórnia são fenômenos igualmente recorrentes ao longo dos anos, mas cada nova catástrofe natural é tratada como uma crise imediata e separada, atraindo não apenas esforços de salvamento por parte do governo, mas também enormes quantidades de dinheiro dos contribuintes a fim de permitir que as pessoas que vivem nesses locais refaçam a vida no percurso conhecido desses perigos.[g] Qualquer administração que se recuse a sobrecarregar os contribuintes com os gigantescos custos de financiar a reconstrução é sem sombra de dúvida ferozmente condenada, não apenas por adversários políticos como também por boa parte da mídia e da *intelligentsia*, pois se olha para cada furacão ou incêndio florestal específico dentro da perspectiva "passo a passo", não como parte de uma sequência constante com uma história longa e um futuro previsível.

PARTE 2
OS INTELECTUAIS
E A ECONOMIA

Quer sejamos conservadores ou radicais, protecionistas ou livre-cambistas, cosmopolitanos ou nacionalistas, padres ou ateus, é útil conhecermos as causas e consequências dos fenômenos econômicos.

George J. Stigler[1]

CAPÍTULO 3
"DISTRIBUIÇÃO DE RENDA"

Em sua maioria, os intelectuais que não são da área de economia mostram muito pouco interesse em aprender até mesmo os fundamentos básicos da ciência econômica. Ainda assim, não hesitam em fazer declarações arrebatadoras sobre a economia em geral, sobre o mundo dos negócios e sobre as muitas questões que giram em torno do que se denomina "distribuição de renda". O famoso escritor John Steinbeck, por exemplo, comentou a respeito de muitas fortunas norte-americanas que foram doadas para causas filantrópicas: "Só precisamos nos lembrar de alguns financistas predadores que passaram dois terços da vida arrancando uma fortuna de dentro das entranhas da sociedade e o terço final empurrando-a de volta".[1]

Não obstante o virtuosismo verbal envolvido na criação de uma imagem vívida de lucros sendo arrancados das entranhas da sociedade, nem Steinbeck nem a maioria dos outros intelectuais se deram ao trabalho de demonstrar como a sociedade ficou mais pobre devido às atividades de Carnegie, Ford ou Rockefeller, por exemplo — três empresários (entre muitos outros) que fizeram fortunas ao reduzirem os preços dos seus produtos abaixo dos preços dos produtos da concorrência. Preços mais baixos tornaram os seus produtos mais acessíveis a mais pessoas, aumentando ao mesmo tempo o padrão de vida e gerando fortunas para vendedores que ampliaram significativamente o seu número de clientes. Em resumo, esse foi um processo de geração de riqueza, não um processo pelo qual alguns só poderiam ficar ricos tornando outros mais pobres.

Contudo, imagens negativas dos processos mercadológicos têm sido evocadas pelo uso de expressões como "barões do lucro" e "donos do capital" — sem que sejam respondidas perguntas óbvias como "de quem os barões do lucro roubaram quando baixaram os seus preços?" ou "como é possível que ganhar dinheiro, muitas vezes em circunstâncias modestas (ou até em circunstâncias de pobreza, no caso de J. C. Penney e F. W. Woolworth), seja o mesmo que simplesmente herdar riqueza e poder tal qual a realeza?". Não importa aqui a adequação ou inadequação das respostas dos intelectuais, porque na maioria dos casos tais perguntas nem mesmo são feitas, quanto menos respondidas. Na verdade, a imagem serve como substituto para fatos e também para perguntas.

Não que ninguém no mundo dos negócios jamais tenha feito nada de errado. Os santos não são mais comuns em escritórios de corporações do que em repartições públicas ou em *campi* cobertos de hera. Entretanto, a questão aqui não é de culpabilidade individual por transgressões específicas. A questão levantada pelos críticos das empresas e por seus apoiadores diz respeito aos méritos e deméritos de *processos institucionais* alternativos para servir aos interesses econômicos da sociedade como um todo. Embutida em muitas críticas dos intelectuais aos processos de mercado está a suposição de que esses processos são de soma zero, em que alguns ganham, outros perdem. Essa suposição raras vezes é explicada, mas sem ela muito do que é explicado careceria de base.

Talvez a principal questão econômica, ou a questão econômica mais abordada, seja a que chamamos de "distribuição de renda", embora a expressão propriamente dita seja capciosa, e mais capciosas ainda as conclusões às quais a maior parte da *intelligentsia* chegou sobre a renda.

As variações na renda podem ser vistas de forma empírica, por um lado, ou por outro em termos de julgamento moral. A maior parte da *intelligentsia* contemporânea faz ambas as coisas. Porém, para avaliar a validade das conclusões tiradas, convém avaliar as questões empíricas e as questões morais separadamente, em vez de tentar transitar entre as duas com alguma esperança de coerência racional.

EVIDÊNCIA EMPÍRICA

Considerando a vasta quantidade de dados estatísticos sobre renda disponíveis no Serviço de Recenseamento, na Receita Federal e em inúmeros institutos e projetos de pesquisa, não seria difícil imaginar que os fatos concretos a respeito das variações de renda seriam conhecidos bem o suficiente pelas pessoas informadas, embora elas pudessem ter opiniões diferentes quanto à conveniência dessas variações em particular. Na verdade, porém, os fatos mais fundamentais são contestados, e as variações no que se alega serem fatos parecem ser pelo menos tão grandes quanto as variações nas rendas. Tanto a magnitude das variações da renda como as tendências nessas variações ao longo do tempo são vistas em termos radicalmente diferentes por quem tem visões diversas no tocante à realidade atual, mesmo deixando de lado o que diferentes pessoas possam entender como desejável para o futuro. Talvez a mais fértil fonte de equívocos sobre as rendas tenha sido a prática generalizada de confundir categorias estatísticas com seres humanos de carne e osso. Muitas declarações foram feitas, nos meios de comunicação e no mundo acadêmico, dando conta de que os ricos estão conquistando não somente rendas maiores, mas também uma parcela crescente de todas as rendas, ampliando a diferença de renda entre as pessoas que estão no topo e as que estão na base. Quase invariavelmente tais declarações são baseadas na confusão entre o que tem acontecido no decorrer do tempo em categorias estatísticas e o que tem acontecido no decorrer do tempo com pessoas reais de carne e osso.

Um editorial do *New York Times*, por exemplo, afirmou que "o hiato entre ricos e pobres se ampliou nos Estados Unidos".[2] Conclusões semelhantes surgiram num artigo de 2007 na *Newsweek*, que se referiu a esse período como "um tempo em que a distância entre ricos e pobres está crescendo — e também a distância entre milionários e meramente ricos",[3] um tema comum em outros meios de comunicação bem conhecidos, como o *Washington Post* e incontáveis programas de televisão. "Os ricos alcançaram ganhos na renda muito maiores que os dos pobres", segundo o colunista do *Washigton Post* Eugene Robinson.[4] Uma escritora declarou de forma semelhante no *Los Angeles Times:* "A distância entre ricos e pobres está aumentando".[5] E. J. Dionne, do *Washington Post*, descreveu "os ricos" como "pessoas que conseguiram quase todos os ganhos de renda nos últimos anos" e acrescentou que "pagam pouco imposto".[6]

Declarações similares foram feitas por acadêmicos. Segundo o professor da Universidade de Stanford Peter Corning, no livro *The Fair Society*: "O hiato de renda entre os membros mais ricos e os mais pobres da nossa sociedade vem crescendo rapidamente".[7] Da mesma forma o professor Andrew Hacker, da Queens College, declarou no livro *Money*: "Embora todos os segmentos da população tenham alcançado um aumento na renda, o quinto entre os mais ricos superou em 24 vezes o quinto entre os mais pobres. E medido por suas quotas no agregado, não apenas o quinto inferior, mas também os três acima dele acabaram perdendo terreno".[8]

Ainda que essas discussões tenham sido expressas em termos de *pessoas*, a evidência empírica real citada está relacionada ao que tem ocorrido ao longo do tempo com *categorias estatísticas* — e isso vem a ser exatamente o oposto do que ocorreu ao longo do tempo com seres humanos de carne e osso, muitos dos quais mudam de uma categoria de renda para outra no decorrer do tempo.

Em termos estatísticos, é de fato verdade que tanto a quantidade de renda como a proporção de toda a renda recebida pelos que se encontram na faixa dos 20% mais ricos tiveram elevação ao longo dos anos, aumentando a distância entre os quartis superiores e os inferiores.[9] Mas os dados do Departamento do

Tesouro dos Estados Unidos, acompanhando indivíduos específicos ao longo do tempo a partir das suas declarações de impostos à Receita Federal, mostram que, com relação às *pessoas*, a renda dos contribuintes em particular que estavam entre os 20% mais pobres em rendas em 1996 teve uma elevação de 91% em 2005, ao passo que a renda dos contribuintes em particular que estavam entre os 20% mais ricos em 1996 teve elevação de apenas 10% em 2005 — e a renda daqueles que integravam a faixa dos 5% mais ricos e do 1% mais ricos na realidade declinou.[10]

Muitos dos mesmos tipos de dados usados para apontar uma ampliação do hiato de renda entre "o rico" e "o pobre" — nomes geralmente dados a pessoas com rendas diferentes, não com diferentes quantidades de riqueza, como os termos rico e pobre podem parecer indicar — têm levado boa parte da mídia a afirmar do mesmo modo que há um crescente hiato de renda entre o "milionário" e o "meramente rico". Sob o título "Os mais ricos estão deixando até os ricos para trás", um artigo de primeira página do *New York Times* conferiu aos "0,1% dos que têm maior renda — a milésima parte mais rica" o apelido de "hiper-ricos" e declarou que eles "haviam deixado para trás pessoas que ganham centenas de milhares de dólares por ano".[11] Mais uma vez, a confusão se instala entre o que está acontecendo às categorias estatísticas ao longo do tempo e o que está acontecendo aos indivíduos de carne e osso ao longo do tempo, enquanto mudam de uma categoria estatística para outra.

Apesar da elevação da renda do 0,1% dos contribuintes mais ricos como categoria estatística, tanto absoluta quanto relativamente à renda de outras categorias, como seres humanos de carne e osso, os indivíduos que no início estavam nessa categoria tiveram, na verdade, a renda reduzida em espantosos 50% de 1996 até 2005.[12] Não é de surpreender que pessoas cuja renda caiu para metade saiam da faixa do 0,1% mais ricos. O que acontece com a renda da categoria ao longo do tempo não é o mesmo que acontece com as pessoas que se encontravam nessa categoria em dado momento. Contudo, muitos no âmbito da *intelligentsia* estão prontos para tirar proveito de qualquer número que pareça adaptar-se à sua visão.[13]

A história é quase a mesma com os dados sobre os quatrocentos maiores recebedores de renda no país. Como ocorreu com os outros dados, os dados sobre os que se encontravam entre os quatrocentos maiores recebedores de renda de 1992 a 2000 não eram dados sobre as mesmas quatrocentas pessoas no decorrer desse intervalo de tempo inteiro. Durante esse período, milhares de pessoas figuraram entre as quatrocentas mais ricas — ou seja, a rotatividade era grande. Menos de um quarto de todas as pessoas nessa categoria durante esse intervalo de anos esteve na categoria mais de um ano, e menos de 13% estiveram nessa mesma categoria por mais de dois anos.[14]

Por trás de muitos desses números e da retórica alarmista que os acompanha reside um fato muito banal: a maioria das pessoas começa a carreira profissional recebendo salários menores, de nível inicial. Com o passar do tempo essas pessoas adquirem mais habilidades e experiência, e o aumento da produtividade leva ao aumento do pagamento, o que as coloca em faixas salariais cada vez maiores. Isso não é raro. Trata-se de um padrão comum entre milhões de pessoas nos Estados Unidos e em alguns outros países. Um estudo da Universidade de Michigan que acompanhou os mesmos trabalhadores ao longo do tempo encontrou um padrão muito semelhante a esse nos dados da Receita Federal. Mais de três quartos desses trabalhadores norte-americanos cujas rendas figuravam entre as 20% menores em 1975 figuravam também entre os 40% *maiores* recebedores de renda em algum momento em 1991. Somente 5% dos que no início estavam no quantil inferior ainda continuavam nele em 1991, ao passo que 29% dos que no início estavam no quantil inferior haviam subido para o quantil superior.[15]

Ainda assim, o virtuosismo verbal transformou um agrupamento transitório de determinada categoria estatística em uma classe permanente denominada "os pobres". Assim como a maioria dos norte-americanos em categorias estatísticas identificados como "os pobres" não constituem uma classe permanente nos Estados Unidos, estudos na Grã-Bretanha, no Canadá, na Nova Zelândia e na Grécia mostram padrões semelhantes de mobilidade entre pessoas que estão em faixas de baixa renda em dado momento.[16] Pouco mais da metade de todos os norte-americanos que ganham salário mínimo ou um valor próximo do salário mínimo têm idades entre 16 e 24 anos[17] — e é evidente que esses indivíduos não podem *continuar* indefinidamente nessa faixa etária; o que continua indefinidamente é essa categoria etária, claro, fornecendo a muitos intelectuais dados condizentes com os seus preconceitos.

Concentrando-se apenas nas faixas de renda e não nas pessoas reais que transitam entre essas faixas, a *intelligentsia* conseguiu criar verbalmente um "problema" para o qual é necessária uma "solução". Elaboraram uma visão poderosa de "classes" com "diferenças" e "desigualdades" de renda, causadas por "barreiras" criadas pela "sociedade". Mas a ascensão rotineira, ao longo do tempo, de milhões de pessoas a partir do quantil mais baixo zomba das "barreiras" presumidas por muitos da *intelligentsia*, se não pela maior parte dela.

Longe de usar suas habilidades intelectuais para esclarecer a diferença entre categorias estatísticas e seres humanos de carne e osso, a *intelligentsia* usou em vez disso o seu virtuosismo verbal para igualar a relação numérica mutável entre categorias estatísticas com uma relação mutável entre seres humanos reais ("os ricos" e "os pobres") ao longo do tempo, ainda que os dados que acompanham recebedores de renda individuais ao longo do tempo contivessem uma história diametralmente oposta à dos dados que acompanham as categorias estatísticas das quais as pessoas entram e saem no decorrer do tempo.

A confusão entre categorias estatísticas e seres humanos de carne e osso aumenta quando há confusão entre renda e riqueza. Aqueles denominados "ricos" ou "milionários" receberam esses títulos dos meios de comunicação com base em renda, e não em riqueza, embora ser rico signifique possuir mais riqueza. De acordo com o Departamento do Tesouro: "Entre os indivíduos com as rendas mais elevadas em 1996 — o 1/100 mais rico de 1% —, somente 25% continuavam nesse grupo em 2005".[18] Se esses indivíduos eram de fato milionários, é difícil explicar por que três quartos deles já não se encontram mais nessa categoria uma década mais tarde.

Uma confusão relacionada a essa de que estamos tratando, porém um tanto diferente, levou a muitas alegações nos meios de comunicação e no âmbito acadêmico de que as rendas dos norte-americanos estagnaram ou cresceram muito devagar no decorrer dos anos. Por exemplo, durante todo o período de 1967 a 2005 a renda familiar média real — isto é, a renda monetária ajustada à inflação — cresceu 31%.[19] Em períodos selecionados nesse longo intervalo de tempo, a renda familiar real cresceu ainda menos, e a *intelligentsia* tem citado com frequência os períodos selecionados para afirmar que a renda e os padrões de vida "estagnaram".[20] Contudo, a renda per capita real aumentou 122% ao longo desse mesmo intervalo de tempo, de 1967 a 2005.[21] Quando mais do que duplicar a renda real por pessoa recebe o nome de "estagnação", eis aí uma das muitas proezas da virtuosidade verbal.

A razão para a grande discrepância entre as tendências da taxa de crescimento da renda familiar e as tendências da taxa de crescimento na renda individual é bastante simples: o número de pessoas por domicílio vem declinando ao longo dos anos. Já em 1966, o Departamento do Censo dos Estados Unidos informou que o número de domicílios estava aumentando mais rápido do que o número de pessoas, e concluiu: "O principal motivo para o ritmo mais rápido de formação de domicílios é a tendência crescente, sobretudo entre indivíduos não aparentados, de manterem as suas próprias casas ou apartamentos em vez de viverem com parentes ou se mudarem para domicílios existentes, como inquilinos, hóspedes, e assim por diante".[22] O aumento da renda individual tornou isso possível. Ainda em 1970, 21% dos domicílios norte-americanos continham cinco ou mais pessoas. Em 2007, porém, apenas 10% dos domicílios tinham esse número de pessoas.[23]

Apesar desses fatos óbvios e banais, as estatísticas de renda domiciliar ou familiar continuam sendo extensamente citadas nos meios de comunicação e nos meios acadêmicos — e as estatísticas de renda per capita continuam sendo amplamente ignoradas, apesar do fato de que domicílios variam em tamanho, ao passo que a renda per capita sempre está associada à renda de uma pessoa. Contudo, as estatísticas que a *intelligentsia* continua a citar são muito mais compatíveis com a sua visão dos Estados Unidos do que as estatísticas que continuam a ignorar.

Assim como as estatísticas sobre domicílios subestimam a elevação do nível de vida norte-americana ao longo do tempo, elas também exageram o grau de desigualdade de renda, já que famílias com rendas mais baixas tendem a ter menos pessoas do que as famílias com rendas mais altas. Embora existam 39 milhões de pessoas em domicílios cujas rendas figurem entre os 20% mais pobres, existem 64 milhões de pessoas em domicílios cujos rendimentos figuram entre os 20% mais ricos. Nisso também não há nada de misterioso, levando-se em conta o número de mães com baixa renda vivendo com filhos sem pai e o número de pessoas que habitam um quarto de hotel ou em pensões, por exemplo.

Mesmo que cada *pessoa* no país inteiro recebesse exatamente a mesma renda, continuaria existindo uma "disparidade" significativa entre as rendas médias recebidas por *domicílios* com 64 milhões de pessoas em comparação com as rendas médias recebidas pelos domicílios com 39 milhões de pessoas. Essa disparidade seria ainda maior se apenas as rendas dos adultos trabalhadores fossem levadas em conta, mesmo que todos esses adultos tivessem rendas idênticas. Há mais adultos chefes de família que trabalham em tempo integral e durante o ano inteiro, quer nos *5%* dos domicílios mais ricos, quer nos *20%* dos domicílios mais pobres.[25]

Muitas estatísticas sobre renda desorientam em outro sentido, quando deixam de lado a renda recebida em espécie — como vale-refeição e subsídios habitacionais —, que muitas vezes ultrapassa o valor da renda em dinheiro recebida por pessoas das faixas de renda mais baixas. Em 2001, por exemplo, as transferências em dinheiro ou em espécie representaram mais de três quartos do total de recursos econômicos à disposição das pessoas entre os 20% mais pobres.[26] Em outras palavras, o padrão de vida das pessoas no quantil inferior é cerca de três vezes maior do que indicariam as estatísticas de renda recebida. Como veremos, os seus bens pessoais estão muito mais de acordo com esse fato do que com a percepção da intelectualidade.

CONSIDERAÇÕES MORAIS

A diferença entre categorias estatísticas e pessoas reais envolve questões morais e também empíricas. Podemos nos preocupar com o destino econômico de seres humanos de carne e osso, mas é bem diferente do que ficarmos alarmados ou indignados com o destino de categorias estatísticas. Por exemplo: o best-seller de Michael Harrington *A Outra América: A Pobreza nos Estados Unidos* dramatizou as estatísticas de renda, lamentando "a angústia" dos pobres nos Estados Unidos, dezenas de milhões "mutilados no corpo e no espírito", representando "a vergonha da outra América", pessoas "apanhadas num círculo vicioso" e padecendo de uma "desfiguração da vontade e do espírito que é uma consequência de ser pobre".[27] Porém, colocar angústia moral em dados estatísticos não funciona para estabelecer uma ligação entre um grupo temporário nas categorias estatísticas e uma classe permanente invocada por meio de virtuosismo verbal.

Houve um tempo em que essa retórica poderia ter feito algum sentido nos Estados Unidos, e em alguns outros países ela pode até fazer sentido ainda hoje. Mas a maioria dos norte-americanos que atualmente vivem abaixo da linha oficial de pobreza possui bens que há cerca de uma geração eram considerados exclusividade do padrão de vida da classe média. Em 2001, três quartos dos norte-americanos com rendas abaixo do nível de pobreza oficial tinham ar-condicionado (algo que apenas um terço de todos os norte-americanos tinha em 1971), 97% tinham televisão colorida (item que menos da metade de todos os norte-americanos tinha em 1971), 73% possuíam um micro-ondas (algo que menos de 1% de todos os norte-americanos tinha em 1971) e 98% dos "pobres" tinham um gravador de vídeo ou um aparelho de DVD (que ninguém tinha em 1971). Além disso, 72% dos "pobres" possuíam um veículo motorizado.[28]

Nada disso serviu para mudar a retórica da *intelligentsia*, por mais que revele grandes mudanças no padrão de vida dos norte-americanos que integram as faixas de renda mais baixas. O professor Peter Corning, por exemplo, chamou a economia norte-americana de "deserto de pobreza que não para de crescer" e afirmou que "cerca de um quarto da nossa população" está "lutando para satisfazer suas necessidades básicas".[29] De modo semelhante, o professor Andrew Hacker declarou que "uma proporção cada vez maior de crianças cresce em lares sem recursos sequer para suprir as necessidades básicas".[30]

Expressões indefinidas como "necessidades básicas" e expressões arbitrariamente definidas como "pobreza" permitem que tal retórica prospere independentemente de haver fatos documentados sobre o crescimento dos padrões de vida nas faixas de renda inferiores. Essa retórica alarmista é abundante, mas a ausência dos pormenores chama a atenção. Houve um tempo em que pobreza significava que as pessoas passavam fome ou não podiam comprar roupas apropriadas para se protegerem das intempéries. Nos dias de hoje, a palavra pobreza significa o que quer que aqueles que definem o nível de pobreza oficial desejem que signifique. Sendo assim, dizer que X por cento da população norte-americana vive na pobreza é dizer que satisfazem uma definição arbitrária, que poderia ser estabelecida para mais ou para menos, dando ensejo a que metade ou o dobro dos pobres sejam chamados de "pobres". Ademais, as estatísticas de renda citadas com tanta frequência nos dizem muito pouco a respeito do nível de vida real das pessoas que recebem a maior parte dos seus recursos econômicos *independentemente* da renda que possam obter.

Nessa situação, estatísticas de renda para a população predominantemente desempregada e de baixa renda nos dizem mais sobre as noções ou pautas na mente daqueles que definem categorias estatísticas do que sobre as reais condições de vida de seres humanos de carne e osso no mundo real.

As concepções equivocadas acerca do funcionamento da economia têm sido tão comuns quanto as afirmações errôneas sobre os fatos. Típico da mentalidade de muitos intelectuais foi um livro do professor Andrew Hacker que mencionava os trilhões de dólares que se tornavam "a renda pessoal dos norte-americanos" todo ano, e dizia: "A forma como esse dinheiro é repartido será o assunto deste livro".[31] Mas esse dinheiro não é *repartido* de maneira alguma. Torna-se renda por meio de um processo totalmente diferente.

A própria expressão "distribuição de renda" é tendenciosa. Ela inicia a história econômica pelo meio, com uma quantidade de renda ou de riqueza que *de algum modo* existe, e apresenta apenas a questão de saber como essa renda ou riqueza deve ser distribuída ou "repartida", nas palavras do professor Hacker. No mundo real, a situação é bem diferente. Em uma economia de mercado, as pessoas, em sua maioria, recebem renda como resultado do que produzem, fornecendo bens ou serviços que outras pessoas desejem, ainda que esse serviço seja apenas trabalho. O adquirente desses bens ou serviços paga de acordo com o valor que atribui ao que é recebido, escolhendo entre fornecedores alternativos para encontrar a melhor combinação de preço e qualidade — ambos segundo a avaliação do indivíduo que está pagando.

Esse processo rotineiro, utilitário, é bem diferente da visão de "distribuição de renda" projetada por aqueles nos meios intelectuais que conferem angústia moral a essa visão. Se existisse de fato alguma quantidade preexistente de renda ou de riqueza, produzidas *de alguma maneira* — maná do céu, talvez —, então evidentemente haveria uma questão moral relacionada à parcela que caberia a cada membro da sociedade. Mas riqueza é *produzida*. Simplesmente não existe *de alguma maneira*. Quando milhões de indivíduos recebem pagamento conforme o valor que subjetivamente milhões de outros indivíduos atribuem aos que os primeiros produzem, não parece haver base para que terceiros digam que alguns bens ou serviços são sobrevalorizados ou subvalorizados, que cozinhar deveria ser mais valorizado ou carpintaria deveria ser menos valorizada, por exemplo, muito menos para que digam que não trabalhar não traz recompensa suficiente em comparação com trabalhar.

Não há também nada de misterioso no fato de que pelo menos mil vezes mais pessoas pagariam para ouvir Pavarotti cantar do que pagariam para ouvir uma pessoa comum cantar.

Em situações nas quais as pessoas são pagas por algo que produzem, os que adquirem essa produção podem decidir se essa produção deve valer mil vezes mais do que a produção de outra pessoa — até porque existem milhares de pessoas mais interessadas em receber determinados produtos ou serviços do que em receber outros produtos e serviços, ou até o mesmo produto ou serviço de outra pessoa. Por exemplo, quando Tiger Woods se ausentou do circuito do torneio de golfe por vários meses devido a uma lesão, a audiência de televisão na rodada final dos torneios mais importantes diminuiu em graus variados, chegando a 61%.[32] Isso pode ser traduzido em milhões de dólares com receitas de publicidade, com base no número de telespectadores.

A produtividade de uma pessoa pode ser mil vezes mais valiosa do que a de outra pessoa, mas isso não significa que o *mérito* dessa pessoa seja mil vezes maior que o de outra. Produtividade e mérito são coisas bem diferentes, embora se faça com frequência confusão entre as duas. Além disso, a produtividade de um indivíduo é afetada por incontáveis fatores à parte os esforços — nascer com uma voz estupenda é um exemplo óbvio. Ser criado em determinada casa, com um conjunto particular de valores e de padrões de comportamento, viver num ambiente geográfico ou social específico, ou simplesmente nascer com as funções cerebrais preservadas e não com um cérebro comprometido por conta de alguma intercorrência no parto, são coisas que podem fazer enorme diferença no que determinada pessoa é capaz de produzir. Ainda mais importante, terceiros não estão em posição de julgar o valor da produtividade de alguém para outra pessoa, e é difícil até mesmo conceber como o mérito de uma pessoa poderia ser julgado com exatidão por outra que jamais teve as mesmas experiências. Um indivíduo criado em horríveis condições domésticas ou sociais pode ser admirável por ter se tornado um cidadão decente e capaz de desempenhar uma atividade mediana, sendo, por exemplo, um sapateiro; por outro lado, alguém criado desde o nascimento com todas as vantagens que acompanham o dinheiro e a posição social pode não ser mais admirável por ter se tornado um respeitado neurocirurgião. Mas isso é bem diferente de afirmar que consertar sapatos é tão valioso para os outros quanto ser capaz de tratar doenças no cérebro.

Dizer que o mérito pode ser o mesmo não significa dizer que a produtividade é a mesma. Do mesmo modo, não podemos, nem lógica nem moralmente, ignorar a discrepância entre a prioridade relativa de quem deseja consertar sapatos e a prioridade relativa de quem necessita de uma cirurgia cerebral. Em outras palavras, não se trata simplesmente de considerar o interesse de um beneficiário de renda *versus* o interesse de outro beneficiário de renda, ignorando o número muito maior de outras pessoas cujo bem-estar depende do que esses indivíduos produzem.

Se preferirmos uma economia na qual a renda esteja separada da produtividade, então precisamos defender de modo explícito esse tipo de economia. Mas isso é bem diferente de fazer uma mudança expressiva e profunda com base num virtuosismo verbal que apresenta a questão como se fosse simplesmente um conjunto de estatísticas de "distribuição de renda" hoje em relação a um conjunto alternativo de estatísticas de "distribuição de renda" amanhã.

No que diz respeito à questão moral, se determinado conjunto de seres humanos pode ser responsabilizado pelas disparidades na produtividade de outras pessoas — e respectivas rendas —, depende de quanto controle um dado conjunto de seres humanos tenha mantido ou possa manter sobre os incontáveis fatores que levaram às diferenças existentes na produtividade. Considerando que *nenhum* ser humano tem controle sobre o passado, e muitas diferenças culturais profundamente arraigadas são um legado do passado, as limitações quanto ao que se pode fazer no presente têm relação quanto ao que a sociedade pode considerar falhas morais.

Muito menos as diferenças estatísticas entre grupos podem ser automaticamente atribuídas a "barreiras" criadas pela sociedade. Barreiras existem no mundo real, assim como existe o câncer; mas isso não significa que todas as mortes — ou mesmo a maioria das mortes — possam ser atribuídas automaticamente ao câncer, nem que a maioria das diferenças econômicas possa ser atribuída automaticamente a "barreiras", por mais que este último argumento insensato esteja em voga em alguns círculos.

Dentro das limitações das circunstâncias, existem coisas que podemos fazer para tornar as oportunidades mais amplamente disponíveis, ou para ajudar aqueles cujos impedimentos são severos demais para que se espere que eles utilizem as oportunidades já disponíveis. Na realidade, muito já foi feito e ainda está sendo feito num país como os Estados Unidos, que é líder mundial em filantropia, não somente em termos de dinheiro, mas também no tocante a indivíduos que dedicam tempo a propósitos filantrópicos. Mas apenas se partirmos do princípio de que tudo o que não foi feito poderia ter sido feito, sem levarmos em conta custos e riscos, é que poderíamos culpar os indivíduos ou as sociedades pelo fato de o mundo real não corresponder a uma visão qualquer de uma sociedade ideal. A discordância entre o real e a visão do ideal também não pode ser atribuída automaticamente à realidade existente, como se os visionários não pudessem estar enganados.

OS POBRES COMO CONSUMIDORES

Embora a maioria das pessoas que integram as faixas de renda inferiores em determinado momento não figurem nessas faixas permanentemente, algumas pessoas não saem delas. Além disso, certos bairros podem continuar a ser o lugar onde pessoas pobres moram durante gerações, não importa quantas pessoas deixem esses bairros para desfrutar de uma vida melhor à medida que ascendem de uma faixa de renda para outra. As reviravoltas raciais ou étnicas nos bairros — o Harlem já foi uma comunidade judaica de classe média[33] — são apenas um exemplo dessa mobilidade econômica.

Os bairros de baixa renda tendem a ter suas próprias características econômicas, não importa quem viva neles — uma das características mais marcantes é que os preços tendem a ser mais altos do que em outros bairros. As discussões dos intelectuais acerca do fato de "os pobres pagarem mais" são muitas vezes acusações indignadas e condenação aos que cobram preços mais altos das pessoas que têm menos capacidade de pagar por isso. Fica subentendido que as *causas* para a cobrança desses preços elevados têm origem supostamente naqueles que os cobram, e devem-se particularmente a predisposições malignas tais como "ganância", "racismo" e coisas do tipo. Raramente é mencionada, muito menos investigada, a possibilidade de que quem ou o que quer que seja que transmita preços elevados talvez seja diferente de quem ou o que quer que torne esses preços mais altos do que em outros bairros.

Confundir transmissão com causalidade é um aspecto central nas discussões de muitos intelectuais sobre "problemas sociais". Em diversos contextos bem diferentes, os preços transmitem muitas vezes uma realidade implícita sem serem a causa dessa realidade.

Entre as realidades implícitas em muitos bairros de baixa renda, figuram taxas mais altas de criminalidade, vandalismo e violência, e ainda a falta de pré-requisitos econômicos para as economias de escala que tornam possível, para as grandes cadeias de lojas, cobrar preços mais baixos e ainda assim ter lucro com taxas mais elevadas de rotatividade de estoque em bairros mais abastados. Porém, essas considerações mundanas não oferecem aos intelectuais a oportunidade para que exibam o seu tipo especial de conhecimento, ou a oportunidade para que exibam as suas suposições de virtude superior ao condenar os outros. Se as lojas em bairros de baixa renda realmente obtivessem taxas de lucro mais altas nesses investimentos, seria difícil explicar por que as redes de lojas, e muitas outras empresas, evitam instalar-se nesses lugares, que muitas vezes são tristemente carentes de vários negócios comuns em bairros mais abastados.

"DISTRIBUIÇÃO DE RENDA"

Os custos inerentes à prestação de serviços financeiros a pessoas em bairros de baixa renda são do mesmo modo ignorados por grande parte dos integrantes da *intelligentsia*, se não por todos. Não apenas isso, as altas taxas de juro cobradas em empréstimos pessoais aos pobres bastam para desencadear orgias de denúncias e pedidos de intervenção governamental para dar fim às taxas de juro "abusivas" e "inescrupulosas". Nesse caso, o virtuosismo verbal com frequência é usado para indicar taxas de juros em termos percentuais *anuais*, quando, na verdade, os empréstimos feitos nos bairros de baixa renda são feitos muitas vezes num acordo de semanas, ou mesmo de dias, com o objetivo de satisfazer alguma exigência imediata. As somas em dinheiro emprestadas costumam ser de algumas centenas de dólares, emprestadas por algumas semanas, a juros de cerca de 15 dólares por 100 dólares emprestados. Isso faz as taxas de juro anuais alcançarem a casa das centenas — o tipo de estatística que gera frisson no âmbito da mídia e da política.

Os custos inerentes a esses encargos raras vezes ou jamais são investigados pela *intelligentsia*, pelos chamados "defensores do consumidor" ou por outros envolvidos no ramo de criar frisson e denunciar negócios sobre os quais eles conhecem pouco ou nada. As consequências econômicas da intervenção do governo para limitar a taxa de juros anual podem ser vistas em vários estados nos quais esses limites foram impostos. Depois que Oregon impôs um limite de 36% às taxas anuais de juros, três quartos das pessoas que tomavam empréstimos para despesas do dia a dia encerraram as suas operações.[34] Não é difícil entender por que isso aconteceu — isto é, não é difícil para quem se dá ao trabalho de verificar os fatos. Com um limite de 36% na taxa anual de juros, os 15 dólares de juros cobrados para cada 100 dólares emprestados cairiam para menos de 1,50 dólar num empréstimo a ser pago em duas semanas, quantia que provavelmente não cobre nem o custo de processamento do empréstimo, quanto mais os riscos de se fazer o empréstimo.[h]

E quanto ao tomador de empréstimo, supostamente o motivo da preocupação das elites morais? Negar ao tomador de empréstimo os 100 dólares necessários para que ele possa satisfazer alguma exigência deve ser ponderado em face dos 15 dólares pagos por ele para que tal exigência seja satisfeita. Por que essa decisão de compromisso deve ser retirada por lei da pessoa que melhor conhece a situação, e que é mais afetada por ela, e transferida para terceiros muito deficitários em termos de conhecimento específico e circunstâncias gerais? Essa é uma pergunta que raramente é feita, e mais raramente ainda respondida. Intelectuais que se consideram conhecedores, além de compassivos, dificilmente se dão conta de que estão interferindo em coisas sobre as quais são bastante ignorantes — e que ao fazerem isso impõem perdas a pessoas muito menos afortunadas que eles. Um editorial do *New York Times*, por exemplo, denunciou as "taxas de juros anuais de três dígitos" dos fornecedores de empréstimos consignados, que "exploram o desespero das pessoas" e "lucram com a capa da virtude capitalista". Recomendava um teto para a taxa de juros de 36% como necessário para impedir "a chocante exploração dos empréstimos consignados".[35] Publicar tais coisas pode ter sido benéfico para o *New York Times*, mas não há indicações de que tenha sido benéfico para os pobres verem desaparecer uma das suas já limitadas opções.

Contudo, nada disso é particularidade do *New York Times* nem dos empréstimos consignados. As pessoas recorrem a alternativas para se adaptar à pobreza, e muitas dessas alternativas são chocantes para as pessoas que possuem mais dinheiro e mais opções — e também mais arrogância. As habitações nas quais os pobres vivem, por exemplo, há muito tempo ofendem observadores mais abastados, terceiros que com frequência lideram cruzadas políticas com o objetivo de derrubar habitações "abaixo do padrão", afastando o "horror" — e os pobres — das suas vistas. Isso não costuma proporcionar aos pobres opções melhores do que as que tinham antes, a menos que se considere melhor forçá-los a pagar mais por uma habitação mais sofisticada do que queriam — e pela qual antes tinham a possibilidade de pagar. Reduzir as opções já limitadas das pessoas não pode absolutamente ser considerado algo que vá melhorar a situação delas, a não ser que estejamos convencidos da superioridade da nossa própria sabedoria e virtude. Mas, como já foi dito, um tolo veste melhor o seu casaco do que um sábio o veste por ele. Não há nada mais fácil do que criar padrões de habitação que reflitam o que "reformadores" sofisticados gostariam de ver sem precisar arcar com nenhum custo. Esses reformadores habitacionais destruíram bairros inteiros sob a justificativa de que estavam "deteriorados", e ao longo dos anos perseguiram os pobres de um bairro para outro. Em São Francisco, o efeito final desse frenesi foi a completa expulsão de um grande número de negros da cidade. No começo do século XXI, a população negra de São Francisco era menos da metade do que era em 1970. Nada disso é particularidade dos negros ou de São Francisco, nem mesmo dos reformadores habitacionais ou dos críticos do empréstimo consignado. Trata-se apenas de algumas coisas que os ungidos fazem para se sentirem bem consigo mesmos enquanto causam destruição.

CAPÍTULO 4
SISTEMAS ECONÔMICOS

O fato mais fundamental da economia, sem o qual não haveria economia, é que aquilo que todos querem é sempre mais do que aquilo que existe. Se isso não fosse verdade, estaríamos vivendo num Jardim do Éden — onde tudo está ao alcance em abundância ilimitada —, e não numa economia com recursos finitos e desejos infindáveis. Devido a essa escassez inerente — que existe independentemente do sistema econômico vigente, seja o capitalismo, o socialismo, o feudalismo ou qualquer outro —, uma economia não apenas organiza a produção e a distribuição do produto resultante como também deve, por sua própria natureza, ter maneiras de *impedir* que as pessoas satisfaçam totalmente os seus desejos. Ou seja, ela tem de *transmitir* a escassez inerente, sem a qual a economia não teria sentido algum, ainda que essa escassez não seja *causada* por nenhum tipo específico de economia.

Em uma economia de mercado, os preços transmitem a escassez inerente por meio de ofertas concorrentes de recursos e produtos que são intrinsecamente inadequados para proporcionar a todos os concorrentes tudo o que eles desejam. Esse fato pode parecer básico e óbvio, mas até mesmo intelectuais renomados como o filósofo John Dewey o interpretaram de forma bastante equivocada, culpando o sistema econômico específico que *transmite* a escassez por *causar* a própria escassez. Para Dewey, a economia de mercado "mantém a escassez artificial" em prol do "lucro pessoal".[1] De modo semelhante, George Bernard Shaw via a "restrição da produção" como o princípio sobre o qual o capitalismo foi fundado.[2] Bertrand Russell definiu economia de mercado como uma economia na qual "ricos bandoleiros de estrada têm permissão para cobrar do mundo taxas pelo uso de minerais essenciais".[3]

Segundo Dewey, para "tornar realidade a abundância potencial" seria necessário "modificar as instituições".[4] Tudo indica, porém, que ele considerou desnecessário especificar algum conjunto alternativo de instituições econômicas no mundo real que tivesse de fato produzido mais abundância que as instituições que culpava por "manterem a escassez artificial". Como em muitos outros casos, a absoluta ausência de evidências baseadas em fatos ou mesmo de um único movimento de lógica passa despercebida pelos intelectuais quando alguém expressa um ponto de vista comum entre seus pares e compatível com sua visão geral do mundo.

Do mesmo modo, um historiador do século XXI disse casualmente, como se fosse algo óbvio demais para exigir elaboração, que "o capitalismo produziu massas de trabalhadores golpeados pela pobreza".[5] Sem dúvida, havia muitos trabalhadores nessa situação nos primeiros anos do capitalismo, mas nem esse historiador nem a maioria dos demais intelectuais se incomodaram em mostrar que o capitalismo produziu tal pobreza. Se esses trabalhadores eram realmente mais prósperos antes do capitalismo, então não somente esse fato precisaria ser demonstrado como também seria necessário explicar por que os trabalhadores abriram mão desse padrão de vida anterior e supostamente mais elevado e passaram a trabalhar para os capitalistas por menos. Raras vezes os intelectuais que fazem essas afirmações — afirmações — se encarregam dessas tarefas, e raras vezes os seus colegas intelectuais os desafiam a fazê-lo quando suas declarações estão em conformidade com a visão dominante.

O crítico social Robert Reich também comentou de maneira casual que o capitalismo do século XX produziu, entre outras consequências sociais, "degradação humana, salários miseráveis e longas horas de trabalho para operários fabris",[6] mas sem uma migalha de prova de que qualquer uma dessas coisas era melhor antes do capitalismo do século XX. Nada mais fácil do que simplesmente *pressupor* que antes as coisas eram melhores, e nada mais difícil do que encontrar evidências de que as habitações eram melhores, os salários, mais elevados, e as cargas horárias, menores no século XIX e nos séculos anteriores, seja na indústria, seja na agricultura.

A diferença entre criar uma realidade e transmitir uma realidade é fundamental em muitos contextos. A ideia de matar o mensageiro que traz más-novas é um dos exemplos mais antigos e mais simples. Mas o princípio fundamental ainda hoje segue vivo e bem quando acusações de discriminação racial são feitas contra bancos que recusam a candidatos negros empréstimos hipotecários numa proporção maior do que recusam a candidatos brancos.

Mesmo quando o verdadeiro tomador de decisão que aprova ou recusa as solicitações de empréstimo o faz baseado na documentação fornecida por outros que entrevistam candidatos a empréstimo pessoalmente, e esse tomador de decisão não faz ideia da raça desses candidatos, as decisões tomadas podem, contudo, *transmitir* diferenças entre grupos raciais no que diz respeito a qualificações financeiras, sem serem a *causa* dessas diferenças nas qualificações, no histórico de crédito ou nos resultados ocasionados por essas diferenças. Bancos pertencentes a negros também recusam candidatos negros em uma taxa mais elevada do que recusam candidatos brancos, e bancos pertencentes a brancos recusam candidatos brancos a uma taxa mais elevada do que recusam candidatos asiático-americanos;[7] esses fatos reforçam o argumento — o argumento —, mas somente para quem verifica os fatos, que raramente são mencionados nos meios de comunicação, cuja preocupação é o melodrama moral que se ajusta à sua visão.[i] Uma das muitas diferenças entre negros, brancos e asiáticos é o fato de que a classificação de crédito média dos brancos é mais elevada que a dos negros, e a classificação média de crédito dos asiático-americanos é mais elevada que a dos brancos.[8]

À luz das muitas diferenças entre esses três grupos, não é de se espantar que enquanto os negros tiveram empréstimos hipotecários recusados a uma taxa duas vezes superior à dos brancos no ano 2000, os brancos tiveram esses empréstimos recusados a uma taxa quase duas vezes superior à dos asiático-americanos.[9] Mas apenas a comparação entre negros e brancos recebeu atenção em grande parte dos meios de comunicação. Se tivessem sido incluídos dados que comparam as taxas de recusa de empréstimos hipotecários entre asiático-americanos, o melodrama moral se reduziria a um simples exemplo de economia elementar.

CAOS *VERSUS* COMPETIÇÃO

Outra noção infundada sobre economia comum entre a *intelligentsia* é a de que haveria caos na economia sem planejamento ou controle governamental. A ordem criada por um processo deliberadamente controlado pode ser muito mais fácil de conceber ou de compreender do que uma ordem que emerge de um conjunto de incontáveis interações não controladas. Mas isso não significa que a ordem criada por um processo controlado seja necessariamente mais comum, mais consequencial ou mais desejável em suas consequências.

Nem o caos nem o acaso estão implícitos em circunstâncias não controladas. Numa floresta virgem, a flora e a fauna não se distribuem de modo aleatório ou caótico. A vegetação que cresce na encosta de uma montanha é sistematicamente diferente em pontos diferentes da elevação. Algumas árvores crescem com mais abundância em altitudes mais baixas, enquanto outras crescem com mais abundância em altitudes mais elevadas. Acima de determinada altitude nenhuma árvore cresce, e no cume do Everest, por exemplo, não cresce nenhuma vegetação. Nada disso, é claro, resulta de decisões tomadas pela vegetação, mas depende de variações nas circunstâncias locais, como temperatura e solo. Não é caos; trata-se de um resultado *sistematicamente* determinado, com um padrão.

A vida animal também varia com as diferenças ambientais, e, embora os animais, assim como os seres humanos — e ao contrário da vegetação —, tenham pensamento e vontade, esse pensamento e essa vontade nem sempre são fatores decisivos nos resultados. Os peixes vivem na água, e os pássaros, no ar, e não o contrário; e isso não é exatamente uma questão de escolha, embora cada um tenha escolhas quanto ao comportamento em seus respectivos ambientes. Além disso, as escolhas de comportamento que sobreviverão à competição que elimina alguns tipos de resposta ao ambiente e deixa que outros tipos permaneçam também não são inteiramente questão de vontade. Em resumo, entre a vontade individual e os resultados gerais encontram-se fatores que limitam ou determinam o que sobreviverá, criando um padrão, não o caos.

Nada disso é de difícil compreensão no mundo natural. Mas a diferença entre causalidade individual, associada à vontade, e causalidade sistêmica coercitiva raras vezes é levada em conta pelos intelectuais quando discutem as economias, a menos que sejam economistas. Essa distinção, contudo, é lugar-comum entre economistas há mais de dois séculos. Não é questão de opinião ou ideologia apenas. A análise sistêmica está presente tanto em *O Capital*, de Karl Marx, como em *A Riqueza das Nações*, de Adam Smith, e já existia na escola de economistas franceses do século XVIII conhecida como Fisiocratas antes de Marx ou Smith escreverem sobre economia. Até mesmo a analogia entre a ordem sistêmica na natureza e em uma economia foi sugerida pelo título de um dos escritos fisiocráticos do século XVIII, *L'Ordre Naturel*, de Mercier de la Rivière. Os fisiocratas cunharam a expressão *laissez-faire*, associada posteriormente a Adam Smith, com base na sua convicção de que uma economia sem controle não era uma economia de caos, e sim de ordem, que surgia de interações sistêmicas entre pessoas, que competiam entre si e se acomodavam umas às outras.

É evidente que Karl Marx tinha uma visão menos generosa que a dos fisiocratas ou de Adam Smith acerca do padrão de resultados da competição de mercado, mas o fundamental aqui é que ele também analisou a economia de mercado pela ótica das suas interações sistêmicas, não pela ótica de suas escolhas baseadas na vontade, mesmo quando se tratava de escolhas das suas elites econômicas, como os capitalistas. Segundo Marx, a "concorrência" cria resultados econômicos "completamente independentes da vontade do capitalista".[10] Desse modo, por exemplo, uma nova tecnologia com custos de produção mais baixos *permite* ao capitalista reduzir seus preços, porém ele é *obrigado* a reduzir seus preços quando essa tecnologia chega às mãos dos capitalistas concorrentes, de acordo com Marx.[11]

De modo semelhante, em sua análise de tempos de retração na economia — depressões ou "crises" econômicas na fraseologia marxista —, Marx fez uma distinção nítida entre causalidade sistêmica e causalidade associada à vontade:

A um homem que produziu não é dado escolher se venderá ou se não venderá. Ele *tem de* vender. E nas crises surge exatamente a circunstância de que ele não pode vender, ou só pode vender abaixo do preço de produção, ou mesmo de que tem de vender com prejuízo. De que lhe serve então, ou de que serve a nós, o fato de ele ter produzido para vender? O que nos interessa é precisamente descobrir o que anulou essa sua boa intenção.[12]

Nem em sua teoria da economia nem em sua teoria da história, Marx tornou os resultados uma simples realização da vontade individual, mesmo a vontade das elites. Nas palavras do seu colaborador Friedrich Engels: "O que cada indivíduo deseja é obstruído por todos os demais, e o que surge é algo que ninguém desejou".[13] A economia diz respeito ao padrão que surge. O historiador Charles A. Beard poderia tentar explicar a Constituição dos Estados Unidos com base nos interesses econômicos dos indivíduos que a redigiram, mas essa abordagem volitiva não era a abordagem usada por Marx e Engels, embora a teoria da história de Beard muitas vezes tenha sido confundida com a teoria da história de Marx. Marx desprezou uma teoria similar em sua própria época como "historieta fácil, atribuição de todos os grandes acontecimentos a causas mesquinhas e triviais".[14]

Não importa saber se a maioria dos intelectuais concorda ou não com a análise sistêmica, seja na economia ou em outras áreas. Muitos nem sequer consideraram esse tipo de análise, muito menos a abordaram. Aqueles que raciocinam em termos de causalidade volitiva veem o caos das decisões individuais conflitantes como a alternativa ao controle central dos processos econômicos. John Dewey, por exemplo, disse que "planos abrangentes" são necessários "se o problema da organização social tiver de ser solucionado".[15] Do contrário ocorrerá "a continuação de um sistema de acidentes, desperdício e aflição".[16] Para Dewey, a "dependência da inteligência" é uma alternativa ao improviso casual e ao movimento a esmo"[17] — em outras palavras, ao caos —, e aqueles que são "hostis ao planejamento social intencional" foram descritos como favoráveis ao "individualismo atomístico".[18]

Aqui, como em outros casos, o virtuosismo verbal transforma em meras emoções os argumentos de pessoas que têm pontos de vista contrários. Nesse caso, a emoção é a *hostilidade* contra o planejamento social. Presume-se que essa hostilidade se deva a noções remanescentes de tempos passados, e dessa forma a sociedade pode depender da "coincidência imprevista das consequências de uma enorme abundância de esforços levados a cabo por indivíduos isolados e sem referência a nenhum fim social", de acordo com a caracterização que Dewey reservava àqueles de quem discordava.[19] Na ocasião em que John Dewey disse tudo isso — em 1935 —, já havia passado mais de um século e meio desde que os fisiocratas tinham escrito os seus primeiros livros, nos quais explicavam como os mercados competitivos coordenam de modo sistemático as atividades econômicas e distribuem recursos ao ajustar a oferta e a procura aos movimentos de preços.

Quer se concorde ou não com as explicações dadas pelos fisiocratas, ou com as explicações similares e mais sofisticadas de economistas posteriores, esses são os argumentos que teriam de ser respondidos se não fossem tão largamente evitados por quem os reduz a emoções ou aos rebates sem argumentos. Por exemplo: o professor Ronald Dworkin, de Oxford, simplesmente rejeitou os argumentos favoráveis à causalidade sistêmica em geral, seja na economia, seja em outras áreas, como "A fé tola de que a ética, assim como a economia, move-se levada por uma mão invisível, de modo a que os direitos individuais e o bem geral se juntem, e a lei baseada em princípios conduza a nação a uma utopia amigável na qual todos estejam em melhor situação do que estavam antes".[20]

Mais uma vez o virtuosismo verbal *transfigura* um argumento antagônico em lugar de contestá-lo com lógica ou com provas. Além disso, na ocasião em que o professor Dworkin fez essa afirmação, havia vários exemplos de países cujas economias eram principalmente de mercado, e de países que nitidamente não praticavam economia de mercado, de maneira que as comparações empíricas eram de fácil acesso, incluindo comparações de países constituídos pelos mesmos povos — Alemanha Oriental em relação à Alemanha Ocidental, ou Coreia do Norte em comparação à Coreia do Sul, por exemplo. Porém, o virtuosismo verbal tornou desnecessários os argumentos analíticos e também os empíricos.

A concorrência econômica é o que obriga incontáveis decisões individuais discrepantes a se adaptarem umas às outras, pois os termos das transações têm forçosamente de mudar em resposta a alterações na oferta e na demanda, as quais por sua vez alteram as atividades econômicas. Não se trata de "fé" (como quer Dworkin), tampouco de ideologia (como quer Dewey), mas, sim, de conhecimento econômico. John Dewey poderia descrever as empresas como controladoras de mercados, mas essa posição não é inerente a estar ideologicamente alinhado com a esquerda. Karl Marx estava sem dúvida à esquerda, mas a diferença era que ele havia estudado economia, e tão profundamente quanto qualquer pessoa da sua época. Assim como Karl Marx não atribuía o que considerava serem efeitos deletérios da economia de mercado à má vontade de capitalistas individualmente, também Adam Smith não atribuía os efeitos benéficos da economia de mercado à boa vontade dos capitalistas individualmente. Smith retratava homens de negócios de modo tão negativo quanto Marx,[21] embora Smith fosse com justiça considerado o patrono da economia de livre mercado. De acordo com Smith, os efeitos sociais benéficos dos empreendimentos dos empresários "não são a sua intenção".[22]

Tanto na época de Adam Smith como nos dias de hoje, passados mais de dois séculos, os argumentos favoráveis a uma economia de livre mercado se baseiam nos efeitos sistêmicos de tais economias na alocação de recursos escassos que têm usos alternativos por meio da concorrência no mercado. Pode-se discordar das conclusões ou concordar com elas, mas esse é o argumento que deve ser confrontado — ou evitado.

Ao contrário do que supõem Dewey e muitos outros, os argumentos sistêmicos são independentes de qualquer noção de "individualismo atomístico". Não são argumentos segundo os quais o bem-estar de cada indivíduo aumenta o bem-estar da sociedade. Tal argumento ignoraria as interações sistêmicas que estão no centro da análise econômica, seja por Adam Smith, Karl Marx ou outros economistas. Esses argumentos econômicos não precisam ser desenvolvidos aqui, pois são detalhadamente explicados nos livros de economia.[23] A questão relevante aqui é que os intelectuais que veem caos na alternativa ao planejamento ou controle governamental raras vezes se deram ao trabalho de comparar tais argumentos; em lugar disso, compreenderam mal a questão e distorceram os argumentos dos que têm pontos de vista diferentes. Apesar da dicotomia muitas vezes expressada entre caos e planejamento, aquilo que chamamos de "planejamento" é a *supressão* forçada dos planos de milhões de pessoas por um plano imposto pelo governo. O que se considera caos são interações sistêmicas cujas natureza, lógica e consequências raras vezes são examinadas por quem simplesmente presume que o "planejamento" feito por representantes na qualidade de tomadores de decisão deve ser melhor. Herbert Croly, o primeiro editor da *New Republic* e uma figura intelectual de peso na era progressista, caracterizou a concepção de governo limitado de Thomas Jefferson como "a velha política fatal de rédeas soltas", em comparação com a política de Alexander Hamilton de "afirmação enérgica e inteligente do bem nacional". Segundo Croly, era necessário "um governo central enérgico e lúcido".[24] Nessa concepção, em vez de depender de milhões de pessoas que tomam suas próprias decisões e se valem dos seus próprios esforços, o progresso depende de representantes no papel de tomadores de decisão.

Apesar da ideia de que a escassez seja forjada em prol do lucro numa economia de mercado, essa escassez é a essência de qualquer economia — capitalista, socialista, feudal ou outra qualquer. Tendo em vista que essa escassez é inerente ao sistema como um todo — *qualquer que seja* o sistema econômico —, essa escassez tem de ser transmitida de alguma forma para cada indivíduo. Em outras palavras, não faz sentido para nenhuma economia produzir o máximo possível de determinado produto, porque isso precisaria ser feito com recursos escassos que poderiam ser usados para a fabricação de outros produtos, cuja oferta também está inerentemente limitada a menos do que o que as pessoas querem.

Em economias capitalistas, os mercados conciliam essas demandas concorrentes pelos mesmos recursos por meio da variação de preços, nos mercados de bens de consumo e também no mercado de recursos usados na produção desses bens de consumo. Esses preços tornam desvantajoso para um produtor usar um recurso para além do ponto no qual esse recurso tem maior valor para um produtor concorrente que esteja fazendo propostas por esse mesmo recurso, seja para fabricar o mesmo produto, seja para fabricar um produto diferente.

Para o produtor individual, o ponto em que deixaria de ser lucrativo usar mais de algum fator de produção — maquinário, mão de obra, terra etc. — é realmente o ponto que determina o limite da produção desse produtor, mesmo quando seria fisicamente possível produzir mais. Contudo, embora a rentabilidade e a não rentabilidade *transmitam* esse limite, não são a *causa* desse limite — que se deve à escassez de recursos inerente a qualquer sistema econômico, seja ele baseado no lucro ou não. Produzir mais de determinado produto sem respeitar esses limites não torna mais próspera uma economia. Pelo contrário: equivale a produzir algo em excesso à custa da falta de outro produto que poderia ter sido produzido com os mesmos recursos. Essa era uma situação tristemente comum na economia estatizada da União Soviética, em que os bens que não eram vendidos ficavam muitas vezes acumulados nos armazéns, enquanto uma medonha escassez levava as pessoas a formarem longas filas à espera por outros produtos.[25]

Ironicamente, Marx e Engels haviam antecipado as consequências econômicas dos preços fiduciários criados pelo governo e não por meio da oferta e da procura; e fizeram isso bem antes da fundação da União Soviética, embora os soviéticos afirmassem seguir os princípios de Marx. Quando publicou uma edição posterior do livro de Marx de 1847, *A Miséria da Filosofia* — no qual Marx rejeita os preços fiduciários —, Engels esclareceu o problema na introdução do editor. Ele frisou que as flutuações de preços "obrigaram os produtores individuais de mercadorias a entenderem de que coisas a sociedade precisa ou não, e em que quantidade precisa ou não". Sem esse mecanismo, exigia saber: "Que garantia temos de que será produzida a quantidade necessária de cada produto e não mais que isso, de que não nos faltará milho e carne para comer enquanto estivermos sufocados com açúcar de beterraba e afogados em aguardente de batata, de que não nos faltarão calças que nos cubram a nudez enquanto somos soterrados por milhões de botões de calças".[26]

Nesse ponto, o que diferenciava Marx e Engels de muitos outros intelectuais de esquerda era o simples fato de que Marx e Engels haviam estudado economia, e os outros, de maneira geral, não. Para John Dewey, por exemplo, a "produção com finalidade de lucro deveria ser subordinada à produção para o uso".[27] Como nada pode ser vendido com lucro a não ser que algum comprador tenha uso para isso, pela proposta de Dewey, terceiros, como representantes, definiriam qual uso deve ser subordinado a outro uso, em lugar de se permitir que esses resultados fossem determinados de modo sistemático por milhões de indivíduos que realizam os seus próprios ajustes mútuos em transações de mercado.

Como em tantas outras situações, a decisão mais importante é quem toma a decisão. A dicotomia abstrata entre "lucro" e "uso" oculta o real conflito entre milhões de pessoas que tomam decisões por si mesmas e os substitutos ungidos que tiram de suas mãos essas decisões.

Uma visão volitiva da economia permite que a *intelligentsia*, como também os políticos e outros, dramatizem a economia, interpretando os preços elevados como "ganância"[j] e os salários baixos como falta de "compaixão", por exemplo. Isso faz parte de uma visão ideológica, porém uma ideologia de esquerda não é suficiente para explicar tal abordagem. "Não pinto de maneira nenhuma em cor-de-rosa o capitalista e o proprietário de terras", declarou Karl Marx na introdução do primeiro volume de *O Capital*. "Meu ponto de vista", acrescentou ele, "pode menos do que qualquer outro tornar o indivíduo responsável por relações das quais ele socialmente se mantém criatura, não importando que possa subjetivamente elevar-se acima delas."[28] Em resumo, preços e salários não eram determinados de acordo com a vontade, mas, sim, sistemicamente.

Compreender isso não era questão de ser ou não de esquerda, mas de ser esclarecido ou não em economia. Nos tempos atuais, a noção subjacente de precificação volitiva levou a pelo menos uma dúzia de investigações federais nas companhias de petróleo norte-americanas, em resposta à escassez de gasolina ou ao aumento nos preços da gasolina — e nenhuma dessas investigações revelou fatos que dessem sustentação às explicações sinistras que abundavam nos meios de comunicação e no âmbito político quando tiveram início essas investigações. Para muitas pessoas, é difícil acreditar que eventos econômicos negativos não resultem de vilania, embora aceitem os eventos econômicos positivos — por exemplo, a redução dos preços de computadores que são bem melhores que os anteriores — como se fossem apenas o resultado de um "progresso" que ocorre *de alguma forma*.

Em uma economia de mercado, os preços transmitem uma realidade subjacente à oferta e à demanda — e subjacente aos custos de produção por trás da oferta, bem como às inúmeras preferências e compromissos individuais por trás da demanda. Ao enxergar os preços como meras construções sociais arbitrárias, alguns podem imaginar que os preços existentes podem ser substituídos por preços fixados pelo governo, refletindo noções mais sábias e nobres, tais como "habitação acessível" ou custos "razoáveis" de assistência médica. Uma história de controle de preços que já se arrasta por séculos, em países do mundo inteiro, mostra as consequências negativas, e mesmo desastrosas, de tratar os preços como meras concepções arbitrárias e não como sintomas e veículos de uma realidade subjacente que não está tão sujeita a controle como estão os preços.[k]

No que diz respeito a muitos intelectuais, se não à maior parte deles, a história *mostraria* isso; porém não mostra, porque muitas vezes eles não consideram necessário consultar a história nem nenhum outro processo de validação que não seja o consenso entre pares de outros intelectuais com disposições semelhantes quando debatem questões econômicas.

A diferença crucial entre as transações de mercado e a tomada coletiva de decisão é que, no mercado, as pessoas são recompensadas segundo o valor das suas mercadorias e serviços para os indivíduos específicos, que recebem esses bens e serviços e que têm pleno incentivo para buscar fontes alternativas a fim de minimizar os custos, assim como os vendedores de mercadorias e serviços têm pleno incentivo para buscar as ofertas mais elevadas para o que têm a oferecer. Mas a tomada de decisões coletiva por terceiros permite que esses terceiros coloquem as suas preferências acima das dos outros sem arcar com nenhum custo, e se tornem os árbitros do destino econômico de outras pessoas sem precisarem responder pelas consequências.

Para ilustrar a diferença entre uma interpretação volitiva e uma interpretação sistêmica da atividade econômica, nada melhor do que a utilização da "ganância" como explicação para rendimentos elevados. A ganância pode muito bem explicar o *desejo* de um indivíduo por ter mais dinheiro, mas os rendimentos são determinados pelo que as *outras pessoas* pagam, sejam empregadores ou consumidores. Com exceção dos criminosos, a maioria das pessoas numa economia de mercado recebe ganhos como resultado de transações voluntárias. O montante de rendimentos recebido voluntariamente por alguém depende da disposição que outras pessoas têm de darem o seu dinheiro em troca do que é oferecido, quer se trate de trabalho, de mercadoria ou de serviço. John D. Rockefeller não ficou rico simplesmente porque desejava dinheiro: tornou-se rico porque outras pessoas preferiram comprar o seu petróleo, por exemplo, por ser mais barato. Bill Gates se tornou rico porque pessoas no mundo inteiro preferiram comprar o seu sistema operacional de computador em lugar de comprarem outros sistemas operacionais disponíveis no mercado.

Nada disso é novo, nem é nenhum bicho de sete cabeças. Um ditado muito antigo captou a falácia das explicações volitivas: "Se desejos fossem cavalos, todos os mendigos cavalgariam". Contudo, as interpretações volitivas dos preços e da renda continuam prosperando entre os intelectuais. Por exemplo: o professor Peter Corning, da Universidade de Stanford, atribui rendimentos elevados a traços de personalidade supostamente encontrados em um terço da população porque "o sistema capitalista de 'livre mercado' beneficia o terço mais cobiçoso e egocêntrico que se importa menos com justiça e equidade".[29] Essa descrição se aplicaria perfeitamente a criminosos que assaltam lojas de bairro e às vezes matam os proprietários dessas lojas para evitarem ser identificados, não raro por pequenas somas de dinheiro, que jamais sustentariam o estilo de vida dos ricos e famosos. A explicação volitiva para rendimentos elevados não tem correlação, muito menos causalidade.

A vantagem tática das explicações volitivas não é somente permitir à *intelligentsia* posicionar-se ao lado dos anjos e contra as forças do mal, mas também esquivar-se de ter de lidar com a *geração* da riqueza, que, uma vez analisada, poderia minar toda essa visão social. Concentrando-se no dinheiro que John D. Rockefeller recebeu e deixando de lado os benefícios que milhões de pessoas receberam de Rockefeller — motivo pelo qual entregaram dinheiro a ele em vez de comprarem de outra pessoa —, os intelectuais podem apresentar essas transações como melodramas morais, e não como transações comuns que buscam vantagens mútuas. Na contramão da retórica do "barão do lucro", Rockefeller não diminuiu a riqueza da sociedade, mas, sim, a aumentou, e sua própria fortuna é uma parte dessa riqueza adicional, considerando que suas melhorias e inovações na produção reduziram muito o custo do petróleo para o público.

ECONOMIA DE SOMA ZERO

Uma das consequências da ignorância da maioria dos intelectuais a respeito de economia é a visão de soma zero da economia mencionada anteriormente, segundo a qual os ganhos de um indivíduo ou de um grupo representam uma perda correspondente para outro indivíduo ou outro grupo. De acordo com Harold Laski, respeitado acadêmico britânico do século XX: "Os interesses do capital e do trabalho são fundamentalmente irreconciliáveis — um montante deve ser dividido, e cada qual quer mais do que o outro dará".[30] Esse postulado raramente é formulado de maneira tão inequívoca, talvez nem mesmo na mente da maioria daqueles cujas conclusões necessitam, como base, um princípio implícito de soma zero. Mas a noção generalizada, que se tornou doutrina, de que é necessário "tomar partido" na elaboração de políticas públicas, ou mesmo na interpretação de decisões judiciais, não leva em conta o fato de que as transações econômicas deixariam de acontecer a menos que *ambas* as partes considerassem melhor realizar essas transações do que não as realizar.

Ao contrário do que argumentam Laski e muitos outros com opiniões semelhantes, não existe "montante a ser dividido", como se houvesse um maná do céu. É justamente a cooperação entre capital e trabalho que *gera* uma riqueza que de outra maneira não existiria, e que ambas as partes perderiam se não conciliassem os seus desejos conflitantes desde o início, para entrarem em acordo acerca dos termos mediante os quais podem se unir para alcançarem os resultados desejados. Contraria a razão (literalmente) começar a análise com "um montante a ser dividido" — isto é, riqueza — quando essa riqueza só pode ser criada depois que capital e trabalho conciliarem as suas reivindicações conflitantes e ajustarem os termos sob os quais operarão juntos a fim de produzirem riqueza.

É evidente que cada lado procurará ser mais favorecido, mas ambos os lados devem estar dispostos a aceitar alguns termos mutuamente razoáveis, caso contrário a transação não se realizará, muito menos poderá prosseguir. Longe de ser "irreconciliável", como afirmou Laski, essa situação acaba em acordo milhões de vezes todos os dias. A economia não poderia funcionar se não fosse assim. Na verdade, uma sociedade inteira poderia deixar de funcionar sem um grande número de decisões de cooperação, tanto econômicas como não econômicas, ainda que não existam dois conjuntos de interesses exatamente iguais, nem mesmo entre membros da mesma família. O hábito que muitos intelectuais têm de ignorar completamente os pré-requisitos, incentivos e limitações envolvidos na produção de riqueza tem várias ramificações que podem levar a muitas conclusões falaciosas, mesmo que o seu virtuosismo verbal oculte essas falácias dos outros e deles próprios.

A intervenção de políticos, juízes ou outros com o intuito de impor termos mais favoráveis a um lado — as leis de salário mínimo ou as leis de controle de aluguel, por exemplo — diminui o conjunto de pontos coincidentes dos termos mutuamente aceitáveis, e quase invariavelmente diminui o número de transações mutuamente aceitáveis, enquanto a parte que foi desfavorecida pela intervenção realiza menos transações depois. Países com leis generosas de salário mínimo, por exemplo, têm com frequência índices de desemprego mais elevados e períodos mais longos de desemprego do que outros países, e os empregadores oferecem menos empregos a trabalhadores sem experiência e pouco capacitados, que costumam ser os menos valorizados e mais mal pagos — e, na maioria das vezes, acabam sem emprego devido a tais leis.

Em países europeus com leis generosas de salário mínimo, além de outros benefícios trabalhistas que os empregadores são obrigados a pagar, não é incomum ter trabalhadores mais jovens e sem experiência enfrentando índices de desemprego de 20% ou mais.[31] A situação dos empregadores piora um pouco, pois eles têm de reorganizar os seus negócios e talvez pagar por mais maquinário para substituir os trabalhadores pouco qualificados cuja contratação se tornou mais cara. Mas esses trabalhadores pouco qualificados, em geral mais jovens, podem acabar numa situação muito pior por não serem capazes de conseguir emprego rápido; e além de perderem o salário que, numa situação diferente, poderiam ganhar, têm de suportar a perda talvez ainda maior de não adquirir a experiência profissional que lhes permitiria conseguir empregos melhores e maior pagamento.

Em suma, "tomar partido" acaba em muitos casos tornando a situação pior para ambos os lados, mesmo que de modos diferentes e em graus diferentes. Mas a própria ideia de tomar partido é baseada em tratar as relações econômicas como se fossem eventos de soma zero. Essa concepção do mundo de soma zero também é compatível com o desinteresse de muitos intelectuais pelo que estimula ou impede a *criação* de riqueza, da qual o padrão de vida de toda uma sociedade depende, mesmo tendo em vista que a criação de mais riqueza elevou "o pobre" nos Estados Unidos dos dias atuais a níveis econômicos que a maioria da população norte-americana não alcançou em tempos passados, e que as populações de muitos outros países não alcançam mesmo nos dias de hoje.

Assim como as leis de salário mínimo tendem a reduzir as contratações para aqueles cujo salário é mais afetado, da mesma maneira, às leis de controle de aluguéis seguiu-se a escassez de moradias no Cairo, em Melbourne, em Hanoi, em Paris, em Nova York e em muitos outros pontos no mundo inteiro. Mais uma vez, tentativas de beneficiar em transações um lado mais que o outro geralmente levam o outro lado a realizar menos transações. Construtores reagem às leis de controle de aluguéis construindo menos prédios de apartamentos, e em alguns lugares param completamente de construir durante anos a fio.

Embora continuem a alugar os imóveis que já possuem, os senhorios muitas vezes reduzem serviços secundários como pintura, reparos, aquecimento e água quente — todos os quais custam dinheiro, e não é necessário mantê-los nos mesmos níveis de antes para atrair e conservar locatários, já que há déficit habitacional. O resultado disso é que os prédios de apartamentos que recebem menos manutenção deterioram-se mais rapidamente sem os reparos necessários. No Cairo, por exemplo, esse processo obrigou famílias a dividirem alojamentos destinados a uma família apenas. A suprema ironia é que essas leis também podem provocar o *aumento* da média de aluguéis — Nova York e São Francisco são exemplos clássicos disso — quando as habitações de luxo são isentas desse controle de aluguéis, levando ao desvio de recursos justamente para a construção desse tipo de moradia.

O resultado disso é que locatários, senhorios e construtores podem todos acabar prejudicados, porém de diferentes maneiras e graus. Senhorios raramente vão morar em alojamentos apinhados ou nas ruas, e construtores podem simplesmente empregar mais de seu tempo e seus recursos na construção de outras estruturas, tais como armazéns, centros comerciais e prédios de escritórios, e também residências de luxo, nenhuma das quais costuma estar sujeita às leis de controle de aluguéis. Mais uma vez, porém, o ponto crucial é que ambos os lados podem acabar em situação pior como resultado de leis e políticas baseadas em "tomar partido", como se transações econômicas fossem processos de soma zero.

Um dos poucos escritores que anunciaram explicitamente a concepção de soma zero da economia — o professor Lester C. Thurow, do Instituto de Tecnologia de Massachusetts (MIT), autor de *The Zero-Sum Society* [A sociedade de soma zero, em tradução livre] — também declarou que os Estados Unidos têm sido "sistematicamente a economia industrial com o pior histórico" de desemprego. E explicou:

> A falta de emprego se mostrou endêmica em tempos de paz durante os últimos cinquenta anos de história dos Estados Unidos. Examine as evidências: depressão de 1929 a 1940, guerra de 1941 a 1945, recessão em 1949, guerra de 1950 a 1953, recessões em 1954, 1957-1958 e 1960-1961, guerra de 1965 a 1973, recessão em 1969-1970, recessão severa em 1974-1975 e outra recessão provável em 1980. Isso está longe de ser um desempenho econômico invejável.[32]

Várias coisas chamam a atenção na declaração do professor Thurow. Ele chega a conclusões abrangentes sobre o desempenho dos Estados Unidos *em comparação com* o desempenho de outras nações industriais, apenas com base numa recitação de eventos dentro dos Estados Unidos — *uma comparação internacional de um país só* quando consideramos os fatos, e não a retórica. Estudos que realmente comparam os índices de desemprego dos Estados Unidos com os dos países da Europa Ocidental, por exemplo, quase invariavelmente mostram os países da Europa Ocidental com taxas de desemprego *maiores* que as dos Estados Unidos, e períodos de desemprego mais longos também.[33] Além disso, a sequência de guerras que o professor Thurow traz à baila numa discussão que deveria ser sobre desemprego pode deixar a impressão de que as guerras contribuem para o desemprego, quando, na verdade, o desemprego praticamente desapareceu nos Estados Unidos durante a Segunda Guerra Mundial, e foi menor que o habitual durante as outras guerras mencionadas.[34]

A previsão do professor Thurow sobre uma recessão em 1980 acabou por se concretizar, embora não fosse uma previsão difícil de se fazer na esteira da "estagflação" do fim dos anos de 1970. O que não se concretizou foi a falsa ideia de que para evitar mais desemprego seria necessária uma intervenção do governo em larga escala — a ideia de que, nas palavras de Thurow, o governo precisava "reestruturar a economia para que ela realmente proporcionasse empregos para todos".[35] O que aconteceu, na verdade, foi que Reagan tomou posse em 1981 e fez exatamente o oposto do que Lester Thurow defendia — e então, passada a recessão, houve vinte anos de crescimento econômico, baixas taxas de desemprego e inflação.[36]

O professor Thurow não era um tolo qualquer. Segundo o conteúdo da capa da edição reimpressa de 2001 do seu livro lançado em 1980 *The Zero-Sum Society*, "Lester Thurow foi professor de administração e economia no Instituto de Tecnologia de Massachusetts por mais de trinta anos". Ele também é "autor de diversos livros, entre os quais três best-sellers do *New York Times*, fez parte do conselho editorial do *New York Times*, atuou como editor colaborador da *Newsweek* e como membro do Conselho de Economia da revista *Time*". Ele não poderia ser mais convencional — nem estar mais errado. Mas o que ele disse aparentemente encontrou aceitação entre os integrantes da *intelligentsia*, que o tornaram influente na grande mídia.

Clamores semelhantes por intervenção efetiva do governo na economia são abundantes, no passado e no presente. John Dewey, por exemplo, utilizou frases atrativas como "inteligência socialmente organizada na condução de assuntos públicos"[37] e "reconstrução social organizada"[38] como eufemismos para o simples fato de que terceiros que tomam decisões por outros buscam ter suas preferências impostas sobre milhões de outras pessoas mediante o poder do governo. Embora o governo seja com frequência chamado de "sociedade" por aqueles que defendem essa abordagem, o que se denomina planejamento "social" são, na verdade, *ordens do governo*, sobrepondo-se aos planos e ajustes mútuos de milhões de pessoas sujeitas a essas ordens.

Independentemente de qualquer visão que eufemismos possam evocar, o governo não é nenhuma corporificação abstrata da opinião pública, nem a "vontade geral" de Rousseau. O governo é formado por políticos, burocratas e juízes — todos eles com seus próprios incentivos e limitações, e sobre nenhum deles podemos supor que esteja menos interessado na promoção dos próprios interesses ou ideias do que as pessoas que compram e vendem no mercado. Santidade e infalibilidade não são comuns em nenhum desses dois contextos. A principal diferença entre tomadores de decisão no mercado e tomadores de decisão no governo é que os primeiros estão sujeitos a feedbacks contínuos e consequenciais, que podem forçá-los a se ajustar ao que outros preferem e estão dispostos a pagar para obterem, ao passo que os que tomam decisões na arena política não se deparam com um feedback inevitável que os force a se ajustarem à realidade dos desejos e preferências de outras pessoas.

Uma empresa cujo balanço financeiro está no vermelho sabe que isso não pode continuar indefinidamente, e que não há escolha a não ser mudar o que quer que esteja deixando as contas no vermelho, situação para a qual a tolerância é pequena até no curto prazo, e que será fatal para todo o empreendimento no longo prazo. Em suma, perdas financeiras não são um feedback meramente informativo, mas, sim, um feedback *consequencial* que não pode ser ignorado, descartado ou protelado retoricamente por meio de virtuosismo verbal.

Na arena política, contudo, somente os desastres mais imediatos ou que demandem mais atenção — tão óbvios e inconfundíveis para o público votante que não há nenhuma dificuldade em "ligar os pontos" — são comparavelmente consequenciais para os políticos. Mas leis e políticas cujas consequências demoram a surgir não são, de maneira nenhuma, tão consequenciais para os que elaboraram essas leis e essas políticas, sobretudo quando as consequências surgem após a eleição seguinte. Além do mais, poucas coisas na política são tão evidentes em suas implicações quanto balanços no vermelho são para as empresas. No âmbito político, não importa quão desastrosa uma política possa se revelar: se as causas do desastre não forem compreendidas pelos eleitores, as autoridades responsáveis pelo desastre podem se safar da prestação de contas, e é claro que têm grande incentivo para negarem ter cometido enganos, já que admitir enganos pode comprometer toda uma carreira.

Por que se espera que tirar decisões econômicas de indivíduos e organizações diretamente envolvidos — que costumam ser definidos de forma coletiva e impessoal como "o mercado" — e transferir essas decisões para terceiros que não pagam nenhum preço por errarem vá produzir resultados melhores para a sociedade como um todo é uma pergunta que raramente é feita, e mais raramente ainda respondida. Isso se deve em parte à embalagem retórica dos que se valem de virtuosismo verbal. Dizer, como diz John Dewey, que deve haver "controle social de forças econômicas"[39] soa bem num primeiro momento, até que o seu significado seja traduzido: os detentores de poder político proibindo transações voluntárias entre os cidadãos.

CAPÍTULO 5
O GOVERNO E A ECONOMIA

Governos podem interferir em uma economia de mercado de várias maneiras, e, de modo geral, os intelectuais tendem a defender essa interferência. Duas das mais comuns formas de intervenção são as que atingem negócios específicos e as que atingem a economia como um todo, principalmente durante recessões ou depressões.

EMPRESAS

As organizações, grandes e pequenas, que produzem e distribuem a maior parte dos bens e serviços que compõem um padrão de vida moderno — as empresas — são alvo da *intelligentsia* já há um longo tempo. Acusações contra empresas vão desde as mais específicas (como cobrar preços excessivamente altos) às mais nebulosas (como não cumprir com suas responsabilidades sociais).

Gestão

Intelectuais que jamais administraram nenhum negócio mostraram com frequência enorme confiança quanto a saberem quando as empresas são mal administradas, ou quando os seus proprietários ou administradores recebem pagamentos altos demais. John Dewey, por exemplo, declarou: "Empresários da indústria colhem muito mais do que plantam".[1] Evidências? Nenhuma evidência. Essa é uma das muitas afirmações que os intelectuais propagam entre si sem contestação; sua familiaridade e sua concordância com a visão vigente substituem evidências ou análises. É comum a crença de que é fácil administrar uma empresa, pelo menos desde o livro do século XIX *Looking Backward* [Olhando para o passado, em tradução livre], de Edward Bellamy.[2] Lenin disse que administrar uma empresa envolvia "operações extraordinariamente simples", as quais "qualquer pessoa alfabetizada poderia realizar", e por isso as pessoas à frente de tais empreendimentos não precisavam ser mais bem pagas do que qualquer trabalhador comum.[3] Contudo, apenas três anos após tomar o poder, e com a sua economia pós-capitalista enfrentando o que o próprio Lenin mais tarde chamaria de "ruína, fome e devastação",[4] ele voltou atrás e declarou ao Congresso do Partido Comunista de 1920: "Opiniões sobre gestão empresarial são com muita frequência imbuídas de um espírito de absoluta ignorância, um espírito antiespecialista".[5] Lenin voltou atrás em suas ações e também em suas palavras, implementando a sua Nova Economia, que permitiu maior liberdade de operação aos mercados; e a economia soviética começou a se recuperar.

Em outras palavras, já na primeira vez em que foi colocada à prova, a teoria segundo a qual era muito fácil administrar uma empresa falhou desastrosamente. Ao longo do século XX, essa teoria fracassou repetidas vezes em outros países mundo afora, de tal maneira que até os governos mais comunistas e socialistas começaram a dar liberdade aos mercados no final do século XX, o que geralmente ocasionou maiores taxas de crescimento econômico, como na China e na Índia.

Quando criticam pessoas que administram empresas, muitos intelectuais aplicam critérios, tanto implícita como explicitamente, que no mais das vezes não têm nenhuma relevância para a operação de um empreendimento econômico. Theodore Roosevelt, por exemplo, disse: "Conversar com homens ricos é cansativo para mim. Esperamos que um homem milionário, líder de uma grande indústria, seja um homem que vale a pena ouvir; mas via de regra não conhecem nada que não esteja relacionado aos próprios negócios."[6]

Sem dúvida isso não pode ser dito sobre o próprio Roosevelt. Além da sua experiência política em nível municipal, estadual, nacional e internacional, Theodore Roosevelt era não somente um homem instruído e de alta educação, mas também um acadêmico por mérito próprio; publicou livros sobre uma extensa gama de assuntos, entre os quais uma história naval da guerra de 1812 que, durante décadas, foi leitura obrigatória em escolas navais de ambos os lados do Atlântico. Autor de 15 livros,[7] Theodore Roosevelt foi por muitos anos um intelectual na verdadeira acepção da palavra, como alguém que ganhava a vida com seus escritos, sobretudo durante os anos em que a sua remuneração como funcionário municipal ou estadual não era suficiente para o sustento da sua família, e durante os anos em que ele perdia dinheiro com seus empreendimentos comerciais na fronteira ocidental.

"Poucos norte-americanos têm intelecto comparável ao dele, se é que algum tem tal intelecto", segundo afirmou um biógrafo de Theodore Roosevelt.[8] Sem sombra de dúvida, poucos líderes empresariais puderam se equiparar a Roosevelt em escopo ou em profundidade intelectual. Tampouco existia razão para que se equiparassem. Em muitos campos, com frequência o especialista — algumas vezes o monomaníaco — tem maior probabilidade de obter os melhores resultados. Ninguém esperava que Babe Ruth ou Bobby Fischer fossem filósofos renascentistas, e todo aquele que tivesse tal expectativa acabaria terrivelmente desapontado. Julgar segundo critérios intelectuais pessoas que não fazem parte da intelectualidade levará quase na certa à conclusão de que essas pessoas não merecem a recompensa que recebem — conclusão que seria legítima somente se os esforços de não intelectuais tivessem automaticamente menos valor do que os esforços de intelectuais. Poucos argumentariam explicitamente em defesa dessa premissa, mas, como salientou John Maynard Keynes, conclusões muitas vezes avançam sem as premissas sobre as quais foram baseadas.[9]

Outro equívoco comum entre os intelectuais é o de que empresários deveriam — ou poderiam — ser "socialmente responsáveis" e levarem em consideração as consequências mais abrangentes das suas decisões relacionadas aos negócios. Essa ideia vem da época de Woodrow Wilson, outro intelectual propriamente dito, em virtude da carreira acadêmica que teve antes de ingressar na política: "Nós não tememos aqueles que perseguem objetivos legítimos, desde que nunca deixem de associar esse objetivo ao interesse da comunidade como um todo; e nenhum homem pode dirigir um negócio legítimo se o dirige no interesse de uma única classe".[10]

Em outras palavras, não é considerado suficiente um fabricante de instalações sanitárias produzir torneiras, canos e banheiras de alta qualidade e vendê-los por preços acessíveis; esse empreendedor também tem de assumir o papel de rei filósofo e tentar descobrir como o seu negócio afeta "o interesse da comunidade", seja qual for o significado dessa ideia confusa. Trata-se de uma condição desconcertante, que poucas pessoas — ou nenhuma — poderiam satisfazer, quer nas empresas, quer no mundo acadêmico, na política ou em outras áreas de atividade. Além disso, John Dewey lamentou que os trabalhadores, bem como os seus empregadores, não tinham "nenhuma percepção social acerca das consequências e do significado do que fazem".[11]

Os intelectuais podem escolher imaginar quais são as consequências sociais mais abrangentes das suas próprias ações, dentro ou fora das suas áreas ou competência profissional, mas há pouco ou nenhum feedback consequencial quando estão errados, não importa quanto estejam errados nem por quanto tempo persistam no erro. Os empresários e os trabalhadores geralmente evitam assumir uma tarefa tão cósmica; isso sugere que eles têm uma avaliação mais realista das limitações humanas.

Embora as empresas produzam a maior parte das coisas que compõem o padrão de vida em uma sociedade moderna, os intelectuais não têm quase nenhum interesse em analisar as causas dos fatores que promovem ou inibem a produção de bens, da qual depende, no final das contas, o bem-estar econômico de todos. Em vez disso, com frequência as questões relacionadas a empreendimentos são abordadas como melodramas morais, estrelando a *intelligentsia* ungida ao lado dos anjos que combatem as forças do mal. Como Theodore Roosevelt disse quando aceitou a nomeação do Partido Progressista para Presidente dos Estados Unidos, em 1912: "Estamos no Armagedom e combatemos pelo Senhor". Os empresários eram um alvo à parte: "Em qualquer negócio, sempre que a prosperidade do empresário for obtida por meio da redução dos salários dos trabalhadores e da cobrança de preços excessivos aos consumidores, nosso desejo é interferir e impedir tais práticas".[12]

Em outras palavras, terceiros que no mais das vezes não têm nenhuma experiência ou (como no caso de Theodore Roosevelt) sem nenhuma experiência de sucesso no mundo dos negócios podem, de alguma maneira, determinar quais preços são "excessivos" e quais salários são baixos demais — deixando que as suas crenças toscas decidam a lei do país. Essa ignorância encorajada levou Theodore Roosevelt, e muitos outros depois dele, a atacarem empresas que *baixavam* os preços como resultado da eficiência da produção e não porque pagavam aos trabalhadores menos do que outros negócios. Contudo, raramente se permitiu que fatos tão banais arruinassem a doce visão de um bom melodrama moral.

"Poder" ou "Controle" das Empresas

Um dos muitos sinais de virtuosismo verbal entre intelectuais é o reempacotamento das palavras para que tenham significados não apenas diferentes, mas também, por vezes, totalmente opostos aos originais ou aos significados que a maioria das outras pessoas associa a essas palavras. "Liberdade" e "poder" estão entre as mais comuns dessas palavras reempacotadas. Não estar sujeito às restrições de outras pessoas é o conceito básico de liberdade, e ser capaz de restringir as opções de outras pessoas é o conceito básico de poder; mas esses dois conceitos foram virados pelo avesso em alguns reempacotamentos de palavras feitos por intelectuais que discutem questões econômicas. Desse modo, uma empresa que *amplia* as opções do público, seja quantitativa (aplicando preços mais baixos), seja qualitativamente (por meio de produtos melhores), é vista como "controladora" do mercado sempre que isso resulta em uma elevada porcentagem de consumidores que escolhem comprar os produtos dessa empresa em particular e não os produtos concorrentes de outras empresas.

Em outras palavras, quando os consumidores decidem que marcas específicas de produtos são mais baratas ou melhores que as marcas concorrentes desses produtos, terceiros assumem a responsabilidade de descrever os produtores dessas marcas específicas como empresários que exerceram "poder" ou "controle". Em determinado momento, se três quartos dos consumidores preferirem comprar os artigos da marca Acme em vez dos de qualquer outra marca, então se dirá que a Acme Inc. "controla" três quartos do mercado, sendo que os consumidores são quem controlam o mercado, pois podem mudar para outra marca imediatamente se alguém surgir com um produto melhor, ou parar de comprar da Acme caso apareça um novo produto que torne os dessa marca obsoletos.

Um grande número de empresas consideradas "controladoras" da maior parte do seu mercado não somente perdeu essa quota de mercado como também faliu poucos anos depois da sua suposta dominância sobre o mercado. A Smith Corona, por exemplo, vendeu mais da metade das máquinas de escrever e de processadores de texto nos Estados Unidos em 1989, porém, apenas seis anos depois disso, pediu falência, porque os computadores acabaram tomando o lugar das máquinas de escrever e dos processadores de texto. Contudo, tem sido comum o empacotamento verbal das estatísticas de vendas *ex post* como "controle" do mercado *ex ante*, não somente nos escritos da *intelligentsia*, mas até mesmo em tribunais em casos antitruste. Mesmo no auge, a Smith Corona não controlava nada. Os consumidores tinham liberdade para comprar qualquer outra marca de máquina de datilografar ou de processador de texto, ou para escolher não comprar nenhuma.

O empacotamento verbal da escolha do consumidor como "controle" empresarial disseminou-se de tal maneira que poucas pessoas parecem ter necessidade de fazer algo tão fundamental como pensar sobre o significado das palavras que usam, que transformam uma estatística em uma condição *ex ante*. Com a afirmação de que as empresas têm "poder" porque têm "controle" dos mercados, esse virtuosismo verbal abre caminho para que se diga que o governo tem de exercer o seu "poder de contrabalançar" (essa frase é de John Kenneth Galbraith) a fim de proteger o público. Apesar dos paralelos verbais, o poder do governo é poder de fato, tendo em vista que os indivíduos não têm liberdade para escolher obedecer ou não a leis e regulamentos governamentais, ao passo que os consumidores são livres para ignorar os produtos comercializados até mesmo pelas maiores e supostamente mais "poderosas" corporações do mundo. Várias pessoas jamais entraram numa loja do Walmart, e o Walmart nada pode fazer a respeito disso, embora seja a maior rede varejista do mundo.

Em um de seus primeiros e mais influentes livros, *American Capitalism: The Concept of Countervailing Power* [Capitalismo americano: a conceito do poder compulsório, em tradução livre], John Kenneth Galbraith afirmou que "o poder de um lado do mercado gera do outro lado não só a necessidade de exercitar o poder de contrabalançar, como também a possibilidade de recompensa por exercitá-lo".[13] Desse modo, segundo o professor Galbraith, a ascensão das grandes corporações deu a elas um poder opressivo sobre os seus funcionários, o que levou à criação de sindicatos como meio de autodefesa.[14] Como fato histórico, entretanto, não foi nas grandes indústrias de produção em massa que os sindicatos norte-americanos tiveram início, mas em indústrias com vários negócios menores, como construção, transportes rodoviários e extração de carvão — todas elas sindicalizadas anos antes das indústrias siderúrgicas ou automobilísticas.

Porém, seja qual for a origem do poder sindical, para Galbraith, era do governo o principal poder de contrabalançar, ou poder de oposição, tanto em apoio ao poder de oposição privado com legislação, como a Lei de Direitos do Trabalho de 1935 e a legislação para ajudar os produtores de carvão e outros supostamente oprimidos pelo "poder" das grandes empresas.[15] Tal "poder de oposição governamental desempenha uma valiosa função de regulação — função, na verdade, indispensável — na economia moderna",[16] de acordo com Galbraith. Mas essa fórmula depende fundamentalmente da redefinição de "poder" para incluir o seu oposto — a expansão das opções de consumo das empresas, a fim de aumentar as vendas.

John Kenneth Galbraith talvez tenha sido o mais importante, e sem dúvida um dos mais talentosos verbalmente, dos defensores de uma teoria de precificação volitiva. Segundo o professor Galbraith, os produtos de determinada indústria tendem a se tornar mais concentrados ao longo do tempo nas mãos de alguns poucos produtores que adquirem vantagens cruciais que tornam difícil para uma nova empresa sem a mesma quantidade de experiência ingressar na indústria e competir com eficácia com os principais titulares. Portanto, de acordo com Galbraith, "os vendedores ganharam autoridade sobre os preços", que são "silenciosamente administrados por algumas grandes empresas".[17] Na verdade, um dos motivos mais comuns para que consumidores comprem de maneira desproporcional de determinado vendedor é que esse vendedor tem um preço baixo. Depois que Galbraith redefiniu o poder como uma concentração de vendas e dos lucros e tamanho resultante, pôde descrever esse "poder" do vendedor como uma razão pela qual esse vendedor pode agora fixar preços diferentes dos de um mercado competitivo, e implicitamente maiores que os preços desse mercado.

Nessa formulação, "o tamanho da empresa que o indivíduo dirige é mais uma vez um indicador aproximado do poder dos exercícios individuais".[18] Por mais plausível que tudo isso pareça, Galbraith não se arriscou muito longe na direção da verificação empírica. A *insinuação* das argumentações de Galbraith — e de muitos outros — sobre o "poder" das grandes empresas é que o crescimento das empresas de maior dimensão implica no crescimento do seu poder de elevar preços. Essa insinuação — ao contrário de um fato demonstrado ou mesmo de uma hipótese comprovável — era um elemento básico nos meios intelectuais bem antes do tempo de Galbraith, e proporcionou o ímpeto para a Lei Antitruste, de Sherman, de 1890, entre outras tentativas de conter o "poder" das grandes empresas.

Na realidade, a era que levou à Lei Sherman não foi uma de elevação de preços imposta pelos monopólios, embora tenha sido uma era em que a dimensão das empresas cresceu em muitas indústrias, com frequência por meio da consolidação de pequenas empresas em corporações gigantescas. Entretanto, longe de levar a preços mais elevados, essa foi uma era de *queda* dos preços cobrados por essas grandes empresas, cujas dimensões criaram economias de escala, o que significava custos menores de produção que permitiam a essas empresas lucrarem com preços *menores*, expandindo assim as vendas. O petróleo bruto, que era vendido por 12 a 16 dólares o barril em 1860, foi vendido por menos de um dólar o barril durante todos os anos de 1879 a 1900. Em 1887, os custos do frete ferroviário caíram para 54% do que eram em 1873. O preço dos trilhos de aço caiu de 68 dólares em 1880 para 32 dólares em 1890. Os preços do açúcar, do chumbo e do zinco também caíram durante esse período.[19]

Henry Ford foi o pioneiro nos métodos de produção em massa, e teve alguns dos funcionários mais bem pagos da sua época — décadas antes da sindicalização da indústria — e os carros com preços mais baixos, particularmente o lendário Modelo T, graças ao qual o automóvel deixou de ser um luxo reservado aos ricos. Porém, nenhum desses fatos simples prevaleceu sobre a visão da *intelligentsia* da era progressista, e nesse caso incluía o presidente Roosevelt. A sua administração moveu processos antitruste contra alguns dos que mais cortaram preços, como a Standard Oil e a Great Northern Railroad. Theodore Roosevelt buscou o poder para, em suas próprias palavras, "controlar e regular todas as grandes combinações".[20] Ele declarou que "de todas as formas de tirania, a menos atrativa e a mais vulgar é a tirania da mera riqueza, a tirania de uma plutocracia".[21]

Era verdade, sem dúvida, como Theodore Roosevelt disse, que a Standard Oil gerou "enormes fortunas" para os seus proprietários "à custa das empresas rivais",[22] mas é duvidoso que os consumidores que pagavam preços baixos pelo petróleo tenham se sentido vítimas de tirania. Um dos livros populares de jornalismo de denúncia da era progressista foi *The History of Standard Oil Company*, de Ida

Tarbell, que entre outras coisas afirmou que Rockefeller "deveria ficar satisfeito"[23] com o que havia conquistado financeiramente em 1870, insinuando ganância nos esforços incessantes de Rockefeller para aumentar o tamanho e a lucratividade da Standard Oil.

Contudo, um estudo realizado um século mais tarde assinalou: "Ao ler o livro *The History of Standard Oil*, uma pessoa poderia jamais saber que os preços do petróleo estavam de fato caindo".[24] Esse fato foi excluído da história, assim como de outras histórias daquela época e de épocas posteriores. A pergunta supostamente crucial — se a busca de Rockefeller por uma fortuna maior realmente tornou piores as coisas para o público consumidor — raras vezes foi abordada e mais raramente ainda foi respondida. Ademais, como a situação dos consumidores teria melhorado se um homem que introduziu uma eficiência extraordinária na produção e na distribuição de petróleo tivesse encerrado mais cedo a sua carreira, deixando os custos de produção do petróleo e os preços resultantes mais altos? Essa pergunta não é nem abordada, quanto mais respondida.

Uma queixa comum contra a Standard Oil foi a de que a empresa conseguiu que as estradas de ferro cobrassem menos para transportar petróleo do que cobravam das empresas concorrentes. Tal descompasso era naturalmente uma abominação para aqueles que pensavam em termos de pessoas abstratas num mundo abstrato — ignorando o que havia de específico e diferenciado na Standard Oil: o motivo pelo qual John D. Rockefeller angariou uma fortuna em uma indústria na qual muitos outros foram à falência. Por exemplo, o petróleo enviado em vagões-tanque da Standard Oil era mais fácil de transportar do que o petróleo enviado em barris por outras companhias.[25] Considerando que as ferrovias tinham menos custos para lidar com o petróleo de Rockefeller, enviado em vagões-tanque, do que para lidar com o petróleo de outros produtores, que era enviado em barris, Rockefeller pagava menos para transportar petróleo.

Não havia nisso nada de misterioso, muito menos de fraudulento. Ainda assim, Theodore Roosevelt — que pouco ou nada sabia a respeito de economia e havia perdido grande parte da sua herança em seu único empreendimento comercial — afirmou que taxas de transporte com desconto eram discriminatórias e deviam ser proibidas "em todas as suas formas e maneiras".[26] O senador John Sherman, autor da Lei Antitruste Sherman, também apresentou legislação para proibir taxas de transporte diferenciadas, aparentemente a pedido de uma refinaria que transportava petróleo em barris.[27] Nos dias de hoje, o petróleo ainda é *medido* em barris mas é *transportado* em vagões-tanque em estradas de ferro, em caminhões-tanque e em navios petroleiros, já que toda a indústria segue agora os métodos pioneiros de John D. Rockefeller.

As empresas que cobram preços mais baixos levam empresas concorrentes que cobram preços mais elevados a terem perdas. Contudo, por mais evidente que possa parecer, isso não evitou protestos da *intelligentsia* no decorrer dos anos, a legislação dos políticos e as decisões judiciais adversas dos juízes, dirigidos não somente à Standard Oil no início do século xx, mas também mais tarde a outras empresas que reduziram preços em outras indústrias, desde a rede de supermercados A&P em tempos passados até o Walmart nos dias de hoje.

Em suma, a transformação verbal de preços mais baixos e maior volume de vendas em exercício de "poder" por empresas que precisam sofrer oposição, ou ser contrabalançadas por mais poder governamental, tem implicações mais do que puramente intelectuais. Isso fez surgirem muitas leis, políticas e decisões judiciais que punem preços mais baixos sob a justificativa de defenderem o consumidor.

Como resultado da propagação da globalização, mesmo que determinada empresa seja a única a produzir dado produto em dado país, esse monopólio significa pouco se os produtores estrangeiros competem no fornecimento desse produto para os consumidores. Há muito tempo a Eastman Kodak é a única grande produtora norte-americana de filmes, mas lojas de câmeras espalhadas pelos Estados Unidos também vendem filmes produzidos no Japão (Fuji) e às vezes na Inglaterra (Ilford), e em outros países, sem mencionar a intensa concorrência das câmeras digitais, produzidas principalmente no estrangeiro. Em resumo, a capacidade que tem a Kodak de aumentar preços de filmes sem sofrer perdas em suas vendas está cerceada por substitutos. O fato de a Eastman Kodak ser uma empresa gigantesca não muda isso em nada, exceto na imaginação e na retórica dos intelectuais.

O enorme esforço feito com palavras para culpar determinadas empresas por exercerem "poder", em situações nas quais os consumidores compram mais dos produtos dessas empresas, tem sido usado como justificativa para privar pessoas que dirigem empresas dos direitos exercidos por outras pessoas. Como veremos no Capítulo 13, essa atitude pode até mesmo ocasionar a imposição do ônus da prova às empresas para que refutem acusações em certos casos antitruste e de direitos civis. Uma mentalidade semelhante emergiu em uma pergunta feita na revista *The Economist*: "Por que motivo se deve permitir que as empresas escapem dos impostos e despeçam trabalhadores, mudando as suas operações para o estrangeiro?".[28] Em países livres, o direito que uma pessoa tem de se mudar em seu próprio benefício não é tratado como algo que exija justificativa especial. Na verdade, trabalhadores que se transferem para outros países, violando as leis de imigração dos países de destino, são muitas vezes defendidos por aqueles que consideram errado que as empresas se transfiram legalmente.

RECESSÕES E DEPRESSÕES

Nada validou mais a ideia de que a intervenção governamental na economia é essencial do que a Grande Depressão dos anos de 1930. Os fatos tais como são contam a história desse momento trágico: a produção nacional caiu um terço entre 1929 e 1933, milhares de bancos faliram, o desemprego chegou a 25%, e todo o setor corporativo perdeu dinheiro durante dois anos seguidos no auge da depressão.

Antes dessa época, nenhum presidente havia tentado levar o governo federal a interferir para dar fim à depressão. Na ocasião, muitos viram na Grande Depressão o fracasso do capitalismo de livre mercado como sistema econômico, e um motivo para que se buscasse um tipo radicalmente diferente de economia — algo como o comunismo, talvez, ou o fascismo, ou a política do New Deal da administração de Franklin D. Roosevelt. Fosse qual fosse a alternativa específica preferida por esse ou aquele indivíduo, naquele momento e mais tarde, acreditou-se amplamente que a quebra da bolsa de valores de 1929 não foi somente um fracasso do livre mercado, mas também a causa do grande desemprego que persistiu por anos durante a década de 1930.

Dados os dois eventos mais impressionantes dessa época — a enorme quebra da Bolsa de Valores e uma ampla intervenção do governo na economia —, não fica evidente de imediato qual deles foi mais responsável pelas terríveis condições econômicas que se seguiram. Porém, os intelectuais, em sua maioria, esforçaram-se muito pouco para tentar distinguir os efeitos de um desses eventos dos efeitos do outro. É tido como absoluto que o mercado foi a causa e que a intervenção do governo, a salvação para a situação medonha. É difícil, contudo, insistir nessa conclusão depois de acompanhar a sequência específica de eventos.

Na época dos acontecimentos, e também depois, muitos intelectuais, talvez a maioria deles, presumiram que deveria haver intervenção do governo numa depressão em meio à qual o desemprego em massa atingia 25% no seu pior momento. Mas o desemprego nunca alcançou 25% até *depois* da grande intervenção do governo. O desemprego jamais alcançou dois dígitos durante nenhum dos doze meses que se seguiram à quebra da Bolsa de Valores de 1929. Quando a primeira grande intervenção do governo federal foi realizada, em junho de 1930, a taxa de desemprego era de 6,3% — havia cedido após atingir um pico de 9% dois meses depois da quebra da Bolsa de Valores de outubro de 1929.[29] Foi apenas depois dessa intervenção — a tarifa Smoot-Hawley de 1930 — que a tendência descendente do desemprego se reverteu e, em seis meses, subiu e atingiu dois dígitos.

Em consequência dessa intervenção do governo sob o presidente Herbert Hoover, seguida por novas e mais amplas intervenções sob o presidente Franklin

D. Roosevelt, o desemprego permaneceu em dois dígitos durante todo o restante da década. Em resumo, a breve (de um mês de duração) taxa de desemprego de 9% na esteira da quebra da Bolsa de Valores de 1929 foi ofuscada por taxas de desemprego posteriores, que decolaram após as intervenções dos governos de Hoover e de Franklin D. Roosevelt. As taxas de desemprego jamais caíram abaixo de 20% em nenhum mês durante um período de 35 meses consecutivos, desde a administração Hoover até a administração Roosevelt. Além disso, mesmo depois de terem caído para menos de 20%, as taxas de desemprego voltaram a atingir o patamar de 20% na primavera de 1939,[30] quase uma década após o *crash* da Bolsa de Valores que havia sido amplamente responsabilizado pelo desemprego em massa dos anos de 1930.

A investigação federal não partiu apenas dos presidentes Hoover e Franklin D. Roosevelt. Uma das poucas coisas com as quais concordaram pessoas de todas as posições ideológicas nos anos que se seguiram foi que o Federal Reserve System [Sistema de Reserva Federal] negligenciou o seu trabalho durante a Grande Depressão. Analisando esse período, Milton Friedman chamou de "ineptas" as pessoas que dirigiam o Federal Reserve, e John Kenneth Galbraith disse que os dirigentes do Federal Reserve mostraram uma "incompetência espantosa".[31] Por exemplo, enquanto o estoque de dinheiro do país baixava para um terço em consequência das grandes falências bancárias, o Federal Reserve aumentava as taxas de juro, gerando mais pressão deflacionária.

Sob Hoover, o Congresso também aprovou leis que aumentaram mais que o dobro as taxas de impostos sobre as faixas de renda mais altas; e essas taxas se elevaram ainda mais sob Franklin D. Roosevelt. O presidente Hoover instava aos empresários para que não reduzissem os salários dos trabalhadores durante a depressão, embora o suprimento de dinheiro acentuadamente reduzido tornasse impagáveis os salários anteriores em situação de pleno emprego. Tanto Hoover como o seu sucessor, Franklin D. Roosevelt, buscaram evitar a queda dos preços — quer fossem os preços da mão de obra, dos produtos agrícolas ou da produção industrial —, supondo que isso evitaria que o poder de compra caísse. Porém, o poder de compra depende não somente dos preços que são cobrados, mas também do número de transações realizadas de fato sob esses preços. Com um estoque de dinheiro reduzido, nem a quantidade anterior de emprego de mão de obra nem as vendas anteriores de produtos agrícolas ou industriais poderiam continuar com os preços anteriores.[1]

Nem Hoover nem Franklin D. Roosevelt pareciam compreender isso, tampouco pensaram na questão. Contudo, o articulista Walter Lippmann chamou a atenção para o óbvio, em 1934, quando observou que "em uma depressão as pessoas não podem vender bens ou serviço a preços praticados antes da depressão. Se insistirem em aplicar preços pré-depressão às mercadorias, elas não irão vendê-las. Se insistirem em salários pré-depressão, elas ficarão desempregadas".[32] Nem os comerciantes nem os trabalhadores desempregados exigiam preços ou salários insustentáveis em tempos de depressão, com um estoque de dinheiro bastante reduzido; mas o governo fazia exatamente isso ao fixar preços e salários que tornavam impossível a venda de bens e de trabalho, por meio da National Industrial Recovery Act [Lei de Recuperação Industrial Nacional], da Agricultural Adjustment Act [Lei de Ajuste Agrícola], da Fair Labor Standards Act [Lei de Padrões Justos de Trabalho] e de outras leis e políticas.

Há pouca evidência empírica que sugere que as muitas intervenções governamentais durante a década de 1930 tenham ajudado na recuperação da economia, e muita evidência que sugere que essas intervenções pioraram a situação.[m] Um estudo realizado por economistas em uma importante revista acadêmica concluiu que as políticas do governo prolongaram a Grande Depressão por vários anos.[33]

Evidentemente, não é possível fazer acontecer outra vez a quebra do mercado de ações de 1929 para que o governo federal possa deixar o mercado ajustar-se por si só a fim de sabermos em que resultaria essa experiência. A situação que mais se aproximou do evento da quebra da Bolsa de 1929 foi a quebra do mercado de ações de 1987, quando os preços das ações caíram mais em um dia do que em qualquer dia de 1929. A administração Reagan nada fez, apesar da reação ultrajada da mídia diante da inação do governo.

"O que será preciso fazer para acordar a Casa Branca?", indagou o *New York Times*, declarando que "o presidente abdica da liderança e corteja o desastre".[34] A articulista do *Washington Post* Mary McGrory disse que Reagan "age de maneira estranhamente indiferente" à "dor e confusão" que tomam conta do país.[35] O *Financial Times*, de Londres, afirmou que o presidente Reagan "parece não ter capacidade para lidar com a adversidade" e que "parece não haver ninguém no comando".[36] Um ex-funcionário da administração Carter criticou "o silêncio e a inércia" do presidente Reagan depois da quebra do mercado de ações, e o comparou desfavoravelmente ao presidente Franklin D. Roosevelt, cujo "estilo pessoal e destemido comando fariam a diferença" na crise de 1987.[37]

A ironia nessa comparação foi que Franklin Roosevelt comandou uma economia com sete anos seguidos de desemprego na casa dos dois dígitos, ao passo que a política de Reagan de deixar que o mercado se recuperasse por si só, longe de levar a outra Grande Depressão, conduziu o país a um dos mais longos períodos de crescimento econômico sustentado, baixo desemprego e baixa inflação, um período que durou vinte anos.[38]

Como acontece com muitos outros fatos em discordância com a visão predominante, esse recebeu muito pouca atenção na época e também posteriormente. Embora seja possível debater a sabedoria ou a eficiência de várias respostas ou falta delas durante as crises econômicas, tem havido bem pouca consciência do que há para ser discutido por parte dos intelectuais que não são profissionais da área de economia. Histórias a respeito da Grande Depressão contadas por historiadores importantes como Arthur M. Schlesinger Jr. e Henry Steele Commager fizeram de Franklin D. Roosevelt o herói que surgiu para o salvamento, embora o próprio Schlesinger tenha admitido que ele — Schlesinger — "não se interessava muito por economia",[39] apesar de sua disposição para realizar análises históricas a respeito do impacto das políticas de Franklin D. Roosevelt sobre a economia. Contudo, o professor Schlesinger não era de modo algum atípico entre os intelectuais por chegar a conclusões arrebatadoras sobre questões econômicas sem sentir nenhuma necessidade de entender de economia.

PARTE 3
OS INTELECTUAIS E AS VISÕES SOCIAIS

No centro de todo código moral existe uma imagem da natureza humana, um mapa do universo e uma versão da história. À natureza humana (do tipo concebido), em um universo (do tipo imaginado), depois de uma história (compreendida como tal), são aplicadas as regras do código.

Walter Lippmann[1]

CAPÍTULO 6
UM CONFLITO DE VISÕES

Intelectuais não têm simplesmente uma série de opiniões isoladas sobre assuntos diversos. Por trás dessas opiniões, costuma haver uma concepção unificadora coerente do mundo, uma visão social. Os intelectuais são como outras pessoas no tocante a ter visões — uma percepção intuitiva do modo como o mundo funciona, do que causa o quê. A visão em torno da qual a maioria dos intelectuais contemporâneos tende a se unir tem características que a distinguem de outras visões predominantes em outros segmentos da sociedade contemporânea ou entre elites ou massas em épocas anteriores.

Embora sejam diferentes a seu modo, essas visões fundamentam as tentativas, por intelectuais ou por outros, de explicar fenômenos físicos ou sociais. Algumas visões são mais abrangentes e dramáticas que outras, e as hipóteses específicas nas quais são baseadas também são diferentes; mas todos os tipos de pensamento, formais ou informais, devem começar em algum lugar com um palpite, uma suspeita ou uma intuição de algum tipo — em suma, com uma visão de conexões causais. Desenvolver de modo sistemático as implicações dessa visão pode produzir uma teoria, que, por sua vez, pode ser aperfeiçoada em hipóteses específicas, que podem ser testadas contra a evidência empírica. Mas "a ideia preconcebida — supostamente 'não científica' — quase sempre estará presente", como disse o historiador britânico Paul Johnson.[1] O economista J. A. Schumpeter definiu visão como um "ato cognitivo pré-analítico".[2]

Qual é então a visão predominante da *intelligentsia*, englobando a sua base sólida de intelectuais e a penumbra circundante daqueles que seguem a sua liderança? E que visão alternativa se opõe à da *intelligentsia*?

VISÕES SOCIAIS OPOSTAS

No centro da visão social predominante entre intelectuais contemporâneos está a crença de que existem "problemas" criados por instituições em atividade e que os intelectuais podem descobrir "soluções" para esses problemas. Trata-se de uma visão da sociedade e também de uma visão do papel dos intelectuais dentro da sociedade. Em resumo, os intelectuais não se consideram uma simples elite — no sentido passivo no qual podem se qualificar como elites proprietárias de terras, rentistas ou pessoas que vivem de várias sinecuras —, mas, sim, uma elite *de ungidos*, pessoas que têm a missão de conduzir outras por esse ou aquele caminho para lhes proporcionar uma vida melhor.

John Stuart Mill, que encarnava o intelectual de diversas maneiras, expressou essa visão quando disse que "a lamentável educação de hoje" e os "lamentáveis arranjos sociais" eram o "único obstáculo real" que impedia que se alcançasse a felicidade geral entre os seres humanos.[3] Além disso, Mill via a *intelligentsia* — "os mais cultos intelectos do país", as "mentes pensantes", "os melhores e os mais sábios" — como guias para um mundo melhor, desempenhando o papel dos que "estão à frente da sociedade em pensamento e em sentimento".[4] Esse tem sido o papel da *intelligentsia* do modo como a *intelligentsia* o vê, tanto antes como depois da época de Mill — o papel de líderes intelectuais que, com seu conhecimento mais vasto e maior profundidade de ideias, podem libertar as pessoas das limitações desnecessárias da sociedade.

A famosa afirmação de Jean-Jacques Rousseau "o homem nasce livre, mas por toda parte encontra-se acorrentado"[5] resume a essência da visão do ungido, de que os estratagemas da sociedade são a causa principal da infelicidade humana. Essa visão busca explicar o fato de que o mundo que vemos a nosso redor difere enormemente do mundo que gostaríamos de ver. Em tal visão, a opressão, a pobreza, a injustiça e a guerra são todos produtos de instituições existentes — problemas cujas soluções exigem mudança nessas instituições, e, por sua vez, exigem que as ideias por trás dessas instituições mudem. Em resumo, os males da sociedade têm sido vistos essencialmente como um problema intelectual e moral — e os intelectuais estão em especial habilitados a fornecerem respostas a esse problema, em razão do seu conhecimento e sua perspicácia superiores, e também por não terem interesses econômicos pessoais que os inclinem favoravelmente à ordem existente, sem mencionar a voz da consciência.

Grandes e injustas diferenças nas perspectivas econômicas e sociais de pessoas nascidas em circunstâncias sociais distintas são, há muito tempo, um tema crucial para os intelectuais com a visão dos ungidos. Contrastes entre a opressiva pobreza de alguns e a exuberante extravagância de outros, complicados por contrastes injustos semelhantes no status social, estão entre os problemas que há muito dominam a pauta dos que têm a visão dos ungidos.

Fontes mais indefinidas de infelicidade entre pessoas de todo o espectro social — os problemas psíquicos gerados pelo estigma moral, bem como os horrores da guerra, por exemplo — também são coisas para as quais se buscam soluções de natureza intelectual.

Essa visão da sociedade, segundo a qual existem muitos "problemas" para serem "resolvidos" com a aplicação de ideias de elites intelectuais moralmente ungidas, não é de modo algum a única visão, por mais que predomine entre os intelectuais dos dias de hoje. Uma visão conflitante coexistiu por séculos — segundo a qual os defeitos inerentes aos seres humanos são o problema fundamental, e os processos da sociedade são simplesmente meios imperfeitos para tentar lidar com esses defeitos. As imperfeições desses processos são elas mesmas produtos das deficiências inerentes aos seres humanos. Um estudioso clássico confrontou as visões modernas dos ungidos com "o quadro mais negro" pintado por Tucídides de uma "raça humana que escapou do caos e da barbárie, preservando com dificuldade uma fina camada de civilização", com base na "moderação e na prudência" que nascem da experiência.[6] Essa visão trágica da condição humana é muito diferente da visão dos ungidos.

"Soluções" não são esperadas por aqueles que veem muitas das frustrações, males e anomalias da vida — a tragédia da condição humana — como restrições inerentes aos seres humanos, individual e coletivamente, e ao mundo físico no qual vivemos. Em contraste com a visão do ungido dos dias atuais, na qual a sociedade atual é discutida amplamente no que diz respeito a suas inadequações e aos melhoramentos que os ungidos têm a oferecer, a visão trágica considera a civilização em si mesma como algo que exige grandes e constantes esforços apenas para ser preservado — esforços baseados na experiência real, não em novas teorias "excitantes".

Na visão trágica, a barbárie está sempre à espreita e a civilização não passa de uma "fina crosta sobre um vulcão". Essa visão tem poucas soluções a oferecer e muitas desvantagens a considerar. Comentando sobre as referências de Felix Frankfurter ao sucesso de várias reformas, Oliver Wendell Holmes quis saber a que custo elas foram realizadas — quais as suas desvantagens. De outra forma, ao mesmo tempo que a sociedade se eleva por um lado, "como diabos vou saber se por outro lado não a estou puxando para baixo?", perguntou ele.[7] Essa visão contida é, portanto, trágica — não no sentido de que a vida deva sempre ser triste e sombria, pois em um mundo limitado pode haver muita felicidade e realização, mas trágica em virtude das limitações inerentes, que não podem ser superadas simplesmente pela mudança das instituições ou por compaixão, engajamento ou outras virtudes que aqueles que têm a visão dos ungidos defendem ou atribuem a si mesmos.

Na visão trágica, os processos sociais parecem conter o comportamento que leva à infelicidade, embora pareçam causar infelicidade em certa medida. Nas palavras do professor Richard A. Epstein, da Universidade de Chicago: "O estudo das instituições humanas é sempre uma busca pelas imperfeições mais toleráveis".[8] A visão trágica é uma visão de desvantagens, e não de soluções, e uma visão de sabedoria extraída das experiências de muitos, e não do brilho de alguns poucos.

Por existirem limitações inerentes ao cérebro humano e à duração da vida humana, aqueles que têm visão trágica tendem a defender a especialização, exemplificada pelo elogio de Adam Smith à divisão do trabalho em *A Riqueza das Nações*.[9] Mas as pessoas que têm visão oposta tendem a lamentar tanta especialização, buscando, por exemplo, transcender a especialização de disciplinas acadêmicas com cursos e programas "interdisciplinares" — e, de maneira mais geral, projetando uma visão do futuro na qual cada indivíduo terá habilidades e interesses amplos, bastante semelhantes aos de um homem perfeito e idealizado.[10] Os que têm a visão dos ungidos não precisam *negar* as limitações humanas. Eles apenas não integram essas limitações às bases da sua visão, como fazem os que têm a visão trágica.

O conflito entre essas duas visões remonta a séculos.[11] As pessoas com visão trágica e as pessoas com visão dos ungidos não diferem apenas em uma gama de questões políticas. Diferem *de forma inevitável*, porque falam a respeito de mundos muito diferentes que existem dentro da mente delas. Além do mais, falam sobre diferentes criaturas que habitam esse mundo, embora ambas denominem essas criaturas como seres humanos, pois a natureza desses seres humanos é também fundamentalmente distinta, como se observa nas duas visões.[12]

Na visão trágica, existem limites particularmente sérios de quanto determinado indivíduo pode saber e de fato compreender, e, por esse motivo, essa visão coloca tanta ênfase não somente na especialização, mas também nos processos sociais sistêmicos cujas transações econômicas e sociais se valem do conhecimento e da experiência variada de milhões, do passado e do presente. Na visão dos ungidos, contudo, algumas pessoas contam com muito mais conhecimento e inteligência do que outras, e as diferenças entre elas e as massas são muito maiores do que na visão trágica.[13]

Essas visões opostas diferem não apenas no que acreditam existir e no que pensam ser possível, mas também no que elas pensam necessitar de explicação. Para os que têm a visão trágica, males como pobreza, crime, guerra e injustiça são os que exigem explicação. Já para os que têm a visão dos ungidos, prosperidade, lei, paz e a justiça existente exigem não apenas explicação, mas também constantes esforços, concessões e sacrifícios que mal bastam para mantê-los nos níveis atuais, quanto mais promover o aperfeiçoamento no decorrer do tempo. Enquanto aqueles com a visão dos ungidos buscam as causas da guerra,[14] por exemplo, aqueles com a visão trágica dizem coisas como "nenhuma paz se sustenta por si mesma"[15]; a paz "é um equilíbrio instável, que só pode ser preservado por reconhecida supremacia ou poder igual";[16] uma nação "desprezível por sua fraqueza perde até o privilégio de ser neutra";[17] e "as nações entrarão em guerra sempre que tiverem a possibilidade de ganhar alguma coisa com ela".[18]

Uma visão trágica é um tipo de visão de base zero do mundo e dos seres humanos, que não dá como garantido nenhum dos benefícios da civilização. Essa visão não presume que podemos começar com o que já temos e simplesmente fazer melhorias, adotando inovações, sem nos preocupar a todo momento se essas inovações comprometerão os próprios processos e princípios dos quais depende o nosso atual nível de bem-estar. Essa visão não presume que as irritantes restrições que nos são *transmitidas* por processos sociais — dos preços aos estigmas — são *causadas* por esses processos. Acima de tudo, não presume que teorias não experimentadas se encontram em pé de igualdade com instituições e práticas cuja existência já demonstra a capacidade de sobrevivência no mundo real, por mais distante que esse mundo real esteja do que se possa imaginar como um mundo melhor.

Essas duas visões são totalmente distintas uma da outra, não apenas no modo como veem o mundo, mas também no modo como as pessoas que acreditam nessas visões veem a si mesmas. Se você acredita em livre mercado, restrição judicial, valores tradicionais e em outras características da visão trágica, então é apenas alguém que acredita em livre mercado, restrição judicial e valores tradicionais. Não há exaltação pessoal inerente a essas crenças. Mas ser a favor da "justiça social" e de "salvar o meio ambiente", ou ser "contra a guerra", é mais do que simplesmente uma série de hipóteses sobre fatos empíricos. Quem tem essa visão é colocado num plano moral mais elevado, de quem se importa e tem compaixão, de quem é a favor da paz no mundo, um defensor do oprimido, alguém que quer preservar a beleza da natureza e salvar o planeta da poluição feita por outros que se importam menos.

Em resumo, uma visão faz de você alguém especial, e a outra, não. Essas visões não são simétricas. Essa assimetria, como veremos, afeta não somente o modo como os seus respectivos defensores veem a si mesmos, mas também o modo como veem os que discordam deles.

A DICOTOMIA ESQUERDA-DIREITA

Uma fonte de confusão abundante em discussões acerca de questões ideológicas é a dicotomia entre a esquerda e a direita políticas. Talvez a diferença mais fundamental entre a esquerda e a direita seja que somente a primeira tem pelo menos uma definição vaga. O que chamamos de "a direita" são apenas os vários e distintos oponentes da esquerda. Esses oponentes da esquerda talvez nem partilhem um princípio específico, quanto mais uma pauta comum; e eles podem abranger desde libertários defensores do livre mercado até defensores da monarquia, da teocracia, da ditadura militar ou de inúmeros outros princípios, sistemas e pautas.

Para pessoas que interpretam literalmente as palavras, mencionar a "esquerda" é considerar implicitamente que existe outro grupo coeso que constitui a "direita". Talvez seja menos confuso se o que chamamos de "a esquerda" for designado por algum outro termo, talvez simplesmente *X*. No sentido de estar à esquerda, porém, a designação tem pelo menos alguma base histórica nas opiniões dos deputados que se sentavam à esquerda da cadeira do presidente nos Estados Gerais da França no século XVIII. Um resumo rudimentar da visão da esquerda política nos dias atuais é a da tomada de decisão coletiva via governo, direcionada — ou pelo menos racionalizada — para a meta de reduzir desigualdades econômicas e sociais. Pode haver versões moderadas ou radicais da visão ou da pauta de esquerda, mas, entre aqueles chamados de "direita", a diferença entre libertários apoiadores do livre mercado e as juntas militares não é simplesmente uma questão de grau na busca de uma visão comum, porque não há visão comum entre esses e outros grupos distintos que se opõem à esquerda — em outras palavras, não há nada que se possa definir como "a direita", embora existam vários segmentos dessa categoria abrangente, como o dos defensores do livre mercado, que pode ser definido.

A heterogeneidade do que se denomina "a direita" não é o único problema com a dicotomia esquerda-direita. Entre os intelectuais, a imagem habitual do espectro político estende-se dos comunistas de extrema-esquerda aos esquerdistas menos radicais, liberais mais moderados, centristas, conservadores, direitistas radicais e, por fim, fascistas. Porém, como grande parte das coisas em que a *intelligentsia* acredita, essa é uma conclusão sem argumentos, a menos que a repetição interminável possa ser considerada um argumento. Quando deixamos de lado essa imagem e atentamos para os pormenores, percebemos que praticamente não há diferença entre comunistas e fascistas, exceto pela retórica, e há muito mais em comum entre fascistas e a esquerda, até mesmo moderada, do que entre esses dois grupos e conservadores tradicionais no sentido norte-americano. Um olhar mais atento torna isso claro.

O comunismo é o socialismo com foco internacional e métodos totalitários. Benito Mussolini, o fundador do fascismo, definiu fascismo como socialismo *nacional* num Estado que era totalitário, termo que ele também cunhou. Essa mesma ideia teve eco na Alemanha, no nome do Partido Nacional-Socialista dos Trabalhadores Alemães, o partido de Hitler, agora quase sempre abreviado como Nazista, o que fez desaparecer o seu componente socialista.

Observando em retrospectiva, a característica mais conhecida dos nazistas — racismo, de maneira geral, e racismo antijudaico, em particular — não era inerente à visão fascista, mas, sim, uma obsessão do partido de Hitler, não compartilhada pelo governo fascista de Mussolini na Itália nem pelo de Franco na Espanha. Houve um tempo em que os judeus estiveram sobrerrepresentados entre os líderes fascistas na Itália. Só depois que Mussolini se tornou parceiro menor de Hitler na aliança do Eixo Berlim-Roma, no final de 1930, foi que os judeus acabaram expurgados do partido fascista italiano. E só depois que o governo fascista de Mussolini em Roma foi deposto, em 1943, e substituído no norte da Itália por um governo fantoche, instalado pelos nazistas, os judeus nessa parte da Itália foram reunidos e enviados para campos de concentração.[19] Em resumo, o racismo explícito e oficial do governo, manifestado na ideologia e na prática, diferenciou os nazistas de outros movimentos fascistas.

O que distinguiu os movimentos fascistas em geral dos movimentos comunistas foi que os comunistas estavam oficialmente comprometidos com o controle governamental dos meios de produção, ao passo que os fascistas permitiam a propriedade privada dos meios de produção, desde que o governo guiasse as decisões do proprietário privado e limitasse as taxas de lucro que ele poderia receber. Ambas as ditaduras eram totalitárias, mas os comunistas eram oficialmente internacionalistas, enquanto os fascistas eram oficialmente nacionalistas. Entretanto, a política anunciada por Stalin de "socialismo em um só país" não era muito diferente da política do nacional-socialismo anunciada pelos fascistas.

Na prática, havia ainda menos diferença, considerando que a Internacional Comunista servia aos interesses *nacionais* da União Soviética, apesar da retórica internacionalista que empregava. O modo como os comunistas de outros países, entre os quais os dos Estados Unidos, reverteram sua oposição aos esforços de defesa militar das nações ocidentais na Segunda Guerra Mundial, 24 horas após a invasão da União Soviética pelas forças de Hitler, foi somente o mais espantoso dos muitos exemplos que podem ser citados.

Quanto à suposta restrição dos interesses dos fascistas dentro dos seus respectivos países, isso foi desmentido pelas invasões por Hitler e Mussolini a outros países e pelas redes internacionais nazistas, operando entre alemães que viviam em outros países, desde os Estados Unidos até o Brasil e a Austrália[20] — todos concentrados no interesse nacional da Alemanha, o que é diferente da preocupação com pureza ideológica ou com os interesses dos alemães que viviam nesses outros países. Desse modo, as reclamações dos alemães dos Sudetos na Checoslováquia foram exteriorizadas durante a crise de Munique de 1938 como parte da expansão nacional da Alemanha, ao passo que os alemães que viviam na Itália foram orientados a silenciar suas reclamações, tendo em vista que Mussolini era aliado de Hitler.[21]

Enquanto a União Soviética proclamava o seu internacionalismo ao criar várias nações oficialmente autônomas dentro das suas fronteiras, as pessoas que detinham o verdadeiro poder nessas nações — não raro com o título oficial de "segundo secretário" do Partido Comunista nessas nações aparentemente autônomas — geralmente eram russas,[22] assim como na época em que os czares governavam o que era mais sinceramente chamado de Império Russo.

Em resumo, a ideia de que comunistas e fascistas estavam em lados ideologicamente opostos não era verdadeira na teoria e muito menos na prática. Quanto às semelhanças e diferenças entre esses dois movimentos totalitários e o liberalismo, por um lado, ou o conservadorismo, por outro, essas pautas totalitárias tinham muito mais semelhança com as da esquerda democrática do que com as da maioria dos conservadores. Por exemplo, entre os itens nas pautas dos fascistas na Itália e/ou dos nazistas na Alemanha constavam: (1) controle governamental de salários e horas de trabalho; (2) impostos mais altos para os ricos; (3) limites estabelecidos pelo governo para os lucros; (4) assistência do governo aos idosos; (5) pouca importância da função da religião e da família nas decisões pessoais ou sociais; e (6) governo assumindo o papel de mudar a natureza das pessoas, geralmente a partir da infância.[23] Este último e mais audacioso projeto é parte da ideologia de esquerda — tanto da democrática como da totalitária — desde pelo menos o século XVIII, quando Rousseau e Godwin o defenderam, e tem sido defendido por inúmeros intelectuais desde então,[24] além de ter sido colocado em prática em vários países, sob nomes que variam de "reeducação" até "clarificação de valores".[25]

Naturalmente, a maioria das pessoas ditas "conservadoras" nos Estados Unidos se opõe a essas coisas, que são muito mais compatíveis com a abordagem geral das pessoas ditas "liberais" no contexto político norte-americano. É preciso notar também que nem "liberal" nem "conservador", como essas palavras são usadas no contexto norte-americano, têm muito vínculo com os seus significados originais. Milton Friedman, um dos principais intelectuais "conservadores" norte-americanos do seu tempo, defendeu mudanças radicais no sistema escolar do país, na função do Federal Reserve System e na economia de maneira geral. Um de seus livros intitula-se *Tirania do Status Quo*. Ele, como Friedrich Hayek, dizia-se um "liberal" no sentido original da palavra, mas esse sentido se perdeu irremediavelmente em discussões gerais nos Estados Unidos, embora pessoas com pontos de vista semelhantes sejam ainda chamadas de liberais em alguns outros países.

Apesar disso, até mesmo os estudos acadêmicos de intelectuais aludiram a Hayek como um defensor do *"status quo"* e como alguém cuja "defesa da ordem atual das coisas" acabou "fornecendo justificativas para os poderes constituídos".[26] À parte os méritos e deméritos das ideias de Hayek, essas ideias estavam muito mais distantes do *status quo* do que as ideias daqueles que o criticaram. Pessoas como Hayek, que em geral são designadas no contexto norte-americano como "conservadoras", têm um conjunto de ideias que difere em gênero e grau das ideias de muitos outros que são descritos como politicamente alinhados à direita. Talvez se apenas os liberais fossem designados como *X* e os conservadores como *Y* houvesse menos confusão.

O conservadorismo, em seu sentido original, não tem nenhum conteúdo ideológico específico, uma vez que tudo depende do que se busca conservar. Nos últimos dias da União Soviética, por exemplo, aqueles que tentavam preservar o regime comunista vigente eram justificadamente chamados de "conservadores", embora tentassem conservar algo que nada tinha em comum com o que defendiam Milton Friedman, Friedrich Hayek ou William F. Buckley nos Estados Unidos, muito menos com o que defendia o cardeal Joseph Ratzinger, um líder conservador no Vaticano, que mais tarde se tornou papa. Indivíduos específicos com o rótulo de "conservadores" têm posições ideológicas específicas, mas não há semelhança de pormenores específicos entre "conservadores" em diferentes locais.

Se tentarmos definir a esquerda política pelos objetivos que ela anunciou, fica claro que objetivos bastante semelhantes foram anunciados por pessoas que a esquerda repudia e amaldiçoa, como fascistas de maneira geral e nazistas em particular. Em lugar de definir esses (e outros) grupos por seus objetivos anunciados, podemos defini-los pelos mecanismos e políticas institucionais específicos que eles utilizam ou defendem para alcançar suas metas. Mais especificamente, eles podem ser definidos pelos mecanismos institucionais que buscam estabelecer para tomar decisões que tenham impacto na sociedade como um todo. Para que a discussão permaneça controlável, a ampla gama de possíveis mecanismos de tomada de decisão pode ser dicotomizada em mecanismos pelos quais os indivíduos tomam decisões individuais para si próprios e em mecanismos pelos quais as decisões são tomadas coletivamente por representantes da sociedade como um todo.

Em economias de mercado, por exemplo, consumidores e produtores tomam suas próprias decisões individualmente e as consequências sociais são determinadas pelo efeito das decisões individuais no modo como os recursos são destinados na economia como um todo, em resposta aos movimentos de preços e rendas — que, por sua vez, respondem à oferta e à demanda.

Embora essa visão da economia seja com frequência considerada "conservadora" (no sentido original da palavra), no longo curso da história das ideias ela foi revolucionária. Dos tempos antigos até o presente, e em sociedades muito diferentes mundo afora, os mais variados sistemas de pensamento — seculares e religiosos — buscaram descobrir o melhor meio para que os sábios e virtuosos pudessem influenciar ou conduzir as massas, a fim de criar ou manter uma sociedade mais feliz, mais viável ou mais digna. Nesse contexto, foi um desvio revolucionário quando, na França do século XVIII, os fisiocratas levantaram-se para anunciar que, para a economia pelo menos, o melhor que as autoridades governantes poderiam fazer seria "deixar acontecer" — *laissez-faire* foi a expressão que eles cunharam. Para os que tinham essa visão, seja na França ou em qualquer outro lugar, se as autoridades impusessem políticas econômicas, dariam "uma atenção desnecessária", nas palavras de Adam Smith,[27] a um sistema espontâneo de interações que funcionaria melhor sem a intervenção do governo — não funcionaria com perfeição, apenas funcionaria melhor.

Variações dessa visão de ordem espontânea podem também ser encontradas em outras áreas, desde a da linguagem até a da lei. Nenhuma elite se reuniu para planejar os idiomas do mundo nem de nenhuma sociedade. Esses idiomas se desenvolveram a partir das interações sistêmicas de milhões de seres humanos através das gerações, nas mais variadas sociedades por todo o mundo. Acadêmicos de linguística estudam e codificam as regras da linguagem — mas depois do fato. Criancinhas aprendem palavras e seu uso, intuindo as regras para esse uso antes de lhes ensinarem essas coisas explicitamente nas escolas. Embora tenha sido possível, para as elites, criar idiomas como o esperanto, essas linguagens artificiais nunca se propagaram de modo a substituir línguas cultivadas historicamente.

No campo do direito, uma concepção semelhante foi manifestada na declaração do juiz Oliver Wendell Holmes de que "a existência do direito não está calcada na lógica; está calcada na experiência".[28] Em suma, seja na economia, na linguagem ou na lei, essa concepção atribui a viabilidade e o progresso sociais à evolução sistêmica, e não às prescrições da elite.

A dependência de processos sistêmicos, seja na área de economia, do direito ou em outras áreas, baseia-se na visão restringida — a visão trágica — pelas limitações severas do conhecimento e do discernimento de todo e qualquer indivíduo, por mais instruído ou brilhante que esse indivíduo seja em comparação com outros indivíduos. Processos sistêmicos que exploram enorme quantidade de conhecimento e experiência de um número vastamente maior de pessoas, incluindo muitas vezes tradições que se desenvolveram a partir de experiências de sucessivas gerações, são considerados mais confiáveis do que o intelecto dos intelectuais.

Por outro lado, a visão da esquerda é a da tomada de decisão por terceiros, por substitutos, aos quais se atribui não somente conhecimento superior, mas conhecimento suficiente, sejam esses substitutos líderes políticos, especialistas, juízes ou outros. Essa visão é habitual em vários níveis na esquerda política, seja a radical ou a moderada, e habitual também entre totalitários, quer sejam comunistas ou fascistas. O objetivo comum na sociedade é fundamental para a tomada de decisão coletiva, seja ela expressada na democracia das assembleias municipais ou numa ditadura totalitária, ou em variações entre esses dois extremos. Uma das diferenças entre o objetivo comum em sistemas governamentais democráticos e em sistemas governamentais totalitários está na gama de decisões introduzida com esse objetivo comum e na gama de decisões reservada para a tomada individual de decisão fora do alcance do governo.

O livre mercado, por exemplo, é uma enorme isenção do poder governamental. Nesse mercado não há objetivo comum, a não ser entre indivíduos e organizações que podem escolher voluntariamente unir-se em grupos que variam de ligas de boliche a corporações multinacionais. Porém, mesmo esses grupos costumam perseguir os interesses dos seus próprios integrantes e competem com os interesses de outros grupos. Aqueles que defendem essa modalidade de tomada de decisão social fazem isso porque acreditam que os resultados sistêmicos de tal competição são, em geral, melhores do que um objetivo comum para toda a sociedade imposto por tomadores de decisão substitutos, supervisionando o processo inteiro em nome do "interesse nacional" ou da "justiça social".

A versão totalitária da tomada de decisão coletiva governamental por substituição foi resumida por Mussolini, que definiu "totalitarismo" no lema: "Tudo no Estado, nada fora do Estado, nada contra o Estado".[29] Ademais, o Estado significava, no final das contas, o líder político do Estado, o ditador. Mussolini ficou conhecido como *Il Duce* — o líder — antes que Hitler obtivesse o mesmo título em alemão como *Führer*.

Versões democráticas da tomada de decisão coletiva governamental por substituição escolhem líderes por voto e tendem a deixar mais áreas fora do alcance do governo. Contudo, raras vezes a esquerda tem algum princípio por meio do qual seja possível determinar os limites entre tomada de decisão governamental e individual. Dessa forma, a tendência natural ao longo do tempo é que o alcance da interferência do governo se expanda, enquanto cada vez mais decisões são tiradas das mãos dos indivíduos, tendo em vista que as autoridades governamentais têm incentivos constantes para expandir seus poderes quando a atenção do eleitor não está concentrada em manter limites a esses poderes.

As preferências pela tomada de decisão de cunho coletivista, de cima para baixo, não são tudo o que a esquerda democrática tem compartilhado com os fascistas italianos originais e com os nacional-socialistas (nazistas) da Alemanha. Além da intervenção política nos mercados econômicos, a esquerda democrática compartilhou com os fascistas e os nazistas a conclusão subentendida de uma vasta lacuna na capacidade de compreensão entre pessoas comuns e elites como eles próprios. Embora tanto a esquerda totalitária — isto é, os fascistas, os comunistas e os nazistas — como a esquerda democrática tenham empregado em sentido positivo termos como "o povo", "os trabalhadores" ou "as massas", colocando-os como beneficiários ostensivos das suas políticas, mas *não* como autônomos tomadores de decisão. Embora o excesso de retórica da esquerda democrática e também da esquerda totalitária tenha, há muito tempo, encoberto a diferença entre pessoas comuns como beneficiárias e como tomadoras de decisão, é evidente que, na prática, a tomada de decisão é vista como algo reservado aos ungidos.

Apesar de toda a sua ênfase na "vontade geral", Rousseau deixou a interpretação dessa vontade para as elites. Ele comparou as massas populares a "um inválido estúpido e covarde".[30] Godwin e Condorcet, também à esquerda no século XVIII, manifestaram um desprezo parecido com relação às massas.[31] Karl Marx declarou: "A classe trabalhadora é revolucionária ou não é nada"[32] — em outras palavras, milhões de seres humanos só teriam importância se realizassem a sua visão. George Bernard Shaw, socialista fabiano, incluiu a classe trabalhadora entre as pessoas "detestáveis" que "não têm direito de viver". E ele acrescentou: "Eu me desesperaria se não soubesse que eles todos morrerão logo e que não há necessidade nenhuma na Terra de substituí-los por pessoas como eles mesmos".[33] Quando jovem, servindo no exército dos Estados Unidos durante a Primeira Guerra Mundial, Edmund Wilson escreveu para um amigo: "Não seria sincero da minha parte se eu fizesse crer que a morte desse 'lixo branco miserável do Sul' e do restante me causa metade da tristeza que senti pelo simples recrutamento ou pelo alistamento de qualquer um dos meus amigos".[34]

De maneira semelhante, a esquerda totalitária não deixou dúvidas de que o poder de tomar decisões deve ser restrito a uma elite política — a "vanguarda do proletariado", o líder de uma "raça superior", ou fosse qual fosse a expressão que poderia se tornar o lema do sistema totalitário específico. Nas palavras de Mussolini, "a massa simplesmente seguirá e se submeterá".[35]

A semelhança nas conclusões implícitas entre os vários movimentos totalitários e a esquerda democrática foi claramente reconhecido por líderes da própria esquerda em países democráticos durante os anos 1920, quando Mussolini era tratado como uma celebridade por intelectuais nas democracias ocidentais, e até Hitler tinha admiradores entre intelectuais importantes da esquerda. Ao longo dos anos 1930, a invasão de Mussolini à Etiópia e o violento antissemitismo de Hitler em seu país, bem como sua agressão militar no exterior, fizeram desses sistemas totalitários párias internacionais; foi então que eles foram repudiados pela esquerda — e mais tarde retratados como "a direita".[n]

Durante a década de 1920, o escritor radical Lincoln Steffens escreveu de forma positiva sobre o fascismo de Mussolini, assim como havia escrito positivamente sobre o comunismo soviético.[36] Em 1932, o famoso escritor e socialista fabiano H. G. Wells encorajou os estudantes da Oxford a serem "fascistas liberais" e "nazistas esclarecidos".[37] O historiador Charles Beard estava entre os defensores de Mussolini nas democracias ocidentais, bem como a revista *New Republic*.[38] O poeta Wallace Stevens chegou a justificar a invasão da Etiópia por Mussolini.[39] W. E. B. Du Bois ficou tão fascinado com o movimento nazista na década de 1920 que colocou suásticas na capa de uma revista que ele editava, apesar dos protestos dos judeus.[40] Embora estivesse em conflito com o antissemitismo nazista, Du Bois disse, na década de 1930, que a criação da ditadura nazista havia sido "absolutamente necessária para a reorganização do Estado" na Alemanha; e em um discurso no Harlem, em 1937, ele declarou que "em certos aspectos, há hoje em dia na Alemanha mais democracia do que havia anos atrás".[41] O mais interessante é que Du Bois via os nazistas como parte da esquerda política. Em 1936, ele afirmou: "Ao lado da Rússia, a Alemanha é hoje o maior exemplo de socialismo marxista no mundo".[42]

A heterogeneidade daqueles que mais tarde se aglutinaram como a direita permitiu que os da esquerda colocassem nessa categoria diversa muitos que defendem alguma variante de visão da esquerda, mas cujas outras características os tornam um embaraço a ser rejeitado. Por isso o padre Coughlin, popular personalidade do rádio norte-americano da década de 1930 — que era, entre outras coisas, antissemita —, foi verbalmente banido para "a direita", embora ele defendesse tantas políticas que se tornaram parte do New Deal que muitos Democratas do Congresso o elogiaram publicamente, e alguns progressistas incentivaram o presidente Franklin D. Roosevelt a torná-lo um membro do governo.[43]

Durante esse período inicial, foi comum na esquerda, bem como em qualquer lugar, comparar como experiências similares o fascismo na Itália, o comunismo na União Soviética e o New Deal nos Estados Unidos.[44] Tais comparações foram, mais tarde, tão completamente rejeitadas quanto a inclusão do padre Coughlin como figura de esquerda. Essas mudanças arbitrárias nas classificações não apenas permitiram que a esquerda se distanciasse de indivíduos e grupos constrangedores, cujas concepções e conclusões implícitas guardavam muitas semelhanças com as suas próprias, mas também a permitiram transferir esses constrangimentos para os seus oponentes ideológicos. Além disso, essas mudanças na nomenclatura reduziram de modo acentuado a possibilidade de que observadores percebessem o potencial negativo das ideias e pautas que a esquerda colocava em prática em sua busca por influência ou poder.

Os tipos de concentração de poder governamental perseguidos pela esquerda podem ser anunciados como algo a serviço de vários tipos de objetivos grandiosos, mas tais concentrações de poder também oferecem oportunidades para todos os tipos de abuso, até mesmo assassinato em massa, como demonstraram Hitler, Stalin, Mao e Pol Pot. Esses líderes *não* tinham uma visão trágica do homem, como a visão que está na base do que atualmente nos Estados Unidos é denominado pensamento "conservador". Esses ditadores levaram a tragédias tão hediondas para os outros exatamente por suporem ter conhecimento e sabedoria muito maiores que os das pessoas comuns.

JUVENTUDE E IDADE

Dadas as concepções bem diferentes de conhecimento dos que têm visão trágica e dos que têm visão dos ungidos, é praticamente inevitável que eles tenham concepções diferentes do papel e da competência da juventude. Onde o conhecimento é entendido como mais ou menos o tipo de coisas que são ensinadas nas escolas e nas universidades, e a inteligência é entendida como pura capacidade mental de manipular conceitos e articular conclusões, não há motivo inerente para que o jovem não seja, no mínimo, tão hábil nessas coisas quanto o mais velho, já que se diz que o desenvolvimento do cérebro alcança o seu ápice no início da vida adulta. Além disso, por ter sido mais recentemente educado, o jovem tem a vantagem do conhecimento mais e mais atualizado. Como disse o marquês de Condorcet no século XVIII: "Um jovem que deixa agora a escola tem mais conhecimento real do que os maiores gênios — não da antiguidade, mas até mesmo que os do século XVII — puderam adquirir mediante longo estudo".[45]

Esse é outro exemplo de que o modo como se concebe o conhecimento afeta o modo como outras coisas são concebidas, incluindo, nesse caso, as vantagens relativas da juventude e da idade. Concepções como as de Condorcet contrastam com as concepções dos que têm visão trágica, na qual o conhecimento relevante é, muitas vezes, conhecimento mundano, acumulado por meio de experiência, e a sabedoria é fruto principalmente da experiência. Logo, quase por definição, a geração mais jovem não se encontra em posição tão boa para tomar decisões sábias — nem para si, tampouco para a sociedade — quanto a posição em que se encontram aqueles que têm muito mais experiência na qual se basearem.

Sendo assim, aqueles com a visão dos ungidos depositaram durante séculos grandes esperanças nos jovens, enquanto aqueles com a visão trágica têm contado muito mais com quem tem experiência.

A ideia de 1960 de que "deveríamos aprender com os nossos jovens" tinha antecedentes que remontavam ao século XVIII. Fenômenos sociais subsidiários como a diminuição da idade para votar e a redução da deferência com a geração mais velha de modo geral, e com os pais em particular, também são bastante compatíveis com a — se não forem resultados inescapáveis da — concepção global de conhecimento e inteligência predominante entre os que têm a visão dos ungidos. Onde os problemas sociais são vistos como consequência de instituições e preconceitos existentes, os jovens são muitas vezes considerados menos dedicados ao *status quo*, portanto uma esperança para o futuro.

De volta ao século XVIII, William Godwin articulou esse argumento quando disse: "A próxima geração não terá de superar tantos preconceitos".[46] Crianças, segundo Godwin, "são uma espécie de matéria-prima colocada em nossas mãos".[47] A mente delas é "como uma folha de papel em branco".[48] Ao mesmo tempo, elas são oprimidas pelos pais e devem enfrentar "vinte anos de escravidão" antes de receberem "escassa porção de liberdade, que o governo do meu país acaba concedendo aos seus súditos adultos!".[49] Os jovens foram, sem dúvida, vistos como candidatos à "libertação", tanto de si mesmos como da sociedade, sob essa concepção — uma concepção ainda bastante viva entre os intelectuais mais de dois séculos depois. Defensores dos "direitos das crianças" são favoráveis a direitos que as crianças obviamente não irão exercer, e isso se torna outra maneira de permitir que terceiros interfiram nas famílias sem ter de pagar nenhum preço quando estão errados.

Entretanto, todas essas conclusões mudam por completo quando o conhecimento e a sabedoria são concebidos por aqueles que têm a visão trágica. Adam Smith, por exemplo, disse: "Os mais sábios e mais experientes costumam ser os menos crédulos". Em resumo, os velhos geralmente não são tão suscetíveis a ideias impetuosas, de acordo com Smith: "Apenas a sabedoria e a experiência adquiridas ensinam a incredulidade, e é muito raro que elas ensinem isso o bastante".[50] O fervor e o entusiasmo dos jovens, exaltados por muitos dos que têm a visão dos ungidos, há muito tempo são vistos de maneira bem diferente por quem tem a visão trágica. Burke, por exemplo, disse: "Não é justificativa para a ignorância presunçosa que ela seja guiada pela paixão insolente".⁵¹ Alguns até mencionaram uma invasão permanente da civilização por bárbaros, isto é, os recém-nascidos, os quais as famílias e as instituições sociais devem civilizar, porque eles chegam ao mundo sem diferir em nada dos bebês nascidos nos tempos do homem das cavernas.

Pessoas com visões opostas acerca do mundo não chegam por acaso, simplesmente, a conclusões conflitantes em relação ao jovem e ao velho. Nessas questões, e em inúmeras outras, as conclusões a que chegam essas pessoas trazem consigo o corolário das suas suposições básicas sobre conhecimento e sabedoria. A educação dos jovens há muito tem sido um campo de batalha entre partidários das duas visões da natureza dos seres humanos e da natureza do conhecimento e da sabedoria. A noção de William Godwin de que os jovens "são uma espécie de matéria-prima colocada em nossas mãos" continua sendo, depois de dois séculos, uma tentação poderosa para a doutrinação em sala de aula nas escolas e nas faculdades. No início do século XX, Woodrow Wilson escreveu sobre o tempo que passou como administrador acadêmico quando sentiu que "eu gostaria de tornar os jovens cavalheiros da nova geração tão diferentes de seus pais quanto possível".⁵²

Essa doutrinação pode ter início já no ensino fundamental, quando os estudantes são estimulados ou obrigados a escrever a respeito de questões controversas, às vezes em cartas a autoridades públicas. No ponto mais extremo, o processo de doutrinação condiciona os alunos a tomarem partido em questões complexas e sérias depois de ouvirem apenas um lado dessas questões. Além disso, se habituam a dar vazão a suas emoções em vez de analisarem as evidências conflitantes e a dissecar argumentos. Em suma, são levados a conclusões prontas em vez de serem preparados com ferramentas intelectuais que lhes permitam chegar às suas próprias, incluindo conclusões diferentes das de seus professores. Em muitas faculdades e universidades, departamentos acadêmicos inteiros são destinados a conclusões prontas específicas — seja sobre raça, ambiente ou outros assuntos, sob nomes como "estudos" afro, de gênero ou ambientais. Poucos entre esses "estudos", ou nenhum deles, incluem visões e evidências conflitantes, como exigiriam critérios educacionais e não ideológicos.

Os críticos da doutrinação ideológica nas escolas e nas faculdades com frequência atacam as conclusões ideológicas específicas, mas isso é irrelevante do ponto de vista educacional. Mesmo que supuséssemos, para fins de argumentação, que todas as conclusões obtidas em todos os vários "estudos" são válidas tanto lógica quanto factualmente, isso ainda não chega à raiz da questão educacional. Ainda que os alunos abandonassem esses "estudos" com 100% de conclusões corretas sobre as questões A, B e C, isso não os equiparia de modo algum com as ferramentas necessárias para confrontar as questões X, Y e Z que, provavelmente, surgirão no decorrer dos seus anos futuros. Por esse motivo, eles necessitariam do conhecimento e da experiência na análise e na avaliação de pontos de vista conflitantes. Nas palavras de John Stuart Mill:

> Quem conhece apenas a própria versão de uma questão sabe pouco sobre ela (...). E não é o bastante que ouça dos seus próprios professores os argumentos dos adversários, apresentados como eles os declaram, e acompanhados pelo que eles oferecem como refutações. Essa não é a maneira de fazer justiça aos argumentos, nem de colocá-los em contato real com a mente. É preciso ser capaz de ouvi-los de pessoas que de fato os conhecem; que os defendem com seriedade e com o máximo esforço. É preciso conhecer esses argumentos em sua forma mais plausível e persuasiva (...).[53]

Uma autoindulgência notável dos educadores contemporâneos em escolas públicas foi levar às salas de aula programas que sistematicamente minam os princípios morais, que surgiram no decorrer dos séculos e que foram ensinados às crianças pelos pais. Esses programas foram desenvolvidos por intelectuais que não são da área de educação, foram amplamente promovidos por empresas comerciais e por organizações sem fins lucrativos, e muitas vezes são entusiasticamente adotados por educadores que, nas escolas de educação, aprenderam que têm a função de agentes da "mudança social", não apenas a função de transmissores de uma herança de conhecimento. Esses programas têm uma variedade impressionante de nomes e de objetivos manifestos; um dos primeiros nomes foi "esclarecimento de valores", embora outras expressões tenham proliferado depois que os pais e outras pessoas descobriram o que "esclarecimento de valores" realmente significava na prática e levantaram objeções.

A expressão "esclarecimento de valores" é muito enganosa. Quando os pais dizem aos filhos para não roubarem nem mentirem, nem se envolverem em situações de violência, não há ambiguidade no significado do que é dito. A ambiguidade é *introduzida* por programas que confrontam o aluno com dilemas morais cuidadosamente preparados; tomemos, por exemplo, uma situação em que um navio está afundando e há mais pessoas a bordo do que os botes salva-vidas podem comportar, por isso é necessário decidir quem será deixado para submergir com a embarcação, ou talvez quem será repelido quando estiver na água e tentar subir para dentro de um bote salva-vidas, que já está tão cheio que acabará virando se mais uma pessoa entrar nele. Por receberem princípios morais que nem sempre têm aplicação, subentende-se que cada indivíduo deve desenvolver sua própria ética situacional para substituir a moralidade tradicional — não apenas onde os princípios morais tradicionais falham, mas também na vasta gama de situações bastante comuns nas quais não há dilemas como os apresentados nos exemplos fabricados.

Se esses exercícios parecem distantes dos objetivos da educação em uma escola pública, eles não são distantes da filosofia introduzida na educação por John Dewey um século atrás e promovida pelas escolas de educação até os dias de hoje. Também não estavam distantes do pensamento de Woodrow Wilson. Como em tudo na visão dos ungidos, essa concepção de educação exalta aqueles que acreditam nela, por isso não é apenas um conjunto de hipóteses verificáveis sobre eventos sociais. Também como outros aspectos dessa visão, os seus promotores não pagam preço nenhum por estarem errados, por mais alto que seja o preço a pagar por alunos ou pela sociedade como um todo.

Além de "esclarecimento de valores", outros nomes de uma enorme lista de expressões pomposas para programas que remodelam em sala de aula as atitudes e a consciência das gerações mais jovens são "educação afetiva", "tomada de decisão", "educação sexual" e muitos outros títulos imaginativos. Tais títulos muitas vezes não passam de bandeiras de conveniência sob as quais as escolas zarpam numa "animada" viagem através de um mar inexplorado de experimentação social, na reformulação de crenças e atitudes de pessoas jovens. Os nomes em constante mudança para esses programas refletem a necessidade de ocultamento ou de distração, já que poucos pais querem que lhes digam que as escolas estão anulando o que ensinaram aos filhos, ou estão moldando os filhos para que se tornem o que outras pessoas querem que se tornem.

A escrita enigmática é mais uma maneira de ocultar o que está sendo feito. Muitas pessoas — incluindo várias que respeitam as conclusões de John Dewey e concordam com elas — comentaram a respeito da dificuldade de se compreender os escritos do filósofo John Dewey, que, entre outras funções, foi o principal teórico da educação do século XX. William James, contemporâneo e colega fundador da filosofia do pragmatismo, chamou o estilo de escrita de Dewey de "detestável". Mais adiante no tempo, Richard Hofstadter disse de Dewey: "Ele escreveu uma prosa de terrível imprecisão e plasticidade".[54] Ainda assim, qualquer um que leia *Liberalism and Social Action* [Liberalismo e ação social, em tradução livre], livro de Dewey de 1935, achará a sua escrita cristalina como água, independentemente de seus méritos ou deméritos. Nem o conteúdo da filosofia técnica pode ser o único motivo para as dificuldades de se tentar determinar com precisão o que Dewey disse na maioria dos seus escritos anteriores. Até mesmo os livros de Dewey com conteúdo familiar e não técnico, como *The Child and the Curriculum* [A criança e o currículo, em tradução livre], têm uma imprecisão tal que tentar compreender seus significados é como tentar apanhar neblina com as mãos.

O que Hofstadter considera deficiência nos escritos de Dewey sobre educação — que "várias escolas de pensamento educacional tenham conseguido interpretar seus próprios significados nos escritos dele"[55] — tem sido uma fonte de influência duradoura desses escritos. Além disso, essa obscuridade serviu como proteção, já que Dewey adotava ideias que poderiam ter balançado mais de um ninho de vespas da oposição caso se expressasse abertamente no início do século XX. Em 1935, quando *Liberalism and Social Action* foi publicado, os tipos de ideias sociais e políticas expressas no livro estavam em conformidade com o espírito dos anos de 1930 e não exigiam camuflagem.

Escrevendo no início do século XX, contudo, o pensamento de Dewey de que a educação deveria ser um meio de "eliminar males sociais óbvios" através do "desenvolvimento de crianças e jovens, como também da sociedade futura da qual eles serão integrantes",[56] era uma mudança fundamental no papel das escolas. A noção de que a escola deveria ser dirigida como um microcosmo da sociedade — "uma comunidade em miniatura, uma sociedade embriônica"[57] — e como um lugar para condicionar estudantes a quererem um tipo muito diferente de sociedade, diferente da sociedade da época, não era algo passível de encontrar aprovação ou mesmo tolerância. Sobretudo no início do século XX, os pais não enviavam os filhos à escola para se tornarem cobaias nos experimentos sociais de alguém que visava usar a educação como meio para subverter valores vigentes a fim de criar uma nova sociedade baseada em novos valores, os valores de uma elite que se ungia a si mesma, quase por trás das costas de pais, eleitores e pagadores de impostos.

CAPÍTULO 7
PESSOAS ABSTRATAS EM UM MUNDO ABSTRATO

Uma das bases para muitos dos pronunciamentos arrebatadores de intelectuais sobre as sociedades como um todo é conceber as pessoas de maneira abstrata, sem as incontáveis *diferenças* específicas, sistemáticas e consequenciais nas características encontradas entre seres humanos reais que vivem no mundo real. Por exemplo, a preocupação com várias desigualdades em rendimentos, que consome intelectuais, é compreensível se os indivíduos ou grupos que têm rendimentos diferentes não diferissem nas muitas coisas que produzem esses rendimentos — como não diferem com pessoas abstratas.

Pessoas abstratas são bastante convenientes para discussões ou pesquisas dos intelectuais. Pessoas abstratas podem ser agregadas em categorias estatísticas como domicílios, família e renda, sem a menor preocupação com a possibilidade de essas categorias estatísticas reunirem pessoas semelhantes, ou o mesmo número de pessoas, ou pessoas de idades substancialmente distintas, muito menos com distinções mais pormenorizadas, por exemplo, se trabalham ou não ou se são as mesmas pessoas nas mesmas categorias no decorrer do tempo. O flagrante contraste entre a impressão gerada por dados de renda do Serviço de Recenseamento e por dados de renda do Serviço da Receita Federal, conforme foi mencionado no Capítulo 3, deve-se principalmente ao fato de que os dados do Serviço de Recenseamento são sobre pessoas indefinidas em categorias abstratas ao longo do tempo, e os dados do Serviço da Receita Federal são recolhidos de indivíduos de carne e osso identificáveis à medida que se movem maciçamente de uma categoria a outra com o passar do tempo.

Pensar nas pessoas de forma abstrata e desprezar diferenças observadas entre elas como meras "percepções" ou "estereótipos" abastece a *intelligentsia* com inúmeras oportunidades para mostrar grande indignação moral diante das diferenças concretas em desempenhos econômicos e outros resultados entre diferentes indivíduos e grupos como existem no mundo real.

A relutância em associar-se a algum grupo, seja no trabalho, na vizinhança ou em outros cenários, é quase automaticamente atribuída pela *intelligentsia* a ignorância, preconceito ou malícia — num desprezo flagrante não apenas pela experiência direta daqueles que estão relutantes, mas também por dados objetivos sobre enormes diferenças em índices de criminalidade, alcoolismo e desempenho escolar precário entre grupos, embora essas diferenças sejam comuns há séculos em países mundo afora.

A cólera, por exemplo, era desconhecida nos Estados Unidos até que imigrantes irlandeses em grande número chegassem no século XIX, e os surtos de cólera em Nova York e na Filadélfia atingiram principalmente bairros irlandeses.[1] Pessoas que não queriam viver perto dos imigrantes irlandeses, em decorrência de doenças, da violência e de outras patologias sociais desenfreadas da época nas comunidades irlandesas, não podiam ser automaticamente apontadas como cegas pelo preconceito ou ludibriadas por estereótipos.º Árduos esforços, sobretudo por parte da Igreja Católica, para mudar os padrões de comportamento dentro das comunidades irlandesas nos Estados Unidos[2] sugerem que não se tratava unicamente de "percepções" ou de "estereótipos" de outras pessoas. Além disso, esses esforços dentro das comunidades irlandesas-americanas surtiram efeito, já que as barreiras contra os irlandeses, simbolizadas pelos cartazes dos empregadores com os dizeres "Nenhum Irlandês Precisa se Candidatar", acabaram desaparecendo ao longo das gerações.

Essas barreiras não eram simplesmente resultado de engano ou de ideias malignas na mente das outras pessoas, nem os irlandeses eram simplesmente pessoas abstratas em um mundo abstrato, por mais que essa visão satisfaça os desejos dos intelectuais de estarem ao lado dos anjos contra as forças do mal. Não é preciso passar ao extremo oposto e sustentar que *todas* as opiniões negativas sobre todos os grupos são baseadas em razões válidas. O importante aqui é que essa é uma questão empírica a ser investigada em termos de fatos particulares de um grupo particular, em um tempo e um lugar — processo evitado pelo raciocínio como se estivessem em discussão pessoas abstratas num mundo abstrato.

No mundo real as pessoas não se comportam de maneira aleatória. Estudos têm demonstrado que a correlação entre os quocientes de inteligência de maridos e mulheres é similar à correlação entre os QIs de irmãos e irmãs — e às vezes é maior —,[3] ainda que não haja motivo genético nem biológico para que parceiros tenham QI similar. Apenas o fato de que as pessoas se comportam de modo diferente em relação a outros que percebem como semelhantes a elas parece explicar as correlações de QI entre pessoas que se casam, mesmo que elas não apresentem testes de QI umas às outras antes de decidirem se casar.

Considerar uma abordagem oposta pode tornar mais clara a diferença entre raciocínio abstrato e raciocínio concreto. Quando um estudo acadêmico sobre desenvolvimento econômico na América Latina concluiu que "a Costa Rica é diferente da Nicarágua *porque os costarriquenhos são diferentes dos nicaraguenses*",[4] tal conclusão — independentemente de seus méritos ou deméritos — foi quase inconcebível dentro dos limites da visão dos ungidos, mesmo como hipótese a ser testada. A abordagem oposta — tratar costa-riquenhos e nicaraguenses como se fossem pessoas abstratas num mundo abstrato, cujas diferenças de desempenho poderiam resultar somente de circunstâncias externas — é muito mais comum nos círculos intelectuais.

DISPARIDADES E SUAS CAUSAS

O grande dogma social do nosso tempo, de que as disparidades estatísticas em desempenhos entre grupos são evidências aceitáveis de diferenças de tratamento — uma suposição que empregadores, credores e outros acusados de comportamento discriminatório devem refutar a contento para comissões ou tribunais, ou então enfrentar penalidades que podem chegar a milhões de dólares —, é mera suposição. Não se exige a apresentação de *absolutamente nenhuma evidência* a comissões ou a tribunais para comprovar essa suposição. Além disso, as evidências que a história oferece vão totalmente contra essa suposição.

No século XIX, os escoceses das Terras Altas não eram tão prósperos quanto os escoceses das Terras Baixas, fosse na própria Escócia, fosse como imigrantes que viviam na Austrália ou nos Estados Unidos.[5] No século XX, crianças que falavam gaélico nas ilhas Hébridas, na Escócia, não obtinham pontuações em testes de QI tão altas quanto crianças falantes de inglês.[6] Houve um tempo em que os índices de alcoolismo entre irlandeses-americanos eram muitas vezes maiores que os índices de alcoolismo entre ítalo-americanos ou judeus americanos.[7] Na época da União Soviética, o consumo de conhaque na Estônia foi sete vezes maior que o consumo da bebida no Uzbequistão.[8] No decorrer da década de 1960, na Malásia, estudantes que faziam parte da minoria chinesa conquistaram mais de quatrocentos diplomas de graduação em engenharia, ao passo que estudantes da maioria malaia receberam apenas quatro diplomas de engenharia durante a mesma década.[9]

Para aqueles que pensam em termos de pessoas abstratas num mundo abstrato, pode ser surpreendente, ou até mesmo ofensivo, descobrir grandes disparidades entre grupos relacionadas a rendas, QIs e diversas outras variáveis sociais. Embora tais disparidades sejam comuns em muitas sociedades bastante diversas em torno do mundo, intelectuais em cada sociedade tendem a considerar essas disparidades em seus próprios países como estranhas, se não sinistras. Em alguns países, minorias específicas foram acusadas de "se apoderarem" de indústrias inteiras quando, na verdade, essas indústrias só passaram a existir depois de terem sido criadas por essas minorias.[10]

Algumas vezes as disparidades colocam as minorias em desvantagem (como nos Estados Unidos, na Grã-Bretanha e na França), mas por vezes a maioria é que fica para trás (como na Malásia, na Indonésia e no Império Otomano). Algumas vezes as disparidades são atribuídas à discriminação, outras aos genes, mas em qualquer situação as disparidades são tratadas como absurdos que precisam de explicação, *não importa quão comuns esses supostos absurdos sejam em países do mundo todo* nem há quantos séculos sejam comuns. Tendo em vista que as suposições dos intelectuais sobre essas disparidades estão arraigadas de maneira tão profunda e têm ramificações tão poderosas em um número tão grande de questões, é importante ir além das pessoas abstratas num mundo abstrato e observar mais de perto e por mais tempo os fatos concretos relacionados a pessoas reais no mundo real, agora e no passado.

Em lugares onde minorias superaram em desempenho maiorias politicamente dominantes, é bastante difícil defender a ideia de que a discriminação seja a causa disso.

Um estudo sobre o Império Otomano, por exemplo, revelou que "dos quarenta banqueiros privados listados em Istambul em 1912, nenhum tinha nome muçulmano". Nenhum dos 34 corretores de ações em Istambul era turco. Dos bens de capital de 284 empresas industriais que empregavam cinco ou mais trabalhadores, 50% pertenciam a gregos e outros 20% a armênios.[11] No Império Otomano do século XVII, a equipe médica do palácio era composta por 41 judeus e 21 muçulmanos.[12]

As minorias raciais ou étnicas que eram proprietárias ou dirigiam mais da metade de todas as indústrias em determinadas nações incluíam chineses na Malásia,[13] libaneses na África Ocidental,[14] gregos no Império Otomano,[15] britânicos na Argentina,[16] belgas na Rússia,[17] judeus na Polônia[18] e espanhóis no Chile[19] — entre muitos outros. Em 1921, membros da minoria tâmil no Ceilão superaram em número membros da maioria cingalesa na profissão médica desse país.[20]

Os grupos têm diferido bastante em inúmeros empreendimentos em países do mundo todo. Em 1908, alemães foram os únicos fabricantes dos seguintes produtos em São Paulo, no Brasil: móveis de metal, cofres, fogões, papel, chapéus, gravatas, couro, sabão, vidro, fósforos, cerveja, artigos de vestuário e carruagens.[21] Descendentes de japoneses que se estabeleceram nesse mesmo estado de São Paulo produziam mais de dois terços de batatas e mais de 90% dos tomates.[22] Exportadores da minoria libanesa no país africano de Serra Leoa respondiam por 85%

das exportações de gengibre em 1954 e 93% em 1955.[23] Em 1949, havia mais caminhoneiros libaneses em Serra Leoa do que caminhoneiros africanos e europeus somados.[24] Em 1921, mais de três quintos de todo o comércio na Polônia eram conduzidos por judeus, que somavam apenas 11% da população.[25] Em 1948, integrantes da minoria indiana possuíam cerca de 90% dos descaroçadores de algodão em Uganda.[26] No Ceilão do período colonial, os negócios têxteis, de vendas no varejo e no atacado e de importação encontravam-se todos amplamente nas nãos de pessoas de descendência indiana, mais do que nas mãos da maioria cingalesa.[27]

No início de 1887, italianos tinham mais que o dobro de contas bancárias que os argentinos no *Banco de la Provincia de Buenos Aires*,[28] embora a maioria dos imigrantes italianos do século XIX tenha chegado muito pobre à Argentina e começado a trabalhar nos empregos mais modestos, difíceis e "subalternos". Nos Estados Unidos, a frugalidade dos imigrantes e a sua seriedade em pagar dívidas, mesmo quando ganhavam pouco, levou à formação de um banco para atrair essa clientela em São Francisco, sob o nome de "Bank of Italy". Tornou-se um sucesso tão grande que passou a atender a sociedade em geral, e acabou se tornando o maior banco do mundo com seu novo nome, "Bank of America".[29] A frugalidade dos italianos não era simplesmente uma "percepção" ou um "estereótipo", como A. P. Giannini percebeu quando fundou o seu banco.

Em um período ou outro da história, quando não era uma minoria racial ou étnica específica que dominava uma indústria ou profissão em dado país, esse domínio muitas vezes era de estrangeiros de modo geral, deixando a população majoritária de um país em menor número, ou mesmo ausente, em setores inteiros da sua própria economia. Mesmo depois da metade do século XX, os empreendimentos industriais no Chile eram, em sua maioria, controlados por imigrantes ou por filhos de imigrantes.[30] Em várias épocas e lugares, minorias estrangeiras predominaram em indústrias ou profissões particulares sobre as populações majoritárias de Peru,[31] Suíça,[32] Malásia,[33] Argentina,[34] Rússia,[35] grande parte dos Bálcãs,[36] no Oriente Médio[37] e no Sudeste Asiático.[38] Trata-se sem dúvida de um fenômeno mundial, visto até mesmo em alguns países economicamente avançados, além de ser comum em países menos avançados.

Esses exemplos podem se prolongar quase interminavelmente,[p] bem como as razões para as disparidades. Mas uma questão mais fundamental deve ser enfrentada: houve alguma chance realística de que as várias raças tivessem as mesmas habilidades, experiência e capacidades gerais, mesmo que tivessem o mesmo potencial genético e não sofressem discriminação?

Depois de tudo, raças diferentes se desenvolveram em diferentes partes do mundo, em zonas geográficas muito distintas, o que conferiu oportunidades e restrições muito diversas a sua evolução econômica e cultural no decorrer de séculos.

Seria impossível, por exemplo, que os padrões econômicos e sociais de vida que se originaram e se desenvolveram na Europa tivessem se originado entre os povos indígenas do Hemisfério Ocidental, onde os cavalos — que foram essenciais para tudo na Europa, desde a agricultura e o transporte até campanhas militares — simplesmente não existiam em nenhum lugar quando os invasores europeus chegaram e começaram a transferir os animais através do Atlântico para o Novo Mundo. Se os cavalos fossem retirados da história da Europa, um tipo muito diferente de economia e de sociedade teria se desenvolvido para ser viável. Não eram apenas cavalos que não existiam no hemisfério ocidental; também lá não havia bois, os quais eram comuns tanto na Europa como na Ásia. Para resumir, no Ocidente não existiam animais de carga tão resistentes quanto os que existiam na vasta massa de terra Eurasiana, onde viveu a maior parte da raça humana ao longo da história registrada. O modo de vida nessas diferentes regiões do mundo não podia ser o mesmo — em outras palavras, não havia maneira de as habilidades e experiências das raças nessas regiões serem as mesmas.

A roda geralmente é considerada fundamental para os avanços econômicos e sociais, mas, na maior parte da história da raça humana, o valor dos veículos com rodas dependeu em grande parte da presença de animais de tração para puxar esses veículos — e não havia veículos com rodas em nenhuma das economias do Hemisfério Norte quando os europeus chegaram. Os maias haviam inventado rodas, mas elas eram usadas em brinquedos de crianças,[39] portanto a questão não era a capacidade intelectual de inventar a roda, mas, sim, as circunstâncias que tornaram as rodas mais ou menos valiosas. Sem dúvida o modo de vida dos povos indígenas do Hemisfério Norte não poderia ter sido o mesmo que o dos habitantes da vasta terra Eurasiana, já que não havia nem veículos com rodas nem animais de tração no local quando os europeus e seus animais chegaram.

Diferenças geográficas entre Europa e África Subsaariana são ainda mais numerosas e mais acentuadas do que as diferenças entre a Europa e o Hemisfério Ocidental.[40] Não bastassem as severas limitações geográficas à produção de riqueza, em virtude das deficiências do solo e do padrão de chuvas irregular,[41] a África Subsaariana impunha sérias restrições geográficas à comunicação entre os seus povos divididos e à comunicação desses povos com povos do mundo externo, em decorrência da falta de vias navegáveis no interior da região. E também em decorrência da falta de portos naturais, da presença da mosca transmissora de doenças tsé-tsé, que dificultava a manutenção de animais de tração, e da imensa barreira do deserto do Saara, que tem várias vezes o tamanho de qualquer outro deserto no mundo e é tão vasto quanto os 48 estados contíguos dos Estados Unidos. Com uma superfície de areia com essas dimensões separando os povos da África Subsaariana do mundo externo ao Norte, e com três oceanos dos outros lados deles, esses povos se encontram há muito tempo entre os mais isolados do restante da raça humana.

Durante séculos, os povos isolados ficaram atrasados em relação a outros, fosse o isolamento causado por montanhas, desertos ou ilhas muito distantes do continente mais próximo. O respeitado historiador francês Fernand Braudel observou que "a vida nas montanhas ficava persistentemente aquém da vida nas planícies".[42] Quando foram descobertos pelos espanhóis no século V, os habitantes das Ilhas Canárias eram um povo de raça caucasiana que vivia como se ainda estivesse na Idade da Pedra.[43] No outro lado do mundo, os também isolados aborígenes australianos viviam igualmente bastante atrasados em relação ao progresso do mundo externo.[44] Africanos subsaarianos fizeram parte de um padrão mundial de povos isolados que ficaram atrás dos outros em tecnologia, organização e em outras áreas.

Além de terem muitas barreiras geográficas que limitavam o seu acesso a pessoas e culturas de outras terras, os africanos subsaarianos também enfrentaram barreiras geográficas que limitavam o acesso uns aos outros. A fragmentação cultural interna que disso resultou é indicada pelo fato de que os africanos representam apenas cerca de 10% da população mundial, mas falam um terço das línguas do mundo.[45]

O intenso isolamento de muitos africanos subsaarianos teve fim na era moderna, e também chegou ao fim o severo isolamento de outros povos; mas isso se deu após milênios nos quais esses povos isolados desenvolveram todo um modo de vida muito diferente do modo de vida que se desenvolveu entre os povos da Europa e da Ásia, que tiveram acesso bem maior a um universo cultural muito mais abrangente. Além disso, uma cultura — todo um modo de vida — não evapora simplesmente quando as condições mudam; isso não acontece com africanos nem com nenhum outro povo. Diferenças culturais milenares e firmemente arraigadas podem se tornar barreiras culturais, mesmo depois que as barreiras geográficas que causaram o isolamento social foram superadas com o crescimento do transporte e da comunicação modernos. Nas palavras do renomado historiador cultural Oscar Handlin: "Homens não são telas em branco sobre as quais o ambiente inscreve uma cultura que pode ser facilmente apagada para dar lugar a uma nova inscrição".[6] Outro respeitado historiador observou: "Não vivemos no passado, mas o passado vive em nós".[47]

Mesmo as diferenças geográficas entre Europa Oriental e Europa Ocidental[48] deixaram durante séculos os povos da Europa Oriental com um padrão de vida inferior ao dos europeus ocidentais, incluindo uma disparidade econômica, ocorrida em nossos tempos, maior entre os povos nessas duas regiões da Europa do que a disparidade de renda per capita entre negros e brancos nos Estados Unidos.[49] Como observou o professor Angelo Codevilla, da Universidade de Boston: "Uma criança europeia terá uma vida muito diferente dependendo do lugar onde tenha nascido, se a leste ou a oeste de uma linha que se inicia no Báltico e se estende em direção ao sul ao longo da fronteira leste da Polônia, avança pela fronteira oeste da Eslováquia e pela fronteira leste da Hungria, continuando então através da Bósnia até o Mar Adriático".[50] Durante séculos, tanto a geografia como a história ofereceram várias oportunidades diferentes para pessoas nascidas a leste e a oeste dessa linha.[51]

Além das inerentes vantagens geográficas que a Europa Ocidental tinha sobre a Europa Oriental — por exemplo, mais vias fluviais navegáveis que conduziam ao mar aberto, rios e portos que não congelavam com tanta frequência ou por tanto tempo quanto os rios e portos da Europa Oriental, em decorrência do aquecimento pela Corrente do Golfo na Europa Ocidental —, outra grande vantagem histórica por conta da geografia foi que a Europa Ocidental permitia acesso mais fácil à invasão por conquistadores romanos. Apesar dos massacres impiedosos ocorridos nessas conquistas e da posterior opressão brutal pelos soberanos romanos, uma das vantagens permanentes trazidas pelos conquistadores romanos à Europa Ocidental foram as letras romanas, o que permitiu que as línguas da Europa Ocidental tivessem versões escritas séculos antes das línguas da Europa Oriental. Somada às enormes vantagens da alfabetização em si, os europeus ocidentais tinham ainda a vantagem de um acúmulo muito maior de conhecimento escrito em suas línguas, mesmo depois que as línguas da Europa Oriental começaram a desenvolver versões escritas, mas ainda não haviam chegado aos séculos de acúmulo de conhecimento escrito nas línguas da Europa Ocidental.

A alfabetização não foi a única coisa que se transferiu do Oeste para o Leste na Europa. Também foi assim com moedas, máquinas de impressão, castelos, arco e flecha, ruas pavimentadas e vacinações, entre outros avanços econômicos e sociais. Mas tudo isso levou tempo, por vezes séculos. Além disso, pessoas da Europa Ocidental — alemães, judeus e outros — costumavam ser a maioria da população nas cidades do Leste Europeu em séculos anteriores, ao passo que os eslavos permaneceram a grande maioria nas áreas rurais circundantes. Por exemplo, antes de 1312, os registros oficiais da cidade de Cracóvia eram mantidos em alemão — e a transição, naquele momento, foi para o latim. Apenas décadas mais tarde a população polonesa se tornou maioria em Cracóvia.[52] As cidades da Europa medieval centro-oriental costumavam ser enclaves culturais de estrangeiros

— principalmente alemães, mais uma vez, mas também com muitos judeus e, nos Bálcãs, gregos e armênios, aos quais os turcos se juntaram nos séculos seguintes.[53]

Em resumo, existe há séculos não somente uma diferença entre as oportunidades e avanços nas duas metades da Europa, mas também grandes diferenças dentro da própria Europa Oriental, entre os povos indígenas da região e os europeus ocidentais transferidos que viviam na Europa Oriental, no Báltico e nos Bálcãs. Nem genes nem discriminação são necessários para explicar essa situação, embora alguns intelectuais e políticos tenham escolhido alegar que as diferenças se devam à raça, e outros tenham escolhido culpar as injustiças sociais. Muitos outros grupos, raciais ou de outros tipos, em várias outras partes do mundo, acabam do mesmo modo se deparando com grandes diferenças em oportunidades e realizações, por motivos que abarcam uma vasta gama de possibilidades e não podem ser reduzidos a genes ou injustiças.

Não há necessidade de substituir determinismo genético por determinismo geográfico. Embora haja outros fatores que operam contra a suposta igualdade de capacidades desenvolvidas entre pessoas com potencial igual, o que importa aqui é que basta só a geografia para impedir a igualdade de capacidades desenvolvidas, mesmo que todas as raças tenham potencialidades idênticas e que não haja discriminação. Tampouco é necessário determinar os pesos relativos de fatores geográficos, demográficos, culturais e outros quando o ponto mais importante é que cada um desses fatores torna menos provável que haja resultados iguais entre as raças, classes ou outras subdivisões da espécie humana.

Casualidades históricas — o fato de que certas batalhas cruciais poderiam ter tido resultado diferente e mudado o futuro de nações e raças inteiras — estão entre esses outros fatores. Se a batalha de Tours, em 732, ou o cerco de Viena, em 1529, tivessem sido diferentes, o mundo hoje poderia ser bem diferente. Porém, esses outros fatores, além da geografia, tendem a distanciar ainda mais do âmbito da realidade as capacidades igualmente desenvolvidas. Além disso, tendo em vista que a geografia do planeta não é algo "socialmente construído", as adversidades dos grupos que se desenvolvem menos não são automaticamente uma injustiça *social*, mesmo que sejam injustiças de alguma perspectiva cósmica, no sentido de que muitos povos sofreram privações sérias sem nenhuma culpa. Afirmar que essas privações são uma violação da "justiça social" e colocar a culpa disso na sociedade pode ser um paliativo verbal para aqueles que ficam para trás, mas esse paliativo os afasta dos caminhos pelos quais outros grupos atrasados fizeram avanços no passado.

Atitudes culturais, que em algumas sociedades geram uma divisão rígida entre "trabalho para mulheres" e "trabalho para homens", ou que tornam o trabalho manual repulsivo para pessoas com instrução, ou sociedades dominadas por castas que limitam severamente as fontes das quais determinados talentos poderiam surgir para realizar certas tarefas, afetam o potencial econômico de uma sociedade. É difícil esperar que uma sociedade que desperdiça os talentos e o potencial de metade da sua população, proibindo às mulheres acesso a um grande número de funções e de empreendimentos econômicos, consiga ter o mesmo desempenho econômico de sociedades que não limitam desse modo as suas próprias possibilidades. Em uma sociedade com classes rígidas ou com divisão de castas, os talentos e potencialidades altamente variados que surgem entre indivíduos podem não surgir de forma exclusiva, ou mesmo predominante, entre os indivíduos nascidos em uma classe rígida ou em estratificações de casta nas quais seus talentos e seu potencial são apropriados, ou nas quais eles possam ser aproveitados.

Esse é mais um motivo pelo qual é extremamente improvável que sociedades, raças e civilizações alcancem realizações idênticas, mesmo na ausência total de deficiências genéticas ou injustiças sociais.

Exemplos de grupos, nações ou civilizações mundo afora com diferenças quanto a capacidades e realizações específicas que *não* se devem a discriminação poderiam se multiplicar quase de maneira ilimitada.[54] Mas o fundamental é que não foram necessários exemplos de distribuição justa ou estatisticamente aleatória de grupos em nenhum país para se estabelecer o dogma vigente, a visão à qual empregadores norte-americanos, credores e outros devem obedecer, sob pena de enfrentarem as severas penalidades da lei.

Os pontos de vista de quem argumenta como se discutisse pessoas abstratas num mundo abstrato foram exemplificados na opinião divergente da juíza Ruth Bader Ginsburg no caso *Walmart versus Dukes*, movido pela Suprema Corte dos Estados Unidos em 2011. A juíza Ginsburg fez objeções ao "sistema de arbítrio delegado" do Walmart, no qual gerentes individuais em suas lojas em todo o país avaliam o desempenho de indivíduos que trabalham sob o seu comando, e determinam o pagamento e as promoções de acordo com essa avaliação. Isso pode levar a "resultados discriminatórios", alegou a juíza, em decorrência dos "critérios arbitrários e subjetivos".[55]

Sem dúvida a discriminação pode afetar resultados, porém isso não significa que os resultados mostrem se existe ou não discriminação. Acreditar nisso equivaleria a dizer que aqueles cujas decisões de gestão *transmitem* diferenças entre grupos são a *causa* dessas diferenças entre grupos — que os próprios grupos não podem se comportar ou atuar de maneira diferente. Além disso, afirmar que é "subjetivo" o julgamento feito por quem observa de perto o comportamento ou o desempenho de indivíduos leva a concluir que seriam mais perfeitos padrões "objetivos" prescritos por terceiros distantes, que nunca nem chegaram a ver os indivíduos envolvidos.

Haveria verdade nisso se o desempenho de cada trabalhador pudesse ser avaliado de longe, como se eles fossem pessoas abstratas num mundo abstrato, sem todas as diferenças que há séculos são comuns entre indivíduos e grupos. Por outro lado, haveria verdade nisso se os que tomam decisões em nível administrativo fossem tão vastamente inferiores aos terceiros distantes, tanto intelectual quanto moralmente, que as suposições sem fundamento desses tomadores de decisão substitutos pudessem ser confiáveis para realizarem avaliações mais exatas.

A que se resume isso tudo? Como resumir isso tudo?

1. No mundo todo, e durante séculos de história registrada, foram comuns em países do mundo inteiro distribuições extremamente desiguais de grupos raciais, étnicos e outros em várias áreas de trabalho.
2. A distribuição justa, proporcional ou estatisticamente aleatória desses grupos, que se tomou como norma — casos que não se encaixam nessa norma são considerados evidência de diferenças genéticas na capacidade (no início do século XX) ou evidência de tratamento cruel da parte de outros (no final do século XX) —, raras vezes foi demonstrada empiricamente, se é que foi demonstrada alguma vez, ou se é que alguma vez a sua demonstração foi solicitada.
3. O uso generalizado que se faz atualmente de uma distribuição justa, proporcional ou estatisticamente aleatória de grupos em áreas específicas de trabalho, ou em níveis de renda específicos, como referencial para medir tratamento cruel por parte de outros é considerado inquestionável, não em decorrência do respaldo empírico para tal conclusão, mas porque esse referencial serve de base para outras crenças sociais e pautas políticas.

ABSTRAÇÕES INTERTEMPORAIS

Pessoas abstratas têm uma imortalidade que as pessoas de carne e osso ainda não alcançaram. Assim sendo, um historiador, escrevendo sobre o recém-criado estado da Checoslováquia depois da Primeira Guerra Mundial, disse que as políticas do Estado com relação aos grupos étnicos dentro dele foram planejadas para "corrigir a injustiça social" e para "corrigir os erros históricos do século XVII"[56] — apesar do fato de que as pessoas reais do século XVII envolvidas já haviam morrido muito tempo atrás, o que tornava a reparação de erros algo impossível de obter.

Boa parte do mesmo tipo de raciocínio continuou ideologicamente poderosa entre os intelectuais nos Estados Unidos do século XXI, que falam de "brancos" e "negros" como abstrações intertemporais com questões centenárias a serem corrigidas, e não como indivíduos de carne e osso que levaram os seus pecados e os seus sofrimentos consigo para o túmulo. Certamente não existe diferença mais profunda entre seres humanos do que a diferença entre os mortos e os vivos. Contudo, mesmo essa diferença é desprezada verbalmente quando se fala de raças como abstrações intertemporais, das quais a atual geração vivente é apenas a mais recente materialização.

Diferentemente de pessoas reais, pessoas abstratas podem ser enviadas "de volta" a lugares nos quais elas jamais estiveram. Assim, milhões de descendentes de famílias alemãs que haviam vivido durante séculos em localidades da Europa Oriental e dos Bálcãs foram enviados "de volta" para a Alemanha depois da Segunda Guerra Mundial, porque a maior parte da população dessas regiões reagiu com amargor por ter sido maltratada durante a ocupação nazista, e acabou impondo uma grande limpeza étnica de alemães do seu meio após a guerra. Muitos desses indivíduos de carne e osso descendentes de alemães jamais haviam colocado os pés na Alemanha, país para onde foram enviados "de volta". Eles eram oriundos da Alemanha somente na condição de abstrações intertemporais.

Uma história muito semelhante aconteceu com os chamados tâmeis indianos no Sri Lanka, que, na década de 1960, foram enviados "de volta" para a Índia, de onde os seus ancestrais haviam emigrado no século XIX. Do mesmo modo, quando pessoas de linhagem hindu e paquistanesa foram expulsas de Uganda na década de 1970, a maior parte delas havia nascido em Uganda, e elas, em sua maioria, reinstalaram-se na Grã-Bretanha, e não na Índia. É possível que os esforços mais persistentes para repatriar abstrações intertemporais tenham sido as propostas norte-americanas do século XIX para libertar os escravos e depois enviá-los "de volta para a África" — um continente que, na maioria dos casos, nem os escravos nem mesmo seus avós jamais haviam visto.

Abstrações intertemporais são particularmente úteis para intelectuais que tendem a conceber as questões sociais de modo a permitir que a *intelligentsia* esteja do lado dos anjos contra as forças do mal. Quando intelectuais são incapazes de encontrar injustiças contemporâneas suficientes para satisfazerem sua visão ou pauta, eles podem escavar o passado em busca de danos infligidos por alguns a outrem. Ao considerar pessoas envolvidas em questões do passado como abstrações intertemporais, a *intelligentsia* pode polarizar descendentes contemporâneos dos envolvidos em atos passados. Isso leva a um tipo de sociedade no qual um bebê recém-nascido chega ao mundo munido de reclamações contra outros bebês nascidos no mesmo dia.

É difícil imaginar terreno mais fértil para conflitos internos intermináveis e para o enfraquecimento das ligações que mantêm unida uma sociedade. A história trágica do irredentismo territorial oferece pouco motivo para otimismo com relação ao irredentismo moral.

IGUALDADE

Pessoas abstratas são implicitamente iguais ou ao menos aleatoriamente variáveis entre os indivíduos, o que corresponderia a serem iguais como grupos, em que os grupos são grandes o bastante para que essas variações aleatórias não permitam diferenças *sistemáticas* substanciais entre grupos que contenham milhões de pessoas. Porém, pessoas reais de carne e osso estão distantes desse tipo de condição ou ideal.

Desigualdades de renda, poder, prestígio e outros quesitos preocupam os intelectuais há muito tempo, como coisas que precisam ser explicadas e que também precisam ser corrigidas. O tempo e a atenção dedicados a essas desigualdades podem sugerir que a igualdade é tão comum ou tão automática que a sua ausência é que exige uma explicação.

Foram sugeridas várias causas para essa desigualdade aparentemente inexplicável de resultados — racismo, sexismo ou preconceito de classe, por exemplo. Mas raramente se considera necessário demonstrar a igualdade automática que torna obrigatório que se explique a ausência desta última. Qualquer um que sugira que indivíduos — ou grupos, o que é ainda pior — são desiguais em comportamento ou em desempenho corre o risco de ser intelectualmente anulado e moralmente denunciado como preconceituoso ou intolerante com os que são considerados menos iguais em certos aspectos. Contudo, a argumentação empírica para igualdade de características consequenciais varia de escassa a inexistente.

Quando o foco muda de potencial abstrato para capacidades empíricas, a noção de igualdade torna-se não apenas inconsistente, mas também improvável, a ponto de ser absurda. Como as pessoas que vivem nos Himalaias conseguiriam desenvolver as habilidades marítimas que têm as pessoas que vivem nos portos ao redor do Mediterrâneo? Como poderiam os beduínos do Saara saber tanto sobre pesca quanto os polinésios do Pacífico — ou os polinésios terem tanto conhecimento sobre camelos quanto têm os beduínos? Como os esquimós poderiam ser tão hábeis no plantio de culturas tropicais quanto o povo havaiano ou o caribenho?

Tais considerações são muito mais importantes para o conhecimento comum do que para o conhecimento acadêmico. Doutores em matemática podem ter o mesmo conhecimento em Delhi e em Paris. No mundo do conhecimento comum, mas consequencial, contudo, como poderia uma revolução industrial ter se originado em lugares nos quais não se encontram os recursos naturais essenciais — minério de ferro e carvão — e que além disso geograficamente não permitem que esses recursos sejam transportados até eles sem custos proibitivos? A revolução industrial não poderia ter começado nos Bálcãs ou no Havaí, independentemente das pessoas que lá viviam — *e as pessoas nesses lugares também não poderiam ter desenvolvido as mesmas habilidades industriais, hábitos e modos de vida* ao mesmo tempo que pessoas em outros lugares nos quais a revolução industrial começou de fato.

As diferenças entre grupos raciais, nacionais ou outros variam do importante ao corriqueiro, quer nos Estados Unidos, quer em outros países mundo afora e no decorrer dos séculos.

Habilidades empiricamente observáveis sempre foram desiguais ao extremo — em outras palavras, pessoas reais jamais chegaram nem perto da igualdade entre pessoas abstratas quando se trata de capacidades desenvolvidas, em contraste com o potencial abstrato. Entre os muitos diferentes grupos em países ao redor do mundo, pouquíssimos se igualaram aos jainistas da Índia no importante papel desempenhado por eles na lapidação de diamantes para o mercado mundial, quer os jainistas vivessem na Índia ou em Amsterdã. De modo semelhante, pessoas de ascendência alemã alcançaram destaque na fabricação de cerveja, seja na Alemanha ou nos Estados Unidos, onde as marcas de cerveja mais vendidas foram criadas por descendentes de alemães, como aconteceu com a famosa cerveja Tsingtao, da China. Os alemães já fabricavam cerveja na época do Império Romano. Na Argentina do século XIX, a cerveja alemã desbancou a cerveja inglesa no mercado local, enquanto os alemães também fabricavam cerveja na Austrália e no Brasil.

Os judeus tiveram destaque semelhante ou até maior na indústria de vestuário, seja na Espanha medieval, no Império Otomano, na Europa Oriental, na Argentina ou nos Estados Unidos. Contudo, a ênfase dos intelectuais nas circunstâncias externas em prejuízo das culturas internas levou um historiador acadêmico a afirmar que os imigrantes judeus nos Estados Unidos tiveram a sorte de chegar a esse país justamente quando a indústria do vestuário estava a ponto de decolar.[57] Coincidência semelhante parece ter ocorrido em vários outros países, tal como a chegada de chineses estrangeiros em grande número em vários países estimulou setores particulares das economias desses países, e a chegada dos huguenotes estimulou a indústria relojoeira na Inglaterra do século XVII.

Seria possível citar inúmeros outros exemplos envolvendo outros grupos em países mundo afora. Mas nada disso alterou as respostas indignadas da *intelligentsia* quando descobriu disparidades estatísticas em resultados entre grupos. O ônus da prova em contrário é colocado em outrem, não naqueles cujas suposições são baseadas em nada mais que argumentação, como se eles estivessem tratando de pessoas abstratas num mundo abstrato, e aplicando técnicas estatísticas que seriam apropriadas para esse tipo de ser humano homogêneo ou pessoas que, na verdade, são eventos essencialmente aleatórios nos quais muita análise estatística é baseada.

Seja qual for o potencial abstrato de indivíduos e grupos, a distinção entre potencial abstrato e capacidades desenvolvidas não é trivial, embora essa distinção seja deixada de lado, ou mistificada, com frequência por intelectuais que falam generalidades sobre "igualdade". Quando as pessoas tomam decisões por si mesmas, o potencial abstrato tem pouquíssima importância em qualquer parte do mundo real. O que conta é o desempenho. O que queremos saber é o que as pessoas reais podem fazer de verdade; não queremos saber qual potencial abstrato existe em pessoas abstratas.

A facilidade excepcional com que intelectuais lidam com abstrações, incluindo a aplicação de probabilidades estatísticas a essas abstrações, não elimina a diferença entre essas abstrações e pessoas reais no mundo real. E também não garante que o que há de verdadeiro para essas abstrações seja obrigatoriamente verdadeiro para a realidade, muito menos que as visões sofisticadas de intelectuais sobre essas abstrações devam se sobrepor às experiências diretas muito diferentes de outras pessoas no mundo real. Os intelectuais até podem rejeitar as "percepções" de outras pessoas e tachá-las de "estereótipos" ou "mitos", mas isso não é o mesmo que provar empiricamente que elas estão erradas, ainda que um espantoso número de intelectuais aja como se estivessem.

Por trás da prática comum de considerar como evidência de barreiras sociais ou de discriminação as diferenças de grupo na "representação" demográfica em várias profissões, instituições ou níveis de renda, encontra-se a ideia implícita de que os grupos, por si sós, não podem ser diferentes, ou de que a "sociedade" é culpada por todas as diferenças e tem de corrigir os próprios erros ou pecados.

Como não existe ninguém chamado "sociedade", esses intelectuais geralmente apelam ao governo em busca de reparação. Implícita nisso tudo está a suposição de que há algo de errado no fato de indivíduos e grupos serem diferentes em suas capacidades empíricas, tendo em vista que os seus potenciais abstratos são supostamente os mesmos.

Além das diferenças entre grupos quanto a habilidades profissionais específicas, há diferenças expressivas e consequenciais na média de idade. Alguns grupos diferem por uma década na média de idade, e outros diferem por duas décadas ou mais.[58] Grandes diferenças entre grupos na média de idade ocorrem tanto dentro de nações como entre nações. Entre os asiático-americanos apenas, a idade média varia de 43 anos para nipo-americanos a 24 anos para americanos de ascendência cambojana.[59] Entre nações, a média de idade na Alemanha e no Japão ultrapassa os quarenta anos, ao passo que a média de idade no Afeganistão e no Iêmen fica abaixo dos vinte.[60] Como um grupo de pessoas, independentemente de serem raças ou nações, cujas idades médias estão distantes por um intervalo de décadas poderia ter o mesmo conhecimento, habilidades e experiência — ou ter os mesmos resultados que dependem desse conhecimento, dessas habilidades e dessa experiência — é uma questão que não precisa ser levada a sério por aqueles que procedem como se estivessem tratando de pessoas abstratas num mundo abstrato. Nenhum desses fatos empíricos incomoda a visão da igualdade abstrata nem reduz a indignação da *intelligentsia* ante a descoberta das consequências dessas diferenças no mundo real, que são somente algumas das muitas diferenças entre raças, nações e outras subdivisões da espécie humana.

Quando *algumas* das muitas diferenças consequenciais entre grupos são levadas em conta e isso ainda não reduz a zero as suas diferenças em relação aos resultados, o restante inexplicado é, em geral, atribuído à discriminação. Por exemplo, quando norte-americanos brancos e negros na mesma faixa de renda foram recusados para empréstimos hipotecários com taxas diferentes, isso foi o suficiente para que editoriais no *USA Today* e no *St. Louis Post-Dispatch*, entre outros, concluíssem que se deveu à discriminação racial, e para que uma notícia de primeira página do *New York Times* assim insinuasse.[61] Mas tal conclusão ignora outras variáveis econômicas que afetam a aceitação ou a recusa de solicitações de empréstimos hipotecários, tais como as pontuações de crédito, que são diferentes em média entre negros e brancos.

Em sua maioria, os relatos da mídia também omitem que os asiático-americanos tinham pontuações de crédito médias mais altas do que as dos brancos, que, por sua vez, tinham pontuações mais altas que as dos negros. No ano 2000, quando os negros tiveram empréstimos hipotecários convencionais recusados a uma taxa duas vezes maior que a dos brancos, os brancos foram, por sua vez, recusados para empréstimos hipotecários convencionais a uma taxa quase duas vezes maior que a de asiático-americanos.[62] Ocorre que incluir asiático-americanos nessas comparações teria minado a teoria da discriminação racial. Também teria minado essa teoria a inclusão do fato de que os bancos que pertenciam a negros também recusaram empréstimo a candidatos negros — a uma taxa maior do que as taxas de recusa de candidatos negros por bancos pertencentes a brancos.[63] Todas essas diferenças do mundo real foram evitadas por meio de argumentação, como se estivéssemos falando de pessoas abstratas cujas diferenças nos resultados só poderiam ser consequência de decisões erradas ou malignas de outros.

Onde faltam informações concretas ou não foram estudadas, a igualdade tende a ser a suposição padrão da *intelligentsia* na comparação de grupos, independentemente de quantas ou quão grandes sejam as desigualdades já encontradas em fatores que foram estudados. Em um contexto racial ou em qualquer outro no qual alguns — às vezes apenas um — desses fatores se mantiveram constantes e as diferenças em resultados não desapareceram de todo, isso é muitas vezes tido como prova de que preconceitos ou discriminações explicam as diferenças que restam nos resultados.

A principal falha nesse raciocínio pode ser ilustrada com um exemplo tirado do baseball, que não costuma gerar controvérsia. Existiram dois jogadores na equipe do New York Yankees de 1927 com idêntica média de rebatidas de .356; um deles permanece famoso até hoje, enquanto o outro foi quase completamente esquecido. Os resultados iguais em um âmbito não significaram de modo nenhum igualdade em outros âmbitos. No caso em questão, um desses jogadores com média de rebatidas de .356 bateu seis *home runs* naquele ano (Earle Combs) e o outro bateu sessenta (Babe Ruth).

De modo semelhante, quando o famoso estudo de décadas de duração de Lewis Terman sobre crianças com QI extraordinariamente elevado avaliou suas realizações na idade adulta, muitas haviam alcançado realizações expressivas, mas, como observou mais tarde um escritor, "quase *nenhuma* das crianças geniais de classe social e econômica inferior alcançou sucesso e fama". Quase um terço dessas crianças com QI elevado "do lado pobre da cidade" tinha "um pai que havia abandonado a escola antes da oitava série".[64] Essas crianças eram iguais às outras no sentido de que tinham QIs de 140 ou mais, mas não com relação aos fatores de formação cultural envolvidos em grandes realizações.

O mesmo princípio se aplica a incontáveis contextos, não somente na sociedade norte-americana, mas também em outros países em todo o mundo. Na Índia, descobriu-se que estudantes universitários provenientes de famílias com rendas similares vinham de famílias com níveis de alfabetização bastante diferentes quando eram comparados estudantes Dalits (chamados de "intocáveis" em tempos passados) com estudantes de casta Hindu — o analfabetismo era mais alto nas famílias dos Dalits.[65] Igualdade de renda não implicava igualdade de outras características consequenciais. Em outros países, pessoas com a "mesma" educação — mensurada em quantidade — haviam recebido *qualidades* de educação muito diferentes, medidas pelo próprio desempenho como estudantes, pelas escolhas de especialização ou pelas classificações de qualidade das instituições nas quais foram instruídas.[66] Apenas pessoas abstratas num mundo abstrato são iguais.

Em um mundo onde características consequenciais são multidimensionais, a igualdade em uma dimensão nada diz a respeito de outras dimensões serem iguais ou desiguais entre grupos específicos. Ainda assim, uma vasta literatura sobre "diferenças" e "hiatos" socioeconômicos — transformados verbalmente em "desigualdades", quando não em "discriminação deliberada" — procede como se as causas por trás desses efeitos devessem ser externas, sobretudo se essas diferenças em resultados não desaparecem por completo quando permanece constante uma dada dimensão ou dimensões dos fatores envolvidos, por exemplo, a renda entre candidatos brancos e negros a empréstimo hipotecário.

A igualdade é um dos ideais mais generalizados e antigos que existem, sobretudo entre intelectuais modernos.[q] Sua variedade de significados diversos, e até mutuamente contraditórios, pode explicar, em parte, sua longevidade, já que muitas pessoas com ideias sólidas bem diferentes podem defender a igualdade e nela acreditar como uma vaga generalidade.

Assim como muitos conceitos emocionalmente poderosos, a igualdade raramente é definida com alguma precisão. Igualdade pode significar que todos devam ser considerados igualmente importantes, que os interesses devam ser considerados igualmente importantes para os outros. Sendo assim, os interesses de um bebê são tão importantes quanto os de um adulto, ainda que o bebê não tenha as capacidades de um adulto. Por outro lado, igualdade pode significar que todos devam ser tratados de maneira igual — que devam ser julgados pelos mesmos critérios e recompensados ou punidos dentro dos mesmos padrões. Outro significado de igualdade pode ser o de que as próprias pessoas são iguais tanto em potencial quanto em capacidades desenvolvidas. Igualdade poderia também significar que as pessoas têm direito às mesmas perspectivas de sucesso ou recompensa, mesmo que isso exija que vantagens compensatórias sejam dadas aos que têm menos potencialidades ou capacidades, como Condorcet defendeu no século XVIII[67] e como John Rawls defendeu no século XX.[68]

O essencial aqui é que todas essas noções muito distintas são abarcadas pela palavra indefinida "igualdade". Pessoas abstratas podem ter igualdade em todos esses sentidos ao mesmo tempo, mas isso é bem diferente de afirmar que o mesmo vale para seres humanos de carne e osso no mundo real.

O mesmo princípio se aplica quando são discutidas diferenças entre os sexos, bem como diferenças entre raças ou outras subdivisões da espécie humana. O fato de que as maiores diferenças de renda entre os sexos se encontram entre homens com filhos e mulheres com filhos[69] não chega a surpreender quando se reconhece o fato trivial de que o modo de gerar e criar essas crianças difere radicalmente entre pais e mães, por mais que pais e mães sejam verbalmente colocados em pé de igualdade quando pessoas são discutidas de forma abstrata.

Dados empíricos sugerem que ser mãe aumenta a importância das condições de trabalho de determinado emprego em comparação com a importância do salário pago — especialmente se considerarmos que alguns empregos mais bem pagos exigem muitas horas de trabalho, incluindo demandas imprevisíveis para se trabalhar à noite e aos fins de semana, ou pegar voos para outras cidades ou países em cima da hora e por uma quantidade indefinida de tempo, como pode acontecer com a agenda de advogados ou executivos poderosos. Mas ser pai e ter uma família para sustentar pode ter o efeito oposto ao de ser mãe, tornando os salários mais altos mais importantes para pais do que para homens solteiros, maridos sem filhos ou mulheres — todos com rendas inferiores às dos pais —, mesmo que isso signifique aceitar empregos que não ofereçam condições particularmente desejáveis ou seguras de trabalho, como a maioria dos empregos oferece. Mais de 90% das mortes relacionadas a trabalho ocorrem entre homens, por exemplo.[70] Tendo em vista os correspondentes incentivos e as limitações, o fato de que a maternidade e a paternidade têm efeitos opostos sobre as rendas de homens e mulheres definitivamente não chega a ser um mistério.

Com os sexos, assim como acontece com as raças, levar em consideração mais fatores causais tende a diminuir substancialmente as diferenças estatísticas nas rendas, algumas vezes até o ponto do desaparecimento, e nesse processo um número muito grande de fatores relevantes pode ser identificado e quantificado — o que não é sempre possível como questão prática. Contudo, nos casos em que uma diferença residual sem explicação permanece nos resultados depois que vários fatores foram levados em conta, chamar essa diferença restante de "discriminação" faz supor que ou todas as dimensões relevantes foram identificadas e quantificadas de maneira confiável pelos observadores, ou os fatores relevantes inexplicados restantes são iguais, por mais desiguais que possam ter sido os fatores relevantes identificados.

No caso de diferenças de renda entre mulheres e homens, em que o mesmo fator — filiação — pode ter efeitos opostos na renda, manter a filiação constante como fator não significa comparar homens e mulheres que são comparáveis. Nos casos em que mulheres e homens são realmente comparáveis — por exemplo, quando já ultrapassaram a idade regular para gerar filhos e ambos trabalharam continuamente e em tempo integral nas mesmas ocupações —, vários estudos constataram que mulheres têm as mesmas rendas que os homens, ou têm rendas maiores que as dos homens.[71] Diana Furchtgott-Roth, pesquisadora sênior no Instituto Hudson, observou que estudos empíricos que usaram menos variáveis explicativas concluíram que existia discriminação sexual com mais frequência do que estudos que utilizaram um número maior de variáveis explicativas.[72]

De maneira geral, distinção de renda entre mulheres e homens são encontradas com mais frequência quando eles têm ocupações diferentes, ou quando têm as mesmas ocupações, mas com diferentes condições de trabalho; trabalham durante um número de horas diferente todos os anos, têm diferenças em anos contínuos de atividade ou têm outras diferenças relacionadas ao trabalho, e não quando realizam o mesmo trabalho, nas mesmas condições e com as mesmas qualificações e experiência.[73] Porém, motivos comuns para diferenças de renda entre os sexos não atraem grande parte da *intelligentsia* tanto quanto motivos externos, tais como discriminação por parte do empregador, o que oferece à *intelligentsia* a chance de se colocar ao lado dos anjos contra as forças do mal.

Quando se trata dos sexos e também das raças, a evidência empírica pode ser não apenas negligenciada, mas também considerada desnecessária, como foi exemplificado na frase "teto de vidro" como uma explicação para a sub-representação das mulheres em níveis mais altos de carreira. Definido como uma "invisível mas impenetrável barreira entre as mulheres e a diretoria executiva",[74] "teto de vidro" é uma expressão que indica que até mesmo na ausência de qualquer evidência empírica palpável dessa barreira — já que ela é "invisível" — temos de aceitar a sua existência, do mesmo modo que muitas pessoas na famosa fábula aceitaram as roupas novas do rei.[r] Em outras palavras, a questão da existência ou do efeito da presumida barreira é completamente removida da esfera da evidência empírica. Esse virtuosismo verbal simplesmente faz desaparecer a necessidade de saber se existe uma razão interna ou uma obstrução externa que explique a distinção quando se trata do avanço das mulheres para cargos de gestão mais importantes.

Entretanto, quando essa necessidade não é colocada de lado por mera afirmação, as evidências contra a teoria da barreira externa são consideráveis. Por exemplo, Diana Furchtgott-Roth observou que "os empregos corporativos de maior importância exigem que os candidatos a ocupá-los estejam em preparação por pelo menos 25 anos" e que "menos de 5% dos candidatos qualificados para esses empregos eram mulheres".[75] Um estudo canadense constatou diferenças semelhantes entre executivos do sexo masculino e feminino no país.[76] Nos Estados Unidos, um relatório do Government Accountability Office [Departamento de Auditoria do Governo] constatou que administradores do sexo feminino eram mais jovens que administradores do sexo masculino, tinham menos instrução e eram funcionárias de meio período com mais frequência que os homens.[77] Muitas outras diferenças específicas, tanto nas qualificações como nas preferências das mulheres, foram encontradas em outros estudos.[78]

Não que a *intelligentsia* — é preciso ressaltar — estivesse enganada ou mal informada a respeito de questões específicas. O ponto mais fundamental é que, procedendo como se estivessem discutindo sobre pessoas num mundo abstrato, os intelectuais se esquivam da responsabilidade e do árduo trabalho de aprender os fatos reais sobre pessoas reais no mundo real — fatos que, com frequência, explicam as discrepâncias entre o que os intelectuais veem e o que prefeririam ver.

Grande parte do que chamamos de problemas sociais são diferenças entre as teorias de intelectuais e as realidades do mundo — diferenças que, na interpretação de boa parte da *intelligentsia*, mostram que o mundo real é que está errado e necessita de mudança. Aparentemente suas teorias, e a visão que as fundamenta, não podem estar erradas.

CAPÍTULO 8
ARGUMENTOS SEM ARGUMENTOS

Lutamos a favor e contra homens e coisas não como eles são, mas como são as caricaturas que fazemos deles.

J. A. Schumpeter[1]

Intelectuais com visões opostas costumam ser bem munidos, em termos de habilidade mental, para defender suas respectivas crenças e, desse modo, fazerem-se entender por outros enquanto debatem entre si. Chama a atenção, porém, o número de substitutos encontrados para fazer isso. Embora os conflitos entre a visão trágica e a visão dos ungidos possam levar a incontáveis argumentos sobre uma ampla gama de questões, esses conflitos podem também levar a apresentações de pontos de vista que assumem a aparência de argumento sem a substância interior de fatos ou análises — em outras palavras, argumentos sem argumentos.

Embora tais evasivas táticas sejam, a princípio, um recurso que pode ser utilizado por intelectuais em qualquer parte do espectro ideológico, só quando são usadas em defesa da visão prevalecente é que essas evasivas são aceitas sem questionamento pela *intelligentsia*, ou mesmo pelo público leigo, que acompanha a visão predominante tão intensamente veiculada pela mídia, pelo sistema educacional e em discussões políticas que a familiaridade confere a essa visão uma aceitação que visões concorrentes não podem esperar obter com semelhante falta de argumentos sólidos.

Embora os talentos e a educação dos intelectuais pareçam capacitá-los a se envolverem habilmente em argumentações estruturadas de maneira lógica, valendo-se de evidências empíricas para analisarem ideias contrapostas, suas concepções políticas e ideológicas são promovidas, em grande parte, por virtuosismo verbal em *esquivar-se* tanto de argumentos estruturados como de evidências empíricas. Um dos seus muitos argumentos sem argumentos é alegar que os pontos de vista opostos são "simplistas". Além disso, fazem suas próprias alegações arbitrárias a respeito de "direitos" e ridicularizam adversários, retratando-os como inferiores e como pessoas que acreditam em coisas nas quais jamais expressaram crença, incluindo, algumas vezes, coisas que são contrárias ao que eles expressam. Há também o que talvez seja o mais amplamente generalizado dos muitos argumentos sem argumentos: a "justiça social".

ARGUMENTOS "SIMPLISTAS"

Muitos intelectuais desprezam argumentos de oponentes como "simplistas" — não como conclusão de uma contraevidência ou um contra-argumento, mas *sem apresentar* contraevidência ou contra-argumentos. Trata-se de uma tática de debate bastante eficiente. Com uma palavra, ela permite que se arrogue a superioridade intelectual sem oferecer nada de sólido. O emprego dessa palavra insinua, em lugar de demonstrar, que uma explicação mais aprofundada é mais logicamente compatível ou mais empiricamente válida. Mas o fato de que um argumento pode ser mais simples que outro não traz nenhuma indicação acerca de qual argumento apresenta conclusões que acabam validadas com mais frequência por evidências empíricas. Sem dúvida a explicação de muitos fenômenos físicos — por exemplo, o pôr do sol no horizonte — com o argumento de que a Terra é redonda é mais simples do que as explicações mais complexas dos mesmos fenômenos por membros da Flat Earth Society [Sociedade da Terra Plana]. Fugir do óbvio pode ser uma tarefa muito complexa.

Considerar uma explicação simples *demais* não prova que ela esteja errada; isso é o que se deve provar em primeiro lugar. Mas muitas vezes o fato de que uma explicação parece simples demais torna-se um *substituto* para mostrar que está errada. Por exemplo, quando o professor Orley Ashenfelter, um economista da Universidade de Princeton, começou a antecipar os preços de safras específicas de vinhos baseado apenas em estatísticas do tempo durante a estação de cultivo das uvas, sem se preocupar em provar os vinhos nem em consultar especialistas que os haviam provado, seu método foi desdenhado por entendedores que o consideraram simplista; um desses entendedores referiu-se a seu método como "bobagem óbvia".[2] Contudo, as previsões de preços do professor Ashenfelter vêm se confirmando com mais frequência que as dos especialistas em vinho.[3]

Só depois que determinado método se prova errado é legítimo classificá-lo como "simplista". Caso contrário, seu uso de informação em pequenas quantidades para produzir conclusões confirmadas é de grande eficiência. Mas o termo "simplista" tornou-se um argumento sem argumento amplamente empregado, uma maneira de repudiar pontos de vista contrários sem confrontá-los com evidências ou análises.

Praticamente qualquer resposta a praticamente qualquer pergunta pode parecer simplista em sua formulação quando se *amplia* a pergunta para dimensões irrespondíveis e então se ridiculariza a agora inadequada resposta. Por exemplo, na década de 1840, um médico australiano recolheu estatísticas que mostravam uma diferença substancial em índices de mortalidade entre mulheres nas clínicas de maternidade em Viena quando elas eram examinadas por médicos que haviam lavado as mãos antes de examiná-las e médicos que não haviam lavado as mãos. Ele tentou que todos os médicos lavassem as mãos antes de examinarem as pacientes. Mas teve a sua sugestão rejeitada, basicamente por ser considerada simplista, com um tipo de argumento que até hoje é usado. O médico foi desafiado a explicar *por que* ter as mãos lavadas faria diferença na mortalidade maternal — e como esse caso ocorreu antes que a teoria dos germes fosse desenvolvida e aceita, ele não pôde dar essa explicação.[4]

Em resumo, a pergunta foi ampliada até um ponto em que não poderia ser respondida (tendo em vista o estágio de conhecimento da época), levando desse modo qualquer resposta a parecer "simplista". Porém, o que importava *não* era saber se o médico baseado em estatísticas seria capaz de explicar o quadro mais abrangente, mas, sim, saber se eram válidas as evidências acerca da questão mais modesta e mundana — e assim poder salvar vidas, com base apenas nos fatos empíricos. O risco de cometer falácia de falsa causa poderia ter sido facilmente evitado se continuassem a ser coletados dados que mostrassem que médicos lavando mais as mãos diminuiria os índices de mortalidade materna da época.

Hoje aqueles que rejeitam uma ação policial mais contundente e punições mais severas como formas de lidar com o crime, e que em lugar disso preferem programas sociais e esforços de reabilitação, muitas vezes estigmatizam como "simplista" a abordagem tradicional de "manter a lei e a ordem". Isso é feito, em geral, *ao ampliar* a questão para que abarque as "razões profundas" do crime, algo que a ação policial e a punição não podem responder. Teorias alternativas também não podem fornecer uma resposta convincente para aqueles que exigem mais do que uma resposta cuja única base é a afinidade com a visão da *intelligentsia*. Mas substituir um debate mais pragmático e empírico em torno da escolha da abordagem alternativa com melhor histórico de controle do crime por um debate muito mais abrangente e arrebatador cumpre o objetivo tático de sabotar uma alternativa à visão predominante, fazendo essa alternativa parecer simplista.

Por ironia, muitos daqueles que enfatizam as complexidades dos problemas e das preocupações do mundo real mesmo assim também costumam considerar intelectual ou moralmente inferiores as pessoas que têm opiniões que divergem das suas a respeito desses problemas e preocupações. Em outras palavras, apesar da ênfase nas complexidades envolvidas, esses problemas ou preocupações *não* são considerados tão complexos a ponto de uma pessoa diferente poder avaliar as várias possibilidades ou méritos de maneira diversa e chegar legitimamente a uma conclusão distinta.

Uma variação do tema dos argumentos "simplistas" dos oponentes é dizer que tudo o que eles propõem "não é nenhuma panaceia" — como de fato nada é, caso contrário, por definição, todos os problemas do mundo já teriam sido solucionados. Quando o colapso do bloco comunista na Europa Oriental levou a Checoslováquia a celebrar sua liberdade, o colunista do *New York Times* Tom Wicker advertiu que a liberdade "não é uma panaceia"; e que o fracasso do comunismo "não torna perfeita, nem mesmo satisfatória, a alternativa ocidental para milhões de pessoas que vivem sob ela".[5]

Outra variação sobre o mesmo tema inclui a afirmação de que jamais houve uma "idade de ouro", com frequência dita em resposta a pessoas que nunca afirmaram que houve, mas que estão inclinadas a pensar que alguma prática do passado produzia resultados melhores do que alguma prática do presente. Em vez de se oferecerem evidências de que a prática do presente produz resultados melhores, panaceias e idades de ouro são rejeitadas. Por vezes se expressa a mesma noção, dizendo-se que não se pode ou não se deve "voltar atrás no tempo". A menos, porém, que aceitemos como dogma que todas as coisas posteriores a determinada data são automaticamente melhores do que todas as coisas anteriores a essa mesma data, essa é outra maneira de se esquivar de pormenores, outro argumento sem argumento.

OPONENTES SEM MÉRITO

Considerando que a visão dos ungidos é autocentrada e, ao mesmo tempo, uma visão de mundo, quando eles a defendem, não estão simplesmente defendendo uma série de hipóteses sobre eventos externos, mas, em certo sentido, estão defendendo a própria alma — e o zelo e até mesmo a brutalidade com que podem defender sua visão não seriam de surpreender nessas circunstâncias. Para pessoas com visões opostas, porém, que podem por exemplo, acreditar que a maioria das coisas funciona melhor se permanecerem em processos sistêmicos tais como livres mercados, famílias e valores tradicionais, essa é somente uma série de hipóteses sobre eventos externos e não atributos de superioridade moral, portanto ninguém terá o seu grande ego ferido se as evidências empíricas confirmarem ou não tais hipóteses. É óbvio que todos gostariam de estar comprovadamente certos e não errados, mas a questão aqui é que não há risco de comparar egos envolvido entre os que acreditam na visão trágica.

Essa desproporção entre as duas visões pode ajudar a explicar um padrão impressionante que remonta a pelo menos dois séculos — a maior tendência dos que têm a visão dos ungidos de considerarem aqueles dos quais discordam como inimigos moralmente deficientes. Embora haja variações individuais nisso, como há na maioria das coisas, existem, ainda assim, padrões gerais percebidos por muitos, tanto em nossa época como em séculos passados. Tomemos, por exemplo, o seguinte relato contemporâneo: "Discorde de alguém da direita e essa pessoa provavelmente pensará que você é obtuso, tolo, cretino e que está errado. Discorde de alguém da esquerda e é muito provável que essa pessoa pense que você é egoísta, vendido, insensível e possivelmente perverso".[6]

Por definição, apoiadores de ambas as visões acreditam que os que têm uma visão oposta estão errados. Porém, isso não é o bastante para os que têm a visão dos ungidos, que há muito tempo dão como certo que seus oponentes não têm compaixão. Ademais, não sentiam a necessidade de testar essa crença.

Já no século XVIII, a diferença entre os apoiadores das duas visões nesse contexto ficou clara numa controvérsia entre Thomas Malthus e William Godwin. Malthus disse sobre os seus oponentes: "Eu não posso duvidar dos talentos de homens como Godwin e Condorcet. Não quero duvidar da sinceridade deles".[7] Mas quando Godwin fez comentários sobre Thomas Malthus, chamou-o de "maligno", questionou "a humanidade do homem" e disse: "Eu me confesso incapaz de conceber de que terra o homem foi feito".[8]

Edmund Burke foi uma figura memorável entre os que tinham a visão trágica, mas, apesar de seus ataques categóricos às *ideias* e *ações* da Revolução Francesa, Burke disse, referindo-se aos que tinham visão oposta, que eles "podem fazer as piores coisas sem ser os piores entre os homens".[9] De modo semelhante, nos Estados Unidos do século XVIII, o primeiro artigo em *Os Artigos Federalistas* — uma publicação impregnada de visão trágica — afirmou: "Tão numerosas de fato e tão poderosas são as causas que contribuem para que se dê um falso viés ao julgamento que nós, em muitas ocasiões, vemos homens sábios e bons tanto do lado certo como do lado errado de questões proeminentes para a sociedade". E acrescentou: "Nós nem sempre temos certeza de que os que defendem a verdade são influenciados por princípios mais puros que os dos seus antagonistas".[10]

Seria difícil, ou mesmo impossível, encontrar entre os que têm a visão dos ungidos declarações semelhantes sobre adversários ideológicos, seja no século XVIII, seja nos dias atuais. Por outro lado, essa avaliação sobre os oponentes — de que são pessoas equivocadas, ou até perigosamente equivocadas, mas não necessariamente más — permaneceu comum entre os que têm a visão trágica.

Quando Friedrich Hayek publicou, em 1944, *O Caminho da Servidão*, seu desafio fundamental à visão social predominante entre os intelectuais — deflagrando uma contrarrevolução intelectual e política à qual mais tarde se juntaram Milton Friedman, William F. Buckley e outros intelectualmente, e Margaret Thatcher e Ronald Reagan politicamente —, ele caracterizou seus adversários como "idealistas obstinados" e "autores cuja sinceridade e desinteresse estão acima de qualquer suspeita".[11] Sem dúvida, entretanto, essa sinceridade não foi suficiente para evitar que ele considerasse seus oponentes não só equivocados, mas perigosamente equivocados, como foi ilustrado pela convicção de Hayek de que eles estavam colocando a sociedade "no caminho da servidão".

Na edição de décimo aniversário da devastadora crítica de Charles Murray contra políticas assistencialistas — *Losing Ground* [Perdendo espaço, em tradução livre] —, ele disse, antes de escrever o livro: "Trabalhei durante anos com pessoas que dirigiam programas sociais nas ruas, e sabia que a esmagadora maioria delas eram pessoas boas que se esforçavam ao máximo para ajudar".[12] Mais uma vez: entre os que têm a visão dos ungidos — que com tanta frequência veem a si mesmos lutando ao lado dos anjos contra as forças do mal — seria difícil, ou mesmo impossível, encontrar declarações parecidas a respeito de pessoas com opiniões conflitantes.

Da mesma forma, Winston Churchill jamais questionou as boas intenções de pessoas como o primeiro-ministro Neville Chamberlain, que ignorou as advertências de Churchill sobre o perigo que representava a Alemanha nazista no decorrer da década de 1930, e cujas políticas acabaram levando a Grã-Bretanha a entrar na maior e mais sangrenta guerra da história. Ao escrever sua obra em seis volumes, *The Second World War* [A Segunda Guerra Mundial, em tradução livre], Churchill descreveu o que havia acontecido como uma "triste história de avaliações equivocadas feitas por pessoas bem-intencionadas e capazes".[13] Na ocasião da morte de Chamberlain, em 1940, Churchill declarou na Câmara dos Comuns:

> O único guia para um homem é a sua consciência; a retidão e a sinceridade de suas ações são a única proteção para a sua memória. É muito imprudente caminhar pela vida sem essa proteção, porque muitas vezes somos ridicularizados pelo fracasso de nossas esperanças e pelo desapontamento de nossos cálculos; com essa proteção, porém, independentemente do que o destino nos reserve, marchamos sempre nas fileiras da honra (...). Neville Chamberlain agiu com perfeita sinceridade (...).[14]

Mesmo no meio de uma campanha política em 1945, quando Churchill advertiu que haveria um governo autoritário caso o adversário — o Partido Trabalhista — vencesse, ele acrescentou que isso não aconteceria porque eles queriam reduzir a liberdade das pessoas, e sim porque "eles não veem para onde as suas teorias os estão conduzindo".[15] Concessões semelhantes à sinceridade e às boas intenções dos adversários podem ser encontradas em Milton Friedman e em outros de visão trágica. Contudo, tal opinião a respeito de adversários ideológicos tem sido muito mais rara entre os que têm a visão dos ungidos, para os quais os supostos defeitos morais e/ou intelectuais dos oponentes são praticamente um componente básico de discurso desde o século XVIII até o presente.[16] Quando concorreu ao Parlamento em 1922, o jornalista britânico Edmund Morel afirmou que via Churchill como "uma verdadeira força do mal, e eu lutaria contra ele de todo o coração".[17]

Os que têm a visão dos ungidos muitas vezes negam a existência de sinceridade e de sentimentos humanos em oponentes ideológicos, mas se a oposição a determinadas políticas, como leis salariais ou de controle de aluguéis, deve-se de fato à falta de compaixão pelos pobres, isso não ajuda em nada a esclarecer se os argumentos a favor ou contra essas políticas têm validade empírica ou analítica. Mesmo que se pudesse provar com certeza que os oponentes dessas e de outras políticas "progressistas" eram verdadeiros avarentos, ou até corruptos, isso ainda não seria resposta aos argumentos apresentados por eles. No entanto, alegações de que seus adversários são racistas, sexistas, homofóbicos ou de que "simplesmente não entendem" são feitas com frequência nos dias de hoje pela *intelligentsia* em lugar de refutações específicas aos argumentos específicos desses adversários.

O que costuma distinguir os liberais dos outros, segundo o escritor de sucesso Andrew Hacker, é que eles estão "prontos para compartilhar um pouco do que têm com outros menos afortunados que eles".[18] O professor Hacker não foi o primeiro a expressar esse ponto de vista. Isso reflete uma opinião que era generalizada a respeito dos que têm a visão dos ungidos desde antes de Hacker nascer. Mas aqui, assim como em outros lugares, o poder de uma visão é mostrado não pela evidência oferecida em favor dela, mas justamente pela falta total de senso de necessidade de evidências — nesse caso, evidências de menos humanitarismo da parte de conservadores que se opõem a políticas "progressistas".

Um estudo empírico do professor Arthur C. Brooks, da Universidade de Syracuse, para verificar em que proporção liberais e conservadores dos Estados Unidos doavam dinheiro, sangue e tempo a iniciativas filantrópicas concluiu que conservadores doavam em média uma quantidade maior de dinheiro e uma porcentagem maior das suas rendas (que eram um pouco menores que as rendas dos liberais) a causas filantrópicas, que doavam mais horas do seu tempo como voluntários, e que doavam muito mais sangue.[19] Talvez surpreenda a muitos intelectuais saber que Ronald Reagan doava a causas filantrópicas uma porcentagem maior da sua renda que a porcentagem doada por Ted Kennedy ou por Franklin D. Roosevelt,[20] embora isso seja, na verdade, compatível com um padrão empírico muito mais abrangente, por mais conflitante que seja com a visão da *intelligentsia*.

É evidente que isso não prova de modo nenhum que argumentos de conservadores sobre questões políticas ou sociais tenham mais valor. Mas demonstra quão profundamente as pessoas podem errar quando acreditam no que é conveniente para sua visão e não acham necessário comparar suas suposições convenientes com nenhuma evidência empírica. O fato de a suposição de que conservadores se preocupavam menos com o bem-estar alheio ter prevalecido de maneira tão forte e inquestionável por tanto tempo — literalmente por séculos — antes mesmo de ser colocada à prova reforça essa ideia.

Do mesmo modo, quando aqueles que têm a visão dos ungidos defendem o desarmamento e acordos internacionais entre nações potencialmente adversárias como forma de preservar a paz, e se opõem aos de visão trágica que defendem a intimidação militar e alianças militares como forma de preservar a paz, as hipóteses destes últimos raramente são avaliadas pela *intelligentsia* apenas como hipóteses a respeito de perspectivas e riscos no mundo externo. Com muito mais frequência, e durante um longo tempo, aqueles que têm a visão dos ungidos consideraram essas distinções sinais da deficiência profunda de que padecem aqueles que discordam deles. Aqueles que confiam em Forças Armadas mais potentes — e não em acordos internacionais ou em desarmamento — para evitar a guerra são muitas vezes tachados por intelectuais como pessoas *favoráveis* à guerra. Bertrand Russell, por exemplo, disse:

> Se você se misturar a um público de homens comuns que discutem sobre meios de evitar a guerra, esteja certo de que encontrará um homem de meia-idade que dirá com um sorriso de escárnio: "Sempre teremos guerras; seria contrário à natureza humana se elas acabassem". É bastante óbvio que o homem que diz algo assim se apraz com a guerra, e odiaria um mundo onde ela fosse eliminada.[21]

Bertrand Russel não foi o único filósofo internacionalmente conhecido a usar esse tipo de argumento — expresso, em 1936, contra aqueles que queriam que a Grã-Bretanha se rearmasse em face da enorme escalada das forças militares de Hitler, que se mobilizariam apenas três anos depois para dar início à Segunda Guerra Mundial. Antes disso, em 1920, quando muitos intelectuais eram favoráveis a acordos internacionais para que se estipulasse a renúncia à guerra — tais como o Pacto Kellogg-Briand de 1928 —, aqueles que se opuseram a essa abordagem foram censurados por John Dewey como pessoas "que acreditam no sistema de guerra".[22]

Da mesma forma, o escritor britânico J. B. Priestley atribuiu o fracasso do pacifismo (comum entre os seus colegas intelectuais na década de 1930) para o público em geral ao dizer que "via a guerra com bons olhos por 'tédio'", um tédio que levava ao "desejo generalizado por algo que produza grande excitação, por discursos inflamados e patriotismo exacerbado, edições de jornais extraordinárias, comboios de tropas, listas de baixas".[23] Embora tenha reconhecido "as enormes vendas" do romance antiguerra *Nada de Novo no Front*, sobre as pessoas que leram esse livro, Priestley disse que "os horrores as fascinaram", e que o livro era "um espetáculo trágico dos bons".[24]

Em resumo, fossem quais fossem os fatos empíricos, eles seriam interpretados para se ajustarem à visão de Priestley. Os desejos arbitrariamente atribuídos ao público tornaram desnecessário para Priestley confrontar argumentos contrários ou enfrentar a possibilidade de que houvesse falhas ou lacunas nos argumentos propostos por pacifistas, como ele próprio, o que deixou o público não muito convencido de que as abordagens dos pacifistas — desarmamento e tratados — poderiam reduzir os riscos de guerra.

Existe uma longa história de uma abordagem semelhante feita por intelectuais a assuntos relacionados à guerra e à paz, que remonta pelo menos a Godwin e Condorcet no século XVIII; e os que dela discordavam foram muitas vezes retratados como pessoas que gostavam da guerra por algum motivo maligno ou irracional.[25] Ademais, essa prática é tão comum hoje quanto era no passado. Em 2010, o periódico *Chronicle of Higher Education* publicou duas matérias especiais sobre o tema "O Caso de Amor dos Estados Unidos com a Guerra". Uma dessas matérias recebeu o título: "Por Que os Conservadores Amam a Guerra" e regressou no tempo até Edmund Burke, enquanto o outro artigo tratava de um "grande pendor dos norte-americanos para a guerra".[26] Ocorre que Edmund Burke se opôs à guerra que a Grã-Bretanha lutou para impedir que as colônias norte-americanas alcançassem a independência, como fez Adam Smith, que antes de tudo se opunha à existência de colônias no exterior. Nenhum dos dois era pacifista, contudo, e ambos reconheciam que algumas guerras devem ser travadas — e isso em nada se parece com um "caso de amor com a guerra".

O contraste entre o modo como os que têm a visão trágica e os que têm a visão dos ungidos entendem os seus oponentes é muito comum e persistente para ser atribuído apenas a diferenças em personalidades específicas, mesmo havendo variações individuais em ambos os lados. As visões propriamente ditas envolvem interesses de egos pessoais muito diferentes. Acreditar na visão dos ungidos é ser um dos ungidos. Acreditar na visão trágica não proporciona essa euforia. Evidências discordantes podem causar embaraço aos adeptos das duas visões, porém evidências e argumentos contrários à sua visão trazem, além do embaraço, uma ameaça ao ego para os que têm a visão dos ungidos, que, em consequência disso, tratam muitas vezes os argumentos de opositores com desdém, assim como tratam indivíduos com opiniões divergentes.

ARGUMENTOS SEM VALOR

Não apenas as *pessoas* que se opõem à visão dos ungidos são consideradas indignas como também os *argumentos* que contrariam tal visão são no mais das vezes considerados indignos de atenção, e, sendo assim, são tratados como algo a ser difamado, não respondido. Esse processo provou, por meio de muitos exemplos, a observação de Schumpeter sobre lutar não contra pessoas e ideias como elas são, mas, sim, contra caricaturas dessas pessoas e dessas ideias. Entre outras coisas, isso produziu dois dos bordões políticos mais populares do nosso tempo, "cortes de impostos para os ricos" e a "teoria do gotejamento". Um exame de expressões desse tipo pode elucidar o modo como frases semelhantes são geradas e continuam sendo repetidas, sem serem úteis nem como evidência nem como análise — em suma, não passam de argumentos sem argumentos.

Em várias ocasiões e locais, determinados indivíduos argumentaram que as *alíquotas* de imposto existentes são tão altas que o governo poderia arrecadar mais *receitas* tributárias se diminuísse essas alíquotas de imposto, porque os incentivos alterados ocasionariam mais atividade econômica, resultando em mais receitas tributárias provenientes da renda em crescimento, mesmo com a redução da alíquota de imposto. Trata-se, sem dúvida, de uma hipótese verificável, e as pessoas podem argumentar contra ou a favor dela, em bases empíricas e em bases analíticas. Porém, isso raramente acontece.

Mesmo quando a proposta específica de corte de impostos é cortar taxas de imposto em todas as faixas de renda, e reduzir taxas de imposto numa porcentagem maior nas faixas de renda mais baixas do que nas mais altas, ainda assim, tal proposta é geralmente caracterizada pelos oponentes como "cortes de impostos para os ricos", porque a quantia total de dinheiro economizado por alguém que se encontra nas faixas de renda mais elevadas costuma ser maior do que a quantia total de dinheiro economizado por alguém que se encontre nas faixas mais baixas. Além disso, os motivos para que esses cortes de impostos tenham sido propostos

— segundo os seus defensores, a modificação do comportamento econômico de modo a gerar mais produção, renda e receitas mais altas — são verbalmente transformados em uma teoria bastante diferente, atribuída aos defensores pelos oponentes como a "teoria do gotejamento".

Nenhuma teoria desse tipo se encontra em lugar nenhum, nem mesmo nas mais volumosas e enciclopédicas histórias de teorias econômicas, entre as quais a monumental *História da Análise Econômica*, de mais de mil páginas, de J. A. Schumpeter. Mesmo assim essa teoria inexistente tornou-se objeto de denúncias desde as páginas do *New York Times* e do *Washington Post* até a esfera política. Foi atacada pelo professor Paul Krugman, da Universidade de Princeton, e pelo professor Peter Corning, da Universidade de Stanford, entre outros; e ataques semelhantes se repetiram até em lugares distantes como a Índia.[27] É um exemplo clássico de argumentar contra uma caricatura em vez de confrontar o argumento realmente apresentado.

Embora os argumentos favoráveis a cortes nas altas taxas de impostos tenham vindo com frequência de economistas pró-livre mercado ou por conservadores no sentido norte-americano, algumas vezes esses argumentos também vieram de pessoas que não eram nem economistas de livre mercado nem conservadoras — pessoas como John Maynard Keynes[28] e o presidente John F. Kennedy, que realmente reduziu as taxas de impostos durante sua administração.[29] Mas a alegação de que se trata de "cortes de impostos para ricos", baseada numa "teoria do gotejamento", também tem uma longa história.

Samuel Rosenman, redator de discursos do presidente Franklin D. Roosevelt, fez referência à "filosofia, que predominava em Washington desde 1921, de que o objetivo do governo era proporcionar prosperidade para as pessoas que viviam e trabalhavam no topo da pirâmide econômica, na convicção de que essa prosperidade alcançaria o fundo da pirâmide e beneficiaria a todos".[30] O mesmo tema foi repetido na campanha eleitoral de 2008, quando o candidato à presidência Barack Obama atacou o que chamou de "filosofia econômica" que "diz que devemos dar cada vez mais para aqueles que já têm muito e esperar que um filete de prosperidade escorra para todos os demais".[31]

Quando Samuel Rosenman mencionou algo que vinha acontecendo "desde 1921", ele se referia à série de reduções de taxas de impostos defendida pelo secretário do tesouro Andrew Mellon e transformada em lei pelo Congresso durante a década de 1920. Mas os argumentos defendidos pelo secretário Mellon nada tinham a ver com uma "teoria do gotejamento". Mellow ressaltou que, com as altas taxas de impostos sobre a renda no final da administração Woodrow Wilson, em 1921, enormes somas de dinheiro haviam sido colocadas em refúgios fiscais, tais como títulos municipais isentos de impostos, em vez de serem investidas na economia privada, onde esse dinheiro geraria mais produção, renda e emprego.[32] Esse argumento foi apresentado diversas vezes no decorrer dos anos por outros — e repetidas vezes debilitado por ataques a uma teoria do "gotejamento" somente encontrada na retórica dos oponentes.[33]

Após os cortes nas taxas de impostos na década de 1920, o que realmente aconteceu foi o aumento da produção, o aumento do emprego para gerar essa produção, o aumento da renda em consequência disso e o aumento das *receitas* fiscais para o governo em virtude do crescimento da renda, embora as *alíquotas* de impostos tenham sido reduzidas. Outra consequência foi que as pessoas em faixas de renda maiores pagavam não apenas uma quantidade total de taxas maior do que antes, mas também uma porcentagem maior de todas as taxas, como resultado dos chamados "cortes de impostos para os ricos". Por anos houve resultados semelhantes depois que as elevadas taxas de imposto foram reduzidas nos governos de John F. Kennedy, Ronald Reagan e George W. Bush.[34] Depois dos cortes de impostos de 1920, não houve simplesmente um aumento na renda de investidores — o fato foi que essa renda passou a ser *tributável*, uma vez que as taxas de impostos mais baixas tornaram proveitosa a obtenção de retornos mais elevados em investimentos fora de refúgios fiscais.

Os fatos são inquestionavelmente claros — para quem se dá ao trabalho de checar os fatos. Em 1921, quando a taxa de imposto sobre pessoas que ganhavam mais de 100 mil dólares por ano era de 73%, o governo federal arrecadava pouco mais de 700 milhões de dólares em imposto de renda, dos quais 30% eram pagos por quem ganhava mais de 100 mil dólares. Em 1929, depois que uma série de reduções na taxa de impostos havia diminuído de 73% para 24% a alíquota de imposto sobre os que ganhavam mais de 100 mil dólares, o governo federal arrecadou mais de um bilhão de dólares em imposto de renda, dos quais 65% foram arrecadados dos que ganhavam mais de 100 mil dólares.[35]

Não existe nada de misterioso nisso. Com o aumento expressivo das taxas de impostos durante a administração de Woodrow Wilson, foi cada vez menor o número de pessoas que relatavam rendas tributáveis elevadas, quer colocando o dinheiro em títulos isentos de impostos, quer usando qualquer outro meio de reordenar finanças para minimizar a obrigação fiscal. Sob as crescentes taxas de imposto de renda do governo de Woodrow Wilson para pagar os custos elevados da Primeira Guerra Mundial, o número de pessoas que comunicava rendas tributáveis de mais de 300 mil dólares — soma enorme de dinheiro na época — caiu de bem mais de mil em 1916 para menos de trezentas em 1921. A quantidade total de rendimento tributável obtida por pessoas que ganhavam mais de 300 mil dólares caiu mais de quatro quintos ao longo desses anos.[36] Considerando que foram anos de rendas crescentes de modo geral, como observou Mellow, não havia motivo para acreditar que os ricos estivessem enfrentando reduções extremas em sua própria renda,[37] mas havia motivos consideráveis para acreditar que estivessem recebendo rendimentos isentos de impostos que, sob as leis que vigoravam na época, não tinham de ser relatados.

Pelas estimativas do Departamento do Tesouro, o dinheiro investido em títulos isentos de imposto havia quase triplicado em uma década.[38] O valor total desses títulos superava em quase três vezes o tamanho do orçamento anual do governo federal e tinha mais da metade do tamanho da dívida nacional.[39] Andrew Mellon ressaltou que "o homem de grande renda está cada vez mais inclinado a investir o capital de tal forma que o cobrador de impostos não possa alcançá-lo".[40] O valor dos títulos isentos de impostos, ele disse, "será maior no caso dos contribuintes mais ricos" e será "relativamente sem valor" para um investidor pequeno, de forma que o custo dessas perdas fiscais do governo deve recair sobre os demais contribuintes "que não se refugiam ou não podem refugiar-se em títulos isentos de impostos".[41] Mellon chamou de efeito "quase grotesco" ter "impostos mais altos sobre todo o resto para compensar a deficiência resultante nas receitas".[42]

Várias vezes o secretário Mellon buscou convencer o Congresso a dar fim às isenções fiscais para obrigações municipais e outros títulos,[43] ressaltando o desajustamento que esses títulos causavam à economia.[44] Além disso, ele considerou "repugnante" numa democracia que existisse "uma classe na comunidade que não pode ser alcançada para finalidades fiscais". O secretário Mellon disse: "É inacreditável que tenha de permanecer inalterado um sistema de tributação que permita que um homem com uma renda de um milhão de dólares por ano não pague nem um tostão para dar apoio ao governo".[5]

O Congresso, contudo, recusou-se a pôr fim aos títulos isentos de impostos.[s] Deram continuidade ao que Mellon chamou de "pantomima de taxação dos ricos", enquanto, na realidade, as elevadas taxas de impostos no papel estavam "produzindo cada vez menos receitas a cada ano, e ao mesmo tempo desestimulando a indústria e ameaçando a futura prosperidade do país".[46] Incapaz de convencer o Congresso a dar fim ao que ele chamava de "mal dos títulos isentos de impostos",[47] o secretário Mellon buscou reduzir o que servia de incentivo para que os investidores retirassem seu dinheiro de investimentos produtivos na economia para colocá-lo nos portos seguros desses refúgios fiscais: "Da mesma forma que o trabalhador não pode ser forçado a trabalhar contra a vontade, também podemos dar como certo que o capital não trabalhará a menos que tenha um retorno vantajoso. Ele continuará a se retirar para a segurança dos títulos isentos de impostos, que lhe oferecem segurança e também imunidade contra cobradores de impostos".[48]

Em outras palavras, taxas de imposto elevadas *que muitas pessoas evitam pagar* não proporcionam necessariamente ao governo tanta receita quanto a que é proporcionada por taxas menores de imposto, que mais pessoas efetivamente pagam, quando essas taxas de imposto menores tornam seguro investir dinheiro onde possam ter uma taxa de retorno maior na economia do que teriam caso investissem em títulos isentos de impostos. Os fatos são simples: em 1916, havia 206 pessoas que declararam rendas tributáveis anuais de um milhão de dólares ou mais. Porém, como as alíquotas de impostos subiram, esse número caiu para apenas 21 pessoas em 1921. Então, após uma série de cortes nas taxas de impostos ao longo da década de 1920, o número de indivíduos que declararam rendas tributáveis de um milhão de dólares ou mais voltou a crescer para 207 em 1925.[49] Sob essas condições, não deveria causar surpresa o fato de o governo ter obtido maior arrecadação fiscal depois que as alíquotas de impostos foram reduzidas. Também não surpreende que, com o aquecimento da atividade econômica depois que vastas somas de dinheiro foram transferidas dos refúgios fiscais para a economia produtiva, a taxa de desemprego de 1925 a 1928 tenha variado de um máximo de 4,2% para um mínimo de 1,8%.[50]

O importante aqui não é simplesmente que o peso das evidências se concentra mais em um lado do argumento do que no outro, mas, sobretudo, que não houve um envolvimento sério com os argumentos realmente apresentados, e, em vez disso, uma fuga desses argumentos, que foram descartados como nada mais que um modo de transferir cargas de impostos dos ricos para outros contribuintes. O que os senadores Robert La Follette e Burton K. Wheeler afirmaram em seu material de campanha política durante a campanha eleitoral de 1924 — que "o plano tributário de Mellon" era "um dispositivo para dar alívio a multimilionários à custa de outros pagadores de impostos", e "um esforço de mestre da mente que zela pelos privilégios especiais" para "taxar o pobre e auxiliar os ricos"[51] — acabaria se tornando uma característica permanente do discurso intelectual e também político até os dias de hoje.

Até no século XXI, os mesmos argumentos usados por quem se opunha aos cortes de impostos na década de 1920 foram repetidos no livro *Winner-Take-All Politics* [Política do vencedor leva tudo, em tradução livre], cujos autores fazem referência ao "cenário de 'gotejamento' que defende a ajuda aos que têm tudo com cortes de impostos e outras vantagens continuamente apregoadas".[52] Ninguém que tenha de fato apregoado algum cenário como o que foi mencionado foi citado.

Repetidas vezes no decorrer dos anos, os defensores e dos opositores das reduções nas taxas de imposto usaram argumentos sobre duas coisas fundamentalmente diversas, a saber: (1) a distribuição de rendas *existentes* e das obrigações fiscais existentes *versus* (2) incentivos ao *aumento* das rendas por meio da redução das taxas de imposto, de modo a levar pessoas físicas e instituições a retirarem dinheiro dos refúgios fiscais e a investi-lo na economia produtiva. Defensores e oponentes das reduções nas taxas de imposto não tinham apenas argumentos diferentes; tratava-se de argumentos sobre muitas coisas diferentes, e os dois argumentos passaram intactos um pelo outro. Evidências empíricas sobre o que aconteceu à economia em consequência dessas reduções de taxas de imposto em quatro administrações distintas ao longo de um intervalo de mais de oito anos foram amplamente ignoradas por aqueles que se opunham ao que chamavam de "corte de impostos para os ricos".

A confusão entre reduzir *taxas* de imposto para pessoas físicas e reduzir *receitas* de imposto recebidas pelo governo tem figurado em muitas dessas discussões ao longo desses vários anos. O conhecido historiador Arthur M. Schlesinger Jr., por exemplo, disse que embora Andrew Mellon defendesse o equilíbrio do orçamento e o pagamento da dívida nacional, ele "incoerentemente" buscou uma "redução das alíquotas de imposto".[53] Na verdade, a dívida nacional se reduziu à medida que o governo obteve mais receitas com alíquotas menores de impostos. A dívida nacional era de pouco menos de 24 bilhões em 1921, e foi reduzida para menos de 18 bilhões em 1928.[54] O professor Schlesinger não foi o único historiador de prestígio a perpetuar a confusão econômica entre alíquotas de imposto e receitas de impostos.

Hoje livros didáticos extensamente utilizados por diversos historiadores conhecidos continuam a distorcer toscamente o que foi defendido na década de 1920 e as atuais consequências disso. Segundo o livro didático *These United States* [Estes Estados Unidos, em tradução livre], de autoria do professor Irwin Unger, da Universidade de Nova York, ganhador do prêmio Pulitzer, o secretário do tesouro Andrew Mellon, "um rico dono de indústria de Pittsburgh", persuadiu o Congresso a "reduzir as alíquotas de imposto de renda para os que se encontravam no topo e mantê-las inalteradas para os da base". Desse modo, "Mellon teve vitórias adicionais com seus esforços para transferir mais carga fiscal dos que auferiam grandes ganhos para a classe média e a classe assalariada".[55] Contudo, dados concretos mostram que, na verdade, tanto o montante como a proporção dos impostos pagos por contribuintes cuja renda líquida não superava 25 mil dólares *diminuíram* entre 1921 e 1929, ao passo que tanto o montante como a proporção dos impostos pagos por contribuintes cuja renda líquida ficava entre 50 mil e 100 mil dólares subiram — e o montante e a proporção das taxas pagas por aqueles cuja renda líquida ultrapassava 100 mil dólares subiram ainda mais acentuadamente.[56]

Em outro livro didático amplamente utilizado, escrito em coautoria por vários historiadores de destaque, dois dos quais ganhadores de prêmios Pulitzer, lemos sobre Andrew Mellon: "Seria melhor, ele argumentou, colocar a carga dos impostos sobre grupos de menor renda" e que "parte dos lucros isentos de impostos dos ricos, Mellon garantiu ao país, acabaria gotejando nas faixas de renda média e baixa na forma de salários".[57] O que Mellon disse na realidade foi que a política fiscal "tem de diminuir, na medida do possível, a carga tributária sobre os que têm menos condição de suportá-la".[58] Ele propôs, portanto, cortes percentuais mais acentuados em alíquotas de imposto nas camadas de renda mais baixas[59] — e isso foi feito. Mellon também propôs eliminar impostos federais sobre ingressos de cinema, porque esses impostos eram pagos "por uma grande massa de pessoas cuja principal fonte de recreação era assistir aos filmes nas suas vizinhanças".[60] Em suma, Mellon defendia exatamente o oposto do que era divulgado sobre as políticas que lhe foram atribuídas.

A própria ideia de que lucros "gotejariam" para trabalhadores descreve a sequência econômica de eventos na ordem contrária da que ocorre no mundo real. Trabalhadores devem primeiro ser contratados e compromissos devem ser assumidos para pagar esses trabalhadores *antes* que qualquer produto seja fabricado para ser vendido com lucro, e independentemente da venda posterior desse produto com lucro ou com prejuízo. O que ocorre com os investimentos é que, em geral, só se pode determinar se trarão lucros ou perdas anos mais tarde, e é preciso pagar os trabalhadores enquanto isso, não esperar que os lucros "gotejem". O efeito real das reduções de alíquotas de imposto é fazer as *possibilidades futuras* de lucro parecerem mais favoráveis, levando a mais investimentos *presentes* que gerem mais atividade econômica corrente e mais empregos.

Aqueles que atribuem a outros uma dita teoria do gotejamento estão atribuindo a sua própria interpretação equívoca a outros, além de distorcerem não só os argumentos usados com também os fatos concretos sobre o que na realidade ocorreu depois que as políticas recomendadas foram colocadas em prática.

Outro livro de história muito utilizado, um best-seller intitulado *The American Nation* [A nação americana, em tradução livre], escrito pelo professor da Universidade de Columbia John Garraty, registra que o secretário Mellon "Foi contra taxas de imposto menores para contribuintes que ganhavam menos de 66 mil dólares".[61] Outro livro didático de grande vendagem, *The American Pageant* [O concurso americano, em tradução livre], de vários autores, afirmou: "As políticas de ajuda aos ricos de Mellon, portanto, transferiram grande parte da carga tributária dos abastados para grupos de renda média".[62] Não há necessidade de supor que os acadêmicos que escreveram esses livros de história estivessem mentindo deliberadamente, a fim de proteger uma visão. Eles podem simplesmente ter confiado num consenso entre pares tão amplamente difundido e repetido com tanta frequência que é considerado "fato bem conhecido" que não exige reexame sério. Os resultados mostram quão duvidosos podem ser os consensos entre pares, mesmo quando se trata de um consenso entre pares de pessoas altamente intelectuais,[t] se essas pessoas compartilham uma visão de mundo muito semelhante e tratam as suas conclusões como axiomas e não como hipóteses que precisam ser confrontadas com fatos. Esses livros de história podem também refletir a ignorância econômica de muitos acadêmicos de destaque que não são da área de economia, e que mesmo assim insistem em anunciar as suas conclusões em assuntos de economia.

Quando acadêmicos de grande destaque agem com tanta arrogância, não é de se espantar que os meios de comunicação sigam o exemplo. Por exemplo, o articulista do *New York Times* Tom Wicker definiu os cortes de impostos da administração de Reagan como "a velha fé republicana no 'gotejamento'".[63] David S. Broder, articulista do *Washington Post*, afirmou que esses cortes de impostos "estimulam a ganância dos ricos" e ao mesmo tempo "aumentam o sofrimento do pobre" — parte do que ele chamou de "mesquinhez moral da administração de Reagan".[64] Com o título "Ressurreição de Coolidge", outro articulista do *Washington Post*, Haynes Johnson, caracterizou os cortes de imposto de Reagan como parte das "filosofias de ajudar-os-ricos-primeiro e deixar-o-gotejamento-para-o-resto".[65]

John Kenneth Galbraith caracterizou o "efeito de gotejamento" como paralelo à "metáfora do cavalo e do pardal, considerando que, se o cavalo for alimentado com aveia suficiente, um pouco dela ficará pela estrada para os pardais".[66] Caracterizações semelhantes de uma teoria do "gotejamento" eram comuns nos artigos opinativos de Leonard Silk, Alan Brinkley e outros escritores de destaque da época, bem como nos editoriais do *New York Times*.[67]

Quando, em 2001, o presidente George W. Bush propôs seus cortes nas taxas de imposto, citando as administrações anteriores de Kennedy e de Reagan,[68] denúncias de economia de "gotejamento" vieram de Arthur M. Schlesinger Jr., Paul Krugman e Jonathan Chait, entre outros. O articulista do *Washington Post* David S. Broder denunciou "a bonança financeira que se aproxima para os norte-americanos mais ricos no plano Bush".[69]

Implícita na abordagem dos críticos do meio acadêmico e dos meios de comunicação ao que eles denominam "cortes de imposto para os ricos" e "teoria do gotejamento" há uma concepção de soma zero da economia, em que os benefícios de alguns são obtidos à custa de outros. O fato de aqueles que têm uma concepção de soma zero da economia com frequência mostrarem pouco ou nenhum interesse nos fatores que afetam a criação de riqueza — ao contrário da preocupação com a distribuição da riqueza — é compatível com a sua visão, por mais incompatível que seja com os pontos de vista de outros que estão centrados no crescimento da economia, como ressaltaram os presidentes John F. Kennedy e Ronald Reagan, por exemplo.

É também incoerente atribuir as próprias suposições a quem argumenta com base em suposições completamente diferentes. Seria legítimo desafiar em bases quer analíticas quer empíricas essas outras suposições, ou as conclusões de que delas derivam; mas simplesmente não é legítimo atribuir a quem teceu essas suposições argumentos que não se expressam nelas.

Nos anos 1960, o presidente Kennedy, assim como Andrew Mellon décadas antes, salientou que "os esforços para evitar as obrigações fiscais" tornam "determinados tipos de atividade menos produtiva mais lucrativos do que outros empreendimentos mais valiosos", e "isso inibe nosso crescimento e nossa eficiência". O "objetivo de cortar taxas", portanto, é "ter uma economia mais próspera e crescente".[70] "*Plena produção e crescimento econômico*" foram palavras destacadas no texto do discurso de John F. Kennedy para o Congresso em janeiro de 1963, pedindo com urgência cortes nas alíquotas de imposto.[71] Tema quase idêntico foi repetido novamente no discurso de fevereiro de 1981, do presidente Ronald Reagan, em uma sessão conjunta do Congresso, ressaltando que "isso não é meramente uma transferência de riqueza entre diferentes grupos de contribuintes". Pelo contrário, com base em um "sólido grupo de peritos da área econômica", ele tinha a expectativa de que "a produção real de bens e serviços crescerá".[72]

Mesmo quando as evidências empíricas confirmam os argumentos favoráveis aos cortes nas taxas de imposto, esses fatos não são tratados como evidência relevante para pôr à prova uma hipótese contestada, mas, sim, como curiosidades esporádicas. Dessa maneira, quando as receitas fiscais cresceram na esteira dos cortes de taxas de impostos feitos durante a administração de George W. Bush, o *New York Times* noticiou: "Um aumento inesperadamente significativo nas receitas fiscais de corporações e dos ricos está diminuindo a previsão de déficit orçamentário para esse ano".[73] Evidentemente, as expectativas estão nos olhos de quem observa. Por mais surpreendentes que os aumentos nas receitas fiscais tenham sido para o *New York Times*, eles são exatamente o que esperavam os defensores da redução das taxas elevadas de imposto, não apenas nesses cortes de taxas de imposto em particular, mas também em reduções similares em altas taxas de imposto, remontando a várias ocasiões ao longo de mais de três quartos de século.

A RETÓRICA DOS "DIREITOS"

Grande parte do discurso dos intelectuais envolve reivindicação de "direitos", para os quais nenhuma base é dada nem solicitada. Nenhum decreto-lei, nem dispositivos constitucionais, obrigações contratuais nem tratados internacionais são citados como base para esses "direitos". Desse modo, eles costumam falar em "direito" a ter um "salário digno", "moradia decente", "assistência médica a um custo acessível" e muitos outros benefícios, materiais e psíquicos. O que nos importa nessa questão não é discutir se tais coisas são ou não desejáveis. O que de fato importa é saber por que essas coisas são consideradas obrigações — a conclusão lógica dos direitos — para outras pessoas que não concordaram com nenhuma obrigação de fornecer tais coisas. Se uma pessoa tem um direito, outra pessoa tem uma obrigação. Mas o direito sugerido a um "salário digno", por exemplo, não é baseado em nenhuma obrigação com a qual um empregador tenha concordado. Em vez disso, tal "direito" é citado como um motivo pelo qual um governo deveria obrigar o empregador a pagar o que terceiros gostariam que fosse pago.

Como um termo usado ideologicamente, "direitos" não significa acordo mútuo de nenhum tipo, quer entre indivíduos, quer entre empresas ou nações. Alguns consideram que terroristas capturados, por exemplo, têm direito a receber o mesmo tratamento estabelecido para prisioneiros de guerra pela Convenção de Genebra, mesmo que terroristas não tenham concordado com os termos da Convenção de Genebra nem se encontrem entre os que os signatários dessa convenção escolheram como protegidos pela convenção. Mais uma vez, "direitos", como termo usado ideologicamente, são, em última análise, afirmações de autoridade arbitrária por terceiros para ditar coisas com as quais outros jamais concordaram.

O mesmo princípio se manifesta quando expressões como "responsabilidade social" ou "contrato social" são usadas para descrever o que terceiros querem que seja feito, quer outros concordem ou não. Assim sendo, diz-se que as empresas têm a "responsabilidade social" de fornecer vários benefícios a vários indivíduos ou à sociedade como um todo, tenham ou não essas empresas escolhido assumir essa responsabilidade. Tais responsabilidades também não se baseiam em leis que tenham sido promulgadas. Bem ao contrário disso, as "responsabilidades" alegadas são a base para a defesa da aprovação de tais leis, ainda que as responsabilidades não tenham base em si mesmas, exceto pelo fato de que terceiros as desejam impor.

O mesmo princípio pode ser visto em afirmações de "promessas" simbólicas, como no título de *The Promise of American Life* [A promessa de vida americana, em tradução livre], de Herbert Croly, o primeiro editor da era progressista da revista *New Republic*. Essas "promessas" não se encontram em lugar nenhum a não ser nos desejos de Herbert Croly e de progressistas com ideias semelhantes às dele, incluindo alguns em ação cem anos depois dele,[74] com os mesmos "contratos" que ninguém assinou e nem mesmo viu. Desse modo a Previdência Social tem sido descrita como um "contrato entre as gerações" quando obviamente as gerações ainda não nascidas não poderiam ter concordado com nenhum contrato desse tipo.

Obrigações legais podem, evidentemente, ser impostas a gerações não nascidas, seja por meio da Previdência Social, seja por meio da dívida pública; mas o argumento não diz respeito ao que é fisicamente possível, e sim ao que tem algum fundamento lógico ou empírico. Dizer apenas que isso tem fundamento moral, sem fornecer nenhum detalhe concreto, é apenas dizer que algumas pessoas se sentem assim. Mas não haveria problema, para começar, a não ser que outras pessoas sentissem o contrário. E os alegados "direitos", a "responsabilidade social" ou os "contratos" ou "promessas" fictícios não são baseados necessariamente em reivindicações de maiorias incontestáveis e favoráveis a tais coisas. Pelo contrário, essas coisas são anunciadas como motivos pelos quais a maioria, os líderes políticos ou os tribunais *devem* impor o que terceiros querem que seja imposto. Trata-se de argumentos sem argumentos.

Por vezes a expressão "justiça social" é empregada para emprestar uma aparência de solidez a essas afirmações arbitrárias. Mas "justificação", mesmo como termo utilizado em carpintaria ou em impressão, significa alinhar uma coisa com outra. E com que mais essas alegações estariam alinhadas além de sentimentos, visões ou o pensamento de grupo que, atualmente, predomina no âmbito intelectual? Mesmo que ocorra entre intelectuais, pensamento de grupo não deixa de ser pensamento de grupo, e seus preconceitos não deixam de ser preconceitos.

O juiz Oliver Wendell Holmes disse que "a palavra 'direito' é uma das arapucas mais traiçoeiras" e "um constante convite à falácia".[75] Contudo, embora rejeitasse os direitos abstratos, o juiz Holmes acreditava que "estabelecidos em dada sociedade", esses direitos tinham de fato uma base diferente.[76] Holmes estava particularmente apreensivo com a ideia de que juízes deveriam impor direitos abstratos para os quais não existia base concreta:

> As pessoas tendem a pensar em juízes como se eles fossem porta-vozes independentes do infinito, não simplesmente como diretores de uma força que vem da fonte que lhes confere autoridade. Eu acredito que o nosso tribunal acabou errando às vezes, e foi a isso a que me referi quando disse que o direito comum não é uma onipresença contemplativa no céu e que os Estados Unidos não estão sujeitos a nenhuma sobreposição mística à qual tenham de obedecer.[77]

A declaração original de Holmes de que o direito comum "não é uma onipresença contemplativa no céu" foi feita no caso da Suprema Corte *Southern Pacific Co. v. Jensen*, em 1917, ocasião em que ele explicou que a lei é "a voz eloquente de algum soberano ou semissoberano que pode ser identificada".[78] As exigências por "direitos" abstratos feitas pelos intelectuais os transformam de fato em soberanos sem identificação ou autorização para tal.

"Justiça Social"

De todos os muitos argumentos sem argumentos, nenhum é mais generalizado nem mais poderoso do que aquilo que se denomina "justiça social". Trata-se, porém, de uma expressão sem definição real, embora venha sendo usada já há mais de um século. Toda justiça é inerentemente social, considerando que ninguém isolado numa ilha deserta pode ser justo nem injusto. O que parece justificar o acréscimo da palavra "social" ao conceito de justiça é que a justiça deve ser estabelecida entre grupos, não somente entre indivíduos. Mas essa coletivização da justiça é de pouca utilidade para tornar mais claro o conceito de justiça social. Entretanto, a expressão serve pelo menos para indicar que existe insatisfação com relação às noções convencionais de justiça formal, como a aplicação das mesmas regras a todos. Anatole France expôs essa insatisfação com clareza quando afirmou: "A lei, em sua majestosa igualdade, proíbe tanto os ricos quanto os pobres de dormirem debaixo de pontes, de pedirem esmola nas ruas e de roubar pão".[79]

Em suma, a igualdade da justiça formal é uma igualdade de processos, não uma igualdade de impactos ou de consequências. Essa crítica já é feita há muito tempo pelos que têm a visão dos ungidos. Mas os que têm a visão trágica consideram a justiça formal a melhor que provavelmente conseguiremos obter, ou que devemos tentar obter. Nas palavras de Burke, "todos os homens têm os mesmos direitos, mas não as mesmas coisas".[80] Alexander Hamilton também acreditava que "todos os homens" têm "direito à igualdade de privilégios",[81] embora supusesse que a desigualdade econômica "existiria enquanto a liberdade existisse".[82]

Por outro lado, intelectuais com a visão aberta estão ofendidos há um longo tempo não apenas em virtude de resultados finais desiguais, mas também — e talvez mais importante — porque diferentes resultados finais muitas vezes parecem ter sido quase predeterminados desde o nascimento. Em outras palavras, eles creem que não se trata simplesmente de infortúnio, mas, sim, de injustiça, nascer sob circunstâncias que tornam as chances de uma pessoa na vida muito menos promissoras que as circunstâncias nas quais outras pessoas nasceram. Peter Sacks, por exemplo, afirmou:

As faculdades, que um dia já foram consideradas faróis de esperança igualitária, estão se transformando em bastiões de riqueza e privilégios que perpetuam a desigualdade. As chances de uma criança de família de baixa renda conquistar um diploma de bacharel não tiveram a menor mudança em três décadas: Apenas 6% dos estudantes de famílias de baixa renda obtiveram um diploma de bacharel aos 24 anos em 1970, e em 2002 os mesmos 6% conseguiram o diploma. E são ainda menores as chances de que crianças dessas famílias frequentem uma das maiores universidades dos Estados Unidos.[83]

Concepções semelhantes de mobilidade socioeconômica e modos semelhantes de medi-la têm sido usados por muitos outros, com foco nas probabilidades estatísticas de resultados — "oportunidades de vida" — para indivíduos nascidos em circunstâncias diferentes. Tendo em vista que as oportunidades de vida diferem não só para indivíduos, mas também para grupos inteiros, essa é uma das preocupações com as quais se envolvem os que buscam "justiça social". Porém, as diferenças estatísticas em realizações não nos dizem nada sobre as *razões* para essas diferenças, embora o professor Sacks escolha atribuir essas disparidades a instituições externas, tais como universidades, e não a diferenças intrínsecas relacionadas a valores, disciplina, habilidade ou inúmeros outros fatores que afetam resultados. O ambiente no qual uma pessoa nasce pode afetar alguns desses fatores ou todos eles, incluindo em que medida o potencial inato de alguém se transforma em capacidades desenvolvidas. Quando as oportunidades de vida são avaliadas, duas perguntas bem diferentes muitas vezes se confundem:

1. A *vida* é justa?
2. A *sociedade* é justa?

A primeira pergunta é muito mais fácil de ser respondida. A vida raramente é justa ou mesmo se aproxima de ser justa, se é que ela alguma vez foi justa. A família ou a cultura na qual alguém nasce pode afetar o rumo de uma vida, assim como o acaso pode afetar os indivíduos na jornada pela vida, influenciando as aspirações e a mentalidade, para o bem ou para o mal. Esses são somente alguns dos fatores que afetam as oportunidades de vida de uma pessoa — e as afetam de modo bem diferente do que afetam as oportunidades de vida de outras pessoas nascidas em circunstâncias distintas e que se deparam com influências muito diversas em seus anos de formação.

A segunda pergunta envolve as regras e práticas de determinada sociedade — se são justas ou injustas. Responder a essa pergunta exige, no mínimo, reconhecer que fatores internos aos indivíduos e aos grupos não podem ser negligenciados, e que todas as diferenças em oportunidades de vida são atribuídas de maneira arbitrária a instituições externas específicas ou à sociedade como um todo. Nem se pode supor que qualquer sociedade tenha onisciência ou onipotência para eliminar diferenças nas oportunidades de vida entre indivíduos ou grupos. Além disso, até que ponto essas diferenças nas oportunidades da vida podem ser suavizadas por coisas como acesso amplo à educação ou alívio da pobreza opressiva é uma pergunta, não uma conclusão obrigatória.

A desigualdade ou injustiça que persiste depois que a sociedade fez o melhor que pôde não pode ser chamada de injustiça *social*, embora seja injustiça talvez no sentido cósmico — que se estende para além das regras e práticas da sociedade —, porque se trata das circunstâncias nas quais as pessoas nascem. O que muitos buscam em nome da "justiça social" pode ser denominado de forma mais acertada de *justiça cósmica* — e o insucesso em encontrá-la em qualquer sociedade pode servir de alerta para o que se deve arriscar ou sacrificar na busca pela justiça cósmica.

Uma Teoria da Justiça, de John Rawls, é um livro essencial para aqueles que defendem a justiça social, embora Rawls, bem como outros que utilizaram a expressão, não tenha fornecido nenhuma definição nítida. Em lugar disso, ele esboçou seu ponto de vista acerca da importância da justiça de modo geral:

> A justiça é a principal virtude das instituições sociais, assim como a verdade é a principal virtude dos sistemas de pensamento. Por mais elegante e econômica que seja, uma teoria deve ser rejeitada ou revisada se for falsa; da mesma forma leis e instituições, por mais eficientes e bem organizadas que sejam, devem ser reformadas ou abolidas se forem injustas. Cada pessoa tem uma inviolabilidade fundamentada na justiça que nem mesmo o bem-estar da sociedade como um todo pode sobrepujar. Por esse motivo a justiça (...) não permite que os sacrifícios impostos a alguns sejam contrabalançados pela soma maior de vantagens das quais muito usufruem (...). A única coisa que nos permite concordar com uma teoria equivocada é a falta de uma teoria melhor; de maneira análoga, uma injustiça é tolerável somente quando é necessária para que se evite uma injustiça ainda maior. Por serem as principais virtudes das atividades humanas, verdade e justiça são inflexíveis.[84]

Como muitos outros que argumentam com base em oportunidades de vida, Rawls supõe de passagem que essas diferenças nas oportunidades de vida sejam externamente "impostas" — aparentemente pela sociedade —, e não que sejam diferenças produzidas internamente, em razão de padrões de comportamento individual ou de grupo que obtêm menos êxito nas instituições de ensino e na economia, por exemplo. A correlação entre renda familiar e subsequente desempenho educacional individual nada revela sobre a natureza, nem mesmo sobre o sentido da causa. Baixa renda pode levar a desempenho educacional fraco, ou ambas as coisas podem ser resultado de uma série de atitudes, comportamentos ou capacidades entre os indivíduos ou grupos menos prósperos.

Da mesma forma, a observação do professor Peter Corning de que "filhos de pais abastados têm uma chance muito mais do que razoável de alcançar sucesso do ponto de vista econômico, ao passo que a prole do pobre geralmente tem uma chance bem menos que razoável"[85] em momento nenhum nos esclarece se as razões são externas ou intrínsecas. Os estatísticos alertaram muitas vezes a respeito da confusão entre correlação e causa, um aviso demasiadas vezes ignorado.

Embora tenha sistematizado grande parte da dimensão moral da visão social prevalecente entre os intelectuais contemporâneos, Rawls também figurou em uma longa tradição que remonta pelo menos a William Godwin, cujo tratado de 1793, *An Enquiry Concerning Political Justice* [Uma investigação sobre a justiça política, em tradução livre], foi um estudo sobre justiça *social* — o termo "política" [*political*] no contexto da época abarcava a sociedade como um todo, do mesmo modo que a expressão "política econômica". Na época, era usada com referência à economia da sociedade como um todo, o Estado, em contraposição às finanças de um indivíduo, de uma família ou de outra organização dentro da sociedade ou do sistema político.

A supremacia *categórica* da justiça reivindicada por Rawls faz parte do pensamento de contemporâneos seus como Ronald Dworkin e Laurence Tribe, que se referiam a direitos legais como "trunfos" que prevalecem sobre meros interesses ou outras considerações, que talvez precisem ser sacrificadas a fim de que esses direitos sejam defendidos.[86] As "reivindicações superiores da justiça" são parte da visão sem restrições desde William Godwin[87] pelo menos. Definir algumas considerações como absolutamente prioritárias em relação a outras considerações — não importa se à maneira de Rawls, Dworkin ou Tribe — é um dos argumentos sem argumentos de maior impacto. A não ser que se considere como argumento simplesmente elaborar a desejabilidade pela coisa que é tornada prioritária, em um mundo onde existem incontáveis coisas desejáveis, a maioria das quais pode ser obtida mais completamente apenas pelo sacrifício de outras coisas desejáveis.

Com facilidade, e de maneira arbitrária, uma pessoa poderia escolher saúde, riqueza, felicidade ou outra coisa como absolutamente prioritária com relação a outra coisa qualquer. Mas a escolha arbitrária de Rawls de uma preocupação prioritária se ajusta às preocupações de intelectuais contemporâneos, e, desse modo, sua escolha foi acolhida por eles, o que permitiu que o seu livro *Uma Teoria de Justiça* se tornasse referência.

Contudo, praticamente todos os aspectos da visão de Rawl são incompatíveis com a visão trágica. Embora Adam Smith, escrevendo como professor de filosofia moral em *Teoria dos Sentimentos Morais* (cerca de duas décadas antes de se tornar famoso como economista com *A Riqueza das Nações*), também tenha considerado a justiça uma virtude essencial, os pormenores apresentados por ele tornaram a sua argumentação quase oposta à de Rawl. Smith declarou: "A sociedade pode subsistir, embora não no estado mais confortável, sem caridade; mas o predomínio da injustiça deve destruí-la totalmente".[88] A diferença crucial entre Smith e Rawls, entretanto, é que no pensamento de Smith, a justiça era *instrumentalmente* importante na preservação da sociedade, e precisava apenas ser "toleravelmente observada" para que esse objetivo fosse alcançado.[89] Da mesma forma, Edmund Burke mencionou a "justiça sem a qual a sociedade humana não duraria",[90] mas a justiça não era *absolutamente* prioritária ante outras considerações. "Nada é bom", afirmou Burke num outro contexto, "exceto em proporção, e com referência"[91] — em outras palavras, como uma troca.

Embora a justiça seja considerada muito importante, tanto pelos que têm a visão trágica como pelos que têm a visão dos ungidos, a rejeição do conceito de "justiça *social*" é total entre os adeptos da visão trágica, ao passo que, entre os adeptos da visão dos ungidos, sua aceitação é completa. Hayek, por exemplo, considerava a justiça social um conceito que "não pertence à categoria do equívoco, mas, sim, à do absurdo".[92] Outros na tradição da visão trágica nem se dão ao trabalho de mencioná-la. O professor Richard A. Posner, da Faculdade de Direito da Universidade de Chicago, por exemplo, escreveu um tratado inteiro sobre justiça sem nem mesmo mencionar justiça social.[93] O papel fundamental da justiça social na visão dos ungidos, por um lado, e seu banimento completo da visão trágica, por outro, fazem sentido dentro das suposições bastante diferentes dessas duas visões.

Aqueles que têm a visão dos ungidos partem da hipótese de que tomadores de decisão substitutos podem determinar e gerar diretamente *resultados* sociais desejáveis, ao passo que aqueles que têm a visão trágica acreditam que isso está além das capacidades do ser humano, que pode, na melhor das hipóteses, gerar *processos* sociais que capacitarão um enorme número de outras pessoas a fazerem suas próprias adaptações mútuas entre si, refletindo seus próprios desejos individuais, o conhecimento direto das suas circunstâncias individuais e a percepção individual acerca do que é melhor, quer essas acomodações mútuas sejam feitas por meio do mercado econômico, quer sejam feitas em diversos outros processos políticos ou sociais. Quando Rawls repetidas vezes apelou à sociedade para "organizar"[94] resultados sociais para indivíduos ou grupos, isso deixou em segundo plano a questão que é central para aqueles que têm a visão trágica — a natureza específica dos processos pelos quais as decisões sociais devem ser tomadas e os incentivos, restrições e perigos desses processos.

Em vez disso, como muitos outros com a visão dos ungidos, Rawls empregou o eufemístico e questionável termo "sociedade" para aludir ao que apenas o governo teria o poder de fazer, esquivando-se assim da fundamental e penosa questão das consequências de concentrar nas mãos de líderes políticos os vastos novos poderes requeridos para a busca de justiça social, mesmo depois de a história do século XX ter proporcionado tantos exemplos medonhos do que pode sobrevir de semelhantes concentrações de poder.

Com Rawls, bem como com outros, a abrangência do que se denomina "justiça social" se estende muito além do social, e pode até ser *antissocial* em suas consequências. Mesmo que alguém possa, de algum modo, gerar resultados iguais para grupos sociais, isso ainda não satisfaria os critérios de justiça de Rawls para os indivíduos. Embora Rawls esteja preocupado com a questão geral que ele chamou de "a distribuição de renda e de riqueza", nisso e em outras coisas, defendeu "uma concepção de justiça que invalide os acidentes da dotação natural e as contingências das circunstâncias sociais".[95] Em outras palavras, suas preocupações incluem oportunidades de vida individuais, não somente os resultados agregados para grupos.

"Ninguém merece o seu lugar na distribuição dos dons naturais, assim como ninguém merece o seu ponto de partida na sociedade",[96] Rawls disse. A sua concepção de justiça, portanto, pede que as pessoas "tenham as mesmas possibilidades de sucesso, independentemente do seu ponto de partida no sistema social".[97] De acordo com Rawls: "A herança desigual de riqueza não é mais inerentemente injusta do que a herança desigual de inteligência".[98] Em resumo, essa concepção de justiça busca corrigir as eventualidades do destino, os deuses ou o cosmos, e poderia, de maneira mais apropriada, receber o nome de *justiça cósmica* em vez de justiça social, já que essas eventualidades incluem coisas que *não são* causadas por instituições ou por políticas de nenhuma sociedade — e de modo algum são necessariamente corrigíveis por instituições sociais ou por políticas sociais.

Buscar tornar iguais as oportunidades de vida é muito diferente de simplesmente estabelecer tratamento igual pela lei ou por outras instituições sociais, considerando que as pessoas que nascem com dotações naturais muito diferentes — mente, psique, voz ou beleza — ou com dotações naturais diferentes, de acordo com os diversos conhecimentos e valores transmitidos pelas famílias nas quais foram criadas, podem não ter resultados que se aproximem da igualdade.

Perguntar se as oportunidades de vida são iguais ou justas é muito *diferente* de perguntar se determinada instituição ou sociedade trata os indivíduos de modo igual ou justo; trata-se de duas questões muito distintas que, com frequência, são confundidas uma com a outra.

Para citar um simples exemplo, vários testes mentais ou testes educacionais foram criticados como injustos porque grupos diferentes tiveram desempenho muito diferente neles. Mas uma resposta aos críticos resumiu a questão com clareza: "Os testes não são injustos. A *vida* é injusta e os testes avaliam os resultados". Aqui, como no contexto econômico e em outros contextos, há uma distinção fundamental entre *comunicar* uma diferença que já existe e *inferir* a existência de uma diferença.

Abandonar esses testes não tornaria a vida mais justa. Aqueles que por algum motivo estivessem atrasados no desenvolvimento mental ou em habilidades acadêmicas continuariam atrasados mesmo assim. Se os testes não dessem mais a conhecer essas deficiências, se não mais as comunicassem de antemão, então os desempenhos no trabalho ou nas instituições educacionais revelariam as deficiências mais tarde. Adiar a revelação dessas deficiências não traz nenhum benefício aos que estão atrasados. Pelo contrário, quanto mais cedo os atrasos forem descobertos, maiores serão as chances de que sejam superados. Também não traz benefício nenhum, pela mesma razão, o virtuosismo verbal que define como inexistentes esses atrasos, como ocorre com as doutrinas multiculturalistas.

As oportunidades de vida raramente, ou nunca, chegaram ao menos perto de serem iguais em sociedade nenhuma. Contudo, muitos que veem as coisas pela perspectiva da justiça social atribuem resultados desiguais ou injustos a defeitos da "nossa sociedade", e imaginam que são capazes não só de conceber, mas também de criar uma sociedade diferente que obterá o que inúmeras outras sociedades do passado e do presente nem mesmo chegaram perto de obter. Com razão, o tratamento igualitário pode ser visto como algo muito distante da justiça cósmica que se procura, mas, de qualquer modo, mesmo a justiça meramente "formal", menosprezada pelos que buscam a justiça cósmica, continua sendo uma conquista rara nos anais das sociedades humanas. Além disso, a justiça formal — igualdade em face da lei e "um governo de leis, não de homens" — só foi alcançada após séculos de luta, ainda que aproximadamente, e custou muitas vidas nesse processo.

Mesmo em uma sociedade aberta, na qual uma pessoa pode passar, literalmente, da miséria à fortuna, quantas pessoas nem sequer recebem orientação para seguirem esse caminho, muito menos são dotadas das atitudes e da autodisciplina que são tão fundamentais quanto a capacidade, depende muitas vezes da família e da comunidade na qual foram criadas, ou de um encontro ao acaso com alguém que as ajude a encontrar o caminho da realização pessoal — ou da ruína.

Existem coisas que as sociedades podem fazer para aliviar a injustiça inerente da vida. Mas também existem limites ao que a sociedade pode fazer. Nenhuma sociedade pode mudar o passado — e, como disse certa vez um conhecido historiador: "Nós não vivemos no passado, mas o passado vive em nós".

Sugerir que a "sociedade" pode simplesmente "providenciar" melhores resultados *de alguma maneira*, sem especificar os processos, os custos ou os riscos, é ignorar a história trágica do século XX, escrita com o sangue de milhões, mortos em tempos de paz pelos próprios governos que receberam poderes extraordinários em nome de metas grandiosas.

Concentrando-se nos resultados, e não nos processos sistêmicos, a concepção de Rawls torna a natureza desses processos menos importantes que a justiça ou descartáveis. Por exemplo, um "sistema de preços competitivos não leva em consideração as necessidades, portanto não pode ser o único recurso de distribuição",[99] segundo Rawls. Porém, determinar do que se compõem essas "necessidades" implica a intervenção de terceiros com concentrações de poder suficientes para fazerem prevalecer sua concepção sobre as concepções ou prioridades de milhões de outros, e supõe uma concentração correspondente de conhecimento e de inteligência que pode ou não existir ou nem sequer ser possível.

A mesma questão do processo surge quando Rawls propõe o princípio de "chances iguais em todos os setores da sociedade para os que são dotados e motivados de forma semelhante".[100] Mas como é que terceiros podem saber quando indivíduos ou grupos são dotados de forma semelhante e, como se não bastasse isso, motivados também de forma semelhante? O custo para a sociedade de tal concentração de poder, sob a suposição duvidosa de uma concentração semelhante de conhecimento e em nome da justiça social, revelou-se no mais das vezes uma aposta com consequências catastróficas — uma aposta que ninguém ousaria repetir com base em palavras consoladoras sobre os resultados que a "sociedade" pode *de alguma maneira* "organizar".

Quando afirmou que "cada pessoa tem uma inviolabilidade fundamentada na justiça que nem mesmo o bem-estar da sociedade como um todo pode sobrepujar",[101] John Rawls estava tornando o direito à justiça acima do bem-estar de outros. Portanto, talvez fosse mais apropriado chamar de justiça *antissocial* o que se convencionou chamar de justiça social, considerando que ela tem de ser imposta em benefício de alguns, sem que sejam levados em conta os custos para a sociedade como um todo.

Essa prioridade categórica da justiça cósmica na escolha de indivíduos ou grupos, desrespeitando as consequências para outrem, é uma violação dos direitos de outros por aqueles que têm a visão dos ungidos, e está em completa contradição com a visão trágica. O juiz Oliver Wendell Holmes exemplificou essa visão antagônica e trágica ao tornar o bem-estar social prioritário ante o bem-estar dos indivíduos, como quando ele disse: "O bem-estar público pode depender da vida dos melhores cidadãos".[102] Em consonância com isso, ele complementa: "Se é para termos recrutas, nós os faremos avançar em marcha para o front com baionetas em seus traseiros para morrerem por uma causa na qual eles talvez não acreditem. Os inimigos nós nem sequer tratamos como vis, mas como um obstáculo a ser varrido, se tiver de ser assim".[103]

"Eu não sinto nenhuma dor de consciência em nenhum dos passos", ele acrescentou.[104] Holmes afirmou em *The Common Law* [A legislação comum, em tradução livre]: "Sociedade alguma jamais admitiu que não sacrificaria o bem-estar individual por sua própria existência".[105] Assim sendo, "acertadamente, a justiça para o indivíduo é superada pelos interesses maiores do outro lado da balança".[106] Em conformidade com essa posição, ele escreveu em outro lugar: "Eu não tenho escrúpulos quanto a um recrutamento ou à pena de morte".[107] A mulher conhecida como "Maria Tifoide" ficou em quarentena — encarcerada — durante anos sem ter cometido crime intencional, porque era portadora de uma doença letal para a qual a ciência médica não tinha cura na época, ainda que ela própria não fosse afetada pela doença que transmitia a outros, a princípio sem nem mesmo se dar conta disso.

Na visão trágica, é a sociedade que torna possível a vida do indivíduo — não somente sua prosperidade ou felicidade, mas até mesmo sua sobrevivência física. Um bebê recém-nascido só pode permanecer vivo graças aos enormes esforços e recursos fornecidos por outros, os quais o bebê não está em posição de compensar — e esses esforços e recursos são disponibilizados como resultado das normas da sociedade. O mesmo se dá durante os anos de investimentos adicionais de tempo, esforços e recursos da parte de outros, até que o beneficiário desses esforços esteja suficientemente crescido para poder se sustentar, o que pode acontecer apenas décadas mais tarde para aqueles que cursam faculdade e depois fazem pós-graduação.

Na visão trágica, portanto, os direitos dos indivíduos não podem ter prioridade sobre a preservação da sociedade, pois o indivíduo nem sequer sobreviveria fisicamente sem a sociedade, e o próprio conceito de direitos dos indivíduos vem da sociedade. Quando a sociedade se degrada e a anarquia reina, logo pode se tornar dolorosamente claro quão pouco importam os direitos do indivíduo sem uma sociedade que vigore para fazer cumprir esses direitos.

A opinião de Oliver Wendell Holmes de que a preservação da sociedade deve prevalecer sobre os direitos dos indivíduos foi compartilhada por outros que têm a visão trágica. Algo parecido ficou subentendido na declaração de Edmund Burke sobre a inaplicabilidade dos processos legais habituais quando o próprio Estado está ameaçado, como em tempos de guerra ou de insurreição. "Entre armas, as leis devem refrear a língua", ele disse, quando um assunto é "uma questão extraordinária de Estado, e completamente fora da lei."[108] Algo similar também ficou implícito na declaração do juiz Robert Jackson de que a "lógica doutrinária" da Suprema Corte poderia "converter a Declaração de Direitos constitucional num pacto suicida".[109]

Em resumo, a justiça não pode ser *categoricamente* mais importante do que outras considerações dentro do contexto da visão trágica, por mais importante que a justiça social possa ser na visão dos ungidos. Com efeito, o termo "social" não parece cobrir muito do vasto escopo do que é proposto por Rawls e outros, que vai muito além de corrigir desigualdades causadas pelas decisões ou práticas da sociedade.

Essas questões filosóficas têm ramificações que ultrapassam as fronteiras dos seminários e periódicos acadêmicos . Elas foram repetidas em declarações feitas por um líder da National Association for the Advancement of Colored People [Associação Nacional para o Progresso das Pessoas de Cor] — "cada grupo deve defender e insistir em sua fatia do bolo"[110] — e por um presidente dos Estados Unidos que disse, em 1965: "Você não vai até uma pessoa que ficou acorrentada por anos e a liberta, leva-a até o ponto de partida de uma corrida e lhe diz: 'Você está livre para competir com todos os outros', e ainda acredita ter agido de maneira totalmente justa".[111]

Não seria fácil encontrar uma expressão mais eloquente para a concepção de Rawls sobre justiça social. Mas a mesma pergunta que se aplica à declaração de Lyndon Johnson — quem seria "você" nesse caso? — aplica-se de modo mais geral às declarações de John Rawls: quem especificamente é responsável, casual ou moralmente, pelo fracasso da vida em ser justa? Alguém poderia responder "a sociedade", mas não existe ninguém chamado "sociedade". Além disso, grande parte do que acontece em determinada sociedade está além do controle de qualquer instituição nessa dita sociedade, incluindo culturas que tiveram origem em outros tempos e lugares, acasos individuais que vão desde defeitos de nascença até o fato de ter nascido de pais amorosos, sábios e dedicados, bem como escolhas feitas por milhões de indivíduos no seio dessa sociedade. Que ser humano de carne e osso que vive e respira hoje é casual ou moralmente responsável pelo passado — ou tem conhecimento e sabedoria sobre-humanos que o tornem confiável com o poder de se responsabilizar pelas decisões de milhões de outras pessoas quanto ao futuro indefinido?

Dizer que a "sociedade" deveria *de alguma maneira* "organizar" melhor as coisas é fugir a essas perguntas em vez de lhes dar resposta. Mas reconhecer as limitações para o que qualquer sociedade é capaz de fazer não é fingir que o que existe representa justiça de um ponto de vista cósmico.

John Rawls, e Adam Smith antes dele — partindo de visões opostas —, postularam um ser abstrato de cuja perspectiva poderiam derivar princípios de justiça. Rawls concebeu um ser incorpóreo na "posição original" de contemplar a desejabilidade de tipos diferentes de sociedade nas quais nascer, sem saber em que posição alguém nasceria nessa sociedade. A sociedade justa, segundo Rawls, é o tipo de sociedade na qual alguém desejaria nascer se não recebesse a influência de saber sua própria posição inicial nessa sociedade.

O ser abstrato de Adam Smith, de cuja perspectiva a justiça deveria ser decidida, era o que ele chamava de "espectador imparcial", cuja função se assemelhava bastante à do ser abstrato na "posição original" de Rawls. Smith jamais imaginou que existisse de fato espectador tão imparcial, do mesmo modo que Rawls não afirmaria que existia alguém em sua "posição original" de ponderar em que tipo de sociedade nascer. Em ambos os casos o propósito foi imaginar como o mundo pareceria a partir da perspectiva desse ser, e extrair princípios de justiça dessa perspectiva.

A diferença entre a abordagem de Rawls em *Uma Teoria da Justiça* e a de Adam Smith em *Teoria dos Sentimentos Morais* foi que Rawls desejou que uma sociedade "organizasse" diretamente os resultados de acordo com princípios de justiça categoricamente prioritários ante outras considerações, ao passo que Adam Smith quis apenas princípios de justiça que fossem "toleravelmente observados" a fim de ter uma sociedade viável. Smith não tinha uma visão nada aberta a respeito de que resultados alguém poderia "organizar" diretamente:

> O homem do sistema (...) parece imaginar que pode organizar os diferentes membros de uma grande sociedade com a mesma facilidade com que a mão organiza diferentes peças sobre um tabuleiro de xadrez; ele não considera que as peças sobre o tabuleiro não têm outro princípio de movimento exceto o que a mão imprime sobre elas; porém, no grande tabuleiro da sociedade humana, cada peça tem o seu próprio princípio de movimento, completamente diferente do que a legislação poderia escolher incutir nela.[112]

A diferença entre Smith e Rawls não estava nas "premissas de valor", mas naquilo que eles pensavam ser possível, e a que custo. Smith contrapunha o doutrinário "homem do sistema" com o homem de "humanidade e benevolência", cuja abordagem ele preferia. "Quando não puder estabelecer o que é certo," disse Smith, "ele não deixará de melhorar o que está errado" e "se empenhará para estabelecer o melhor que as pessoas podem ter." A distinção fundamental entre Smith e Rawls não era com relação a "premissas de valor" ao que é certo e errado, mas, sim, uma distinção de crenças a respeito das implicações das barreiras da vida e a respeito do preço de se tentar avançar sem levar em conta essas barreiras ao que se pode "organizar".

CAPÍTULO 9
OS PADRÕES DOS UNGIDOS

O comportamento daqueles que seguem a visão dos ungidos engloba há muito tempo certos padrões. Eles tendem a se considerar defensores da mudança, e a considerar os seus oponentes como defensores do atual estado de coisas. No mais das vezes, seu comportamento reflete atitudes mais do que princípios. Com frequência lidam com questões como se enfrentassem uma cruzada, e têm sua visão como algo a ser protegido, praticamente a todo custo, mesmo que isso signifique mantê-la encerrada dentro de uma bolha na qual fatos discordantes não podem entrar para ameaçá-la.

"MUDANÇA" *VERSUS* STATUS QUO

A *intelligentsia* costuma distinguir as pessoas que são favoráveis à "mudança" das pessoas que são favoráveis ao *status quo* (isto é, ao atual estado de coisas). Por exemplo, o livro de John Dewey *Liberalism and Social Action* [Liberalismo e ação social, em tradução livre] inicia-se com as seguintes palavras: "Há muito tempo o liberalismo está acostumado a ser atacado por aqueles que se opõem à mudança social. É tratado há muito tempo como inimigo por quem deseja manter o *status quo*".[1]

Como já foi comentado no Capítulo 6, até mesmo personalidades "conservadoras" de peso, como Milton Friedman e Friedrich Hayek, defenderam políticas bastante distintas das que se viam em instituições ou sociedades existentes. Nenhum livro foi mais completamente baseado na visão contida ou trágica da natureza humana do que *Os Artigos Federalistas* — e, ainda assim, seus autores não somente se rebelaram contra o domínio colonial britânico como também criaram uma nova forma de governo, que divergia radicalmente das autocracias que predominavam no mundo naquela época. Tachar essas pessoas de defensores do *status quo* é lançar ao vento palavras totalmente distintas da realidade.

O mesmo pode-se dizer sobre os seus contemporâneos na Inglaterra do século XVIII, onde Edmund Burke e Adam Smith eram figuras célebres entre os que se valiam da visão trágica. Tanto Burke como Smith defendiam mudanças drásticas como libertar as colônias norte-americanas em vez de lutar para mantê-las, como fez o governo britânico; e ambos também se opunham à escravidão na época, quando poucos outros se opunham no mundo ocidental, e quase ninguém fora do mundo ocidental. Burke chegou a elaborar um plano para preparar escravos para a liberdade e lhes fornecer propriedades para que iniciassem suas vidas como pessoas livres.[2] Adam Smith não apenas se opôs à escravidão como também rejeitou com desprezo a teoria segundo a qual os escravizados negros nos Estados Unidos eram racialmente inferiores aos brancos que os escravizavam.[3]

Chamar de defensores do *status quo* os que têm a visão trágica é um triunfo do virtuosismo verbal sobre os fatos simples e demonstráveis. Que um modo tão indolente de evitar argumentos de críticos tenha se mantido incontestado, desde o século XVIII até os dias atuais, entre aqueles que se consideram "pessoas pensantes", é um sinal preocupante do poder que uma visão aliada à retórica tem para anular o pensamento.

Em termos mais gerais, devem existir bem poucos — se é que existe algum — indivíduos numa sociedade livre que estejam totalmente satisfeitos com todas as políticas e instituições da sociedade. Em outras palavras, quase todos são favoráveis a algumas mudanças. Qualquer discussão objetiva e racional sobre as diferenças entre eles envolveria quais mudanças específicas são favorecidas por quais pessoas, com base em quais razões; e a isso se seguiriam análises e evidências a favor ou contra essas razões específicas para essas mudanças específicas. Porém, tudo isso é ignorado por aqueles que simplesmente se declaram favoráveis à "mudança" e tacham os que deles discordam de defensores do *status quo*. Esse é mais um dos muitos argumentos sem argumentos.

As pessoas que se dizem "progressistas" não afirmam meramente que são favoráveis a mudanças, também afirmam que tais mudanças são benéficas — são pelo progresso. Mas outras pessoas que defendem outras mudanças muito diferentes também declaram que essas mudanças são para o melhor. Em outras palavras, *todos* são progressistas e cada um é progressista a sua maneira. O fato de algumas pessoas imaginarem que são mais fervorosas a favor do progresso não é apenas mais um exemplo de presunção como também um exemplo de evitamento do trabalho de tentar mostrar, por meio de evidências e análise, onde e por que suas propostas de mudança específicas produziriam resultados finais melhores do que as mudanças propostas por outras pessoas. Em vez disso, os que propuseram outras mudanças foram rejeitados por muitos, até mesmo por John Dewey, como "apologistas do *status quo*".[4]

Apesar das rejeições oferecidas no lugar de argumentos, qualquer pessoa que conheça a história da Grã-Bretanha do século XVIII deve saber que *A Riqueza das Nações*, de Adam Smith, não poderia estar mais distante de ser uma defesa do *status quo* — e foi, sem dúvida, totalmente contra os interesses dissimulados de elites políticas, econômicas e sociais do seu tempo. Seria bastante difícil até mesmo imaginar por que Adam Smith, ou qualquer outro, passaria uma década inteira escrevendo um livro de centenas de páginas para explicar quão contente estava com o modo como as coisas se encontravam. O mesmo poderia ser dito a respeito dos extensos escritos de Milton Friedman, Friedrich Hayek, William F. Buckley e muitos outros autores que receberam o rótulo de "conservadores".

O próprio conceito de mudança utilizado pelos intelectuais de esquerda — ou seja, a maioria dos intelectuais — é arbitrariamente restritivo e tendencioso. Isso significa, na prática, tipos específicos de mudanças, por meio dos tipos específicos de mecanismos sociais que eles idealizam. Outras mudanças — não importa quão grandes ou quão consequenciais sejam para as vidas de milhões de pessoas — tendem a ser ignoradas se ocorrerem por meio de outros mecanismos e de maneiras não consideradas pela *intelligentsia*. No mínimo esses projetos de transformação não recomendados, fora do alcance da visão dos ungidos, deixam de receber o título honorífico de "mudança".

Os anos 1920, por exemplo, foram uma década de enormes mudança na vida das pessoas dos Estados Unidos: a mudança de uma sociedade predominantemente rural para uma sociedade predominantemente urbana, a disseminação da eletricidade, dos automóveis e dos rádios para muitos milhões de norte-americanos; o início das viagens aéreas comerciais; a revolução dos varejos (com a resultante queda nos preços) em virtude da rápida propagação de redes de lojas em escala nacional, que tornou mais produtos mais acessíveis a um número maior de pessoas. Mesmo assim, quando falam de eras de "mudança", os intelectuais quase nunca mencionam a década de 1920 — porque essas mudanças amplas e radicais no modo de vida de milhões de norte-americanos não foram exatamente mudanças do tipo idealizado pela *intelligentsia*, por meio de tipos específicos de mecanismos sociais idealizados pela *intelligentsia*. Aos olhos de um grande número de intelectuais, os anos 1920 (quando essa década é lembrada) são vistos como um período de *status quo* estagnado, presidido por administrações conservadoras contrárias à "mudança".

ATITUDES *VERSUS* PRINCÍPIOS

Em condições ideais, o trabalho de intelectuais se baseia em determinados princípios — de lógica, de evidências, e talvez de valores morais ou preocupações sociais. Contudo, em razão dos incentivos e limitações da profissão, o trabalho dos intelectuais não precisa se basear em princípios. Há lugar de sobra para que atitudes, em detrimento de princípios, orientem o trabalho dos intelectuais, sobretudo quando se trata de atitudes predominantes entre os seus pares e isoladas do feedback consequencial do mundo externo.

Embora a lógica e a evidência sejam os critérios ideais para o trabalho dos intelectuais, muito do que é dito e feito por intelectuais tem, de várias maneiras, menos a ver com princípios do que com atitudes. Por exemplo, intelectuais que são receptivos a pedidos de atenuação vindos de homicidas, que declaram ter sido esposas espancadas, ou ter enfrentado uma infância traumática, ou ter sido menos afortunados de um modo ou de outro, raras vezes são receptivos à argumentação de que policiais que tiveram uma fração de segundo para tomar a decisão de atirar ou não — uma decisão de vida e morte que poderia custar a própria vida — deveriam receber algum tipo de compreensão.

Alguns intelectuais que se opuseram ao princípio do racismo se mantiveram, contudo, em silêncio ou se desculparam quando líderes de comunidades negras realizaram ataques racistas contra lojistas asiáticos em bairros negros, ou contra brancos em geral ou judeus em particular. Também o espancamento — durante anos[5] — de estudantes norte-americanos asiáticos por seus colegas de classe negros despertou pouco interesse, muito menos ultraje, nos intelectuais. Alguns intelectuais chegaram a redefinir racismo de modo a tornar o rótulo de racista não aplicável aos negros[u] — outro exercício de virtuosismo verbal.

Muitos no âmbito da *intelligentsia* denunciaram a "ganância" de executivos corporativos cujas rendas são uma fração das rendas de atletas profissionais ou de artistas que quase nunca — ou nunca — são acusados de serem gananciosos.

A *intelligentsia* liderou protestos indignados contra os lucros das companhias petrolíferas quando os preços da gasolina subiram, embora a soma dos lucros no preço de um galão de gasolina seja muito menor do que a soma dos impostos. Mas o conceito de "ganância" quase nunca é aplicado ao governo, quer no montante que ele arrecada em impostos ou mesmo quando as casas da classe trabalhadora, que costumam representar o trabalho e os sacrifícios de uma vida inteira, são confiscadas por uma pechincha para o "replanejamento" de determinada área, de maneira a trazer mais impostos para a jurisdição local (à custa de outras jurisdições), permitindo que os políticos locais gastem mais para aumentarem as suas chances de reeleição. Não é incomum entre os intelectuais considerar "egoísta" quem se opõe a ter seus ganhos tributados por outros; mas a *intelligentsia* não considera egoísta que os políticos desejem tributar qualquer montante de ganhos, não somente de contemporâneos como também de gerações que ainda nem sequer nasceram, para as quais a dívida nacional será repassada.

Essas respostas e ausência de respostas por parte de intelectuais representam não apenas atitudes em lugar de princípios — representam, muitas vezes, atitudes que se sobrepõem aos princípios. Esses preconceitos também não se limitam a reações a grupos específicos de seres humanos. Recaem até sobre conceitos, como o conceito de risco.

Intelectuais que criticam duramente qualquer risco associado a certas drogas farmacêuticas, e consideram dever do governo proibir algumas dessas drogas em razão dos riscos de vida, não acham necessário que o governo proíba o paraquedismo ou o rafting, mesmo que envolvam risco de vida (em nome do divertimento) maior que os riscos trazidos por medicamentos que podem afastar a dor ou a deficiência, ou até salvar vidas. De modo semelhante, se um boxeador morrer em decorrência de golpes recebidos no ringue, é praticamente certo que isso levará os meios de comunicação e a *intelligentsia* a exigirem que a luta de boxe seja proibida, mas uma exigência desse tipo muito dificilmente ocorrerá se alguém morrer praticando patinação na neve, mesmo que mortes durante a prática dessa atividade sejam muito mais comuns do que mortes no boxe. Mais uma vez, não se trata de princípios, mas, sim, de atitude.

Embora as atitudes possam variar de indivíduo para indivíduo, as atitudes de intelectuais costumam ser atitudes de grupo. Além disso, essas atitudes mudam coletivamente no decorrer do tempo, tornando-se estados de espírito efêmeros de determinadas épocas e símbolos de identidade dessas épocas, em vez de atitudes permanentes, muito menos princípios permanentes. Assim, no período progressista do início do século xx, minorias raciais e étnicas eram vistas de modo extremamente negativo, e o apoio dos progressistas ao movimento eugenista não estava desvinculado do suposto interesse de evitar que essas minorias se propagassem "demais". Esse estado de espírito já havia sido amplamente superado nos anos 1930, e mais tarde as minorias raciais e étnicas tornaram-se objeto de especial preocupação. Depois da década de 1960, essa preocupação tornou-se obsessão de fato, por mais incoerente que fosse em relação a obsessões anteriores e opostas acerca das mesmas pessoas entre os intelectuais considerados "progressistas" do início do século xx.

No passado, quando fazendeiros e trabalhadores eram o alvo especial de preocupação, ninguém se importava muito com as consequências que os benefícios dados a esses grupos teriam sobre minorias. De maneira semelhante, em uma época posterior, os intelectuais "progressistas" não se importaram muito com o fato de a ação afirmativa em favor de minorias e mulheres afetar outras pessoas de forma adversa. Não existe princípio que explique essas mudanças coletivas de humor. Existem apenas as sensações do momento, algo bem parecido com modismos de adolescentes que são símbolos compulsivos de identidade durante algum tempo e depois são descartados como ultrapassados — mas raras vezes são vistos como algo sujeito à lógica ou a evidências tanto durante o período do seu uso obsessivo como durante o período do seu desligamento. Voltando à década de 1920, quando o caso Sacco e Vanzetti teve repercussão internacional em razão da suposta injustiça do seu julgamento, o juiz Oliver Wendell Holmes escreveu numa carta para Harold Laski sobre o enfoque arbitrário da época: "Eu me pergunto por que o interesse pelo vermelho é tão maior que pelo preto. Vez por outra surgem casos mil vezes piores envolvendo negros, mas o mundo não se preocupa com eles. O que comove tanto as pessoas não é simplesmente amor abstrato pela justiça".[6]

UMA BOLHA FECHADA

Os perigos de se viver numa bolha fechada de ideias deveriam ser óbvios. Contudo, a história oferece exemplos para aqueles que precisam deles. A secular superioridade intelectual e tecnológica da China sobre a Europa não apenas teve fim, mas foi revertida depois da fatal decisão dos governantes chineses, no século XV, de interromperem as explorações internacionais e deliberadamente tornarem-se uma sociedade voltada para si mesma, desprezando povos de outras partes, rejeitados como "bárbaros". Na época, a capacidade da China para a exploração era uma das muitas atividades nas quais o seu progresso superava amplamente o da Europa: "Essas flotilhas superavam em magnitude as pequenas frotas portuguesas que vieram depois. Os navios provavelmente foram as maiores embarcações que o mundo jamais vira... Os maiores tinham mais de 120 metros de comprimento, cinquenta metros de largura (para fins de comparação, o *Santa Maria* de Colombo tinha 26 metros), e contavam com nove mastros escalonados e doze velas quadradas de seda vermelha".[7]

Décadas depois de Colombo, um almirante chinês comandou uma viagem de exploração que levou um número muito maior de navios a uma distância muito maior, da China à costa leste da África, com paradas intermediárias. A China também contava com enormes docas secas no rio Yangtze, tecnologicamente séculos à frente da Europa.[8] No auge da sua supremacia, contudo, os governantes da nação oriental decretaram que essas explorações cessariam, e tornaram crime capital a construção de navios acima de determinado tamanho; dessa maneira, isolaram o país e o povo de ideias estrangeiras.[9]

Um século mais tarde, os governantes do Japão decretaram uma política semelhante de isolar o seu povo da influência estrangeira. Assim, o Japão se isolou dos avanços científicos e tecnológicos que ocorriam no mundo ocidental e, em meados do século XIX, viu-se impotente quando o comodoro Matthew Perry abriu caminho à força por águas japonesas e obrigou o país a abrir-se para o mundo externo. A posterior ascensão do Japão à vanguarda da tecnologia deixou evidente não apenas a capacidade do seu povo como também, implicitamente, o enorme desperdício dessa capacidade que significou isolar esse povo do resto do mundo por mais de dois séculos.

Coisas semelhantes aconteceram em outros países que aplicaram políticas parecidas de isolar seu povo das ideias de outrem, mesmo quando não fizeram isso de maneira tão radical quanto a China e o Japão. Portugal foi uma das nações líderes em explorações marítimas, mas perdeu a liderança em navegação quando a Inquisição fez da astronomia um campo perigoso para ensinar os progressos condenados de Copérnico e de Galileu. Com uma ortodoxia estreita e perigosa que lhes sufocava a curiosidade intelectual, "os portugueses perderam capacidade até em áreas que um dia já haviam dominado".[10]

Na primeira metade do século XX, a Alemanha era líder mundial em física nuclear, e Hitler tinha um programa para produzir uma bomba atômica antes dos Estados Unidos. Sem dúvida, o medo de que a Alemanha nazista tivesse em seu poder tal arma estimulou a criação e a aceleração do Projeto Manhattan. Mas a intolerância de Hitler com os judeus levou os cientistas judeus a fugirem não somente da Alemanha, mas também de outros países na Europa que viviam sob a sombra da dominação ou da conquista nazista — e os cientistas judeus da Europa e dos Estados Unidos desempenharam um papel fundamental para transformar os Estados Unidos na primeira potência nuclear.

Seja qual for o país, o século ou o assunto, encerrar ideias dentro de uma bolha protege aqueles que têm o poder de lacrar a bolha; no mais das vezes, porém, pagam um preço alto por isso aqueles que são encerrados dentro da bolha junto com os que a fecharam. Nos Estados Unidos dos nossos tempos, ninguém tem o poder de manter toda uma população isolada de ideias que divergem da visão prevalecente. Contudo, as instituições mais controladas por intelectuais — as principais faculdades e universidades — estão não somente entre as mais ideologicamente unilaterais como também entre as mais restritivas acerca do que os estudantes podem dizer sem entrarem em conflito com códigos de discurso vagos e receberem punições, que podem variar de "reeducação" até a expulsão. Embora isso represente um segmento limitado da população isolada numa bolha por um número limitado de anos, os estudantes encerrados nessa bolha são um segmento da sociedade do qual se pode esperar uma influência excessiva em anos vindouros, e nos anos em que as ideias que influenciam esses estudantes são anos essenciais de formação.

AS CRUZADAS DOS UNGIDOS

Para compreender o papel dos intelectuais na sociedade, devemos olhar para além da sua retórica, e da retórica dos seus críticos, e atentar para a realidade das suas preferências reveladas.

Como podemos perceber as metas e prioridades de uma pessoa? Uma alternativa pode ser prestar atenção ao que diz essa pessoa. Mas é claro que nem sempre palavras externadas refletem de modo fiel pensamentos íntimos. Além disso, nem os pensamentos que as pessoas articulam para si mesmas têm de refletir seu real padrão de comportamento. Objetivos, preferências e prioridades articuladas interna ou externamente não precisam ser coerentes com as escolhas efetivas quando confrontados com as alternativas apresentadas pelo mundo real. Um homem pode afirmar ou acreditar que manter a grama aparada é mais importante que assistir à televisão; mas se o virem passar horas diante de uma tela de televisão todos os dias durante semanas a fio, enquanto ervas daninhas se espalham pela grama, então as preferências reveladas por seu comportamento são uma indicação mais exata das prioridades desse indivíduo do que as palavras por ele expressadas, ou mesmo do que as crenças que ele possa ter sobre si próprio.

Que preferências são reveladas pelo real comportamento dos intelectuais — sobretudo em suas cruzadas sociais — e de que maneira essas preferências reveladas se comparam com sua retórica? As crenças professadas pelos intelectuais se concentram na sua preocupação com outros — especialmente pelos pobres, pelas minorias, preocupação com "justiça social", proteger espécies ameaçadas e salvar o meio ambiente, por exemplo. Sua retórica é familiar demais e generalizada demais para necessitar de aprimoramento aqui. No entanto, a pergunta fundamental é: quais são preferências reveladas por esses intelectuais?

A expressão "consequências inesperadas" tornou-se um clichê exatamente porque tantas políticas e programas destinados, por exemplo, a melhorar a vida dos menos afortunados acabaram, na verdade, piorando sua situação de tal modo que já não é possível considerar boas intenções como prenúncio de bons resultados. Qualquer indivíduo cuja preocupação principal fosse melhorar a condição dos menos afortunados veria, portanto, nesse momento — depois de décadas de experiência com "consequências inesperadas" negativas —, a necessidade não apenas de investir tempo e esforços para transformar boas intenções em políticas e programas, mas também de investir tempo e esforços subsequentemente para tentar encontrar respostas sobre as consequências reais dessas políticas e programas.

Além disso, qualquer um cuja principal preocupação fosse melhorar a sorte dos menos afortunados também estaria atento e receptivo a outros fatores *que não apenas* a visão dos intelectuais, depois de se constatar empiricamente que esses fatores ajudam a aumentar o bem-estar dos menos afortunados, ainda que por vias que a *intelligentsia* não leve em consideração, e até mesmo por vias que se oponham às crenças ou visões da *intelligentsia*.

Em resumo, um dos modos de testar se as preocupações manifestadas pelo bem-estar dos menos afortunados representam, principalmente, preocupação com esse bem-estar ou se a intenção é usar os menos afortunados como meio para condenar a sociedade ou para buscar autoridade moral ou política sobre a sociedade — estar ao lado dos anjos contra as forças do mal — seria avaliar as preferências reveladas pelos intelectuais. E isso envolve a quantidade de tempo e de energia que eles dedicam à promoção dessa visão, em comparação com a quantidade de tempo e de energia que dedicam a examinar a fundo: (1) as consequências reais das coisas feitas em nome dessa visão; e (2) os benefícios para os menos afortunados gerados, independentemente dessa visão e mesmo em oposição a essa visão.

Aqueles que promovem cruzadas por um "salário digno" ou pelo fim do "trabalho em condições escravizantes" no Terceiro Mundo, por exemplo, podem investir grandes quantidades de tempo e de energia ao promover essas metas, mas não investem praticamente nenhum tempo nem energia para examinar devidamente os muitos estudos feitos em países ao redor do mundo para determinar as reais consequências das leis salariais em geral ou das leis do "salário digno" em particular. Essas consequências incluíram coisas como níveis mais altos e períodos mais longos de desemprego, sobretudo para os segmentos menos capacitados e menos experientes da população. Independentemente de concordarmos ou discordarmos desses estudos, o que importa é saber *se nos damos ao trabalho de lê-los*.

Se o propósito real das cruzadas sociais fosse melhorar a situação dos menos afortunados, então as consequências concretas de tais políticas de controle de salários se tornariam fundamentais e passariam a exigir investigação, para que fossem evitadas as "consequências inesperadas" já amplamente reconhecidas no contexto de muitas outras políticas. Mas se o propósito real das cruzadas sociais for anunciar que se está ao lado dos anjos, então tal investigação tem baixa prioridade, se é que tem alguma, considerando que o objetivo de se estar ao lado dos anjos é cumprido quando as políticas são defendidas e então estabelecidas, após o que as cruzadas sociais possam usar em outras questões. A preferência revelada de muitos intelectuais, talvez da maioria deles, é posicionar-se ao lado dos anjos.

É difícil não chegar a essa mesma conclusão quando se observa a reação de intelectuais à melhora da situação dos pobres decorrente de políticas ou circunstâncias que não oferecem oportunidade para se estar ao lado dos anjos contra as forças do mal. Por exemplo, com as novas políticas econômicas iniciadas na década de 1990, dezenas de milhões de pessoas na Índia ficaram acima da linha de pobreza oficial do país. Na China, sob políticas semelhantes colocadas em vigor anteriormente, um milhão de pessoas por mês saíram da pobreza.[11] Qualquer pessoa preocupada com o destino dos menos afortunados, sem dúvida, iria querer saber como essa admirável evolução aconteceu para um número tão grande de pessoas muito pobres — e, obviamente, como tais melhoramentos poderiam ser produzidos em qualquer parte do mundo. Mas esses e outros acentuados incrementos nos padrões de vida, baseados essencialmente na produção de mais riqueza, despertam pouco ou nenhum interesse entre a maioria dos intelectuais.

Por mais importantes que sejam para os pobres, esses avanços não oferecem para a *intelligentsia* oportunidades para estarem ao lado dos anjos e contra as forças do mal — e suas preferências reveladas mostram repetidas vezes que essa é sua real prioridade. O interesse da maioria dos intelectuais raramente é desperto por questões relacionadas a políticas ou condições que aumentam ou diminuem a taxa de crescimento de resultados, ainda que tais mudanças tenham sido mais eficazes na redução da pobreza — tanto em países ricos como em países pobres — do que foram as mudanças na distribuição de renda. O escritor francês Raymond Aron sugeriu que realizar os objetivos manifestos da esquerda sem usar os métodos aprovados por ela certamente provoca ressentimento:

> Na realidade a esquerda europeia nutre rancor contra os Estados Unidos, principalmente porque esse país obteve êxito valendo-se de meios que não faziam parte do código revolucionário. Prosperidade, poder, a tendência à uniformidade das condições econômicas — esses resultados foram alcançados pela iniciativa privada, por meio de concorrência, e não da intervenção do Estado, em outras palavras, por meio do capitalismo, que todo intelectual instruído foi ensinado a menosprezar.[12]

De forma semelhante, apesar de décadas de queixas nos Estados Unidos a respeito da qualidade ruim da educação em escolas de maioria negra, estudos de escolas particulares nas quais estudantes negros alcançam ou superam níveis de desempenho nacionais[13] despertam pouco ou nenhum interesse na maioria dos intelectuais, mesmo nos que são ativos em discussões sobre questões raciais. Assim como ocorre com a falta de interesse em pessoas que conseguem sair da pobreza em países do Terceiro Mundo, quando pessoas que costumam abraçar questões raciais aos brados e com veemência reivindicatória não mostram interesse em estudantes negros que conquistam sucesso acadêmico, há uma sugestão de preferência revelada pela condenação das escolas malsucedidas e da sociedade que mantém essas escolas. Pesquisar escolas em que estudantes negros se destacam entre os melhores pode oferecer a possibilidade de encontrar uma fonte de conhecimento e de ideias que melhorem a educação para um grupo, com frequência, muito atrasado em termos de realização educacional, de renda e profissões que dependem de educação. Mas isso não ofereceria aos ungidos uma oportunidade de se colocarem ao lado dos anjos contra as forças do mal.

Muitas dessas escolas de destaque voltadas para alunos negros — talvez a maioria delas — não seguem as concepções sobre educação em voga entre intelectuais, o que pode explicar em parte a falta de interesse destes últimos nessas escolas; também a falta de interesse em investigar como a Índia e a China conseguiram melhorar os padrões de vida de muitos milhões de pessoas pobres pode ser explicada em parte pelo fato de esses países terem alcançado tais resultados ao rechaçar políticas econômicas do tipo que a esquerda há muito tempo favorece.

Muitas vezes foi dito que intelectuais de esquerda são "transigentes com criminosos"; mesmo aqui, porém, é preciso perguntar se as pessoas acusadas de crime ou condenadas e presas preocupam de fato os intelectuais ou se são meras peças num cenário maior — e descartáveis como outras que são usadas como peças. Por exemplo, uma das experiências mais terríveis de muitos homens na prisão é ser estuprado por grupos de outros prisioneiros. Contudo, qualquer tentativa de construir mais prisões a fim de reduzir tais ocorrências e os traumas permanentes que causam (permitindo que cada prisioneiro possa ser instalado sozinho numa cela) sofre feroz oposição das mesmas pessoas que defendem ardorosamente os "direitos" dos prisioneiros. Esses direitos são importantes porque podem ser usados para condenar a sociedade, mas fazer oposição à construção de mais prisões também é importante para fins de condenação à sociedade. Quando o bem-estar dos prisioneiros entra em conflito com a questão simbólica de evitar que mais prisões sejam construídas, os prisioneiros se tornam mais um sacrifício no altar de uma visão.

De muitas maneiras, em uma ampla variedade de questões, a preferência revelada dos intelectuais é ganhar autoridade moral, ou poder político indireto, ou ambas as coisas, sobre o resto da sociedade. Os desejos ou interesses dos beneficiários presumidos dessa autoridade ou poder — os pobres, as minorias, ou os criminosos na prisão — raramente sobrepujam a preocupação mais fundamental de conquistar e manter a hegemonia moral dos ungidos.

Uma das fontes de credibilidade e influência dos intelectuais que têm a visão dos ungidos é que eles costumam ser vistos como pessoas que promovem os interesses dos menos afortunados, não como pessoas que promovem os próprios interesses financeiros. Contudo, os interesses financeiros de uma pessoa não são de modo nenhum seus únicos interesses próprios, nem são, necessariamente, os interesses próprios mais perigosos. Nas palavras de T. S. Eliot: "Grande parte do mal que é feito neste mundo se deve a pessoas que insistem se sentir importantes. Elas não querem fazer mal — mas se preocupam com o perigo do mal. Talvez elas não o vejam ou o justificam porque estão concentradas na interminável luta que travam para pensar bem de si mesmas".[14]

Poucas coisas ilustram a negligência das cruzadas sociais tão clara e dolorosamente quanto as consequências da cruzada ambientalista mundial para proibir o inseticida DDT, em decorrência do seu efeito nocivo em ovos de pássaros — o que motivou o título melodramático do best-seller escrito por Rachel Carson *Primavera Silenciosa*, silenciosa supostamente devido à extinção dos pássaros canoros.

Porém, seja qual for o dano que o DDT possa ter causado às taxas de reprodução de alguns pássaros, o fato é que ele teve um efeito muito expressivo na redução da incidência de malária letal em seres humanos, matando os mosquitos que transmitem a doença. Por exemplo, antes do início do uso do DDT em larga escala no Ceilão (atual Sri Lanka) em 1946, ocorriam, em média, mais de 40 mil casos de malária anualmente no país, nos anos de 1937 até 1945. Após a introdução do DDT, porém, o número de casos de malária reduziu-se em mais de três quartos em 1949, em 1955 havia caído para menos de mil, e em 1960 era de um dígito.

Também se verificaram reduções acentuadas na incidência de malária em outros países tropicais e subtropicais, e isso salvou um enorme número de vidas no mundo inteiro.[15] Entretanto, depois do sucesso político da cruzada anti-DDT promovida por ambientalistas, a proibição desse inseticida foi seguida pelo ressurgimento da malária, que ceifou milhões de vidas, mesmo em países onde a doença já havia sido praticamente erradicada. Rachel Carson pode ter sido responsável por mais mortes de seres humanos do que qualquer outra pessoa sem o uso de um exército. Porém, ela continua sendo uma personalidade reverenciada entre paladinos ambientais.

O ponto central aqui não é que uma cruzada específica tenha tido efeitos catastróficos, mas, sim, que o espírito de cruzada dos que têm a visão dos ungidos torna os efeitos sobre os outros menos importantes do que a autoexaltação do cruzados. A ideia de que os cruzados "não querem fazer mal — mas não se preocupam com o perigo do mal" quando estão "concentrados na interminável luta que travam para pensarem bem de si mesmos" — tem um alcance que vai muito além de qualquer cruzada social específica.

Essa preocupação com a autoexaltação talvez tenha sido traduzida no cumprimento de um reitor da Faculdade de Direito de Yale aos novos alunos como "cidadãos da república da consciência", quando ele disse: "Nós não somos apenas uma faculdade de direito de excelência profissional; somos uma comunidade intelectual de alto propósito moral".[16] Em outras palavras, os estudantes não estavam simplesmente ingressando em uma instituição cujo objetivo era ensinar princípios legais, mas, sim, juntando-se àqueles que estavam ao lado dos anjos.

PARTE 4
REALIDADE OPCIONAL

Foi forjada uma tela através da qual a nossa época contemporânea lê informações filtradas.

Jean-François Revel[1]

CAPÍTULO 10
FILTRANDO A REALIDADE

A preservação da visão dos ungidos levou muitos intelectuais a recorrerem a expedientes agressivos, e até desesperados, entre os quais a filtragem de fatos, a redefinição de palavras e o desafio — da parte de alguns intelectuais — à própria ideia de verdade. Muitos no âmbito da *intelligentsia* criaram uma realidade paralela — deliberadamente ou não — ao filtrar informações que divergiam da sua concepção de como é ou como deveria ser o mundo.

E alguns foram mais longe. J. A. Schumpeter disse que mentir é a primeira coisa que um homem fará por seus ideais.[1] Não é preciso mentir, porém, a fim de ludibriar, quando filtrar serve ao mesmo intento. Isso pode ocorrer sob a forma de relatos de amostras seletivas e atípicas, com a eliminação completa de alguns fatos, ou sob a forma de filtragem de significados ou conotações inconvenientes de palavras.

AMOSTRAS SELETIVAS

A filtragem da amostra de informação disponível para o público pode se dar sob muitas formas. Por exemplo, Bennett Cerf, fundador da editora Random House, em certa ocasião durante a Segunda Guerra Mundial sugeriu que livros que continham críticas à União Soviética fossem retirados de circulação.[2]

Quando a economia norte-americana se recuperava de uma recessão em 1983 e o desemprego estava em queda em 45 de cinquenta estados, a ABC News simplesmente escolheu exibir uma reportagem em um dos cinco estados em que o desemprego não estava em queda ou, como afirmaram, "onde o desemprego é mais grave"[3] — como se esses estados fossem exemplos mais graves de uma condição mais geral, quando, na verdade, eram muito atípicos em relação às tendências reais de desemprego na época.

A filtragem pode também acontecer na forma de divulgação incessante de dados que mostrem negros ou outros grupos não brancos em pior situação que os brancos em termos de renda, de recusa de empréstimos ou de demissões em tempos de recessão econômica — *deixando de mostrar* que, em todos esses mesmos aspectos, os brancos estão em situação pior que outro grupo não branco, os asiático-americanos.⁴ Mesmo quando dados sobre todos esses grupos estão disponíveis, os asiático-americanos tendem a ser filtrados em "matérias" que são, na prática, editoriais cuja clara proposição é que o racismo branco é a razão para as rendas mais baixas, as situações profissionais piores e outros infortúnios dos grupos não brancos.

Incluir asiático-americanos nessas comparações não apenas iria introduzir uma nota discordante, como também levantaria a possibilidade de questionar o quanto esses vários grupos respondem a comportamentos ou desempenhos diferentes uns dos outros — ao contrário da suposição implícita — e do quanto essas diferenças se refletem nos resultados em análise. Em resumo, o desempenho de asiático-americanos, quer na economia, quer em instituições educacionais, tem implicações que vão muito além dos asiático-americanos propriamente ditos; esse desempenho ameaça toda uma visão da sociedade americana na qual muitos têm grande interesse ideológico — e às vezes político e econômico.ᵛ

A situação dos sem-teto são outro exemplo de realidade que boa parte dos meios de comunicação filtra para transmitir à audiência. Durante sua passagem pela CBS News, Bernard Goldberg noticiou a diferença entre o que ele viu nas ruas e o que estava sendo transmitido na televisão:

> Na década de 1980, comecei a notar que os moradores de rua que mostrávamos no noticiário não eram muito parecidos com os moradores de rua que eu costumava encontrar nas calçadas.
>
> De um modo geral, os sem-teto que eu encontrava nas ruas eram bêbados, viciados ou esquizofrênicos. Resmungavam coisas sem sentido ou olhavam feio para nós e colocavam um copo de papel na nossa cara, "pedindo" algum dinheiro...
>
> Mas os sem-teto que gostávamos de mostrar na tevê eram diferentes. Pareciam pertencer à sua vizinhança e à minha. Eram parecidos conosco. E a mensagem do noticiário de televisão era de que eles não se pareciam apenas conosco — eles *eram* como nós! Na NBC, Tom Brokaw disse que os sem-teto eram "pessoas que conhecemos".⁵

Se os sem-teto tendem a ser saneados nos noticiários da televisão, os homens de negócios tendem a ser demonizados em filmes e dramas de televisão, como mostra outro estudo: "Apenas 37% dos empreendedores da ficção desempenharam papéis positivos, e a proporção de 'empresários malvados' foi quase duas vezes maior que todas as outras profissões. E eles eram *mesmo* ruins: cometeram 40% dos homicídios e 44% dos crimes... Apenas 8% dos criminoso do horário nobre eram negros...".[6]

Na vida real, assim como na ficção, o que se exibiu ao público de televisão foi bastante diferente do que existia na realidade:

— Durante o período estudado, 6% das pessoas com AIDS mostradas nos noticiários da noite eram homens gays. Na vida real, porém, 58% eram homens gays;
— Na televisão, 16% eram negros e hispânicos. Mas, na vida real, 46% eram negros ou hispânicos;
— Na televisão, 2% das pessoas diagnosticadas com AIDS eram usuárias de drogas injetáveis. Na vida real, 23% eram usuários de drogas injetáveis.

Essa criação de um quadro que reflete a visão dos ungidos em lugar das realidades do mundo se estende a livros didáticos usados nas escolas. Editoras como a McGraw-Hill, por exemplo, têm diretrizes percentuais relacionadas ao número de pessoas nas fotografias de seus livros didáticos que devem ser negras, brancas, hispânicas e deficientes. Além disso, o modo como esses indivíduos são retratados tem também de refletir a visão dos ungidos. Segundo o *Wall Street Journal*: "Uma grande editora vetou a fotografia de uma criança descalça numa aldeia africana, alegando que a falta de calçados reforçava o estereótipo da pobreza no continente africano".[8] Ou seja, a realidade penosamente flagrante da atroz pobreza em grande parte da África é deixada de lado como "estereótipo", porque não corresponde à visão a ser retratada, mesmo que corresponda aos fatos.

OCULTAÇÃO DE FATOS

Um exemplo histórico de ocultação de fatos foi a divulgação e a não divulgação da fome na Ucrânia e no Cáucaso do Norte gerada pelo governo da União Soviética, que matou milhões de pessoas na década de 1930. Walter Duranty, correspondente do *New York Times* em Moscou, escreveu: "Não há fome nem morte por inanição, nem é provável que venha a haver".[9] Ele recebeu um prêmio Pulitzer, e o comitê do Pulitzer o enalteceu por suas reportagens, "marcadas por erudição, profundidade, imparcialidade, julgamento seguro e clareza excepcional".[10]

Entretanto, o escritor britânico Malcolm Muggeridge noticiou da Ucrânia que camponeses estavam de fato morrendo de fome: "Quero dizer morrendo de fome no sentido literal; não sofrendo de subnutrição como, por exemplo, a maioria dos camponeses orientais... e alguns trabalhadores desempregados na Europa, mas sem terem quase nada para comer durante semanas".[11] Muggeridge escreveu num artigo posterior que a fome ocasionada pelo homem era "um dos crimes mais monstruosos na história, tão terrível que as pessoas no futuro terão enorme dificuldade para acreditar que isso tenha acontecido".[12] Décadas mais tarde, um estudo acadêmico de Robert Conquest, *The Harvest of Sorrow* [A colheita do infortúnio, em tradução livre], estimou que seis milhões de pessoas haviam perecido nessa fome ao longo de três anos.[13] Mais tarde ainda, quando os arquivos oficiais foram finalmente abertos nos últimos dias da União Soviética sob Mikhail Gorbachev, novas estimativas de mortes decorrentes da fome provocada pelo homem foram feitas por vários pesquisadores que haviam estudado o material desses arquivos. Em sua maioria, essas estimativas igualavam ou superavam as estimativas anteriores de Robert Conquest.[14]

Na época em que a fome aconteceu, porém, essa foi uma operação de filtragem de inquestionável sucesso. O que Muggeridge disse foi desacreditado como "falácia histérica" por Beatrice Webb, autora, em conjunto com seu marido, Sidney Webb, de um estudo sobre a União Soviética conhecido internacionalmente.[15] Muggeridge foi difamado e não conseguiu trabalho como escritor depois dos seus comunicados da União Soviética, e acabou em condições financeiras tão precárias que ele, a mulher e os dois filhos pequenos tiveram de ir morar com amigos. Não é preciso acreditar que tenha ocorrido alguma conspiração entre editores ou jornalistas para silenciar Malcolm Muggeridge e fazê-lo cair no esquecimento. Nem há necessidade de conspiração para filtrar com êxito coisas que não estão de acordo com a visão prevalecente — não havia necessidade naquele tempo nem há agora.

Exceto por Muggeridge e por algumas poucas pessoas, uma fome usada deliberadamente para destruir a resistência a Stalin — matando um número de pessoas equivalente ou maior do que o que morreu no Holocausto nazista — teria sido totalmente removida da história em vez de ser simplesmente ignorada, como se costuma fazer hoje em dia. Não se trata de equívocos honestos cometidos por Duranty e outros. O que Duranty disse em privado a alguns outros jornalistas e diplomatas na época foi radicalmente diferente do que disse em seus despachos ao *New York Times*. Por exemplo, em 1933, um diplomata britânico informou a Londres: "O senhor Duranty acha bem possível que até 10 milhões de pessoas tenham morrido direta ou indiretamente por falta de alimento na União Soviética no ano passado".[16]

Dados estatísticos também podem ser filtrados, seja omitindo dados que vão contra a conclusão que se deseja (como os dados sobre os asiático-americanos), seja limitando a divulgação deles somente aos pesquisadores cuja posição sobre o assunto em discussão esteja de acordo com a posição dos que controlam os dados. Por exemplo, um estudo fundamentado em estatísticas produzido pelos ex-presidentes de faculdade William Bowen e Derek Bok foi amplamente aclamado por suas conclusões em apoio à ação afirmativa em admissões em faculdades.[17] Mas quando o professor de Harvard Stephan Thernstrom, cujas opiniões sobre a ação afirmativa não coincidem com as dos dois últimos, buscou obter os dados brutos sobre os quais foram baseadas as conclusões do estudo em questão, isso lhe foi recusado.[18] De forma semelhante, quando o professor de direito da UCLA Richard Sander quis testar teorias concorrentes a respeito do efeito da ação afirmativa em faculdades de direito, obtendo dados sobre os índices de aprovação por raça em exames da ordem na Califórnia, defensores da ação afirmativa ameaçaram com processo se a ordem dos advogados liberasse esses dados — e então a ordem dos advogados se recusou a fornecê-los.[19]

Nesse caso e em outros, as estatísticas são filtradas na fonte, mesmo quando se trata de estatísticas financiadas pelo contribuinte — reunidas com o objetivo manifesto de fornecer fatos com base nos quais possam ser feitas escolhas políticas conscientes, mas, na prática, tratadas como se o objetivo fosse proteger a visão prevalecente.

Esquadrinhar números pode fazer surgirem dados estatísticos em consonância com uma dada visão, e esquadrinhar outros números — ou talvez até os mesmos números analisados ou selecionados de maneira diferente — pode produzir dados em consonância com a visão oposta. Mas apenas quando os números estão de acordo com uma visão prevalecente é que eles provavelmente serão aceitos sem questionamento, sem que se levem em consideração outras estatísticas que contem uma história bem diferente. Por exemplo, muito do que é dito sobre o efeito do controle de armas nos índices de crime em geral, ou especificamente nos índices de assassinato, baseia-se nos tipos de estatística que são interminavelmente repetidos e nos tipos de dados que raras vezes alcançam o grande público, se é que alcançam.

A título de exemplo, repete-se incessantemente nos meios de comunicação e nos meios acadêmicos que a Grã-Bretanha e diversos outros países com leis de controle de armas mais severas do que as dos Estados Unidos têm índices de homicídio que são apenas uma fração dos índices de homicídio nos Estados Unidos — e disso se deduz com clareza que é o controle de armas que faz a diferença nas taxas de homicídio. Uma vez obtida essa conclusão, a maioria dos intelectuais não vê razão para prosseguir na questão. Mas uma tentativa séria de testar a hipótese de uma relação inversa entre restrição de posse de armas e taxa de homicídio tornaria necessárias outras comparações e outras análises de dados estatísticos. Por exemplo:

1. Considerando que sabemos que as taxas de homicídio são mais baixas em alguns países que têm leis de controle de armas mais severas que as dos Estados Unidos, existem outros países que tenham leis de controle de armas mais severas que as dos Estados Unidos e que tenham taxas de homicídio *mais altas*?
2. Há países com porte de armas liberado que tenham taxas de homicídio menores que as de alguns outros países com menores taxas de posse de armas?
3. A diferença na taxa de homicídios entre os Estados Unidos e a Grã-Bretanha surgiu com o início das leis de controle de armas?

É pouco provável que essas perguntas sejam feitas por aqueles que ficaram satisfeitos quando encontraram os tipos de estatísticas que procuravam. A propósito, as respostas às três perguntas anteriores são sim; sim; e não.

Rússia e Brasil têm leis de controle de armas mais severas que as dos Estados Unidos, e taxas de homicídio muito maiores que as norte-americanas.[20] As taxas de posse de armas no México são uma fração das taxas nos Estados Unidos, mas a taxa de homicídios no México é mais que o dobro da dos Estados Unidos. Armas de fogo são proibidas em Luxemburgo, mas não na Bélgica, na França ou na Alemanha; ainda assim, a taxa de homicídios em Luxemburgo é várias vezes maior que a taxa de homicídio na Bélgica, na França e na Alemanha.[21]

Quanto às taxas de homicídio mais baixas na Grã-Bretanha do que nos Estados Unidos, a história põe por terra a noção de que as leis de controle de armas explicam a diferença. Durante mais de dois séculos, a cidade de Nova York teve um taxa de homicídios muitas vezes maior que a taxa de homicídios de Londres — e na maior parte desses dois séculos, *nenhum* desses lugares impôs restrições sérias à obtenção de armas de fogo. No início do século XX, qualquer pessoa na Inglaterra "poderia comprar qualquer tipo de arma, sem questionamentos".[23] Os homicídios cometidos sem armas de fogo também foram em número bem maior em Nova York do que em Londres.

Na Inglaterra, épocas de posse crescente de armas de fogo não foram épocas de taxas de homicídio crescentes; e épocas de diminuição da posse de armas de fogo não foram épocas de diminuição das taxas de homicídio. Uma história acadêmica sobre armas de fogo na Inglaterra concluiu: "As armas de fogo entraram pela primeira vez em circulação e depois tornaram-se comuns ao longo dos séculos XVI e XVII. Foi durante esse mesmo tempo que os homicídios e outros crimes violentos diminuíram drasticamente".[25] Esse declínio continuou no século XVIII, quando "as armas de fogo substituíram de forma ampla as armas tradicionais".[26] No século XIX, "os crimes violentos tiveram uma queda recorde".[27] Assim era a situação no início da década de 1890: "No decorrer de três anos, de acordo com registros hospitalares, houve apenas 59 casos de morte por arma de fogo em uma população de quase 30 milhões de pessoas. Desses casos, 19 foram acidentes, 35 foram suicídios, e somente três foram homicídios — média de um por ano".[28]

Anos mais tarde, porém, sobretudo depois da Segunda Guerra Mundial, a Grã-Bretanha começou a tornar severamente rigorosas suas leis de controle de armas. Com isso, a taxa de homicídios *aumentou*. Em 1963, a taxa de homicídios quase dobrou em relação ao que era no início do século xx.[29] Apesar disso, o fato de que a taxa de homicídios na Inglaterra é menor do que nos Estados Unidos continua a ser citado como prova de que as leis de controle de armas reduzem a taxa de homicídios.

Tendo em vista o número de intelectuais que não só apoiaram as leis de controle de armas em vigor como também promoveram ativamente mais leis de controle de armas, e mais rígidas, ninguém poderia supor que todas essas pessoas de tão estimada educação e tão inteligentes fossem incapazes de realizar testes tão objetivos da hipótese de uma correlação inversa entre armas de fogo e taxas de homicídio. Tampouco se pode supor que eles sabiam dos fatos e estavam deliberadamente mentindo. O mais provável, ao que parece, é que, quando encontraram estatísticas que deram sustentação a suas ideias preconcebidas, eles não tiveram mais incentivo para prosseguir.

Assim como é difícil obter alguma correlação sólida entre posse de arma de fogo e taxas de crimes violentos internacionalmente, é difícil obter alguma correlação sólida de estatísticas históricas dentro dos Estados Unidos. Em um estudo se observou o seguinte:

> Os Estados Unidos tiveram um aumento extraordinário no número de crimes violentos nas décadas de 1960 e 1970, e uma queda notável na quantidade de crimes violentos na década de 1990. O número de armas de fogo, principalmente de revólveres, nas mãos de particulares aumentou em muitos milhões todos os anos durante esse período. O crescimento contínuo do estoque privado de armas de fogo não explica nem a onda de crimes do primeiro período nem a queda de crimes do segundo período.[30]

Poucos desses fatos que refutam os argumentos dos defensores do controle de armas chegam ao grande público, embora não exista uma conspiração organizada para obstruir a verdade. A filtragem pontual e individual do material que a mídia faz chegar ao público pode, sem grande dificuldade, resultar em uma distorção completa da realidade, como se houvesse uma coordenação intencional feita por uma censura rígida ou por uma agência de propaganda — se esses jornalistas e editores que fazem a filtragem compartilhassem a mesma visão geral a respeito do que é e do que deveria ser. O que parece plausível aos que compartilham dessa visão pode se tornar o padrão de credibilidade e do que é digno de ser noticiado. A plausibilidade, contudo, é o mais traiçoeiro de todos os padrões, pois o que parecerá plausível num caso específico depende daquilo em que já se acredita de modo geral.

Não é preciso que um indivíduo ou um complô preparem um plano de farsa deliberada para a filtragem de informação a fim de produzir um quadro distorcido que se assemelhe à visão dos ungidos e não à realidade do mundo. Para isso, basta apenas que os que estão em posição de filtrar — repórteres, editores, professores, acadêmicos e cineastas — decidam que há certos aspectos da realidade que as massas "interpretariam mal" e os quais eles, que estão em posição de filtrar e o fazem movidos por um senso de responsabilidade moral, devem omitir. A aplicação disso vai muito além de questões envolvendo controle de armas.

Os dados que mostram que o índice de pobreza entre casais negros norte-americanos mantém-se em um dígito todos os anos desde 1994 provavelmente não receberão muita atenção — se é que receberão alguma — da maior parte da mídia. É ainda menos provável que esses dados lancem alguma dúvida sobre a visão de que a alta taxa de pobreza entre os negros reflita o racismo da sociedade como um todo, embora os negros casados sejam da mesma raça que as mães solteiras que vivem na periferia, dependendo de assistência social, e estariam, portanto, sujeitas também ao racismo, se o racismo fosse a principal causa da pobreza. E seriam ainda menores as chances de que esses dados fossem levados em conta quanto as suas implicações para a ideia de que o casamento é apenas uma escolha de "estilo de vida" entre tantas, sem implicações mais sérias no que diz respeito a consequências individuais ou sociais.

Nenhuma informação baseada em fatos que possa refletir negativamente sobre os homossexuais passará facilmente por filtros da mídia ou dos acadêmicos, porém qualquer coisa que mostre os gays como vítimas pode receber enorme cobertura. Uma pesquisa do jornalista William McGowan encontrou mais de três mil matérias na mídia sobre um homem gay em Wyoming que foi espancado por criminosos até ficar inconsciente e depois deixado para morrer; mas a pesquisa encontrou menos de cinquenta matérias sobre um adolescente que foi aprisionado e estuprado repetidas vezes durante horas por dois homossexuais, que também o deixaram para morrer. A pesquisa de McGowan mostrou que o segundo caso não foi nem ao menos mencionado no *New York Times* nem no *Los Angeles Times*, nem transmitido por CBS, NBC, ABC ou CNN.[31]

Apesar da abundância de dados estatísticos publicados sobre praticamente todas as comparações concebíveis entre grupos, nenhum dado acerca da expectativa média de vida dos homossexuais em comparação com a média nacional foi divulgado, nem sobre o custo da AIDS para os contribuintes em comparação com o custo de outras doenças, muito menos uma comparação da incidência de abuso de menores entre homens heterossexuais e homossexuais. Nada disso provavelmente passará pela filtragem da *intelligentsia* para chegar ao público, embora haja uma organização nacional bem conhecida que promove abertamente relações homossexuais entre homens e meninos. Talvez os dados a respeito dessas questões esclareçam algumas preocupações em relação à homossexualidade manifestadas em alguns círculos,[32] porém poucos intelectuais parecem preparados para correr riscos quanto ao que os dados podem mostrar se não forem filtrados. Nesse caso, assim como em muitos outros, é demais para alguns apostar a sorte de uma visão numa jogada arriscada, que é o que a verificação empírica significa para aqueles que se dedicam a uma visão.

Isso se aplica especialmente a jornalistas que são eles mesmos homossexuais — e esses jornalistas são em número suficiente para terem uma Associação Nacional de Jornalistas Gays e Lésbicas. Um jornalista homossexual, que havia trabalhado para o *Detroit News* e para o *New York Times*, sabia do potencial que os balneários públicos frequentados por homens gays tinham de disseminar a AIDS, mas decidiu não escrever sobre isso porque "eu estava hesitante em fazer uma matéria que levasse conforto aos nossos inimigos".[33] Mas essa atitude não se limita a jornalistas homossexuais. Jornalistas contratados em nome da "diversidade" como representantes de negros, hispânicos ou mulheres têm o mesmo conflito entre comunicar notícias e filtrar notícias em benefício do grupo que foram contratados para representar.

Uma repórter negra do *Washington Post*, por exemplo, escreveu em sua autobiografia que se considerava "uma porta-voz da raça", e criticou um colega jornalista negro do *Washington Post* por escrever sobre corrupção no governo local de Washington, onde predominavam autoridades negras.[34] "A Associação Nacional de Jornalistas Hispânicos vem há tempos alertando os jornalistas contra o uso da palavra 'ilegal' em matérias e títulos" com referência a pessoas que cruzam a fronteira para entrar nos Estados Unidos sem autorização, segundo o *Washington Times*. "A prática é 'desumanizante' e 'estereotipa como criminosas pessoas que estão nos Estados Unidos sem documentos'", declarou Joseph Torres, presidente do grupo.[35]

Em poucas palavras, para muitos jornalistas, a lealdade que está em primeiro lugar não é com os leitores nem com o público de televisão que buscam a informação fornecida por esses jornalistas, mas, sim, com a proteção da imagem e dos interesses dos grupos que eles representam sob a ótica de contratação com base em "diversidade". Esses jornalistas também são pressionados por colegas a filtrarem notícias em vez de transmitirem os fatos de maneira íntegra.

Por outro lado, informações ou alegações que refletem negativamente sobre indivíduos ou grupos que a *intelligentsia* vê com menos simpatia chegam rapidamente ao conhecimento do público, com pouca análise e muita publicidade. Duas das maiores farsas confirmadas da nossa época envolviam alegações de estupro de mulheres negras por gangues de brancos — primeiro, a farsa de Tawana Brawley, de 1987, e mais tarde, em 2006, as falsas acusações de estupro contra três estudantes da Universidade Duke. Em ambos os casos, a indignação da imprensa se espalhou por todo o país, sem uma migalha sequer de evidência para confirmar as acusações. Como se isso não bastasse, as denúncias não se limitaram aos homens acusados especificamente dos crimes, mas muitas vezes se estenderam à sociedade como um todo, da qual esses homens eram considerados sintomas ou "a ponta do iceberg". Em ambos os casos, as acusações se encaixam em uma visão preexistente, e, aparentemente, isso tornou desnecessários os fatos reais.

Outra farsa amplamente divulgada — à qual o presidente dos Estados Unidos adicionou mais uma farsa como bônus — foi uma matéria publicada no *USA Today* sob o título "Arson at Black Churches Ecoes Bigotry of the Past" ["Incêndios criminosos em igrejas de negros ecoam o fanatismo do passado", em tradução livre]. Havia, de acordo com o *USA Today*, "uma onda de incêndios a igrejas" e o alvo eram igrejas de negros. Como aconteceu com as farsas das gangues de estupradores, essa notícia se espalhou com rapidez pelos meios de comunicação. O *Chicago Tribune* relatou "uma onda de incêndios criminosos e covardes"[36] que deixava igrejas de negros em ruínas.

Assim como nos casos das farsas das gangues de estupradores, os comentários sobre as matérias de igrejas em chamas não se limitaram aos que supostamente haviam provocado os incêndios; eles foram além e passaram a culpar as forças que operam na sociedade como um todo. O *New York Times* informou que Jesse Jackson descrevia esses incêndios como parte de uma "conspiração cultural" contra negros, o que "refletia as crescentes tensões raciais no Sul e que haviam sido agravadas pelo ataque contra a ação afirmativa e pela oratória populista de políticos republicanos como Pat Buchanan". De modo semelhante, o jornalista da revista *Time* Jack White culpou as "frases em código" dos líderes republicanos por "encorajarem os incendiários". A articulista do *USA Today* Barbara Reynolds afirmou que os incêndios eram "uma tentativa de matar o espírito da América negra". O articulista do *New York Times* Bob Herbert declarou: "O combustível para esses incêndios pode ser rastreado até um ambiente cuidadosamente preparado de intolerância e ódio que foi desenvolvido no decorrer do último quarto de século".[37]

Como ocorreu nas farsas das gangues de estupradores, as acusações publicadas foram consideradas um ato pelo qual toda a sociedade era responsável, não apenas os que estavam supostamente envolvidos naquilo que se presumiu em ampla escala serem incêndios criminosos, e não incêndios que teriam ocorrido por várias outras razões. Dorothy Gilliam, articulista do *Washington Post*, afirmou que a sociedade de fato "dá a esses incendiários permissão para cometerem esses crimes horríveis".[38] Esses comentários atingiram o ponto culminante quando o presidente Bill Clinton, em seu discurso semanal no rádio, declarou que esses incêndios em igrejas eram semelhantes aos incêndios em igrejas de negros no Arkansas que ocorreram quando ele era criança. Após o discurso do presidente, mais de 2 mil matérias sobre o assunto foram publicadas na mídia.

Essa história começou a ser desvendada quando a investigação baseada em fatos mostrou que: (1) *nenhuma* igreja de negros foi queimada no Arkansas nos tempos de infância de Bill Clinton; (2) não houve aumento de incêndios em igrejas de negros, mas, na verdade, uma diminuição desses incêndios nos 15 anos anteriores; (3) a incidência de incêndios em igrejas de brancos era similar à incidência de incêndios em igrejas de negros; e (4) onde ocorriam incêndios criminosos, um terço dos suspeitos eram negros. Entretanto, retratações pela notícia original — quando houve retratações — receberam muito menos destaque do que as manchetes originais e os comentários editoriais inflamados.[39]

Outras histórias que têm repercussões negativas sobre os Estados Unidos podem se espalhar com rapidez pelos meios de comunicação, com poucas evidências e menos ceticismo, quer essas histórias tenham cunho racial ou não. Por exemplo, Dan Rather deu início ao telejornal da CBS de 26 de março de 1991 anunciando "um espantoso número de crianças norte-americanas em risco de inanição". Ele acrescentou: "Uma em cada oito crianças norte-americanas com menos de doze anos de idade está passando fome esta noite. Essa é a conclusão de um estudo de dois anos de duração".[0] Apesar da pretensiosa palavra "estudo", tudo isso se baseou em cinco perguntas feitas por um grupo ativista radical que classificou como "famintas" crianças cujos pais respondiam "sim" a cinco de oito perguntas. Duas dessas perguntas nem mesmo envolviam crianças; relacionavam-se a hábitos alimentares de adultos. Uma das perguntas sobre crianças era: "Você já teve de recorrer a uma quantidade limitada de alimentos para dar de comer a seus filhos porque estava ficando sem dinheiro para comprar comida para uma refeição?".[41] Em outras palavras: você já encheu seus filhos de cachorros-quentes quando teria preferido dar a eles alimentos em maior variedade?

Há uma grande diferença entre "algumas vezes" e "todas as noites", e uma diferença ainda maior entre uma "variedade limitada de alimentos" e "fome", quanto mais "inanição". Mas a virtuosidade verbal encobre essas distinções. E Dan Rather não foi o único a noticiar esse tipo de coisa. "Fome nos Estados Unidos" tornou-se tema de notícias e comentários em toda a mídia. *Newsweek*, a Associated Press e o *Boston Globe* estavam entre os que repetiram a estatística um-em-oito desse "estudo".[42] Entretanto, quando pessoas reais de carne e osso foram examinadas pelos Centros de Controle de Doenças e pelo Departamento de Agricultura dos Estados Unidos, nenhuma evidência de desnutrição foi encontrada entre norte-americanos de baixa renda em nível de pobreza, nem nenhuma diferença significativa entre a ingestão de vitaminas e sais minerais e a ingestão feita por pessoas de faixas de renda mais elevadas. Nesse sentido, a única diferença real entre pessoas em diferentes faixas de renda foi que o sobrepeso era muito mais comum entre os pobres do que entre os abastados.[43] Porém, como ocorre em outros contextos, quando uma notícia se enquadra na visão, as pessoas na mídia nem sempre consideram necessário verificar se também se enquadra nos fatos.

PESSOAS FICTÍCIAS

A filtragem e a parcialidade podem gerar não apenas fatos fictícios, mas também pessoas fictícias. Isso fica óbvio no caso de ditaduras totalitárias, nas quais tiranos assassinos em massa são retratados na propaganda oficial como gentis, sábios e atenciosos líderes do povo, enquanto todos os que se opõem ao ditador dentro do país ou no exterior são representados como malfeitores da pior espécie. Contudo, algo bem semelhante pode acontecer em nações livres e democráticas sem nenhuma agência de propaganda oficial, mas com uma *intelligentsia* que tende a ver o mundo de uma maneira particular.

Talvez o mais impressionante exemplo, nos Estados Unidos do século xx, de uma personalidade fictícia criada por uma figura pública, sem nenhuma coordenação consciente no âmbito da *intelligentsia*, tenha sido o de Herbert Hoover. O azar de Hoover foi ser presidente dos Estados Unidos no momento da quebra da Bolsa de Valores de 1929, que foi seguido pelo início da Grande Depressão da década de 1930. Se nunca tivesse se tornado presidente, Herbert Hoover poderia ter entrado para a história como um dos maiores humanitários do século. O que o tornou único não foi apenas o montante de dinheiro que ele doou para causas filantrópicas antes de se tornar presidente, mas o fato de ter arriscado a própria fortuna para salvar pessoas que estavam morrendo de fome na Europa durante a Primeira Guerra Mundial.

FILTRANDO A REALIDADE

Os cercos, a destruição e o caos da guerra haviam deixado milhões de pessoas na Europa passando fome, ou até morrendo de fome, por isso, Hoover formou uma organização filantrópica para levar comida em grande escala para essas pessoas. Contudo, percebendo que, se operasse da maneira habitual — primeiro arrecadando dinheiro mediante doações para depois comprar comida —, as pessoas morreriam durante o processo de arrecadação do dinheiro, Hoover comprou a comida em primeiro lugar, colocando em risco a própria fortuna caso não conseguisse arrecadar dinheiro o bastante para arcar com tudo. Com o tempo, doações suficientes acabaram cobrindo o custo da comida, mas não havia garantia de que isso voltaria a acontecer.

Hoover também chefiou a Administração de Alimentos no governo de Woodrow Wilson durante a guerra, quando ele aparentemente impressionou os apoiadores de outro membro desse governo — um jovem em ascensão chamado Franklin D. Roosevelt. Esses apoiadores de Franklin D. Roosevelt se surpreenderam com Hoover a ponto de sondá-lo para que se tornasse candidato dos democratas para presidente em 1920, com Franklin D. Roosevelt como candidato a vice.[44] Porém, isso não aconteceu; Roosevelt acabou se tornando candidato a vice do candidato democrata James M. Cox, que perdeu em 1920, e Hoover passou a atuar como secretário de Comércio no governo dos presidentes republicanos Warren Harding e Calvin Coolidge.

Nada mal para o verdadeiro Herbert Hoover. O que gerações inteiras ouviram e leram sobre o Herbert Hoover da ficção — um homem frio e sem coração, que deixou milhares de norte-americanos sofrerem sem necessidade durante a Grande Depressão da década de 1930, devido à sua supostamente doutrinária crença de que o governo deveria deixar a economia seguir o seu curso, sem interferência. Em suma, a imagem de Hoover retratada pela *intelligentsia* foi a de um presidente inútil.[45] De acordo com esse ponto de vista — largamente disseminado nos meios de comunicação de massa e no âmbito acadêmico, e também repetido em épocas de eleição durante décadas —, foi graças à substituição de Hoover por Franklin D. Roosevelt que o governo federal pôde trabalhar para tentar conter os efeitos da Grande Depressão.

A falsidade dessa descrição foi exposta ainda durante a Grande Depressão pelo prestigiado articulista Walter Lippmann, e essa falsidade foi confirmada nos anos posteriores por ex-integrantes da própria administração de Roosevelt, que reconheceram que grande parte — se não a maior parte — do New Deal foi simplesmente uma extensão adicionada a iniciativas já tomadas pelo presidente Hoover.[46] Lippmann escreveu em 1935: "A política iniciada pelo presidente Hoover no outono de 1929 foi absolutamente sem precedentes na história dos Estados

Unidos. O governo se comprometeu a cuidar para que toda a ordem econômica operasse de maneira próspera... as medidas de Roosevelt são uma evolução contínua das medidas de Hoover".[47]

Herbert Hoover tinha plena consciência — e orgulho — do fato de que foi o primeiro presidente dos Estados Unidos a tomar como responsabilidade federal tirar o país de uma depressão. "Nenhum presidente antes dele acreditava que tais casos fossem responsabilidade do governo", ele afirmou em suas memórias.[48] Esse intervencionismo não foi novidade para Hoover; anteriormente, como secretário do Comércio, ele insistira na redução obrigatória das horas de trabalho e defendera uma emenda constitucional para proibir o trabalho infantil, entre outras iniciativas intervencionistas.[49] Como presidente, Hoover respondeu por um crescente déficit federal durante a depressão ao propor, e mais tarde assinar em lei, um grande aumento nas taxas de imposto — da taxa em vigor de 20% a 30% para pessoas nas faixas de renda mais altas para novas taxas de mais de 60% nessas faixas de renda mais elevadas.[50]

Nada disso, é claro, significa que as intervenções de Hoover ou de Franklin D. Roosevelt foram úteis para o resultado final, nem é esse o ponto; a questão é que foi criado um Herbert Hoover completamente fictício, não apenas na política, mas também nas publicações da *intelligentsia*. Por exemplo, o Hoover fictício preocupava-se apenas com os ricos — cujos impostos o Hoover da vida real mais que dobrou, levando mais da metade da renda. O Hoover fictício não se importava com trabalhadores comuns, mas o Hoover da vida real foi elogiado pelo diretor da American Federation of Labor [Federação Americana do Trabalho] por seus esforços no sentido de impedir que a indústria reduzisse salários de trabalhadores durante a depressão.[51]

A *intelligentsia* da época inventou o Hoover fictício, e a *intelligentsia* de épocas posteriores perpetuou essa imagem. Em 1932, Oswald Garrison Villard, editor da *The Nation*, disse que o presidente Hoover "fracassou por falta de solidariedade".[52] Um editorial do *New Republic* afirmou sobre Hoover: "Ele tem sido a prova viva da tese de que a função do governo não é governar".[53] O famoso crítico literário Edmund Wilson disse que Hoover "não fez esforço algum para lidar com o colapso" na economia[54] e o chamou de "desumano".[55] Os articulistas Robert S. Allen e Drew Pearson denunciaram a "inutilidade" de Hoover.[56] Da Inglaterra, Harold Laski disse: "O senhor Hoover não fez nada para resolver o problema".[57]

Também na política, o Hoover fictício tinha a mesma imagem negativa — imagem que permaneceu. Em 1936, quando Herbert Hoover já não era mais candidato, Harold Ickes, secretário do Interior de Franklin D. Roosevelt, mesmo assim atacou Hoover por ter sido um presidente "que não fez nada"[58] — uma

FILTRANDO A REALIDADE

tendência que continuou durante muitas eleições nos anos que se seguiram, quando os democratas caracterizavam um voto para candidatos republicanos à presidência como um voto a favor do retorno aos dias de Herbert Hoover. Apenas vinte anos depois que Hoover deixou a Casa Branca, foi eleito outro presidente republicano.

Muito tempo depois, nos anos 1980, o presidente Ronald Reagan foi descrito pelo presidente da Câmara, o democrata Tip O'Neill, como "Hoover com um sorriso"; e quando o secretário do Tesouro de Reagan defendeu as políticas econômicas do governo numa exposição ao Congresso, o senador democrata Ernest Hollings comentou: "É o Hoover falando, cara!"[59] — mesmo diante do fato de que a política de redução de impostos de Reagan foi o exato oposto dos aumentos de impostos de Hoover. E já no século XXI, a crise financeira de 2008 motivou um articulista do *New York Times* a expressar seu medo de que os cinquenta governadores de estado se tornassem "cinquenta Herbert Hoovers".[60] Em resumo, a imagem de ogro de Hoover continuava politicamente útil décadas após o seu período na presidência e até mesmo depois da sua morte.

Um dos sinais do grande senso de decência de Harry Truman foi que, um mês depois de se tornar presidente, em 1945, ele enviou uma carta escrita à mão para Herbert Hoover, convidando-o para ir à Casa Branca pela primeira vez desde que Hoover a deixara, em 1933, a fim de ouvir conselhos do ex-presidente sobre ajuda alimentar à Europa após os tormentos da Segunda Guerra Mundial.[61] Hoover ficou surpreso com a carta do presidente Truman, e foi às lágrimas quando encontrou Truman na Casa Branca.[62] Mais tarde, a nomeação de Hoover por Truman para chefiar uma comissão para investigar a eficiência das agências do governo deu a esse homem tão odiado a chance de recuperar algum respeito público em seus últimos anos e se livrar de parte do peso do opróbrio que recaiu sobre ele em decorrência da criação, por parte da *intelligentsia*, de um Herbert Hoover fictício.

Imagens fictícias positivas também podem ser criadas, é claro, não só por agências de propaganda em países totalitários, mas também pela *intelligentsia* em países democráticos. Dos políticos da segunda metade do século XX, nenhum foi considerado pelos intelectuais mais intelectual do que Adlai Stevenson, o polido e elegante ex-governador de Illinois, que duas vezes concorreu à presidência dos Estados Unidos contra Dwight Eisenhower na década de 1950. O *New York Times* descreveu-o como "o melhor tipo de intelectual".[63] *The Last Intellectuals* [Os últimos intelectuais, em tradução livre], estudo de Russel Jacoby, descreveu a "vitória esmagadora de Eisenhower sobre Adlai Stevenson" como prova do "anti-intelectualismo endêmico da sociedade norte-americana".[64] É curioso, porém, que

Stevenson "pudesse passar meses ou anos muito felizes sem pegar um livro sequer para ler"⁶⁵, segundo o respeitado historiador Michael Beschloss, entre outros que divulgaram o desinteresse de Stevenson por livros.

Entretanto, ninguém pensava em Harry Truman como um intelectual, embora ele fosse um leitor voraz, que tinha entre suas preferências obras de Tucídides e de Shakespeare, e que foi "um presidente que podia se dar ao luxo de ler Cícero no original em latim"⁶⁶ — alguém capaz de corrigir o desembargador Fred M. Vinson quando Vinson fazia citações em latim.⁶⁷ Porém, Adlai Stevenson tinha a retórica e ares de intelectual, e Harry Truman, não.ʷ

Muitos intelectuais consideravam o despretensioso e direto Truman como pouco mais que um caipira. Entre esses intelectuais estavam não apenas os que se opunham política ou ideologicamente a ele, mas também colegas liberais e democratas. Por exemplo, uma manchete de primeira página na *New Republic*, de 5 de abril de 1948, dizia: "TRUMAN DEVERIA RENUNCIAR". No editorial relacionado, Michael Straight disse: "Nós apelamos a Truman para que renuncie", e acrescentou: "Reconhecer a incapacidade de Truman não é negar as suas boas intenções".⁶⁸ Em um longo artigo não assinado e publicado no mês seguinte, a *New Republic* declarou: "A presidência exige o que há de melhor em termos de liderança que nossa nação pode oferecer", mas "o que temos sentado na Casa Branca hoje é um homenzinho". E foi adiante: "Harry Truman não tem nenhuma das qualidades exigidas para o cargo da presidência. As tarefas estão infinitamente além de sua parca inteligência e de sua capacidade limitada, como sabem todos os que trabalharam com ele".⁶⁹

Certamente havia na Casa Branca alguns auxiliares que adotavam a mesma atitude arrogante com Truman. O articulista Drew Pearson relatou: "Alguns redatores de discurso estavam tão certos da derrota de Truman que tinham vergonha de que alguém soubesse que tiveram participação nos discursos". Eles disseram sobre a última série de discursos de Truman: "Nós só estamos requentando material antigo e distribuindo-o para manter o pobre e velho Truman animado".

Pearson observou que a maioria desses redatores de discursos "tentou se livrar de Truman na Convenção da Filadélfia".⁷⁰ Contudo, apesar da afirmação da *New Republic* de que "todos os que trabalharam com ele" viam o presidente Truman como uma pessoa com intelecto limitado, isso com certeza não valia para o secretário de estado adjunto Dean Acheson, que mais tarde se tornou secretário de Estado, embora houvesse muitos, dentro e fora da Casa Branca, que subestimassem a extensão e a profundidade do conhecimento e do discernimento do presidente Truman. Em uma conferência na Casa Branca em 1946, por exemplo, o general Dwight D. Eisenhower quis saber se o presidente compreendia as graves implicações da política estrangeira norte-americana com relação ao estreito de Dardanelos. Dean Acheson, que compareceu a esse evento, mais tarde relatou que o presidente Truman "enfiou a mão em uma gaveta, tirou dela um mapa grande e visivelmente muito estudado da área" e passou a fazer uma extensa exposição da história daquela parte do mundo, num desempenho que Acheson descreveu como "magistral". E depois de terminar, Truman se voltou para Eisenhower e perguntou se o general estava satisfeito por saber que o presidente compreendia as implicações da política estrangeira norte-americana naquela região.[71]

Uma figura pública contemporânea que teve uma personalidade fictícia inventada para ele pelos meios de comunicação foi o juiz da Suprema Corte Clarence Thomas. O Clarence Thomas fictício foi descrito como um solitário, permanentemente ressentido por suas sabatinas controversas no Senado, "praticamente um recluso na vida privada".[72] Um repórter do *Wall Street Journal* referiu-se a ele como "o recluso mais famoso de Washington".[73] O juiz Thomas foi descrito em um artigo no *New Yorker* como alguém que só é capaz de falar com a esposa, e "o casal parece levar uma vida de isolamento compartilhado e sombrio".[74] O juiz Thomas e o juiz Antonin Scalia muitas vezes votaram juntos nos casos da Suprema Corte, e, por esse motivo, Thomas foi descrito como um "clone" de Scalia pelo jornalista Carl Rowan[75] e também como uma "marionete" de Scalia por um advogado da American Civil Liberties Union [União Americana pelas Liberdades Civis].[76] Declarações semelhantes sobre o papel do juiz Thomas na Suprema Corte têm sido comuns nos meios de comunicação.

Entretanto, aqueles que se dão ao trabalho de checar os fatos descobrem um Clarence Thomas da vida real totalmente diferente, na verdade, o oposto do Clarence Thomas fictício retratado na mídia. Jornalistas do *Washington Post* — que dificilmente apoiariam o juiz Thomas — entrevistaram colegas e ex-auxiliares dele, e também consultaram anotações feitas pelo falecido juiz Harry Blackmun em conferências judiciais privadas entre os juízes, e se depararam com uma imagem radicalmente diferente do homem: "O Thomas talvez seja o mais acessível juiz da corte — exceto para os jornalistas... Quando vê um grupo de crianças em idade escolar visitando a corte, ele convida os estudantes a irem às suas salas. Estudantes da faculdade, membros das famílias de ex-auxiliares, pessoas que ele encontra em viagens pelo país em seu ônibus Prevost — todos são bem-vindos...".

Thomas parece ter uma insaciável vontade de conversar... Uma visita planejada para durar 15 minutos invariavelmente se estende por uma hora, depois por duas, algumas vezes três e até quatro horas, segundo entrevistas com pelo menos uma dúzia de pessoas que visitaram Thomas em seus aposentos... O advogado de

Washington Tom Goldstein, cuja firma se dedica principalmente a processos da Suprema Corte, conheceu todos os juízes e declarou que Thomas é "a pessoa mais verdadeira" de todos eles.[77]

Longe de ser um recluso permanentemente marcado por suas sabatinas no Senado, o juiz Thomas costuma voltar ao Senado para fazer refeições, de acordo com o *Washington Post*:

> Thomas está longe de ser um estranho no Senado. Ele pode ser avistado no refeitório do Dirksen Senate Office Building, comendo um bufê quente de almoço com seus auxiliares. Ele tem um relacionamento muito amigável com as cozinheiras e atendentes. Ele toma café da manhã com senadores em sua sala de jantar privativa, muito perto de alguns dos legisladores que se opuseram de modo virulento a sua nomeação. Quem imaginaria que o Senado dos Estados Unidos — palco do "linchamento de alta tecnologia" de Thomas, como ele declarou com irritação durante suas sabatinas de confirmação de 1991 — é o lugar onde ele gosta de comer?[78]

Outros que de fato estudaram o juiz Thomas e entrevistaram pessoas que trabalharam com ele ou o conheceram socialmente também ficaram espantados com a diferença entre a imagem pública e o homem propriamente dito:

> Ele fazia questão de se apresentar a cada funcionário da Corte, desde os cozinheiros do refeitório até os porteiros da noite. Jogava basquete com os fiscais e guardas de segurança. Ele parava para conversar com as pessoas nos corredores. Auxiliares dizem que Thomas tinha uma capacidade incomum de se lembrar de detalhes da vida pessoal de funcionários. Sabia o nome dos filhos desses funcionários e as escolas onde estudavam. Ele parecia notar pessoas que costumam passar despercebidas. Stephen Smith, um ex-funcionário, recorda uma ocasião em que Thomas, numa visita ao tribunal marítimo em 1993 ou 1994, conversava com um grupo de juízes. "E havia lá uma senhora usando um daqueles uniformes azuis de encarregados da limpeza e carregando um balde, uma mulher negra" — Smith disse. "E a senhora olhava para o juiz Thomas, sem coragem para se dirigir a um cara importante, uma autoridade. Ele pediu licença aos juízes, deixou-os por um momento e foi falar com a mulher. Thomas estendeu a mão para apertar a dela, e ela abriu os braços e lhe deu um grande abraço."

Entre os seus oito colegas, Thomas era igualmente sociável e gregário. A juíza Ginsburg contou que Thomas às vezes aparecia em seus aposentos com um saco de cebolas Vidalia da Georgia, pois ele sabia que o marido dela era um chef dedicado. "Um colega muito agradável", disse Ginsburg sobre Thomas (...).

Thomas mostrou ter um interesse sincero por seus funcionários, e muitas vezes desenvolvia um relacionamento quase paternal com eles... Quando percebeu que os pneus do carro da Walker estavam gastos, mostrou a ela como medi-los para verificar o desgaste. "Na segunda-feira seguinte", Walker recorda, "ele veio até mim e me disse: 'Eu vi pneus excelentes no Price Club, são mesmo um ótimo negócio. Se fosse você, eu os compraria'. E eu, sentada lá, fiquei pensando: aí está um juiz da Suprema Corte se preocupando com a segurança dos meus pneus."

Muitos dos funcionários de Thomas têm histórias parecidas para contar.[79]

Há um estudo que registra a vida de Clarence Thomas longe de Washington:

Clarence Thomas não poderia ser mais feliz atrás do volante do seu RV de doze metros. O ônibus Prevost 92 tem quarto, cadeiras de couro cinza macio, cozinha, televisão por satélite e sistema de navegação computadorizado. "É um apartamento sobre rodas", ele disse — um apartamento de onde ele observa a nação e, quando deseja, interage com outros cidadãos. Ele aprecia principalmente cidades pequenas e acampamentos de trailers, parques nacionais e monumentos históricos. Thomas disse aos amigos que jamais teve uma experiência ruim viajando de ônibus. Longe dos centros urbanos, ele encontra muitas pessoas que não o reconhecem ou não se importam que ele seja um juiz da Suprema Corte. Ele adora entrar no estacionamento do Walmart usando calça jeans, mocassins e um boné na cabeça. Ele pode passar horas sentado numa cadeira de jardim do lado de fora do veículo, conversando com estranhos sobre ceras para carros e polimento externo, bebericando limonada.[80]

O juiz Thomas também dá palestras para "milhares de pessoas em universidades de renome", segundo o *Washington Times*.[81] Porém, é muito raro vê-lo em reuniões sociais elegantes das elites políticas e da mídia de Washington, por isso a *intelligentsia* concluiu que ele é um "recluso".

E o que dizer do trabalho de Clarence Thomas como juiz da Suprema Corte? Os seus votos e os votos do juiz Scalia podem ter coincidido muitas vezes, mas isso não significa que um tenha persuadido o outro; contudo, os meios de comunicação logo presumiram que Scalia liderou e o juiz Thomas o seguiu. Só poderia ter conhecimento desses fatos quem sabia o que acontecia nas conferências privadas entre os nove juízes, nas quais nem mesmo seus próprios assistentes estavam presentes. Apesar das ambiciosas suposições que, durante anos, reinaram na mídia, um quadro radicalmente distinto surgiu quando anotações feitas pelo falecido juiz Harry Blackmun nessas conferências tornaram-se acessíveis entre seus documentos póstumos. A autora Jan Crawford Greenburg, que consultou as anotações de Blackmun quando escreveu um livro sobre a Suprema Corte — *Supreme Conflict* [Supremo conflito, em tradução livre] —, deparou-se com um padrão completamente diferente do que predominava na visão da mídia. Além disso, esse padrão surgiu durante o primeiro ano de Clarence Thomas na Suprema Corte.

Apenas no terceiro caso do qual participou, o juiz Thomas concordou no início com os seus outros colegas, e o caso parecia se encaminhar para um resultado de nove a zero. Mas Thomas pensou durante a noite e decidiu discordar das opiniões dos seus oito colegas veteranos: "Porém, Thomas não ficou sozinho por muito tempo. Depois que ele enviou sua decisão divergente para os outros juízes, Rehnquist e Scalia enviaram notas para os juízes, dando conta de que também estavam mudando os votos e concordariam com a opinião de Thomas. Kennedy se recusou a seguir a dissidência de Thomas, mas também mudou seu voto e redigiu sua própria dissidência...".[82]

Isso aconteceu várias vezes naquele primeiro ano. Algumas das anotações do juiz Blackmun indicavam que ele se surpreendeu com a independência do novo membro da corte.

Figuras políticas não são as únicas que rendem personagens fictícios na mídia, suscitando impressões contrárias aos fatos. O famoso boxeador alemão da década de 1930 e ex-campeão dos pesos pesados Max Schmeling foi extensamente retratado nos meios de comunicação norte-americanos como nazista. O *Chicago Tribune* referia-se a ele como "o lutador nazista",[83] e o *Los Angeles Times* chamava-o "o pregador nazista".[84] Ele foi descrito no *Washington Post* como "amigo bastante próximo de Hitler".[85] O famoso articulista Westbrook Pegler chamou-o de "garoto de Hitler".[86] O ministro da propaganda nazista Joseph Goebbels foi descrito no *New York Times* como "um bom amigo de Schmeling".[87] Muito mais tarde, em 1991, a revista *American Heritage* descreveu Schmeling como "veementemente pró-Hitler",[88] embora nessa época os fatos que mostravam o contrário já se houvessem revelado e fossem largamente acessíveis.

Antes de tudo, no contexto da época em que tudo aconteceu, o fato de Schmeling ter concordado em lutar com um boxeador negro — Joe Louis, na ocasião um lutador em ascensão — foi criticado na Alemanha nazista.[89] Mesmo nos Estados Unidos, nenhum dos melhores pugilistas negros pesos pesados da década de 1920 havia recebido a chance de lutar pelo cinturão. Embora Schmeling não fosse mais campeão e essa luta não fosse uma disputa pelo título, era uma luta intolerável para as autoridades alemãs em decorrência da ideologia racial nazista. Foi só depois que Schmeling causou sensação ao nocautear Louis de maneira desconcertante em sua primeira luta que ele recebeu elogios dos líderes nazistas. Como noticiou o *New York Times* na época: "Max Schmeling, que foi ignorado e caiu em desgraça (por aceitar lutar com um negro) quando partiu para sua luta vitoriosa com Joe, retornou hoje como um herói nacional".[90]

Schmeling foi então convidado para jantar com Hitler — e recusar um convite do ditador nazista não era algo que se pudesse fazer e sair impune. Schmeling aceitou o convite, e foi divulgado que ele também jantou com Joseph Goebbels, e que foi muito elogiado. Contudo, como informou o *New York Times* à época: "Max sorriu, fez saudações e deu todas as respostas apropriadas às honras oficiais que lhe foram prestadas. Mas ele não parecia entusiasmado. Talvez não tivesse esquecido a despedida extremamente fria que recebera quando parecia provável que seria derrotado pelo negro norte-americano".[91]

Schmeling não promoveu a ideologia racial nazista, nem com palavras nem com ações. Como informou a redatora esportiva Shirley Povich em 1936, antes da primeira luta de Max Schmeling com Joe Louis: "Com um sutil descaso com a política nazista, Schmeling está treinando num clube judeu" no norte de Nova York.[92] O empresário de Schmeling era judeu, e o boxeador o manteve como empresário mesmo sendo pressionado pelos nazistas a livrar-se dele. Quando retornou aos Estados Unidos, Max Schmeling foi fotografado dando abraços calorosos em seu empresário e no promotor de lutas Mike Jacobs — ambos judeus.[93]

Quanto a seu comportamento com relação a Joe Louis, depois de conseguir seu nocaute impressionante na primeira luta, Schmeling foi até Louis e o ajudou a se levantar. Antes da segunda luta, que foi promovida com muito alarde como uma batalha entre a ditadura e a democracia e um teste das doutrinas raciais nazistas, quando entrou no ringue, a primeira coisa que Schmeling fez foi ir ao *corner* de Louis e apertar sua mão, embora os lutadores de boxe costumem ir primeiro ao próprio *corner*. Para um homem que vivia sob uma ditadura, ele fez tudo o que pôde para se distanciar simbolicamente, de modo seguro, dos nazistas.

Durante a *Kristallnacht* (Noite dos Cristais), em 1938 — a noite em que a violência da multidão, orquestrada pelos nazistas, explodiu contra os judeus na Alemanha nazista —, Schmeling escondeu dois adolescentes judeus — filhos de um velho amigo seu — em seu quarto de hotel. Um desses jovens — Henri Lewin — se tornou, mais tarde, proprietário de um hotel nos Estados Unidos. Em 1989, num jantar em Las Vegas no qual Max Schmeling estava presente, Lewin contou publicamente, com lágrimas nos olhos, como ele e seu irmão foram salvos por Max Schmeling.[94] Schmeling também chorou, mas disse que não gostava de ser "glorificado". Ainda assim, Lewin acrescentou: "Se Max tivesse sido apanhado quando nos escondeu, teriam atirado nele. Falando francamente, se eu fosse Max Schmeling na Alemanha em 1938, não teria feito o que ele fez".[95] Quantos entre aqueles que chamaram Schmeling de nazista teriam feito isso é uma questão à parte.

Não apenas indivíduos, mas também nações inteiras podem receber características fictícias para o favorecimento de uma visão predominante. A admiração de intelectuais por supostas virtudes de nações estrangeiras serviu muitas vezes como uma forma de censurar seu próprio país. Esse padrão remonta ao menos a Jean-Jacques Rousseau no século XVIII; a descrição de Rousseau do "bom selvagem" serviu como repreensão à civilização europeia.

Embora seja legítimo comparar algumas nações com outras, ou talvez com alguma visão ideal de como as nações deveriam ser, com muita frequência os intelectuais ocidentais de modo geral, ou intelectuais norte-americanos mais especificamente, teçam comparações com uma imagem fictícia de outras nações — sobretudo durante a década de 1930, com a imagem da União Soviética que foi engendrada pela *intelligentsia* da época, com a ajuda de escritores pró-soviéticos, como Walter Duranty ou Sidney e Beatrice Webb. O famoso crítico literário Edmund Wilson, por exemplo, descreveu a União Soviética como "o topo moral do mundo"[96] num tempo em que havia fome em massa e campos de trabalho escravo sob Stalin. Quando tantos fatos sobre a União Soviética acabaram se tornando tão conhecidos e tão assustadores que a imagem fictícia já não pôde mais se sustentar, a busca dos intelectuais por outras nações estrangeiras para admirar e contrapor como censura às suas próprias nações voltou-se por um momento para a China comunista ou para vários países do Terceiro Mundo, como a Índia ou algumas das nações da África Subsaariana, que recentemente haviam conquistado a independência.

Talvez a Índia tenha sobrevivido mais tempo que as outras nações nesse papel, em parte como "a maior democracia do mundo" e em parte porque o seu socialismo democrático sob Nehru e seus sucessores se assemelhava muito ao modelo que os intelectuais ocidentais favoreciam. A Índia fictícia era retratada como um país que não era materialista, intolerante e violento como os Estados Unidos. Era como se a Índia fosse um país de Mahatma Gandhis, quando, na verdade, Gandhi foi assassinado justamente em virtude das suas tentativas de refrear a violenta e descontrolada intolerância entre a população indiana. As centenas de milhares de hindus e muçulmanos mortos em explosões de violência envolvendo os dois grupos que se seguiram à independência da Índia em 1947, quando o subcontinente foi dividido em Índia e Paquistão, de algum modo desapareceram na névoa dos tempos. Nem mesmo a violência letal entre hindus e muçulmanos na Índia dos tempos atuais, no século XXI — centenas de pessoas mortas em tumultos em um estado apenas em 2002, por exemplo[97] —, foi o suficiente para causar maiores danos à imagem da Índia fictícia. Tampouco o tratamento dado aos intocáveis.

O governo indiano proibiu a intocabilidade em 1949, e em conversas educadas a palavra "intocável" foi substituída por "Harijan" — "filhos de Deus", como Mahatma Gandhi os chamava —, depois por "Dalits" (os oprimidos) e, em relatórios oficiais do governo, "casta dos trabalhadores". Mas grande parte da velha discriminação opressiva continuou, sobretudo nas zonas rurais. Anos depois de os linchamentos raciais terem se tornado coisa do passado nos Estados Unidos, a publicação indiana *The Hindu* noticiou, em 2001, que ataques "e até massacres de homens, mulheres e crianças pertencentes às categorias mais baixas da ordem social" eram ainda uma ocorrência habitual em muitas partes do país".[98]

Na atualidade, essas práticas não são globais na Índia. Um relatório oficial em 2001 concluiu que apenas três estados na Índia produziram quase dois terços de todos os milhares de atrocidades cometidas contra intocáveis todos os anos, ao passo que em vários estados nenhuma atrocidade ocorrera.[99] Nos lugares onde as atrocidades prosseguem, porém, são de fato atrocidades. Um artigo de junho de 2003 na revista *National Geographic*, completo com fotografias de homens intocáveis mutilados com ácido porque se atreveram a pescar numa lagoa usada por indianos de casta mais elevada, detalhou um quadro temível das opressões e da violência incessantes contra intocáveis.[100]

Os intocáveis não são as únicas vítimas da intolerância motivada por castas na Índia. Existem também as "mortes em nome da honra" de mulheres jovens ou de casais que se casam, ou tentam se casar, fora de suas castas. Em 2010, o assassinato de uma mulher brâmane que tentou se casar com um homem de uma casta de posição inferior à dos brâmanes desencadeou protestos na Índia; mas não foi o único caso. Segundo o *New York Times*: "Novos casos de assassinatos ou de assédio surgem nos noticiários da Índia quase toda semana". Em uma pesquisa aplicada pelas Nações Unidas, 76% dos entrevistados indianos disseram que o casamento fora da casta é inaceitável.[101]

Durante a época da escravatura, a Índia tinha, segundo estimativas, mais escravos do que todo o hemisfério ocidental.[102] E até os dias de hoje, continuam acontecendo a compra e a venda de seres humanos. No *New York Times* do dia 2 de junho de 2011, o articulista Nicholas D. Kristof escreveu da Índia sobre traficantes de mulheres para fins de prostituição que "ofereciam às famílias centenas de dólares por uma garota bonita", algumas das quais nem sequer eram adolescentes. E esses eventos não são isolados: o país tem quase certamente o maior número de vítimas de tráfico humano do mundo nos dias atuais.[103]

O que se busca aqui não é realizar uma avaliação geral da Índia — que teria de abarcar tanto suas características positivas como as negativas —, mas, sim, mostrar como se pode criar todo um país fictício completamente diferente do país real que pretende ser, do mesmo modo como pessoas fictícias foram criadas pela *intelligentsia*. Na verdade, muitos desses países fictícios foram criados no decorrer de várias gerações por intelectuais que desprezavam seus próprios países.[104]

O livro de Paul Hollander *Political Pilgrims* [Peregrinos políticos, em tradução livre] — um estudo sobre intelectuais cujas visitas a países comunistas como União Soviética, China e Cuba produziram relatos entusiasmados a respeito dessas sociedades totalitárias — atribui parte do motivo para esse resultado a uma assimetria de informação. A "indisponibilidade de informação visual desfavorável sobre os estados policiais mais repressivos" visitados pelos intelectuais contrasta com as "vívidas imagens dos piores aspectos das suas sociedades".[105] Falsas interpretações de fatos são, até certo ponto, inevitáveis, dadas as limitações de informação e as limitações de seres humanos. Mas a criação de pessoas e de nações fictícias vai bem além disso, principalmente quando a *intelligentsia* que está no negócio de reunir e propagar informação chega a conclusões impactantes na ausência ou à revelia da informação disponível.

Fatos sobre a Índia, incluindo o tratamento reservado aos intocáveis, as mortes por honra e as atrocidades contra muçulmanos e cristãos são livremente divulgados nos próprios meios de comunicação do país,[x] e existem até relatórios oficiais do governo indiano sobre as atrocidades cometidas contra os intocáveis. O mesmo não ocorre em governos totalitários sigilosos, é claro. Contudo, mesmo no tocante a Estados totalitários, muita informação pode se tornar acessível aos intelectuais do exterior, e o fator fundamental pode ser a vontade desses intelectuais de acreditar em tal informação. Nas palavras do escritor britânico Anthony Daniels:

> Um dos mitos permanentes do século XX é o de que muitos intelectuais ocidentais simpatizam com a União Soviética porque não têm consciência da verdadeira natureza do regime estabelecido pelos bolcheviques. De acordo com essa mitologia, a falta de informação permitiu que eles fixassem a mente ou os encorajou a fixarem a mente nos ideais proclamados pelo regime e a ignorarem a terrível realidade. Sua simpatia, portanto, foi uma mostra de generosidade de espírito; eles só são culpados — se é que de fato são — de terem errado em seu julgamento.

Nada poderia estar mais distante da verdade... Até a minha pequena coleção de livros publicados na Grã-Bretanha, na França e nos Estados Unidos nos anos 1920 e 1930 contém muitos volumes que, por si sós, provam sem sombra de dúvida que todo tipo de atrocidade foi divulgado no Ocidente assim que aconteceu ou pouco tempo depois de ter acontecido.[106]

O fator essencial não parece ser quais informações estão disponíveis, mas, sim, as predisposições — a visão — com a qual os intelectuais abordam as informações disponíveis, independentemente de serem sobre nações ou sobre indivíduos. Certamente não houve dificuldades sérias para se ter acesso a informações sobre figuras públicas norte-americanas que foram louvadas ou difamadas por intelectuais.

Não raro, indivíduos e nações fictícios têm características que não são meramente diferentes das características das pessoas de carne e osso às quais elas supostamente correspondem — são o exato oposto. Com as várias personas fictícias inventadas pela *intelligentsia* para figuras públicas e países estrangeiros, só se nota coerência na concordância com a visão de mundo dos intelectuais, e com a visão deles próprios nesse mundo, o que os leva a exaltar ou denegrir visões que coincidem ou diferem das suas próprias — e assim a exaltação e a difamação muitas vezes ocupam o lugar dos fatos e da análise sobre indivíduos e questões com as quais eles estão envolvidos.

LIMPEZA VERBAL

Os numerosos filtros existentes tanto na mídia como no âmbito acadêmico não são aleatórios. Eles refletem uma visão comum e afastam incontáveis coisas que poderiam ameaçar essa visão. O virtuosismo verbal dos intelectuais filtra não só palavras como também fatos, por meio do que podemos chamar de limpeza verbal, algo muito semelhante à limpeza étnica. Palavras que adquiriram conotações específicas com o passar dos anos, a partir das experiências de milhões de pessoas em gerações sucessivas, têm agora essas conotações sistematicamente removidas por um número relativamente pequeno de intelectuais contemporâneos, que simplesmente substituem as mesmas coisas por expressões diferentes até que as novas palavras substituam as antigas nos meios de comunicação. Dessa maneira, a palavra "mendigo" foi substituída por "pessoa em situação de rua", "pântano" por "terras úmidas" e "prostituta" por "profissional do sexo", por exemplo.

Todas as coisas que gerações de pessoas aprenderam por experiência sobre mendigos, pântanos e prostitutas acabam eliminadas pela substituição por novas palavras, limpas dessas conotações. Pântanos, por exemplo, são muitas vezes lugares desagradáveis, lamacentos e malcheirosos, onde mosquitos se reproduzem e espalham doenças. Algumas vezes os pântanos são também lugares que abrigam criaturas perigosas como cobras e jacarés. Mas as pessoas dizem "terras úmidas" num tom de voz baixo e reverente, como se estivessem falando de santuários.

Palavras recém-cunhadas para coisas antigas surgem em muitos contextos, com frequência apagando o que a experiência nos ensinou sobre essas coisas. Assim, "veículo leve sobre trilhos" tornou-se um nome elegante usado por defensores do transporte público para coisas que se parecem bastante com veículos que, em tempos passados, eram chamados de bondes ou trólebus, e que um dia já foram comuns em centenas de cidades norte-americanas. Os bondes foram substituídos por ônibus em quase todas essas cidades — houve motivos para isso. Agora, porém, as inconveniências e ineficiências dos bondes somem como que por mágica quando são apresentados sob a nova roupagem chamada "veículo leve sobre trilhos", cujo maravilhoso potencial pode ser descrito em termos entusiásticos por urbanistas e outros defensores, protegidos contra a experiência que se escancara por meio de memórias ou histórias do declínio e da queda do bonde.

Outro importante avanço na arte da limpeza verbal foi mudar os nomes usados para descrever pessoas que defendem a intervenção do governo na economia e na sociedade, como a maioria dos intelectuais tende a fazer. Nos Estados Unidos, essas pessoas mudaram sua própria designação mais de uma vez ao longo do século XX. No início daquele século, elas se denominavam "progressistas". Nos anos 1920, contudo, a experiência levou os eleitores norte-americanos a repudiarem o progressismo e a elegerem governos federais com filosofia bem diferente no decorrer de toda essa década. Quando a Grande Depressão dos anos 1930 elevou novamente ao poder pessoas com a filosofia da intervenção governamental — muitas das quais haviam servido na administração do progressista Woodrow Wilson —, essas pessoas passaram a se denominar "liberais", livrando-se das conotações da sua encarnação anterior, assim como as pessoas se livram dos seus débitos financeiros por meio da falência.

Quando o longo reinado do "liberalismo" nos Estados Unidos — que vigorou, com poucas interrupções, desde o New Deal do presidente Franklin D. Roosevelt, na década de 1930, até a Great Society do presidente Lyndon B. Johnson na década de 1960 — terminou, o liberalismo estava tão desacreditado que, posteriormente, os candidatos à presidência e outros candidatos políticos com longa tradição no pensamento liberal rejeitaram esse rótulo ou qualquer outro como algo enganoso ou indesejável. No final do século xx, muitos liberais começaram a se denominar "progressistas", escapando dessa maneira das conotações que o liberalismo adquirira, mas que não se aplicavam mais à palavra "progressista", já pertencente a um passado distante demais para que as pessoas pudessem associar algum tipo de experiência a ela.

Em 26 de outubro de 1988, muitos intelectuais importantes — entre os quais Kenneth Galbraith, Arthur Schlesinger Jr., Daniel Bell e Robert Merton — assinaram um pronunciamento no *New York Times* em protesto ao que chamaram de "aviltamento de uma das mais antigas e nobres tradições" pelo presidente Ronald Reagan, que tornara "vexaminosos os termos 'liberal' e 'liberalismo'".[107] Se tivermos em mente o significado original de liberalismo como "a liberdade dos indivíduos de alcançar o ponto máximo do seu desenvolvimento", o pronunciamento nem mesmo reconheceu — muito menos justificou — o que o liberalismo tinha passado a significar na prática: intervenções governamentais generalizadas na economia e na engenharia social.

Sejam quais forem os méritos ou deméritos dessas intervenções, essas foram as políticas verdadeiramente defendidas e realizadas por liberais contemporâneos, independentemente do que a definição original para a palavra "liberal" encontrada no dicionário possa ter significado em tempos passados. Mas o inflamado pronunciamento nem sequer considerou a possibilidade de que a real trajetória dos liberais quando detinham o poder tenha contribuído muito mais para que o termo se tornasse um opróbrio do que as críticas feitas por aqueles que tinham uma filosofia diferente. Além disso, foi mostrado como algo estranho e infame que conservadores como Ronald Reagan criticassem liberais da mesma maneira que os liberais costumavam criticar conservadores como o presidente Reagan.

Assim como as pessoas que criticam o liberalismo baseadas no comportamento real dos liberais são acusadas de serem contra o liberalismo em sua definição no dicionário, do mesmo modo as pessoas que criticam o real comportamento dos intelectuais muitas vezes são acusadas de serem "anti-intelectuais" no sentido de serem contra as próprias atividades de um intelectual. O conhecido livro de Richard Hofstadter *Anti-Intellectualism in American Life* [Anti-intelectualismo na vida americana, em tradução livre] equiparou as duas coisas, tanto em seu título como em seu texto, quando fez menção ao "desrespeito nacional pela mente" e às qualidades em nossa sociedade que tornam impopular o intelecto".[108] O articulista do *New York Times* Nicholas D. Kristof foi um dos muitos que escreveram a respeito do "intelectualismo que há muito tem sido um fardo na vida norte-americana".[109] Até o respeitado acadêmico Jacques Barzun disse: "O intelecto é desprezado",[110] embora ele mesmo tenha feito críticas aos intelectuais sem ser alguém que despreza o intelecto. Ele também não achou necessário tentar mostrar que cientistas ou engenheiros eram desprezados pela maioria dos norte-americanos, ou mesmo por aqueles que criticavam duramente a trajetória dos intelectuais como pessoas cujo trabalho começa e termina com ideias.

OBJETIVIDADE *VERSUS* IMPARCIALIDADE

O virtuosismo verbal permitiu que muitos intelectuais se esquivassem da responsabilidade por filtrarem a realidade a fim de criarem uma realidade paralela que se aproximasse mais da visão deles. Alguns intelectuais acentuam a ponto de tornar insolúvel o problema de escolher entre filtrar e não filtrar, e então rejeitam os críticos como se esperassem o impossível — ou seja, perfeita objetividade ou total imparcialidade. "Nenhum de nós é objetivo", segundo o editor público do *New York Times*.[111]

É evidente que ninguém é objetivo nem imparcial. *Métodos* científicos podem ser objetivos, mas cientistas não são objetivos — e não precisam ser. Matemáticos não são objetivos, mas isso não significa que equações de segundo grau ou o Teorema de Pitágoras sejam apenas questão de opinião. Com efeito, o propósito de desenvolver e aceitar *métodos* científicos objetivos é a busca por informação confiável que não dependa de crenças ou predileções subjetivas de cada cientista tomado individualmente ou da esperança de que os cientistas em sua maioria sejam objetivos. Se os cientistas fossem objetivos, haveria pouca necessidade de dedicar tempo e esforço para elaborar métodos científicos e torná-los consensuais.

Mesmo o mais rigoroso cientista não é objetivo como pessoa nem imparcial em atividades científicas. Os cientistas que estudam o crescimento de células cancerosas em seres humanos evidentemente não são imparciais com relação à vida dessas células cancerosas em comparação com as vidas de seres humanos. Não se estuda o câncer somente para se obter informação acadêmica, mas definitivamente para descobrir a melhor maneira de destruir os cânceres existentes e, se possível, evitar o surgimento de novos cânceres, a fim de reduzir o sofrimento humano e prolongar a vida humana. Não poderia haver atividade mais parcial. O que torna científica essa atividade é que ela utiliza métodos desenvolvidos para se chegar à verdade, não para dar sustentação a essa ou àquela crença. Por outro lado, os métodos científicos desenvolvidos para submeter crenças conflitantes ao teste dos fatos admitem implicitamente que seria imprudente confiar na objetividade *pessoal* ou na imparcialidade entre cientistas.

Embora J. A. Schumpeter tenha dito que "a primeira coisa que um homem fará por seus ideais é mentir", ele também disse que o que torna científico um domínio são "regras de procedimento" que podem "eliminar erros condicionados ideologicamente" de uma análise.[112] Essas regras de procedimento são uma admissão implícita da falibilidade da objetividade ou da imparcialidade individual.

Um cientista que filtrasse fatos contrários a alguma teoria de sua preferência sobre o câncer cairia em desgraça e seria desacreditado; e um engenheiro que filtrasse certos fatos na construção de uma ponte poderia ser processado por negligência criminosa se, em consequência disso, essa ponte desabasse com pessoas sobre ela. Mas os intelectuais cujo trabalho tem sido comparado com "engenharia social" não enfrentam essa responsabilidade legal — na maioria dos casos, não enfrentam nenhum tipo de responsabilidade — quando sua filtragem de fatos conhecidos leva a desastres sociais.

Que um número tão grande de intelectuais possa se valer da inacessibilidade da objetividade e da imparcialidade individuais como motivo para justificar sua própria filtragem dos fatos — fazendo seu argumento parecer plausível — mostra, mais uma vez, que eles têm muito intelecto e muito virtuosismo verbal, embora nem sempre tenham muita sabedoria. Em última análise, o problema não é, como com frequência se afirma de forma errada, ser "justo" com quem está em "ambos os lados" de uma questão. Muito mais importante é ser *honesto* com o leitor, que, afinal, no mais das vezes, não pagou para aprender sobre a psique ou a ideologia do autor, mas para obter alguma informação sobre o mundo real.

Quando o *New York Times* relacionou três livros sobre política entre os mais vendidos, escritos respectivamente por Mike Huckabee, Dick Morris e Frank I. Luntz — todos comentaristas da Fox News Channel —, em meio a livros sobre aconselhamento pessoal, listando-os junto com livros que tratavam de assuntos como perda de peso,[113] em vez de colocá-los numa lista de maior relevância entre livros de não ficção, isso não foi simplesmente uma questão de ser "injusto" com esses autores em particular. Foi, sobretudo, um logro contra os leitores do jornal e contra as livrarias espalhadas pelo país, que utilizam a lista de livros de não ficção mais vendidos para determinar quais livros encomendar e exibir em estantes.

Intelectuais que tomam a iniciativa de filtrar fatos no interesse da sua própria visão negam aos outros o direito que reivindicam para si mesmos — de olhar para o mundo como ele é e chegar às próprias conclusões. Ter uma opinião, ou expressar uma opinião, difere radicalmente de impedir que informações cheguem a outras pessoas que poderiam formar as próprias opiniões.

CAPÍTULO 11
VERDADE SUBJETIVA

A verdade — fatos empíricos ou lógica convincente — é inimiga de dogmas, e é tratada como inimiga por um pequeno, porém crescente, número de intelectuais modernos, demonstrando mais uma vez a divergência entre padrões intelectuais e os interesses egocêntricos dos intelectuais. Trata-se de ataque ou desprezo ao próprio conceito de verdade, não apenas a determinadas verdades.

Colocar em dúvida a verdade como critério decisivo foi um recurso tentado sistematicamente por alguns por meio de desconstrução, ou ocasionalmente por outros com alegações do que seria a "minha verdade" *versus* a "sua verdade" — como se a verdade pudesse ser tratada como propriedade privada, quando toda a sua importância se encontra na comunicação interpessoal. Por exemplo, quando Robert Reich foi questionado a respeito da exatidão dos fatos contidos nos seus relatos publicados de várias reuniões que outras pessoas filmaram, mostrando situações radicalmente diferentes daquelas que ele havia descrito em seu livro, a resposta dele foi: "Não reclamo nenhuma verdade mais elevada que as minhas próprias percepções".[1] Se a verdade é subjetiva, então seu propósito perde totalmente o sentido. Contudo, para alguns isso pode parecer um pequeno preço a pagar para se preservar uma visão da qual depende o sentido de ser de muitos intelectuais, bem como seu papel na sociedade.

A noção aparentemente sofisticada de que toda realidade é "socialmente construída" tem uma plausibilidade superficial, mas ignora os vários processos de validação que testam essas construções. Muito do que se diz ser socialmente "construído", na verdade, *desenvolveu-se* ao longo de gerações e foi socialmente *validado* pela experiência. Grande parte do que muitos intelectuais propõem substituir é, na verdade, *construído* — isto é, criado deliberadamente em dado momento e lugar — e sem validação alguma exceto o consenso de colegas com ideias afins. Se os fatos, a lógica e os procedimentos científicos não passam todos de noções arbitrárias "socialmente construídas", então tudo o que resta é consenso — mai especificamente o consenso entre pares, entre iguais; o tipo de consenso que interessa a adolescentes ou a muitos integrantes da *intelligentsia*.

Em um sentido bastante limitado, a realidade é de fato construída pelos seres humanos. Mesmo o mundo que vemos ao nosso redor é, em última análise, construído dentro do nosso cérebro a partir de duas pequenas porções de luz que incidem em nossas retinas. Como as imagens vistas na parte de trás de uma câmera, a imagem do mundo dentro dos nossos olhos fica invertida. Nosso cérebro coloca a imagem na posição real e reconcilia as diferenças entre a imagem em um olho com a imagem no outro, percebendo o mundo como tridimensional.

Morcegos não percebem o mundo do mesmo modo que os humanos porque dependem de sinais enviados como sonar que vão e voltam. Algumas criaturas do mar percebem as coisas por meio de campos elétricos gerados e recebidos pelo corpo delas. Embora os mundos percebidos por diferentes criaturas por meio de diferentes mecanismos obviamente sejam distintos uns dos outros, essas percepções não são apenas noções que flutuam à deriva; são noções sujeitas a processos de validação dos quais dependem questões tão sérias como a vida e a morte.

A imagem específica de um leão que vemos numa jaula pode ser uma ideia dentro do nosso cérebro, mas, se entrarmos nessa jaula, teremos rápida e catastroficamente a prova de que existe uma realidade fora do controle do nosso cérebro. Morcegos não voam diretamente contra paredes durante seus voos noturnos, porque a realidade muito diferente construída dentro dos cérebro deles é igualmente sujeita a validação pela experiência num mundo que existe fora do cérebro deles. Com efeito, morcegos não voam na direção de janelas de vidro como fazem às vezes os pássaros quando dependem da visão — o que indica diferenças nos sistemas de percepção e a existência de uma realidade independente desses sistemas de percepção.

Até mesmo as visões mais abstratas do mundo muitas vezes podem estar sujeitas à validação empírica. A visão que Einstein tinha da física, que era bem diferente da visão dos seus predecessores, mostrou ser em Hiroshima não apenas a visão da física de Einstein — não apena a *sua* verdade *versus* a verdade de outra pessoa —, mas uma inevitável realidade para todos os que estavam presentes naquele trágico lugar, naquela ocasião catastrófica. Os processos de validação são o fator fundamental ignorado que permite que muitos intelectuais considerem todos os tipos de fenômenos — o social, o econômico ou o científico — como meras noções subjetivas, o que implicitamente lhes dá a possibilidade de substituí-las por noções subjetivas de sua preferência acerca do que é e do que deveria ser.

Uma das maneiras de fazer a realidade parecer opcional é recusar-se a criticar as várias preferências, comportamentos e estilos de vida. "Quem sou eu para falar?" ou "Quem somos nós para falar?" são pontos de vista que soam como manifestações abnegadas de generosidade com as escolhas de outras pessoas. Na prática, podem ser uma negação das consequências — um tipo de agnosticismo tático para suavizar fatos importunos.

Afirmar que o casamento, por exemplo, é somente um em meio a uma gama de estilos de vida que os indivíduos podem escolher é não apenas declarar um fato empírico, mas também fugir da questão das *consequências* que advêm dessas várias escolhas de estilo de vida, não apenas para os indivíduos que as escolhem como também para outros, incluindo a sociedade como um todo. Afinal de contas, o casamento e outros arranjos de vida podem produzir crianças — pessoas que não podem escolher que tipo de vida terão ao nascer e na qual crescerão. As consequências empíricas de criar filhos em diferentes estilos de vida incluem não somente índices elevados de pobreza em casas com um só progenitor e custos para os contribuintes, que acabam tendo de ajudar muitas crianças que crescem nessas casas, mas também pessoas que se tornam vítimas do aumento das taxas de crimes praticados por indivíduos que foram criados em casas com um só progenitor. Quando as taxas de pobreza entre casais de negros se mantêm na casa de um dígito todo ano desde 1994,[2] isso sugere que algumas escolhas de estilos de vida não apenas são *diferentes* das outras, mas também produzem consequências *melhores*.

Muitos outros aspectos da cultura têm consequências sérias. Celebrar de maneira automática e sem julgamentos a "diversidade" cultural é recusar enfrentar as consequências que podem afetar não só a vida dos indivíduos como também o destino de toda a sociedade. Por mais engenhoso que possa ser o agnosticismo tático como exercício de virtuosismo verbal, alguém diria que o nazismo era somente o "estilo de vida" de Hitler? Ou as consequências seriam devastadoras demais para serem postas de lado com algumas frases? O não julgamento é um dos mais perigosos de todos os argumentos sem argumentos, pois nenhuma *razão* é dada para que não se façam juízos de valor,[y] a não ser que a repetição sem fim ou o consenso entre pares sejam considerados razões.

Tem alguma relação com o enfraquecimento da ideia de verdade objetiva o enfraquecimento dos padrões em diversos campos, incluindo o da música, da arte e da literatura. "Não há distinções rígidas entre o que é real e o que não é real, nem entre o que é verdadeiro e o que é falso", segundo o dramaturgo Harold Pinter.[3] Mas essa ideia não se limita a dramaturgos. O respeitado historiador britânico Paul Johnson observou, por exemplo, que um escritor alcança o "domínio estético quando aqueles que não conseguem compreender o que ele está fazendo ou por que está fazendo tendem a se desculpar por não compreenderem, em vez de criticarem o fato de o escritor não conseguir se fazer compreender".[4]

O mesmo invejável resultado egocêntrico também foi obtido por pintores, escultores, poetas e compositores musicais, entre outros, muitos dos quais obtiveram apoio financeiro de contribuintes aos quais não precisam dar satisfação, nem mesmo precisam tornar seu trabalho compreensível para esses contribuintes. Em alguns casos, os produtos "artísticos" desses artistas subsidiados têm a clara intenção de zombar, chocar ou insultar o público, e podem até ser duvidosos como arte. Porém, como disse Will Rogers muito tempo atrás: "Quando você não é nada mais, pode afirmar que é um artista — e ninguém pode provar que você não seja".[5] Jacques Barzun chamou acertadamente os artistas de "os denunciadores mais persistentes da civilização ocidental",[6] algo perfeitamente compreensível quando não se paga nenhum preço por tal autocomplacência.

A LOCALIZAÇÃO DO MAL

Muitos intelectuais se consideram agentes da "mudança", um termo por vezes empregado de modo vago, quase genericamente, como se as coisas fossem tão ruins que já se pudesse supor de antemão que a "mudança" seria para melhor. A história das mudanças para pior, mesmo em países que já se encontravam em situação bem ruim antes — a Rússia czarista ou Cuba sob Batista, por exemplo —, recebe pouquíssima atenção. Para parecer plausível, porém, uma pauta de mudança social benéfica e abrangente deve implicitamente supor que o mal se localize em alguma classe, instituição ou autoridades, já que os pecados e deficiências universalmente presentes nos seres humanos deixariam poucos motivos para que se esperasse algo tremendamente melhor numa sociedade reorganizada; nesse caso, uma revolução poderia ser muito semelhante a rearranjar as espreguiçadeiras do *Titanic*.

Reformas suplementares, realizadas a partir da experiência de tentativa e erro, podem, no decorrer do tempo, equivaler a uma mudança profunda na sociedade, mas isso é completamente diferente das mudanças pré-embaladas amplamente impostas para castigar o malvado e exaltar o ungido, em conformidade com a visão preconceituosa e dramática dos intelectuais. Essa visão exige que haja vilões, que podem ser indivíduos, grupos ou toda uma sociedade impregnada de ideias erradas, que podem ser corrigidas pelos detentores das ideias certas. Mas não funcionará se esses vilões estiverem em algum lugar distante, alheios à incitação da *intelligentsia*. Vilania caseira é muito mais acessível e é um alvo muito mais vulnerável, com maior probabilidade de ser abatido pela audiência doméstica para a visão da *intelligentsia*.

Em resumo, o que deve ser atacado é a "nossa sociedade", para que seja submetida à "mudança" específica que a elite intelectual vê com bons olhos. Os pecados da sociedade, do passado e do presente, devem ser o foco. O imperialismo, por exemplo, é considerado por muitos no âmbito da *intelligentsia* como um mal da "nossa sociedade". Mas é impossível ler muito sobre a história do mundo, antiga ou moderna, sem se deparar com o rastro sangrento dos conquistadores e com os sofrimentos que eles causam aos conquistados. Assim como a escravidão, o imperialismo fez parte de todos os domínios da raça humana, na condição de conquistadores e de conquistados. Esse mal jamais teve de fato uma localização, por mais que vários povos conquistados tenham sido retratados pelos intelectuais como vítimas nobres — mesmo pouco antes de essas vítimas assumirem o papel de abusadores quando surgiu a oportunidade para isso, como fizeram muitos depois que o direito à "autodeterminação" dos povos de Woodrow Wilson levou as minorias oprimidas nos Impérios Habsburgo e Otomano a adquirirem suas próprias nações, nas quais uma das primeiras ordens do dia foi a opressão às outras minorias que passaram a viver sob seu jugo.

Contudo, a história do ato de conquistar é, hoje, contada de forma completamente desproporcional como a história de europeus brutais que conquistaram povos nativos inocentes, os quais foram muitas vezes descritos como povos "que viviam em harmonia com a natureza" ou outra versão qualquer do que Jean-François Revel chamou com propriedade de "lirismo da mitologia do Terceiro Mundo".[7] Essa localização do mal parece cabível porque nos últimos séculos os europeus tiveram mais riqueza, mais tecnologia e maior poder de fogo para fazer o que todos os outros haviam feito durante milhares de anos. Mas nem sempre os europeus estiveram à frente em termos de tecnologia ou foram mais ricos que outros povos — e durante os séculos que antecederam a ascensão da Europa no palco do mundo, milhões de europeus foram subjugados por conquistadores vindos da Ásia, do Oriente Médio e do norte da África.

Em tempos medievais, o império da Horda Dourada de Gengis Khan se estendeu através da Ásia inteira e se aprofundou pela Europa Oriental, controlando sem ocupar de fato a região que é hoje a Rússia e governando por meio de líderes russos escolhidos por soberanos mongóis.

De modo geral, os eslavos foram parte de uma reação em cadeia colocada em movimento por vários invasores da Ásia Central, que expulsaram partes de populações eslavas das estepes ucranianas para os Bálcãs e para a região que é hoje a Europa Centro-oriental, onde os eslavos, por sua vez, expulsaram populações germânicas e outras mais para o oeste e mais para o sul.

As conquistas do Império Otomano nos tempos medievais colocaram muitos eslavos sob o domínio dos turcos. O domínio otomano nos Bálcãs permaneceu por cinco séculos. Entre outras imposições às quais foi submetida, a população europeia conquistada tinha de entregar determinada quantidade de seus meninos, que eram tomados como escravos, convertidos ao islã e treinados para funções militares nas unidades de soldados turcos ou em diversas posições civis. Essa prática não desapareceu até o final do século XVII, época na qual cerca de 200 mil garotos foram tirados de suas famílias dessa maneira.[8] Como outros povos não muçulmanos conquistados no Império Otomano, os eslavos ocupavam uma posição claramente inferior nas leis e nas políticas do império.

Foram necessários séculos de luta até que a Espanha finalmente expulsasse o último dos seus conquistadores do norte da África — no mesmo ano em que enviou Cristóvão Colombo na viagem que abriria todo um novo hemisfério a ser conquistado por espanhóis e outros europeus. A escravidão e a conquista violenta já foram comuns no hemisfério ocidental, muito antes que os navios de Colombo despontassem no horizonte. De fato, a ideia de que a conquista *per se* era errada — assim como a escravidão *per se* era errada —, independentemente de quem conquistou quem, surgiu como uma noção que se desenvolveu aos poucos, como um corolário de um sentido de universalismo, que teve origem na civilização ocidental. Entretanto, também nos dias atuais essa história é com frequência colocada de pernas para o ar em representações do característico mal ocidental, da culpa hereditária e — não por acaso — da obrigação de reparações.

O INVEJOSO E O DRAMÁTICO

O invejoso e o dramático desempenham papéis particularmente relevantes nas carreiras de intelectuais — e isso é quase inevitável. Embora o pensamento seja a atividade central dos intelectuais, todas as pessoas são capazes de pensar. A única razão ou justificativa para a existência de uma classe especial de intelectuais é que eles fazem isso melhor — *de um ponto de vista intelectual*, em termos de originalidade, complexidade e coerência interna das suas ideias, juntamente com uma ampla base de conhecimento e a concordância dessas ideias com premissas aceitas entre intelectuais —, mas não necessariamente do ponto de vista das consequências empíricas para outros.

O Invejoso

Em uma era de amplo acesso ao ensino superior para aqueles que passam por sucessivas triagens, estar entre os 5% ou 10% do topo, por vários critérios, costuma ser fundamental para ingressar em instituições acadêmicas de elite, a partir das quais as carreiras de intelectuais são iniciadas com uma promessa de maior sucesso. A preocupação com o injusto, portanto, não é simplesmente uma idiossincrasia individual, mas parte de uma experiência de grupo presente no processo de se tornar um intelectual e de passar por sucessivos filtros intelectuais no caminho rumo a essa ocupação. Até mesmo os intelectuais que tiveram uma formação educacional mais modesta deixam-se levar pelo clima inebriante que cerca os intelectuais de destaque, e ficam propensos a acreditar que os intelectuais como tais são um grupo muito especial e precioso.

O sentimento de superioridade não é uma casualidade incidental, pois a superioridade tem sido fundamental para conduzir os intelectuais à posição em que estão. Muitas vezes eles são de fato bastante superiores dentro da estreita faixa de preocupações humanas com as quais lidam. Porém, não existem somente grandes mestres do xadrez e prodígios da música, mas também engenheiros de software, atletas profissionais e pessoas em várias ocupações comuns cujas complexidades só podem ser avaliadas por quem teve de dominá-las. O deslize fatal de muitos intelectuais reside em generalizar, transformando sua destreza em certo tipo de conhecimento em compreensão geral dos assuntos do mundo — em outras palavras, dos assuntos de outras pessoas, cujo conhecimento da própria atividade é muito maior do que qualquer intelectual poderia esperar ter. Já foi dito que um tolo veste melhor seu casaco do que um sábio o veste por ele.

Muitos intelectuais aferram-se tanto à ideia de que seu conhecimento especial supera a *média* de conhecimento especial de milhões de outras pessoas que ignoram o fato muito mais consequencial de que seu conhecimento mundano não chega nem a um décimo do conhecimento mundano *total* dessas milhões de pessoas. Para muitos no âmbito da *intelligentsia*, porém, transferir decisões das massas para pessoas como eles próprios, os intelectuais, é transferir decisões de onde existe menos conhecimento para onde existe mais conhecimento. Essa é a falácia fatal por trás de muitas coisas que os intelectuais dizem e fazem, incluindo as falhas repetidas de planejamento central e outras formas de engenharia social que concentram poder nas mãos de pessoas com menos conhecimento total, mas com mais suposições, baseadas em seu maior conhecimento médio de tipo especial.

Como já vimos anteriormente, havia 24 milhões de preços a serem definidos pelos planejadores centrais na União Soviética[9] — uma tarefa impossível se esses preços guardassem qualquer relação racional entre si a fim de refletir a escassez relativa ou os custos relativos de bens e serviços ou os desejos relativos de consumidores desses 24 milhões de bens e serviços, comparados uns com os outros, e de alocar recursos para sua produção de forma apropriada. Essa seria uma tarefa esmagadora para qualquer comissão de planejamento central, mas tem sido uma tarefa perfeitamente cabível em economias de mercado para milhões de consumidores e produtores individuais, cada qual mantendo um acompanhamento apenas dos relativamente poucos preços relevantes para sua própria tomada de decisão; e a coordenação da alocação de recursos e da distribuição de produtos e serviços na economia como um todo é feita por meio da concorrência de preços no mercado para insumos e produtos.

Em resumo, esses milhões sabem muito mais do que qualquer comissão de planejamento central, mesmo que os planejadores centrais tenham todos graduação avançada, e a maioria das outras pessoas, não. Mesmo credenciada, ignorância é sempre ignorância. Ironicamente, o grande problema com os intelectuais supostamente entendidos é que eles não têm conhecimento suficiente para fazer o que se propõem a fazer. Mas os intelectuais têm pleno incentivo para afirmarem ser capazes de fazer mais do que qualquer um pode fazer, e sua educação, e dos seus colegas que pensam da mesma maneira que eles, basta para que essas afirmações pareçam plausíveis. Contudo, com a especialização cada vez mais acentuada dos intelectuais acadêmicos, torna-se ainda mais improvável que mesmo os acadêmicos mais destacados em determinada especialidade possam compreender todos os fatores envolvidos em um problema prático no mundo real, pois muitos, ou talvez a maioria, desses fatores quase inevitavelmente estão fora do campo de ação dessa dada especialidade.

As dimensões morais do injusto parecem também ser um atrativo generalizado para os intelectuais. As oportunidades para se mostrarem moralmente superiores aos outros — às vezes superiores até mesmo à sociedade inteira — têm sido agarradas com entusiasmo, seja na oposição a punições duras contra criminosos, seja na insistência em que se aplique a Convenção de Genebra em casos de terroristas capturados, que nem sequer reconhecem a Convenção de Genebra, tampouco são protegidos por ela. Padrões morais duvidosos — denunciar os Estados Unidos por ações que são ignoradas ou praticamente ignoradas quando outras nações fazem as mesmas coisas ou coisas ainda piores — são defendidos sob a alegação de que nós devemos ter padrões morais mais elevados. Assim sendo, um comentário casual que pode ser interpretado como "racista" pode provocar mais ultraje na mídia norte-americana do que a decapitação de pessoas inocentes por terroristas e a disseminação de gravações em vídeo dessas decapitações para espectadores ávidos no Oriente Médio.

Raramente os intelectuais manifestam grande preocupação quanto ao efeito cumulativo dessa filtragem tendenciosa de informação, bem como comentários sobre o público ou sobre os estudantes, que recebem um suprimento constante de tal informação filtrada desde o ensino primário até as universidades. O que se denomina "multiculturalismo" raras vezes é um quadro de sociedades com todos os seus defeitos espalhadas pelo mundo. Bem mais comum é enfatizar os defeitos quando se trata de discutir a história e as condições atuais dos Estados Unidos ou da civilização ocidental, e minimizar ou ignorar os defeitos quando o tema da discussão é a Índia ou outras sociedades não ocidentais.

Tendo em vista que as sociedades são desafiadas interna e externamente, distorções que denigrem uma sociedade têm consequências, entre as quais a relutância em defender nossa própria sociedade contra exigências absurdas ou ameaças mortais. Como ficará claro no Capítulo 14, isso pode incluir uma relutância em reagir até a perigos militares, algumas vezes dando a potenciais inimigos como Hitler pleno benefício da dúvida até que seja tarde demais.

A própria discussão acerca de questões nacionais e internacionais reflete com frequência as preocupações dúbias da *intelligentsia*. Muitas vezes essas questões são discutidas como disputas de virtuosismo verbal, na tentativa de mostrar quem argumenta melhor ou com mais rapidez, e não como uma busca pela conclusão que mais se aproxima da verdade.

O enfoque na importância pessoal e do injusto fornece incentivos para que muitos intelectuais vejam as questões sociais como uma maneira de acentuar seu próprio sentimento de sabedoria e virtude superiores — uma maneira que lhes permite estar ao lado dos anjos contra as forças do mal, discutindo empréstimos consignados, diferenças de renda, preços altos em bairros de baixa renda ou o fracasso da "representação" estatística das mulheres ou de minorias. Considerando a incapacidade de qualquer indivíduo de dominar mais do que uma pequena fração dos esforços consequenciais no mundo real, a ignorância dos intelectuais proporciona terreno fértil para ataques imprudentes a instituições sociais em qualquer sociedade. Por mais que uma sociedade seja superior a outras sociedades, é praticamente certo que ela será inferior ao que pode ser imaginado no mundo vago e abstrato que existe na mente dos intelectuais.

O elemento de injustiça não é simplesmente casualidade ou idiossincrasia individual. É um fator essencial na carreira dos intelectuais, e costuma ser um componente importante na percepção de si mesmos.

O Dramático

E quanto ao elemento dramático? A visão do ungido se presta a decisões dramáticas e categóricas — a proliferação dos "direitos", por exemplo — em vez de compensações incrementais. Sejam quais forem os benefícios e as perdas para o público em geral resultantes de cada uma dessas abordagens de tomada de decisão em casos particulares, os benefícios para o ungido vêm da tomada categórica de decisões. E essas decisões afirmam, de forma estrondosa e dramática, a visão arrogante desses intelectuais, ao passo que as compensações reduzem as questões a tratativas sobre mais ou menos, com pouca força dramática — e isso é feito num plano de igualdade moral com os adversários, o que, por si só, já é uma profanação da visão do ungido.

A tendência em favor de decisões categóricas tem consequências fatídicas para a sociedade como um todo. Não importa muito em que política alguém acredita, desde que acredite nela de maneira categórica; porque praticamente qualquer política pode ser pressionada a ponto de se tornar contraproducente. Quando algumas instituições tendem a ser categóricas e outras incrementais, as instituições por meio das quais são tomadas decisões podem ser cruciais. Instituições políticas, e sobretudo jurídicas, tendem a favorecer decisões categóricas, ao passo que famílias e mercados tendem a favorecer compensações incrementais, porque relutam em sacrificar completamente o amor ou a riqueza, por exemplo. É bastante compatível com a visão do ungido desejar que tantas decisões sejam tomadas categoricamente como "direitos".

Existem outros motivos para a tendência ao componente dramático. É importante voltar a ressaltar que os intelectuais, do modo como os entendemos, não lidam em especial com matemática, ciências, medicina ou engenharia, mas com matérias como linguagem, literatura, história ou psicologia. O salvamento mais rotineiro de uma vida humana por um médico que utilize métodos clínicos comuns tem importância reconhecida socialmente, mas o simples registro de informações relacionadas a eventos banais não torna a notícia nem o jornalismo interessantes, muito menos importantes aos olhos da sociedade, ou um caminho para a distinção, a aclamação ou a influência do intelectual que transmita tais informações. Indivíduos diferenciados ou eventos importantes é aquilo que faz da notícia algo que vale a pena ler. No âmbito do jornalismo, o adágio "Quando um cão morde um homem, não é notícia, mas quando um homem morde um cão, é notícia" transmite a mesma ideia. Também no campo da literatura ou no da psicologia, é o assunto extraordinário ou a teoria extraordinária que dá importância ao profissional ou ao próprio campo de atividade.

Por outro lado, um médico que nunca faz nada além da prática normal da ciência médica recebe mesmo assim reconhecimento e respeito por sua contribuição à saúde e por salvar vidas. Ele não precisa reivindicar originalidade ou superioridade com relação a outros médicos para receber as recompensas morais e materiais da profissão. Porém, na maior parte das áreas nas quais a *intelligentsia* trabalha, não é concedida tal importância automática. No que diz respeito ao reconhecimento público, somente o novo, o excepcional ou o dramático colocam em evidência o profissional ou o campo. A bem da verdade, mesmo nessas áreas, o domínio completo do assunto em questão pode significar pouco para uma carreira no mundo acadêmico, sem alguma contribuição pessoal para o desenvolvimento da área. Daí a regra entre os acadêmicos de "publicar ou morrer".

Tanto o processo duvidoso que faz dos intelectuais indivíduos excepcionais como os incentivos para que continuem a mostrar a sua natureza excepcional contribuem para um padrão resumido na observação de Eric Hoffer de que "o intelectual não pode operar em temperatura ambiente".[10] O mundano não pode sustentar o intelectual, pois o mundano sustenta as pessoas em áreas nas quais o mundano envolve algo amplamente reconhecido como vital em si mesmo, como saúde ou produção econômica. Considerando o processo que seleciona e recompensa os intelectuais, e os incentivos que eles continuam encontrando, é compreensível que sua atenção seja atraída para coisas excepcionais que confirmam sua própria excepcionalidade, e se afaste de coisas que podem ser vitais para outros, mas são mundanas demais para servir aos interesses dos intelectuais.

Como se observou no Capítulo 3, a maioria dos intelectuais mostra pouco ou nenhum interesse no que facilita ou obstrui a produção econômica, embora o aumento da produção tenha, em última análise, mitigado a pobreza generalizada que os intelectuais persistiram em lamentar durante séculos. Grande parte do que hoje se denomina pobreza nas nações civilizadas seria visto como prosperidade pela maioria das pessoas em tempos passados, ou por algumas nações contemporâneas do Terceiro Mundo. Mas intelectuais da atualidade que demonstram pouco interesse em tais coisas estão extremamente interessados nas proporções relativas da riqueza existente e nas formas e meios de redistribuir a riqueza existente — mesmo que, historicamente, o crescimento do bolo econômico, por assim dizer, tenha feito muito mais para reduzir a pobreza do que a mudança dos tamanhos relativos das fatias destinadas a diferentes segmentos da população.

Até mesmo sociedades inteiras moldadas para o objetivo expresso de alterar o tamanho relativo das fatias — países comunistas, por exemplo — fizeram muito menos para reduzir a pobreza do que países cujas políticas facilitaram a produção de um bolo maior. É difícil, ou mesmo impossível, explicar a falta generalizada de interesse na criação de riqueza por parte de intelectuais que discutem e lamentam eternamente a pobreza quando, no final das contas, o aumento da riqueza foi a única coisa que sanou a pobreza em massa, sem compreender que as soluções mundanas até para problemas vitais não são fomentadas pelos incentivos, restrições e hábitos de intelectuais.

Muitos intelectuais acreditam que a solução para grandes problemas como a pobreza envolve grande contribuição *intelectual*, como a deles. H. G. Wells, por exemplo, afirmou que "escapar da frustração econômica para a abundância universal e a justiça social" exige "um imenso esforço intelectual".[11] De forma semelhante, forjar uma paz permanente "é um trabalho de engenharia mental enorme, intenso, complexo e angustiante".[12] A coincidência entre o desafio do mundo real e o desafio intelectual, que Wells e outros tenderam a tratar quase como axiomático, depende das suposições iniciais da visão social de cada um. Aqueles têm suposições opostas chegam a conclusões opostas, como a de George J. Stigler, que já vimos no Capítulo 1: "Uma guerra pode devastar um continente ou destruir uma geração sem apresentar novas questões teóricas".[13] Em outras palavras, mesmo as catástrofes mais graves não são necessariamente desafios *intelectuais*.

Depois que o governo da China comunista decidiu, no final do século XX, tornar a economia cada vez mais capitalista, a taxa de crescimento econômico extraordinariamente elevada teve como resultado o número estimado de um milhão de chineses por mês saindo da pobreza.[14] Sem sombra de dúvida, qualquer um genuinamente interessado na diminuição da pobreza ficaria não apenas satisfeito, mas também curioso para saber como foi possível obter benefício tão gigantesco. Entretanto, nos meios intelectuais, praticamente ninguém que havia exibido tanta preocupação com a pobreza durante tantos anos mostrou interesse real na atual redução da pobreza por meio de mecanismos de mercado na China, na Índia nem em nenhum outro lugar. Esse resultado não aconteceu do modo como os intelectuais previram, nem da forma como preferiam — portanto, foi desprezado, como se nem sequer tivesse acontecido.

Mais uma vez, são as atitudes, e não os princípios, que se manifestam — atitudes relacionadas aos tipos de políticas e instituições baseadas nos pontos de vista predominantes dos intelectuais *versus* os tipos de políticas e instituições que produziram resultados confirmáveis. Isso sem refletir, ou sem nem sequer levar em consideração, os pontos de vista dos intelectuais.

Jornalistas e outros que escrevem para um público popular contam com incentivos adicionais — e poucas restrições — para explicarem o mundo em termos nos quais tanto seu público como os próprios jornalistas, muitas vezes, encontram satisfação emocional. Muitas questões são desconstruídas não porque sejam complexas demais para serem compreendidas pela maioria das pessoas, mas porque uma explicação direta, mundana, é muito menos satisfatória, emocionalmente, do que uma explicação que produz vilões para serem odiados e heróis para serem exaltados. Com efeito, a explicação emocionalmente satisfatória pode muitas vezes ser mais complexa do que uma explicação mundana que esteja bem mais de acordo com fatos verificáveis. Isso se aplica especialmente às teorias da conspiração.

Um exemplo clássico da ampla preferência por explicações emocionalmente satisfatórias talvez seja a reação da mídia, dos políticos e de boa parte do público às mudanças de preços — e ao desabastecimento, na década de 1970 — da gasolina. Nenhum desses eventos exigiu um nível de sofisticação econômica que não pudesse ser encontrado em qualquer manual introdutório de economia. Na verdade, não foi necessário nem chegar a esse grau de sofisticação para compreender como a oferta e a procura funcionam para um produto padrão como o petróleo, negociado em escala colossal num vasto mercado mundial, no qual mesmo as empresas conhecidas, como as "Gigantes do Petróleo" nos Estados Unidos, têm pouco ou nenhum controle sobre os preços. Também não é necessário aventurar-se nas profundezas do conhecimento para conseguir entender como os controles de preço sobre o petróleo na década de 1970 levaram ao desabastecimento de gasolina — quando os controles de preços já provocaram a escassez de incontáveis produtos em países mundo afora, seja nas sociedades modernas, seja no Império Romano ou na Babilônia antiga.[z]

Nenhuma dessas explicações mundanas, contudo, foi tão popular e tão predominante nos meios de comunicação e na política do que a "ganância" das companhias de petróleo. Ao longo dos anos, inúmeros executivos de empresas norte-americanas de petróleo foram colocados diante de comissões do Congresso para serem denunciados em rede nacional de televisão pelos preços da gasolina, pelo desabastecimento de gasolina ou por qualquer outro problema que se apresentasse no momento. A determinação proclamada com muito barulho pelos políticos de "chegar ao fundo disso" deu início a incontáveis investigações federais de companhias de petróleo ao longo dos anos, acompanhadas de manchetes em jornais e de declarações dramáticas semelhantes na televisão. As posteriores conclusões decepcionantes sobre essas investigações costumam aparecer em pequenos artigos profundamente enterrados no interior de jornais, ou de maneira também imperceptível em programas de notícias na televisão — isso quando aparecem. Quando a catarse emocional chega ao fim, as conclusões objetivas e mundanas — dando conta de que não foram encontradas evidências de conivência nem de controle de mercado — já não podem mais ser consideradas notícia.

Embora os intelectuais existam por supostamente pensarem melhor ou de maneira mais profunda do que outras pessoas, sua superioridade mental, na verdade, atua dentro de uma estreita faixa específica do vasto espectro de capacidades humanas. Muitas vezes os intelectuais são extraordinários dentro das próprias especialidades — mas também são assim os grandes enxadristas, os prodígios da música e muitos outros. A diferença é que essas outras pessoas excepcionais raramente imaginam que os seus talentos extraordinários em determinado campo lhes conferem o direito de julgar, pontificar ou dirigir toda uma sociedade.

Ao longo dos anos, muitas pessoas acusaram os intelectuais de não terem senso comum. Mas talvez seja demais esperar que a maioria dos intelectuais tenha senso comum, já que toda a sua função na vida se baseia no fato de que são incomuns — isto é, de que dizem coisas diferentes do que dizem todos os outros. Contudo, não há muita originalidade genuína em nenhum deles. Depois de certo ponto, ser incomum pode significar entregar-se a excentricidades sem propósito ou a tentativas astutas de simular ou chocar. Politicamente, isso pode significar buscar "soluções" ideológicas dramáticas em vez de estratégias prudentes. Não somente movimentos comunistas, como também movimentos fascistas e nazistas, tiveram uma atração especial por intelectuais, como observou o historiador Paul Johnson:

> A associação entre intelectuais e violência ocorre com muita frequência para ser desprezada como mera abstração. Em geral, tomam a forma de admiração a "homens de ação" que se valem de violência. Mussolini teve um surpreendente número de seguidores intelectuais, e de modo algum eram todos italianos. Em sua ascensão ao poder, Hitler teve sistematicamente mais êxito nas universidades; seu apelo eleitoral entre os estudantes costumava superar seu desempenho entre a população como um todo. Ele sempre alcançava bom desempenho entre docentes e professores universitários. Muitos intelectuais foram atraídos para os escalões mais altos do Partido Nazista e participaram dos excessos mais pavorosos da força policial especial da Alemanha nazista, a SS. Assim, os quatro *Einsatzgruppen*, ou grupos de extermínio, que eram a vanguarda da "solução final" de Hitler na Europa Oriental, contavam com uma proporção surpreendentemente alta de universitários diplomados entre seus oficiais. Otto Ohlendorf, que comandou o Batalhão "D", por exemplo, era formado em três universidades e tinha doutorado em jurisprudência. Também Stalin tinha legiões de admiradores intelectuais em seu tempo, assim como homens violentos do pós-guerra como Fidel Castro, Nasser e Mao Tse-tung.[15]

Mais tarde, o mesmo aconteceu nos infames campos da morte do Camboja:

> Os abomináveis crimes cometidos no Camboja a partir de abril de 1975, durante os quais entre um quinto e um terço da população foi morta, foram organizados por um grupo de intelectuais francófonos de classe média conhecido como o Angka Leu ("a Organização Maior"). Dos seus oito líderes, cinco eram professores — um deles professor universitário —, um era funcionário público e o outro era economista.[16]

Muitos outros exemplos confirmam a afirmação de Eric Hoffer de que intelectuais "não podem operar em temperatura ambiente".[17]

Por mais dramática ou atrativa que seja determinada visão, todos, no final das contas, precisam viver no mundo real. Tendo em vista que a realidade foi filtrada para se ajustar a uma visão, essa informação filtrada é um guia enganoso para a tomada de decisões em uma realidade implacável, à qual devemos todos nos ajustar, porque ela não se ajustará a nós.

PARTE 5
OS INTELECTUAIS E A LEI

A ciência é capaz de avanço linear, porém o mesmo não acontece com a lei, em cujo âmbito as mesmas percepções e os mesmos enganos tendem a se repetir continuamente.

Richard A. Epstein[1]

CAPÍTULO 12
MUDANDO A LEI

A lei é uma das muitas arenas dentro das quais o conflito ideológico de visões se desenrola. Assim como uma economia de mercado impõe severos limites ao papel desempenhado pela visão dos intelectuais, o mesmo ocorre com a adesão estrita ao estado de direito, sobretudo o direito constitucional. Para as pessoas cuja visão confere a uma elite de entendidos a função de tomadores de decisão substitutos para a sociedade como um todo, a lei deve ter características muito diferentes das que tem na visão das pessoas que acreditam que a vasta maioria do conhecimento relevante está disseminada entre milhões de indivíduos, sem que nenhum desses indivíduos tenha mais que uma fração mínima desse conhecimento.

Se a lei depende do conhecimento, da sabedoria e da virtude de tomadores de decisão substitutos, então é fácil imaginar que fica a cargo desses tomadores de decisão forjar leis que sejam "justas", "compassivas" ou orientadas por um senso de "justiça social". Contudo, tendo em vista que todas essas expressões são indefinidas, maleáveis nas mãos daqueles que fazem uso de virtuosismo verbal, tal conceito de lei é totalmente incompatível com o tipo de lei almejado por aqueles que querem que a lei proporcione um sistema de regras confiável, dentro do qual decisões independentes possam ser tomadas por milhões de pessoas, realizando acordos mútuos.

Não pode existir estrutura de lei confiável quando juízes têm liberdade para impor como lei suas próprias noções individuais do que seja justo, clemente ou de acordo com a justiça social. Sejam quais forem os méritos ou deméritos da compreensão que juízes tenham desses termos, essa compreensão não pode ser conhecida de antemão por outros, nem pode ser uniforme de um juiz para outro, e assim sendo, não é lei no sentido pleno das regras antecipadamente conhecidas por aqueles que estão sujeitos a essas regras. A Constituição dos Estados Unidos proíbe explicitamente leis *ex post facto*,[1] para que os cidadãos não possam ser punidos nem responsabilizados por ações que não eram ilegais na ocasião em que essas ações ocorreram. Mas quando juízes tomam decisões com base em seu próprio entendimento do significado de justiça, compaixão ou justiça social, eles, na verdade, criam leis após o fato, e, dessa forma, aqueles que se sujeitam a tais leis não poderiam ter tomado conhecimento de antemão.

Nessa situação, assim como em muitas outras, o erro fatal consiste em ultrapassar os limites da própria qualificação. Embora os juízes tenham conhecimentos e qualificação especializados para determinar onde a lei estabelece os limites da liberdade de ação dos cidadãos, isso é completamente diferente de abrir caminho para que os juízes questionem o modo como os cidadãos exercem toda a liberdade de ação que pertence a eles dentro desses limites. Os indivíduos podem escolher, por exemplo, assumir as responsabilidades do casamento ou viver juntos sem assumir essas responsabilidades. Mas os juízes que concederam "pensão" a um dos parceiros depois de uma separação, na verdade, forçaram retroativamente as responsabilidades do casamento a pessoas que haviam concordado em evitar essas responsabilidades quando decidiram viver juntas sem se beneficiarem dessa conhecida instituição.

As consequências disso podem se estender para muito além dos casos particulares ou das questões específicas desses casos. Quando os juízes dão vazão às próprias ideias, a grande penumbra de incerteza que se ergue em torno de *todas* as leis acaba estimulando o aumento dos litígios por aqueles que não têm caso real perante a lei, mas que podem ser capazes de arrancar concessões das pessoas que processam, as quais, por sua vez, nem sempre estão dispostas a ficar à mercê de algum juiz que interprete de forma imaginativa a lei.

MÉTODOS DE MUDANÇA

Sem dúvida as leis devem mudar à medida que a situação da sociedade muda, mas há uma diferença fundamental entre leis que mudam (1) pela decisão do eleitorado por votar em autoridades que aprovarão uma nova legislação, que então trará leis anunciadas de antemão; e (2) leis alteradas de maneira individual por juízes que informam as pessoas que estão diante deles no tribunal como a nova interpretação se aplica a elas.

A famosa declaração do juiz Oliver Wendell Holmes, "a vida do direito não consiste em lógica, mas sim em experiência",[2] foi mais do que uma opinião sobre história. Foi parte da sua filosofia judicial. Em uma de suas exposições na Suprema Corte dos Estados Unidos, ele disse: "A tradição e os hábitos da comunidade contam mais que a lógica... O reclamante deve esperar até que haja uma mudança de prática ou ao menos um consenso estabelecido de opinião civilizada antes que possa ser esperado que esse tribunal derrube as regras que os legisladores e o tribunal do seu próprio Estado defendem".[3]

Embora confiasse mais na experiência que se desenvolveu por gerações, e que foi incorporada na lei, do que nas considerações dos intelectuais, Holmes não negou que alguns "grandes intelectos" tenham feito contribuições para o desenvolvimento do direito, sendo "a maior dessas contribuições", ele acrescentou, "insignificante quando comparada com o poder do todo".[4] Mas se a evolução sistêmica do direito como foi concebida por Holmes foi menos uma questão de intelecto do que de sabedoria — uma sabedoria destilada das experiências de gerações inteiras, não da genialidade nem das suposições de uma elite intelectual —, então os intelectuais que buscam mais que um papel "insignificante" não têm escolha a não ser tentar elaborar um tipo muito diferente de direito, mais adequado a seus próprios dotes e aspirações específicos.

Na verdade, durante mais de dois séculos, esse tem sido o propósito daqueles que têm a visão dos ungidos. No século XVIII, o marquês de Condorcet tinha sobre o direito uma visão oposta à que Holmes, mais tarde, teria, e mais de acordo com visão da *intelligentsia* do século XX: "As leis são mais bem formuladas, e se tornam menos o produto vago das circunstâncias e do capricho; elas são feitas por homens instruídos, quando não por filósofos".[5]

Na segunda metade do século XX, a concepção do direito como algo passível de ser moldado conforme o espírito da época, na interpretação das elites intelectuais, tornou-se mais comum nas principais escolas de direito e entre juízes. O professor Ronald Dworkin, da Universidade de Oxford, resumiu sua abordagem quando descartou a evolução sistêmica do direito como "fé tola",[6] baseada no "desenvolvimento caótico e imoral da história".[7] Dessa forma, os processos sistêmicos são igualados ao caos, como aconteceu entre aqueles que promoveram o planejamento econômico centralizado em lugar das interações sistêmicas dos mercados. Em ambos os casos, a preferência tem recaído sobre a imposição da visão de uma elite, passando por cima, se necessário, dos pontos de vista dos conjuntos sociais; pois Dworkin também disse: "Uma sociedade mais igual é uma sociedade melhor, mesmo que seus cidadãos prefiram a desigualdade".[8]

Em outras palavras, essa visão buscou impor a igualdade social e econômica por meio de uma desigualdade política que permitiria que uma elite se sobrepusesse aos interesses gerais da população. Apesar da argumentação do professor Dworkin, parece bastante improvável que as pessoas, em sua maioria, prefiram de fato a desigualdade. O que elas podem preferir é a liberdade que os processos sistêmicos permitem, em vez do despotismo da elite, ainda que esses processos sistêmicos envolvam alguma desigualdade econômica.

A lei — no sentido pleno de regras conhecidas de antemão e aplicadas do modo como estão escritas — traz grande restrição à tomada de decisão por terceiros, sobretudo a lei constitucional, que não pode ser alterada de imediato por uma maioria simples. Aqueles que têm a visão dos ungidos podem se aborrecer com essas restrições, ou então usar seus talentos, entre os quais o do virtuosismo verbal, para enfraquecer as restrições que a lei impõe aos representantes do governo — em outras palavras, podem minar a lei, tornando-a mais afeita à tomada de decisão *ad hoc* por parte de elites munidas de poder. Com efeito, há muito tempo essa tem sido a direção geral tomada por intelectuais que defendem a tomada de decisão terceirizada em geral, e, em particular, por autoridades governamentais que buscam uma maior esfera de ação para o exercício do seu poder.

A Constituição e os Tribunais

Intelectuais e juízes específicos podem recorrer a diversas abordagens para interpretar a Constituição. Contudo, existem determinados padrões e costumes que podem ser traçados para determinados períodos da história. A época progressista, no início do século XX, testemunhou o início de um padrão que se tornaria dominante — primeiro entre os intelectuais e depois nos tribunais — posteriormente no século em questão. Essas ideias da época progressista foram promovidas não somente por juristas como Roscoe Pound e Louis Brandeis, mas também pelos únicos dois presidentes dos Estados Unidos que, durante alguns anos, foram intelectuais no sentido de que ganhavam a vida por meio do trabalho intelectual — Theodore Roosevelt e Woodrow Wilson.

Theodore Roosevelt fez em suas memórias comentários sobre suas políticas como presidente, entre as quais "a minha insistência quanto à teoria de que o poder executivo era limitado apenas por restrições e proibições específicas que figuram na Constituição ou são impostas pelo Congresso mediante seus poderes constitucionais".[9] Isso ignorou despreocupadamente a Décima Emenda, de acordo com a qual o governo federal poderia exercer somente os poderes especificamente concedidos a ele pela Constituição; todos os outros poderes pertenceriam aos estados ou às próprias pessoas.

Theodore Roosevelt pôs a Décima Emenda de pernas para o ar, como se todos os poderes que não fossem especificamente proibidos ao presidente estivessem em suas mãos. E ele não estava apenas teorizando. Quando autorizou as Forças Armadas a tomarem uma mina de carvão durante uma greve, Roosevelt disse a um general no comando: "Peço que não atenda a nenhuma outra autoridade, que não obedeça a ordens de juiz nenhum nem preste atenção a nada exceto nas minhas ordens". E ele não quis dar ouvidos a um parlamentar do seu próprio partido que levantou dúvidas sobre a constitucionalidade dos atos do presidente: "Exasperado, Roosevelt agarrou Watson pelo ombro e vociferou: 'A Constituição foi feita para o povo, e não o povo para a Constituição'".[10]

Com essas palavras, Theodore Roosevelt tornou-se "o povo" e transformou a Constituição num documento opcional ou informativo, anulando todo o propósito de se ter uma Constituição para controlar os poderes de autoridades do governo. E esse não foi um episódio isolado em que ele cometeu um deslize. O discurso do Partido Progressista, pelo qual Theodore Roosevelt concorreu em 1912, não deixou dúvida: "O Partido Progressista acredita que a Constituição tem vida, que ela cresce com o crescimento do povo, fortalece-se com o fortalecimento do povo, e é aliada do povo em sua luta pela vida e pela liberdade e em sua busca pela felicidade, permitindo que as pessoas satisfaçam todas as suas necessidades à medida que as condições mudam".[11]

Theodore Roosevelt prometeu tornar "o próprio povo" o "criador fundamental da sua própria Constituição".[12] Considerando que esses milhões de pessoas naturalmente não podem elas mesmas refazerem a Constituição, isso deixa mais uma vez o presidente na condição de ser "o povo" — o que significa que os limites constitucionais ao poder do presidente são apenas os que o presidente opta por reconhecer.

Woodrow Wilson, outro presidente que foi um intelectual no sentido definido neste livro, era menos dramático que Theodore Roosevelt, porém tão impaciente quanto este último com relação às restrições da Constituição. Ele introduziu um tema que sobreviveria a sua presidência por um longo tempo quando escreveu, na época em que ainda era acadêmico em Princeton, sobre "os dias simples de 1787", quando a Constituição foi adotada, e sobre como "cada geração de estadistas espera que a Suprema Corte forneça a interpretação que atenderá as necessidades do dia".[13] "Os tribunais são o fórum do povo", ele afirmou, escolhendo um poder diferente do governo como substituto para o povo e, como Theodore Roosevelt, transformando a Constituição num documento informativo e conferindo aos tribunais o papel de determinar "a adequação da Constituição com relação às necessidades e interesses da nação" e de ser a "consciência" da nação no que dizia respeito à lei. Em resumo, contando com os tribunais para serem tomadores de decisão substitutos em vez de simplesmente especialistas em direito, aplicando leis criadas por outros. Que juízes federais não eleitos com nomeações vitalícias tenham sido descritos como "o fórum do povo" foi mais um exemplo de virtuosismo verbal para transformar uma instituição especialmente isolada das opiniões populares numa suposta expressão dessas opiniões.

Se os tribunais "interpretassem a Constituição na sua literalidade, como propuseram alguns", Wilson disse, "isso a transformaria numa camisa de força".[14] Wilson utilizou ainda outro argumento que muitos repetiriam no século seguinte, ou seja, o papel da "mudança" em geral e da mudança tecnológica em particular: "Quando a Constituição foi elaborada, não havia estradas de ferro, não havia telégrafo, não havia telefone",[15] ele disse. Como outros que repetiriam argumentos desse tipo em gerações futuras — citando a televisão, os computadores e outras novas maravilhas tecnológicas[aa] —, Wilson não fez nenhuma tentativa de mostrar como essas ou outras mudanças exigiam especificamente que os tribunais obtivessem interpretações novas e diferentes da Constituição. Se examinássemos uma longa lista de decisões controversas memoráveis da Suprema Corte, de *Marbury versus Madison* a *Roe versus Wade*, encontraríamos poucas — ou nenhuma — nas quais a mudança tecnológica tenha feito alguma diferença.

Aborto,[16] oração na escola,[17] a prisão de criminosos,[18] a segregação das raças,[19] a pena capital,[20] exibição de símbolos religiosos em propriedades pertencentes ao governo[21] e a ponderação diferencial dos votos[22] foram coisas extremamente familiares àqueles que escreveram a Constituição. Apóstrofes melodramáticas em prol de "mudança" podem ser de grande valia para o virtuosismo verbal, mas raramente têm alguma relevância para os problemas em discussão.

"Mudança" genérica é um dos fatos mais incontestáveis da vida entre pessoas de todo o espectro ideológico. E também é indubitável que as leis, incluindo por vezes a Constituição, podem exigir mudança. De fato, a própria Constituição reconheceu a necessidade de tais mudanças e estabeleceu um processo para a criação de novas emendas. A importante questão que é definitivamente ignorada em toda a retórica sobre "mudança" é a fundamental da tomada de decisão em geral: *quem* deve decidir?

Existem, afinal de contas, instâncias legislativas e um Poder Executivo do governo, sem mencionar toda uma galáxia de instituições privadas disponíveis para responder por mudanças, bem como milhões de indivíduos e famílias. Repetir simplesmente o mantra de "mudança" não explica por que especificamente *juízes* devem fazer a mudança. Esse é outro dos muitos argumentos sem argumentos, a menos que se considere a repetição um argumento.

Por vezes, a "dificuldade" de mudar leis, e principalmente a dificuldade de alterar a Constituição, é invocada como justificativa para que os juízes se tornem o atalho para a mudança. Por exemplo, Herbert Croly — primeiro editor da *New Republic*, conforme mencionado anteriormente — afirmou, em seu clássico da era progressista *The Promise of American Life*: "Todo governo popular deveria em algum momento, e depois de uma deliberação obrigatoriamente prolongada, ter o poder de realizar qualquer ação que, na opinião de uma maioria decisiva de pessoas, é exigida em nome do bem-estar público". E acrescentou: "Não é o que acontece com o governo organizado sob a Constituição Federal".[23] Ele lastimou o que chamou de "imutabilidade prática da Constituição".[24]

Muitos outros promoveram a tese de que é difícil alterar a Constituição, incluindo mais tarde o juiz da Suprema Corte Stephen Breyer.[25] Mas a dificuldade não é determinada pela frequência. Se as pessoas não querem que uma coisa específica seja feita, mesmo que a *intelligentsia* considere desejável ou mesmo fundamental, isso não é uma dificuldade. Isso é democracia. Se a Constituição não é alterada com grande frequência, isso em si não é evidência de dificuldade séria em alterar a Constituição. Não há dificuldade inerente em levantar-se pela manhã e colocar um calçado verde ou um calçado vermelho. Isso não acontece com muita frequência porque as pessoas *não querem que aconteça*. Quando as pessoas quiseram que acontecesse, a Constituição foi alterada quatro vezes em oito anos, de 1913 a 1920.

Desde 1908, Roscoe Pound, que mais tarde se tornaria reitor da Faculdade de Direto de Harvard, aludia à vantagem de "uma Constituição viva por interpretação judicial".[26] Ele pediu por um "despertar da atividade jurídica", pelo "jurista sociológico", e declarou que o direito "deve ser avaliado pelos resultados que alcança".[27] O que ele chamou de "jurisprudência mecânica" foi condenado por "seu fracasso em corresponder às necessidades essenciais da vida cotidiana". Quando a lei "se torna um conjunto de regras", essa "é a condição contra a qual os sociólogos agora protestam, e protestam com razão",[28] ele disse. Embora Pound tenha considerado o "abismo entre o pensamento jurídico e o pensamento popular" como uma razão para aproximar o primeiro e o último a fim de obter um sistema legal "em conformidade com o senso moral da comunidade", essa noção, aparentemente populista, acabou se tornando um mero pano de fundo retórico quando ele propôs a lei "nas mãos de uma casta progressista e esclarecida, cujas concepções estão à frente do público e cuja liderança conduza o pensamento popular a um nível mais elevado".[29]

Em resumo, Roscoe Pound defendia que uma elite de ungidos alterasse a natureza da lei para que se ajustasse ao que eles definiram como "as necessidades essenciais da vida cotidiana";[30] apesar de estar em desacordo com o público — "à frente" do público —, a lei estaria à serviço de um suposto "senso moral". A lei, segundo Pound, deveria também refletir o que ele repetidas vezes chamava — sem definição — de "justiça social".[31] Com Pound, e com Woodrow Wilson, o que o público em geral queria ficou em segundo plano, exceto quando servia como ordem nebulosa para a "mudança". Pound lamentou que "ainda persistimos na sacralidade da propriedade perante a lei" e citou favoravelmente o "avanço do direito que se distancia do individualismo mais antigo", que "não se limita aos direitos de propriedade".

Assim, em 1907 e 1908, Roscoe Pound estabeleceu princípios de ativismo judicial — ir além da interpretação da lei para fazer política social — que seriam predominantes cem anos mais tarde. Ele chegou a antecipar a prática posterior de fazer referência ao direito estrangeiro para justificar decisões judiciais sobre a lei norte-americana[33] — processo que distancia ainda mais as decisões judiciais da legislação que supostamente interpretavam, do controle dos cidadãos sujeitos a tais decisões e da Constituição dos Estados Unidos.

De forma semelhante, Louis Brandeis falou de "mudanças revolucionárias" na sociedade para a qual os tribunais haviam se mostrado "amplamente surdos e cegos", incluindo a necessidade de governos estaduais serem capazes de "corrigir os males do desemprego tecnológico e do excesso de capacidade de produção".[34] Não foi especificado o que qualificaria os juízes a irem além da sua competência legal para moldarem políticas econômicas e sociais. Em um artigo intitulado "The Living Law", Brandeis afirmou que havia ocorrido "uma mudança do nosso desejo por justiça legal para o desejo por justiça social".[35] Brandeis não deixou claro de quem seria esse desejo, embora seus elogios a Roscoe Pound e a outros teóricos legais e juízes com ideias afins possam sugerir que esse era o desejo das elites intelectuais por uma influência mais abrangente na formulação de políticas por meios dos tribunais. Brandeis, assim como Pound, citou teorias e práticas jurídicas como razão para que os juízes norte-americanos tomassem a mesma direção. Ele também argumentou que a "ciência social" teria "levantado uma dúvida: se a comunidade não tinha tanta culpa pelo roubo quanto o indivíduo".[36]

Como Pound, Brandeis argumentava que os tribunais "continuavam a ignorar necessidades sociais recém-surgidas" e "de modo complacente" aplicavam essas concepções ultrapassadas como "a sacralidade da propriedade privada".[37] Como muitos outros de sua época e tempos posteriores, Brandeis tratava os direitos de propriedade como meros privilégios especiais de alguns poucos afortunados, não como uma limitação do poder dos políticos. O auge da concepção progressista dos direitos de propriedade se deu em 2005, quando a Suprema Corte, em *Kelo versus New London*, decretou que os políticos poderiam confiscar propriedade privada — as casas e negócios de pessoas da classe trabalhadora e da classe média — e entregá-la a outras partes privadas, geralmente a colaboradores que construiriam coisas para pessoas mais abastadas, que gerariam mais impostos para os cofres controlados pelos políticos.

Mais uma vez, Brandeis, assim como Pound, observou algumas tendências recentes no sentido de "uma melhor compreensão pelos tribunais das necessidades sociais atuais".[38] Por que os juízes estariam qualificados para serem árbitros das chamadas "necessidades sociais" não foi explicado — em outras palavras, a questão mais geral das elites ultrapassando as fronteiras da sua competência profissional não foi abordada. Brandeis também invocou a "justiça social",[39] sem definição, como havia feito Pound antes dele e como inúmeros outros fariam depois dele. Ele também, como ilustrou com um exemplo de Montenegro, justificou o tipo de direito que desejava como algo que "expressasse a vontade do povo"[40] — embora no sistema norte-americano de governo a vontade do povo se expresse por meio de políticos eleitos, não de juízes que não foram eleitos. Isso é tão óbvio que é difícil entender por que se invocaria a vontade do povo por outra razão que não fosse como fachada retórica para estratagemas judiciais.

A maioria dos tribunais da época progressista rejeitou argumentos como os que foram apresentados por Roscoe Pound e Louis Brandeis. A mais famosa dessas rejeições ocorreu no caso de 1905 de *Lochner versus New York*, que manteve a proibição constitucional de que o governo mudasse os termos dos contratos privados. Com o passar do tempo, porém, cada vez mais doutrinas jurídicas da época progressista chegaram aos tribunais, incluindo a Suprema Corte, para a qual Brandeis foi nomeado, e esses tribunais desbancaram não somente *Lochner*, mas também outros precedentes constitucionais. O fato de Roscoe Pound ter se tornado reitor da principal faculdade de direito do país, em Harvard, também foi um divisor de águas na evolução do pensamento jurídico norte-americano.

Anos mais tarde, o professor Archibald Cox, da Faculdade de Direito de Harvard, reconheceu o "encargo judicial sem precedentes" de formular políticas, com juízes dizendo "ao governo o que fazer e como fazer".[41] Entretanto, ele buscou justificar essa função ampliada dos tribunais dizendo que os poderes legislativo e executivo do governo falharam em solucionar alguns problemas:

> Os tribunais simplesmente não são os instrumentos ideais para esses propósitos.
> Mas a questão que realmente importa não é saber se a corte é um fórum ideal. Considerando que um reclamante chega ao tribunal para dizer que o sistema extrajudicial se degradou e que ninguém mais o consertará, a verdadeira questão de curto prazo é se o trabalho do tribunal será tão ruim que talvez seja melhor deixar que a degradação continue em lugar de sofrer intervenção judicial como um último e desesperado recurso. A questão de longo prazo para os criadores e formadores de instituições é se algum outro mediador ou fórum de último recurso, equipado com qualificação e ferramentas que nenhum tribunal controla, pode ser estabelecido para lidar com esses desastres.
> Em minha opinião, os juízes não são tão incompetentes nem os tribunais são tão incapazes que um remédio judicial seria pior do que a inação.[42]

A pergunta fundamental no caso em questão, como em tantos processos de tomada de decisão, não é *o que* decidir, mas sim *quem* decidirá. Sendo assim, quem decidirá se determinada situação se "degradar" e essa "inação" produzir "desastres"? Se nem o Poder Legislativo nem o Executivo do governo veem a situação dessa maneira, por que motivo uma terceira parte tomaria decisões em seu lugar, seja essa terceira parte um tribunal existente ou um futuro "mediador" com o poder de neutralizar ambas as Câmaras do Congresso e o presidente dos Estados Unidos, quando não violaram nenhuma cláusula da Constituição, mas apenas discordaram da opinião da elite com relação ao que precisa ou não ser feito?

Não se trata de divergências sobre questões políticas específicas. É uma questão mais fundamental sobre a natureza do governo e da sociedade norte-americanos — se o povo tem o direito de escolher representantes eleitos para tomarem as decisões e aprovarem as leis sob as quais vive ou se terceiros da elite dirão, como disse a professora — e posteriormente juíza — Ruth Bader Ginsburg: "É necessária uma interpretação audaciosamente dinâmica, radicalmente distanciada do entendimento original".[43]

Assim como ocorre com muitas outras questões, em lugar de responder, os intelectuais tendem a desprezar as objeções dos que têm pontos de vista divergentes. John Dewey, por exemplo, aludiu à "devoção verbal e sentimental à Constituição",[44] reduzindo mais uma vez pontos de vista contrários a meras emoções, que não exigem nenhuma contra-argumentação sólida.[ab] Herbert Croly, em seu já citado clássico da era progressista *The Promise of American Life*, também ridicularizou a posição dos que tinham opiniões divergentes como "a tradição segundo a qual um cidadão norte-americano patriótico não deve, em seu pensamento político, ir além das fórmulas sacramentadas nos sagrados escritos norte-americanos". Ele declarou: "Eles se apegam à tola regra de que os bons Pais da República livraram os filhos da necessidade de um pensamento vigoroso, independente ou consistente em questões políticas — de que é dever dos seus leais filhos repetirem as palavras sagradas e então esperarem a milagrosa concretização da prosperidade individual e social".[45]

Aqui, como também em outros lugares em anos que se seguiram, a questão foi apresentada — ou caricaturizada — como se o pensamento e a ação devessem ser mantidos no século XVIII em vez de quem deveria decidir que mudanças teriam de ser feitas nas leis, incluindo a própria Constituição. Os próprios escritores da Constituição obviamente não esperavam perpetuar as leis como elas eram então, ou não teria feito sentido estabelecer um poder legislativo do governo e um processo para modificar a própria Constituição.

Embora existam muitas controvérsias no tocante a aspectos específicos do direito, há muito tempo a controvérsia fundamental se resume a quem deveria controlar a lei e quem deveria mudá-la. Intelectuais norte-americanos, desde pelo menos a metade do século XX, têm favorecido em peso a expansão da função dos juízes para além da aplicação das leis criadas, para que eles mesmos alterem a lei a fim de "ajustá-la aos tempos". Em outras palavras, ajustar a lei à visão predominante de uma época, a visão dos intelectuais ungidos.

A Constituição dos Estados Unidos apresenta barreiras a essa função ampliada dos juízes, que assim foram instados a "interpretar" a Constituição como um conjunto de valores a serem aplicados conforme os juízes escolherem, ou atualizados segundo o que acharem adequado, e não como um conjunto de instruções específicas a serem seguidas. Esse é o significado de "ativismo judicial", embora o significado tenha sido confundido com outros graças ao virtuosismo verbal.

Ativismo Judicial

Aqueles que defendem uma margem de manobra extremamente ampliada para que juízes "interpretem" leis a fim de adequá-las a supostas necessidades ou ao espírito de uma época, em vez de se aterem ao que as palavras significavam quando as leis foram promulgadas, parecem implicitamente considerar que esses juízes ativistas conduzirão a lei na direção preferida por eles. Isto é, pelos defensores dessa margem de manobra ampliada — promover a visão do ungido. Mas o ativismo judicial é uma carta branca para se tomar qualquer direção em qualquer assunto, dependendo das predileções dos juízes.

O presidente da Suprema Corte Earl Warren usou interpretações abrangentes da lei para declarar ilegal a segregação racial nas escolas públicas em 1954, mas, quase exatamente um século antes, o presidente da Suprema Corte Roger Taney, valeu-se de interpretações abrangentes da lei para afirmar, no caso *Dred Scott*, que um homem negro "não tinha direitos que o homem branco fosse obrigado a respeitar".[46] Foram os dissidentes nesse caso que insistiram em seguir as leis do modo como foram escritas e os precedentes legais, mostrando que os negros livres haviam exercido direitos reconhecidos legalmente em regiões do país mesmo antes que a Constituição fosse adotada, e também depois que foi adotada.[47]

Intelectuais da era progressista e de épocas posteriores podem muito bem ter interpretado corretamente a tendência dos seus tempos mostrada pelo ativismo judicial de conduzir a lei na direção dos objetivos e valores desses intelectuais. Mas isso não é inerente nem inevitável. Se o princípio da liberdade jurídica na elaboração de leis se torna estabelecido e aceito dentro de todo o espectro ideológico, então as oscilações do pêndulo ideológico no decorrer do tempo podem desencadear uma guerra judicial de todos contra todos, na qual o próprio conceito fundamental de lei é minado, juntamente com a disposição do povo de se submeter às imposições arbitrárias dos juízes. Enquanto isso, o sofisma dos juízes orientados para "resultados" pode zombar do próprio conceito da lei, incluindo a Constituição dos Estados Unidos.

Um caso clássico de sofisma judicial em benefício dos "resultados" sociais desejados foi o de 1942 de *Wickard versus Filburn*, que estabeleceu um precedente e uma argumentação que se estenderam para muito além dos problemas desse caso específico. Pela Lei de Ajuste Agrícola de 1938, o governo federal tinha o poder de controlar a produção e a distribuição de muitos produtos agrícolas. Dizia-se que esse poder provinha da autoridade do Congresso para regular o comércio entre os estados, conforme previsto na Constituição. Porém, a lei foi aplicada a um fazendeiro em Ohio, que plantou o que a própria Suprema Corte caracterizou como "um pequeno número de acres de trigo de inverno"[48] para consumo próprio e dos animais da fazenda. Esse fazendeiro plantou cerca de 5 hectares a mais que o permitido pelo Departamento de Agricultura, mas desafiou a autoridade a lhe dizer o que plantar na própria fazenda, já que esse produto não se destinava ao comércio interestadual, nem mesmo ao comércio dentro do estado.

A Suprema Corte decidiu que a autoridade federal se estendia à "produção não destinada ao comércio, mas totalmente reservada ao consumo na fazenda".[49] A argumentação da Suprema Corte foi a seguinte:

> Um dos objetivos principais da lei em questão era aumentar o preço de mercado do trigo, e, para alcançar isso, limitar o volume desse trigo que poderia afetar o mercado. Não se pode negar que um fator de tal volume e variabilidade como o trigo consumido em casa teria influência substancial sobre as condições de preço e de mercado. Isso pode ocorrer porque, em condições comercializáveis, esse trigo fica em suspenso no mercado, e, se for induzido por preços crescentes, tende a fluir para o mercado e restringir o aumento de preços. Mas se considerarmos que o produto jamais será comercializado, ele suprirá uma necessidade do homem que o plantou, que, de outra forma, seria satisfeita por compras no mercado aberto. Nesse sentido, o trigo cultivado em casa concorre com o trigo no comércio.[50]

Decidiu-se, portanto, que o trigo que não se destinava de modo algum a ser comercializado ficaria sujeito a controle federal sob a cláusula de comércio interestadual da Constituição. Mas o fato de que a Constituição dá ao governo federal certos poderes específicos não significa que também conceda ao governo o direito de alcançar seus objetivos específicos ao utilizar esses poderes "por todos os meios necessários", desrespeitando os direitos dos indivíduos. Sob uma extensão tão acentuada da lei como a que se viu em *Wickard versus Filburn*, praticamente qualquer coisa poderia ser chamada de "comércio entre estados", já que quase tudo tem algum efeito — por menor ou por mais remoto que seja — sobre praticamente todo o restante. Depois dessa decisão da Suprema Corte, o "comércio entre estados" tornou-se de fato uma expressão mágica que justificava praticamente qualquer expansão do poder federal ao longo dos anos, contrariando a limitação imposta pela Décima Emenda à autoridade federal.

Em 1995, houve consternação em alguns setores quando a Suprema Corte votou 5 a 4 no caso *U.S. versus Lopez*, determinando que portar uma arma perto de uma escola não era "comércio entre estados", de modo que o Congresso não tinha autoridade para proibir isso, embora todos os estados tivessem essa autoridade e a maioria deles realmente proibisse. O que tornou a votação apertada e o resultado surpreendente foi a rejeição da prática duradoura dos tribunais de ampliarem a expressão "comércio entre estados" para cobrir — e oficializar — quase tudo o que o Congresso escolhesse regular, proibir ou impor. O argumento de que portar uma arma perto de escolas era um ato coberto pela cláusula de comércio entre estados da Constituição foi posteriormente resumido pelo juiz Stephen Breyer no livro *Making our Democracy Work: A Judge's View* [Fazendo nossa democracia funcionar: a visão de um juiz , em tradução livre]:

> A posse de armas de fogo em escolas significa violência, e violência significa educação de baixa qualidade. Educação de baixa qualidade significa uma força de trabalho improdutiva e não competitiva. E esse tipo de força de trabalho afeta de modo negativo não somente um estado, mas todos os estados. A violência nas escolas, da qual as armas são parte integrante, apresenta, sem dúvida, um problema nacional que justifica uma solução nacional.[51]

Tal argumentação, que tanto faz lembrar a que se viu em *Wickard versus Filburn* — que o juiz Breyer também racionalizou[52] —, tornaria quase tudo, em praticamente qualquer aspecto da vida, "comércio entre estados", anulando dessa forma os limites da Constituição sobre os poderes do Congresso e do governo federal de modo geral.

Alguns ativistas judiciais não apenas tomam decisões que ampliam a lei como também vão diretamente contra a lei. Um exemplo clássico disso foi o caso de 1979 *United Steelworkers of America versus Weber*. A seção 703 (a) da Lei de Direitos Civis de 1964 tornou ilegal para um empregador "a discriminação contra qualquer indivíduo com relação a sua remuneração, termos, condições ou privilégios de emprego em razão da raça desse indivíduo" ou diversas outras características. A seção 703 (d), mais especificamente, proibiu tal discriminação em "todo programa estabelecido para proporcionar aprendizagem ou outro treinamento". Mesmo assim, um empregado branco, Brian F. Weber, teve negada a sua admissão a um programa de treinamento no qual as vagas eram oferecidas com base em tempo de serviço, embora empregados negros com menos tempo de serviço fossem admitidos, porque listas de tempo de serviço separadas por raça eram utilizadas e cotas raciais eram estabelecidas.

Que isso ia contra o significado claro da lei não foi negado de maneira explícita na opinião da Suprema Corte dos Estados Unidos escrita pelo juiz William J. Brennan. Mas o juiz Brennan rejeitou a "interpretação literal" da Lei dos Direitos Civis, preferindo, em lugar disso, buscar o "espírito" da lei na "preocupação principal" do Congresso para "o problema do negro em nossa economia".[53] Considerando que esse suposto propósito não era proteger brancos da discriminação racial, chegou-se à conclusão de que a lei não protegia Brian F. Weber, que perdeu o caso. O surgimento dessa decisão, apesar de a linguagem da lei ser claramente contrária, foi comparado às grandes escapadas de Houdini na opinião divergente do juiz William H. Rehnquist.[54] Quanto ao suposto "espírito" da Lei de Direitos Civis de 1964, seus patrocinadores no Congresso negaram com ênfase e repetidas vezes e durante debates no Congresso que ele exigia ou mesmo permitia preferência por negros ou discriminação contra brancos.[55]

Em todos esses três exemplos — *Dred Scott*, *Wickard versus Filburn* e *Weber* — as decisões refletiram os "resultados" preferidos em lugar da lei escrita na qual esses resultados supostamente se baseavam. Esses são exemplos reais clássicos de ativismo judicial. Infelizmente, o significado da expressão tem sido ofuscado nos últimos anos e, por isso, pede uma análise mais minuciosa.

"Ativismo judicial" é uma expressão idiomática cujo significado não pode ser determinado pelos significados separados de suas palavras, tal como o significado da expressão "cachorro-quente" pode ser determinado pela alusão a uma definição separada de "cachorro" e "quente". Ainda assim, em tempos recentes, alguns tentaram redefinir ativismo judicial com base em quão *ativo* um juiz tem sido ao declarar inconstitucionais leis ou ações do governo. Contudo, a própria Constituição é uma limitação aos poderes do Congresso, bem como aos poderes de outras divisões do governo. Os juízes têm considerado obrigação invalidar legislação contrária à Constituição desde o caso memorável de *Marbury versus Madison*, em 1803; por esse motivo, a frequência com que cumprem essa obrigação não está somente em suas mãos, mas depende também da frequência com que outros fazem coisas que extrapolam os poderes que a Constituição lhes concede.

A questão fundamental do ativismo judicial é saber se a *base* das decisões de um juiz é a lei criada por outros, incluindo a Constituição, ou se os juízes baseiam as suas decisões em sua própria concepção particular de "necessidades dos tempos" ou de "justiça social", ou de outras considerações que extrapolam a lei escrita ou os precedentes legais.

Existe outra expressão idiomática usada para a prática de um juiz que limita sua função a seguir a lei escrita — "restrição judicial" ou seguir a "intenção original" das leis. Mais uma vez nesse caso, o significado desses termos não pode ser compreendido simplesmente a partir do significado de cada palavra isolada. Restrição judicial significa tomar decisões judiciais com base em leis criadas por outros, em vez de ter como base a avaliação do próprio juiz a respeito do que seria melhor para as partes no caso em discussão ou para a sociedade como um todo.

O juiz Oliver Wendell Holmes exemplificou essa filosofia legal quando disse que a sua função como juiz "é entender que o jogo é jogado de acordo com as regras, quer eu goste delas ou não".[56] Ele também disse: "O critério de constitucionalidade não consiste em acreditarmos se a lei é para o bem público".[57] Porém, tendo em vista que o juiz que acredita em restrição judicial torna a lei existente — e, sobretudo, a Constituição, que é explicitamente "a lei suprema da Terra"[58] — a principal consideração para a decisão dos casos, isso muitas vezes significa que esse juiz deve ser *ativo* em derrubar novas leis que violam as restrições da Constituição.

Em resumo, atividade *não* é o que diferencia o ativista judicial do adepto da restrição judicial, já que essas são apenas expressões para diferentes filosofias sobre a função de juiz. Juízes que baseiam suas decisões em considerações sociais, econômicas ou outras do tipo das que eram defendidas por Roscoe Pound, Louis Brandeis ou outros que surgiriam mais tarde são ativistas judiciais no sentido de que geraram controvérsia, independentemente de declararem inconstitucionais muitas ou poucas leis.

Embora o juiz William O. Douglas tenha sido um ativista judicial clássico porque prestava apenas a mais simbólica atenção à Constituição quando tomava decisões com base em suas próprias preferências políticas — o exemplo mais conhecido disso foi o caso *Griswold versus Connecticut*, quando ele baseou sua decisão em "emanações" das "penumbras" da Constituição —, mesmo assim ele se mostrou tolerante com legisladores que aprovaram legislação social liberal, empregando linguagem cara ao coração dos defensores da restrição judicial. Assim, o tribunal não deveria ser uma "superlegislatura", e sim deixar que o Congresso e os legisladores estaduais se encarreguem da política social.[59] Mas quando a lei vigente representava uma política social que ele desaprovava, o juiz Douglas não hesitava em interferir e declará-la inconstitucional — como fez em *Griswold versus*

Connecticut —, mesmo que ele não tivesse nada mais em que basear a decisão além de "emanações", que ele de algum modo percebeu emergir das "penumbras" da Constituição,[60] emanações que nem as maiores mentes jurídicas, dentro e fora dos tribunais, haviam percebido antes.

O auge do ativismo judicial se deu na Corte de Warren da década de 1950 e 1960, quando o presidente do Tribunal Earl Warren e uma maioria com ideias afins na Suprema Corte decidiram refazer a política social nas áreas civil e criminal, quase sempre sob aplausos da *intelligentsia* na mídia e no meio acadêmico. Entretanto, conforme juízes com visão judicialmente mais restrita da sua função foram chegando mais tarde ao tribunal, a começar com a Corte de Burger, em 1969, muitos no âmbito da *intelligentsia* tentaram fazer as queixas anteriores sobre ativismo judicial se voltarem contra os novos juízes, estimando quão *ativos* eram esses juízes em declarar leis inconstitucionais ou em alterar precedentes estabelecidos por ativistas judiciais, como os da época da Corte de Warren.

O jornalista liberal Michael Kinsley acusou Antonin Scalia de ativismo judicial quando Scalia escreveu uma opinião como juiz do tribunal de apelações que, nas palavras de Kinsley, anulava "uma importante peça legislativa aprovada por expressiva maioria em ambas as casas do Congresso e assinada com impacto por um presidente popular"[61] — como se essas coisas tornassem uma lei constitucional. Linda Greenhouse, do *New York Times*, da mesma forma chamou de exercício de "força bruta" a decisão de que portar arma perto de uma escola não era comércio entre estados, porque em *U.S. versus Lopez* ela "invalidou uma lei que as duas casas do Congresso e o presidente dos Estados Unidos aprovaram"[62] — como se outras leis anuladas pela Suprema Corte como inconstitucionais, desde *Marbury versus Madison*, em 1803, não fossem também leis corretamente aprovadas da mesma maneira.

Sob o título "Dissing Congress" [Desrespeito ao Congresso, em tradução livre], um artigo da *Michigan Law Review* mencionou que "a Corte em *Lopez* dera um passo importante no sentido de desenvolver sua nova versão de ativismo judicial, sob a qual o Congresso obteve menos respeito por seu trabalho".[63] O senador Herb Kohl também denunciou a decisão no caso *Lopez* como "uma peça de ativismo judicial que ignora a segurança das crianças em prol de picuinhas legais". Contudo, o *Washington Post* adotou uma postura mais comedida em seu editorial sobre o caso:

> Jamais se poderia adivinhar, pelo comentário do senador, que a maioria dos estados já proíbe portar armas em escolas. Na verdade, Lopez, o adolescente de San Antonio cuja condenação foi revertida nesse caso, foi preso inicialmente sob

acusações estaduais que só foram retiradas quando o governo federal assumiu o processo. A invalidação desse estatuto não deixa as crianças da nação vulneráveis em suas carteiras. E isso pode levar os legisladores federais a pensarem duas vezes antes de se precipitarem sobre cada área problemática sem nem mesmo considerar questões como "picuinhas" de federalismo.[64]

O senador Kohl não foi de modo algum o único legislador a argumentar em termos de busca de "resultados" em vez de argumentar em termos de limitações constitucionais ao poder federal. O senador Arlen Specter disse: "Acho que o crime é um problema nacional" e "armas e drogas são os principais instrumentos do crime". Mas o professor liberal de direito Laurence Tribe enxergou além dos critérios orientados para "resultados" nesse caso, como informou o *Chicago Sun-Times*:

"O Congresso forçou os limites do envelope de maneira descuidada demais", disse o professor da Harvard Law School Laurence H. Tribe, que observou que os legisladores não apresentaram dados de uma associação entre o comércio entre estados e os riscos de armas nas dependências das escolas. Ele disse que a decisão revelou que "essa corte leva os limites estruturais (ao poder do Congresso) mais a sério do que as pessoas haviam pensado (...) algo que os liberais e os pragmáticos consideram embaraçoso.

A nova definição de ativismo judicial abarca não só a falta de obediência ao Congresso como também a anulação de precedentes judiciais. Nas palavras de Linda Greenhouse, o caso *Lopez* "foi a primeira vez em sessenta anos que a Corte invalidou uma lei federal com o argumento de que o Congresso havia extrapolado sua autoridade constitucional para regular o comércio entre estados".[66] Mas os juízes fazem o juramento de defender a Constituição, não um juramento de defender precedentes. Caso contrário, *Dred Scott* e *Plessy versus Ferguson* poderiam ter ficado concretizados para sempre.

O caso *Lopez* está longe de ser o único a levar muitos intelectuais a denunciarem a Suprema Corte posteriormente por "ativismo judicial" com base no fato de ela ter declarado inconstitucionais algumas leis ou políticas. O professor Cass Sunstein, da Universidade de Chicago, lamentou em 2001: "Nós nos encontramos agora no meio de um período fora do comum de ativismo judicial de direita". Ele afirmou que isso produziu, entre outras coisas, um "Judiciário antidemocrático"[67] — quando, na realidade, um tribunal de apelação com poder para anular leis aprovadas por autoridades eleitas é inerentemente antidemocrático, de forma que a reclamação do professor Sunstein se aplicaria à própria Constituição dos Estados

Unidos, não àqueles que realizam sua função em conformidade com essa Constituição, como juraram fazer.

Em 2003, Sunstein queixou-se novamente de que "a Corte Rehnquist derrubou pelo menos 26 leis do Congresso desde 1995", e é por isso "culpada de *ativismo ilegítimo*" por — entre outras coisas — ter "derrubado vários programas de ação afirmativa" e também por derrubar "legislação federal por estar fora da competência do Congresso, de acordo com a Cláusula do Comércio". De acordo com o professor Sunstein, a Suprema Corte "proibiu o Congresso de legislar com base em seus próprios pontos de vista acerca do significado da Décima Quarta Emenda".[68] Mas se o Congresso pode determinar a extensão dos seus próprios poderes sob a Décima Quarta Emenda, ou sob qualquer outro dispositivo da Constituição, então a Constituição perde o sentido como limite ao poder do Congresso ou ao poder do governo de maneira geral. A ideia fundamental de freios e contrapesos entre os três poderes do governo desapareceria no ar.

De forma semelhante, um artigo na *New Republic* intitulado "Hyperactive: How the Right Learned to Love Judicial Activism" [Hiperativo: Como a direita aprendeu a amar o ativismo judicial, em tradução livre] alegou que os juízes conservadores "tornaram-se eles próprios a imagem espelhada dos ativistas judiciais que eles passaram toda a sua carreira atacando".[69] Utilizando essa nova redefinição de ativismo judicial, um jornalista do *New York Times* acusou o presidente da Suprema Corte John Roberts de dar apoio, em certas ocasiões, "a ações judiciais, mesmo que isso significasse atropelar o Congresso e os estados".[70] Mais tarde, um editorial no *New York Times* declarou que "a propensão a derrubar leis do Congresso" era "o critério objetivo mais comum"[71] de ativismo judicial. Essa redefinição despreza toda uma questão fundamental: se as leis anuladas eram de fato compatíveis ou incompatíveis com a Constituição dos Estados Unidos. Mas essa questão crucial é deixada repetidas vezes de fora das alegações de que a Suprema Corte é "ativista" quando deixa de defender a legislação ou precedentes específicos.

Nenhum dispositivo da Constituição é expresso com mais clareza do que a Primeira Emenda, que, em seu início, determina que "o Congresso não fará nenhuma lei" e inclui na legislação proibida leis "que reduzam a liberdade de expressão". Ainda assim, houve consternação nos meios de comunicação, no âmbito político e nos meios acadêmicos quando, em 2010, a Suprema Corte declarou inconstitucionais seções da lei McCain-Feingold, que proibia sindicatos e corporações de veicularem anúncios na televisão que apoiassem ou fizessem oposição a candidatos políticos.

O presidente dos Estados Unidos disse que essa decisão era "devastadora", e o professor Ronald Dworkin condenou a decisão porque ela "anulava precedentes estabelecidos e declarava inconstitucionais diversos estatutos nacionais e estaduais". Os dois lamentaram os *resultados* presumidos. O presidente Obama disse que isso "abriria as comportas para interesses específicos". O professor Dworkin afirmou que a decisão "deteriorará mais ainda a qualidade e a clareza da nossa política".[72] O professor Alan Blinder, de Princeton, qualificou a decisão de "ultrajante", porque "fortalece os lobistas da indústria"[73] — outro critério orientado por resultados, disfarçando com princípios legais a questão de não se importar com uma situação se não for afetado por ela.

Dworkin questionou os motivos dos cinco juízes da maioria — seu "favoritismo instintivo pelos interesses corporativos" e o seu "zelo partidário" pelos republicanos.[74] Ele disse: "Eles mudaram o sistema eleitoral norte-americano para tornar mais provável a eleição de candidatos republicanos, garantindo, por exemplo, às corporações o direito de gastarem o quanto desejarem para criticar candidatos dos quais não gostam".[75]

Considerando que todos são livres para criticar candidatos dos quais não gostam, por que esse direito deveria ser negado a pessoas que dirigem corporações? Isso não foi explicado por Dworkin. Em momento algum ele abordou a questão constitucional fundamental: se impedir determinados segmentos da população de veicular anúncios políticos seria "limitar a liberdade de expressão", algo sobre o que o "Congresso não fará nenhuma lei".[76] Ele desprezou "uma compreensão simplista, frívola da Primeira Emenda, uma compreensão que, na verdade, mina um dos objetivos mais básicos da liberdade de expressão, que é proteger a democracia".[77] Em outras palavras, a declaração simples, explícita e inconfundível da Constituição — a de que o Congresso "não fará nenhuma lei" — tem de ser substituída por um objetivo deduzido e/ou resultados presumidos. Além disso, juízes que preferem ler a lei do modo como foi escrita devem ser considerados ativistas judiciais, o que inverte a definição de ativismo judicial, e também põe a Constituição de pernas para o ar.

A nova definição de ativismo judicial se vale de uma base puramente numérica para decidir quem é e quem não é ativista judicial — o professor Sunstein, por exemplo, baseia suas acusações no número de "leis federais por ano" que a Suprema Corte declarou inconstitucionais.[78] Essa concepção se estendeu do âmbito intelectual para o político.

Assim, o senador Patrick Leahy usou essa nova definição de ativismo intelectual quando afirmou: "Os dois juízes mais ativistas que temos no momento são Thomas e Scalia, que, mais do que qualquer outro juiz na atual Suprema Corte, derrubaram e então escreveram suas próprias leis, substituindo as leis do Congresso".[79] Tendo em vista que esses são os dois juízes mais identificados com a restrição judicial, foi uma proeza verbal inverter os papéis e chamá-los de ativistas conservadores. Esse virtuosismo verbal, tornando indistinta a linha entre ativismo judicial e restrição judicial, não somente neutraliza a crítica aos juízes ativistas liberais como também permite marcar pontos ao invocar a equivalência moral contra juízes judicialmente restritos, que também podem ser chamados de "ativistas" pela simples redefinição do termo.

O ativismo judicial genuíno, como muitos outros fenômenos sociais, pode ser mais bem compreendido por meio do exame dos incentivos e limitações enfrentados pelos envolvidos. Uma barreira à ação dos juízes que claramente perdeu força ao longo dos anos é a desaprovação de colegas, seja no Judiciário ou entre acadêmicos nas faculdades de direito. Ativismo judicial para litigantes ou causas atualmente favorecidas pela visão prevalecente dos intelectuais pode esperar no mínimo aceitação, e em muitos casos celebração ou engrandecimento dos juízes ativistas. Para resumir, os incentivos favorecem o ativismo judicial.

Juízes, assim como intelectuais, geralmente ficam famosos entre o grande público apenas quando ultrapassam os limites da sua competência profissional para se tornarem reis-filósofos, decidindo questões sociais, econômicas ou políticas. Nem mesmo os admiradores do presidente da Suprema Corte Earl Warren tentaram retratá-lo como um grande acadêmico de direito.[80] Ele e o presidente da Suprema Corte Roger Taney, um século antes, tornaram-se famosos por fazerem pronunciamentos arrebatadores sobre a sociedade, empregando um viés mais sociológico do que legal como base para suas decisões mais importantes. Considerando que pronunciamentos que extrapolam os limites da experiência ou da competência são praticamente um pré-requisito para a exaltação popular, não é nenhuma surpresa que tantos juízes, assim como tantos intelectuais, tenham dito várias coisas que não fazem sentido.

Restrição Judicial e "Intenção Original"

"Restrição judicial" é por vezes expressa em outra expressão idiomática — ou seja, seguir a "intenção original" da lei. Muitos intelectuais aproveitaram a palavra "intenção" para afirmar que é difícil ou até impossível discernir exatamente o que pretendiam aqueles que escreveram a Constituição, ou a legislação, principalmente após tantos anos. Assim, o professor Jack Rakove, da Universidade de Stanford, disse: "Estabelecer a intenção por trás de cada ação é uma tarefa complicada" e "a tarefa aumenta geometricamente em complexidade quando tentamos atribuir intenção a grupos de pessoas — sobretudo homens que estiveram em atividade dois séculos atrás, que nos deixaram registros incompletos sobre seus motivos e preocupações, e que chegavam às conclusões por meio de um processo que mesclava debate baseado em princípios e barganhas difíceis".[81]

O fundamental em tudo isso — e a falácia fundamental nessa linha comum de argumentação — é a expressão "por trás". Adeptos da restrição judicial buscam compreender e aplicar a lei escrita do modo como ela se apresenta — na forma de instruções, tanto para juízes como para a massa de cidadãos —, e *não* descobrir as motivações, crenças, esperanças ou medos que possam ter estado por trás da lei escrita. Restrição judicial significa a realização de uma tarefa essencialmente menos complicada. Mesmo a lei mais simples, por exemplo, um limite de velocidade de 80 quilômetros por hora, pode se transformar numa questão complexa e de dimensões insondáveis se abordada em termos de atitudes, valores etc. *por trás* das intenções daqueles que elaboraram a lei, em vez de ser abordada como uma instrução explícita, de fácil compreensão.

Analisar as leis em termos de intenções subjetivas daqueles que as escreveram não é somente uma abordagem mais complicada, é uma abordagem que procura ou exige discernir os julgamentos de valor ou o "espírito" por trás das leis. Isso proporciona aos juízes grande liberdade para interpretação e, dessa maneira, muito mais oportunidades para ajustar as leis a fim de que atendam às "necessidades da época", à "justiça social" ou a qualquer outro sinônimo para predileções individuais de determinados juízes. Críticos da restrição judicial projetam essas dificuldades em outros que não estão olhando para além das leis, mas que realizam uma tarefa muito mais direta, que consiste em ler as leis como instruções explícitas, não como declarações gerais de valores.

Nas palavras do juiz Antonin Scalia: "Apesar de frequentes afirmações em contrário, não buscamos uma intenção legislativa subjetiva". O que ele almeja é "o significado original do texto", acrescentando: "Com frequência — na verdade, arrisco-me a dizer geralmente —, é de fácil compreensão e de simples aplicação".[82] O juiz Scalia não é o único a enxergar as coisas dessa forma. De William Blackstone na Inglaterra do século XVIII até Oliver Wendell Holmes e Robert Bork nos Estados Unidos do século XX, aqueles que buscaram respeitar o significado original das leis deixaram bastante claro que *não* se referiam aos eventos que se desenrolaram nos recessos mais íntimos dos que escrevem as leis.

Antes de tudo, os votos que concedem autoridade política, legal e moral às leis são dados ao que foi publicamente apresentado àqueles que votaram. Em outras palavras, *ninguém votou em nada que estivesse nos recônditos da mente de outra pessoa*. Como se isso não bastasse, ninguém sabe como obedecer ou desobedecer ao que se encontra nas profundezas da mente de outra pessoa.

De acordo com Blackstone, é o significado publicamente conhecido das palavras das leis, "entendidas em seu significado mais usual e mais conhecido" na época em que são usadas,[83] que determina como um juiz deve interpretá-las. Também para Holmes, a interpretação legal do que disse o legislador não significa tentar "entrar na mente dele".[84] Holmes disse: "Não perguntamos o que o legislador quis dizer; perguntamos apenas o que a legislação quer dizer".[85] Em uma carta para o jurista britânico Sir Frederick Pollock, Holmes afirmou: "Não temos o menor interesse em conhecer o pensamento do escritor".[86] O trabalho do juiz, segundo Holmes, é "ler com inteligência o inglês — e a consideração das consequências só entra em cena — se é que entra — quando o significado das palavras empregadas está aberto à dúvida razoável".[87] Do mesmo modo, o juiz Robert H. Bork argumentou que os juízes deveriam proporcionar decisões "segundo a Constituição histórica".[88]

Oliver Wendell Holmes tinha opinião diferente a esse respeito: "Os homens deveriam conhecer as regras pelas quais o jogo será jogado. A dúvida quanto ao valor de algumas dessas regras não é motivo suficiente para que não sejam seguidas pelos tribunais".[91] O que "as necessidades dos tempos", os "valores", a "ciência social moderna" e leis estrangeiras têm em comum é que estendem o poder arbitrário dos juízes para além das leis escritas e aprovadas por representantes eleitos do povo e para além da Constituição dos Estados Unidos.

Apesar das muitas declarações simples e diretas feitas por defensores e adeptos da restrição judicial durante um longo intervalo de anos, muito virtuosismo verbal foi colocado em prática por outros para expandir a interpretação judicial a dimensões inalcançáveis, envolvendo nas questões a tarefa de discernir valores subjetivos, motivos, crenças, esperanças e medos *por trás* da criação da lei, ou "subjacentes" à lei, nas palavras do juiz Breyer. O professor Rakove, por exemplo, afirmou que, na ocasião da Convenção Constitucional de 1787, James Madison "chegou à Convenção dominado por uma grande paixão intelectual",[92] que ele tinha "medo" de determinadas políticas a respeito de propriedade e religião[93] e que "descreveu em particular" as emendas constitucionais de uma maneira peculiar.[94] Porém, ninguém votou nos pensamentos e medos íntimos de Madison.

O professor Ronald Dworkin também apresentou uma longa argumentação contra a intenção original, baseado em que os "eventos mentais" nos pensamentos de legisladores ou escritores da Constituição são difíceis ou impossíveis de discernir,[95] que "parece ainda mais evidente que não contamos com um conceito definido de intenção de grupo", nem contamos com maneira alguma de decidir "quais aspectos dos estados mentais e individuais são relevantes para uma intenção de grupo".[96] De forma semelhante, o juiz William J. Brennan falou da "evidência escassa ou ambígua com relação à intenção original" dos escritores da

Constituição.⁹⁷ Anthony Lewis, colunista de longa data do *New York Times*, declarou: "Raramente se pode saber com certeza o que os delegados na Convenção Constitucional de 1787, ou as centenas nas convenções de confirmação estaduais, pensavam sobre determinadas questões que marcam presença hoje".⁹⁸

Essa lamentação em razão da dificuldade de se ler mentes ignora as declarações, feitas de maneira clara e repetidas vezes no decorrer dos últimos dois séculos, de que os adeptos da restrição judicial *não* tentam ler mentes.

Tais tentativas de substituir a questão do *significado* claro de uma lei, como um conjunto de instruções aos cidadãos e juízes, por uma busca esotérica pela descoberta do que estava *por trás* da criação da lei são utilizadas com frequência por aqueles que adotam interpretações judiciais que extrapolam o que a lei diz explicitamente — e algumas vezes até vão diretamente contra a lei escrita, como fez o juiz William J. Brennan no caso *Weber*. O professor Ronald Dworkin defendeu a decisão no caso *Weber* com base em que "a questão do modo como o Título VII deveria ser interpretado não pode ser respondida por quem simplesmente fica parado olhando para as palavras usadas pelo Congresso".⁹⁹ O virtuosismo verbal na alusão a ficar simplesmente "olhando" para as palavras — aparentemente como a única alternativa a interpretações aventureiras — contrasta bastante com a declaração de Holmes sobre simplesmente ler inglês de maneira inteligente.

Para Dworkin, a importância da decisão *Weber* foi que ela representou "mais um passo nos esforços da Corte em desenvolver uma nova concepção do que a igualdade exige na busca por justiça racial".¹⁰⁰ Por que os juízes devem adotar tais decisões e decidir-se com base em suas próprias e novas concepções de questões sociais, sob o pretexto de interpretar a lei existente, enquanto vão diretamente contra o que a lei na verdade diz? Essa pergunta não foi levantada, muito menos respondida.

Dizer que é difícil ou impossível discernir o significado de uma lei tem sido com frequência um prelúdio para tomar decisões que ignoram até mesmo os significados mais evidentes — como no caso *Weber* — a fim de impor noções atualmente em voga nos círculos de elite como se fossem a lei em vigor. Dworkin e outros defenderam isso abertamente, o que faz do seu agnosticismo tático sobre "intenção" uma pista falsa. Para aqueles que não pretendem seguir o significado original das leis, não faz diferença se descobrir esse significado é fácil ou difícil, a não ser como tema casual de conversa.

A Constituição é um documento que foi redigido de forma bastante clara, e, quando utiliza frases como "o estabelecimento de religião", por exemplo, referia-se a algo bem conhecido por pessoas que já haviam vivido sob uma igreja estabelecida, a Igreja Anglicana. A proibição ao estabelecimento de uma religião não tinha nada a ver com um "muro de separação" entre Igreja e Estado, que não figura em parte alguma da Constituição, mas foi uma frase de Thomas Jefferson. Não havia nada de esotérico na frase "estabelecimento de religião". Durante mais de cem anos depois que a Constituição foi escrita, isso jamais significou que fosse ilegal exibir símbolos religiosos em propriedades do governo, por mais que algumas pessoas posteriormente tenham desejado que o significado fosse esse, e por mais que muitos juízes da nossa época estivessem dispostos a favorecer esse desejo.

Acontece a mesma coisa com expressões como "julgamento justo" ou "liberdade de expressão", que tinham longa história na lei britânica antes de serem colocadas na Constituição dos Estados Unidos por pessoas que haviam deixado de ser súditos britânicos. Essas pessoas não estavam inventando novas expressões para conceitos novos ou esotéricos cujos significados os juízes teriam de adivinhar novamente.

A restrição judicial não envolve somente o respaldo a dispositivos constitucionais e a dispositivos legislativos que estão dentro da autoridade do Congresso ou dos estados; também envolve relutância em anular decisões anteriores da Corte. Sem essa relutância, as leis poderiam se tornar tão inconstantes com a mudança de pessoal dos tribunais que os cidadãos teriam problemas para planejar atividades econômicas ou outras que demandam tempo para se realizarem, já que seria impossível prever a rotatividade de juízes e suas alterações nas leis nesse intervalo de tempo.

É desnecessário dizer que essa relutância em derrubar decisões anteriores dos tribunais não pode ser absoluta, mas deve ser uma questão de julgamento cauteloso. Se algum acadêmico de direito publicasse hoje um artigo ou livro demonstrando de maneira convincente que *Marbury versus Madison* foi decidido de forma errada em 1803, provavelmente nenhum tribunal anularia tal decisão, na qual se basearam dois séculos de precedentes legais e sob a qual todos os tipos de ações e de compromissos foram empreendidos durante esses séculos, confiando no sistema legal que se desenvolveu após *Marbury versus Madison*.

Contudo, por ironia, muitos dos mesmos intelectuais que apoiaram com entusiasmo a anulação, pela Corte de Warren, de precedentes antigos durante as décadas de 1950 e 1960 também condenaram ferozmente tribunais posteriores e mais conservadores que derrubaram alguns dos novos precedentes estabelecidos por juízes liberais, sobretudo em decisões durante os tempos da Corte de Warren. Assim, com o título "The High Court Loses Restraint" [A Suprema Corte perde o controle, em tradução livre], um editorial do *New York Times* reagiu à decisão do caso *Lopez* afirmando: "Ao decidir que o Congresso não tem poder para declarar ilegal a posse de armas a uma distância de trezentos metros de uma escola, numa lastimável reviravolta histórica, a Suprema Corte questionou sem necessidade leis anteriormente estabelecidas".[101] Citando o juiz Stephen Breyer, o *Times* destacou "o valor da restrição judicial", definida por eles como "concordar com o Congresso quando o Congresso apresentou uma base racional para encontrar um impacto comercial e interestadual para a lei". Contudo, *concordar* com aqueles cujos poderes a Constituição limitou seria fazer piada com essas limitações. Se o próprio Congresso decidir até que ponto seus poderes se estenderão, qual o sentido de estabelecer limitações constitucionais ao poder do Congresso ou do governo federal?

Por mais incoerentes que sejam essas reações da *intelligentsia* quando consideradas como comentários sobre jurisprudência, são perfeitamente coerentes quando consideradas como parte do desempenho dos tribunais orientado para os "resultados", tendo em vista que a *intelligentsia* preferiu claramente os resultados sociais das decisões da Corte de Warren aos resultados sociais de muitas decisões de tribunais posteriores. Mas decisões de tribunais que são baseadas nos resultados sociais preferidos pelos juízes, em vez de serem baseadas na lei tal como foi escrita, têm um grande número de efeitos adversos sobre a lei como sistema fundamental dentro do qual membros da sociedade podem planejar suas próprias ações. O efeito mais evidente é que ninguém pode prever quais resultados sociais os juízes irão preferir no futuro, o que deixa até as leis mais claras encobertas por uma nuvem de incerteza que abre caminho para um aumento da litigação.

O contrário do juiz orientado para os resultados é o juiz que decidirá em favor de litigantes cujas crenças ou cujo comportamento o juiz pode não ver com aprovação, ou pode até mesmo menosprezar, se a lei estiver do lado desses litigantes nesse caso. Por exemplo: o juiz Oliver Wendell Holmes votou favoravelmente a Benjamin Gitlow no caso de 1925 *Gitlow versus New York* — e disse, mais tarde, numa carta a Harold Laski, que simplesmente votou pelo "direito de um idiota de se gabar sobre a ditadura do proletariado".[102] Da mesma forma, em *Abrams versus United States*, Holmes divergiu em favor de demandantes cujos pontos de vista ele caracterizou em sua própria opinião judicial como "um credo que eu acredito ser de ignorância e imaturidade".[103] Como ele disse a Laski: "Detesto a maioria das coisas em favor das quais eu decido".[104] Por outro lado, ele podia decidir contra litigantes que ele pessoalmente via com bons olhos. Em outra carta a Laski, Holmes disse que tinha de "escrever uma decisão contra uma argumentação muito certeira e realmente bem expressa feita por dois homens negros que, verdade seja dita, até na inflexão de voz eram melhores que a maioria dos discursos de brancos que nós ouvimos".[105] Holmes não tomava partido nem buscava "resultados" específicos: ele aplicava a lei.

CAPÍTULO 13
LEI E "RESULTADOS"

Direitos fundamentais de indivíduos garantidos pela Constituição dos Estados Unidos, e por tradições legais que remontam a tempos muito anteriores à própria Constituição, podem ser perdidos como resultado de decisões judiciais baseadas na busca de resultados sociais específicos em conformidade com as visões sociais dos juízes. Considerando que a nebulosa expressão "justiça social" possa ter algum significado perceptível, aparentemente a justiça *formal* não é suficiente e deve ser complementada ou substituída por um tipo de justiça baseada em resultados sociais desejáveis. Seja como for, o domínio da lei — "um governo de leis, e não de homens" — é a antítese da "justiça social" orientada por resultados, pois os resultados devem ser escolhidos segundo as preferências de indivíduos específicos com poder para escolherem resultados convenientes, em vez da aplicação de regras antecipadamente conhecidas por todos e obrigatórias tanto para cidadãos como para juízes.

Talvez o suprassumo da lei orientada para resultados tenha sido a administrada pelos "Representantes em Missão" na França, na década de 1790. Representantes em Missão eram membros particulares da Convenção regente, escolhidos para percorrer o país e corrigindo erros, com poder para agirem "acima de todas as leis e autoridades existentes":

> Eles podiam efetuar prisões, criar tribunais revolucionários, conduzir julgamentos, instalar guilhotinas. Podiam anular, estender ou reduzir o alcance de qualquer lei. Podiam emitir decretos e proclamações sobre qualquer assunto. Podiam fixar preços, requisitar bens, confiscar propriedade, coletar impostos. Podiam realizar expurgos em qualquer órgão do governo ou, se desejassem, dissolver por completo os órgãos governamentais, substituindo-os por comitês nomeados por eles próprios.[1]

Esse foi o ponto máximo do direito orientado para resultados. Embora ninguém defenda, nos dias de hoje, a criação de Representantes em Missão, essa é a direção geral na qual muitos insistem em que os tribunais sigam, enfatizando "resultados" em vez de regras. Com efeito, juízes nomearam pessoas — chamadas adequadamente de "mestres" — para prescrever e supervisionar as políticas e operações de prisões, escolas e outras instituições governamentais; e juízes até ordenaram que legisladores estaduais aumentassem os impostos.[2]

Guiar-se para resultados parece particularmente questionável em um tribunal, que é inerentemente desprovido de mecanismos institucionais para monitorar quais são, de fato, os resultados das decisões judiciais, uma vez que as repercussões se estendem em todas as direções pela sociedade inteira — diferentemente do modo como os juízes poderiam imaginar os resultados das suas decisões. Na verdade, alguns resultados foram o oposto do que as decisões judiciais baseadas em "resultados" buscavam.

O ÔNUS DA PROVA

Talvez nada seja mais fundamental para a tradição jurídica norte-americana do que a condição de que o ônus da prova recaia sobre a acusação em casos criminais e sobre o reclamante em casos civis. Contudo, o zelo por "resultados" fez o ônus da prova recair sobre o acusado para que prove sua inocência em determinadas classes de casos escolhidas de maneira arbitrária. Esse princípio, ou falta de princípio, figurou na lei antitruste antes de ser aplicado em casos de direitos civis.

A Lei Robinson-Patman, por exemplo, tornou ilegal a discriminação de preços, exceto sob certas condições. Mas, uma vez apresentada uma causa convincente de que preços diferentes foram cobrados de clientes diferentes, a empresa acusada precisa provar que as exceções — tais como as diferenças de custo na prestação de serviço a determinados clientes, que seriam o suficiente para justificar as diferenças nos preços — se aplicam. Tendo em vista que a aparentemente simples palavra "custo" oculta complexidades que podem manter contadores, economistas e advogados de ambos os lados presos a disputas intermináveis, talvez não seja possível nem para o acusador nem para o acusado provar coisa alguma de maneira conclusiva. Isso significa que o acusado perde tais casos ou os resolve fora do tribunal, nos termos que conseguir negociar, porque é praticamente impossível provar a inocência de alguém em muitos casos.

O problema mais importante, porém, é que o ônus da prova foi colocado sobre o acusado, contrariando tradições jurídicas centenárias aplicadas na maioria dos outros tipos de casos.

O mesmo princípio legal orientado para resultados de colocar o ônus da prova sobre o acusado reapareceu mais tarde em processos judiciais que envolviam leis e políticas de direitos civis. Mais uma vez, basta apenas que se apresente um caso *prima facie*, uma causa convincente — ou seja, uma acusação que não satisfaz nem mesmo o padrão do direito civil de preponderância da prova — baseada simplesmente na "sub-representação" estatística de minorias ou de mulheres na força de trabalho de uma empresa, para que o ônus da prova recaia sobre o empregador, que terá de mostrar que discriminação não é a razão. Nenhum ônus da prova recai sobre aqueles que requerem uma distribuição uniforme ou aleatória de conquistas ou recompensas entre grupos raciais ou outros na ausência de discriminação, apesar de vasta quantidade de evidências, da história e também da vida contemporânea, de realizações completamente desproporcionais entre indivíduos, grupos e nações.[3]

Um empregador que contratou, pagou e promoveu indivíduos sem se importar com raça nem sexo pode, mesmo assim, descobrir que é impossível ou proibitivamente caro contestar a acusação de discriminação. Por exemplo, em 1973, a Equal Employment Opportunity Commission [Comissão para a Promoção de Oportunidades Iguais de Trabalho] entrou com um processo de discriminação sexual contra a rede de lojas de departamentos Sears com base apenas em estatísticas, sem conseguir apresentar uma única mulher, nem empregada na época, nem anteriormente em nenhuma das centenas de lojas da Sears espalhadas pelo país, que afirmasse ter sofrido algum tipo de discriminação. Ainda assim, esse caso se arrastou pelos tribunais durante 15 anos, e custou à Sears 20 milhões de dólares em litígio antes que o Sétimo Tribunal de Apelação finalmente decidisse em favor da rede de lojas.

Considerando que poucos empregadores têm esse montante de dinheiro para gastar em processos, nem podem suportar a repercussão negativa de uma acusação tão desfavorável sobre eles por tantos anos, a maioria resolve tais casos fazendo acordos fora dos tribunais da melhor maneira possível — e essa grande quantidade de acordos acaba citada na mídia e em outras partes como prova de que existe muita discriminação. Convém insistir: tudo isso remonta à prática de fazer recair o ônus da prova sobre o acusado. Tivesse o ônus da prova recaído sobre a Equal Employment Opportunity Commission, o caso provavelmente nem chegaria a julgamento, já que a E.E.O.C. não tinha nem mesmo uma mulher que alegasse ter sido discriminada. Tudo o que tinham eram estatísticas que não se encaixavam no preconceito habitual de que todos os grupos tenderiam a ser representados de maneira proporcional se não houvesse discriminação.

Um caso semelhante, e que acabou chegando à Suprema Corte, demorando também 15 anos desde o julgamento original, resultou numa decisão favorável ao empregador acusado que foi, mais tarde, derrubada quando o Congresso aprovou nova lei, devolvendo o ônus da prova ao acusado. No caso em questão, a Wards Cove Packing Company, sediada nos estados de Washington e Oregon, administrava uma operação de conservas de peixe no Alasca. Eles recrutavam sua gerência na região onde ficavam os escritórios principais da empresa, e recrutavam sua força de trabalho de enlatamento onde os peixes eram capturados; isso resultou numa gerência predominantemente branca em Washington e no Oregon, e uma mão de obra predominantemente não branca no Alasca. Esse fato estatístico tornou-se a base para acusações de discriminação. O Ninth Circuit Court of Appeals [Nono Tribunal de Apelação] manteve a acusação de discriminação, mas a Suprema Corte anulou essa decisão e reteve o caso para reavaliação. Isso desencadeou uma tempestade de críticas nos meios de comunicação e no meio acadêmico.

Linda Greenhouse, repórter do *New York Times* que cobria a Suprema Corte, disse que a decisão no caso *Wards Cove versus Atonio* "transferiu o ônus da prova dos empregadores para os funcionários que denunciam discriminação no trabalho"[4] — expressando o que aconteceu em termos de grupos sociais e resultados sociais, e não em termos de princípios legais e categorias legais (demandantes e acusados), com o ônus de sustentar as alegações imposto aos demandantes, como aconteceu durante séculos. Segundo Linda Greenhouse, a decisão para o caso *Wards Cove* "livrou os empregadores de parte do ônus de justificar práticas que mostraram ter impacto discriminatório".[5]

O que Linda Greenhouse escolheu chamar de "impacto discriminatório" eram as informações demográficas dos funcionários que não correspondiam às informações demográficas da população — o que significa dizer que fatos do mundo real não correspondem à visão dos ungidos. Assim como em outros contextos, a visão foi considerada axiomaticamente verdadeira, de maneira que desvios estatísticos na distribuição uniforme ou aleatória de membros de diferentes grupos na força de trabalho de uma empresa poderiam ser considerados evidência de preconceito do empregador, uma suposição que caberia ao empregador refutar, ou então ser julgado culpado de violar a lei federal.

O colunista do *New York Times* Tom Wicker também acusou a Suprema Corte, em sua "decisão radical no caso da Ward's Cove", de "anular a lei estabelecida" quando "fez recair o ônus da prova sobre um *funcionário* que acusou um empregador de práticas discriminatórias de contratação e emprego". Anteriormente, segundo Wicker, a Suprema Corte, "em conformidade com o costume jurídico geral, havia destinado o ônus da prova à parte mais capaz de mostrar que os procedimentos em discussão eram justos e necessários — o *empregador*, obviamente". Mais uma vez, precedentes legais foram tomados como preventivos, embora o precedente específico nesse caso — *Griggs versus Duke Power* — não tenha se estendido por tanto tempo quanto o caso *Plessy versus Ferguson* quando foi anulado pelo caso *Brown versus Board of Education*.

Nada na argumentação de Wicker deu aos leitores alguma indicação de que atribuir o ônus da prova ao acusado era uma rara exceção às tradições jurídicas que remontam a séculos. Uma exceção para certas classes de casos em que os "resultados" sociais eram a preocupação mais importante e em que os réus, em particular — as empresas —, não contavam com prestígio nos meios intelectuais, fosse em casos antitruste sob a Lei Robinson-Patman, fosse em casos de direitos civis.

Quando o Congresso desenvolveu a legislação para derrubar a decisão no caso *Wards Cove* e o presidente George H. W. Bush ameaçou vetar, Tom Wicker disse: "Ele ameaça tornar mais fácil para empregadores discriminarem e mais difícil para empregados (geralmente integrantes de minorias) conseguirem reparação judicial".[6]

Os editoriais do *New York Times* apresentaram argumentos similares. A decisão no caso *Wards Cove*, de acordo com esses editoriais, "fez recaírem novos e opressivos fardos sobre os demandantes de direitos civis".[7] Mais uma vez, os leitores não receberam nenhuma indicação de que o que o *New York Times* chamou de "fardos opressivos sobre os demandantes de direitos civis" eram os mesmos fardos que a maioria dos outros demandantes, na maioria dos casos não civis, suportaram durante séculos, com base no princípio legal de que o acusado não é obrigado a provar sua inocência.

Uma coluna de opinião no *Washington Post* também usou um critério de "resultados", reclamando que a decisão no caso *Wards Cove* "tornou muito mais difícil para os demandantes ganharem esses casos".[8] Um editorial no *Boston Globe* também reclamou que a decisão do *Wards Cove* "tornou praticamente impossível que funcionários ganhem processos por discriminação".[9] Outro editorial no *Boston Globe* queixou-se de que o ônus da prova "agora foi transferido para o demandante"[10] — como se o ônus da prova jamais tivesse estado nesse lugar.

A reação dos acadêmicos não foi menos barulhenta, nem menos tendenciosa na apresentação dos fatos, nem menos voltada para "resultados". O professor Ronald Dworkin escreveu sobre a "brutal desigualdade" entre as raças no caso *Wards Cove*, que ele chamou de "discriminação estrutural", e sobre o "ônus impossível" que recaiu sobre os demandantes.[11] O professor Paul Gewirtz, da

Universidade de Yale, disse: "A Suprema Corte desferiu um duro golpe em dois dos mecanismos mais importantes para a integração da força de trabalho norte--americana".[12] O foco de Gewirtz estava claramente em resultados sociais — "integração da força de trabalho norte-americana" —, não na lei. O professor Reginald Alleyne, da Faculdade de Direito da UCLA, não menos voltado para "resultados", atribuiu a decisão no caso *Wards Cove* a juízes que "simplesmente desprezam a legislação de direitos civis".[13] O professor Howard Eglit, da Chicago--Kent College of Law, descreveu a decisão *Wards Cove* como um "insidioso tratamento revisionista do ônus da prova".[14]

O professor de direito Alan Freeman, da Universidade Estadual de Nova York em Buffalo, também usou a ideia de oponente desprezível, chamando os juízes que deram a decisão no caso *Wards Cove* de "apologistas reacionários da ordem vigente" que mereciam "desprezo".[15] A professora de direito Candace S. Kovacic-Fleischer, da Universidade American, apelou ao Congresso para "restaurar a distribuição normal dos ônus das provas; ou seja, se um demandante provar que a prática ou práticas no emprego causaram impacto discrepante, então deverá ser transferido para o empregador o ônus de provar que a prática foi necessária para a empresa".[16] Mas essa distribuição de ônus de prova era "normal" somente em casos de direitos civis e em alguns casos antitruste, ao contrário de séculos de prática normal em outras partes do direito anglo-americano.

Esse ônus da prova sobre os empregadores não foi imposto pela Lei de Direitos Civis de 1964. Pelo contrário, nos debates no Congresso que antecederam a aprovação dessa lei, o senador Hubert Humphrey e outros líderes na disputa para a aprovação da lei repudiaram de maneira explícita a ideia de que disparidades estatísticas bastariam para obrigar um empregador a tentar provar que não cometeu discriminação.[17] O senador Joseph Clark, outro defensor da Lei de Direitos Civis de 1964, disse que a Equal Employment Opportunity Commission estabelecida por essa lei "deve provar com preponderância de evidências que a demissão ou outra ação relacionada a um corpo de funcionários foi motivada por raça".[18] Uma preponderância de evidências, como em outros casos civis, não um caso *prima facie*, com o ônus da prova sendo então transferido para o empregador, como se tornou padrão mais tarde, como resultado de decisões judiciais.

Foi a decisão da Suprema Corte no caso *Griggs versus Duke Power*, em 1971, que transferiu o ônus da prova para o empregador quando houvesse critérios de contratação com "impacto discrepante" sobre minorias de trabalhadores — no caso, um teste mental ou um diploma do ensino médio. A decisão no caso *Griggs* — que tinha menos de 20 anos na época da decisão no caso *Wards Cove* — foi a lei "estabelecida" da qual Tom Wicker viu a decisão *Wards Cove* como um desvio "radical". O conceito de "impacto discrepante" é, na verdade, uma codificação judicial da confusão entre dizer que determinada instituição *transmite* uma diferença que já existe e dizer que essa instituição *causa* essa diferença. Mas essa distinção foi feita durante os debates no Congresso que antecederam a aprovação da Lei de Direitos Civis original de 1964, quando partidários dessa lei afirmaram que, nos termos da sua subseção 706 (g), um empregador era considerado responsável apenas por sua própria discriminação "intencional",[19] não por padrões sociais refletidos em sua força de trabalho.

Aparentemente, os jornalistas, acadêmicos e outros que expressaram ultraje diante da decisão no caso *Wards Cove*, de alguma maneira, simplesmente *sabem* que a discriminação dos empregadores é o motivo das disparidades estatísticas, por isso parece ser somente uma questão de tornar mais fácil para os tribunais chegarem à mesma conclusão. O significado disso é que os membros da sociedade que os ungidos não veem com bons olhos não devem ter os mesmos direitos que a população em geral, muito menos os privilégios daqueles que os ungidos veem com simpatia. A ideia de que a finalidade da lei é tornar mais difícil ou mais fácil para um segmento pré-selecionado da sociedade ganhar processos contra outro segmento pré-selecionado da sociedade está contida em muitas das críticas dos intelectuais à decisão no caso *Wards Cove*, se não na maioria delas. Em suma, eles querem "resultados" — e o Congresso lhes deu isso com a Civil Rights Restoration Act [Lei de Restauração dos Direitos Civis], de 1991, que devolveu o ônus da prova ao empregador, ao contrário do estabelecido na Lei de Direitos Civis de 1964.

DIREITOS DE PROPRIEDADE

Em nenhum lugar os resultados reais de decisões judiciais orientadas para "resultados" foram mais radicalmente distintos do previsto do que no caso dos direitos à propriedade, que já há bastante tempo são um campo de batalha entre os que têm visões sociais opostas. Quando as ideias de uma "Constituição viva", a ser aplicada às condições da época conforme os juízes achassem conveniente, tornaram-se predominantes na segunda metade do século XX, os direitos de propriedade foram reduzidos a um status de segunda categoria, na melhor das hipóteses. Nas palavras do renomado economista urbano Edwin S. Mills: "Os tribunais praticamente aboliram a Quinta Emenda no que diz respeito a imóveis urbanos".[20]

Aqueles que têm visão trágica entendem os direitos de propriedade de maneira radicalmente distinta daqueles que têm a visão dos ungidos. Os que têm a visão trágica das falhas e defeitos humanos veem os direitos de propriedade como limitações necessárias ao poder das autoridades do governo de se apossarem dos pertences da população, quer para uso próprio, quer para distribuição a título de generosidade a grupos de eleitores, cujo apoio político ou financeiro os políticos buscam. Semelhantes ações por parte de detentores do poder eram comuns em antigos despotismos, e não eram desconhecidas em democracias modernas. Aqueles que fundaram os Estados Unidos da América e escreveram a Constituição consideravam os direitos de propriedade essenciais para salvaguardar todos os outros direitos. O direito à liberdade de expressão, por exemplo, não teria sentido se criticar as autoridades pudesse resultar no confisco de tudo o que alguém possuísse, como retaliação.

Os economistas consideram os direitos à propriedade essenciais para: (1) manter a tomada de decisão econômica nas mãos de pessoas físicas — isto é, longe das mãos de políticos; e (2) manter incentivos para que pessoas físicas invistam tempo, talento e recursos na expectativa de que consigam obter e conservar as recompensas dos seus esforços. Contudo, aqueles com a visão dos ungidos — segundo a qual os tomadores de decisão substitutos estão mais bem preparados do que as outras pessoas para oferecerem decisões sábias — consideram o direito à propriedade como obstáculo à realização de vários objetivos sociais desejáveis por meio da ação do governo. De acordo com os que têm essa visão, o direito à propriedade simplesmente protege, contra o bem maior da sociedade, indivíduos afortunados a ponto de possuírem propriedade substancial. O professor Laurence Tribe, da Faculdade de Direito de Harvard, por exemplo, afirmou que o direito à propriedade representa nada mais que um benefício individual à "riqueza entrincheirada".[21]

Em outras palavras, o direito à propriedade é avaliado pela perspectiva dos seus resultados individuais, não pela perspectiva dos processos sociais facilitados por um sistema de direito à propriedade para a tomada de decisões de ordem econômica. Por outro lado, o direito à liberdade de expressão quase nunca é visto por uma perspectiva tão estreita, como benefício de especial interesse para a parcela muito pequena da população formada por escritores profissionais, jornalistas de mídia ou ativistas políticos. Pelo contrário: o direito à liberdade de expressão é considerado direito essencial para o funcionamento de todo o sistema de governo representativo, embora o direito à propriedade raramente seja considerado por intelectuais como igualmente essencial ao funcionamento de uma economia de mercado. Na verdade, o direito à propriedade é facilmente desdenhado como proteção especial a pessoas economicamente privilegiadas, como de fato é desdenhado pelo professor Tribe e como foi, antes dele, por Roscoe Pound, Louis Brandeis e muitos outros.

Aqueles que abordam com tal desdém os direitos de propriedade não apenas promovem sua própria visão como também filtram com frequência a visão oposta do direito à propriedade, ou a distorcem como se ela não passasse de uma defesa da "riqueza entrincheirada",[22] de maneira que grande parte do público nem mesmo toma conhecimento do que está acontecendo, o que torna irrelevante colocar a questão em debate. Quando o direito à propriedade é reduzido por meio de virtuosismo verbal a um mero benefício especial para alguns poucos privilegiados, esse direito passa a ser considerado menos importante do que os benefícios que alcançam a sociedade como um todo. Resulta disso que o direito à propriedade acaba muitas vezes sendo preterido em face de outros direitos quando a questão é apresentada como exaltação do "direito à propriedade acima dos direitos humanos" pelos tribunais ou apresentada como direito à propriedade *versus* "o interesse público".[ac]

Tais argumentos, entretanto, só fazem sentido dentro do contexto da visão dos ungidos. De outra forma, não existe conflito entre direito à propriedade e direitos humanos porque: (1) a propriedade em si não tem direitos; e (2) apenas seres humanos têm direitos. Os conflitos ocorrem entre diferentes grupos de seres humanos. O direito à propriedade é uma barreira legal para impedir que políticos, juízes ou burocratas se apropriem arbitrariamente dos bens de alguns seres humanos para transferirem esses bens para outros seres humanos.

Aqueles que acreditam que os tomadores de decisão substitutos têm o direito e o dever de tornar a "distribuição de renda" mais igual ou mais justa consideram o direito à propriedade como uma barreira que não deve impedir esse objetivo fundamental. Quando as ideias dos intelectuais da era progressista se tornaram predominantes nas faculdades de direito e nos tribunais na segunda metade do século XX, o direito à propriedade foi desgastado por decisões judiciais, e a capacidade das autoridades governamentais de anular os direitos de donos de propriedades foi justificada com base no maior interesse público, supostamente em prol dos menos afortunados. Contudo, aqui, como em qualquer outra parte, como determinadas noções se ajustam à visão, dá-se muito pouca atenção à questão de saber se elas também se ajustam aos fatos. Em outras palavras, a ideia de que o enfraquecimento do direito de propriedade beneficia os que têm renda limitada e que não têm nenhuma propriedade substancial é considerada axiomática, não uma hipótese a ser testada empiricamente.

A suposição implícita de que o enfraquecimento do direito à propriedade beneficiaria os menos afortunados, à custa dos mais afortunados, acabou se mostrando em inúmeros casos exatamente o oposto do que de fato aconteceu. Contando com mais liberdade para confiscar propriedades, autoridades governamentais de todos os níveis promoveram durante décadas demolições gigantescas de bairros das classes trabalhadoras e de baixa renda, colocando em prática programas de "renovação urbana" ou "revitalização", que substituíram esses bairros por mais habitações de luxo, shoppings e outros atrativos para os membros mais abastados da sociedade.

As quantias mais altas de impostos que essas áreas "revitalizadas" representariam localmente eram incentivos óbvios para que líderes políticos locais se beneficiassem à custa da população desalojada. Essas populações desalojadas eram, em sua maioria, grupos minoritários e de baixa renda, principalmente negros.[23]

A consumação final das tendências jurídicas de enfraquecer o direito à propriedade sob a alegação de que restringe a ação do governo surgiu em 2005 com o caso *Kelo versus New London*, no qual a disposição da Constituição de que a propriedade privada poderia ser tomada para "uso público" foi ampliada para significar que tal propriedade poderia ser tomada para um *propósito* público. O uso público abarcaria coisas como a construção, pelo governo, de um reservatório, de uma ponte, de uma rodovia; mas "propósito público" poderia significar praticamente qualquer coisa — e no caso *Kelo*, significava confiscar as casas das pessoas para entregar a propriedade a incorporadores, que ergueriam várias instalações de luxo.

É preciso observar também que o que se constrói em terras tomadas por meio de domínio eminente, ou desapropriação, de proprietários e empresas em zonas de baixa renda raras vezes são coisas que não seriam ou não poderiam ser construídas em outro lugar. Para ser mais preciso, são coisas que os líderes políticos locais buscam atrair para sua própria jurisdição fiscal para não deixar que sejam construídas em algum outro lugar, na jurisdição fiscal de outros. Em outras palavras, essas coisas em nome das quais centenas ou até milhares de casas e empresas são sacrificadas, e a vida das pessoas, perturbada, não são acréscimos líquidos à riqueza nacional, por mais que possam acrescentar em arrecadação de impostos num lugar específico.

Um benefício direto ainda maior aos mais abastados, à custa de pessoas de renda baixa ou modesta, resultou da esfera de ação ainda maior permitida às autoridades governamentais para a anulação do direito de propriedade em nome do "espaço aberto", do "crescimento inteligente" e de outras formas arbitrárias de restrição de construção, politicamente embaladas com os rótulos com mais atrativos retóricos. Proibir que se construam casas ou outras estruturas dentro ou ao redor de comunidades de classe alta reduz significativamente a capacidade de pessoas com menos poder aquisitivo se mudarem para essas comunidades, seja devido à redução na oferta física de terrenos para habitação, seja devido ao aumento vertiginoso dos preços dos imóveis resultante do aumento acentuado do preço dos terrenos depois que a oferta de terrenos para construção foi limitada artificialmente por lei.

Os preços dos imóveis aumentados em duas, três ou mais vezes em consequência das restrições de construção — como aconteceu em várias partes dos Estados Unidos, com início na década de 1970[24] — não afeta negativamente os que já viviam em comunidades abastadas (com exceção de inquilinos), mas, na verdade, beneficia proprietários de casas, já que o valor das próprias casas aumenta em um mercado artificialmente restrito.

Além disso, os poderes arbitrários de comissões de planejamento, comitês de zoneamento e agências ambientais para restringir ou proibir o uso de propriedade privada, desaprovando-o como bem entendem, confere-lhes influência para extraírem concessões daqueles que buscam construir qualquer coisa sob sua jurisdição. Essas concessões podem ser extraídas de maneira ilegal, na forma de suborno pessoal direto, ou legalmente, forçando o proprietário do imóvel a contribuir com parte da propriedade para a jurisdição local. Na cidade de San Mateo, na Califórnia, por exemplo, a aprovação de um conjunto habitacional foi condicionada à entrega às autoridades locais pelos construtores "de um terreno de 5 hectares no qual a cidade construirá um parque público", a uma contribuição de 350 mil dólares para "arte pública" e à venda de cerca de 15% das casas abaixo do seu valor de mercado.[25]

O chefe de justiça John Marshall disse que o poder de tributar é o poder de destruir. O poder da regulação arbitrária é o poder de extorquir — assim como é o poder de fazer recair o ônus da prova sobre o acusado. Entre as justificativas oferecidas por juízes contemporâneos para a extração de concessões de construtores por políticos — nesse caso, vender abaixo do valor habitual de mercado certa porcentagem do conjunto habitacional que eles constroem —, está que isso é feito em troca de "benefícios" aos construtores. Um desses "benefícios" é se qualificar para o "processamento acelerado".[26] Em outras palavras, as autoridades locais podem extrair concessões mediante o poder de protelar. Seguindo esse raciocínio, chantagistas proporcionam um "benefício" por não revelarem informações prejudiciais, e sequestradores proporcionam um "benefício" ao devolver o refém depois que o resgate é pago.

No caso do conjunto habitacional, as "concessões" extorquidas de construtores são, no final das contas, pagas pelas pessoas que compram ou alugam as casas ou apartamentos que eles construíram. O desgaste do direito à propriedade permitido pelos tribunais afeta até as pessoas que não possuem propriedades, mas que precisam pagar mais para alugar, ou pessoas que não podem arcar com aluguel nem comprar em comunidades nas quais os preços das residências foram aumentados artificialmente. Isso ocorre devido a restrições de uso de terreno a níveis inalcançáveis para qualquer pessoa, a não ser os ricos ou abastados, estabelecendo, desse modo, um *cordão sanitário* em torno de comunidades de classe alta, mantendo do lado de fora pessoas de renda baixa ou modesta. Sejam quais forem os "resultados" que buscavam aqueles que defendiam o enfraquecimento do direito à propriedade, esses são os resultados efetivamente alcançados.

Até mesmo pessoas de renda baixa ou modesta que já morem em comunidades que minem o direito à propriedade com restrições arbitrárias de construção podem ver-se obrigadas a sair devido ao aumento acentuado dos aluguéis. Em São Francisco, por exemplo, a população negra reduziu-se pela metade desde 1970, e, em alguns outros condados litorâneos da Califórnia, não foi incomum que a população negra declinasse em torno de 10 mil indivíduos ou mais somente entre os censos de 1990 e 2000,[27] mesmo quando a população total desses condados crescia.

Um dos muitos problemas com as decisões judiciais orientadas para "resultados" é que os resultados reais não podem se limitar aos resultados específicos que os juízes tinham em mente, e outros resultados raras vezes podem ser previstos. Dados os precedentes legais, essas decisões orientadas por "resultados" raramente são reversíveis, não importa quanto os resultados reais sejam diferentes dos resultados esperados.

CRIME

A concepção de crime comum entre os intelectuais remonta a pelo menos dois séculos, mas, na prática, ganhou importância apenas durante a segunda metade do século XX. Louis Brandeis, em sua alegação de que a moderna "ciência social" havia apresentado um dilema — qual seja, se a comunidade circundante não era tão responsável pelo roubo quanto o próprio ladrão —, não levou em conta o fato de que culpar a sociedade pelo crime era um pensamento comum entre os que tinham a visão dos ungidos, já no século XVIII — ou seja, antes da moderna "ciência social",[28] embora essas especulações anteriores tenham precedido a prática de se esconderem sob o manto da ciência.

Há muito tempo a visão dos ungidos dá menos ênfase à punição e mais ênfase à prevenção pela busca das "causas profundas" sociais do crime previamente, e pela "reabilitação" dos criminosos em seguida. Temas subordinados nessa visão incluem a atenuação da responsabilidade pessoal por parte dos criminosos como resultado de infância infeliz, de muito estresse na idade adulta e outros fatores que, presumivelmente, não podem ser controlados pelo indivíduo. Teorias conflitantes sobre crime podem ser longamente discutidas, e sem dúvida serão, assim como muitas outras questões que se expandem até o ponto de não mais haver respostas para elas. O que importa aqui, contudo, é qual tem sido a evidência dos resultados reais da ascensão e da predominância generalizada da visão dos intelectuais sobre o crime — e que reações os intelectuais mostram ante essa evidência.

Nos Estados Unidos, onde as taxas de homicídio declinaram durante décadas, e em 1961 eram menos da metade do que haviam sido em 1933, as reformas jurídicas da década de 1960 — que adotaram ideias de intelectuais e foram amplamente aplaudidas por eles — foram seguidas quase imediatamente por uma acentuada inversão dessa longa tendência descendente, com a taxa de homicídios chegando ao dobro em 1974.[29] Na Grã-Bretanha, a ascensão da mesma visão sobre o crime foi seguida por reversões similarmente súbitas de tendências prévias de queda nas taxas de criminalidade. Como se observou em um estudo:

> Especialistas em criminologia traçaram um longo declínio na violência interpessoal desde o final da Idade Média até uma abrupta e estarrecedora reversão ocorrida em meados do século xx (...). E uma comparação estatística de crimes na Inglaterra e em Gales com crimes nos Estados Unidos, baseada em números de 1995, revelou que, para três categorias de crime violento — assaltos, arrombamentos e roubos —, os ingleses se encontram agora expostos a um risco muito maior que os norte-americanos.[30]

A súbita reversão de uma longa tendência de queda nos índices de crimes, em ambos os lados do Atlântico, diminui bastante a possibilidade de que os resultados se devam aos tipos de mudanças sociais complexas que levam anos para se desenvolverem de maneira gradual. Porém, dentro de um intervalo de tempo relativamente curto, as alterações na legislação, nas decisões judiciais e na política governamental, tanto na Grã-Bretanha como nos Estados Unidos, diminuíram muito a possibilidade de que um criminoso fosse condenado e punido por determinado crime, diminuíram a severidade da punição para os que foram punidos e, ao mesmo tempo, diminuíram para cidadãos que cumprem a lei a capacidade de se defenderem em confronto com criminosos e de se armarem a fim de impedir ataques de criminosos.[31] Na Grã-Bretanha, a ideologia antiarmas é tão forte que mesmo o uso de armas de brinquedo para autodefesa é proibido:

> A simples ameaça de se defender também pode ser ilegal, como descobriu uma mulher idosa. Ela conseguiu assustar uma gangue de ladrões ao disparar uma arma de brinquedo com balas de festim, e acabou presa pelo crime de assustar pessoas com uma imitação de arma de fogo. Usar uma arma de brinquedo para se defender durante invasão a uma casa também é inaceitável, como descobriu um homem que deteve com uma imitação de arma de fogo dois outros homens que

estavam roubando sua casa. Ele chamou a polícia, mas, quando chegaram, os policiais prenderam o dono da casa por infração com arma de fogo.[32]

Há muito tempo os intelectuais britânicos defendem com entusiasmo o controle de armas. Um artigo de 1965 no *New Statesman* declarou que armas de fogo em mãos de civis "não servem a nenhum propósito civilizado concebível", que "a posse ou o uso de pistolas ou revólveres por civis" era algo que "não tinha justificativa para nenhuma finalidade".[33] Um artigo de 1970 na mesma publicação pedia que as leis banissem "todas as armas de fogo" — guardadas ou não — "de toda a população civil".[34]

Como tantas ideias em voga entre intelectuais, o fervor por leis de controle de armas desprezou anos de evidências crescentes da inutilidade e das consequências contraproducentes de tais leis. Por exemplo, um estudo acadêmico de 2001 mostrou que "o uso de revólveres em crimes cresceu cerca de 40% dois anos depois que essas armas foram banidas no Reino Unido".[35] Um estudo anterior revelou: "Em homicídios envolvendo o crime organizado e drogas, nenhuma arma de fogo obtida por meios legais foi usada, mas foram usadas 43 armas de fogo ilegais".[36] Outros estudos também indicaram que, na Inglaterra e nos Estados Unidos, leis contra a posse de armas não tiveram efeitos perceptíveis em pessoas que ganham a vida violando a lei:

> Em 1954, houve apenas doze casos de assalto em Londres com o uso de arma de fogo, e, numa avaliação mais minuciosa, constatou-se que oito delas eram apenas "supostas armas de fogo". Mas assaltos à mão armada em Londres cresceram de quatro em 1954 — quando não existia controle sobre armas de fogo e duplicara o número de proprietários de pistolas autorizadas — para 1.400 em 1981 e para 1.600 em 1991. Em 1998, um ano após a proibição de praticamente todas as armas de fogo, os crimes à mão armada cresceram mais 10%.[37]

Com o endurecimento ainda maior das leis de controle de armas na Grã-Bretanha perto do final do século XX, os índices de homicídio cresceram 34%, ao passo que os índices de homicídio no Canadá e nos Estados Unidos declinaram 34% e 39%, respectivamente. Os índices de homicídio na França e na Itália também estavam em queda, de 25% e 59%, respectivamente.[38] A Grã-Bretanha, com sua rígida ideologia antiarmas entre intelectuais e elites políticas, foi exceção às tendências internacionais. Entretanto, a compra de armas de fogo por norte-americanos aumentou durante esse mesmo período, com a venda de armas alcançando "um pico em 1993 de quase 8 milhões de armas de fogo, dos quais 4 milhões eram pistolas".[39] Longe de levar a mais assassinatos, esse foi um período de índices de homicídio em queda nos Estados Unidos. No total, o número estimado de armas de fogo nos Estados Unidos era de 200 milhões, e os índices de crimes violentos foram menores em lugares onde era maior a incidência de posse de armas. A mesma coisa aconteceu na Suíça.[40]

Nada disso, porém, gerou dúvidas a respeito do controle de armas, nem entre os norte-americanos nem entre os intelectuais britânicos. Na Grã-Bretanha, a ideologia e a política governamental também não veem com bons olhos outras medidas de autodefesa. A oposição a que cidadãos cumpridores da lei ajam em legítima defesa não se limita apenas a armas de fogo ou a imitações delas. Um homem de meia-idade, atacado por dois ladrões num vagão de metrô de Londres, "desembainhou uma lâmina de espada de sua bengala e cortou um deles" — e foi preso junto com os assaltantes, por portar uma arma de ataque.[41] Até mesmo a instalação de arame farpado em torno de um quintal e galpão, que já havia sido arrombado várias vezes, foi vetada pelas autoridades locais, que temiam ser processadas se um ladrão se ferisse tentando invadir o lugar.[42] Que semelhante processo seja levado a sério é outro indício das ideias que predominam entre as autoridades britânicas, que operam sob a influência das opiniões da *intelligentsia* britânica.

A teoria das "causas profundas" para o crime também permaneceu imune às evidências em ambos os lados do Atlântico. Tanto nos Estados Unidos como na Inglaterra, as taxas de crimes cresceram rapidamente durante anos quando as supostas "causas profundas do crime" — pobreza e obstáculos às oportunidades — foram visivelmente reduzidas. Como que expondo ao ridículo mais completo a teoria das "causas profundas", os tumultos nos guetos que varreram cidades norte-americanas na década de 1960 foram menos comuns nas cidades do Sul, onde a discriminação racial era ainda mais visível, e o tumulto mais letal da época aconteceu em Detroit, onde os índices de pobreza entre os negros eram a metade dos índices de pobreza entre negros no resto do país, enquanto os índices de propriedade de imóveis entre os negros eram maiores do que os de qualquer outra cidade, e a taxa de desemprego entre negros em Detroit era de 3,4% — menor que a taxa de desemprego entre *brancos* em todo o país.[43]

Tumultos urbanos aconteceram em maior número durante a administração do presidente Lyndon Johnson, marcada por uma legislação histórica de direitos civis e uma gigantesca expansão de programas sociais chamada de "guerra contra a pobreza". Por outro lado, praticamente não houve esses tumultos durante os oito anos da administração Reagan, que não deu ênfase a essas coisas.

Seria difícil pensar em uma teoria social mais sistemática e inequivocamente desmentida pelos fatos. Isso, porém, não fez a menor diferença para aqueles que adotaram a teoria das "causas profundas" do crime ou a visão social geral por trás dessa teoria. Os Estados Unidos não foram o único país onde as supostas "raízes profundas" do crime não mostraram correlação com a taxa de crimes real. Isso também aconteceu na Grã-Bretanha:

> Contra todas as chances, os crimes violentos caíram vertiginosamente durante o século xix. De meados do século xix até a Primeira Guerra Mundial, os episódios violentos informados caíram 71%, o número de feridos caiu 20%, e os homicídios caíram 42% (...). A época foi amaldiçoada com todos os males que a sociedade moderna aponta como causa para o crime — pobreza devastadora lado a lado com a prosperidade crescente, favelas apinhadas, rápidos crescimento e deslocamento da população, urbanização, o desmantelamento da família trabalhadora, policiamento problemático e, é claro, posse generalizada de armas de fogo.[44]

Mesmo os fatos mais óbvios podem ser contornados com o argumento de que as causas do crime são "complexas" demais para serem abrangidas por uma explicação "simplista". Essa tática verbal simplesmente torna a questão fugidia a ponto de se tornar insondável, como prelúdio para que qualquer explicação que não esteja em conformidade com a visão predominante seja descartada como "simplista" por não poder oferecer uma resposta completa à questão ampliada. Contudo, ninguém precisa dominar as complexidades da lei da gravidade de Newton para saber que saltar da cobertura de um arranha-céu trará consequências. Da mesma forma, ninguém precisa escarafunchar as complexidades das inúmeras razões conhecidas e desconhecidas pelas quais as pessoas cometem crimes para saber que colocar criminosos atrás das grades tem um histórico melhor na redução do índice de crime do que qualquer uma das teorias complexas de políticas arrogantes apoiadas pela *intelligentsia*.[45]

Ampliar a questão a ponto de torná-la insondável, e então ridicularizar qualquer abordagem indesejável como "simplista": essa é apenas uma das táticas retóricas que os intelectuais usam contra os fatos. Outro exemplo disso é que durante muito tempo a exigência do retorno da "lei e da ordem" foi estigmatizado como sinal de racismo velado, já que a taxa de crimes entre os negros era mais alta que entre os brancos.

Como vimos no Capítulo 2, um comissário de polícia aposentado de Nova York que tentou avisar juízes acerca do potencial perigo representado por algumas de suas decisões literalmente fez os juízes e os advogados presentes rirem.[46] Para resumir, a teoria triunfou sobre a experiência, assim como a opinião muitas vezes triunfou sobre os fatos; e os ignorantes foram tratados como se não merecessem ser levados a sério pelos ungidos.

Atitudes semelhantes têm acompanhado a mesma visão na Grã-Bretanha, onde grande parte dos meios de comunicação, do meio acadêmico e da *intelligentsia* em geral, bem como das autoridades públicas com formação universitária, trata as reclamações do público contra as taxas crescentes de crime (e sua necessidade de que haja sanções sérias contra criminosos) como meros sinais da pouca compreensão do público a respeito da profundidade das questões envolvidas. Em ambos os lados do Atlântico, as elites se concentraram nos problemas experimentados por pessoas que cometem crimes e se concentraram também em demostrar como vários programas sociais para solucionar esses problemas serão a verdadeira solução para o problema do crime na sociedade. Nos Estados Unidos, até mesmo coisas como "descarte rápido" de lixo foram mencionadas pelo colunista do *New York Times* Tom Wicker como parte da "justiça social" necessária para barrar o crime.[47]

Nenhum tipo de evidência segura pôde ser extraído da bolha indevassável da visão dessa elite na Grã-Bretanha. Pelo contrário: dados que negam essa visão são suprimidos, filtrados ou distorcidos retoricamente por políticos britânicos — tanto que a revista britânica *The Economist* relatou "falta generalizada de confiança em números oficiais"[48] —, enquanto a mídia britânica tentou fazer o público sentir culpa pela prisão dos relativamente poucos criminosos que estão de fato presos.[49] Típica do desdém pelas queixas públicas é a resposta, ou a falta de resposta, às experiências de pessoas que vivem em bairros onde são colocadas instituições para criminosos libertados: "Eles relataram um verdadeiro pesadelo trazido pelo crime incessante, intimidação, vandalismo e assédio que lhes são impostos por seus vizinhos criminosos. Todos relataram o mais completo fracasso em conseguir que políticos locais, membros do Parlamento, autoridades de justiça criminal, polícia ou quem quer que fosse tomasse conhecimento da sua desesperadora situação".[50]

Para muitos dos que têm a visão dos ungidos, uma enorme diferença entre as crenças e preocupações da população como um todo e as crenças e preocupações deles próprios — os ungidos — e de seus pares que pensam de maneira semelhante não é motivo para que reconsiderem nada, mas, sim, fonte de orgulho por serem ungidos dotados de visão superior. Consenso entre iguais dentro da bolha indevassável dessa visão pode bastar para impedir a invasão da realidade do lado de fora.

Nos Estados Unidos, entretanto, após muitos anos de crescimento nos índices de criminalidade produzirem revolta pública suficiente para forçar uma mudança na política, as taxas de encarceramento aumentaram — e as taxas de crimes começaram a declinar pela primeira vez em anos. Aqueles têm a visão dos ungidos lamentaram o aumento da população carcerária no país e, quando reconheceram a queda nos índices de criminalidade, confessaram-se confusos com isso, como se fosse uma estranha coincidência que o crime diminuísse à medida que mais criminosos eram retirados das ruas. Em 1997, por exemplo, o jornalista do *New York Times* Fox Butterfield escreveu, sob o título "Crime Keeps on Falling, but Prisons Keep on Filling" [A criminalidade segue em queda, mas as prisões continuam lotadas, em tradução livre] — como se houvesse nisso algo que pudesse causar espanto:

> Tornou-se uma história reconfortante: por cinco anos seguidos, o crime declinou, com destaque para a queda do número de homicídios.
> Por que então continua subindo o número de detentos nas prisões e cadeias de toda a nação? (...) A Califórnia e a Flórida já gastam mais para encarcerar pessoas do que para educar as populações em idade universitária.[51]

A irrelevante comparação entre custos da prisão *versus* custos da educação tornou-se um importante aliado para os críticos do encarceramento. Um editorial de 2008 no *New York Times* ainda repetia esse argumento em sua lamentação ante uma crescente população prisional:

> Após três décadas de crescimento explosivo, a população carcerária do país atingiu marcos sinistros: mais de 1 em 100 norte-americanos adultos está atrás das grades. Um em cada 9 homens negros, com idades entre 20 e 34 anos, está cumprindo pena, assim como 1 em cada 36 homens adultos hispânicos.
> Em todo o país, a população carcerária gira em torno de 1,6 milhão de pessoas, ultrapassando quase todos os outros países que contam com números confiáveis. Os cinquenta estados gastaram no ano passado cerca de 44 bilhões de dólares do dinheiro de impostos no sistema penitenciário; em 1987, esse valor foi de aproximadamente 11 bilhões de dólares. Vermont, Connecticut, Delaware, Michigan e Oregon remetem ao sistema penitenciário o mesmo valor (ou até mais) destinado à educação superior.[52]

Essa não foi a primeira vez que o aumento da taxa de aprisionamento foi denunciado no *New York Times*. Anos antes, em 1991, o colunista do *New York Times* Tom Wicker afirmou que "crimes violentos não diminuíram nada" como consequência dos níveis crescentes de encarceramento — uma alegação mais tarde desmentida pelas estatísticas —, e defendeu penas mais curtas, e também "melhores serviços educacionais, vocacionais e de tratamento contra drogas" nas prisões, e lamentou o "medo exagerado e as atitudes punitivas do público".[53] Nesse caso, assim como ocorre com muitas outras questões, pontos de vista diferentes foram verbalmente reduzidos a meras emoções ("medo exagerado"), e não tratados como argumentos que teriam de ser analisados e respondidos com fatos.

Dentro das próprias prisões, as mudanças nas atitudes do público em relação aos prisioneiros nos Estados Unidos refletiram-se em medidas mais duras contra os detentos que causavam problema:

> As agressões na prisão Folsom caíram 70% em quatro anos, de 6,9 em cada 100 presos, em 1985, para 1,9 em 1989. Apesar do aumento expressivo da população carcerária do país na década de 1980, e apesar de ocasionais surtos aterradores de violência, como o que aconteceu na prisão de Rykers Island, em Nova York, no verão, histórias como as de Folsom se repetem por todo o país. Agentes penitenciários, estimulados por uma atmosfera pública de intolerância com criminosos, afirmam que assumiram maior controle de suas instituições.[54]

Provas concretas da eficiência da imposição da autoridade policial, dentro e fora da prisão, não pareceram fazer a menor diferença para os que têm a visão dos ungidos, seja nos Estados Unidos, seja na Grã-Bretanha. Contudo, uma correlação inversa entre taxas de encarceramento e taxas de crimes pode também ser encontrada na Austrália e na Nova Zelândia, onde o retorno da tendência a mais encarceramento foi da mesma forma acompanhado por uma redução nas taxas de crimes.[55]

Os intelectuais britânicos não ficaram mais impressionados com os fatos do que seus colegas norte-americanos. A mídia britânica e o meio acadêmico estão repletos de pessoas que se opõem ao encarceramento.[56] A revista *The Economist*, por exemplo, fez referência ao "vício dos Estados Unidos por encarceramento"[57] — em ambos os lados do Atlântico, é regra entre os intelectuais reduzir a meras emoções pontos de vista contrários. Um relato de um agente de condicional sobre a diferença entre visão e realidade, retirado do que ele ouviu no rádio do carro enquanto dirigia para o trabalho em uma prisão, foi revelador. No rádio, um ministro do governo respondia a perguntas de um entrevistador:

> Um apresentador muito conhecido introduziu sua pergunta ao ministro declarando: "Todos nós sabemos que mandamos muitas pessoas para a prisão neste país...". Essa observação introdutória foi feita com grande segurança e confiança; ela comunicava a crença de que era algo que "todos sabiam" e de que era incontestável. Enquanto eu ouvia, entretanto, dei-me conta de que dirigia para uma prisão que, apesar da sua enorme área de abrangência (servia distritos judiciais de magistrados de diversas partes do país), só tinha metade da sua capacidade ocupada. Além disso, era uma instituição que aceitava infratores na faixa etária de 17 a 20 anos,

conhecidos por serem infratores extremamente prolíficos. Se alguma prisão tivesse de estar cheia, sem dúvida seria a nossa. Contudo, durante anos só a metade da sua capacidade de ocupação foi preenchida, no máximo; e muitas vezes sua ocupação esteve bem abaixo disso. No exato momento em que o programa *Today* enganava com confiança o público com relação ao número de infratores que receberiam penas de prisão, o Ministério do Interior fazia planos para fechar nossa prisão e muitas outras.[58]

Na Grã-Bretanha, assim como nos Estados Unidos, muitas vezes é tomado como axiomático que "prisões são ineficazes", como se afirmou na revista *The Economist*. A razão: "Elas podem tirar das ruas os infratores, mas não os dissuadem de praticar crimes. Dois terços dos ex-prisioneiros são presos novamente três anos depois de serem libertados".[59] Seguindo esse tipo de raciocínio, comida é ineficaz como resposta à fome, porque depois de comer é só questão de tempo até que se sinta fome de novo — uma espécie de reincidência, por assim dizer. Como muitas outras coisas, o encarceramento só funciona quando é feito. O fato de que criminosos cometem crimes quando não estão mais encarcerados não tem nenhuma relação com a eficiência ou a ineficiência do encarceramento na redução do crime. A questão empírica de manter mais criminosos fora das ruas e do efeito disso sobre a taxa de crimes não foi nem mesmo considerada nesse dramático repúdio das prisões como "ineficazes".

A ideologia das "alternativas ao encarceramento" não é somente uma expressão grandiloquente forjada pela *intelligentsia* britânica; é também apoiada por autoridades do governo interessadas em reduzir despesas com prisões. Embora as declarações sobre o custo para manter um prisioneiro atrás das grades comparado com o custo para manter um estudante numa faculdade mais cara tenham se tornado argumentos muito usados contra o encarceramento, a comparação relevante seria entre o custo de manter alguém na prisão *versus* o custo de deixar um criminoso de carreira solto em meio à sociedade. Na Grã-Bretanha, o custo total anual do sistema carcerário foi estimado em 1,9 bilhão de libras, ao passo que apenas o custo financeiro dos crimes cometidos por ano por criminosos foi estimado em 60 bilhões de libras.[60]

Nos Estados Unidos, estimou-se que o custo do encarceramento de um criminoso é pelo menos 10 mil dólares por ano *menor* do que o custo de deixá-lo solto em meio à sociedade.[61] Contudo, apesar de todas as evidências empíricas, em 2008, o *New York Times* continuou a tratar o encarceramento como "uma perda terrível de dinheiro e de vidas", lamentou que "as taxas de encarceramento continuem a aumentar mesmo com a queda da taxa de criminalidade" e repetiu o argumento batido de que alguns estados "destinam tanto dinheiro, ou até mais, ao sistema penitenciário quanto o que destinam à educação superior".[62]

Na Grã-Bretanha, a ideologia contra o encarceramento é tão forte que somente 7% dos criminosos condenados acabam atrás das grades.[63] Em dezembro de 2008, o *Daily Telegraph* de Londres, em sua publicação on-line *Telegraph.co.uk*, informou: "Milhares de criminosos que foram poupados da prisão voltam a cometer crimes". E continuou: "Mais de 21 mil criminosos que receberam penas alternativas ao encarceramento cometeram crimes novamente no último ano, o que coloca em dúvida a promessa do Partido Trabalhista de fazer dessas punições uma alternativa eficiente à prisão".[64] A transformação da Grã-Bretanha ocasionada pelo triunfo da visão dos ungidos pode ser resumida na observação de que a Grã-Bretanha, que durante muito tempo teve um dos índices de criminalidade mais baixos do mundo, no final do século XX acabou por ver sua taxa de criminalidade na maior parte das categorias crescer sete vezes e, por fim, ultrapassar a dos Estados Unidos.[65]

Quando era jovem, em visita à Grã-Bretanha pouco depois da Segunda Guerra Mundial, Lee Kuan Yew ficou muito impressionado com a população ordeira e responsável de Londres, e voltou para sua cidade natal, Singapura, determinado a realizar uma transformação no lugar pobre e dominado pelo crime que era na época. Mais tarde, como líder da cidade-Estado de Singapura por muitos anos, Lee Kuan Yew instituiu políticas que resultaram num crescimento de Singapura a níveis de prosperidade sem precedentes, com uma queda igualmente sem precedentes na criminalidade. No início do século XXI, a taxa de crimes por 100 mil habitantes em Singapura era de 693, e, na Grã-Bretanha, de mais de 10 mil.[66] Singapura havia de fato retrocedido no tempo para políticas e métodos agora desprezados pela *intelligentsia* como "obsoletos" e "simplistas". Levando-se em conta que uma quantidade absolutamente desproporcional de crimes é cometida por um segmento relativamente pequeno da população, não deveria surpreender que a prisão de uma pequena fração da população total levasse a reduções expressivas na taxa de crimes. Isso, porém, não é suficiente para aqueles que têm uma visão cósmica de justiça e lamentam que algumas pessoas, que não têm culpa disto, nasçam em circunstâncias que favorecem muito mais um comportamento criminoso do que as circunstâncias em que nascem outras pessoas.

Embora aqueles com tal visão tendam a considerar essas circunstâncias como econômicas ou sociais, a mesma injustiça — vista da mesma perspectiva cósmica — se dá quando as pessoas nascem em circunstâncias *culturais* que as tornam mais propensas a seguir o caminho do crime. Entretanto, longe de aceitar a tarefa intimidante de tentar mudar culturas ou subculturas, muitos intelectuais aderem à ideologia multicultural, de acordo com a qual as culturas estão todas em situação de igualdade. Sendo assim, tentar mudar algumas culturas seria uma intromissão injustificável, imperialismo cultural, por assim dizer.

Como tantos outros conceitos que soam bem aos ouvidos, a ideologia multicultural não distingue uma definição arbitrária de uma afirmação verificável. Em outras palavras, não distingue entre a validade das palavras que usa dentro da própria mente e a validade empírica dessas palavras no mundo real. Porém, no mundo real, tanto para indivíduos como para a sociedade, consequências advêm de fatos do dia a dia, não de definições dentro da cabeça das pessoas. Empiricamente, afirmar que as culturas são iguais leva à pergunta: *Iguais em que sentido demonstrável?* Mas os intelectuais, em sua maioria, raramente ou jamais fazem tal pergunta, muito menos a respondem.

Além de afirmarem que é possível reduzir o crime ao combater suas supostas "raízes profundas", muitos intelectuais defendem a "reabilitação" de criminosos, o "controle da raiva" e outras abordagens terapêuticas para reduzir a criminalidade — não apenas como complemento à prisão tradicional, mas também em substituição a ela. Como "alternativas ao encarceramento", não são tratadas como hipóteses a serem testadas, e sim como axiomas a serem defendidos. Não importa quão alta seja a taxa de reincidência entre pessoas que passaram por programas de "reabilitação" nem quanta violência continua a ser cometida por pessoas submetidas a programas de "controle da raiva", refutar essas ideias está fora de cogitação. Entre a supressão das evidências por parte das autoridades[67] e as evasivas produzidas pelo virtuosismo verbal da *intelligentsia*, essas teorias dificilmente podem ser derrubadas por meros fatos.

Da mesma maneira, nenhum dos métodos tradicionais de controle da criminalidade que foram suplantados por métodos cada vez mais elegantes pode ser ressuscitado com base em evidências concretas. A simples menção de ideias "vitorianas" sobre a sociedade em geral, ou sobre o controle da criminalidade em particular, quase certamente fará a *intelligentsia* reagir com escárnio.[ad] A Era Vitoriana trouxe décadas de declínio no alcoolismo, no crime e nas patologias sociais em geral, tanto na Grã-Bretanha como nos Estados Unidos[68] — diferentemente do que ocorreu com as ideias mais modernas que geraram resultados muito ruins nos dois países. Mas isso não causa nenhum constrangimento à *intelligentsia*, e esses fatos continuam passando amplamente despercebidos entre o público em geral que depende da mídia ou dos meios acadêmicos para obter informação.

As medidas costumeiras e de bom senso contra o crime são eficazes, e isso continua surpreendendo muitos intelectuais. Após décadas de controvérsia quanto às maneiras de reduzir o crime, em 2009, o *San Francisco Chronicle* publicou uma matéria com a seguinte manchete: "Homicides Plummet as Police Flood

Tough Areas" [Homicídios despencam conforme a polícia ocupa áreas perigosas, em tradução livre]. Eis o início da notícia: "No primeiro semestre de 2009, o número total de homicídios em São Francisco chegou ao nível mais baixo em nove anos — caindo mais de 50% em comparação com os números do ano passado —, uma queda que as autoridades policiais atribuem à ocupação pela polícia em áreas de alta concentração de crime e ao foco em um grupo de pessoas que comete a maioria dos crimes.[69]

Alguns poucos intelectuais — com destaque para James Q. Wilson — vão contra a corrente quando se trata de criminalidade, mas a maior parte do trabalho desses intelectuais consiste em mostrar o que há de errado com o trabalho de um número muito maior de intelectuais cujas teorias sobre o crime e receitas para o controle do crime são predominantes e, na prática, levam apenas ao aumento das taxas de criminalidade. O custo que os intelectuais representam para a sociedade no que toca ao crime incluiria não somente as vastas somas de dinheiro perdido pelo público em geral — que superam enormemente o custo de manter criminosos atrás das grades —, mas também o impacto de políticas baseadas em teorias de intelectuais na vida de cidadãos comuns e cumpridores da lei, desmoralizados pelo medo, brutalizados pela violência ou mortos por criminosos ou gângsteres. Se fosse possível quantificar o custo de transformar as teorias de intelectuais em lei no país, o custo total seria sem dúvida gigantesco no que diz respeito à criminalidade.

PARTE 6
OS INTELECTUAIS E A GUERRA

Por mais deplorável que seja para a natureza humana, é certo que as nações em geral farão guerra sempre que tiverem possibilidade de ganhar alguma coisa com isso.

John Jay, *Os Artigos Federalistas, nº 4.*

CAPÍTULO 14
AS GUERRAS MUNDIAIS

Épocas ruins para se viver são épocas boas para se aprender.
Eugen Weber[1]

Como quase todas as pessoas, os intelectuais geralmente preferem a paz à guerra. Contudo, como já vimos no Capítulo 6, existem algumas diferenças bastante significativas nas ideias para se evitarem guerras. Assim como a visão dos intelectuais em relação à prevenção contra o crime remonta ao século XVIII pelo menos, o mesmo acontece com a visão deles acerca da guerra e da paz. Ao contrário da visão trágica, segundo a qual as forças militares são fundamentais para desestimular a guerra, na visão dos intelectuais, as guerras são evitadas por meio de negociações internacionais e/ou acordos de desarmamento.

Independentemente da visão dos intelectuais sobre a guerra em geral, não há guerras em geral. A pergunta que deve ser feita é: como os intelectuais reagiram a guerras específicas, ou a ameaças específicas de guerra, em épocas específicas? Tendo em vista que o nosso foco está em intelectuais numa época em que eles exercem mais influência sobre a opinião pública e sobre políticas do governo, isso restringe a questão em grande medida a intelectuais de nações ocidentais em tempos recentes. Dentro dessa época, intelectuais por vezes apoiaram fortemente determinadas guerras, e outras vezes opuseram-se fortemente a outras guerras. Há elementos de sua visão compatíveis com ambas as posições.

Por vezes a posição dos intelectuais a favor ou contra uma guerra pareceu depender do fato de a época ter conhecido um longo período de paz ou de ter passado por recentes horrores da guerra e ter lembranças vívidas desses horrores. No período que antecedeu a Primeira Guerra Mundial, por exemplo, os Estados Unidos não participavam de uma guerra de grandes proporções, envolvendo grande parte da sua população, por mais de uma geração. Na Europa, fazia quase um século desde que as Guerras Napoleônicas haviam devastado o continente. Na Alemanha, em meados dos anos 1890 — duas décadas antes da Guerra Franco-Prussiana —, muitos intelectuais, entre os quais professores universitários, apoiaram o governo do Kaiser em seus planos de formar uma grande e cara frota de guerra[2] como parte de uma postura internacional mais agressiva de modo geral, embora a Alemanha fosse uma potência terrestre com poucos interesses no exterior.

Em tal época, era fácil para muitos intelectuais pensarem na guerra de maneira abstrata e encontrarem virtudes positivas em sua excitação, senso de coesão nacional e de propósito nacional, enquanto seu devastador custo humano ficava relegado a segundo plano na mente deles. Mesmo os que tinham consciência da carnificina e da desolação da guerra poderiam falar, como fez William James, da necessidade do "equivalente moral da guerra" para mobilizar as pessoas em torno de um objetivo comum e de aspirações comuns. Fazia parte de uma suposição de longa data entre muitos intelectuais de orientação *dirigista*, ou seja, a visão dos ungidos que toma o controle das massas em nome de objetivos coletivistas.

Como já observamos, a visão dos ungidos é uma visão de elites intelectuais e morais no papel de tomadores de decisão substitutos, impondo um propósito comum e unificador para substituir os propósitos individuais discrepantes e conflitantes e as decisões individuais da população como um todo. A guerra traz um cenário no qual essa visão pode prosperar. Traz também muitas outras coisas, de maneira que o efeito final é muito influenciado pelas condições de cada época. No século XX, a Primeira Grande Guerra ofereceu uma oportunidade de florescimento para a visão dos ungidos — e mais tarde, após o desenrolar dos acontecimentos, uma recordação devastadora dos horrores da guerra que haviam sido ignorados ou subestimados.

A reação negativa do pós-guerra a tais horrores disseminou uma opinião bastante diferente acerca da guerra, levando ao pacifismo generalizado entre os intelectuais. Porém, ainda que muitos intelectuais tenham mudado radicalmente sua opinião sobre a guerra num período relativamente curto, o que eles *não* mudaram foi a convicção de que, na condição de ungidos, teriam de continuar atuando como guias para as massas e tomando a dianteira na promoção de políticas governamentais em conformidade com a nova visão antiguerra. Esses vários períodos na história das visões pró-guerra e antiguerra dos intelectuais têm de ser analisados individualmente.

A PRIMEIRA GRANDE GUERRA

A Primeira Guerra Mundial foi um choque para muitas pessoas, de muitas maneiras. Quase um século sem que uma grande guerra ocorresse no continente Europeu incutiu em algumas pessoas o reconfortante sentimento de que a civilização europeia havia, de alguma maneira, deixado as guerras para trás, como coisa do passado. Na extrema-esquerda, muitos acreditavam que a solidariedade internacional da classe trabalhadora evitaria que os trabalhadores de diferentes países se matassem uns aos outros em campos de batalha, supostamente em benefício dos que os exploravam. Nos países envolvidos no conflito, gerações que não tinham experiência com a guerra marcharam com grande estardalhaço público, euforia e convicção de que tudo terminaria — com vitória — num espaço de tempo relativamente curto.[3]

Poucos imaginavam que a tecnologia moderna faria desse conflito a mais letal e medonha guerra que o mundo já vira, tanto para soldados como para civis. Poucos poderiam imaginar quantos sobreviventes de um lado a outro do continente europeu acabariam famintos ou morrendo de fome entre as ruínas e escombros da guerra; nem quantos impérios centenários seriam destruídos pela guerra, muito menos que um novo e monstruoso fenômeno — o totalitarismo — seria gerado como consequência caótica desse conflito. Os intelectuais estavam entre os muitos cujas ilusões seriam brutalmente esmagadas pelas catástrofes da Primeira Guerra Mundial.

O Período Pré-Guerra

No início do século XX, a Guerra Hispano-Americana era a única que a maioria dos norte-americanos havia conhecido, e, nessa guerra, o avassalador poder dos Estados Unidos logo expulsou a Espanha de suas colônias em Cuba, Porto Rico e Filipinas. Considerando em retrospectiva a Guerra Hispano-Americana, Woodrow Wilson aprovou a anexação de Porto Rico pelo presidente William McKinley, afirmando sobre os que foram anexados: "Eles são crianças, e nós somos homens nesses assuntos profundos de governo e justiça". Wilson desdenhou do que chamou de "choro e lamentação anti-imperialista" de críticos dessas ações.[4] Quanto a Theodore Roosevelt, antes ainda de se tornar presidente, não somente foi um apoiador da Guerra Hispano-Americana, mas também teve importante participação nela. Com efeito, foram suas próprias proezas militares nessa guerra, liderando um grupo de homens chamado "Rough Riders" [bravos guerreiros], que o projetaram como personalidade nacional.

Nessa época, o imperialismo era visto como uma missão internacional dos Estados Unidos para propagar a democracia, e como tal era apoiado por muitos intelectuais da era progressista.[5] O clássico da era progressista *The Promise of American Life*, livro publicado pelo editor da *New Republic* Herbert Croly, argumentou que a maioria dos asiáticos e dos africanos tinham pouca chance de desenvolver nações democráticas modernas sem a supervisão das democracia ocidentais. Ele afirmou: "A maioria das comunidades asiáticas e africanas só consegue um bom começo político por meio de algum tipo de processo preliminar de tutela; e a aceitação de tal responsabilidade por uma nação europeia é uma etapa desejável da disciplina natural e uma fonte frequente de autêntico avanço nacional".[6] Em termos mais gerais, "uma guerra travada por um excelente motivo contribui mais para o aprimoramento humano do que uma paz meramente artificial", segundo Croly.[7]

Por mais que os intelectuais sejam tradicionalmente contrários ao imperialismo em prol de interesses econômicos, interesses militares, expansão territorial ou engrandecimento pessoal dos líderes políticos reinantes, intervenções em outros países na ausência desses fatores e por motivos ideológicos não foram, de modo algum, tão universalmente condenados pela *intelligentsia*. De fato, a total ausência de interesse nacional numa intervenção específica é pouco tratada pelos intelectuais como um modo de livrar essa intervenção da condenação moral aplicada a outros casos de imperialismo.

Sob essa perspectiva, o apoio expressivo de intelectuais da era progressista às intervenções militares em países pobres, dos quais não se poderia esperar nenhum benefício material substancial, era perfeitamente compreensível numa época na qual tais intervenções não representavam praticamente nenhum perigo para os Estados Unidos e quando um longo período precedente de paz permitiu que as realidades brutais da guerra se tornassem uma lembrança distante na mente das pessoas. Em tais circunstâncias especiais, o imperialismo foi simplesmente uma extensão, do outro lado das fronteiras nacionais, da ideia de que a sabedoria e a virtude especiais dos ungidos deveriam guiar a vida de outras pessoas.

O famoso editor William Allen White afirmou: "Apenas anglo-saxões podem governar a si mesmos", e declarou: "O destino claro dos anglo-saxões é seguir adiante como conquistadores do mundo". O jornalista progressista Jacob Riis, que conhecia Theodore Roosevelt desde a época em que este último havia trabalhado como comissário de polícia na cidade de Nova York, disse: "Eu não sou patriota fanático; mas quando algumas coisas acontecem, tenho que aplaudir de pé. O modo como a nossa diplomacia norte-americana moderna lida com as questões é uma dessas coisas".[8] Willard D. Straight, que financiou a fundação da revista *New Republic*, e Herbert Croly, seu primeiro editor, apoiaram a aventura imperial de Theodore Roosevelt.

Croly declarou que "a forte pacificação de um ou mais desses centros de desordem" no hemisfério ocidental foi tarefa para os Estados Unidos, que "já tinham dado um início eficaz a esse grande trabalho, não apenas pela pacificação de Cuba, mas também pela tentativa de introduzir um pouco de ordem nos assuntos das repúblicas centro-americanas".[9] Croly não via contradição entre os princípios por trás das reformas progressistas internas e o apoio dos progressistas ao aventureirismo estrangeiro: "Essa guerra e sua resultante política de expansão extraterritorial, longe de dificultarem o processo de melhora interna, ajudaram, pela mera força das aspirações nacionais que despertaram, a dar um impulso enorme ao trabalho de reforma nacional... e isso ajudou indiretamente a colocar na cadeira presidencial o homem que, como já afirmei, representava a ideia nacional e também o espírito de reforma".[10]

Também John Dewey via a guerra como uma restrição "à tradição individualista" que ele desaprovava e como "a supremacia da necessidade pública sobre as posses privadas".[11]

Quanto a Woodrow Wilson, ele não apenas acreditou na precisão da intervenção de McKinley nas colônias espanholas como também, como presidente, ordenou, por conta própria, diversas intervenções militares na América Latina[12] antes de fazer sua maior e mais funesta intervenção na Primeira Guerra Mundial, que aniquilava a Europa.

Os Estados Unidos na Guerra

A provável causa da entrada dos Estados Unidos no beco sem saída da carnificina que devastava a Europa durante a Primeira Guerra Mundial foram os submarinos alemães que afundaram navios de passageiros que levavam a bordo norte-americanos. Mas esses navios estavam entrando numa zona de guerra onde tanto os britânicos quanto os alemães mantinham bloqueios navais — os primeiros com navios de superfície, e os últimos com submarinos —, e cada lado com a intenção de impedir que o outro tivesse acesso a recursos de guerra e a alimentos.[13] Além disso, o mais famoso dos navios afundados por submarinos alemães, o *Lusitania*, era um navio de passageiros que, como mais tarde foi revelado, secretamente transportava suprimentos militares.

Pela própria natureza da operação militar submarina, essas embarcações subaquáticas não podiam enviar avisos e determinar pausas para permitir que tripulações e passageiros desembarcassem antes que os navios de passageiros fossem afundados. Isso costumava acontecer quando navios que entravam em zonas de guerra estavam armados e quando o surgimento do rádio significava que qualquer navio que fosse avisado poderia convocar imediatamente navios de guerra para que se dirigissem ao local a fim de afundar o submarino. Os ataques súbitos de submarinos — sua única maneira de operar sem se colocarem em perigo — somaram-se ao choque da perda de vidas inocentes. Mas foi a insistência de Woodrow Wilson no direito dos norte-americanos de navegarem com segurança por portos bloqueados durante a guerra que criou o cenário para essas tragédias. Ele tinha do seu lado as convenções internacionais formadas antes que os submarinos se tornassem um fator relevante em operações de guerra navais. Por fim, ele fez da guerra de submarinos alemães contra embarcações que navegavam em portos inimigos o ponto central da sua apelação ao Congresso, em 1917, para declarar guerra à Alemanha.

Não se sabe ao certo se esse foi o verdadeiro motivo de Wilson para querer a guerra ou se, em lugar disso, buscava uma ocasião conveniente para lançar uma cruzada ideológica internacional, sobretudo levando-se em consideração a própria mensagem de guerra e as subsequentes declarações e ações do presidente Wilson. Woodrow Wilson não poderia resistir a acrescentar em sua mensagem ao Congresso críticas à natureza autocrática do governo alemão e uma referência a "coisas inspiradoras que vêm acontecendo nas últimas semanas na Rússia",[14] com a queda do governo autocrático do czar que estava ocorrendo lá. Isso se adequava a sua mais famosa caracterização da Primeira Guerra Mundial como uma guerra na qual "o mundo deve se tornar seguro para a democracia"[15] e aos seus posteriores esforços no pós-guerra para refazer nações e impérios à imagem da sua visão do que deveriam ser — no caso, uma continuação numa escala maior das suas políticas intervencionistas na América Latina.

Antes do fim da guerra, Wilson pedia publicamente "a destruição de cada poder arbitrário em qualquer lugar onde pudesse, separada e secretamente, e quando assim desejasse, perturbar a paz do mundo". Não era apenas retórica vazia. Wilson enviou uma carta para a Alemanha exigindo que o Kaiser Wilhelm abdicasse.[16]

Como muitos outros intelectuais, Wilson interpretava ações tomadas sem motivos materiais como algo que, de algum modo, situava-se num plano moral mais elevado do que ações tomadas para a promoção de interesses econômicos de indivíduos ou de interesses territoriais de nações[17] — como se sacrificar incontáveis vidas para permitir que os ungidos desempenhassem um papel histórico no palco do mundo e promovessem sua visão não fosse, no mínimo, tão egoísta e cruel quanto sacrificar essas vidas em nome de interesses materiais. Adolf Hitler diria mais tarde: "Eu tenho de alcançar a imortalidade, mesmo que toda a nação alemã pereça no processo".[18] Woodrow Wilson era moralista demais para dizer tal coisa, mas, tendo em vista o poder da racionalização humana, a diferença real nesse aspecto pode não ter sido grande.

Desperdiçar o sangue e o tesouro de uma nação para o engrandecimento ideológico foi comparado a idealismo por muitos intelectuais da época, bem como de tempos posteriores. Além disso, como muitas outras questões com as quais os intelectuais lidam, as políticas e ações de Woodrow Wilson foram julgadas com menos frequência por suas consequências empíricas reais do que pelo modo como seus objetivos se ajustavam à visão dos ungidos. Entre os progressistas e outros membros da esquerda que apoiaram os esforços de guerra do presidente Wilson, estavam o editor da *New Republic* Herbert Croly, John Dewey, Clarence Darrow, Upton Sinclair, Walter Lippmann, John Spargo e George Creel, um ex-criminoso que encabeçou os esforços de propaganda de guerra da administração Woodrow Wilson. Dewey, por exemplo, declarou: "Eu simpatizo profunda e completamente com o papel desempenhado por este país na guerra, e gostaria de ver os recursos do país usados para que seja conduzida com sucesso".[19]

Considerando que, durante boa parte da sua vida adulta, Wilson foi o típico intelectual acadêmico, não é de surpreender que as suas palavras como presidente encontrassem ressonância repetidas vezes entre muitos outros intelectuais e extraíssem deles abundantes elogios. Por exemplo, um dos discursos de Woodrow Wilson sobre o direito de autodeterminação dos povos, em 1916, despertou as seguintes palavras:

> O presidente do Williams College, por exemplo, comparou-o ao mais famoso discurso de Abraham Lincoln, o Gettysburg Address [Discurso de Gettysburg]. Walter Lippmann, usando a Doutrina Monroe como seu ponto de referência, escreveu: "Em significado histórico, é sem dúvida o evento diplomático mais importante que a nossa geração conheceu". Hamilton Holt declarou que não seria exagero dar ao discurso "a mesma importância política que a Declaração da Independência". Em um editorial intitulado "Mr. Wilson's Great Utterance" [A Grande Declaração do senhor Wilson, em tradução livre], a *New Republic* sugeriu que o presidente pode ter engendrado "uma reviravolta decisiva na história do mundo moderno".[20]

No fim das contas, a história não deu aos comentários do presidente Wilson a mesma importância que têm os pronunciamentos históricos aos quais esses comentários foram comparados; além disso, o próprio secretário de Estado de Woodrow Wilson na época, Robert Lansing, ficou extremamente preocupado com o conceito de autodeterminação dos povos. Ele escreveu em seu diário:

> Essas frases vão, sem dúvida, voltar para nos assombrar e causarão muito vexame. O presidente é um frasista por excelência. Ele admira frases de efeito e se diverte ao formulá-las. Mas quando se trata de aplicá-las na prática, ele é tão vago que seu valor chega a ser colocado em dúvida. Aparentemente, ele nunca calcula com antecipação aonde suas palavras levarão, nem como elas serão interpretadas por outros. Na verdade, ele não parece se importar se suas palavras soam bem ou não. O dom de escolher as palavras inteligentemente pode ser uma maldição se, antes de serem proferidas, as palavras não passarem pelo crivo da boa aplicação prática.[21]

Dez dias depois, o secretário Lansing voltou a tratar do assunto em seu diário:

As palavras são simplesmente carregadas com dinamite. Vão gerar esperanças que talvez jamais se realizem. Custarão, receio, milhares de vidas. No final, estão destinadas a serem desacreditadas, a serem chamadas de sonho de um idealista que não se deu conta do perigo até que fosse tarde demais para controlar aqueles que tentaram colocar o princípio em prática. Que calamidade essas frases terem sido proferidas! Que miséria causarão! Pense nos sentimentos do autor quando ele contar os mortos, pessoas que se foram porque ele cunhou uma frase![22]

É preciso notar que Lansing não somente chegou a uma conclusão diferente da dos admiradores de Wilson. Ele usou um critério totalmente diferente — resultados concretos em vez de alinhamento com uma visão. A viabilidade militar, econômica e social das nações criada por decreto após a Primeira Guerra Mundial não era uma questão que os vitoriosos tivessem tempo para abordar, muito menos para responder. Como em tantos outros contextos nos quais "o povo" é invocado, o próprio povo, na verdade, teve pouco a dizer acerca das decisões envolvidas. A dita autodeterminação dos povos era, na realidade, a determinação do destino das pessoas por estrangeiros, arrogando-se a função de tomadores de decisão substitutos, mesmo sem ter o grau de conhecimento nem a responsabilidade pelas consequências que poderiam ter tornado suas decisões ao menos plausíveis.[ae]

Embora o conceito de autodeterminação dos povos tenha sido atribuído a Woodrow Wilson, a ideia de uma reestruturação radical das fronteiras nacionais sempre esteve em voga. Já em 1914, H. G. Wells havia escrito sobre a necessidade de "uma Europa remapeada e pacificada"[23] depois da guerra, e afirmou: "Nós agora estamos lutando por um novo mapa da Europa".[24] Em outras palavras, ele tinha a visão dos ungidos para moldar a vida de outras pessoas, incluindo a vida de todas as nações estrangeiras, visão que mais tarde foi manifestada e realizada por Woodrow Wilson.

Escrevendo em 1915, Walter Lippmann, que quatro anos mais tarde se tornaria membro da delegação do presidente Wilson em Paris, viu a grande falta de conhecimento dos povos que estavam sendo tratados como se fossem peças de xadrez sendo dispostas para se alcançar algum grande propósito: "Nós estamos nos alimentando de mapas, falando de populações como se fossem agregados abstratos, e voltando nossa mente para uma escala desconhecida na história... Quando pensamos no mistério que o East Side de Nova York representa para o West Side pode-se ter uma ideia das reais proporções da tarefa de organizar o mundo para satisfação das pessoas que nele vivem".[25]

A própria ideia de que cada "povo" tivesse sua própria pátria ignorava a história e a demografia, sem mencionar a economia e a segurança militar. As localizações de povos e de fronteiras nacionais já haviam mudado repetida e severamente ao longo da história. Grande parte das terras no mundo, e a maior parte das terras nos impérios Habsburgo e Otomano desmembrados, pertenceram a diferentes soberanias no decorrer da história. O número de cidades nesses impérios com diversos nomes em diferentes idiomas ao longo dos séculos deveria ter servido como advertência, sem mencionar as mesquitas convertidas em igrejas e as igrejas convertidas em mesquitas.

A ideia de resgatar minorias oprimidas ignorou a possibilidade — já tornada realidade — de que minorias oprimidas que se tornassem líderes de suas próprias nações imediatamente começariam a oprimir outras minorias sob seu controle. A solução que Wilson buscava e que era aplaudida por outros intelectuais foi tão ilusória quanto perigosa. Pequenos e vulneráveis Estados criados pelo desmembramento do Império Habsburgo caíram, mais tarde, nas mãos de Hitler, um após o outro, na década de 1930 — operação que teria sido muito mais difícil e perigosa se Hitler tivesse de enfrentar um Império Habsburgo unido e coeso. O dano causado se estendeu para além dos pequenos Estados; um país maior como o francês ficou mais vulnerável depois que Hitler assumiu o controle dos recursos militares e de outros recursos da Checoslováquia e da Áustria. Hoje em dia, a Organização do Tratado do Atlântico Norte é, na verdade, uma tentativa de consolidar Estados vulneráveis individualmente, agora que os impérios dos quais alguns faziam parte não existem mais.

Quanto a outra famosa frase impactante de Wilson, "o mundo deve se tornar seguro para a democracia",[26] os resultados concretos das suas políticas conduziram exatamente ao oposto: a regimes totalitários brutais em substituição aos governos autocráticos na Rússia, na Itália e na Alemanha. Apesar das notícias "estimulantes" a respeito da queda do governo czarista na Rússia, à qual Wilson se referiu em seu discurso pedindo ao Congresso que declarasse guerra à Alemanha, o regime de Kerensky que se seguiu foi então sabotado pelo próprio governo Wilson, que vinculou a concessão de empréstimos dos quais a Rússia necessitava desesperadamente à permanência da Rússia numa guerra perdida, desastrosa e terrivelmente impopular. Em um ano, isso levou à revolução bolchevique, inaugurando um dos regimes totalitários mais sangrentos do século XX.

Em resumo, o fim da autocracia, tão comemorado por Wilson e pela *intelligentsia*, foi seguido não pelos governos democráticos que se esperava que substituíssem os autocráticos, mas, sim, por regimes muito piores do que os anteriores. Os czares, por exemplo, em 92 anos, executaram menos prisioneiros políticos do que os soviéticos num único ano.[27] Como em outros contextos, os intelectuais tenderam a agir como se as críticas contínuas e a oposição exaustiva às limitações dos governos existentes fossem levar à "mudança", que implicitamente se supunha ser uma mudança para melhor, independentemente da frequência com que levava a mudanças para pior. Wilson foi, portanto, um intelectual típico também nisso. Em anos seguintes, outros governos autocráticos denunciados por intelectuais posteriores — na China, no Irã, em Cuba — foram substituídos por regimes totalitários mais brutais e repressivos internamente, e mais perigosos no cenário mundial.

Os efeitos da administração Woodrow Wilson sobre a democracia nos Estados Unidos também foram negativos, apesar da retórica de tornar o mundo seguro para a democracia. As restrições às liberdades civis em época de guerra foram muito mais abundantes durante o envolvimento relativamente breve dos Estados Unidos na Primeira Guerra Mundial — em combates que se desenrolaram todos no exterior — do que durante o envolvimento muito mais demorado dos Estados Unidos na Segunda Guerra Mundial, quando a guerra foi trazida para muito perto do país, com os japoneses atacando Pearl Harbor e as Ilhas Aleutas, e com submarinos alemães atacando navios norte-americanos na costa leste. Algumas das decisões históricas da Suprema Corte sobre liberdade de expressão surgiram em razão das tentativas do governo Wilson de calar as críticas sobre sua atuação com relação à guerra.

Durante o período relativamente breve do envolvimento militar norte-americano na Primeira Guerra Mundial — pouco mais de um ano e meio —, foi colocado em operação um conjunto extraordinariamente grande de controles federais generalizados sobre a vida interna dos Estados Unidos, confirmando a visão que os intelectuais progressistas tinham da guerra como uma oportunidade de ouro para substituir processos tradicionais de tomada de decisões econômicas e sociais individuais por controle e doutrinação coletivistas. Conselhos, comissões e comitês estabelecidos com rapidez foram dirigidos pelo War Industries Board [Conselho das Indústrias de Guerra], que controlou grande parte da economia, gerando racionamento e fixando preços. Enquanto isso, o Committee on Public Information [Comitê de Informação Pública], apropriadamente descrito como "o primeiro ministério moderno da propaganda ocidental", foi criado e liderado pelo progressista George Creel, que adotou como missão transformar a opinião pública "numa massa fervorosa" de apoio à guerra, em nome do "americanismo 100%"; e quem se recusasse a "dar apoio ao presidente nessa crise" acabaria estigmatizado como alguém "pior que um traidor".[28]

Enquanto o público era bombardeado pela propaganda em grande escala — por exemplo, por meio de dezenas de milhões de panfletos e com "estudos sobre a guerra" criados em escolas de ensino médio e em faculdades —, foi aprovada uma Lei de Sedição que proibia "expressar, imprimir, escrever ou publicar todo tipo de linguagem desleal, profana, difamatória ou abusiva sobre o governo dos

Estados Unidos ou as Forças Armadas". Até mesmo a revista pró-guerra *New Republic* foi advertida de que poderia ser banida dos correios se continuasse a publicar anúncios da National Civil Liberties Bureau [Agência Nacional das Liberdades Civis].[29] Tudo isso foi promovido pelos progressistas — não de maneira incoerente, mas com bastante coerência com a sua visão *dirigista*, a visão que coloca os ungidos no controle sobre as massas em nome de metas coletivas para invalidar as decisões individuais que os progressistas consideravam caóticas.

A grande ironia foi que toda essa repressão econômica, política e social foi justificada como parte da guerra na qual "é preciso tornar o mundo seguro para a democracia" — um objetivo que, em si mesmo, está muito dissociado da causa ostensiva do envolvimento militar norte-americano, a guerra submarina alemã.

Assim como as repercussões internacionais do envolvimento norte-americano na Primeira Guerra Mundial não terminaram quando a guerra chegou ao fim, as repercussões das políticas internas do governo Wilson não terminaram quando a guerra acabou. O controle governamental generalizado sobre a economia demonstrou, para John Dewey, por exemplo, "as possibilidades viáveis de regulação governamental sobre empresas privadas" e que "o controle público se mostrou quase ridiculamente fácil".[30] Como em outros lugares, as ordens do governo eram verbalmente transformadas no eufemismo "controle público", mais politicamente aceitável, e a facilidade de imposição dessas ordens era equiparada a sucesso na obtenção dos objetivos anunciados. Além disso, o governo Wilson não durou muito depois que controles de guerra foram instituídos para avaliar seus efeitos de longo prazo em tempos de paz.

Quanto ao público, que é diferente dos que invocavam seu nome em eufemismos, o público repudiou nas urnas o progressismo de Woodrow Wilson, e elegeu governos conservadores durante toda a década de 1920 que se seguiu. Mas a experiência poderosa de intervenção governamental e controle da economia em época de guerra moldou o pensamento de indivíduos, que mais tarde seriam apoiadores ou participantes no governo do New Deal da década de 1930, liderado pelo secretário assistente da Marinha de Wilson, Franklin D. Roosevelt.

A SEGUNDA GUERRA MUNDIAL

Intelectuais entre as Guerras Mundiais

Embora a Primeira Guerra Mundial tenha reforçado as tendências *dirigistas* tanto da *intelligentsia* como também de muitos na arena política, ela destruiu as concepções dos intelectuais que viam a guerra como um estimulante social internamente benéfico, ou como uma boa maneira de propagar políticas progressistas no âmbito internacional. Apesar dos intelectuais que apoiaram as políticas intervencionistas militares de Woodrow Wilson na América Latina e na Europa, os horrores e a destruição sem precedentes da Primeira Guerra Mundial impactaram quase toda a comunidade de intelectuais do mundo ocidental, empurrando-a na direção oposta, na direção do pacifismo. A verdade é que o pacifismo se tornou uma postura generalizada entre grande parte da população como um todo e, portanto, uma força política expressiva nas nações democráticas.

Não importa quão drasticamente os intelectuais tenham sido obrigados a mudar de ideia em consequência da Primeira Guerra Mundial, eles permaneceram convencidos de que suas opiniões quanto a questões de guerra e de paz eram vastamente superiores às opiniões do público como um todo. As circunstâncias foram parte do motivo para a disseminação do pacifismo, sobretudo as experiências cruéis e dilacerantes da Primeira Guerra Mundial. Mas o modo como as pessoas reagiram às circunstâncias também ajudou nessa disseminação; sobretudo a *intelligentsia*, com mais destaque para a intelectualidade francesa, que, nas democracias modernas, foi a que mais sofreu. A mais fundamental dessas circunstâncias foram os fatos desoladores da própria guerra:

> Cerca de 1,4 milhão de franceses perderam a vida; bem mais de 1 milhão acabaram envenenados por gás, desfigurados, mutilados, amputados, inválidos permanentemente. Cadeiras de rodas, muletas, mangas vazias balançando no ar ou enfiadas em bolsos tornaram-se visões comuns. Foram muitos mais os que sofreram algum tipo de ferimento: metade dos 6,5 milhões que sobreviveram à guerra carregava lesões. Os piores casos, de 1,1 milhão de franceses, foram aqueles que acabaram com danos visíveis e eram descritos como *mutilés*, uma palavra que o dicionário traduz por "aleijado" ou "mutilado", e para a qual existe um eufemismo: "deficiente".[31]

Combatendo a maior parte da guerra no front ocidental em seu próprio território, a França sofreu baixas colossais na Primeira Guerra Mundial. Mais de um quarto de todos os franceses entre as idades de 18 e 27 anos foram mortos na Primeira Guerra Mundial.[32] Não bastasse isso, nem os custos financeiros nem os humanos da Primeira Guerra Mundial cessaram quando a guerra propriamente dita chegou ao fim. Embora os números de homens e mulheres na população francesa fossem praticamente iguais antes da guerra, as enormes baixas da guerra entre jovens homens franceses significaram que, na década de 1930, o número de mulheres entre idades de 20 e 40 anos superava em mais de um milhão o número de homens da mesma idade — de onde se deduz que mais de um milhão de mulheres no auge da vida não poderiam realizar as expectativas tradicionais de se tornarem esposas e mães. Durante a década de 1930, o número de bebês nascidos na França não foi suficiente para substituir as pessoas que morreram na Primeira Guerra.[33]

A fé no governo francês também foi destruída, porque as pessoas que patrioticamente haviam investido em títulos para ajudar a financiar a Primeira Guerra Mundial viram o valor desses títulos ser severamente reduzido pela inflação, o que arrancou de alguns cidadãos as economias de uma vida inteira. Nenhum país tinha solo mais fértil para o pacifismo e a desmoralização, e ninguém fez ambos crescerem como fez a *intelligentsia* francesa.

Romances antiguerra e biografias de veteranos de guerra alimentavam um grande mercado na França. Uma tradução do clássico antiguerra *Nada de Novo no Front* vendeu 72 mil cópias em dez dias e quase 450 mil cópias no Natal; *L'Humanité* publicou a história em fascículos, e *Vie Intellectuelle* a enalteceu. Em 1938, ano da negociação de paz de Hitler em Munique, *Echo de la Nièvre* afirmou: "Qualquer coisa para que não haja guerra".[34] O escritor Jean Giono, crítico de longa data do seu próprio governo francês, também insistiu para que fossem aceitos os termos de Hitler em Munique.[35]

Tendências bastante parecidas saltaram aos olhos na Grã-Bretanha nos anos entre as duas guerras quando, por exemplo, *Nada de Novo no Front* vendeu 300 mil cópias em seis meses:[36]

> No final da década de 1920 e início da de 1930, o estado de espírito pacifista foi abastecido por uma série de biografias e literatura de ficção que exploravam os horrores da Primeira Guerra Mundial — *Death of a Hero* [Morte de um herói, em tradução livre], de Richard Aldington, e *Memoirs of a Fox-hunting Man* [Memórias de um caçador de raposas, em tradução livre], de Siegfried Sassoon, foram publicados em 1928, e *Goodbye to All That* [Adeus a tudo isso, em tradução livre], de Robert Graves, *Adeus às Armas*, de Ernest Hemingway, e *Nada de Novo no Front*, de Erich Maria Remarque, surgiram em 1929. O filme de Lewis Milestone sobre o livro de Remarque causou forte impacto.[37]

Além dos muitos romances antiguerra sobre a Primeira Guerra Mundial, oitenta ou mais romances sobre os horrores de futuras guerras foram publicados na Grã-Bretanha entre a Primeira e a Segunda Guerras Mundiais.[38]

Um dos eventos notáveis dos anos 1920 foi um movimento internacional entre intelectuais promovendo a ideia de que as nações deveriam se unir e renunciar publicamente à guerra. Nas palavras do conhecido intelectual britânico Harold Laski: "A experiência das coisas relacionadas ao conflito mundial parece ter convencido os melhores desta geração de que a erradicação da guerra é a única alternativa razoável ao suicídio".[39] Nos Estados Unidos, John Dewey, falando sobre os que eram céticos a respeito desse movimento pela renúncia internacional à guerra — movimento que ele apoiava, e que levou ao Pacto Kellogg-Briand de 1928 —, disse que eram pessoas com a "estupidez das mentes presas a hábitos". No entendimento dele, os argumentos contrários à renúncia à guerra vinham "de pessoas que acreditam no sistema da guerra".[40] Com Laski, Dewey e outros, a questão não era tratada simplesmente em termos de uma hipótese sobre a guerra e a paz confrontada com outra hipótese, mas, sim, como a posição do ungido contra a posição do ignorante — sendo o último desprezado com descaso em vez de ter seus argumentos respondidos.

Ser um pacifista nas décadas de 1920 e de 1930 era uma marca de distinção, e usar ditos pacifistas facilitava a admissão aos círculos das elites autoelogiosas. Em 1935, num comício do Partido Trabalhista Britânico, o economista Roy Harrod ouviu uma candidata anunciar que a Grã-Bretanha deveria se desarmar "como um exemplo aos outros" — um argumento muito comum naquele tempo. A resposta de Harrod e a réplica que provocou capturaram o espírito da época:

— Você acha que o nosso exemplo faria Hitler e Mussolini se desarmarem? — perguntei.
— Ora, Roy — ela disse —, você perdeu todo o seu idealismo?[41]

Outros também caracterizaram o pacifismo em termos pessoais, e não políticos. O autor J. M. Murry, por exemplo, disse: "O que importa é que homens e mulheres prestem seu testemunho".[42] Entretanto, a pacifista Margery South foi contra tornar o pacifismo uma doutrina "preciosista" que "tem como objetivo regenerar o indivíduo, e não impedir a guerra".[43] Nesse caso, assim como em outros, a visão dos ungidos era uma visão sobre eles próprios, não apenas sobre o assunto manifesto em questão. Como Margery South, John Maynard Keynes também se opôs a políticas nacionais baseadas na "ânsia de salvar *a própria alma*".[44]

Considerando os grandes riscos mediúnicos pessoais para os pacifistas, não é de surpreender que os que tinham opinião contrária em questões de guerra e paz — assim como em outras questões — eram criticados como se fossem inimigos pessoais ou pessoas que ameaçavam suas almas, e eram demonizados em vez de receberem respostas. Como vimos no Capítulo 8, Bertrand Russell declarou que o homem que se opunha ao pacifismo era alguém que "se apraz com a guerra, e odiaria um mundo onde ela fosse eliminada".[45] Com uma afetação muito parecida, H. G. Wells falou de uma parcela substancial de "seres humanos que, sem sombra de dúvida, gostam da guerra, sabem que gostam da guerra, querem e buscam a guerra".[46]

Kingsley Martin, editor de longa data da influente revista *New Statesman*, da mesma forma caracterizou Winston Churchill, em 1931, como alguém cuja mente está presa "a um molde militarista", como uma explicação para a defesa de Churchill de "manter o Exército francês e a Marinha britânica em plena capacidade".[47] De maneira mais geral, Kingsley Martin tratava os que tinham pontos de vista diferentes dos dele a respeito da guerra e da paz como se tivessem problemas psicológicos, não como se fossem pessoas apresentando argumentos dignos de serem respondidos com outros argumentos:

> Ter um inimigo estrangeiro no horizonte nos permite odiar sem peso na consciência... Somente em tempos de guerra temos um feriado moral completo, quando todas as coisas que nossas mãe nos ensinaram ainda bem pequenos, todas as inibições morais impostas pela educação e pela sociedade podem ser tranquilamente deixadas de lado quando o golpe baixo passa a ser justificável, quando mentir se torna dever e matar não é mais assassinato.[48]

Em resumo, a falta de valor dos oponentes é considerada indiscutível, tornando desnecessário elaborar argumentos sólidos contra os argumentos desses oponentes. Kingsley Martin não foi um caso isolado. Os colegas de Churchill no Parlamento eram igualmente desdenhosos.[49]

Tais opiniões não eram inerentes a intelectuais britânicos e norte-americanos. A *intelligentsia* francesa desempenhou papel de importância na promoção do pacifismo entre as duas Grandes Guerras. Mesmo antes da assinatura do Tratado de Versalhes, o escritor francês de renome internacional Roman Rolland — ganhador do Grand Prix de Littérature da França, mais tarde eleito para a Academia de Ciências da Rússia e agraciado com o Prêmio Goethe da Alemanha, e também ganhador do Prêmio Nobel de Literatura — lançou um manifesto conclamando intelectuais de todos os países a se oporem ao militarismo e ao nacionalismo, a fim de promover a paz.[50]

Em 1926, intelectuais conhecidos de vários países assinaram uma petição anunciada internacionalmente requerendo "medidas definitivas com objetivo do completo desarmamento e a desmilitarização do espírito das nações". Entre os que assinaram estavam H. G. Wells e Bertrand Russell, na Inglaterra, e Roman Rolland e Georges Duhamel, na França. A petição requeria o fim do alistamento militar, em parte para "livrar o mundo do espírito do militarismo".[51]

Tais argumentos baseavam-se na suposição crucial de que tanto o desarmamento físico como o moral eram necessários para garantir a paz. Nem nessa petição nem em outras declarações que expressavam pontos de vista semelhantes houve muita — se é que houve alguma — preocupação evidente de que ambos os tipos de desarmamento deixassem nações desarmadas à mercê das nações que não se desarmassem em nenhum sentido, o que tornaria uma nova guerra muito mais atrativa para os que não se desarmassem, já que vencer pareceria mais fácil. Hitler, por exemplo, proibiu o clássico antiguerra *Nada de novo no front*, pois não queria desarmamento nem moral nem físico na Alemanha; porém, ele acompanhou com atenção ambos os fenômenos nas democracias ocidentais enquanto tramava seus movimentos contra elas.

Os pacifistas da época em questão aparentemente não viam as outras nações como inimigos em potencial — viam como inimigo a *própria guerra*, e as armas de guerra e aqueles que as fabricavam ("mercadores da morte" era uma frase muito em voga naqueles tempos, e o título de um livro best-seller de 1934)[52] também eram inimigos. Os "mercadores da morte cada vez mais gordos e empanturrados", declarou John Dewey em 1935.[53] Romain Rolland chamou-os de "exploradores de massacres".[54] H. G. Wells disse: "Os equipamentos de guerra acompanharam cegamente o avanço industrial até se tornarem um perigo monstruoso e imediato para a comunidade".[55] Harold Laski falou sobre a "perversidade dos armamentos".[56] Aldous Huxley comparou um navio de batalha a um inseto "repulsivo", um "inseto enorme acocorado na água, com todo o seu arsenal venenoso multiplicado em instrumentos de destruição, cada pelo, uma arma, cada poro, um tubo de torpedo", e acrescentou: "Homens criaram esse gigantesco modelo articulado de um inseto abominável com o propósito explícito de destruir outros homens".[57]

Os pacifistas não viam as forças militares como obstáculos para as forças militares de outras nações, mas, sim, como influências malignas em si mesmas. J. B. Priestley, por exemplo, disse que "devemos desconfiar de todo aumento na quantidade de armamentos", e um dos motivos para isso seria que "o intenso armamento competitivo gera medo". E disse mais: "Quando uma nação está fortemente armada, ela tem de continuar no jogo da guerra, e para passar do jogo da guerra para a guerra real basta um pequeno passo".[58] O famoso escritor E. M. Forster (*A Passage to India* [Uma passagem para a Índia, em tradução livre]) disse ter ficado "chocado" ao descobrir que suas ações da Imperial Chemicals eram ações de uma empresa com *potencial* para produzir armas de guerra, embora, na época (1934), ela não fosse "nem uma empresa de armamentos" — e Forster vendeu imediatamente todas as ações que possuía da empresa em questão. Um ano mais tarde ele disse: "Uma das razões que me levaram a votar no Partido Trabalhista na semana passada foi a minha esperança de que nos armassem insuficientemente: que, numa linguagem mais correta, nos mantivessem fora da corrida armamentista quando o desastre parecesse inevitável".[59]

Tais opiniões — expressadas por quem acreditava que o perigo estava nas armas, e não nas outras nações — não eram meramente modas intelectuais; elas criavam bases políticas para políticas nacionais e acordos internacionais, começando com o Washington Naval Agreements [Tratado Naval de Washington], de 1921-1922, entre as potências navais líderes do mundo, para limitar o número e o tamanho dos navios de guerra, acordo aclamado por John Dewey, entre outros,[60] e o Pacto Kellogg-Briand, de 1928, de renúncia à guerra. "Fora com os rifles, as metralhadoras e os canhões!", declarou o ministro das Relações Exteriores Aristide Briand,[61] coautor do Pacto Kellogg-Briand. Numa carta à *New Republic*, em 1932, Romain Rolland fez um apelo: "Uni-vos todos contra o inimigo comum. Abaixo a guerra!".[62] Posteriormente, Georges Duhamel, recordando os pacifistas do período entre as duas guerras mundiais na França, entre os quais ele próprio se incluía, resumiu a abordagem deles de evitar considerar outras nações como inimigas: "Por mais de doze anos, franceses como eu, e havia muitos deles, não economizaram esforços para esquecer o que sabiam sobre a Alemanha. Foi sem dúvida imprudente, mas surgiu de um desejo sincero de nossa parte por harmonia e colaboração. Nós queríamos mesmo esquecer. E o que queríamos esquecer? Algumas coisas horríveis demais".[63]

A opinião de que o inimigo era a própria guerra, e não as outras nações, teve início logo depois do fim da Primeira Guerra Mundial, assim como a ideia de que, em prol da paz, o patriotismo deveria ser substituído pelo internacionalismo. Discursando para professores em 1919, Anatole France estimulou-os a usarem a escola para promover o pacifismo e o internacionalismo. "Desenvolvendo a criança vocês determinarão o futuro", ele afirmou. "O professor deve cultivar nas crianças o amor pela paz e suas obras; deve ensiná-las a detestar a guerra; ele banirá da educação tudo o que suscita ódio pelo estrangeiro, até mesmo o ódio pelo inimigo do passado", acrescentou. Anatole France declarou: "Nós devemos ser cidadãos do mundo ou ver a civilização inteira perecer".[64] Essas ideias tornaram-se predominantes nas escolas francesas durante as duas décadas seguintes.

As escolas desempenharam um papel crucial na disseminação do pacifismo na França — mais precisamente, os sindicatos dos professores franceses, que deram início a campanhas organizadas na década de 1920 que faziam oposição aos livros didáticos do pós-guerra, que retratavam de modo favorável os soldados franceses que haviam defendido o país contra os invasores alemães na Primeira Guerra Mundial. Esses livros didáticos eram definidos como "belicosos" — uma tática verbal (que continua comum entre os que têm a visão dos ungidos) que consiste em reduzir a meras emoções os pontos de vista diferentes, como se nesse caso apenas a belicosidade pudesse justificar o ato de resistência aos invasores ou o enaltecimento dos que colocaram a própria vida em risco para fazê-lo. O principal sindicato dos professores, o *Syndicat National des Instituteurs* (SN), lançou uma campanha contra esses livros didáticos "de inspiração belicosa", que retrataram como "um perigo para a organização da paz". Tendo em vista que o nacionalismo era apontado como uma das causas da guerra, o internacionalismo ou "imparcialidade" entre as nações era considerado uma característica obrigatória dos livros didáticos.[65]

Isso não foi considerado antipatriótico; contudo, no mínimo enfraqueceu o senso de obrigação com aqueles que haviam morrido para proteger a nação, enfraquecendo também a obrigação implícita dos integrantes das gerações posteriores de fazerem o mesmo, se e quando fosse necessário novamente.

Os líderes do movimento para reescrever os livros didáticos de história deram à iniciativa o nome de "desarmamento moral", para que se assemelhasse ao desarmamento militar, que muitos acreditavam ser outro fator fundamental para a paz. Listas de livros didáticos a serem retirados das escolas foram elaboradas por Georges Lapierre, um dos líderes do SN. Em 1929, ele pôde se gabar de todos os livros "belicosos" que a campanha SN havia removido das escolas, reescrito ou substituído. Correndo o risco de perderem uma parcela do grande mercado de livros didáticos, editores franceses acabaram cedendo às exigências do sindicato de que os livros sobre a Primeira Guerra Mundial fossem revisados a fim de refletirem "imparcialidade" entre nações e para promoverem o pacifismo.

Antes retratada como épica história da resistência heroica dos soldados franceses em Verdun, apesar do enorme número de baixas que resultou dessa batalha, transformou-se agora na história do horrível sofrimento de *todos* os soldados em Verdun, apresentada dentro do tão desejado espírito de imparcialidade: "Imagine a vida desses combatentes — franceses, aliados ou inimigos".[66] Em suma, homens que um dia foram honrados como heróis patrióticos por terem sacrificado a própria vida numa luta desesperada para barrarem os invasores do país eram agora verbalmente reduzidos a *vítimas* e colocados no mesmo nível de outras vítimas entre os invasores. Cerimônias em que monumentos eram dedicados a soldados mortos em combate para homenageá-los eram por vezes transformadas em oportunidades para a realização de discursos que promovessem a ideologia pacifista.[67]

Um dos que tentaram alertar contra o "desarmamento moral" foi o marechal Philippe Pétain, o vencedor da batalha de Verdun, que em 1934 afirmou que os professores franceses tinham a intenção de "educar nossos filhos na ignorância ou no desprezo pela pátria".[68] Anos mais tarde, durante a Segunda Guerra Mundial, um dos alertas lançados aos soldados franceses foi: "Lembrem-se do Marne e de Verdun!".[69] Mas foi um alerta enviado a uma geração que aprendeu a ver as batalhas do Marne e de Verdun não como pontos históricos nos quais os soldados franceses mostraram heroísmo patriótico, mas como lugares onde soldados de todos os lados haviam sido igualmente vítimas.

O comportamento da França na Segunda Guerra Mundial foi extraordinariamente diferente do seu comportamento na Primeira Guerra. A França lutou contra os invasores alemães por quatro longos anos durante a Primeira Grande Guerra, apesar de sofrer pavorosas baixas — mais mortes em batalha do que um país maior como os Estados Unidos já sofreu em qualquer guerra ou em todas as guerras de que participou juntas. Por outro lado, durante a Segunda Guerra Mundial, a França se rendeu após somente seis semanas de luta, em 1940. No momento mais amargo da derrota, alguém disse ao líder do sindicato dos professores: "Você é parcialmente responsável pela derrota".[70] Charles de Gaulle, François Mauriac e muitos outros franceses atribuíram o súbito e humilhante colapso da França em 1940 à falta de vontade nacional, ou à decadência moral geral.[71]

Embora o súbito colapso da França tenha apanhado de surpresa grande parte do mundo, Winston Churchill dissera já em 1932: "A França está armada até os dentes, mas é pacifista até a medula".[72] Hitler não se surpreendeu com o repentino colapso da França; na verdade, ele havia previsto isso.[73] Quando pressionou seus generais para que traçassem planos para a invasão da França logo depois da rápida vitória alemã na Polônia, no outono de 1939, as análises que os generais fizeram dos vários fatores militares e logísticos envolvidos os levaram a duvidar de que tal plano pudesse ser levado a cabo (com alguma chance realista de sucesso) antes de 1941 ou talvez até de 1942. Mas o maior prazo que Hitler lhes deu foi até a primavera de 1940, que foi quando de fato começou a invasão alemã da França. Os motivos de Hitler foram totalmente diferentes dos fatores objetivos analisados pelos generais alemães. Hitler se baseou em sua análise dos próprios franceses.

Hitler disse que a França não era mais o mesmo país, aquele país que havia lutado obstinadamente durante quatro anos da Primeira Guerra Mundial, que faltava aos franceses contemporâneos a força pessoal necessária para a vitória, o que os faria vacilar e se render.[74] Foi o que realmente aconteceu, e em larga medida. Os fatores objetivos, tais como a quantidade e a qualidade de equipamentos militares disponíveis para os franceses e seus aliados britânicos *versus* os equipamentos disponíveis para os invasores alemães, levaram os líderes militares tanto franceses como alemães a concluírem, inicialmente, que a França tinha maiores chances de êxito.[75] Mas Hitler já havia feito, muito tempo antes, um levantamento da opinião pública e da posição oficial na França e na Grã-Bretanha.[76] As palavras e atos de políticos e de pacifistas nesses países foram levados em conta nos cálculos de Hitler.

A invasão da França aconteceu naquele determinado momento apenas porque Hitler insistiu nisso, recusando os conselhos em sentido contrário dos seus principais generais. Décadas mais tarde, estudos acadêmicos realizados na França e na Alemanha chegaram à mesma conclusão à qual chegaram os líderes militares franceses e alemães em 1940: a de que os fatores militares objetivos favoreciam uma vitória da França[77] — e certamente nada indicava o rápido e completo colapso que aconteceu. Quanto desse colapso pode ser atribuído ao grande peso do acaso e dos erros de julgamento inerentes à guerra, e quanto pode ser atribuído a uma substancial erosão interna da moral, do patriotismo e da determinação entre os próprios franceses é uma pergunta que provavelmente não terá resposta definitiva.

O que fica claro, contudo, é que a indecisão que marcou as reações políticas francesas à ameaça alemã nos anos anteriores à Segunda Guerra Mundial se transferiu para a guerra propriamente dita, começando com os longos meses de "guerra falsa", de setembro de 1939 a maio de 1940, durante os quais a França tinha uma esmagadora superioridade militar no front ocidental alemão, embora as forças militares alemãs estivessem concentradas no Leste, atacando a Polônia — e, mesmo assim, a França nada fez. O general alemão encarregado da defesa do front ocidental vulnerável afirmou: "Cada dia de calma no Oeste é, para mim, um presente de Deus".[78] Nos primeiros dias da guerra, quando as forças militares alemãs estavam mais intensamente concentradas no front leste, um general informou a seu comando que, se o exército francês atacasse, ele não teria recursos suficientes para detê-lo nem mesmo por um dia.[79] Até mesmo um civil como o correspondente estrangeiro norte-americano William L. Shirer ficou espantado ao perceber a inércia francesa durante a "guerra falsa", e sua indecisão e inépcia quando os alemães atacaram em 1940.[80]

A França foi o exemplo mais drástico de "desarmamento moral" durante o período entre as duas guerras, mas não foi de modo algum o único país onde tal ponto de vista prevaleceu entre os intelectuais. Da mesma maneira, pacifistas britânicos muitas vezes retratavam as guerras como resultado de emoções ou atitudes patrióticas, não como cálculos por interesse próprio de governantes agressivos. Em um editorial de 1931 no *New Statesman and Nation*, Kingsley Martin disse que "a guerra moderna é produto de ignorância e idealismo, não de malícia clarividente". Portanto, para evitar uma futura guerra, seria necessário "educar uma nova geração para que compreendesse que o patriotismo marcial é uma virtude ultrapassada", porque tomar parte numa futura guerra seria "algo individualmente vergonhoso, além de socialmente suicida".[81] Bertrand Russell definiu o patriotismo como "uma propensão a matar e a ser morto por motivos triviais".[82]

Em 1932, o autor britânico Beverly Nichols publicamente declarou-se favorável à paz a qualquer preço, e mais tarde escreveu *Cry Havoc!* [Iminência do caos!, em tradução livre], um dos mais importantes livros pacifistas da década.[83] Em 1933, estudantes da Universidade de Oxford comprometeram-se publicamente a *não* lutar em defesa do país, e o que se tornou conhecido como "Juramento de Oxford" espalhou-se com rapidez para outras universidades britânicas, recebendo na Grã-Bretanha o apoio de intelectuais como Cyril Joad e A. A. Milne, famoso autor de *O Ursinho Puff*, e na França o respaldo de André Gide, que fez menção aos "corajosos estudantes de Oxford".[84] Joad afirmou que "a melhor maneira de garantir a paz é recusar fazer guerra, sejam quais forem as circunstâncias". Ele insistiu na necessidade de "uma campanha intensiva para convencer o maior número possível de jovens a anunciarem sua recusa em lutar em qualquer tipo de guerra entre nações".[85]

Joad foi um dos que escreveram com fervor sobre os horrores e agonias da guerra, embora Winston Churchill já tivesse alertado que a Grã-Bretanha "não podia evitar a guerra amplificando seus horrores".[86] Na Grã-Bretanha, como também na França, suspeitava-se que o patriotismo fosse uma das causas da guerra. H. G. Wells, por exemplo, declarou-se contra "o ensino de histórias patrióticas que dão sustentação e continuidade à venenosa tradição guerreira do passado" e quis que o cidadão britânico fosse substituído pelo "cidadão do mundo".[87] Ele considerava o patriotismo uma relíquia inútil que precisava ser substituída pela "ideia cosmopolita de dever".[88] J. B. Priestley também considerava o patriotismo uma "força poderosa, usada no mais das vezes para o mal".[89] Uma carta ao *The Times* de Londres, em 1936, assinada por intelectuais de destaque como Aldous Huxley, Rebecca West e Leonard Woolf, pediu que fosse "disseminado o espírito cosmopolita" e apelou a "escritores de todos os países" para que "ajudassem todas as pessoas a sentirem sua afinidade latente".[90]

Enquanto isso, Hitler acompanhava essas manifestações na Grã-Bretanha e na França[91] e elaborava seus próprios planos, avaliando as possibilidades de vitória militar.

Quase tão impressionante quanto os esforços que os pacifistas de 1930 fizeram em prol de sua causa foi o virtuosismo verbal a que recorreram para minimizar os perigos do pacifismo que defendiam, enquanto Hitler realizava um rearmamento em escala gigantesca na Alemanha e promovia entre os alemães o mesmo patriotismo que estava sendo corroído pela *intelligentsia* nas democracias. Bertrand Russell utilizou um argumento que remontava a 1793, quando William Godwin afirmou que um país que não oferecesse ameaça nem provocação militar a outras nações não seria atacado.[92] Se a Grã-Bretanha reduzisse suas Forças Armadas, como defendeu Bertrand Russell, "não seríamos ameaça para ninguém, e ninguém teria motivo para entrar em guerra conosco". Russell seguiu adiante em sua argumentação:

> Quando o desarmamento é sugerido, é natural imaginar que a conquista pelo estrangeiro viria inevitavelmente em seguida, acompanhada de todos os horrores que caracterizam as invasões militares. Isso é um equívoco, como mostra o exemplo da

Dinamarca. Se não tivéssemos nem armamentos nem império, as nações estrangeiras provavelmente nos deixariam em paz. Se não nos deixassem em paz, teríamos de nos render sem lutar, portanto não despertaríamos sua ferocidade.[93]

Segundo Russell, se anunciar que "está preparado para se tornar indefeso e confiar na sorte, os outros não terão mais nenhum motivo para temê-lo e vão parar de odiá-lo, e perderão todo e qualquer estímulo para atacá-lo". A razão para essa conclusão foi a afirmação de Russell: "Entre os homens mais civilizados, a resistência é necessária para despertar a ferocidade".[94] Disso se conclui que o medo de uma guerra iminente deveria levar a um "desarmamento unilateral".[95] Tal raciocínio não era exclusividade de Bertrand Russell nem se limitava à Grã-Bretanha. Na França, em um livro escrito pelo líder do partido socialista francês — e mais tarde primeiro-ministro — Léon Blum se lia: "Portanto, uma nação não correria na verdade o menor risco caso se comprometesse a se desarmar, porque obteria tanto prestígio moral que se tornaria invulnerável a ataques, e a força do seu exemplo convenceria todas as outras nações a segui-la".[96]

Outro aspecto no caso pacifista de década de 1930, na França e na Grã-Bretanha, foi que mesmo uma vitória na guerra não faria diferença. Segundo Bertrand Russell, "a vitória não seria menos desastrosa para o mundo do que teria sido a derrota". Em razão da necessidade de controlar com rigor a população em pânico em tempo de guerra, o resultado "seria a substituição de um Hitler alemão por um inglês".[97] Kingsley Martin também acreditava que de uma nova guerra "ninguém poderia sair vitorioso",[98] que "a guerra destruiria toda a civilização".[99] Na França, o romancista Jean Giono perguntou o que poderia acontecer de pior se os alemães invadissem a França. E respondeu: os franceses se tornariam alemães. "Prefiro ser um alemão vivo a ser um francês morto."[100] Seguindo uma lógica parecida, a figura literária Simone Weil argumentou: "Por que a possibilidade de uma hegemonia alemã é pior que a de uma hegemonia francesa?".[101]

Pouco mais de dois anos depois dessas perguntas abstratas sobre pessoas abstratas, a conquista da França pelos nazistas deixou as consequências da hegemonia de Hitler muito mais dolorosamente específicas. Depois da derrota da França, Simone Weil fugiu para a Inglaterra a fim de escapar dos perigos do regime nazista genocida porque, embora ela fosse cristã praticante, seus ancestrais eram judeus, e isso bastou para que outros judeus na França fossem enviados para os campos nazistas de extermínio. Depois que os alemães invadiram a França, até Bertrand Russell mudou de ideia e declarou que revidar e lutar seria melhor do que submeter-se aos nazistas.[102] Na França, Georges Lapierre, que havia liderado a campanha contra os livros didáticos "belicosos" nas escolas da França, havia se tornado, na sequência da derrota da França, parte da resistência secreta ao regime nazista; mas foi capturado e enviado ao campo de concentração de Dachau, onde morreu.[103] Weil e Lapierre aprenderam com a experiência, porém tarde demais para pouparem a si próprios e a seu país das consequências das coisas que haviam defendido. Jean Giono, por sua vez, colaborou com os conquistadores nazistas.

Sentimentos pacifistas generalizados entre os intelectuais britânicos durante o período entre as duas guerras repercutiram na arena política por meio dos líderes do Partido Trabalhista britânico:

> Em junho de 1933, na eleição parlamentar suplementar de East Fulham, o candidato trabalhista recebeu uma mensagem do líder do Partido Trabalhista, George Lansbury: "Eu fecharia todos os centros de alistamento, extinguiria o Exército e desarmaria a Força Aérea. Eu aboliria todos os atrozes equipamentos de guerra e diria ao mundo 'façam o que quiserem'". Clemente Attlee, que o sucedeu como líder, disse no Parlamento britânico, em 21 de dezembro de 1933: "Nós somos definitivamente contra tudo o que diz respeito a rearmamento". O Partido Trabalhista sistematicamente votou, falou e fez campanha contra o rearmamento até o momento em que a guerra foi deflagrada.[104]

Dois anos mais tarde, Attlee disse: "Nossa política não é buscar segurança no rearmamento, mas, sim, no desarmamento".[105] Já em 1937, Harold Laski disse: "Vamos realmente apoiar esse governo reacionário... num rearmamento com propósitos que ele se recusa a declarar especificamente?".[106] A oposição do Partido Trabalhista à prontidão militar não mudou até que o segmento da classe trabalhadora do Partido Trabalhista, representado pelos sindicatos, por fim se sobrepôs ao seu segmento intelectual, representado por Laski e outros, que mantinham uma oposição doutrinária à defesa militar.[107]

Um editorial de 1938 do *New Statesman and Nation* desaprovou o "apoio ao rearmamento" dos sindicatos de trabalhadores sem receberem compensação na forma de influência sobre as políticas internacionais do governo e sem forçar o governo a "limitar significativamente os lucros da indústria de armas".[108] Em outras palavras, um ano antes do início da Segunda Guerra Mundial, o rearmamento ainda era uma questão ideológica para os apoiadores intelectuais do Partido Trabalhista, não uma questão de sobrevivência nacional.

Opiniões antimilitares e antiarmamentistas semelhantes eram comuns entre os intelectuais norte-americanos. John Dewey, Upton Sinclair e Jane Addams encontravam-se entre os norte-americanos que assinaram um manifesto de 1930 contra o treinamento militar para jovens.[109] Em 1934, Oswald Garrison Villard pediu com veemência uma "redução de um terço do Exército dos Estados Unidos e a remoção de 50% dos nossos oficiais de reserva como prova da nossa boa-fé".[110] Esses sentimentos entre intelectuais também não deixaram de influenciar os que detinham o poder político. Quando o governo Roosevelt cortou o orçamento do Exército, o chefe de gabinete do Exército, general Douglas MacArthur, teve uma discussão inflamada com o presidente, renunciou ao cargo e continuou tão transtornado quando saía da Casa Branca que vomitou nos degraus.[111]

Nesse estado de coisas entre as duas Grandes Guerras, as conferências internacionais sobre desarmamento e os acordos em que as nações renunciavam à guerra tornaram-se bastante populares nas democracias ocidentais. Porém, no que diz respeito ao controle de armas interno, a verdadeira questão é que os tratados de limitação de armas, sejam eles nacionais ou internacionais, na prática, só limitam as armas daqueles que respeitam a lei. Tanto o Japão como a Alemanha violaram os acordos de limitação de armamentos que haviam assinado, produzindo, entre outras coisas, navios maiores do que o permitido nesses tratados, e maiores do que tudo o que existia nas Marinhas britânica e norte-americana.

Violações de tratados de controle de armas não são uma casualidade. Tais acordos são inerentemente unilaterais. Líderes de nações democráticas sofrem mais pressão para assinar tais acordos do que os líderes de ditaduras que podem controlar, anular ou ignorar a opinião pública. Em nações democráticas, os intelectuais do meio acadêmico e os da mídia geralmente estão menos interessados em analisar os detalhes dos acordos de desarmamento do que em celebrar o simbolismo contido na assinatura de tais acordos e o "alívio das tensões internacionais" que eles trazem, como se os governos decididos a realizar ataques militares pudessem ser rechaçados com catarse emocional. Desse modo, intelectuais como John Dewey viram com entusiasmo os Tratados Navais de Washington de 1921-1922,[112] e o *The Times* de Londres elogiou o Tratado Naval Anglo-Germânico de 1935 como "um fato excelente nas relações anglo-germânicas", como uma "renúncia enfática a propósitos hostis contra esse país" pela Alemanha e uma "decisão lúcida do próprio HERR HITLER".[113]

Por outro lado, os que têm essa visão condenam duramente líderes do seu próprio país que se recusam a fazer concessões para chegarem a um entendimento em tais acordos. Além de condições que favorecem explicitamente as nações cuja intelectualidade não tem liberdade para criticar os governos, posteriores violações desses acordos por nações agressoras provavelmente contarão com tolerância por parte de líderes de nações democráticas, que não têm incentivo para se apressarem a anunciar a seus próprios cidadãos que eles foram "ludibriados" quando assinaram acordos que tiveram ampla divulgação e foram largamente comemorados na ocasião em que foram assinados.

A *intelligentsia* não precisa converter líderes políticos a seu próprio pensamento pacifista a fim de influenciar a política governamental. Líderes de nações democráticas têm sempre de enfrentar a perspectiva de eleições, e a atmosfera na qual essas eleições são organizadas é uma realidade para os políticos que buscam manter vivas suas carreiras e manter seu partido no poder. Portanto, embora o rearmamento alemão clandestino que violava os tratados tenha começado mesmo antes da chegada de Hitler ao poder, em 1933, era "segredo" apenas no sentido de que o governo alemão não admitia isso e o público, em geral nos países democráticos ocidentais, não tomou conhecimento disso. Mas não era segredo para os líderes democráticos que recebiam relatórios do serviço de inteligência.

Stanley Baldwin, que era vice-primeiro-ministro da Grã-Bretanha em 1933, estava perfeitamente inteirado dos acontecimentos — mas sabia muito bem quais seriam as repercussões políticas se ele anunciasse publicamente o rearmamento alemão. Em resposta a um discurso na Câmara dos Comuns proferido em 1936 por Winston Churchill, então um deputado sem partido, denunciando que o governo britânico havia se comprometido com "um desarmamento unilateral" e que o Exército britânico "carece de quase todas as armas indispensáveis para as mais recentes formas de guerra moderna",[114] o então primeiro-ministro, Stanley Baldwin, usou como justificativa as exigências da realidade política na ocasião das eleições de 1933: "Supondo que eu tivesse me dirigido ao país para dizer que a Alemanha estava se rearmando, e que nós deveríamos nos rearmar, alguém acredita que essa democracia pacífica teria se mobilizado por isso naquele momento? *Eu não consigo pensar em nada que teria tornado mais certa a perda da eleição*".[115]

Mesmo depois de uma dúzia de anos escrevendo *The Second World War*, sua monumental história do pós-guerra em seis volumes, a resposta de Baldwin causava repulsa a Churchill:

> Isso foi, sem dúvida, de uma franqueza aterradora. Levou ao ponto da indecência a verdade nua e crua a respeito dos seus motivos. Um primeiro-ministro confessando que não cumpriu seu dever com relação à segurança nacional porque temia perder as eleições foi um incidente sem paralelo em nossa história parlamentar. É evidente que o senhor Baldwin não foi movido por nenhum desejo ignóbil de continuar no cargo. Com efeito, em 1936, ele tinha um grande desejo de se aposentar. Sua política era ditada pelo medo de que os socialistas chegassem ao poder e fizessem ainda menos do que pretendia seu governo. Todas as suas declarações e votos contra medidas de defesa estão registrados.[116]

Nesse caso, como em muitas outras situações, o meio intelectual não dependia de convencer os detentores do poder para influenciar o curso dos acontecimentos. Eles precisavam apenas convencer uma parcela suficiente do público para que os detentores do poder passassem a temer a perda do poder que tinham se se opusessem à visão predominante — no caso, o pacifismo. Se o Partido Conservador de Stanley Baldwin tivesse perdido o poder, ele o teria perdido para aqueles que tornariam a visão pacifista uma realidade potencialmente desastrosa para o país. Ao fim e ao cabo, a Grã-Bretanha escapou por pouco de ser invadida e conquistada em 1940, e somente graças ao avanço tardio de seus caças de interceptação, que abateram bombardeiros alemães na ocasião do ataque-relâmpago aéreo cujo objetivo era preparar o terreno para a força de invasão que se mobilizava através do Canal da Mancha. Se os pacifistas do Partido Trabalhista tivessem chegado ao poder em 1933, nada indica que teria existido nem mesmo essa pequena chance de escapatória com que a Grã-Bretanha contou.

Houve uma relutância semelhante entre os líderes da França em alertar o público acerca do perigo, ou talvez relutância dos próprios líderes até em admitirem para si mesmos o perigo. Embora o ministro das Relações Exteriores francês, Aristide Briand, estivesse bastante ciente do aumento impressionante do apoio político aos nazistas nas eleições alemãs de 1930, e soubesse bem o que isso prenunciava em termos de ameaça militar à França, assim como Baldwin, ele não estava preparado para alertar o público: "Briand estava tranquilo: Hitler não irá longe, ele assegurou à imprensa enquanto fazia o possível para evitar que chegassem ao público as notícias sobre o despertar do militarismo alemão. Paradas e exibições da direita alemã foram 'totalmente removidas dos curtas-metragens exibidos nos cinemas franceses', informou o adido militar norte-americano".[117]

Mesmo antes de Hitler chegar ao poder, os agentes da inteligência francesa já haviam penetrado na organização militar clandestina da Alemanha.[118] Mas nem a imprensa nem os políticos queriam dizer ao público francês coisas que ele não queria ouvir após todos os traumas pelos quais havia passado durante a Primeira Guerra Mundial. Mesmo depois que mais um aumento dos votos para os nazistas nas eleições de 1932 conduziu Hitler ao governo alemão, o desdém ou a negação dos perigos para a França continuaram:

> Nas novas eleições alemãs, os nazistas se tornaram o maior partido no Reichstag mas a imprensa francesa não ficou impressionada. O presidente Hindenburg havia trazido o general Schleicher para controlar o demagogo pintor de paredes. Jornais de direita e de esquerda celebraram "o patético fim do hitlerismo" (*L'Œuvre* 1 de janeiro de 1933) e "a decadência do movimento de Hitler" (*Paris-Soir*, 1 de janeiro de 1933). O *boulanger* alemão perdeu o barco, exultou *L'Echo de Paris* (7 novembro de 1932), esquecendo quão cumpridor da lei havia sido o general populista d

século XIX. O *Populaire*, socialista, e o *Action Française*, monarquista, concordavam: Hitler, dali em diante, estava excluído do poder. Porém, Schleicher renunciou no final de janeiro de 1933, e, apesar de tudo, o demagogo se viu no poder. Um pacifista dedicou o seu último livro, *Peace on Earth*, a Adolf Hitler.[119]

Como em outras épocas e em outros contextos, é interessante notar de passagem o tom sabichão de condescendência na imprensa, que é um corolário da autoexaltação da *intelligentsia*.

Por mais compreensível que fosse a necessidade da França de evitar uma repetição dos horrores que viveu na Primeira Guerra Mundial, as persistentes negações dos seus intelectuais quanto aos perigos que se avolumavam do outro lado do Reno alcançaram graus elevados de ilusão. Um dos primeiros sinais dessa ilusão foi a celebração do Pacto Kellogg-Briand, de 1928, proibindo a guerra. Batizado com o nome de um secretário de Estado norte-americano e do ministro francês das Relações Exteriores, esse pacto teve aprovação quase unânime na imprensa francesa.[120] Nada é mais fácil do que convencer pessoas pacíficas a renunciarem à violência, mesmo quando não são oferecidos meios concretos para evitar a violência de outros.

O francês não queria ouvir nada de ruim a respeito da Alemanha. Nem o livro *Mein Kampf*, de Hitler, que comunicava de maneira explícita as intenções hostis que ele tinha com relação à França, chegou às mãos dos intelectuais ou do público, porque um tribunal francês interrompeu sua tradução completa; desse modo, apenas versões censuradas podiam ser adquiridas pelos poucos que estavam interessados.[121] No fim da década de 1930, quando refugiados da Alemanha fugiam para a França, levando consigo histórias dos horrores do regime nazista, essas histórias foram amplamente rejeitadas, porque muitos desses refugiados eram judeus. Isso fez aumentar o antissemitismo, sob a justificativa de que os judeus estavam tentando provocar uma guerra entre a França e a Alemanha. O antissemitismo não se restringia às massas; era comum também entre intelectuais franceses.[122]

Na Grã-Bretanha, assim como na França, era grande entre os intelectuais a resistência em reconhecer a natureza do regime nazista dentro da Alemanha ou a ameaça externa que ele representava para as democracias ocidentais. O influente *Manchester Guardian* afirmou que, apesar das ideias radicais dos nazistas, eles se comportariam como "políticos comuns" quando tomassem posse. O jornal de maior circulação na Grã-Bretanha na época, o *Daily Herald*, desprezou Hitler como um "palhaço" e opinou que ele teria o mesmo destino que os chanceleres alemães que o precederam e que não haviam durado mais que algumas semanas no cargo. O *Daily Telegraph* também afirmou que Hitler "estava acabado" e desapareceria antes do final de 1932.[123] Harold Laski também declarou, em 1932, que "o auge do movimento hitlerista já havia passado", que Hitler era "um conspirador barato, e não um revolucionário inspirado, um oportunista, e não um forjador do destino".[124]

O jornal britânico mais influente, o *The Times* de Londres, considerava Hitler um "moderado", pelo menos em comparação com outros membros do seu partido.[125] Depois que Hitler e os nazistas se alçaram ao poder supremo na Alemanha em 1933, o *The Times* se mostrou particularmente resistente a permitir que notícias sobre a opressão nazista interna, e sobre a ameaça internacional representada pelos nazistas, chegassem ao público. Boletins dos próprios correspondentes internacionais do *The Times* na Alemanha eram com frequência filtrados, reescritos e por vezes rejeitados de imediato quando informavam a dura realidade do que estava acontecendo sob Hitler. As queixas desses correspondentes não surtiram nenhum efeito; alguns se demitiram em protesto contra a filtragem que o jornal fazia de seus comunicados críticos ao regime nazista e contra a transferência deles para lugares distantes dos eventos decisivos na Alemanha, enquanto os editoriais do *The Times* apoiavam as políticas de conciliação do primeiro-ministro Neville Chamberlain em relação à Alemanha. Geoffrey Dawson, editor do *Times*, escreveu candidamente para o seu correspondente em Genebra: "Eu me esforcei ao máximo, noite após noite, para manter longe do jornal tudo o que pudesse ferir a sua [dos alemães] suscetibilidade... Sempre tive certeza de que a paz no mundo depende, mais do que tudo, de promovermos relações razoáveis com a Alemanha".[126]

Aqui, assim como em outros contextos, o dano causado pelos intelectuais parece especialmente significativo quando eles ultrapassam os limites da sua competência (nesse caso, reunir e transmitir notícias) em busca de um papel mais amplo e de maior importância para moldar eventos (nesse caso, filtrando notícias para que se ajustem a sua visão).

Reações às Crises Internacionais

As ideias predominantes entre os intelectuais no período entre as duas Guerras Mundiais não passariam de uma nota de rodapé na história dos tempos se não tivessem repercussão sobre a sociedade como um todo, e certamente na história do mundo. Mas a influência das ideias disseminadas pela *intelligentsia* tornou-se evidente na série de crises internacionais que levaram à Segunda Guerra Mundial. A primeira dessas crises envolveu a região da Renânia em 1936.

Depois do trauma da Primeira Guerra Mundial, o Tratado de Versalhes buscou tornar o gigantesco potencial militar da Alemanha menos perigoso por meio de diversas restrições, incluindo limitações no tamanho das forças militares alemãs, a proibição de recrutamento militar na Alemanha e a proibição ao governo alemão de aquartelar tropas na Renânia, região onde se concentrava a capacidade industrial da Alemanha. Esta última estipulação significava que qualquer ataque alemão a outras nações no futuro colocaria a Alemanha sob risco de ter seu próprio setor industrial vulnerável e tomado pelos franceses. Essas limitações, diga-se de passagem discutíveis, à soberania nacional baseavam-se claramente em *não* considerar a Alemanha como uma nação abstrata num mundo abstrato, mas, sim, em considerá-la a mais perigosa ameaça às nações em torno dela, em razão da destreza militar que havia demonstrado na Primeira Guerra Mundial — impondo ao inimigo um número muito maior de baixas do que as que lhe foram impostas — e também em razão do seu predomínio industrial na Europa e da sua localização central no continente, de onde poderia atacar em qualquer direção.

Algum tempo mais tarde, contudo, a *intelligentsia* britânica, na década de 1930, passou a discutir essas restrições à Alemanha como se a Alemanha fosse uma nação abstrata num mundo abstrato. O fato de a Alemanha estar sendo tratada *desigualmente* sob o Tratado de Versalhes foi visto por boa parte dos intelectuais britânicos como um motivo pelo qual seria errado proibir o governo alemão de fazer coisas que outros governos haviam feito. Como observou Winston Churchill, no livro apropriadamente intitulado *The Gathering Storm* [Tempestade à vista, em tradução livre], quando "em 1932 a delegação alemã para a Conferência sobre o desarmamento exigiu categoricamente a retirada de todas as restrições ao seu direito ao rearmamento, encontrou muito apoio na imprensa britânica". Ele acrescentou:

> O *The Times* falou sobre uma "compensação oportuna pela desigualdade", e a *The New Statesman* sobre "o reconhecimento irrestrito do princípio da igualdade dos estados". Isso significava que 70 milhões de alemães deveriam receber permissão para se rearmarem e se prepararem para a guerra sem que os vencedores da última e pavorosa luta pudessem fazer qualquer objeção. Igualdade de condição entre vencedores e vencidos; igualdade entre uma França de 39 milhões e uma Alemanha com quase o dobro desse número![127]

Em resumo, os detalhes mundanos — dos quais as questões de vida e de morte dependiam — eram subordinados pelos intelectuais a princípios abstratos sobre nações abstratas. A Alemanha tinha de ser tratada como se fosse Portugal ou Dinamarca, embora as restrições impostas pelo Tratado de Versalhes se devessem exatamente ao fato de que a Alemanha *não havia* se conduzido como Portugal ou Dinamarca, e tinha uma capacidade militar imensamente superior à de Portugal ou Dinamarca.

Com a intensificação do poder de Adolf Hitler em 1933, o rearmamento alemão irrestrito deixou de ser uma demanda para se tornar uma realidade — em etapas, de maneira cautelosa no início e depois prosseguindo mais descaradamente, sem que as democracias ocidentais fizessem algo para aplicar os dispositivos de restrição do Tratado de Versalhes. Em virtude do tamanho inicialmente pequeno do Exército alemão sob tais restrições, essas violações ao tratado começaram numa época na qual a França, por si só, tinha uma esmagadora superioridade militar sobre a Alemanha e poderia ter interferido unilateralmente para deter a construção da máquina militar nazista — fato do qual Hitler tinha plena ciência, e que causava muito temor aos líderes do Exército alemão.[128]

O passo fundamental, sem o qual a guerra de agressão dos nazistas seria impossível, foi a ocupação pelas tropas germânicas da região industrial do país, a Renânia. Só depois que sua própria indústria estava protegida a Alemanha pôde atacar outras nações. Hitler compreendia claramente a importância fundamental de posicionar tropas alemãs na Renânia — e o risco que isso representava, em razão do tamanho relativo dos Exércitos da França e da Alemanha na ocasião: "'As 48 horas depois da marcha para a Renânia', Paul Schmidt, seu [de Hitler] intérprete, ouviu-o dizer mais tarde, 'foram as mais angustiantes da minha vida. Se a França tivesse então marchado para a Renânia, nós teríamos de bater em retirada com os rabos entre as pernas, porque os recursos militares a nossa disposição teriam sido totalmente insuficientes até mesmo para uma resistência moderada'".[129]

As apostas foram altíssimas — conquistas militares no exterior ou o colapso do regime nazista dentro da Alemanha. "Um recuo de nossa parte", Hitler admitiu mais tarde, "resultaria em colapso".[130] Hitler apostou tudo na hesitação da França. Ele ganhou a aposta, e dezenas de milhões de pessoas perderam a vida em consequência disso. Entretanto, essa ação na Renânia, assim como outras antes dela, continuou a ser considerada pelos intelectuais britânicos como uma questão abstrata sobre nações abstratas. Uma frase repetidamente empregada na imprensa britânica depois que Hitler enviou suas tropas para a Renânia foi que "apesar de tudo, eles estão apenas indo para o seu próprio quintal".[131] Uma opinião muito parecida foi adotada na imprensa francesa.[132] Apesar da superioridade militar francesa, a falta de vontade política impediu-os de usar essa superioridade militar para evitar a remilitarização da Renânia por Hitler:

> Em nenhum lugar da França havia a menor indicação de que o público desejasse ou mesmo tolerasse uma resposta militar contra a remilitarização alemã da Renânia. O semanário de humor *Le Canard Enchainé* expressou um ponto de vista comum quando afirmou: "Os alemães invadiram — a Alemanha!". Líderes comunistas

supostamente na vanguarda da oposição ao nazismo, fizeram apelos veementes para que se impedisse "que a calamidade da guerra volte a nos atingir". Eles insistiram para que toda a nação se unisse "contra aqueles que querem nos conduzir ao massacre". Políticos socialistas classificaram como "inadmissíveis todas as reações que trouxessem risco de guerra", afirmando que até mesmo reforçar a Linha Maginot seria "provocativo". Os jornais diários de direita *Le Matin* e *Le Jour* declararam que um conflito com a Alemanha beneficiaria somente a Rússia comunista.[133]

Essas opiniões não se restringiam à França. Quando o ministro das Relações Exteriores francês Pierre-Étienne Flandin encontrou-se com o primeiro-ministro britânico Stanley Baldwin apenas para pedir apoio *político* para as medidas que a França poderia tomar em resposta à remilitarização alemã da Renânia — a França já contava com recursos *militares* para responder unilateralmente —, segundo Flandin a resposta de Baldwin foi: "Você pode estar certo, mas *mesmo que haja uma chance em cem* de que sua operação policial leve à guerra, eu não tenho o direito de comprometer a Inglaterra".[134] Esse tipo de pensamento era comum na época, como se a *inação* não trouxesse riscos dignos de serem levados em conta. Em retrospecto, agora sabemos que a inação das democracias ocidentais diante das repetidas provocações de Hitler foi crucial para sua decisão de avançar rumo à guerra, confiante de que os líderes ocidentais eram tímidos demais para reagirem a tempo, ou mesmo para simplesmente reagirem.

Isso ficou bastante claro em outras crises internacionais que levaram à Segunda Guerra Mundial. A resposta hesitante e ineficaz do Ocidente à invasão da Etiópia por Mussolini em 1935, desafiando a Liga das Nações, foi uma das atitudes de indolência que levaram Hitler a duvidar da determinação da Liga. A ausência de resposta à remilitarização alemã da Renânia em 1936, bem como às intervenções da Itália e da Alemanha na guerra civil espanhola nesse mesmo ano, e, mais tarde, em 1938, a inação das democracias ocidentais diante da anexação da Áustria pela Alemanha — tudo isso contribuiu para o menosprezo de Hitler pelos líderes ocidentais e sua confiança em que eles não fariam nada além de falar.

O evento que mais fortaleceu essa confiança de Hitler foi a crise gerada em decorrência da sua exigência de anexar os Sudetos da Checoslováquia, adjacentes à Alemanha e de população de origem germânica em sua maioria. Na conferência de Munique, em 1938, a França, a Grã-Bretanha e a Itália concordaram com a anexação dos Sudetos por Hitler, abandonando a Checoslováquia à própria sorte, apesar do tratado de defesa mútua da França com a Checoslováquia.

O poder da *intelligentsia* é demonstrado não apenas por sua habilidade em estabelecer um clima geral de opinião que provoca medo nos que se opõem à sua pauta, mas também por sua habilidade de gerar um clima de opinião que recompensa fartamente os líderes políticos cujas decisões estão em conformidade com a visão da *intelligentsia*. Provavelmente nunca houve um líder de uma nação democrática aclamado mais amplamente ou com mais entusiasmo — pelo público, na imprensa e por membros de partidos de oposição e do seu próprio partido — do que o primeiro-ministro britânico Neville Chamberlain quando ele retornou da conferência de Munique de 1938, carregando em sua bagagem um acordo com Hitler que traria, segundo Chamberlain, "paz para o nosso tempo".[135] Menos de um ano depois, teve início a maior e mais sangrenta guerra jamais vista na história da humanidade.

Considerando cada uma das sucessivas demandas de Hitler como uma questão separada (a perspectiva do racionalismo "passo a passo"), a imprensa francesa viu a exigência de 1938 da Alemanha de anexação dos Sudetos da Checoslováquia como algo que se resumia ao seguinte: "Os franceses deveriam ser mortos por causa de Benes, o Maçom?", como expressou o *Je Suis Partout*. Quando Hitler exigiu a cidade polonesa de Danzig (Gdansk), a questão foi apresentada da seguinte forma: "Nós devemos morrer por Danzig?", como uma manchete do L'Œuvre dizia.[136] A frase "Por que morrer por Danzig?", considerada um sinal de sofisticação entre os intelectuais da época, foi, na verdade, um indicador do seu perigoso talento para o virtuosismo verbal, que pode expor questões de modo a tornar quase inevitável a resposta desejada, independentemente dos reais méritos ou deméritos do assunto.

Ao contrário do que pretendia o racionalismo passo a passo, o fundamental não era considerar se valia a pena morrer pela Renânia, pela Checoslováquia, pela anexação da Áustria ou pela cidade de Danzig. O fundamental era reconhecer, no padrão expansionista das ações de Hitler, uma ameaça letal. Em 1939, o público francês parecia compreender o que Hitler estava fazendo de maneira mais realista do que uma parcela dos intelectuais do país. Uma pesquisa de opinião na França em 1939 mostrou que 76% do público desejava o uso da força em defesa de Danzig.[137] Consta que nesse período o primeiro-ministro francês Édouard Daladier "queixou-se de que não podia ir a um lugar público ou a um restaurante sem que pessoas se levantassem e gritassem: 'Lidere! Nós o seguiremos!'".[138]

Porém, já era tarde demais; faltavam poucos meses para que a Segunda Guerra Mundial fosse iniciada. O pacifismo generalizado da época e suas consequências políticas haviam encurralado a França, e o país agora via-se diante da possibilidade de entrar em guerra depois de perder potenciais aliados os quais havia abandonado à própria sorte, na esperança de ser poupado da fúria de Hitler. Como se viu no Capítulo 2, entre os equipamentos militares usados pelos alemães quando invadiram a França, em 1940, havia tanques fabricados na Checoslováquia.

Foram levantados questionamentos graves a respeito dos tipos específicos de equipamento militar que Hitler acumulou a partir de 1939 — especulava-se se isso indicava um ataque iminente contra a Grã-Bretanha, por um lado, ou ataques ao Leste, por outro lado.[139] Se for esse o caso, se os governos britânico e francês escolheram a melhor ocasião para combater, é questão de estratégia militar. O que é relevante para o papel dos intelectuais é a atmosfera na qual esses governos basearam suas ações anteriores, levando a essa crise.

A Deflagração da Guerra

As nações agressoras que compunham o Eixo na Segunda Guerra Mundial — Alemanha, Itália e Japão — não tinham recursos (e estavam bem cientes de que não tinham recursos) que se comparassem aos recursos combinados de nações democráticas como Grã-Bretanha, França e Estados Unidos numa corrida armamentista. Para alcançarem seus objetivos, as potências do Eixo dependiam: (1) de que as democracias ocidentais não mobilizassem seus recursos com rapidez suficiente para evitar derrotas devastadoras, as quais foram de fato impostas várias vezes durante os primeiros três anos da Segunda Guerra Mundial; e (2) de que essas nações democráticas não tivessem coragem suficiente para continuar lutando em face de uma sequência contínua de perdas e recuos sangrentos, tanto na Europa como na Ásia, até o momento em que seus maiores recursos pudessem finalmente ser mobilizados para o início dos contra-ataques.

Essa estratégia chegou perigosamente perto de ter êxito. Só em novembro de 1942 — três anos depois que a Grã-Bretanha ingressou na Segunda Guerra Mundial — o primeiro-ministro britânico, Winston Churchill, pôde enfim dizer, após a batalha de El Alamein, no Norte da África: "Nós temos uma nova experiência. A vitória é nossa".[140] Até esse momento, os britânicos só haviam conhecido uma série constante de derrotas e recuos, na Europa e na Ásia, e poucos esperavam que a própria Grã-Bretanha sobrevivesse em 1940,[141] depois que a França foi vencida em apenas seis semanas de luta e a *Luftwaffe* lançou bombardeios colossais sobre Londres e outras cidades britânicas.[142] Os norte-americanos também tiveram sua primeira vitória militar em 1942, sobrepujando com uma sorte impressionante a superioridade naval japonesa na batalha de Midway.[143]

Os intelectuais desempenharam um papel relevante na condução da Grã-Bretanha e dos Estados Unidos a uma situação de grande desespero com uma incessante onda de esforços pacifistas e antinacionalistas no período entre as duas Guerras Mundiais. Em outubro de 1938, um mês depois de Munique e menos de um ano antes do início da Segunda Guerra Mundial, o influente jornal britânico *New Statesman and Nation* descreveu o rearmamento como "nada mais que uma forma ineficaz e supérflua de subsidiar indústrias que não encontram melhor uso para seu capital" e declarou que "não recuperaremos a dignidade triplicando o número de nossos aviões".[144] Mesmo em fevereiro de 1939, apenas alguns meses antes da deflagração da Segunda Guerra Mundial, o *New Statesman and Nation* fez referência ao "caos da corrida internacional pelo rearmamento" e questionou o dinheiro ganho pelos "fabricantes de aeronaves e munições" que foram descritos como "amigos" do "governo conservador".[145] Agora sabemos que essas aeronaves e munições proporcionaram a estreita margem de manobra que permitiu que a Grã-Bretanha sobrevivesse ao furioso ataque aéreo de Hitler um ano mais tarde, apesar da opinião generalizada em 1940 de que a Grã-Bretanha não sobreviveria. A história também sugere que anos de retórica de "corrida armamentista" e "mercadores da morte" contribuíram para tornar essa margem de sobrevivência tão estreita e precária.

Os intelectuais contribuíram muito para forjar a atmosfera de fraqueza militar e indecisão política no interior das nações democráticas, o que levou os líderes das ditaduras do Eixo a acreditarem que seria possível vencer uma guerra contra essas nações. Portanto, além de terem ajudado a causar a guerra mais destruidora da história da humanidade, os intelectuais obstruíram de tal maneira a criação e a modernização de forças militares nas nações democráticas nos anos que antecederam essa guerra — por exemplo, demonizando fornecedores de equipamentos militares como "mercadores da morte" — que isso assegurou que as Forças Armadas norte-americanas e britânicas fossem com frequência superadas em potência de fogo durante batalhas,[af] até que esforços tardios e desesperados, tanto nas indústrias de guerra como nos campos de batalha, impediram por pouco a derrota completa e depois acabaram alterando o curso dos acontecimentos, levando, por fim, à vitória.

A guerra teve um preço descomunal, tanto em sangue como em riqueza, gerado pelas concessões pré-guerra à presunção moral pacifista e às cruzadas antimilitares por parte da *intelligentsia*. Se Hitler e seus aliados tivessem ganhado a Segunda Guerra Mundial, os custos permanentes para toda a raça humana teriam sido incalculáveis.

Negligenciar a história nos fez hoje esquecer que por muito pouco as democracias ocidentais como um todo escaparam da suprema catástrofe de uma vitória de Hitler e de seus aliados. Mais importante ainda, isso nos fez esquecer o que levou as democracias ocidentais a um ponto tão perigoso — e esquecer o potencial que as mesmas atitudes e ideias, promovidas pelos intelectuais dos dias de hoje e pelos intelectuais do período entre as duas Guerras Mundiais, têm para nos conduzir mais uma vez ao mesmo ponto crítico perigoso, sem garantia alguma de que seremos salvos novamente pela sorte ou pela coragem que nos salvaram na primeira vez.

CAPÍTULO 15
A GUERRA FRIA E O FUTURO

> *O tímido mundo civilizado não encontrou nada com que confrontar o renascimento súbito de uma barbárie consumada a não ser concessões e sorrisos.*
>
> Aleksandr Solzhenitsyn[1]

Muitas guerras foram travadas em muitas partes do mundo desde a Segunda Guerra Mundial, porém nenhuma se compara à Segunda Guerra em termos de magnitude e de extensão de consequências. Assim como a Primeira Guerra Mundial, a Segunda Guerra provocou mudanças significativas nas atitudes dos intelectuais ocidentais — mudanças muito diferentes, contudo. Como já vimos, muitos intelectuais que se uniram em torno da causa dos Aliados na Primeira Guerra Mundial, sobretudo quando essa causa foi articulada por Woodrow Wilson, voltaram-se para o pacifismo radical na sequência dessa carnificina brutal e sombria. Por outro lado, no período que se seguiu logo ao final da Segunda Guerra Mundial, as lições trágicas da guerra e dos anos que a antecederam ficaram tão fortemente gravadas na consciência das pessoas que muitas delas não puderam voltar ao pacifismo ingênuo e doutrinário que um dia foi tão comum entre intelectuais nas democracias ocidentais.

As espantosas diferenças entre o comportamento das nações democráticas e o das nações totalitárias haviam sido demonstradas muito recentemente, com muita clareza e de maneira dolorosa demais durante a guerra para que a "equivalência moral" fosse uma mercadoria extensamente vendável, mesmo nos círculos de intelectuais. Isso viria mais tarde, quando as atrocidades em larga escala da Alemanha nazista e do Japão imperial sumissem nas brumas da memória, e as atrocidades — semelhantes — em grande escala da União Soviética acabassem ocultas ou ignoradas. Logo após a Segunda Guerra Mundial, porém, o mal e o perigo não podiam ser ignorados, avaliados com atitude de sofisticado distanciamento ou verbalmente cobertos de eufemismos. A revista *Time*, por exemplo, afirmou, em maio de 1945, no final da guerra na Europa: "Essa guerra foi uma revolução contra a base moral da civilização. Foi engendrada pelos nazistas com consciente desprezo pela vida, pela dignidade e pela liberdade do homem como indivíduo, e deliberadamente colocada em prática por meio de escravidão, inanição e destruição em massa de vidas de não combatentes. Foi uma revolução contra a alma humana".[2]

A diferença entre as lamentações e a introspecção da década de 1930 e a atmosfera no pós-guerra imediato foi resumida no modo como o presidente Harry Truman decidiu continuar desenvolvendo a bomba de hidrogênio, uma arma com poder de destruição muito maior que o das bombas atômicas que haviam devastado Hiroshima e Nagasaki. Essa foi a conferência do presidente Truman com os seus conselheiros:

> Lilienthal expressou seu temor de uma corrida armamentista. Acheson rebateu chamando a atenção para o crescimento das pressões públicas e políticas sobre Truman. Lilienthal mais uma vez disse ter ele próprio "sérias dúvidas". Truman o interrompeu. Ele não acreditava, disse o presidente, que uma bomba H seria usada, mas, em razão do comportamento dos russos, não havia alternativa. A reunião durou somente sete minutos. "Os russos podem fazer isso?", Truman indagou. Todos os três homens afirmaram com a cabeça. "Nesse caso", Truman disse, "nós não temos escolha. Vamos em frente com isso."[3]

A década de 1950 ainda estava próxima demais da Segunda Guerra Mundial para que as ideias, atitudes e pontos cegos dos intelectuais do pré-guerra voltassem de maneira impactante, ou para que os benefícios de uma sociedade livre e decente fossem considerados garantidos e seus deslizes humanos se tornassem motivo para a rejeição generalizada de suas normas e instituições. Isso começaria na década de 1960, principalmente entre pessoas jovens demais para saberem o que havia sido a Segunda Guerra Mundial ou o que tinha levado a tal catástrofe.

A diferença entre o período imediatamente posterior à guerra e o período que se estendeu para ainda mais adiante se manifestou de muitas maneiras. Quando visitava cemitérios e memoriais de guerra na Europa Ocidental, décadas mais tarde, o respeitado historiador militar norte-americano Victor Davis Hanson percebeu uma diferença entre as mensagens em cemitérios norte-americanos e as mensagens em memoriais de guerra europeus:

> As inscrições nos cemitérios norte-americanos exortam os visitantes a se lembrarem do sacrifício, da coragem e da liberdade; elas partem do princípio de que alguém mau

iniciou um dia uma guerra para ferir os fracos, para fracassar quando foi parado por alguém melhor. Por outro lado, a "loucura" da guerra — para parafrasear Barbara Tuchman — é o que se colhe na maioria dos museus europeus da Segunda Guerra Mundial. Os mostruários, vídeos e guias sugerem que uma súbita loucura se abateu igualmente sobre europeus e norte-americanos de mentalidade normal em lugares como Nijmegen e Remagen. "Estupidez", um visitante europeu em Arnhem me instrui, é a melhor explicação para que milhares de jovens tenham se matado uns aos outros por nenhum motivo a não ser pontes "insignificantes".[4]

Considerando que os locais comemorativos foram, sem dúvida, feitos primeiro e os memoriais de guerra mais tarde, depois que as economias europeias se recuperaram da devastação da época da guerra, as diferenças podem refletir distinções no tempo, não apenas diferenças entre norte-americanos e europeus. Em uma época posterior, as pessoas que desfrutavam da segurança comprada com a vida de outras pessoas podiam arrogantemente desprezar as pontes como algo "insignificante"; em tempos de guerra, porém, o controle das pontes pode se tornar uma questão de vida ou morte para exércitos e para o destino de nações inteiras.

Um exemplo contundente das grandes variações de humor a que alguns intelectuais se entregam foi o argumento de Bertrand Russell, após a guerra, de que as nações ocidentais deveriam apresentar à União Soviética um ultimato para que se submetesse a um novo governo mundial, com suas próprias Forças Armadas; e se o ultimato fosse recusado, iniciar uma guerra preventiva contra a União Soviética, enquanto os Estados Unidos contassem com uma bomba nuclear e os soviéticos ainda não.[5] Conforme foi publicado no *The Observer* de Londres em 21 de novembro de 1948: "'Ou travamos uma guerra contra a Rússia antes que ela consiga a bomba atômica ou teremos de ficar quietos e deixar que eles nos governem.' (...) Uma guerra nuclear seria um horror absoluto, porém seria 'a guerra que poria fim às guerras' (...). Temer o horror de uma guerra futura não serviu para evitá-la. 'Qualquer coisa é melhor que a submissão'".[6]

Não poderia haver nessa posição um contraste maior com a defesa do pacifismo e do desarmamento unilateral que Bertrand Russell havia feito — nem com o seu posterior retorno à postura inicial. Uma década mais tarde, Russell disse: "Sou favorável ao desarmamento nuclear controlado". Contudo, se a União Soviética se recusasse a concordar com isso, ele aceitaria o "desarmamento nuclear unilateral". E acrescentou: "Trata-se de uma escolha amarga... O desarmamento unilateral provavelmente significaria, durante algum tempo, o domínio comunista deste nosso mundo... Mas se as alternativas são a eventual extinção da humanidade e uma conquista comunista temporária, eu prefiro esta última".[7]

Após sua volta à posição original de defesa do pacifismo e do desarmamento unilateral, Bertrand Russell condenou aqueles no Ocidente que apoiavam as políticas de dissuasão nuclear como pessoas que "pertenciam ao clube dos assassinos". Nesse último período, Bertrand Russell descreveu o primeiro-ministro britânico Harold Macmillan e o presidente norte-americano John F. Kennedy como "as pessoas mais nefastas que jamais figuraram na história da humanidade" e "cinquenta vezes mais nefastas que Hitler", porque Russell definia a promoção que os dois faziam da dissuasão nuclear como "organizar o massacre de toda a humanidade".[8]

Seja como defensor da guerra preventiva, seja como pacifista radical antes e depois de defender a guerra preventiva, Bertrand Russell procurou "soluções" ambiciosas e dramáticas. Embora suas soluções específicas fossem incomuns em ambos os casos, o que era muito mais comum entre intelectuais era pensar em termos de soluções dramáticas de algum tipo para o mundo; e poder inverter completamente suas posições quanto ao que essas soluções poderiam ser especificamente — como entre intelectuais, em geral durante a Primeira Guerra Mundial e depois dela — deixava-os mesmo assim confiantes de que sua sabedoria e virtude superiores deveriam guiar as massas e influenciar as políticas nacionais. Evidentemente, pelo menos uma das suas posições mutuamente incompatíveis tinha de estar errada, fazendo lembrar a antiga, mas apropriada, frase "frequentemente errado, mas jamais em dúvida".

REPETINDO A DÉCADA DE 1930

Os anos de 1960 e a Guerra do Vietnã marcaram um retorno mais geral ao clima intelectual e ideológico que havia imperado durante os anos 1920 e 1930. De fato, muitas expressões usadas nessas décadas ressurgiram na década de 1960, com frequência apresentadas como se fossem descobertas totalmente novas, e não antigas ideias já desacreditadas no decorrer da história. Por exemplo, os defensores do desarmamento mais uma vez se denominaram "movimento pacifista" e chamaram a dissuasão militar de "corrida armamentista". Mais uma vez foi utilizado o argumento de que "guerra não resolve nada". Aqueles que produziam equipamento militar e que na década de 1930 eram chamados de "mercadores da morte" eram agora chamados de "complexo industrial-militar", e foram outra vez vistos como uma ameaça à paz, não como fornecedores dos recursos com os quais as nações agressoras seriam detidas. O Juramento de Oxford, feito por jovens ingleses da década de 1930 que se recusaram a lutar por seu país na guerra, foi repetido

A GUERRA FRIA E O FUTURO

durante a década de 1960 por jovens norte-americanos com idade para o alistamento militar que disseram: "Com os diabos, eu não vou".

Representações gráficas vívidas dos horrores da guerra foram mais uma vez vistas como formas de promover a paz, e o racionalismo "passo a passo" foi mais uma vez considerado um modo de lidar com questões que tinham o potencial de degenerar em guerra.[ag] Substituir a retórica de ultraje moral por um pragmatismo mais tolerante e tentar levar em consideração o ponto de vista conflitante foram também parte dessa visão ressuscitada da época entre as duas Guerras Mundiais. Poucos dos que adotavam essas e outras ideias dos anos de 1930 reconheciam seus antecedentes, muito menos os desastres aos quais esses antecedentes haviam levado. A maioria das ideias acatadas pelos intelectuais pacifistas dos anos de 1960 e de anos posteriores já aparecia nos discursos do primeiro-ministro britânico Neville Chamberlain, na década de 1930, que foram publicados como uma coletânea em seu livro *In Search of Peace* [Em busca da paz, em tradução livre], que surgiu apenas alguns meses antes da eclosão da Segunda Guerra Mundial que essas mesmas ideias ajudaram a causar.[ah]

Acima de tudo, como ocorre com bastante frequência, as palavras se tornavam preventivas — por exemplo, o desarmamento era imediatamente associado à paz. Aos defensores do desarmamento de sua época, Churchill dizia: "Quando vocês tiverem paz vocês terão desarmamento"[9] — não o contrário —, mas raras vezes houve alguma tentativa de testar essa possibilidade contra aqueles que automaticamente transformaram os defensores do desarmamento no "movimento pela paz".

A Guerra do Vietnã

Uma das diversas implicações da Guerra do Vietnã foi que ela mais uma vez iluminou o papel da *intelligentsia* em influenciar as políticas de uma sociedade e o curso da história. Esse não era o papel que Maquiavel uma vez buscou, o de influenciar diretamente o pensamento, as crenças ou os objetivos dos que detinham o poder. Nas nações democráticas modernas, os intelectuais podem exercer influência — às vezes influência decisiva —, gerando um vago clima de opinião em meio ao qual se torna politicamente impossível para os que detêm o poder fazer o que eles acreditam que tem de ser feito.

Como já vimos no Capítulo 14, Stanley Baldwin — como ele mesmo admitiu mais tarde — não teve coragem de dizer ao público britânico que a Alemanha estava se rearmando em 1933 por medo de perder as eleições naquele ano, porque alertar que a Alemanha estava se rearmando significaria que a Grã-Bretanha teria de se rearmar, e o clima de opinião dominante à época rejeitaria essa conclusão e o mensageiro que trouxesse essa má notícia, fosse ele quem fosse. Baldwin não se atreveu a dizer o que sabia,[ai] não apenas para preservar sua própria posição política, mas também porque tinha ciência de que qualquer tentativa de avisar sobre a ameaça iminente que vinha da Alemanha poderia alçar ao poder o Partido Trabalhista, da oposição, o qual se opunha totalmente à preparação militar e tornaria a nação ainda mais vulnerável do que já era.

Em resumo, o clima de opinião da época tornava politicamente difícil para a Grã-Bretanha se rearmar da maneira adequada, fosse como dissuasão militar ou como uma maneira de se defender na hipótese de uma guerra, embora suas autoridades mais importantes tivessem plena consciência dos perigos representados na época pelo clandestino rearmamento alemão, pelo menos no sentido de que o público, como um todo, não estava inteirado disso. Desse modo, a influência da *intelligentsia* foi crucial, embora os intelectuais tenham fracassado totalmente em convencer as mais importantes autoridades do país de que o que eles diziam era correto.

Embora a Guerra do Vietnã tenha envolvido questões e fatos muito diferentes, seu resultado refletiu a mesma influência da *intelligentsia* sobre a opinião pública. Independentemente dos méritos ou deméritos da decisão dos Estados Unidos de se tornar um participante importante na guerra para impedir que o Vietnã do Sul fosse conquistado pelo governo comunista do Vietnã do Norte, a verdade inegável é que mais de 50 mil norte-americanos morreram obtendo vitórias militares no Vietnã, que acabaram em derrota política, porque o clima de opinião gerado pela *intelligentsia* nos Estados Unidos tornou politicamente impossível não apenas manter as tropas norte-americanas envolvidas em combates lá, mas também até mesmo continuar enviando os recursos necessários para que o governo do Vietnã do Sul se defendesse após a retirada das tropas norte-americanas. Com um lado recebendo ajuda externa e o outro não, o resultado foi inevitável — a conquista do Vietnã do Sul pelo Vietnã do Norte.

A reviravolta definitiva na Guerra do Vietnã aconteceu com uma grande revolta em 1968 de guerrilheiros comunistas no Vietnã do Sul durante um feriado vietnamita chamado "Tet" — uma revolta que se tornou conhecida como "Ofensiva do Tet", lançada durante o que deveria ter sido supostamente uma trégua de feriado. Depois de muitas declarações otimistas de líderes políticos e militares norte-americanos sobre os rumos satisfatórios que a guerra estava tomando, o público norte-americano se espantou ao saber que os comunistas haviam conseguido realizar um ataque tão poderoso no coração do Vietnã do Sul.[10] Além disso, boa parte da mídia descreveu o que aconteceu como uma derrota dos Estados

Unidos, quando, na verdade, o movimento comunista de guerrilha foi dizimado em combate e nunca mais foi o mesmo novamente.[11]

Os próprios líderes comunistas, depois de se apossarem do Vietnã do Sul, reconheceram abertamente, anos mais tarde, que haviam perdido militarmente em combate com as tropas norte-americanas no Vietnã, até mesmo durante a Ofensiva do Tet, mas salientaram que tinham vencido politicamente nos Estados Unidos. Durante a guerra propriamente dita, o norte-americano prisioneiro de guerra James Stockdale ouviu de seu captor norte-vietnamita que "o nosso país não tem possibilidade de vencer o seu no campo de batalha", mas que eles esperavam "vencer a guerra nas ruas de Nova York".[12]

O lendário líder comunista militar general Vo Nguyen Giap, que havia derrotado a França na decisiva batalha de Dien Bien Phu, em 1954, e que mais tarde comandou as forças norte-vietnamitas contra os norte-americanos, disse com franqueza em anos posteriores: "Nós não éramos fortes o bastante para expulsar tropas com meio milhão de norte-americanos, mas esse não era nosso objetivo". Seu objetivo era político: "Nossa intenção era enfraquecer a vontade do governo norte-americano de prosseguir com a guerra. Westmoreland errou quando acreditou que seu poder de fogo superior nos desgastaria. Se tivéssemos apostado em medir forças, acabaríamos derrotados em duas horas". Foram mortos "pelo menos um milhão" de soldados norte-vietnamitas, sobretudo por tropas norte-americanas, segundo um dos assessores do general Giap — número de mortos vinte vezes maior que o dos norte-americanos.[13] Olhando em retrospectiva, anos mais tarde, o assessor do general Giap classificou como "devastadoras" as perdas entre os comunistas durante a Ofensiva do Tet.[14]

Uma entrevista realizada posteriormente com um homem que havia servido como coronel no Exército norte-vietnamita, e que recebeu a rendição do Vietnã do Sul em 1975, contou uma história semelhante. Uma entrevista de 1995 com o coronel Bui Tin produziu as seguintes perguntas e respostas:

> **Pergunta:** O movimento antiguerra norte-americano foi importante para a vitória de Hanói?
> **Resposta:** Foi essencial para nossa estratégia. O apoio à guerra vindo da nossa retaguarda foi totalmente garantido, ao passo que a retaguarda norte-americana era frágil. Todos os dias a nossa liderança ouvia notícias do mundo pelo rádio às nove da manhã a fim de acompanhar o crescimento do movimento antiguerra norte-americano. Visitas a Hanói por pessoas como Jane Fonda, o ex-procurador-geral Ramsey Clark e ministros nos deram confiança para resistir ante os reveses no campo de batalha. Nós ficamos eufóricos quando Jane Fonda, vestindo um

vestido vietnamita vermelho, disse numa coletiva de imprensa que se envergonhava das ações dos norte-americanos na guerra e que lutaria junto conosco.
P: O Politburo prestou atenção a essas visitas?
R: Intensamente.
P: Por quê?
R: Essas pessoas representam a consciência dos Estados Unidos. A consciência dos Estados Unidos estava associada à sua capacidade de fazer guerra, e nós usamos esse poder em nosso favor. Os Estados Unidos perderam devido à democracia; por meio da discordância e do protesto, perderam a capacidade de mobilizar a vontade de vencer.[15]

Com relação à fundamental Ofensiva do Tet de 1968, a pergunta do entrevistador quanto ao objetivo dessa operação foi respondida sem rodeios: "Ofensiva do Tet foi planejada para influenciar a opinião pública norte-americana". E quanto aos resultados da Ofensiva do Tet: "As nossas perdas foram descomunais e uma completa surpresa. Giap mais tarde me disse que o Tet havia sido uma derrota militar, mas conseguimos obter as vantagens políticas almejadas quando Johnson concordou em negociar e não concorreu à reeleição". Militarmente, porém, "as nossas forças no Sul foram praticamente dizimadas devido a todos os combates em 1968".[16]

Essa combinação paradoxal de vitórias militares norte-americanas esmagadoras no Vietnã e derrota política colossal em Washington dependeu fundamentalmente do clima de opinião nos Estados Unidos, clima para o qual os círculos intelectuais contribuíram significativamente.

Um dos argumentos dos críticos da Guerra do Vietnã, tanto antes como depois da Ofensiva do Tet, foi de que se tratava de uma guerra impossível de vencer, porque era essencialmente uma "guerra civil" conduzida por guerrilheiros comunistas dentro do Vietnã do Sul, embora auxiliados e incentivados pelo governo comunista do Vietnã do Norte, não uma guerra entre essas duas nações. No entender do famoso historiador e analista Arthur Schlesinger Jr., esses guerrilheiros poderiam "continuar lutando clandestinamente por mais vinte anos".[17] A Ofensiva do Tet parecia estar em conformidade com esse ponto de vista, sobretudo quando seus ataques generalizados foram descritos no *New York Times*[18] e em outros veículos como um "duro golpe" e um "revés" para as forças militares norte-americanas e sul-vietnamitas e um "sucesso" para os comunistas. O colunista Drew Pearson, nacionalmente sindicalizado, disse que os Estados Unidos haviam levado uma "surra".[19] Um mês depois, Lyndon Johnson anunciou que não buscaria a reeleição e que estava tentando negociações com o Vietnã do Norte.

Como agora sabemos, os líderes comunistas do Vietnã do Norte em Hanói fizeram praticamente a mesma avaliação militar da Ofensiva do Tet que os líderes norte-americanos em Washigton — ou seja, a de que foi uma derrota esmagadora para os guerrilheiros comunistas. O sucesso político dos comunistas consistiu exatamente no fato de que veículos de comunicação como o *New York Times* declararam vitoriosa sua ofensiva militar. De maneira semelhante, o *Wall Street Journal* rejeitou a alegação do governo Johnson de que a Ofensiva do Tet fosse o "último suspiro" do movimento comunista de guerrilha vietcongue no Vietnã do Sul.[20] A essa altura dos acontecimentos, a credibilidade do governo Johnson encontrava-se desgastada devido às suas próprias palavras e ações anteriores,[21] de maneira que o que foi (agora sabemos) uma avaliação militar equivocada feita pela mídia teve mais peso na formação da opinião pública do que as avaliações certeiras feitas pelos líderes nacionais, tanto em Hanói como em Washington.

A principal hipótese dos críticos antiguerra foi a de que, nas palavras do respeitado colunista Walter Lippmann, "os norte-americanos não conseguiram exterminar os vietcongues" guerrilheiros no Vietnã do Sul — uma opinião compartilhada pelo historiador Arthur Schlesinger Jr. e por outros.[22] Contudo, a Ofensiva do Tet praticamente conseguiu executar essa tarefa supostamente impossível, o que custou às guerrilhas vietcongues tamanha perda de homens e de áreas anteriormente controladas por eles, bem como da sua capacidade de reunir novos recrutas. O que foi chamado de guerra civil tornou-se com mais clareza depois uma guerra entre exércitos de nações.[23] Três anos antes da Ofensiva do Tet, em 1965, Lippmann escreveu que o que estava acontecendo no Vietnã do Sul era uma guerra civil que "os rebeldes estão vencendo".[24] Contudo, mais tarde, Lippman considerou-se vingado pela Ofensiva do Tet: "A guerra vietnamita é, como eu sempre acreditei, impossível de vencer".[25] O colunista do *Washington Post* Joseph Kraft foi um dos muitos que adotaram o argumento de que a guerra do Vietnã era "impossível de vencer".[26] Em uma democracia, se um número considerável de pessoas acreditar que é impossível vencer uma guerra, isso pode torná-la impossível de vencer.

Para Walter Lippmann, e para muitos outros também, a solução desde o princípio era um "acordo negociado". Ele prestou pouca atenção à viabilidade real de semelhante acordo, assim como muitos outros intelectuais prestaram pouca atenção, no decorrer dos anos, à viabilidade de vários tratados de desarmamento internacional e outros acordos com ditaduras totalitárias. Lippmann não estava sozinho. O economista John Kenneth Galbraith era um entre muitos outros que insistiam nesse rumo.[27] No final, o sucessor de Lyndon Johnson, o presidente Richard Nixon, fez de fato um acordo negociado com o Vietnã do Norte — e esse acordo provou ser nada mais que uma rendição a prestação, para manter as aparências, aos vietnamitas do norte, que passaram a dominar o Vietnã do Sul e deixaram claro para o mundo o que havia acontecido ao mudar o nome de Saigon, a capital do Vietnã do Sul, para Cidade de Ho Chi Minh, em homenagem ao falecido governante do Vietnã do Norte.

No seguimento da vitória política comunista no Vietnã, aqueles nas democracias ocidentais que se opuseram ao envolvimento norte-americano na guerra do Vietnã por razões humanitárias, em virtude das grandes baixas entre civis e soldados, tiveram de lidar com o fato de que o fim da guerra não pôs fim às mortes. O historiador militar Victor Davis Hanson observou:

> A vitória comunista trouxe mais mortes e muito mais deslocamento aos vietnamitas do que décadas de guerra trouxeram — no mais das vezes de forma lenta, por fome, encarceramento e fuga, em vez da morte imediata de assassinatos em massa... Os números exatos estão em discussão, mas a maioria dos estudiosos concorda em que bem mais do que 1 milhão de pessoas fugiram de barco; e centenas de milhares de outras se deslocaram por terra para a vizinha Tailândia e até para a China (...). Entre 50 mil e 100 mil morreram em barcos esburacados ou em tempestades violentas (...).[28]

A Guerra do Vietnã também marcou o ressurgimento de um padrão visto na França entre as duas Guerras Mundiais: a desvalorização da condição de heróis patriotas em batalha, independentemente dos atos de bravura e do sacrifício que demonstraram. Durante a Guerra do Vietnã, essa tendência se estendeu mais além. Danos colaterais a civis vietnamitas durante operações militares norte-americanas, ou mesmo alegações de má conduta individual por parte das tropas norte-americanas, levavam à condenação moral das Forças Armadas dos EUA como um todo, muitas vezes sem nenhuma investigação para que se descobrisse se esses danos colaterais eram incomuns em tempos de guerra ou particularmente extensos, ou se atrocidades foram autorizadas ou permitidas por autoridades.[29] A atrocidade contra civis que mais teve destaque — o "Massacre de Mỹ Lai" por uma unidade militar norte-americana contra uma aldeia sul-vietnamita suspeita de acolher guerrilheiros comunistas — foi parada por outras tropas norte-americanas que chegaram ao local, e o oficial no comando foi enviado à corte marcial por coisas que os guerrilheiros comunistas faziam rotineiramente e numa escala muito maior.[30]

A imagem, filtrada pela mídia, daqueles que serviram nas Forças Armadas durante a Guerra do Vietnã, assim como a imagem de soldados franceses que lutaram na Primeira Guerra Mundial, tornaram-se com frequência a imagem de vítimas. "Histórias de heróis não faziam parte do menu" no Vietnã, como o chefe do escritório do *Washington Post* no Vietnã recordou a cobertura da guerra pela mídia norte-americana.[31] Era comum retratar os veteranos do Vietnã como desproporcionalmente pobres, sem instrução, minorias — e como pessoas levadas pelo trauma do combate ao uso frequente de drogas no Vietnã e a atos de violência depois de voltarem para casa com a "síndrome de estresse pós-traumático". Filmes amplamente aclamados que retrataram essa época dramatizaram essas imagens.[32] Contudo, dados estatísticos sólidos negaram tais descrições;[33] e mais tarde se descobriu que alguns dos "combatentes veteranos" do Vietnã exibidos em especiais de televisão por Dan Rather e outros nunca haviam participado de combates ou nunca tinham estado no Vietnã.[34] Mas o que eles diziam se ajustava à visão predominante, e na maioria das vezes não era necessário mais que isso para que fossem levados à televisão e citados nos jornais e nos livros.

Alguns veículos de comunicação e os intelectuais norte-americanos superaram os franceses do período entre as duas Guerras Mundiais ao retratar os veteranos combatentes norte-americanos como vilões. O único ganhador do prêmio Pulitzer pela cobertura da Ofensiva do Tet foi um repórter que escreveu sobre o massacre de Mỹ Lai sem jamais ter colocado os pés no Vietnã.[35] Essa tragédia eventual, portanto, ofuscou incontáveis vitórias por todo o Vietnã do Sul, nas quais as tropas norte-americanas conquistaram vitórias avassaladoras. Muitos combates contra guerrilheiros urbanos em roupas civis aconteceram em bairros residenciais, o que tornava a tarefa mais difícil para as tropas norte-americanas, mas presenteava a mídia com inúmeras oportunidades de criticar essas tropas:

> As casas ao redor da trilha estavam repletas de atiradores, centenas deles. Demorou uma semana de luta de casa em casa para que as tropas do Exército norte-americano e as forças sul-vietnamitas localizassem e expulsassem os vietcongues, que raras vezes se entregavam e tinham de ser mortos até praticamente o último homem. Ainda assim, na televisão, os norte-americanos eram responsabilizados por explodirem residências, como se ninguém percebesse que atiradores urbanos estavam alvejando marines no meio de um feriado de trégua.[36]

Essa batalha em Saigon não foi a única noticiada dessa maneira tendenciosa. A cidade de Hué, próxima da fronteira com o Vietnã do Norte, foi capturada por uma grande força de guerrilheiros vietcongues e de tropas norte-vietnamitas, que depois massacraram milhares de civis, que foram enterrados em covas coletivas. O contra-ataque norte-americano que retomou a cidade foi duramente criticado na mídia por destruir estruturas antigas históricas, e esse tipo de crítica muitas vezes era feito por jornalistas que tinham pouco ou nada a dizer sobre as atrocidades gigantescas cometidas pelos comunistas lá.[37] Como foi apresentado em um estudo posterior:

> Provavelmente nenhuma guerra jamais foi travada com uma reportagem tão tendenciosa e hostil. Nenhum jornal nem câmeras norte-vietnamitas cobriram o massacre de Hué durante a Ofensiva do Tet, que, não bastasse ter sido dez vezes mais grave que o de Mỹ Lai, foi levado a cabo como parte da política deliberada de destruir líderes civis sul-vietnamitas e suas famílias; os repórteres norte-americanos mostravam interesse apenas superficial nas crueldades norte-vietnamitas.[38]

Muito tempo depois do fim da Guerra do Vietnã, a CNN transmitiu uma matéria em 1998 sugerindo uma atrocidade norte-americana sancionada oficialmente em 1970. Como noticiou o *Wall Street Journal*: "Um ex-boina verde processou a Cable News Network e a revista *Time* por difamação pela transmissão da CNN, agora desmentida, recontada na *Time*, que acusava o Exército dos Estados Unidos de usar gases tóxicos para matar desertores norte-americanos durante a Guerra do Vietnã".[39] Um coautor dessa história, Peter Arnett, era a única fonte de uma declaração mais famosa, porém sem fundamento, supostamente feita por um oficial militar norte-americano no Vietnã, de que "tornou-se necessário destruir a cidade para salvá-la".[40] Como informou o historiador militar Victor Davis Hanson: "Contudo, havia pouca evidência — exceto as fornecidas pelo próprio Arnett — de que algum oficial norte-americano tivesse dito qualquer coisa desse tipo".[41]

As imagens negativas das tropas norte-americanas filtradas na mídia eram tão difundidas e tão poderosas que, quando voltavam para casa, os veteranos da guerra do Vietnã eram muitas vezes desprezados ou insultados abertamente.

A Guerra Fria

A Guerra Fria entre Estados Unidos e União Soviética começou bem antes da entrada dos norte-americanos na Guerra do Vietnã e continuou por muito tempo depois dela. Se o reconhecimento da ameaça soviética pelas democracias ocidentais pudesse ser datado a partir de um evento determinado, esse evento seria o discurso de Winston Churchill de 1946, em Fulton, Missouri, quando ele salientou o modo como havia sido violado o compromisso, assumido pelos soviéticos em tempos de guerra, de estabelecer eleições livres e governos independentes na Europa Oriental, violação que se deu como parte de um processo de expansão soviética e de governo ditatorial:

De Estetino, no Báltico, até Trieste, no Adriático, uma cortina de ferro desceu através do continente. Atrás dessa linha, encontram-se todas as capitais dos antigos estados da Europa Central e Oriental. Varsóvia, Berlim, Praga, Viena, Budapeste, Belgrado, Bucareste e Sofia — todas essas cidades famosas e as populações em torno delas estão no que eu chamaria de esfera soviética, e de um modo ou de outro todas estão sujeitas não apenas à influência soviética, mas também ao controle de Moscou, em grande medida, e em muitos casos numa medida crescente.[42]

Entre os muitos esforços para evitar que a cortina de ferro se ampliasse mais para o oeste destacam-se o Plano Marshall, para auxiliar na reconstrução da Europa Ocidental após a destruição ocasionada pela guerra, e a Organização do Tratado do Atlântico Norte (OTAN), para oferecer uma frente militar unida de nações europeias, incluindo tropas norte-americanas nessas nações e uma proteção nuclear norte-americana sobre elas, com a ameaça de retaliação de todos contra um ataque militar a qualquer uma das nações que integram a OTAN. Nada disso foi feito sem grandes e permanentes controvérsias no âmbito das democracias ocidentais, nas quais os intelectuais desempenham papel preponderante.

O discurso da "cortina de ferro" de Churchill, por exemplo, provocou muitas reações negativas entre os intelectuais tanto nos Estados Unidos como na Grã-Bretanha. Pearl Buck, escritor e ganhador do prêmio Nobel, definiu o discurso de Churchill como uma "catástrofe".[43] Um editorial do *Chicago Tribune* avaliou que "esse discurso faz o senhor Churchill perder bastante prestígio".[44] O colunista Marquis Childs lamentou "a forte tendência anti-Rússia presente no discurso".[45] O *Boston Globe*, o *Washington Star* e vários outros jornais norte-americanos também reagiram negativamente ao discurso de Churchill, bem como o colunista de destaque Walter Lippmann, embora o *New York Times* e o *Los Angeles Times* o tenham elogiado.[46] Na Grã Bretanha, as reações variaram desde a do *Evening News*, que elogiou a advertência de Churchill, até a de George Bernard Shaw, que classificou o discurso como "simplesmente uma declaração de guerra à Rússia". Em Paris, houve reações conflitantes parecidas ao discurso da "cortina de ferro".[47]

Nas décadas que se seguiram, tentativas de reforçar as defesas militares da Europa Ocidental contra o bloco soviético também causaram controvérsia entre intelectuais, alguns dos quais perguntaram "o que seria melhor: o comunismo ou a morte". O famoso dramaturgo e crítico britânico Kenneth Tynan não apenas respondeu à questão escolhendo a primeira alternativa como também acrescentou: "Eu prefiro viver de joelhos a morrer de joelhos".[48] A Europa Ocidental, porém, era somente um teatro da Guerra Fria, e a defesa militar não passava de uma das áreas de conflito entre a União Soviética e os Estados Unidos, que se estendeu para a competição econômica, política, social e ideológica.

Embora essa tenha sido uma Guerra Fria não militar, significando que tropas norte-americanas e soviéticas não se enfrentaram em combates diretos, em muitas partes do mundo aconteceram batalhas militares entre tropas apoiadas respectivamente por soviéticos e por norte-americanos. O Vietnã foi apenas um desses campos de batalha. Além disso, ainda que a guerra entre Estados Unidos e União Soviética fosse "fria" no sentido em que esses dois países não entravam em conflito militar direto, pairava sobre tudo isso a ameaça da derradeira catástrofe da guerra nuclear.

Durante a Guerra Fria, e sobretudo depois do envolvimento cada vez maior dos Estados Unidos na Guerra do Vietnã, muitos intelectuais começaram a repetir a velha ideia de que a guerra "não resolve nada", um reflexo da década de 1930, quando a futilidade da guerra era proclamada, entre muitos outros, por Neville Chamberlain, que disse que a guerra "não vence nada, não cura nada, não dá fim a nada"[49] — e que estava, por sua vez, repetindo o que muitos nos meios intelectuais diziam na época. Porém, assim como tantas coisas ditas por intelectuais sobre tantos assuntos, a ideia de que "a guerra não resolve nada" tem menos a ver com evidências empíricas do que com a adequação à visão dos ungidos, que, por sua vez, tem muito a ver com a exaltação dos próprios ungidos.

Se a batalha de Tours, em 732, e o Cerco de Viena, em 1529, tivessem tomado outro rumo, o mundo seria bem diferente hoje. Se o desesperado combate de Stalingrado e nas praias da Normandia tivessem tomado outro rumo durante a Segunda Guerra Mundial, talvez a vida nos dias de hoje não valesse a pena ser vivida para milhões de seres humanos. Se os britânicos tivessem conseguido esmagar a rebelião das colônias norte-americanas no século XVIII, a escravidão nos Estados Unidos teria terminado uma geração mais cedo do que terminou. Se o Sul vencesse a guerra civil, a escravidão teria continuado por mais tempo.

Evidentemente houve guerras inúteis, nas quais todas as nações de ambos os lados acabaram em situação bem pior do que antes — exemplo clássico disso é a Primeira Guerra Mundial. Mas ninguém afirmaria que a ciência médica "não resolve nada" porque muitas pessoas morrem apesar do tratamento, e algumas morrem devido a tratamentos errados ou até a riscos remotos de vacinação. Em outras palavras, detalhes mundanos são mais importantes na avaliação de qualquer guerra específica do que pronunciamentos impetuosos, abstratos e dramáticos aos quais a *intelligentsia* se entrega com tanta frequência.

A inutilidade de uma "corrida armamentista" foi outro elemento básico na década de 1930 que retornou nos anos 1960, ainda que tenha sido um

A GUERRA FRIA E O FUTURO

desarmamento unilateral — moral tanto quanto militar — nas nações democráticas após a Primeira Guerra Mundial, o que fez uma nova guerra parecer vencível para as potências do Eixo, levando assim à Segunda Guerra Mundial. A ideia de que uma "corrida armamentista" levaria à guerra — ideia fundamental entre os intelectuais durante o período entre as duas Guerras Mundiais, e que também encontrou acolhida na arena política, com destaque para Neville Chamberlain[aj] — retornou durante a segunda metade do século XX. Seja qual for a plausibilidade dessa ideia, o que importa é que poucos intelectuais viram motivo para superarem a plausibilidade e buscarem evidências sólidas sobre essa suposição crucial como uma proposição empiricamente verificável; em vez disso, trataram-na como um axioma inquestionável.

Logo depois que a Segunda Guerra Mundial mostrou de maneira trágica os perigos do desarmamento e do rearmamento tímido, a ideia de que a corrida armamentista é inútil perdeu terreno. Mas quando o presidente John F. Kennedy invocou essa lição da Segunda Guerra Mundial, dizendo no seu discurso inaugural, em 1961, "não nos arriscamos a deixá-los tentados com fraqueza",[50] apesar da sua juventude, ele falava por uma geração anterior e por ideias que logo seriam substituídas por ideias opostas, ironicamente adotadas nos anos que se seguiram por seu próprio irmão mais novo no Senado dos Estados Unidos. A ideia do poder militar como base para a paz, por meio da dissuasão de possíveis inimigos, perdeu terreno rapidamente a partir da década de 1960, pelo menos entre intelectuais. Em vez disso, durante os longos anos da Guerra Fria entre a União Soviética e os Estados Unidos, acordos para a restrição de armamentos foram defendidos por muitos, talvez pela maioria, da *intelligentsia* ocidental.

Tratados anunciando intenção de paz entre nações, especialmente os que limitavam armas militares, receberam mais uma vez elogios dos intelectuais pelo "alívio de tensões" entre nações. Mas as tensões internacionais haviam sido aliviadas por esses acordos muitas vezes antes, durante o período entre as duas Guerras Mundiais: por exemplo, o Tratado Naval de Washington, de 1921-1922, o Tratado de Locarno, de 1925, o Pacto Kellogg-Briand, de 1928, o Acordo Naval Anglo-Germânico, de 1935, e o maior alívio de todos: o Acordo de Munique, de 1938, no qual a Grã-Bretanha e a França entregaram um aliado do qual necessitariam desesperadamente na guerra que teve início apenas um ano depois.

Toda essa história desapareceu da memória, como se jamais tivesse acontecido, enquanto a *intelligentsia* ocidental da era da Guerra Fria repetia a ênfase reiterada de Neville Chamberlain no "contato pessoal"[51] entre líderes de nações antagônicas, pela celebração de "reuniões de cúpula" uma após a outra entre norte-americanos e líderes soviéticos, dando ao saldo dessas reuniões nomes como "o espírito de Genebra", "o espírito de Camp David" e de outros locais de reuniões e pactos similares. Era como se as causas da guerra fossem emoções hostis que poderiam ser neutralizadas por uma compreensão melhor entre os povos, ou então mal-entendidos entre governos que poderiam ser sanados em reuniões entre líderes adversários. Contudo, o desejo de A de arruinar ou destruir B não é uma "questão" que possa ser resolvida amigavelmente em torno de uma mesa de reuniões.

Questões empíricas sobre os detalhes mundanos de acordos internacionais, tais como a verificabilidade dos seus termos ou se suas restrições para o Ocidente se equilibravam por restrições equivalentes sobre os soviéticos, raras vezes recebiam muita atenção dos intelectuais, que estavam ocupados demais promovendo a euforia porque acordos internacionais haviam sido assinados, acompanhados de retórica grandiloquente.

A assimetria geral dos acordos internacionais entre governos democráticos e autocráticos remonta a tempos muito anteriores aos da Guerra Fria. Os intelectuais de países democráticos ajudam a forjar um clima de opinião avidamente favorável a tais acordos e negligente com relação aos seus detalhes, e, além disso, essa mesma opinião pública obriga os governos democráticos a cumprirem os termos desses acordos, ao passo que governos autocráticos não sofrem a mesma pressão. Portanto, como vimos no Capítulo 14, os governos britânico e norte-americano limitaram o tamanho dos seus navios de combate ao que foi especificado no Tratado Naval de Washington de 1921-1922, e os britânicos fizeram o mesmo em relação ao Acordo Naval Anglo-Germânico de 1935 — e o resultado concreto disso durante a Segunda Guerra Mundial foi que tanto o Japão quanto a Alemanha possuíam navios de guerra maiores do que qualquer embarcação da Marinha britânica ou da norte-americana, porque os governos totalitários alemão e japonês tinham liberdade para violar tais acordos.

De forma semelhante, durante a Guerra do Vietnã, um cessar-fogo negociado em Paris tinha de ser observado pelo Vietnã do Sul porque os sul-vietnamitas dependiam de provisões militares norte-americanas, e os Estados Unidos estavam sob pressão da opinião pública para assegurar que o cessar-fogo fosse cumprido. Enquanto isso, o Vietnã do Norte, comunista, estava livre para ignorar o acordo que seu representante havia assinado com grande alarde internacional, e que rendeu um prêmio Nobel da Paz tanto para o representante do Vietnã do Norte, Le Duc Tho, como para o secretário de Estado dos Estados Unidos Henry Kissinger.

Com o Vietnã do Norte livre para continuar combatendo e o Vietnã do Sul impedido de responder à altura, o resultado foi que o Vietnã do Norte conquistou o Vietnã do Sul.

A GUERRA FRIA E O FUTURO

Mais uma vez, a influência dos intelectuais sobre o curso dos eventos não dependeu de terem convencido ou influenciado os detentores do poder. O presidente Nixon não tinha consideração por intelectuais. Foi ajudando a forjar o clima de opinião pública que a *intelligentsia* influenciou a decisão de política externa de Nixon, ao custo de abandonar o Vietnã do Sul à própria sorte.

Uma das muitas suposições das décadas de 1920 e 1930 que ressurgiram nos anos 1960 foi a inútil alegação de que os povos de todos os países desejavam a paz — como se Hitler se importasse com o que o povo alemão desejava;[52] ou como se Stalin se importasse com o que desejavam os povos soviéticos. Como acréscimo a essa suposição, a antiga ideia de mais contatos "de pessoa para pessoa" para o bem da paz, ideia defendida por John Dewey na década de 1920,[53] retornou durante a Guerra Fria como se fosse uma ideia nova. Era como se a guerra fosse o resultado de alguma deficiência de empatia entre as pessoas, ou de algum mal-estar psicológico de massa que se pudesse tratar de forma terapêutica.

John Dewey disse em 1922: "Se tivermos êxito em compreender de fato uns aos outros, algum modo de cooperação para alcançar objetivos comuns pode ser encontrado".[54] Na década seguinte, um sentimento semelhante foi manifestado pelo primeiro-ministro britânico Neville Chamberlain[55] e, décadas depois disso, a mesma ideia foi restaurada e se tornou o tema central do discurso da mídia e do acadêmico durante as décadas da Guerra Fria. A ideia de que o entendimento mútuo era a chave para a paz — com o corolário de que levar em conta o ponto de vista do outro era essencial — foi fundamental para a diplomacia do primeiro-ministro Chamberlain nos anos 1930.[56] Porém, como costuma acontecer na visão predominante, essa ideia foi considerada axiomática em vez de ser tomada como uma hipótese sujeita a verificação empírica com base na história ou em eventos mais contemporâneos.

A eleição de Ronald Reagan como presidente dos Estados Unidos, em 1980, fez surgirem políticas e práticas totalmente diferentes das preferidas pelos intelectuais. Em lugar de enfatizar, como havia feito Neville Chamberlain, a importância de compreender o ponto de vista de uma nação adversária,[57] o presidente Reagan enfatizou a importância de assegurar que as nações adversárias compreendessem o ponto de vista norte-americano, como quando ele chamou a União Soviética de "império do mal" — para a consternação da *intelligentsia*.[58] Em seu primeiro encontro com o primeiro-ministro soviético Mikhail Gorbachev, em Genebra, em 1985, Reagan foi bastante direto: "Nós não ficaremos de braços cruzados enquanto vocês mantêm superioridade de armas sobre nós. Podemos concordar com a redução das armas ou podemos continuar com a corrida armamentista, que eu acho que o senhor sabe que não pode ganhar".[59]

Durante uma visita a Berlim Ocidental em 1987, disseram a Reagan que os comunistas em Berlim Oriental tinham equipamentos de escuta de longo alcance. Esta foi a resposta de Reagan, segundo consta em sua autobiografia:

> "Cuidado com o que o senhor diz", avisou um oficial alemão. Bem, quando escutei isso, fui para um piso que ficava ainda mais perto do prédio e comecei a falar sobre o que pensava de um governo que confinava seu povo como animais de fazenda.
> Não me lembro exatamente do que eu disse, mas posso ter blasfemado um pouco quando expressei minha opinião sobre o comunismo, esperando que me escutassem.[60]

Mais tarde nesse mesmo dia ele foi ao infame Muro de Berlim, onde fez uma declaração pública que espantou a *intelligentsia* tanto quanto seu comentário sobre o "império do mal": "Senhor Gorbachev, ponha esse muro abaixo!".[61] Foi um duplo insulto, porque, pelo menos oficialmente, o soberano governo da Alemanha Oriental era responsável pelo Muro de Berlim. Ao dirigir-se publicamente ao primeiro-ministro soviético Gorbachev em vez de se dirigir ao governo da Alemanha Oriental, na verdade, ele estava chamando o regime da Alemanha Oriental de governo fantoche.

Ronald Reagan também sinalizou um rompimento com outra prática do passado adotada por líderes ocidentais: ele se recusava a fazer acordos internacionais quando não considerava corretos os termos, mesmo que isso significasse que regressaria de uma reunião de cúpula de mãos vazias e que seria responsabilizado pelos meios de comunicação por não conseguir um acordo. Em uma reunião de cúpula de 1986 na Islândia com o líder soviético Mikhail Gorbachev, houve vários acordos provisórios de redução de armas; mas quando chegou o momento de finalizar um acordo, Gorbachev disse: "Tudo isso depende, evidentemente, de você renunciar à SDI", a Strategic Defense Initiative [Iniciativa de Defesa Estratégica], o programa de defesa antimíssil chamado de "guerra nas estrelas" por seus oponentes. Mais tarde, relembrando em sua autobiografia esse ponto de divergência de última hora, Reagan disse:

> Eu estava ficando cada vez mais zangado.
> Percebi que ele havia me levado à Islândia com um objetivo: acabar com a Iniciativa de Defesa Estratégica. Ele certamente sabia desde o início que iria tocar no assunto no último minuto.
> "Essa reunião está terminada", comuniquei. "Vamos, George, vamos embora."[62]

E assim o presidente Reagan e o secretário de Estado George Shultz se retiraram do encontro, mesmo tendo os soviéticos indicado que estavam preparados para ficar mais um dia.[ak] Mais tarde haveria outras reuniões de cúpula, mas essa reunião serviu para que os soviéticos soubessem que Reagan, ao contrário dos líderes ocidentais anteriores, não se via obrigado a retornar com um tratado obtido praticamente a qualquer custo.

O fato é que a abordagem de Reagan, que muitos intelectuais acreditavam que, provavelmente, levaria a uma guerra nuclear, levou, em vez disso, ao fim da Guerra Fria, enquanto a abordagem de Chamberlain, que supostamente levaria à paz, levou, em vez disso, à maior guerra da história. Esse fato, porém, não causou o menor abalo à visão dos ungidos.

Os Intelectuais e a Guerra Fria

O virtuosismo verbal era tão presente entre os intelectuais na década de 1960 e posteriormente quanto era nas décadas de 1920 e 1930. Os defensores do desarmamento se autointitulavam movimentos de "paz" em ambas as épocas, trazendo à baila a questão fundamental de saber se o desarmamento unilateral levaria mais provavelmente à paz ou à guerra, e se "aliviar as tensões internacionais" teria mais probabilidade de reduzir o impulso para a guerra entre todas as nações ou de deixar as vítimas pretendidas menos atentas aos riscos dos agressores. Como em outros contextos, o talento funesto do virtuosismo verbal com frequência serviu como substituto ao exame detalhado de evidências empíricas ou ao compromisso com a análise. Não que os intelectuais tenham feito essas análises e exames de modo sofrível. Eles nem chegaram a fazer essas coisas absolutamente, pois suas inteligentes formulações verbais tornaram desnecessário para eles fazê-las.

Durante os anos 1980, quando o presidente Reagan respondeu a um acúmulo de mísseis nucleares soviéticos na Europa do Leste com um acúmulo de mísseis nucleares norte-americanos na Europa Ocidental, voltaram à cena os argumentos da "corrida armamentista" das décadas de 1920 e 1930, polarizando a opinião pública de nações ocidentais, incluindo os Estados Unidos.

O colunista do *Washington Post* William Raspberry condenou "a demorada, cara e perigosa corrida armamentista nuclear".[63] O colunista do *New York Times* Anthony Lewis afirmou que "não é uma resposta racional" à União Soviética "intensificar uma corrida armamentista".[64] O colunista colaborador do *New York Times* Tom Wicker via "uma corrida armamentista sem o menor sentido".[65] "Certamente seria melhor concentrar esforços para controlar a corrida armamentista, mantendo assim pelo menos fisicamente intacta a vida civilizada como a conhecemos", disse o escritor e ex-diplomata George F. Kennan.[66] Alva Myrdal, ganhadora do prêmio Nobel da Paz, afirmou: "Eu jamais consegui parar de me perguntar por que e como acontece algo tão sem sentido como a corrida armamentista".[67] John Kenneth Galbraith advertiu que "a corrida armamentista é quase certeza de morte" e propôs "parar a competição" e "estabelecer um mínimo de confiança entre os dois países".[68]

Essas opiniões repercutiram na arena política. Como já vimos, o irmão mais novo do presidente John F. Kennedy, o senador por Massachusetts Edward M. Kennedy, tornou-se uma figura política importante ao defender o mesmo argumento contra uma "corrida armamentista" usado por muitos intelectuais, se não pela maioria deles.

Em 1982, o senador Kennedy foi um dos que se opuseram ao desenvolvimento militar do presidente Reagan como "uma nova espiral perigosa na competição por armas nucleares" e pediu a "interrupção da corrida armamentista nuclear".[69] Em 1983, o senador Kennedy disse: "Tentaremos congelar a corrida armamentista que algum dia acabará transformando toda a Terra num deserto gelado".[70] Algum tempo depois, naquele mesmo ano, ele afirmou: "Devemos dar um fim à corrida armamentista antes que ela seja o nosso fim".[71] O senador Kennedy também se juntou a outros senadores para enviarem uma carta ao *New York Times* contendo a seguinte declaração: "Especialistas e cidadãos em todo o país consideram o congelamento a melhor maneira de cessar a corrida armamentista nuclear antes que seja tarde demais".[72] Em outras palavras, depois que o acúmulo de mísseis nucleares pelos soviéticos na Europa Oriental deu-lhes superioridade militar na Europa, deveríamos congelar essa superioridade em vez de restaurar o equilíbrio. Atacando as políticas do presidente Reagan no Senado, Kennedy exortou seus colegas senadores a "parar a corrida armamentista nuclear antes que ela pare a raça humana".[73]

Embora o senador Kennedy tenha sido uma das principais vozes em favor do congelamento nuclear, ele foi acompanhado por muitas outras figuras políticas importantes e por muitas pessoas nos meios de comunicação que difundiram sua mensagem. O senador Joseph Biden foi um dos responsáveis por um projeto de lei para congelar os gastos militares norte-americanos em 1984 — o que, dada a taxa de inflação, significaria uma redução dos gastos militares em termos reais. O projeto de lei foi derrotado, mas um terço do Senado votou a favor do projeto.[74]

Aqueles que ressuscitaram o argumento da "corrida armamentista" contra a dissuasão militar que havia sido tão disseminado no período entre as duas Guerras Mundiais levaram adiante a suposição implícita de que todos os lados possuíam recursos suficientes para permitir uma escalada indefinida de acúmulos militares mutuamente compensatórios. Ficou demonstrado que essa suposição era falsa quando o acúmulo militar do presidente Reagan na década de 1980 provou ser mais do que a economia da União Soviética poderia alcançar — como Reagan sabia.[al] O fato de que a consequência real da política de Reagan foi exatamente o contrário do que previa o argumento da "corrida armamentista" — isto é, a consequência foi o fim da Guerra Fria, não o início de uma guerra nuclear — causou na visão predominante um abalo tão pequeno quanto os abalos causados por outros fatos que negaram de maneira irrefutável outras hipóteses dessa visão.

Também foi ignorado o fato de que as políticas mais conciliatórias fracassaram por décadas na tentativa de dar fim à ameaça nuclear sob a qual o mundo viveu durante as décadas da Guerra Fria. A maioria dos intelectuais simplesmente não poupou elogios ao primeiro-ministro soviético Mikhail Gorbachev por não seguir mais as políticas dos seus predecessores.[75] A alternativa seria reconhecer que poderia fazer sentido a ênfase de Reagan no fortalecimento militar e sua rejeição da retórica da "corrida armamentista", que foi tão importante para o pensamento da *intelligentsia* por tanto tempo.

Alguns não conseguiram concluir com certeza se o fim da Guerra Fria deveria ser creditado mais a Reagan ou a Gorbachev; mas para muitos, se não para a maioria, dos intelectuais não havia a menor dúvida a respeito do assunto, pois era inaceitável que uma das suas mais importantes suposições pudesse estar errada. Contudo, depois do fim da Guerra Fria e da dissolução da União Soviética, antigos funcionários de alto escalão soviéticos afirmaram que as políticas de Reagan foram um fator crucial. Segundo o *Washington Post*, "falando em uma conferência na Universidade de Princeton sobre o fim da Guerra Fria, os funcionários disseram que o ex-presidente soviético Mikhail Gorbachev estava convencido de que qualquer tentativa de igualar a Iniciativa de Defesa Estratégica de Reagan, que foi lançada em 1983 para instalar em volta do globo uma defesa antimísseis, causaria danos irreparáveis à economia soviética".[76] Mesmo assim, o comentarista da CNN Wolf Blitzer rejeitou como "simplista" a afirmação de que Reagan havia ganhado a Guerra Fria.[77]

Considerar como "corrida armamentista" a dissuasão militar foi apenas uma das muitas concepções das décadas de 1920 e 1930 que foram ressuscitadas no decorrer da Guerra Fria. Assim como os sindicatos de professores franceses transformaram as escolas francesas em centros de doutrinação do pacifismo nas décadas de 1920 e 1930, dando ênfase aos horrores da guerra, assim também nos Estados Unidos, durante a Guerra Fria, as salas de aula tornaram-se locais de doutrinação dos horrores da guerra. Dramatizações do bombardeio nuclear das cidades japonesas foram um exemplo:

Essas crianças de classe média alta, geralmente abastadas, foram obrigadas a observar em detalhes macabros mulheres e crianças japonesas sendo incineradas pela tempestade de fogo desencadeada pelo lançamento das bombas nucleares. As crianças assistiam fascinadas em suas cadeiras. Podia-se ouvir o choro delas. No final, a atmosfera geral da aula bem expressada por uma garota emocionada que perguntou: "Por que fizemos isso?". A professora respondeu: "Fizemos isso uma vez; podemos fazer novamente. Se essas armas de destruição serão utilizadas ou não, depende de vocês". Assim começou uma aula sobre armas nucleares.[78]

Levar crianças às lágrimas nas salas de aula como parte do processo de doutrinação também era parte do *modus operandi* na França entre as duas Guerras Mundiais:

> Em uma escola para meninos em Amiens, por exemplo, os professores pediam a crianças cujos pais haviam sido mortos em combate para falarem para a classe. "Muitas lágrimas foram derramadas", relatou o diretor. Da mesma forma, uma professora de uma escola primária avançada para meninas em Amiens percebeu que, em sua escola, uma em cada seis estudantes havia perdido um pai entre 1914 e 1918: "A lista de chamada da morte era lida com a mais tocante reverência", a professora relatou, "e professores e estudantes estavam unidos pelas emoções". E ainda outra professora, dessa vez de uma escola para meninas em Pont de Metz, relatou que o silêncio solene que ela pedia que fosse feito na chamada dos mortos "era quebrado pelos soluços de muitas crianças cujos pais haviam sido mortos na guerra".[79]

É necessário observar que aqui, como também em outros contextos, o deslize fatal dos professores foi ir além da sua competência. Professores não tinham qualificações profissionais para compreender os perigos da manipulação das emoções das crianças, nem nenhuma qualificação especial para compreender as complicações políticas internacionais ou quais fatores tornam as guerras menos ou mais prováveis, muito menos quais fatores conduziriam ao colapso e à derrota, como na França em 1940.

Assim como aconteceu na França, o principal sindicato dos professores — nos Estados Unidos, a National Education Association [Associação Nacional de Educação] (NEA) — foi pioneiro na defesa do pacifismo e um manancial de ideias da esquerda em geral. Em suas reuniões anuais, a NEA aprovou inúmeras resoluções sobre temas que iam muito além da educação, envolvendo questões sobre trabalhadores imigrantes, leis eleitorais, controle de armas, aborto, soberania para o Distrito de Columbia e muitas outras, incluindo questões relacionadas a guerra e paz. Suas resoluções, discursos e premiações ao longo dos anos promoveram a mesma combinação de pacifismo e internacionalismo que marcou os esforços dos sindicatos de professores franceses no período entre as duas Guerras Mundiais.

Essas resoluções exigiram "acordos de desarmamento que diminuam a possibilidade de guerra",[80] exigiram "que os Estados Unidos empreguem todos os esforços para o fortalecimento das Nações Unidas a fim de torná-la um instrumento mais eficaz para a paz mundial",[81] pediram "o fim da corrida armamentista"[82] e declararam que "é preciso desenvolver materiais específicos para serem usados em sala de aula para que sejam alcançados objetivos voltados ao estabelecimento da paz e à compreensão da proliferação nuclear".[83] A ideia de que a própria guerra era o inimigo, não outras nações — muito em voga nas décadas de 1920 e 1930 —, ressurgiu em uma resolução da NEA na qual se declarou que a guerra nuclear era "o inimigo de todas as nações e povos".[84] Troféus foram entregues nas reuniões da NEA a escolas que elaboraram programas para promover o pacifismo e a internacionalismo, em nome da "paz".

Em 1982, por exemplo, em sua reunião anual, a National Education Association entregou um troféu da paz a uma instituição afiliada na cidade de St. Albans, Vermont, porque os professores haviam organizado todo tipo de atividades pacifistas, incluindo o envio de cartas por seus estudantes a senadores a respeito da fome e da paz.[85] Três anos depois, a West Virginia Education Association recebeu um prêmio por desenvolver um projeto "educacional" sobre questões nucleares que colocou crianças em contato com a Casa Branca e o Kremlin.[86] O tema do congraçamento entre os povos do período entre as duas Guerras Mundiais, quando o sindicato dos professores franceses implementou atividades conjuntas com professores alemães,[87] foi repetido com escolares fazendo e enviando presentes simbólicos para o Japão. A NEA também adotou uma resolução pedindo "o imediato congelamento universal de armas nucleares".[88] Em 1982, a Assembleia Representativa da National Education Association pediu o "congelamento" do desenvolvimento, teste ou implantação de armas nucleares.[89] Nesse mesmo ano, o presidente da NEA, Willard H. McGuire, fez um discurso em uma sessão especial sobre desarmamento que teve lugar na sede das Nações Unidas, em Nova York, e declarou:

> Se as guerras no passado deixaram um saldo quase inacreditável de morte e destruição pelo caminho, uma guerra futura entre as maiores potências mundiais pode muito bem significar o fim da civilização em nosso planeta. Por isso, torna-se imperativo que nós, professores, por meio das nossas organizações filiadas, trabalhemos para evitar que o precioso instrumento da educação volte a ser a ferramenta de líderes irracionais, que perverterão a juventude no mundo, levando-a

a acreditar que existe nobreza no militarismo, que só pode haver paz por meio da dissuasão, ou que só haverá segurança se vivermos vidas amedrontadas por trás de escudos nucleares para nos protegermos.

Devemos educar as crianças do mundo para que acreditem que a paz real é possível, uma paz livre de ameaças e contra ameaças nucleares, uma paz na qual a vida humana seja mais do que apenas uma lista de números no quadro de algum general ignorante. Uma paz assim só é possível por meio do desarmamento mundial. Os professores do mundo devem trabalhar em vista a esse objetivo.[90]

O que deu a essa pessoa competência para repudiar indiscriminadamente autoridades que tinham muito mais acesso à informação, e muito mais experiência em política externa, como "irracionais" e generais como "ignorantes" foi uma pergunta jamais respondida. Tampouco foi explicado como ele obteve autorização para transformar salas de aula em centros de doutrinação. Mas Willard H. McGuire não foi um caso isolado. Dois anos mais tarde, uma nova presidente da NEA, Mary Hatwood Futrell, condenou o governo Reagan por ter "intensificado a corrida armamentista e aumentado o risco de incineração do mundo".[91]

Em 1990, o presidente da NEA, Keith Geiger, pediu que "as necessidades humanas fossem colocadas acima da corrida armamentista"[92] e, depois que o Iraque invadiu o Kuait, ele apelou ao presidente George H. W. Bush para que "continuasse a buscar meios pacíficos para dar fim à ocupação iraquiana do kuait", a fim de "evitar a guerra e, ao mesmo tempo, manter princípios invioláveis no Golfo Pérsico".[93] Nenhuma sugestão foi dada para se tentar alcançar tamanha façanha, muito menos houve alguma discussão acerca do histórico de tentativas de anular conquistas militares por meio de diplomacia ou boicotes.

Outro fato que se repetiu foi o de líderes dos meios de comunicação assumindo uma visão simpática de nações antagônicas à deles. O colunista Robert Novak, por exemplo, revelou uma discussão que teve com Ted Turner, fundador da Cable News Network (CNN), o qual, como sugeriu o relato de Novak, também repetiu o padrão das décadas de 1920 e 1930 de igualar apoiadores da dissuasão militar a defensores da guerra:

> Enquanto caminhávamos pela Lafayette Square a caminho do meu escritório, Turner disse: "Eu não entendo, Novak, por que você é a favor da guerra nuclear total." Ele então passou a defender as políticas de controle de armas do Kremlin e elogio o paraíso do povo em Cuba. Eu tentei argumentar, mas Ted praticamente não m deixou falar. Quando chegamos a meu escritório, no 13º andar, eu o apresentei uma jovem na recepção da Evans & Novak cujo principal trabalho era cuidar d

ligações telefônicas. Turner a olhou nos olhos e perguntou: "Como você se sente trabalhando para um homem que é a favor do holocausto nuclear?".
A mulher olhou para Ted como se ele fosse louco, e, de certa maneira, ele era.[94]

AS GUERRAS DO IRAQUE

Duas guerras contra o Iraque, começando respectivamente em 1991 e em 2003, desenrolaram-se sob o espectro da Guerra do Vietnã, com previsões de que seria outro "atoleiro" em ambos os casos, embora a guerra de 1991 tenha alcançado êxito e expulsado rapidamente o Iraque do Kuwait, com um número pequeno de baixas norte-americanas e perdas arrasadoras infligidas às Forças Armadas iraquianas. Tom Wicker, do *New York Times*, por exemplo, em 1990 vislumbrou "uma guerra sangrenta e mal planejada contra o Iraque", com "baixas devastadoras para as forças norte-americanas".[95] Anthony Lewis, do *New York Times*, especulou que poderia haver "20 mil baixas norte-americanas".[96] Um jornalista do *Washington Post* divulgou um modelo matemático desenvolvido na Brookings Institution que produziu uma estimativa "otimista" de mil norte-americanos mortos na Guerra do Iraque em 1991, e uma estimativa "pessimista" de mais de 4 mil mortos.[97] Na verdade, 148 norte-americanos perderam a vida em combate durante a primeira Guerra do Iraque.[98]

A segunda Guerra do Iraque, que teve início em 2003, assemelhou-se mais à maioria das guerras, com reveses inesperados e efeitos colaterais imprevisíveis, sem mencionar as questões discutíveis sobre a conveniência da invasão ou a natureza das suas metas. Apesar da rápida derrota militar das forças armadas do Iraque, a paz não foi restaurada devido a uma onda de terror dirigida em parte contra as tropas norte-americanas, mas principalmente contra civis iraquianos, por terroristas locais e estrangeiros, determinados a evitar que um tipo muito diferente de governo fosse estabelecido no Oriente Médio sob o patrocínio dos Estados Unidos.

Como ocorreu na Guerra do Vietnã, grande parte da mídia e dos intelectuais declarou que o que estava acontecendo no Iraque era uma "guerra civil" e "não podia ser vencida", e muitos pediram a imediata retirada das tropas norte-americanas. Em vez disso, em 2007, houve um aumento no número de tropas norte-americanas — chamado de "incremento" — a fim de sufocar o terrorismo desenfreado; esse incremento foi largamente condenado por antecipação como inútil pela *intelligentsia*, nos meios de comunicação e no Congresso.

Em janeiro de 2007, a colunista do *New York Times* Maureen Dowd desaprovou a decisão de aumentar as tropas, chamando-a de "impulso absurdo" do presidente Bush.[99] O colunista Paul Krugman, do *New York Times*, disse: "A única questão relevante sobre o 'incremento' no Iraque — que é mais bem descrito como uma escalada ao estilo do Vietnã — é saber se seus defensores são cínicos ou delirantes".[100] Em fevereiro de 2007, o *Washington Post* afirmou: "É improvável que o incremento do senhor Bush produza um grande avanço rumo à paz; na verdade, a violência pode continuar piorando".[101] O *St. Louis Post-Dispatch* publicou: "Muito pouco e muito tarde".[102] Uma coluna de opinião no *Philadelphia Tribune* afirmou que a guerra "é impossível de vencer".[103] O *New Republic* perguntou retoricamente: "Alguém em Washington acredita realmente que esse aumento de tropas irá funcionar?". Respondendo a sua própria pergunta, disseram "um homem" apenas — o vice-presidente Dick Cheney. Mas eles acrescentaram: "Mais cedo ou mais tarde até mesmo a realidade acabará fazendo diferença para Dick".[104] Até o tom condescendente e de total certeza repercutia o da *intelligentsia* das décadas de 1920 e 1930.

Entre os políticos que condenaram antecipadamente o aumento das tropas estava um futuro presidente dos Estados Unidos, o senador Barack Obama, que disse, em janeiro de 2007, que o iminente incremento das tropas era "um equívoco ao qual eu e outros nos oporemos nos dias que virão". Ele chamou o incremento planejado de "escalada imprudente", e introduziu uma legislação para que a retirada das tropas norte-americanas do Iraque tivesse início o mais tardar em 1º de maio de 2007, "com a meta de retirar todas as forças de combate do Iraque até 31 de março de 2008".[105] O senador Obama disse: "A escalada é algo que já foi tentado e já falhou, porque nenhuma quantidade de forças norte-americanas pode solucionar as diferenças políticas que residem no coração da guerra civil de outras pessoas".[106] Outras 20 mil tropas norte-americanas "não conseguirão de forma alguma realizar nenhum novo progresso".[107]

O senador Obama não estava sozinho. O senador Edward Kennedy propôs solicitar aprovação do Congresso antes que houvesse um incremento das tropas.[108] Harry Reid, líder da maioria no senado, e a presidente da Câmara, Nancy Pelosi, enviaram uma carta ao presidente Bush advertindo contra a estratégia do incremento de tropas: "Intensificação de tropas é uma estratégia que o senhor já tentou e que já falhou", eles disseram, e chamaram de "sério equívoco" o incremento que estava por vir.[109] A senadora Hillary Clinton também estava entre aqueles no Congresso que se opunham ao incremento, e o ex-senador John Edwards pediu a retirada imediata das tropas norte-americanas.[110]

Um estudo posterior (de 2009) da Brookings Institution sobre os casos de morte em 2007 entre civis iraquianos — o alvo principal dos ataques terroristas — mostrou que essas mortes foram estimadas em 3.500 por mês quando a previsões de fracasso do incremento de tropas foram feitas em janeiro de 2007. Como consequência do incremento, contudo, essas mortes caíram para 750 por mês no final do ano. As mortes entre as tropas norte-americanas no Iraque foram de 83 por mês em janeiro de 2007, subiram para um máximo de 126 por mês quando aumentaram as operações militares contra as fortificações dos terroristas, mas caíram para 23 por mês no final do ano, na sequência do incremento.[111]

Na ocasião, porém, houve entre os intelectuais grande resistência às notícias de que o incremento estava surtindo efeito. Em junho de 2007, o *Los Angeles Times* afirmou que "não existem evidências de que o incremento esteja funcionando".[112] Em setembro de 2007, num artigo intitulado "Snow Job in the Desert" [Embuste no Deserto, em tradução livre], o colunista do *New York Times* Paul Krugman lamentou o "notável sucesso do governo Bush em gerar a percepção de que o 'incremento' está funcionando, embora não exista ao menos um fiapo de evidência verificável sugerindo que esteja funcionando".[113] O colunista do *New York Times* Frank Rich declarou que "a fábula da 'diminuição da violência'" é "traiçoeira".[114]

Não há dúvida de que algumas pessoas estavam determinadas a considerar esse conflito como outra guerra "impossível de vencer" — um outro Vietnã. Em 2009, entretanto, até o *New York Times* estava noticiando — se bem que não em manchetes de primeira página — que haviam diminuído muito as baixas entre os soldados das tropas norte-americanas no Iraque, as forças de segurança do Iraque e os civis iraquianos; e que eram agora uma fração do que haviam sido dois anos antes, anteriormente ao incremento de tropas. Houve também um aumento no número das forças de segurança iraquianas, bem como na produção de eletricidade do país.[115]

Enquanto o incremento era colocado em prática em 2007, contudo, algo excepcional aconteceu: dois acadêmicos da Brookings Institution, identificando-se como pessoas que haviam anteriormente criticado "a maneira miserável como o governo Bush lidava com o Iraque", disseram, após uma visita àquele país, que "nós ficamos surpresos com os ganhos que vimos e com o potencial para produzir não necessariamente 'vitória', mas uma estabilidade sustentável com a qual tanto nós como os iraquianos poderíamos viver".[116] Outras reportagens no local em 2007 revelaram um sucesso expressivo contra os terroristas no Iraque e um correspondente retorno à normalidade na sociedade iraquiana, incluindo o retorno de exilados iraquianos que haviam fugido do terrorismo, e iraquianos residentes que agora frequentavam locais públicos aos quais antes tinham medo de ir.

Aqueles que estavam comprometidos com a opinião de que a guerra era "impossível de vencer", e de que o incremento das tropas era inútil, não mudaram de ideia nem mesmo diante das evidências crescentes de que o incremento funcionava. Em setembro de 2007, o colunista do *New York Times* Paul Krugman afirmou:

"Para entender o que de fato acontece no Iraque, siga o dinheiro do petróleo, que já sabe que o incremento fracassou".[117]

Quanto mais apareciam os sinais de sucesso do incremento das tropas, mais aumentava a insistência de que ele havia sido um fracasso. À medida que se aproximava a data de setembro de 2007 na qual o general David Petraeus forneceria ao Congresso o relatório sobre o incremento de tropas que ele havia comandado, cresciam os clamores na mídia e nos meios políticos de que o general tentaria apenas transformar verbalmente o fracasso do incremento em sucesso. O senador Dick Durbin, por exemplo, disse que "manipulando com cuidado as estatísticas, o relatório Bush-Petraeus tentará nos persuadir de que a violência no Iraque está diminuindo e, portanto, o incremento está funcionando".[118] "Nós precisamos deter o incremento e começar a retirar nossas tropas", declarou o senador Joseph Biden, em agosto de 2007.[119]

Esses esforços antecipados para desacreditar o que Petraeus estava prestes a revelar atingiram o ápice com uma publicação de página inteira no *New York Times* no dia em que o relatório de Petraeus seria apresentado, com uma manchete em letras garrafais: "General Petraeus or General Betray Us?" [General Petraeus ou General Traidor?, em tradução livre], patrocinado pela organização ativista MoveOn.org.[120] O subtítulo era "Cooking the Books for the White House" [algo como Manipulando registros para a Casa Branca]. O *New York Times* cobrou de MoveOn.org menos da metade do preço habitual para um anúncio de página inteira, e abandonou sua política contra anúncios contendo ataques pessoais em propagandas.[121]

Em resumo, o general Petraeus foi acusado de mentir antes mesmo de dizer qualquer coisa — e mesmo com evidências crescentes, provenientes de diversas outras fontes, de que, na verdade, o incremento havia reduzido substancialmente a violência no Iraque. O clima hostil no qual o general Petraeus e o embaixador Ryan Crocker testemunharam diante do Congresso foi indicado por um relato no *USA Today:* "Na segunda-feira, depois de uma maratona de um dia inteiro diante de duas comissões importantes da Câmara, eles enfrentaram alguns dos oradores mais celebrados do Senado — entre os quais cinco candidatos à presidência — em audiências seguidas. Em dez horas de testemunho, os dois homens fizeram duas pausas para ir ao banheiro e uma de menos de trinta minutos para o almoço".[122]

Durante essas audiências, a senadora Barbara Boxer disse ao general Petraeus: "Eu lhe peço que tire os óculos com lentes cor-de-rosa".[123] Hillary Clinton disse que o relatório do general exigia a "suspensão voluntária da descrença".[124] O congressista Rahm Emanuel disse que o relatório do general Petraeus poderia ganhar "o Nobel de estatísticas criativas ou o Pulitzer de ficção".[125] O congressista Robert Wexler declarou que "entre especialistas isentos e apartidários o consenso é cabal: o incremento de tropas fracassou". Ele comparou o testemunho do general Petraeus ao testemunho desacreditado do general William Westmoreland durante a Guerra do Vietnã.[126] A mesma comparação foi feita por Frank Rich, do *New York Times*, que afirmou que existiam "algumas semelhanças sombrias entre a conversa de vendedor do general Petraeus" e "a missão similar do general William Westmoreland para Lyndon B. Johnson".[127] Esse era somente um dos sinais de que o fantasma da Guerra do Vietnã ainda pairava sobre as guerras posteriores. Até mesmo as táticas dos oponentes da Guerra do Vietnã ressurgiram em muitos lugares. Segundo o *USA Today*: "O testemunho era interrompido por desordeiros antiguerra que se levantavam um após o outro para gritar palavras de ordem tais como 'Generais mentem, crianças morrem'".[128]

Com o tempo, as alegações de que o incremento havia fracassado conforme havia sido previsto caíram por terra em meio às evidências cada vez mais inegáveis de que obtivera sucesso. Porém, longe de levar a uma reavaliação da visão predominante, tão estridente e tão desacreditada pelos eventos, o sucesso do incremento de tropas simplesmente fez minguar a cobertura das notícias do Iraque em grande parte da mídia. Diferentemente do que ocorreu no Vietnã, dessa vez se evitou que a derrota militar do inimigo se transformasse em rendição política, embora apenas no último momento, quando os gritos pela retirada imediata eram mais altos.

Esses desenvolvimentos políticos refletiram uma visão da guerra que nasceu da percepção da *intelligentsia* acerca da Guerra do Vietnã, que, entre outras coisas, deixou um legado de palavras de ordem tais como a continuamente repetida impossível de vencer" e "atoleiro". Como em tantas outras áreas, fatos mundanos contrastantes tinham pouco impacto na visão predominante. Mesmo quando os políticos diziam o que diziam para seus próprios propósitos políticos, esses propósitos só podiam ser satisfeitos porque havia muitos outros que acreditavam sinceramente na visão predominante e apoiavam aqueles que adotavam essas crenças. Mais uma vez, como em outras épocas e em outros lugares, a influência da *intelligentsia* não dependia de convencer os detentores do poder, mas somente de forjar um clima de opinião que proporcionasse incentivos e restrições que afetassem o que os detentores do poder poderiam dizer e fazer.

Outro regresso à época da Guerra do Vietnã foi o extremamente divulgado veterano de combate", que anunciou publicamente sua oposição à guerra — e que mais havia sido um veterano de combate, como se descobriu mais tarde. Como informou o *New York Times*, depois que a verdade sobre um desses "veteranos de combate" apareceu enfim:

O homem musculoso com cabelo cortado rente que se apresentava com o nome de Rick Duncan parecia saído do elenco de apoio para um candidato democrata ao atuar contra as políticas do governo Bush no outono passado.

Um ex-capitão da Marinha que no Iraque sofreu traumatismo craniano com a explosão de uma bomba na estrada, e estava no Pentágono durante os ataques de 11 de setembro. Um defensor dos direitos dos veteranos que se opôs à guerra. Formado em Annapolis, era gay e se orgulhava disso. Com suas impecáveis credenciais, ele controlou o respeito e a atenção não somente de políticos, mas também de chefes de polícia, repórteres e defensores de veteranos por quase dois anos.

No final das contas, nada em sua história era verdade exceto seu nome de batismo.[129]

O fato de as mentiras facilmente verificáveis desse homem terem passado despercebidas nos meios de comunicação por dois anos indica mais uma vez a boa acolhida dada pelos intelectuais às coisas que se enquadram em sua visão, por mais infundadas que sejam.

Durante a segunda Guerra do Iraque, a *intelligentsia* norte-americana repetiu o padrão da *intelligentsia* francesa no período entre as duas Guerras Mundiais — ou seja, arrancar verbalmente soldados combatentes da condição de heróis patriotas e reduzi-los à condição de vítimas dignas de piedade. Até mesmo reportagens sobre os problemas financeiros de reservistas afastados dos seus empregos para cumprir seu dever no Iraque, ou simplesmente histórias sobre tristes despedidas a amigos ou a familiares nas Forças Armadas que foram enviados para o exterior, foram levadas às primeiras páginas do *New York Times*,[130] ao passo que reportagens sobre o heroísmo de tropas norte-americanas em combate não eram relatadas ou apareciam discretamente em páginas internas. Reportagens sobre a extraordinária bravura sob fogo de norte-americanos que receberam medalhas de honra do Congresso — incluindo homens que se atiraram sobre granadas de mão do inimigo, sacrificando a própria vida para salvar a dos que estavam ao redor — foram publicadas nas páginas 13 e 14, respectivamente, e uma na segunda seção do *New York Times*.[131] O *Washington Post* e o *Los Angeles Times* também escondiam essas histórias de heroísmo extraordinário nas suas páginas internas, e muitos noticiários da televisão seguiram esse exemplo, minimizando a importância dessas histórias ou ignorando-as totalmente.

Histórias de teor negativo, por outro lado, tinham prioridade imediata nos meios de comunicação, mesmo quando não tinham fundamento. Por exemplo, muito ultraje foi manifestado na mídia durante os primeiros dias da Guerra do Iraque, quando se alegou que saqueadores haviam roubado artefatos preciosos um museu iraquiano que soldados norte-americanos não protegeram da maneira devida.[132] Que homens em combate, arriscando a própria vida, devessem ao mesmo tempo preocupar-se com a proteção de museus era uma premissa bastante fora do comum. De qualquer maneira, a acusação acabou se provando falsa.[133] A equipe do museu havia escondido os artefatos em questão, a fim de protegê-los de ladrões e dos perigos da guerra. A mídia, contudo, não esperou para confirmar as acusações contra os militares norte-americanos antes de encher os jornais com essas acusações e explodir de indignação com o teor delas.

As realizações positivas dos militares norte-americanos de maneira geral, em batalha ou na restauração da ordem civil ou levando a cabo atividades humanitárias, receberam pouca atenção na mídia. Embora a Guerra do Iraque tenha começado a desaparecer das primeiras páginas do *New York Times* com a diminuição dos ataques terroristas após o aumento das tropas norte-americanas, e a cobertura também tenha minguado em outros meios de comunicação, as baixas norte-americanas continuaram a receber destaque, mesmo quando não passavam de um único dígito; e as baixas acumuladas eram exibidas constantemente, mesmo não sendo de maneira alguma altas em comparação com outras guerras. Na verdade, todos os norte-americanos mortos nas duas Guerras do Iraque somados foram em menor número do que os que perderam a vida na tomada da ilha de Iwo Jima durante a Segunda Guerra Mundial, ou na Batalha de Antietam durante a Guerra Civil.[134]

A menos que acreditemos que guerras podem ser travadas sem baixas, não houve nada de incomum no número de baixas na primeira e na segunda Guerras do Iraque, a não ser o fato de que esse número foi menor do que o da maioria das guerras. Mas baixas caem como uma luva para o tema constante de soldados como vítimas, e, graças ao virtuosismo verbal, essa mensagem de vitimização foi caracterizada como "apoio às tropas" ou até mesmo "honra às tropas". Quando o *New York Times* publicou fotos de soldados norte-americanos mortos e agonizantes no Iraque, o editor executivo Bill Keller declarou que "a morte e a carnificina são parte da história, e eliminá-las dos nossos relatos da guerra seria um desserviço".[135] Tal virtuosismo verbal produz um espantalho de "eliminação" da realidade das mortes na guerra — algo de que ninguém nunca duvidou — e equipara a publicação de fotos de soldados individuais moribundos com o ato de contar a história simplesmente, enquanto enterra bem fundo dentro do jornal histórias do heroísmo de soldados.

A mesma descrição de soldados como vítimas dominava as notícias sobre veteranos que retornavam do combate para casa. Problemas relacionados a veteranos que retornavam, tais como alcoolismo ou falta de moradia, foram retratados nos meios de comunicação sem que houvesse nenhuma tentativa de comparar sua incidência com a incidência desses mesmos problemas entre a população civil.[136]

Em outras palavras, se os veteranos que regressavam não fossem totalmente imunes aos problemas que atingiam os civis, isso era apresentado como indicação de que o serviço militar causava algum problema específico. Um artigo de primeira página no *New York Times* de 13 de janeiro de 2008, por exemplo, deu destaque a assassinatos nos Estados Unidos cometidos por veteranos que haviam regressado de guerras no Iraque e no Afeganistão. "Em muitos desses casos", lia-se no artigo, "o trauma do combate e o estresse de adaptação" estavam entre os fatores que "parecem ter preparado o terreno para uma tragédia que foi parte destruição, parte autodestruição".[137]

Essa tentativa de retratar veteranos como vítimas deixou de comparar a taxa de homicídios de veteranos que regressaram com a taxa de homicídios entre civis da mesma idade. Se isso tivesse sido feito, salientou o *New York Post*, teria sido verificado que a taxa de homicídios entre veteranos que regressaram representava *um quinto* da taxa de homicídios entre civis da mesma idade.[138] Sem desanimar, o *New York Times* voltou ao mesmo tema numa matéria de primeira página um ano depois, em 2009 — mais uma vez entrando em detalhes sangrentos em casos individuais, sem mencionar a taxa de homicídios entre veteranos militares em comparação com a de civis da mesma idade.[139]

Outra propaganda do complexo de vítima entre veteranos militares foi uma matéria sobre índices de suicídio nas Forças Armadas terem alcançado "o nível mais alto desde que o exército começou a manter registros", como publicou o *New York Times*;[140] essa matéria teve repercussão nos meios de comunicação. Ainda assim, mais uma vez não houve comparação com os índices de suicídio entre pessoas com as mesmas características demográficas na população civil — os quais eram *maiores* do que os índices entre pessoas nas Forças Armadas, como noticiou a Associated Press,[141] porém pouco citados pelos veículos de mídia. Mais uma vez, grande parte da mídia filtrou fatos que conflitavam com sua visão, entregando aos seus leitores um quadro totalmente distorcido. Como o *The Times* de Londres na década de 1930, o *New York Times* assumiu, décadas mais tarde, a liderança na arte de filtrar e distorcer notícias a fim de ajustá-las a sua visão.

PATRIOTISMO E HONRA NACIONAL

Por mais que jornalistas, políticos ou outros busquem minar os esforços de guerra, qualquer pessoa que chame tais ações de antipatrióticas é automaticamente recebida com uma resposta indignada: "Como se atreve a questionar o meu patriotismo?". Por que motivo o patriotismo é irracional ou indigno de se questionar?

Não há argumentos que esclareçam o motivo, a menos que a repetição incessante seja considerada um argumento.

Isso não significa que qualquer pessoa de quem alguém discorde sobre uma guerra ou alguma outra questão possa ser automaticamente chamada de "antipatriótica". Não se trata de uma acusação a ser automaticamente aceita ou rejeitada. Mesmo ações danosas às defesas de um país não são automaticamente antipatrióticas na sua intenção. Não é necessário presumir que a *intelligentsia* dos anos 1930, por exemplo, deliberadamente decidiu fazer coisas como tornar seus próprios países vulneráveis a ataques militares.

Conforme vimos no Capítulo 14, Georges Lapierre — o líder das campanhas dos sindicatos dos professores franceses que promoveram o pacifismo nos livros didáticos na França durante as décadas de 1920 e 1930, subestimando o orgulho nacional e a defesa nacional —, apesar de tudo, depois da queda da França em 1940, juntou-se ao movimento de resistência clandestino francês contra os conquistadores nazistas, e em consequência disso acabou capturado e enviado à morte em Dachau.[142] Ele evidentemente não era um homem antipatriótico. Contudo, fossem quais fossem suas intenções durante os anos entre as duas Guerras Mundiais, o mais importante para o país como um todo é o efeito derradeiro dos seus esforços sobre toda uma geração. Muitos outros professores pacifistas do pré-guerra também acabaram lutando no movimento de resistência francês depois que a visão que eles haviam promovido por tanto tempo levou a resultados contrários aos que eles buscavam.

Eles haviam, nas palavras de Burke ditas em tempos anteriores, ajudado a alcançar os piores resultados "sem serem os piores entre os homens".[143] Em suas próprias mentes, os professores "entrelaçaram patriotismo e pacifismo", segundo um relato da época.[144] Mas, independentemente do que se passava na mente desses educadores, o resultado concreto no mundo real foi o mesmo que seria se tivessem deliberadamente minado o patriotismo de toda uma geração de estudantes, para quem eles transformaram em virtudes primordiais o internacionalismo e também o pacifismo, apesar de qualquer menção breve que possa ter ocorrido ao amor à pátria como um aspecto subordinado do amor à humanidade em geral.

Uma questão muito mais importante do que o patriotismo ou a falta dele de determinados indivíduos ou instituições é a questão de quão consequencial o patriotismo é em si mesmo, e a questão relacionada de quão consequencial é o senso de honra nacional.

Muitos intelectuais consideram o patriotismo um fenômeno psicológico sem base sólida. No século XVIII, William Godwin fez referência ao patriotismo como "um retumbante absurdo"[145] e "o delírio sem sentido do romance".[146]

Como já vimos no Capítulo 14, esses pontos de vista ainda eram comuns no século XX, durante o período entre as duas Guerras Mundiais, entre intelectuais europeus de peso, como Bertrand Russell, H. G. Wells, Romain Rolland, Kingsley Martin, Aldous Huxley e J. B. Priestley, entre outros. Nos Estados Unidos, John Dewey desprezou o patriotismo como algo que "degenera numa abominável convicção de superioridade intrínseca" e menosprezou a honra nacional como "uma honra melindrosa e irascível" baseada em "emoção e fantasia".[147] Mas a importância do patriotismo e da honra nacional não pode ser determinada *a priori* pelo grau de conformidade que ambos possam ter com a visão dos ungidos.

Como ocorre com muitas outras coisas, a importância do patriotismo e da honra nacional pode ser descoberta pelo que acontece em sua ausência. Quando Hitler invadiu a França em 1940, indo contra o conselho dos seus principais generais, ele fez isso porque estava convencido de que a França contemporânea carecia dessas qualidades supostamente irrelevantes[148] — e o súbito colapso da França, apesar de sua vantagem militar, sugere que essas qualidades são realmente importantes. O que se denomina "honra nacional" é uma perspectiva de longo prazo acerca de decisões nacionais e suas consequências, é o oposto do racionalismo passo a passo com o qual a França se recusou a combater a militarização da Renânia em 1936, ou a cumprir o tratado de defesa mútua do país com a Checoslováquia em 1938, ou a travar combate militar com os alemães durante os longos meses de "guerra falsa", que se seguiram à declaração formal de guerra em 1939, apesar da vasta superioridade militar da França no front ocidental e sem mencionar o fato de que as tropas de Hitler estavam concentradas no leste, conquistando a Polônia.

A disposição de lutar pode desencorajar ataques; por outro lado, a relutância em fazer frente a um desafio ou provocação pode tornar uma nação alvo para um grande ataque. "Honra nacional" é simplesmente uma expressão idiomática para essa perspectiva de longo prazo que envolve o interesse nacional, e é bem diferente da perspectiva passo a passo, que pode servir aos interesses de curto prazo de políticos, poupando-os da tarefa de tomar decisões difíceis que diferenciam um político de um estadista. Mas muitos intelectuais tentaram reduzir o senso de honra nacional, como o patriotismo, a um desvio psicológico. Entretanto, até o primeiro-ministro britânico Neville Chamberlain, o homem mais profundamente identificado com a política de apaziguamento de Hitler, mesmo tardiamente pareceu reconhecer a importância da honra nacional, poucos meses antes do início da Segunda Guerra Mundial:

> Tive ontem a oportunidade de conversar um pouco com M. Blum, líder socialista francês e ex-primeiro-ministro, e ele me disse que, em sua opinião e na opinião

de todos os amigos socialistas com os quais ele havia conversado, existia apenas um risco de guerra na Europa, e era um risco muito real: o de que se espalhasse a impressão de que a Grã-Bretanha e a França não estavam falando sério e de que não havia confiança de que cumpririam suas promessas. Se isso fosse verdade, não se poderia cometer engano maior nem mais mortal — e seria terrível se a Europa mergulhasse na guerra devido a um mal-entendido.[149]

Em outras palavras, a Europa e o mundo estavam à beira de uma guerra catastrófica porque nem amigos nem inimigos acreditavam que a Grã-Bretanha e a França tivessem honra nacional. Ou seja, não havia por parte dos britânicos nem dos franceses nenhum senso de firme determinação que pudesse levar nações amigas a arriscar a própria sobrevivência, aliando-se à Grã-Bretanha ou à França, sob pena de despertar a ira da Alemanha nazista. Da mesma forma, as nações beligerantes não sentiam que precisavam temer nada mais sério do que palavras de contemporização da Grã-Bretanha e da França. O que faltou na declaração de Chamberlain, às vésperas da guerra, foi algum reconhecimento de que suas próprias políticas de substituir ações por palavras, e políticas semelhantes na França, geraram o equívoco mortal de que eles nada fariam além de falar. Hitler, na verdade, ficou bastante surpreso quando sua invasão à Polônia levou a declarações de guerra da parte da Grã-Bretanha e da França.[150]

Se a Segunda Guerra Mundial surgiu de um "mal-entendido", o sacrifício da honra nacional por ingleses e franceses um ano antes, em Munique, alimentou esse mal-entendido, e sua recusa tardia a sacrificar a honra nacional pela segunda vez significou guerra.

A suprema e amarga ironia residiu no fato de ter sido destino de Neville Chamberlain fazer a declaração de guerra contra a Alemanha em 1939, transformando uma invasão regional da Polônia na Segunda Guerra Mundial — a guerra mais catastrófica da história —, uma guerra que ele se esforçara para evitar a praticamente todo custo, abandonando dois anos antes "os velhos métodos de defesa da dignidade"[151] que uma vez fizeram parte do conceito de honra nacional. Em vez disso, Chamberlain guiou-se pelo racionalismo passo a passo, a partir do qual, como ele afirmou em 1938, "nós podemos remover os pontos de perigo um por um", por meio da "nossa disposição para enfrentar realidades que não podemos mudar".[152] Somente um ano mais tarde, porém, Chamberlain abandonou esse racionalismo passo a passo quando declarou: "Não estamos preparados para ficar parados assistindo à destruição da independência de um país após o outro"[153] — embora agora lhe restassem menos aliados potenciais, depois de ter abandonado a Áustria e a Checoslováquia à conquista nazista, e se encontrasse agora numa posição mais vulnerável para tentar mudar a realidade da conquista conjunta da Polônia por Hitler e Stalin.

A questão central nunca foi a Áustria, a Checoslováquia ou a Polônia propriamente ditas. A questão era saber se permitiriam que Hitler desestabilizasse todo o equilíbrio de poder na Europa — equilíbrio do qual a paz dependia —, em fatal desvantagem da Grã-Bretanha e da França, fazendo isso simplesmente aos poucos, com a Grã-Bretanha e a França enfrentando a questão caso por caso, orientando-se pelo racionalismo passo a passo, enquanto Hitler lidava com a questão de maneira explícita, orientando-se pela "honra nacional de um grande povo".[154] Em outras palavras, um interesse de longo prazo pelo qual ele estava disposto a lutar. Chamberlain demorou a abandonar a abordagem passo a passo, mas esse abandono ficou evidente em sua mudança de rumo de agosto de 1939 com relação ao que dissera em setembro de 1938. Na véspera da fatídica conferência de Munique, em 1938, o primeiro-ministro Chamberlain disse numa transmissão à nação: "Como é horrível, grotesco, inacreditável que tenhamos de cavar fronteiras e provar máscaras de gás aqui porque há uma disputa num país distante entre pessoas sobre as quais nada sabemos".[155]

Mas em agosto de 1939, na expectativa sombria da guerra que se aproximava, Chamberlain disse: "Não lutaremos pelo futuro político de uma cidade longínqua numa terra estrangeira".[156] Ele agora compreendia que não era uma questão de argumentar "Por que morrer por Danzig?".

Muitas pessoas instruídas, na ocasião e nos anos que se seguiram, criticaram as novas ações do primeiro-ministro Chamberlain — assegurando publicamente a independência da Polônia — como imprudentes, tendo em vista as circunstâncias,[157] porém é bem possível que os eventos e as emoções tenham lançado o primeiro-ministro e a Grã-Bretanha numa guerra para a qual os britânicos ainda não estivessem militarmente preparados, mas na qual entraram como reação à destruição das suas ilusões da época do tratado de Munique. Especulava-se com muita seriedade se os tipos de equipamento militar que Hitler acumulara em 1939 indicavam um ataque iminente contra a Grã-Bretanha e a França, por um lado, ou ataques voltados para o Leste, por outro. Se a resposta fosse a segunda alternativa, porém, saber se os governos da Grã-Bretanha e da França escolheram a melhor hora para lutar é questão de estratégia militar. O que é relevante para o papel dos intelectuais é a atmosfera em meio à qual esses governos basearam suas ações prévias que conduziram a essa crise.

Com relação à recusa anterior de Chamberlain dos "antigos métodos de defesa da dignidade", em 1937, John Maynard Keynes viu nela uma falha: "Temos grande força, mas nossos estadistas perderam a capacidade de parecerem temíveis.

O maior perigo que corremos reside nessa perda. O nosso poder de vencer uma guerra pode depender de mais armamentos. Mas o nosso poder de evitar uma guerra depende não menos de resgatarmos essa capacidade de parecermos temíveis, que é uma capacidade de vontade e de atitude".[158]

Em outras palavras, ser temível militarmente pode bastar para dar combate a um agressor, mas mostrar-se de antemão um líder temível pode bastar para tornar desnecessário lutar uma guerra. Chamberlain parece não ter entendido isso, e acabou tendo de lutar uma guerra que se tornou a maior de toda a história. Ronald Reagan compreendeu com clareza a importância de ter "vontade e atitude" para parecer temível — como fez na Islândia e em outros lugares — e conseguiu dar fim à longa e assustadora Guerra Fria sem disparar um tiro contra os soviéticos.

Keynes disse sobre Neville Chamberlain, durante o aparente sucesso da sua política conciliatória: "Ele não está se esquivando dos riscos da guerra. Está só se certificando de que quando ela começar, nós não tenhamos mais amigos nem uma causa comum".[159] Apenas dois anos depois, essas palavras se tornaram dolorosamente proféticas, quando a Grã-Bretanha ficou sozinha para enfrentar a fúria da Alemanha nazista, quando a *Luftwaffe* de Hitler começou a bombardear Londres e outros lugares no sul da Inglaterra, enquanto uma força de invasão era reunida do outro lado do Canal, no litoral da França conquistada. Os mal-entendidos com base nos quais Chamberlain operou durante anos não se originaram com ele; foram parte da atmosfera da época, uma atmosfera que se formou com grande colaboração dos intelectuais.

Apesar da tendência, em alguns círculos intelectuais, de ver a nação apenas como parte do mundo como um todo — com alguns se comportando como cidadãos do mundo ou mesmo se descrevendo assim —, o patriotismo é, de certa forma, pouco mais do que o reconhecimento do fato básico de que o próprio bem-estar material, a liberdade pessoal e a mera sobrevivência física dependem de instituições, tradições e políticas determinadas de cada nação em que as pessoas vivem. Não existe governo mundial que se compare a isso, e, sem as instituições concretas de governo, não há nada do que ser cidadão nem há nada que ofereça direitos aplicáveis, por mais grandioso ou poético que possa soar "ser um cidadão do mundo". Quando o destino de uma pessoa é claramente reconhecido como dependente da estrutura nacional que a cerca — as instituições, tradições e normas de um país —, então a preservação dessa estrutura não pode ser vista com indiferença enquanto cada indivíduo persegue interesses puramente individuais.

Patriotismo é o reconhecimento de um destino compartilhado e das responsabilidades compartilhadas que vêm com ele. A honra nacional é o reconhecimento de que o racionalismo passo a passo é uma ilusão que permite aos políticos escapar das responsabilidades de governar.

As condições em um país podem se tornar tão insuportáveis que mudar para outro país se torna uma alternativa sensata. Mas não existe a alternativa de se mudar para "o mundo". Evidentemente uma pessoa pode viver num país de forma parasítica, aceitando todos os benefícios pelos quais outros se sacrificaram — no passado e no presente — e rejeitando qualquer indicação de que é obrigada a fazer o mesmo. Mas uma vez que tal atitude se generaliza, o país se torna vulnerável contra forças de desintegração interna ou de agressão externa. Em outras palavras, o patriotismo e a honra nacional não podem ser reduzidos a meros subterfúgios psicológicos, aos quais os intelectuais podem se considerar superiores, sem o risco de consequências desastrosas, das quais a França foi um exemplo clássico. Na França dos anos 1930, considerava-se chique em alguns círculos dizer "antes Hitler do que Blum".[160] Mas isso foi antes de terem a experiência de viver sob o domínio de Hitler ou de se darem conta de que seus compatriotas enfrentavam a desumanização e a morte nos campos de concentração de Hitler.

O desdém pelo patriotismo e pela honra nacional foi apenas uma das atitudes dominantes entre os intelectuais nas décadas de 1920 e 1930 a ressurgirem com força renovada nas democracias ocidentais nas décadas de 1960 e posteriores. Até quando a história continuará se repetindo, nessa e em outras questões, é uma pergunta que o futuro haverá de responder. Na verdade, essa é a *grande* pergunta para o futuro do mundo ocidental.

PARTE 7
INTELECTUAIS E RAÇA

Por misericórdia, os deuses concederam à humanidade esse pequeno momento de paz entre os fanatismos religiosos do passado e os fanatismos de classe e raça que rapidamente apareceriam e dominariam o porvir.

G. M. Trevelyan[1]

CAPÍTULO 16
DISPARIDADES E SUAS CAUSAS

Durante séculos existiram crenças de que algumas raças são superiores a outras. Várias manifestações na segunda metade do século XIX, e no início do século XX, transformaram essas crenças vagas em ideologias organizadas com a aura de "ciência", muitas vezes cultivando entre os intelectuais o próprio dogmatismo que a ciência se destina a combater. No final do século XX, ideologias conflitantes sobre raça prevaleceriam entre intelectuais, algumas vezes invocando também o nome da ciência, sem muita justificação e com a mesma atitude indiferente em relação àqueles que se atreviam a discordar da visão que predominava na ocasião.

O termo "raça", tal como era empregado no final do século XIX e no início do século XX, não se limitava a divisões abrangentes da espécie humana, como as raças negra, branca e amarela. Diferenças entre eslavos, judeus e anglo-saxões eram com frequência mencionadas como diferenças "raciais" também. *The Passing of the Great Race* [A extinção da Grande Raça, em tradução livre], influente best-seller de Madison Grant, de 1916, foi um desses escritos que dividiram os europeus em "raças" nórdicas, alpinas e mediterrâneas, entre outras.[1] Contudo, para não ficarmos presos a questões semânticas, podemos nos referir a grupos raciais e étnicos livremente sob a denominação de raça, em parte porque definições mais precisas poderiam facilmente perder o contato com as realidades sociais em um mundo de mistura crescente de raças ao longo de gerações. Essas misturas biológicas se aceleraram na época atual, mesmo com o aumento do alarido da retórica da identidade racial distinta. Isso inclui pessoas que se queixam asperamente do modo como metade dos seus antepassados maltratou a outra metade como uma queixa atual, seja entre os maoris da Nova Zelândia ou entre vários grupos raciais ou étnicos norte-americanos.

No caso da raça, assim como com a guerra, os intelectuais do século XX se concentraram em um extremo do espectro nos primeiros anos e, depois, nos anos posteriores, no extremo oposto desse espectro. A visão dos ungidos — isto é, a preferência pela tomada de decisão por terceiros, inspirada pelas elites intelectuais, em vez de mútuos ajustes cultivados sistematicamente entre as pessoas como um todo — não precisa exigir um compromisso com uma visão específica de uma questão específica, como raça, ainda que qualquer visão que prevalecesse entre os ungidos em dado momento fosse muitas vezes considerada quase inquestionavelmente superior às visões discordantes sustentadas por outros — não raramente tratadas como indignas de uma abordagem intelectual séria. No início do século XX, Madison Grant chamava de sentimentalistas[2] aqueles que discordavam do seu determinismo genético; e no final do século XX, quem discordasse da ortodoxia racial então predominante era muitas vezes desdenhado como racista.

Intelectuais em lados opostos do espectro, e em épocas diferentes, assemelham-se de outro modo: tendem a ignorar a advertência de longa data dos estatísticos de que correlação não é causalidade. Independentemente de acreditarem que as diferenças entre as raças tinham como causa os genes ou o tratamento que a sociedade lhes dava, eles tendiam a negligenciar a possibilidade de que o que *transmite* as diferenças pode não ser a mesma coisa que *causa* essas diferenças. Uma raça pode ter mais êxito que outra em determinada realização, ou em toda uma gama de realizações, por motivos que não são genéticos nem resultado do modo como as raças são tratadas pela sociedade em que vivem. Como vimos no Capítulo 7, existem muitas razões históricas, geográficas e demográficas para que os grupos sejam diferentes uns dos outros em suas habilidades, experiências, culturas e valores — quer sejam eles grupos sociais, nacionais ou raciais diferentes.

DETERMINISMO GENÉTICO

Em meados do século XIX, a sensação causada pela teoria da evolução de Charles Darwin teve ramificações que ultrapassaram em larga medida o campo da biologia. A ideia da "sobrevivência do mais apto" entre espécies concorrentes foi transportada por outros para a competição entre seres humanos, entre diferentes classes ou raças. A pesquisa de Francis Galton (1822-1911), primo de Darwin, culminou num livro intitulado *Hereditary Genius*, que estabeleceu que grandes realizadores se concentravam em famílias específicas. A correlação era tratada como causalidade, e a genética foi anunciada como a razão para o diferencial de sucesso.

Aplicava-se à raça um raciocínio semelhante. Um acadêmico posterior afirmou sobre Galton: "Ele acreditava que, em sua época, os anglo-saxões eram muito superiores aos negros da África, que, por sua vez, eram superiores aos aborígines australianos, que não eram superiores a ninguém". Mais uma vez se confundiu correlação com causalidade, levando à eugenia — termo cunhado por Galton — para promover a sobrevivência diferencial das raças. Ele disse que "existe um sentimento, em grande parte bastante irracional, contra a extinção gradativa de uma raça inferior".[3]

Seja qual for a veracidade dos estudos de Galton a respeito das realizações relativas das diferentes raças em seu próprio tempo, mudanças profundas nas realizações relativas das diferentes raças no decorrer dos séculos minam a teoria do determinismo genético. Durante séculos, a China foi tecnológica, economicamente e de outras maneiras mais avançada do que qualquer país europeu. As inversões posteriores das posições relativas de chineses e europeus na era moderna, sem nenhuma mudança em seus genes que pudesse ser demonstrada, minam os argumentos genéticos de Galton, assim como outras importantes inversões das posições de outros grupos ou subgrupos raciais acabariam minando o posterior determinismo genético de outros intelectuais.

Isso não significa que em determinado momento não existiram grandes diferenças nas realizações entre diferentes raças, fosse dentro das sociedades ou entre sociedades, nem que todas essas diferenças tenham se invertido ao longo do tempo, embora muitas tenham se invertido. Uma vez rompida, porém, a ligação automática entre genética e desempenho, ele deixa de ser uma suposição importante, mesmo no caso de grupos que nunca foram líderes em realizações. Nenhum fator genético que tenha sido capaz de produzir diferenças profundas em outras situações pode ser excluído *a priori* por nenhum grupo, portanto continua sendo uma questão a ser investigada empiricamente em cada caso específico — isto é, se a ciência quiser ser mais do que um encantamento invocado para respaldar uma ideologia e silenciar seus críticos.

Muitas evidências empíricas de amplas e significativas diferenças entre grupos raciais ou étnicos, bem como entre classes sociais, acumularam-se no final do século XIX e no início do século XX. Estudos das histórias de famílias, além da propagação de testes mentais, e estudos sociológicos de diferenças em índices de criminalidade e desempenho educacional entre crianças com históricos diferentes, mesmo tendo frequentado as mesmas escolas, conferiram consistência à argumentação dos que defendiam o determinismo genético. Ao contrário das modas verbais posteriores, essas evidências não eram meras "percepções" ou "estereótipos"; eram fatos cuidadosamente estabelecidos, apesar dos sérios problemas com as inferências extraídas desses fatos — como o ambicioso pronunciamento de Madison Grant "raça é tudo".[4]

A ERA PROGRESSISTA

A era progressista nos Estados Unidos do início do século xx foi talvez o ponto alto das teorias "científicas" sobre diferenças raciais. O crescente fluxo migratório da Europa, e sobretudo a mudança em suas origens do norte e do oeste da Europa para o leste e o sul da Europa, suscitou dúvidas quanto à qualidade racial das novas pessoas que chegavam ao país. O início das migrações em massa de negros norte-americanos do Sul para as cidades do Norte, e sua concentração em guetos ali, suscitou dúvidas semelhantes na mesma época. Dados empíricos sobre diferenças de grupo em índices de criminalidade, índices de doenças, pontuações em testes e desempenhos escolares alimentaram todas essas preocupações.

Chamam a atenção duas enormes compilações de dados empíricos no início do século xx nos Estados Unidos. Uma delas foi o enorme relatório de vários volumes da Comissão Federal de Imigração, comandada pelo senador William P. Dillingham, publicado em 1911. Entre outras coisas, esse relatório mostrou que das crianças que frequentavam a escola primária em três quartos dos dias letivos ou mais, 30% das crianças brancas nativas tiveram negada a progressão para a série seguinte, em comparação com 61% das crianças negras nativas e 67% dos filhos de judeus poloneses imigrantes.[5] A outra enorme fonte de dados acerca das diferenças entre grupos raciais ou étnicos durante esse período foi o teste mental aplicado a mais de 100 mil soldados pelo Exército dos Estados Unidos durante a Primeira Guerra Mundial.[6] As proporções de soldados com diferentes ancestralidades que superaram as normas nacionais norte-americanas em testes mentais foram as seguintes:[7]

Ingleses — 67%
Alemães — 49%
Irlandeses — 26%
Russos — 19%
Italianos — 14%
Poloneses — 12%

Homens da Itália, da Polônia e da Rússia pontuaram sistematicamente na parte inferior ou perto da parte inferior entre os imigrantes da Europa em vários testes mentais, e os negros norte-americanos pontuaram na parte inferior entre os soldados de maneira geral, embora pontuassem apenas ligeiramente abaixo desses imigrantes do sul e do leste da Europa nesses testes.[8] Entre a população civil, os mesmos grupos pontuaram perto da parte inferior ou na parte inferior em pontuações de teste mental, embora numa ordem ligeiramente diferente. Em testes de Q.I., crianças negras que frequentavam escolas em Youngstown, Ohio, pontuaram um pouco acima de filhos de poloneses, gregos e de outros imigrantes ali.⁹ Em Massachusetts, uma proporção maior de estudantes negros alcançou em testes de Q.I. uma pontuação superior a 120 do que seus colegas de escola filhos de imigrantes poloneses, italianos ou portugueses.¹⁰ Nessa época, os negros do Norte tinham Q.I. um pouco mais alto do que o dos negros do Sul.¹¹

Outro fato curioso, que recebeu bem menos atenção na época, foi que os testes do Exército na Primeira Guerra Mundial mostraram que soldados brancos da Geórgia, Arkansas, Kentucky e Mississipi alcançaram pontuações mais baixas em testes mentais do que soldados negros de Ohio, Illinois, Nova York e Pensilvânia.¹² Contudo, na época, a população negra em geral estava predominantemente concentrada no Sul, o que pode explicar por que os testes do Exército mostraram que os negros tiveram pontuação menor que a dos imigrantes, cuja pontuação eles haviam superado em testes civis conduzidos onde ambos foram para as mesmas escolas no Norte.

Uma vez mais, nada disso era simplesmente uma questão de "percepções", "estereótipos" ou "preconceitos". Diferenças entre grupos raciais, étnicos e regionais eram bastante reais, algumas vezes muito amplas e significativas. O que estava em debate eram as *razões* para essas diferenças. Além disso, as razões para tais diferenças que eram aceitáveis para os intelectuais mudaram de modo radical ao longo de gerações, assim como seu apoio à Primeira Guerra Mundial e seu pacifismo posterior sinalizaram mudanças severas nesse assunto.

Durante o início do século XX, diferenças demonstráveis entre grupos foram amplamente atribuídas à hereditariedade, e, durante o final do século XX, essas diferenças foram amplamente — se não exclusivamente — atribuídas ao ambiente, incluindo um ambiente de discriminação. Entretanto, a mesma visão *geral* da sociedade prevaleceu entre aqueles que se denominavam progressistas no início do século XX e aqueles que se denominaram liberais mais adiante nesse mesmo século, por mais discrepantes que suas visões sobre raça tenham sido entre essas duas épocas. Sua visão era dos ungidos como tomadores de decisão substitutos em ambos os períodos, juntamente com corolários como um papel ampliado para o governo e para os juízes reinterpretarem a Constituição, de modo a afrouxar suas limitações aos poderes do governo.

Os intelectuais da era progressista tinham uma visão extremamente negativa dos novos imigrantes da Europa Meridional e Oriental, bem como de negros norte-americanos em geral. Grande parte dos imigrantes da Polônia e da Rússia eram judeus nessa época, por isso, Carl Brigham — uma das maiores autoridades em testes mentais e o criador do Teste de Aptidão Escolar do College Board — afirmou que os resultados dos testes do Exército tendiam a "refutar a crença popular de que os judeus são extremamente inteligentes".[13] H. H. Goddard, que havia administrado testes mentais a filhos de imigrantes na ilha Ellis, declarou: "Essas pessoas não conseguem lidar com abstrações".[14] Outro gigante da área de testes mentais, L. M. Terman — autor do teste de Q.I. Stanford-Binet e criador de um estudo de décadas sobre pessoas com Q.I. de 140 ou mais —, com base em seu estudo de minorias raciais no sudoeste, concluiu igualmente que crianças desses grupos "não conseguem dominar abstrações".[15] Naquela época, era amplamente aceito, como algo mais ou menos inevitável, que os negros eram incapazes de mostrar desempenho mental comparável ao dos brancos, e os resultados dos testes mentais do Exército foram tomados como comprovação disso.

A era progressista foi também o apogeu da eugenia, a tentativa de evitar a reprodução excessiva do tipo "errado" de pessoas — incluindo raças específicas, mas não se limitando a elas. Os eugenistas temiam que pessoas com baixa capacidade mental se reproduzissem numa escala maior que as outras, levando assim a um declínio no Q.I. médio da nação ao longo do tempo.[16] A *New Republic* lamentou "a multiplicação dos incapazes", a produção de uma horda de "almas indesejadas".[17]

Na Grã-Bretanha, assim como nos Estados Unidos, entre os líderes e apoiadores do movimento eugênico havia pessoas da esquerda, como John Maynard Keynes, que ajudou a criar a Cambridge Eugenics Society, e também H. G. Wells, George Bernard Shaw, Harold Laski, Sidney Webb e Julian Huxley. Sidney Webb disse: "Como nação, estamos procriando abundantemente a partir das nossas linhagens inferiores".[18] Mas a eugenia estava longe de ser um movimento exclusivamente de direita, e de ser um movimento sem oponentes na esquerda. Entre os apoiadores da eugenia, também havia conservadores, como Neville Chamberlain e Winston Churchill.[19]

Nos Estados Unidos, a mensagem da defensora pioneira do controle de natalidade, Margaret Sanger, não passou despercebida pela Ku Klux Klan. O livro de Madison Grant *The Passing of the Great Race*, que expressou o temor da perda de hegemonia pelos brancos em geral e pelos nórdicos em particular, foi um marco em sua época. Não foi apenas um livro de grande sucesso nos Estados Unidos; foi traduzido para o francês, o norueguês e — fatalmente — para o alemão. Hitler dizia que era a sua "Bíblia".[20]

Apesar da sua influência internacional, *The Passing of the Great Race* trouxe pouca evidência para as suas abrangentes conclusões. O grande trunfo do livro é um relato histórico dos povos alpinos, mediterrâneos e nórdicos na Europa e das línguas arianas. Contudo, a maior parte das conclusões abrangentes de Madison Grant e das políticas que ele recomendou dizia respeito aos Estados Unidos — às "raças inferiores entre os nossos imigrantes",[21] à necessidade de eugenia[22] e para "leis contra a miscigenação".[23] Ele afirmou que "os negros mostraram, durante o tempo registrado, que são uma espécie estacionária e que não têm potencial para o progresso nem para iniciativa própria".[24] Porém, como disse o próprio Grant, "as três principais raças europeias são o assunto deste livro",[25] que não continha praticamente nenhuma informação precisa sobre negros, mas apenas pronunciamentos confusos. Até as classificações de Grant dos grupos europeus são essencialmente pronunciamentos, com pouca ou nenhuma evidência empírica e análise, apesar da sua abundância em informações ambíguas e com frequência herméticas.

O que *The Passing of the Great Race* trouxe foi uma grande exibição de erudição, ou aparente erudição, empregando vários termos técnicos que a maioria das pessoas desconhecia — como "crânio braquicefálico",[26] "Armenoides",[27] "homem Paleolítico",[28] "Masságetas",[29] "Zendavesta",[30] a "língua tocariana ariana"[31] e as eras do "Mioceno" e do "Plioceno"[32], e também valendo-se de afirmações como "O Paleolítico Superior abrange todos os estágios pós-glaciais até o Neolítico e inclui as subdivisões do Aurignaciano, do Solutreano, do Magdaleniano e do Aziliano".[33] Mas tudo isso serviu como pano de fundo impactante para conclusões desarticuladas.

Uma das conclusões de Madison Grant foi que "a raça reside na base de toda manifestação de sociedade moderna".[34] Ele também lamentou "a crença sentimental na santidade da vida humana", quando isso é usado "para impedir tanto a eliminação de bebês defeituosos como a esterilização de adultos que não têm valor para a comunidade".[35] Ele temia o "ressurgimento das raças inferiores à custa dos nórdicos"[36] e a "falta da verdadeira consciência de raça vigente" entre estes últimos.[37] Ele considerava os imigrantes que chegavam aos Estados Unidos como "lixo" das "prisões e asilos" da Europa.[38] Em termos mais gerais, dizia:

> Existe, nos dias de hoje, uma crença comum e ilusória no poder do ambiente, e também no poder da educação e da oportunidade de alterar a hereditariedade, que surge do dogma da fraternidade do homem, derivado, por sua vez, dos pensadores permissivos da Revolução Francesa e de seus imitadores nos Estados Unidos.[39]
>
> (...) O homem de linhagem antiga está sendo expulso de muitas regiões rurais por esses estrangeiros, assim como hoje ele está sendo literalmente rechaçado das ruas da cidade de Nova York pelas multidões de judeus poloneses.[40]
>
> (...) Nós, norte-americanos, devemos compreender que os ideais altruístas que controlaram o nosso desenvolvimento social ao longo do século passado e o sentimentalismo excessivo que transformou os Estados Unidos "num asilo para os oprimidos" estão arrastando a nação rumo a um abismo racial.[41]

O fato de a obra ter sido levada a sério nos diz muito a respeito da época. Mas Madison Grant não era nenhum excêntrico ou caipira ignorante. Ele havia nascido em uma família abastada da cidade de Nova York e foi instruído em Yale e na Faculdade de Direito da Universidade de Columbia. Era membro de inúmeros clubes sociais exclusivos. No cenário político, Grant foi um progressista e ativista em questões importantes para os progressistas, tais como preservação de espécies em risco, reforma municipal e a criação de parques nacionais, e foi também quem impulsionou a criação do maior zoológico do mundo, no Bronx.[42] *The Passing of the Great Race* não só foi recomendado em uma publicação popular como o *The Saturday Evening Post*, como também foi resenhado na *Science*, publicada pela Associação Americana para o Avanço da Ciência.[43] Os mapas para um livro posterior de sua autoria foram preparados com a ajuda da Sociedade Geográfica Americana.[44]

A tese de Madison Grant aprimorou temas introduzidos por outros antes dele, como o sociólogo progressista Edward A. Ross, que cunhou a expressão "suicídio da raça" para descrever a substituição demográfica da linhagem norte-americana existente ao longo dos tempos por imigrantes com taxas maiores de natalidade vindos do sul e do leste europeu, aqueles que já haviam sido descritos anteriormente pelo respeitado economista Francis A. Walker como "homens decaídos de raças decaídas".[45]

O professor Ross declarou que "ninguém pode duvidar de que as raças diferem em capacidade intelectual"[46] e lamentou o "resultado imprevisto" do acesso generalizado a avanços na medicina — ou seja, "o aumento da possibilidade de sobrevivência do ignorante, do estúpido, do negligente e do muito pobre em comparação com a possibilidade dos inteligentes, dos brilhantes, dos responsáveis e dos prósperos".[47] As preocupações de Ross diziam respeito não apenas a pessoas de classes diferentes, mas também ao novo e substancial número de imigrantes:

> Observe os imigrantes não quando sobem a prancha de embarque, nem quando saem sujos da boca da mina ou do portão do moinho depois do trabalho; observe-os em suas reuniões, lavados, penteados e usando suas melhores roupas de domingo. Você se impressionará com o fato de que de 10% a 20% deles são pessoas hirsutas, pouco inteligentes e de rosto grande, e obviamente de mentalidade limitada. Isso não sugere que sejam pessoas más. Elas simplesmente parecem deslocadas em roupas pretas e colarinho duro, já que, sem dúvida, foram feitas para peles e choças de vime do final da Grande Era Glacial. Esses homens que se assemelham a bois são descendentes daqueles *que sempre ficaram para trás...* Para o olho treinado, a fisionomia de certos grupos proclama inequivocamente a inferioridade do tipo.[48]

Segundo o professor Ross, "os novos imigrantes são inferiores na aparência aos antigos imigrantes",[49] aparentemente porque os novos imigrantes eram do leste e do sul da Europa, diferentemente dos imigrantes anteriores do norte e do oeste da Europa. Nas palavras de Ross:

> A fusão de norte-americanos com imigrantes alemães e escandinavos foi somente uma recombinação de linhagens aparentadas, pois anglos, jutos, dinamarqueses e normandos foram antigamente forjados na fibra da raça inglesa. Mas as variedades humanas coletadas neste país pela ação evidente de forças econômicas são diferentes demais para se misturarem sem produzir muitas faces de uma "constituição caótica".[50]

As diferenças entre os velhos imigrantes e os novos também não se limitavam ao intelecto ou à aparência física, de acordo com Ross: "Que os povos mediterrâneos são moralmente inferiores às raças do norte da Europa é algo tão certo quanto qualquer fato social".[51] Além disso, acreditava-se que essas diferenças existiam porque as pessoas do norte da Europa superavam as do sul da Europa "em dotação ética inata".[52] Ross declarou: "Não vejo por que motivo as raças não possam diferir em traços morais e intelectuais tanto quanto obviamente diferem em traços físicos".[53] Negros norte-americanos foram mencionados de passagem como "vários milhões de uma raça inferior".[54] Para Ross, a sobrevivência de uma raça e uma cultura superiores dependia da consciência dessa superioridade e do orgulho dessa superioridade: "A superioridade de uma raça não pode ser preservada sem *orgulho do sangue* e uma atitude intransigente com raças inferiores... Tendo em vista que a cultura superior deve ser mantida pura, bem como o sangue superior, é mais forte a raça cujos integrantes, até um agricultor ou um artesão, têm *forte sentimento de superioridade*".[55]

Francis A. Walker foi um dos principais economistas da segunda metade do século XIX. Ele estava longe de ser um progressista, mas suas opiniões sobre imigrantes do sul e do leste da Europa tornaram-se mais tarde predominantes na era progressista do início do século XX. Ele propôs rígidas restrições à imigração, não apenas quantitativa, mas também qualitativamente. Propôs controlar a qualidade, exigindo de cada imigrante o pagamento de uma fiança ao entrar no país — uma soma muito maior do que qualquer judeu, italiano ou outros imigrantes da Europa Oriental ou Meridional possuíam na época. Walker afirmou que as restrições que propunha "não impediriam que dezenas de milhares de suecos, noruegueses, alemães e homens de outras nacionalidades prósperos viessem para cá, arcando com suas próprias despesas, já que um grande número dessas pessoas agora leva consigo quantias de dinheiro maiores do que essas".[56] Tal exigência, ele disse, faria "aumentar a qualidade média, social e industrialmente, dos imigrantes que realmente entram no país".[57]

Walker via a necessidade de proteger "o modo de vida americano e a qualidade da cidadania norte-americana da degradação pelo acesso de vastas hordas de camponeses ignorantes e brutalizados dos países do leste e do sul da Europa".[58] Ele ressaltou que, em tempos passados, imigrantes "vinham quase exclusivamente do oeste ou do norte da Europa" e que "imigrantes do sul da Itália, Hungria, Áustria e Rússia juntos dificilmente ultrapassavam 1% da nossa imigração". Agora essas proporções haviam mudado totalmente, trazendo "vastas massas de camponeses, degradados abaixo das nossas piores expectativas". Ele disse: "São homens decaídos de raças decaídas; representam os piores fracassos na luta pela existência".[59]

Sem restrições à imigração, o professor Walker declarou que "todas as concentrações de população fétidas e apáticas da Europa", de lugares onde "nenhum sopro de vida inteligente surge há gerações, seriam despejadas em nosso litoral".[60] Mas as pessoas do leste e do sul da Europa não eram as únicas rejeitadas como irremediáveis por Walker. Os índios norte-americanos nativos eram depreciados como "selvagens" por Walker, "sem capacidade de planejamento e sem autocontrole, extremamente suscetíveis a más influências, com grandes apetites animalescos, mas nenhum gosto nem aspirações intelectuais para controlar esses apetites".[61]

Outro importante economista contemporâneo, Richard T. Ely, um dos fundadores da American Economic Association [Associação de Economia dos Estados Unidos], demonstrava desprezo semelhante pelos negros, que dizia serem "na sua maioria crianças crescidas, e assim devem ser tratados".[62] O professor Ely também se preocupava com as classes que considerava inferiores: "Devemos dar às classes mais desesperançadas, deixadas para trás em nosso progresso social, cuidados de proteção com o mais alto desenvolvimento possível, e com segregação de sexos e confinamento, para evitar a reprodução".[63]

Richard T. Ely não foi somente um progressista durante a era progressista; ele adotou os tipos de ideias que definiam a era progressista anos antes que essa era tivesse início. Rejeitou a economia de livre mercado[64] e considerava o poder do Estado como algo a se aplicar "para o aprimoramento das condições sob as quais as pessoas vivem ou trabalham". Longe de entender a intervenção governamental como redução da liberdade, ele redefiniu liberdade: "A regulamentação pelo poder do Estado dessas relações industriais e de outras relações sociais existentes entre os homens é uma condição de liberdade". Embora a ação do Estado pudesse "reduzir o nível de liberdade teórica", ele "aumentaria o controle sobre a natureza no indivíduo e promoveria o crescimento da liberdade prática".[65]

Como outros progressistas, Richard T. Ely defendia a causa da preservação, dos sindicatos, e aprovava a "filantropia coercitiva" do Estado.[66] Ele afirmou: "Acredito que recursos naturais, como florestas e riqueza mineral, deveriam pertencer ao povo", e também acreditava que "rodovias ou ferrovias, assim como o telégrafo ou a encomenda postal'". deveriam pertencer "à comunidade". Ele também apoiava a "propriedade pública" de serviços municipais[67] e declarou que "sindicatos deveriam ser legalmente encorajados em seus esforços por jornadas mais curtas e salários maiores", e que "impostos sobre herança e renda devem ser ampliados de maneira geral".[68] Em resumo, no decorrer do seu longo tempo de vida, o professor Ely foi um progressista antes, durante e depois da era progressista.

Enquanto os economistas tradicionais mais destacados da época, como Alfred Marshall, na Inglaterra, e John Bates, nos Estados Unidos, condenavam as leis do salário mínimo por gerarem desemprego, economistas de orientação progressista defendiam essas leis como um modo de evitar que "raças de baixa remuneração", como as dos imigrantes chineses, ameaçassem o padrão de vida dos trabalhadores norte-americanos. O professor John R. Commons, por exemplo, afirmou: "A concorrência não respeita as raças superiores", de forma que "a raça com menos necessidades desaloja as outras". O professor Arthur Holcombe, de Harvard, e presidente da American Political Science Association, referiu-se em favor das lei do salário mínimo como um meio de "proteger o padrão de vida do australiano branco da abominável concorrência das raças de cor, sobretudo a dos chineses".[69]

A eugenia, porém, não se limitava à tentativa de reduzir a reprodução de raças específicas. Muitos dos que a defendiam também visavam pessoas como as que o economista de Harvard Frank Taussig chamou de "aquela gente saturada de álcool ou carcomida de doenças hereditárias", bem com "os irrecuperáveis criminosos e prostitutas". Se não for possível "anestesiá-los com clorofórmio de uma vez", disse o professor Taussig, então "que pelo menos se possa segregá-los, trancá-los em refúgios ou em hospícios e impedir a propagação do seu tipo".[70] Na Suécia, anos mais tarde, o economista ganhador do prêmio Nobel Gunnar Myrdal apoiou programas que esterilizaram 60 mil pessoas de 1941 até 1975.[71]

Muitos acadêmicos, entre os quais alguns de grande importância, foram apoiadores da eugenia durante a era progressista. O professor Irving Fischer, de Yale, o principal economista monetário norte-americano em sua época, foi um dos fundadores da American Eugenics Society. O professor Fischer defendia que fosse impedida "a reprodução do que existe de pior" por meio de "isolamento em instituições públicas e, em alguns casos, por operação cirúrgica".[72] O professor Henry Rogers Seager, da Universidade de Columbia, que obtete reconhecimento suficiente para ser escolhido como presidente da American Economic Association

[Associação de Economia dos Estados Unidos], disse igualmente que "devemos ter a coragem de cortar linhas de hereditariedade que se mostraram indesejáveis", mesmo que isso exija "isolamento ou esterilização".[73] David Starr Jordan, presidente da Universidade de Stanford, declarou que o "sangue" de uma nação é o que "determina a sua história".[74] A eugenia sobreviveu à era progressista. Ainda em 1928, havia 376 cursos de faculdade dedicados à eugenia.[75]

As pessoas que promoviam o determinismo genético e a eugenia não eram incultas nem excêntricas. Muito pelo contrário. Edward A. Ross, Francis A. Walker e Richard T. Elly obtiveram todos doutorado em universidades de ponta, e eram professores em universidades de ponta. Edward A. Ross foi autor de 28 livros, cujas vendas foram estimadas em, aproximadamente, meio milhão de cópias; e ele foi considerado um dos fundadores da profissão de sociologia nos Estados Unidos.[76] Obteve um doutorado em economia na Universidade Johns Hopkins, e em várias ocasiões serviu como secretário da American Economic Association, e também como presidente da American Sociological Association [Associação Sociológica dos Estados Unidos], e dirigiu a American Civil Liberties Union [União Americana pelas Liberdades Civis]. Seus artigos foram publicados nos *Annals of the American Academy of Political and Social Science* [Anais da Academia Americana de Ciências Políticas e Sociais], entre outros veículos.

Ross fazia parte da comunidade de intelectuais progressistas nos níveis mais elevados. Ele foi um homem de esquerda que apoiou *Eugene v. Debs* na greve Pullman, em 1894, e defendeu a propriedade pública e a regulação de serviços públicos. Ativo como intelectual público na imprensa e no circuito de conferências, o professor Ross referia-se como "nós, liberais" às pessoas que falavam "em favor de interesses públicos contra interesses privados de poderosos", e denunciava aqueles que discordavam das suas opiniões como indignos porta-vozes "protegidos" de interesses particulares, um "corpo de mercenários" em oposição a "nós, campeões do bem-estar social".[77]

Roscoe Pound deu a Ross crédito por colocá-lo "no rumo que o mundo está seguindo".[78] Ross aplaudia os jornalistas denunciadores de escândalos da sua época, e também era considerado influente entre os presidentes progressistas Theodore Roosevelt e Woodrow Wilson.[79] A introdução a um dos livros de Ross continha uma carta repleta de elogios de Theodore Roosevelt.[80] Ross chamou de "Grande Era Glacial (1919-1931)" o repúdio dos eleitores aos progressistas nos anos que se seguiram à presidência de Woodrow Wilson.[81] Em hipocrisia e em ideologia, ele era de fato um progressista, um homem de esquerda.

Francis A. Walker foi igualmente importante na área de economia em sua época. Ele foi o primeiro presidente da American Economic Association — e a medalha Francis A. Walker, criada em 1947, foi o prêmio mais importante agraciado pela American Economic Association até 1977, quando foi suspensa em virtude do aparecimento do prêmio Nobel de Economia. O professor Walker foi também general Walker no exército da União durante a guerra civil. Em várias ocasiões, ele também foi presidente da American Statistical Association [Associação Americana de Estatística] e do Instituto de Tecnologia de Massachusetts (MIT). Foi ainda responsável pelos censos de número nove e dez dos Estados Unidos, foi diretor de Assuntos Indígenas e foi eleito membro da American Academy of Arts and Sciences [Academia Americana de Artes e Ciências].

Após a morte de Walker, em 1897, artigos comemorativos apareceram no periódico acadêmico da American Statistical Association, no *Quarterly Journal of Economics*, o primeiro periódico acadêmico voltado para economistas nos Estados Unidos, publicado em Harvard, bem como no *Journal of Political Economy*, publicado na Universidade de Chicago, e um obituário também apareceu no *Economic Journal*, o periódico acadêmico mais importante da Inglaterra na área de economia.

Richard T. Ely recebeu Ph.D. *summa cum laude* da Universidade de Heidelberg e foi autor de vários livros, um dos quais vendeu mais de um milhão de cópias.[82] Entre as pessoas importantes que assistiram a suas aulas estavam o já citado Edward A. Ross e Woodrow Wilson; ambos foram seus alunos na Johns Hopkins University.[83] Ele também foi considerado "uma grande força colaborativa para tornar a University of Wisconsin uma instituição vital, exercendo influência profunda sobre a economia política do Estado e da nação".[84] Ely era chamado de "pai da economia institucional",[85] campo no qual um dos seus alunos, John R. Commons, fez nome na Universidade de Wisconsin. A morte de Richard T. Ely, em 1943, foi marcada por tributos em ambos os lados do Atlântico, incluindo um obituário no *Economic Journal* britânico.[86] No século XXI, uma das distinções concedidas anualmente pela American Economic Association a um economista de destaque é convidá-lo para ministrar a Palestra Richard T. Ely da associação.

Em suma, Edward A. Ross, Francis A. Walker e Richard T. Ely não apenas faziam parte das correntes predominantes ou "*mainstream*" — para usar um termo que se tornou comum em nossos dias; eles eram a elite do *mainstream*. Mas isso não evidenciava a validade do que eles diziam naquela época, nem evidencia a validade do que a elite *mainstream* diz hoje.

Embora não fosse um catedrático, Madison Grant circulava entre membros proeminentes da *intelligentsia*. Entre seus amigos mais próximos estavam George Bird Grinnell, editor da revista esportiva de elite *Forest and Stream*, e Henry Fairfield Osborn, paleontologista de renome mundial que cunhou o termo "tyrannosaurus rex". Após os testes mentais em massa, Osborn declarou: "Aprendemos que definitivamente o negro não é como nós".[87]

Madison Grant, Edward A. Ross, Francis A. Walker e Richard T. Ely fizeram parte das tendências intelectuais do seu tempo numa época na qual os principais intelectuais acreditavam que os resultados de testes mentais confirmavam diferenças raciais inatas; na qual a imigração era rigidamente limitada por motivos raciais; e na qual a Ku Klux Klan foi restaurada e se difundiu para além do Sul, tornando-se uma força política especialmente sólida no Centro-Oeste. Como até mesmo um biógrafo de Madison Grant disse: "Grant não era um homem mau. Ele não acordava pela manhã e pensava: 'Hum, vamos ver quais atos vis eu posso realizar hoje'. Pelo contrário: segundo todos os relatos, era uma figura doce, atenciosa, erudita e infinitamente charmosa".[88]

Madison Grant também transitava em círculos socialmente elitistas e politicamente progressistas. Theodore Roosevelt saudou a entrada de Grant em um clube social exclusivo que o primeiro havia fundado.[89] Mais tarde, por algum tempo, Grant tornou-se amigo de Franklin D. Roosevelt, enviando-lhe cartas nas quais escrevia "Meu caro Frank"; e Franklin D. Roosevelt, por sua vez, correspondia escrevendo "Meu caro Madison" em resposta.[90] Os dois homens se conheceram enquanto serviam em uma comissão como cidadãos de espírito cívico, e o fato de ambos terem enfrentado doenças paralisantes na década de 1920 fez surgir uma ligação pessoal. Mas as ideias de Madison Grant se transportaram para muito além dos círculos requintados nos Estados Unidos. Elas foram aproveitadas com avidez na Alemanha nazista, embora a morte de Grant, em 1937, o tenha poupado de conhecer as derradeiras consequências dessas suas ideias, que culminaram no Holocausto.

George Horace Lorimer, por muito tempo editor do *Saturday Evening Post*, foi mais um grande apoiador do movimento progressista no início do século XX, e sua revista, com um público de 4 a 5 milhões de leitores por semana,[91] era política e socialmente influente. Lorimer apoiava Theodore Roosevelt e o senador progressista Albert Beveridge.[92] Quando propôs restrições à imigração, Lorimer — como muitos outros nessa época — invocou a "ciência" em oposição à "escola de Poliana".[93] Em um editorial no *Saturday Evening Post*, Lorimer advertiu contra a "nossa degeneração racial" como resultado da imigração, que, segundo ele, poderia levar os norte-americanos a terem de "perder a nossa posição social elevada e nos juntar às raças inferiores dos mestiços".[94]

No início dos anos de 1920, Lorimer encarregou o escritor e futuro ganhador do prêmio Pulitzer Kenneth L. Roberts de escrever uma série de artigos sobre a imigração para o *Saturday Evening Post*. Em um desses artigos, Roberts fez menção aos "europeus do norte e europeus ocidentais, mais refinados", que "são tipos particularmente agradáveis de imigrantes", em oposição às "pessoas doentes, alienadas e de raças misturadas do sudeste da Europa".[95] Esses artigos foram, mais tarde, republicados como um livro intitulado *Why Europe Leaves Home* [Por que a Europa deixa seu lar, em tradução livre]. Nesse livro, entre outras coisas, Roberts disse que "os judeus da Polônia são parasitas humanos"[96] e que as pessoas do Império Austro-Húngaro eram "inacreditavelmente atrasadas".[97] Ele acrescentou: "A nação norte-americana foi fundada e desenvolvida pela raça nórdica, mas se mais alguns milhões de membros das raças alpina, mediterrânea e semítica forem despejados entre nós, o resultado será inevitavelmente uma raça híbrida de pessoas tão inúteis e fúteis como os mestiços imprestáveis da América Central e do sudeste da Europa".[98]

Como muitos outros da sua época, Roberts invocou a ideia de uma abordagem "científica" para a lei de imigração,[99] contrapondo ao mesmo tempo "os bem-vindos imigrantes do noroeste da Europa" aos "indesejáveis" que "chegam dos países europeus do sul e do leste".[100]

O jornalista investigativo progressista George Creel, ex-membro do governo de Woodrow Wilson, escreveu artigos sobre imigração em 1921 e 1922 na revista *Collier's*, outra importante publicação de grande circulação na época. Nesses artigos, ele fez o familiar contraste entre os povos do norte e do oeste da Europa com os povos do leste e do sul da Europa, usando a habitual nomenclatura da época, que denominava os primeiros de nórdicos e os últimos de povos alpinos e mediterrâneos:

> Os homens e mulheres que primeiro chegaram à América eram nórdicos — pessoas de sangue puro e membros fortes da Inglaterra, da Irlanda, da Escócia, da Escandinávia, da Bélgica, da Holanda, da Alemanha e da França. Os milhões que os seguiram durante dois séculos inteiros eram também nórdicos, e trouxeram consigo os mesmos costumes, ideias e ideais, adaptando-se à nova vida como a pele se adapta à mão.
>
> Em 1880, porém, ocorreu alguma mudança vital na natureza da imigração, e então tiveram início as gigantescas ondas de duas novas linhagens — a dos alpinos da Europa Central, em sua maioria eslavos, e a dos mediterrâneos, os pequenos povos de tez escura do sul da Itália, da Grécia, da Espanha e do norte da África.[101]

Creel descreveu os últimos imigrantes que mencionou como os "fracassados, ineptos e desajustados do Velho Mundo".[102] Ele disse: "Os que vinham da Europa Oriental eram moral, física e mentalmente os piores na história da imigração".[103]

H. L. Mencken foi mais um intelectual de destaque durante a era progressista, mas ele não era de modo algum progressista. Mesmo assim, seu ponto de vista acerca dos negros era bem semelhante ao de outros intelectuais dessa época. Em 1908, ele escreveu sobre "o esforço irremediavelmente perdido e insensato para tornar melhores os negros do sul dos Estados Unidos por meio da educação". Ele acrescentou:

> Não é preciso muita reflexão para constatar que o negro, não importa quão educado seja, deve permanecer como raça numa condição de subserviência; que pela própria diferenciação racial, ele deve permanecer inferior ao homem branco, mais forte e mais inteligente. Por isso, o esforço para educá-lo despertou em sua mente ambições e aspirações que, pela própria natureza das coisas, não se concretizarão. Assim, sem nada a ganhar de material, eles também perdem toda a sua antiga satisfação, tranquilidade e felicidade. Com efeito, é comum observar nos Estados Unidos que o negro educado e refinado é invariavelmente um homem perdido, melancólico, amargurado e desesperado.[104]

Opiniões semelhantes a respeito de pessoas negras foram expressas em outros escritos iniciais de H. L. Mencken, embora os negros não fossem o único grupo visto sob uma perspectiva negativa nesses escritos:

> O negro desocupado não é uma vítima da falta de oportunidades e da opressão. Há escolas para ele, e há trabalho para ele, e ele despreza ambos. Que seus quarenta e tantos anos de liberdade lhe deram pouca oportunidade para revelar seu entusiasmo não passa de especulação. Na verdade, o negro parece estar regredindo, de maneira geral. A coisa mais lisonjeira que se pode dizer de um indivíduo negro nos dias de hoje é que ele é tão esforçado e tão honesto quanto seu avô, que era escravo. Existem negros de excepcional inteligência e capacidade, estou bem ciente disso, assim como existem judeus e russos milagrosos que não vivem na imundície; mas a maior parte da raça é composta de incapazes.[105]

Em 1926, contudo, a posição de H. L. Mencken mudou um pouco. Analisando um livro de ensaios dos principais intelectuais negros, editado por Alain Locke — ele mesmo um intelectual negro de destaque da época —, Mencken escreveu:

> Esse livro me parece um fenômeno de imensa importância. Representa a emancipação final do negro norte-americano do seu complexo de inferioridade, sua destemida decisão de ir além. Até muito recentemente, esse complexo de inferioridade condicionou todo o seu pensamento, até mesmo (e talvez especialmente quando ele gritava mais alto por seus direitos divinos.

Como disse, leia o livro. E depois de lê-lo, faça a si mesmo esta pergunta simples: é possível imaginar um grupo de sulistas *brancos* fazendo algo tão digno, tão sereno, tão impressionante?... Como alguém que conhece o Sul melhor que a maioria das pessoas, e teve contato com a maioria dos seus intelectuais, reais e confederados, eu francamente digo que não consigo imaginar tal coisa. Aqui, sem dúvida, o negro desafia o branco sulista num território comum, e o derrota com facilidade.[106]

Contudo, Mencken não estava nada otimista quanto ao futuro da população negra como um todo: "A imensa maioria das pessoas da sua raça está a apenas dois ou três centímetros dos gorilas: por muito, muito tempo será absolutamente impossível fazer com que se interessem por qualquer coisa além de costeletas de porco e gim ilegal".[107]

Como muitos outros intelectuais do início do século XX, em 1937 H. L. Mencken aprovava as medidas eugênicas — no caso, a esterilização voluntária de homens, estimulada por recompensas fornecidas por filantropia privada. Como no passado, ele incluiu sulistas brancos entre os que considerava indesejáveis. Mencken sugeriu que a resposta para muitos problemas sociais fosse "esterilizar grandes números de norte-americanos livres, brancos e negros, para que não possam mais procriar". Para essa finalidade, "a maneira mais rápida de convencê-los a se submeter seria indenizá-los em dinheiro". A alternativa, ele disse, seria "suportar por toda a eternidade uma horda de retardados que não para de crescer".[108]

Nem todos os eugenistas eram deterministas raciais, como indicou a inclusão por Mencken de brancos sulistas em sua pauta eugenista, em 1937. Na Inglaterra, H. G. Wells rejeitou a seleção de raças particulares para extinção, embora tenha recomendado que pessoas indesejáveis de qualquer raça fossem visadas.[109] Em 1916, Wells escreveu: "Agora sou um escritor com grande preconceito contra a ideia de nacionalidade; meu hábito de pensamento é cosmopolita; odeio e desprezo a suspeita beligerante contra estrangeiros e costumes estrangeiros; um homem que me olha nos olhos, ri comigo, diz a verdade e age de maneira justa é meu irmão, mesmo que sua pele seja preta como tinta ou amarela como uma prímula".[110]

O escritor e radical norte-americano Jack London, contudo, declarou: "O anglo-saxão é uma raça dominante" e é "a mais capacitada para a sobrevivência". Ele firmou que "as raças inferiores devem ser submetidas à destruição, ou a alguma forma humana de escravidão econômica, é inevitável".[111] Embora Jack London fosse um homem de esquerda na era progressista, ele não era um progressista. Ele corajosamente declarou ser socialista.

Woodrow Wilson, um dos dois presidentes norte-americanos que foram também intelectuais — no sentido de alguém que ganhou a vida durante anos com a produção de ideias (o outro foi Theodore Roosevelt) —, elogiou o filme *O nascimento de uma nação*, que glorificou a Ku Klux Klan, e teve uma exibição privada desse filme na Casa Branca, para a qual foram convidadas figuras políticas de peso.[112] Foi durante o governo progressista de Woodrow Wilson que o Bureau of the Census [Departamento do Censo] e o Bureau of Printing and Engraving [Departamento de Impressão e Gravura] começaram a segregar empregados negros e brancos. O Departamento dos Correios não apenas começou a segregar seus empregados negros e brancos em Washington no governo Wilson como também passou a demitir e a rebaixar de cargo empregados negros dos Correios no Sul. O Ministério da Fazenda fez a mesma coisa. O presidente Wilson manifestou aprovação a essas ações.[113]

O mundo acadêmico nem de longe estava isento das crenças raciais e sociais da época. No início do século XX nos Estados Unidos, uma época na qual os candidatos, em sua maioria, eram admitidos até mesmo em faculdades de grande prestígio, havia restrições formais e informais à admissão de judeus. Harvard foi uma das poucas instituições a admitirem abertamente a imposição de limites de cotas, embora um artigo de 1909 tenha caracterizado o antissemitismo como "mais predominante em Princeton" (sob Woodrow Wilson) do que em qualquer outra das instituições pesquisadas. Em 1910, estudantes da Williams College manifestaram-se contra a admissão de judeus. Em 1922, o diretor de admissões de Yale disse: "A opinião geral na faculdade é de que foi excedida a proporção de pessoas na instituição cujos elementos raciais são tais que não permitem a assimilação, e que os representantes mais perceptíveis entre os que são considerados indesejáveis são os rapazes judeus".[114]

Tais pontos de vista acerca de raça ou etnia não eram inevitavelmente exigidos pelos princípios do progressismo, embora também não fossem proibidos por esses princípios. Durante a era progressista propriamente dita, Theodore Roosevelt tinha sobre o *potencial* dos negros uma opinião bem diferente da de muitos outros progressistas. Em resposta a um historiador britânico que expressou o temor de que as raças negra e amarela crescessem no mundo a ponto de desafiarem a raça branca, Theodore Roosevelt disse: "Até lá, o descendente do negro talvez seja tão culto quanto um ateniense".[115] Além disso, ele também acreditava em oportunidades iguais para outras minorias.[116]

Entretanto, a baixa avaliação de Roosevelt quanto ao nível *contemporâneo* de conhecimento e compreensão entre os negros norte-americanos[117] pode colocá-lo no mínimo, sob suspeita de racismo por parte de pessoas que, nos dias de hoje, projetam padrões atuais no passado; ou que talvez pensem na população negra do passado como se fosse simplesmente a população negra dos dias de hoje, vivendo num época passada, não uma população que, naquele época, abrangia milhões de pessoas que nem mesmo haviam adquirido ainda a capacidade de ler e escrever.

Uma das ironias das teorias de Madison Grant foi o fato de Grant ser descendente de escoceses, que emigraram depois de revoltas fracassadas contra os ingleses em 1745. Em séculos anteriores, a Escócia foi uma das nações mais atrasadas nas periferias da civilização europeia, embora Grant tenha classificado os escoceses como nórdicos, os quais supostamente eram intelectualmente superiores. Mais tarde, os escoceses ascenderam de maneira espetacular à vanguarda da civilização europeia e mundial, em um intervalo de tempo curto demais — como a história é medida — para ter ocorrido alguma mudança significativa na constituição genética da população da Escócia. Em outras palavras, a história da própria terra natal ancestral de Madison Grant fornece algumas das mais fortes evidências contra suas teorias sobre determinismo genético. Assim se deu em outras grandes reversões na liderança tecnológica, e em outras lideranças, entre nações, raças e civilizações, como as reversões das posições da China e da Europa já observadas. Muitas pessoas e nações viveram seu "período de ouro" para mais tarde serem superadas ou mesmo conquistadas por aqueles que outrora lhe eram inferiores.

Quanto mais ampla a extensão da história analisada, mais significativas serão as reversões das posições relativas das nações e das raças. Um estudioso muçulmano do século X observou que quanto mais ao norte se ia, mais pálidos ficavam os europeus, e também notou que "quanto mais ao norte eles estavam, mais estúpidos, brutos e rudes eram".[118] Por mais ofensiva que nos dias de hoje pareça essa correlação entre cor da pele e desenvolvimento intelectual, não há razão na história para contestá-la como generalização empírica naquela época em particular. A Europa Mediterrânea foi mais avançada que o norte da Europa por séculos, desde os tempos antigos, quando os gregos e os romanos fixaram muitas das fundações da civilização ocidental, num tempo em que os povos da Grã-Bretanha e da Escandinávia viviam em sociedades iletradas e muito menos avançadas.

Como o estudioso muçulmano do século X, Madison Grant viu uma correlação entre cor da pele e inteligência, mas ele atribuiu claramente essa correlação a genética. Entre outras coisas, ele explicou a representação excessiva de mulatos entre a elite negra do seu tempo por seus genes caucasianos, e Edward Byron Reuer elaborou um estudo sociológico empírico do mesmo fenômeno, e chegou à mesma conclusão.[119] Tempos depois, intelectuais explicariam o mesmo fenômeno pela tendência dos brancos em favor de pessoas que se parecem mais com eles.

Independentemente do que qualquer uma das teorias nos diga, os fatos mostram que as reais habilidades e o comportamento de negros e mulatos foram historicamente demonstrados de maneira diferente, sobretudo nos Estados Unidos do século xix e do início do século xx. Não se trata de meras "percepções" ou "estereótipos", como foram rotuladas tantas observações inconvenientes. Um estudo da Filadélfia do século xix, por exemplo, revelou taxas de criminalidade maiores entre a população negra do que entre a população de mulatos.[120] Não é necessário acreditar que taxas de criminalidade são geneticamente determinadas, mas também não é necessário acreditar que foi tudo apenas uma questão de percepções dos brancos.[121]

No tempo da escravidão, os mulatos com frequência recebiam tratamento diferente do que era dado aos negros, sobretudo quando os mulatos eram rebentos do senhor de escravos. Essa diferença de tratamento existia não somente nos Estados Unidos, mas em todo o hemisfério ocidental. Os mulatos eram uma proporção muito maior da população de "pessoas de cor livres" do que eram das populações de escravos em todo o hemisfério ocidental, e as mulheres recebiam a liberdade com muito mais frequência que os homens.[122] Essas diferenças iniciais, baseadas em favoritismo pessoal, levaram a diferenças duradouras baseadas em oportunidades prévias de começar a adquirir capital humano como pessoas livres gerações antes da Proclamação de Emancipação.

Em suma, "pessoas de cor livres" tinham uma vantagem de gerações em assimilação, urbanização e experiência geral como pessoas livres. A taxa de alfabetização obtida por "pessoas de cor livres" em 1850 só seria alcançada pela população negra como um todo setenta anos mais tarde.[123] Num mundo em que o concreto é o que determina o destino das pessoas, as diferenças não podem ser discutidas de maneira abstrata, nem dentro dos grupos nem entre os grupos. Entre norte-americanos de ascendência africana, assim como dentro de outros grupos e entre outros grupos, *pessoas não são eventos aleatórios* aos quais teorias e estatísticas de probabilidade podem ser despreocupadamente aplicadas — e correlação não é causalidade.

Considerando a vantagem obtida por aqueles que foram libertados da escravidão gerações antes dos outros, não surpreende que, em meados do século xx, a maioria dos profissionais negros em Washington, D. C., eram, ao que tudo indica, descendentes das "pessoas de cor livres" da época anterior à Guerra de Secessão[124] — um grupo que nunca passou de 14% da população negra norte-americana.[12] Porque muitos desses profissionais — tais como doutores, advogados e professores — trabalhavam principal ou exclusivamente dentro da comunidade negra n Washington de meados do século xx, o favoritismo da parte de brancos *contem porâneos* teve pouca ou nenhuma relação com seu sucesso, ainda que o capital hu mano que produziu esse sucesso tenha se desenvolvido essencialmente a partir d favoritismo mostrado por seus ancestrais um século ou mais antes.

Nem a genética nem o ambiente contemporâneo são relevantes para explica diferenças quanto ao capital humano entre negros e mulatos — diferenças qu eram bem mais acentuadas em tempos antigos do que nos dias de hoje, depois que a população negra de maneira geral teve mais tempo e oportunidades como população livre para adquirir mais capital humano. Da mesma forma, nem a genética nem o ambiente contemporâneo são relevantes para explicar diferenças em habilidades, comportamentos, atitudes e valores entre outros grupos raciais ou subgrupos em muitos outros países pelo mundo, já que muitos desses grupos diferiam significativamente em sua história, em seu ambiente geográfico e de outras maneiras.

Madison Grant afirmou: "A inteligência e a capacidade de uma pessoa de cor são diretamente proporcionais à quantidade de sangue branco que ela tem, e a maior parte das posições de liderança, influência e importância da raça negra são ocupadas não por negros puros, mas por mulatos, muitos dos quais têm bem pouco sangue negro. Prova disso é que encontrar um negro puro numa posição de destaque é surpreendente a ponto de gerar comentários".[126] Porém, como tantas outras coisas ditas por ele e por outros que pensavam da mesma maneira, ele eternizou verbalmente um padrão contemporâneo quando atribuiu esse padrão à genética, assim como muitos intelectuais da era progressista desprezaram os povos do sul da Europa que, segundo todos os indicadores, já foram muito mais avançados em tempos antigos que os nórdicos, tidos como geneticamente superiores. Os gregos e os romanos tiveram o Partenon e o Coliseu, sem falar na literatura e nos gigantes da filosofia, numa época em que não havia uma única edificação na Grã-Bretanha, país que, naquele tempo, era habitado por tribos de analfabetos.

REAÇÕES ÀS DISPARIDADES

No Capítulo 7, já vimos algumas das muitas disparidades entre realizações de grupos raciais ou étnicos. Exemplos dessas disparidades podem ser entendidos quase interminavelmente.[127] Embora as desigualdades econômicas e sociais entre grupos raciais e étnicos tenham atraído bastante a atenção dos intelectuais, nos dias de hoje, essa atenção raras vezes é concentrada fundamentalmente em explicar como os grupos menos prósperos economicamente e de menor prestígio social poderiam se tornar melhores ao aproveitar a cultura de outros que os cercam a fim de serem mais produtivos e competirem de modo mais eficiente com outros grupos na economia. Quando David Hume incitou seus colegas escoceses do século VIII a dominarem a língua inglesa,[128] o que eles fizeram, ele e seus colegas seguiram um padrão muito diferente do padrão da maior parte de uma minoria de intelectuais e seus respectivos grupos em outros países mundo afora. A ascensão espetacular dos escoceses nos séculos XVIII e XIX — que em dado momento superaram os ingleses nas áreas de engenharia e medicina,[129] por exemplo — também foi uma exceção, e não uma regra.

Um padrão muito mais comum é aquele em que os intelectuais exigem igualdade de resultados econômicos e de reconhecimento social, independentemente de capacidades, comportamento ou desempenho do grupo do qual fazem parte ou em cujo nome falam. Em alguns países, nos dias de hoje, qualquer alegação de que diferenças de resultados entre grupos são consequência de diferenças de habilidades, comportamento ou desempenho entre grupos é descartada pela *intelligentsia* como falsas "percepções", "preconceito" ou "estereótipo", ou é condenada por "culpar a vítima". Raras vezes alguma dessas informações tem respaldo de evidência empírica ou de análises lógicas que fariam delas algo mais do que afirmações arbitrárias que, por acaso, estão em voga entre as elites intelectuais contemporâneas.

Ao contrário dos escoceses, que dominavam a língua inglesa — e o mais amplo leque de conhecimento, habilidades e cultura ao qual essa língua lhes deu acesso —, outros grupos em posição de ascender por meio da obtenção de conhecimento e habilidades disponíveis em outra língua se ressentiram por ter de avançar desse modo.

Nos tempos do Império Russo, por exemplo, a maioria dos mercadores, artesãos e industriais da cidade portuária de Riga, no Báltico, eram alemães,[130] embora os alemães fossem menos de um quarto da população daquela cidade.[131] A educação na Universidade de Dorpat, em Riga, era administrada em alemão, assim como a maior parte das atividades educacionais na cidade.[132] Não somente em Riga, mas também na Letônia como um todo, em sua maioria as classes mais altas eram compostas de alemães, e as mais baixas, de letões. Contudo, os letões que desejassem ascender poderiam se tornar parte da elite cultural alemã e fazer um casamento misto dentro da comunidade alemã. Mas uma nova classe instruída letã emergente, com muitos dos seus integrantes formados na Universidade de Dorpat, ofendeu-se por ter de tornar-se culturalmente alemã a fim de ascender e, em vez disso, deu início a políticas de identidade étnica.[133] Eles viam os letões como um povo "relegado por longa opressão a posições inferiores na vida".[134]

Um processo muito semelhante aconteceu no Império Habsburgo, no qual os alemães na Boêmia eram uma elite educada e onde os checos que queriam ascender tinham a possibilidade de fazê-lo ao aprender a língua e a cultura alemãs. Mas uma nova *intelligentsia* checa, a qual incluía estudantes universitários e professores, promoveu o nacionalismo cultural checo.[135] Nacionalistas checos, por exemplo, insistiram que as placas de rua em Praga, que tinham dizeres em checo e em alemão, doravante fossem exclusivamente em checo.[136] O simbolismo

DISPARIDADES E SUAS CAUSAS

— incluindo intolerância com os símbolos de outras pessoas — muitas vezes marcou os esforços de uma intelectualidade étnica. A ascensão da intelectualidade nativa — seja na Letônia, na Boêmia ou em qualquer outro lugar — tendeu a tratar as vantagens culturais dos alemães como injustiça *social*, contra a qual eles mobilizaram outros membros do seu grupo étnico para se oporem aos alemães e à cultura alemã.

Seja no Báltico ou na Boêmia, os alemães tenderam a ser mais cosmopolitas, e no início resistiram aos esforços da nova intelectualidade nativa e emergente para fragmentar a sociedade segundo critérios étnicos. Mas a persistente e crescente promoção da identidade étnica pela *intelligentsia* étnica emergente acabou por levar os alemães a abandonarem seu cosmopolitismo e a se defenderem como alemães.[137] O resultado real disso nas duas regiões foi a polarização étnica, com frequência sob a bandeira de alguma variação de "justiça social", exigindo que o grupo defasado fosse colocado no mesmo nível por algum processo diferente de obtenção do mesmo conhecimento e habilidades dos outros.

Polarização semelhante foi produzida em outros países com o surgimento de uma *intelligentsia* recém-formada — geralmente educada em áreas "maleáveis", não em ciências nem em outros campos que gerariam habilidades comercializáveis com as quais concorrer com membros de outros grupos étnicos que já tinham tais habilidades e experiência. Um estudo histórico aborda os "bem-instruídos, mas subempregados", jovens checos que promoveram a identidade étnica no século XIX[138] — uma descrição que poderia se aplicar a muitos que promovem identidade étnica em outras partes da Europa e da Ásia, bem como nos Estados Unidos, naquela época e agora. O "subempregado intelectualizado" tornou-se uma expressão comum no século XX,[139] na Europa, na Ásia ou em qualquer outro lugar — e essas pessoas se tornaram fontes comuns de polarização étnica.

As classes recém-formadas têm mostrado particular tendência a se especializar em disciplinas mais maleáveis e a se sobressair entre aqueles que estimulam a hostilidade contra grupos mais avançados, enquanto promovem movimentos de "identidade" étnica, sejam esses movimentos mobilizados contra outros grupos étnicos, contra autoridades vigentes ou outros alvos. Em vários períodos da história, a *intelligentsia* em geral e as pessoas recém-formadas especificamente lançaram grupos uns contra os outros, promovendo políticas discriminatórias e/ou violência física em países muito distintos, como Índia,[140] Hungria,[141] Nigéria,[142] Cazaquistão,[143] Romênia,[144] Sri Lanka,[145] Canadá,[146] e Checoslováquia.[147]

Seja como uma minoria de ativistas em dada sociedade ou como líderes de revoltas nacionais contra poderes imperiais externos, os promotores do nacionalismo são desproporcionalmente intelectuais — e intelectuais de uma gama limitada de áreas. "Poucos militantes nacionalistas foram engenheiros ou economistas ou administradores profissionais", como um estudo sobre nacionalismo afirmou a respeito da geração de líderes africanos durante a transição da condição colonial para a de nações independentes no século XX. Por exemplo, Kuame Nkrumah era um advogado formado na Grã-Bretanha, Jomo Kenyatta, um antropólogo, e Léopold Senghor, um poeta.[148] Pode-se encontrar muito desse mesmo padrão também em outras partes do mundo. Líderes do movimento separatista basco, na Espanha, e do movimento separatista de Quebec, no Canadá, também eram intelectuais de disciplinas maleáveis.[149]

Nas regiões orientais menos desenvolvidas da Europa, a classe de intelectuais que surgiu durante o período entre as duas Guerras Mundiais tendeu igualmente a se concentrar em disciplinas maleáveis em vez de se envolver com ciências ou com tecnologia, e buscou carreiras na política e nas burocracias governamentais, não na indústria ou no comércio. Como se afirmou numa história acadêmica da época, instituições de ensino superior da Europa Centro-Oriental se transformaram em um "proletariado acadêmico excedente" que não pôde ser absorvido por "atividades econômica ou socialmente funcionais", porque foram treinados principalmente em direito ou em humanidades.[150] Instituições romenas de educação superior foram descritas como "numericamente inchadas, pouco rigorosas academicamente e politicamente efervescente", servindo como "verdadeiras incubadoras de excedentes de burocratas, políticos e demagogos".[151]

Muito desse mesmo padrão ficaria evidente décadas mais tarde no Sri Lanka, que era bastante típico dos países asiáticos do Terceiro Mundo por ter "um acúmulo de graduados desempregados" que se especializaram em humanidades e em ciências sociais.[152] Líderes étnicos (que mais tarde promoveriam a fragmentação da Iugoslávia e as atrocidades que se seguiriam na última década do século XX) incluíam professores da área de humanidades e ciências sociais, assim como um escritor e um psiquiatra.[153] Os assassinatos em massa em Kampuchea sob o Khmer Vermelho também foram liderados sobretudo por intelectuais, entre os quais professores e acadêmicos.[154] O historiador A. J. P Taylor disse que o primeiro estágio do nacionalismo "é liderado por professores universitários" e que "o segundo estágio se dá quando os alunos dos professores saem para o mundo".[155] Seja qual for a verdadeira sequência, em muitos países mundo afora, a *intelligentsia* desempenha uma função central em promover animosidades e atrocidades entre grupos e internacionais — e em tentar preservar, reviver ou fabricar de maneira artificial glórias passadas.

Por outro lado, os exemplos históricos de impressionante desenvolvimento pessoal no Japão do século XIX e da Escócia do século XVIII — países que tomaram a decisão de mudar a si mesmos em vez de culpar outros — concentraram-se em forjar habilidades tangíveis, como em engenharia e medicina, no caso da Escócia, e ciências e tecnologia, no caso do Japão.[am] Em contrapartida, no século xx, toda uma geração de futuros líderes do Terceiro Mundo que foram estudar no Ocidente raramente se concentrou em estudar a ciência, a tecnologia ou o empreendedorismo para produzir a prosperidade ocidental; em vez disso, concentraram-se nas teorias sociais e nas ideologias em voga entre intelectuais ocidentais no meio acadêmico e em outras partes. Os países que eles lideraram após a independência pagaram muitas vezes um preço alto na forma de economia estagnada ou mesmo retrocesso, bem como na forma de polarização interna, que colocou grupo contra grupo.

A política linguística é uma expressão da polarização mais geral que envenenou relações entre grupos mais e menos prósperos na Índia, na Malásia e no Sri Lanka, entre outros lugares onde a maioria atrasada tentou se isolar da concorrência com minorias mais bem-sucedidas, tornando sua própria língua um pré-requisito para educação e/ou emprego.[156] Na Ásia, assim como na Europa, na África e no hemisfério ocidental, os intelectuais têm se destacado entre os que fomentam a ideologia da identidade étnica e a polarização entre grupos.

Sob essas influências, o Sri Lanka deixou de ser um país cuja tradição de relações harmoniosas entre maioria e minoria foi apresentada ao mundo como um modelo por muitos observadores, em meados do século xx, para passar a ser um país cuja polarização étnica posterior gerou décadas de ondas de violência e uma guerra civil total, durante a qual foram cometidas atrocidades indescritíveis no início do século xxi.[157]

A polarização entre checos e alemães na Boêmia do século xix demorou mais tempo para chegar ao nível de tragédia histórica, mas acabou alcançando esse nível. Uma reviravolta crucial aconteceu quando a nova nação da Checoslováquia foi criada no século xx, a partir da dissolução do Império Habsburgo, após a Primeira Guerra Mundial, com o antigo reino da Boêmia tornando-se agora a região mais econômica e culturalmente avançada da Checoslováquia — em parte devido aos alemães que viviam numa região denominada Sudetos. Eram amplas as diferenças culturais entre os vários povos desse pequeno país; um indicador disso é que o índice de analfabetismo na Boêmia era de somente 2% em 1921, ao passo que metade da população na província da Rutênia era analfabeta.[158] Grande parte da indústria da Checoslováquia localizava-se na Boêmia, e uma expressiva proporção dela estava nas mãos dos Sudetos alemães.

Armados agora com o poder de governo do seu próprio país, os líderes checos passaram a "corrigir injustiças" históricas e contemporâneas — a saber, o fato de que, no contexto econômico e em outros contextos, os alemães eram mais desenvolvidos que os checos e outros grupos no país. O governo estabeleceu a contratação preferencial de checos no serviço público e transferiu capital de bancos alemães e judeus-alemães para bancos checos, e também dividiu grandes propriedades rurais de alemães em fazendas menores, em benefício dos camponeses checos.[159] Violentos protestos alemães levaram soldados a atirar e matar mais de cinquenta alemães,[160] preparando o cenário para uma amarga e incessante escalada da polarização entre checos e alemães, o que levou a grandes tragédias nas décadas que se seguiram.

A Alemanha nazista anexou a região dos Sudetos em 1938, e depois se apossou do resto da Checoslováquia em 1939. Com o país sob domínio nazista, os papéis de checos e alemães se inverteram, e os checos passaram a sofrer brutal repressão; isso durou até a derrota da Alemanha, em 1945, que permitiu que os checos voltassem a assumir o controle do país. Na feroz reação que se seguiu, houve não apenas discriminação oficial contra alemães na Checoslováquia, como também violência generalizada, não oficial e muitas vezes letal, contra os alemães; mais de 3 milhões deles foram expulsos do país, deixando para trás uma população alemã reduzida a menos de um décimo do que já havia sido um dia.[161]

Evidentemente as habilidades e a experiência dos alemães foram expulsas com eles, e substituir isso não seria tarefa fácil. Meio século mais tarde, na região dos Sudetos, da qual os alemães haviam sido expulsos, ainda havia cidades e fazendas desertas[162] — testemunhas mudas do fato inconveniente de que as diferenças entre checos e alemães não eram simplesmente uma questão de percepção ou de injustiças, a menos que se prefira caracterizar diferenças circunstanciais históricas como injustiças. Tudo isso representou o preço que se paga por buscar justiça cósmica para abstrações intertemporais, em um mundo no qual manter a paz e a civilidade entre contemporâneos reais, de carne e osso, é com frequência um grande desafio por si só.

Seja na Europa, na Ásia, na África ou no hemisfério ocidental, um padrão comum entre intelectuais foi buscar, ou exigir, igualdade de resultados sem igualdade de causas — ou simplesmente presumir igualdade de causas. E essas exigências não se limitaram a intelectuais dentro de grupos subdesenvolvidos, quer fossem minorias ou maiorias. Intelectuais de fora, até mesmo intelectuais em outros países, muitas vezes discutem diferenças estatísticas em rendas e outros resultados como "disparidades" e "desigualdades" que precisam ser "corrigidas", como se estivessem discutindo pessoas abstratas num mundo abstrato.

As correções pedidas raramente são no próprio grupo subdesenvolvido, como Hume pediu aos seus companheiros escoceses no século XVIII. Hoje os princípios vigentes do multiculturalismo declaram todas as culturas iguais, isolando membros de grupos subdesenvolvidos dentro de uma bolha dos seus hábitos e práticas atuais, assim como os que acreditam no multiculturalismo isolaram-se a si mesmos dentro de uma bolha de dogma consensual entre pares.

Há certas possibilidades que os intelectuais não podem nem mesmo admitir como possibilidades, muito menos tentar testá-las empiricamente, o que seria arriscar toda uma visão de mundo — e de si mesmos — num lançamento de dados. A mais importante delas é a possibilidade de que a disparidade mais fundamental entre as pessoas seja a disparidade em suas capacidades de gerar riqueza, das quais as disparidades de renda e de riqueza são resultados, não causas. Outras disparidades, seja em crime, violência e ingestão de álcool ou outras patologias sociais, também podem ter raízes intrínsecas. Mas essas possibilidades também não são permitidas dentro da bolha fechada da visão da *intelligentsia*.

Uma das consequências dessa visão é que óbvias diferenças econômicas e de outros tipos entre grupos, para as quais explicações que envolvam fatores intrínsecos ao grupo subdesenvolvido não são permitidas dentro da bolha selada da visão multiculturalista, devem ser explicadas por causas externas. Se o grupo A tem rendas maiores ou outras realizações que superam as do grupo B, então a visão da justiça cósmica transforma a boa fortuna de A no ressentimento de B — não ressentimento contra o destino, os deuses, a geografia ou o cosmo, mas especificamente ressentimento contra A. Essa fórmula tem sido aplicada no mundo todo, colocando checos contra alemães, malaios contra chineses, ugandenses contra indianos, cingaleses contra tâmeis — e incontáveis outros grupos menos bem-sucedidos contra grupos que tiveram mais sucesso.

A contribuição dos meios intelectuais a esse processo resume-se muitas vezes a invocar verbalmente uma visão na qual A adquiriu riqueza tirando-a de B — sendo o último descrito como "explorado", "desprovido" ou alguma outra formulação verbal que explique a disparidade econômica como uma transferência de riqueza de B para A. Não importa que não haja uma fagulha de evidência de que B se encontrasse em situação econômica melhor antes da chegada de A. Também não importa quanta evidência exista de que B ficou comprovadamente em situação bem pior depois que A saiu de cena, como ocorreu no colapso da economia ugandense depois da expulsão de indianos e paquistaneses na década de 1970, na desolação que tomou conta da região dos Sudetos da Checoslováquia depois que os alemães foram expulsos em 1945, ou na persistente desolação urbana de muitos guetos negros nos Estados Unidos décadas depois que os tumultos dos anos de 1960 expulsaram muitos dos negócios que pertenciam a brancos, que supostamente estavam explorando os moradores do gueto.

As evidências empíricas de que A tornou B mais pobre raras vezes são consideradas necessárias, e, além disso, costumam ser ignoradas as evidências significativas de que a presença de *A* evitou que *B* fosse ainda mais pobre. Em países do Terceiro Mundo cuja pobreza é com frequência atribuída à "exploração" por nações ocidentais, não é incomum que a população nativa mais em contato com ocidentais em cidades portuárias e outros lugares seja visivelmente menos pobre do que a população nativa que vive em áreas remotas, longe do contato e da influência ocidentais.[163]

Acreditar que algumas pessoas simplesmente tiveram mais êxito do que outras, por esse ou aquele motivo, é uma ameaça à visão da *intelligentsia* nos dias atuais, porque isso implicitamente transfere para o grupo subdesenvolvido o ônus de obter mais conquistas — e, o que talvez seja mais importante, priva os intelectuais do seu papel de heróis que lutam ao lado dos anjos contra as forças do mal. O próprio conceito de realização é colocado em segundo plano ou desaparece totalmente em algumas das formulações verbais da *intelligentsia* nas quais aqueles que acabam se tornando mais bem-sucedidos *ex post* são descritos como tendo sido privilegiados *ex-ante*.

A que ponto essa visão pode se desviar da realidade foi mostrado num relatório intitulado *Ethno-Racial Inequality in the City of Toronto* [Desigualdade Étnico-Racial na Cidade de Toronto, em tradução livre], que afirma que "os japoneses estão entre os grupos mais privilegiados da cidade"[164] porque foram mais bem-sucedidos economicamente do que outras minorias locais e também do que a maioria branca. O que torna grotesca essa conclusão é uma história documentada de discriminação antijaponesa no Canadá,[165] onde pessoas de ancestralidade japonesa ficaram confinadas durante a Segunda Guerra Mundial por mais tempo do que os nipo-americanos.

Da mesma forma, integrantes da minoria chinesa na Malásia foram caracterizados como "privilegiados", e a maioria malaia como "desprovida", apesar de um histórico de tratamento oficial preferencial aos malaios, que remete aos tempos coloniais britânicos, quando o governo oferecia educação gratuita aos malaios, mas os chineses tinham de providenciar eles mesmos sua educação.[166] Não há dúvida de que os chineses *superaram muito em desempenho* os malaios, tanto na educação como na economia — um fato inconveniente evitado pela retórica do privilégio e da privação.

Esforços da parte da *intelligentsia* para subestimar ou desacreditar o sucesso, transformando-o em "privilégio" por meio de ginástica verbal, estão longe de se limitar ao caso da minoria japonesa no Canadá ou no da minoria chinesa na Malásia. Em muitos países ao redor do mundo, o abandono ou o desprestígio do conceito de realização lança sobre grupos que têm melhor desempenho a culpa pelo desempenho inferior de outros grupos, colocando o ungido no papel familiar de estar ao lado dos anjos — e colocando muitas sociedades no caminho da polarização étnica ou racial, e algumas vezes no caminho da ruína. Em muitos lugares do mundo, grupos que conviveram pacificamente por gerações desentenderam-se violentamente entre si quando tanto as circunstâncias como "líderes" habilidosos verbal e politicamente apareceram ao mesmo tempo, gerando uma "tempestade perfeita" de polarização. Intelectuais costumam ajudar a produzir o clima de opinião no qual essas tempestades perfeitas podem acontecer.

Os interesses egoicos dos intelectuais que discutem questões raciais levaram à formulação dessas questões de modo a promover melodramas morais, apresentando-se eles próprios ao lado dos anjos; esses interesses também os levaram a retratar os que são apontados como vítimas como pessoas de valor — o nobre oprimido. Desse modo, gerou-se muita simpatia pelos muitos grupos minoritários nos Impérios Habsburgo e Otomano, que foram desmantelados na esteira da doutrina da "autodeterminação" dos povos de Woodrow Wilson. Mas as nações recém-criadas ou recém-reconstituídas entalhadas a partir desses impérios desmantelados tornaram-se rapidamente lugares dominados por minorias recém-alçadas ao poder, oprimindo outras minorias; essas nações eram agora controladas por grupos que, no passado, eram minorias no Império Habsburgo e no Império Otomano. Entretanto, essas novas opressões raramente atraíram a atenção de intelectuais que haviam defendido a causa das minorias dos Impérios Habsburgo e Otomano que passaram a ser os novos opressores.

Algo semelhante ocorreu nos Estados Unidos, onde intelectuais que protestaram contra o racismo contra negros raras vezes criticaram o antissemitismo e palavras e ações de negros norte-americanos contra asiáticos. O espancamento de estudantes asiático-americanos por colegas de classe negros em Nova York e na Filadélfia, por exemplo, aconteceu repetidas vezes ao longo de anos[167] e, ainda assim, teve da parte dos intelectuais pouca atenção, muito menos críticas. Ao contrário da falácia propagada por alguns intelectuais, sofrer opressão não torna as pessoas nobres nem necessariamente tolerantes. Além disso, o comportamento da *intelligentsia* reflete não raro um padrão no qual os princípios são menos importantes que a moda — e asiático-americanos não estão na moda.

Ocorreram também explosões de violência aleatórias de jovens negros contra brancos em várias cidades dos Estados Unidos, porém esses ataques não são relatados em grande parte dos meios de comunicação, ou então a motivação racial desses ataques a estranhos é ignorada ou subestimada, mesmo quando os agressores lançam insultos contra brancos durante os ataques.[168]

CAPÍTULO 17
RAÇA E INTELIGÊNCIA

Existem poucas questões (se é que existe alguma) mais explosivas do que a de saber se há diferenças inatas de inteligência entre as diversas raças. Nesse ponto é particularmente importante que não haja dúvida sobre o que significa e o que não significa "inteligência" nesse contexto. Inteligência não significa nesse contexto sabedoria, perícia nem capacidades mentais desenvolvidas de modo geral. Praticamente todos reconhecem que essas coisas dependem, em alguma extensão, das circunstâncias, incluindo a criação de maneira geral e a educação em particular. Aqueles que estão em ambos os lados da questão de raça e inteligência estão discutindo algo bem mais fundamental: o potencial inato para pensar, o que foi definido no Capítulo 1 como "intelecto", a capacidade de apreender e de manipular conceitos complexos, sem considerar qualquer julgamento que possa ou não ter sido conquistado pela experiência ou pela educação.

Às vezes isso recebe o nome de inteligência *inata* — a capacidade mental com a qual nascemos —, mas seria mais apropriado que se denominasse *potencial* mental na ocasião da concepção, já que o desenvolvimento do cérebro pode ser afetado pelo que acontece no útero entre a concepção e o nascimento. Essas coisas podem acontecer de diferentes maneiras dependendo do comportamento da mãe, incluindo dieta alimentar, o ato de fumar e a ingestão de álcool e narcóticos, sem mencionar o dano que pode ser feito ao cérebro durante sua passagem pelo canal do parto. O potencial mental genético significaria, portanto, o potencial no momento da concepção, e não no nascimento, uma vez que a "inteligência inata" já foi afetada pelo ambiente.

De modo semelhante, se compararmos o potencial inato de raças, e não de indivíduos, então esse potencial inato — tal como existia nos primeiros tempos da espécie humana — pode ser diferente do que é hoje, uma vez que todas as raças foram submetidas a várias condições ambientais, que podem determinar que tipos de indivíduos têm maior ou menor probabilidade de sobreviver e de deixar descendentes para levar adiante sua linhagem familiar e a raça. Grandes disparidades de condições geográficas, históricas, econômicas e sociais nas quais diferentes raças se desenvolveram por séculos abrem a possibilidade de que diferentes tipos de indivíduos tenham se deparado com diferentes probabilidades de sobreviver e prosperar nessas diferentes condições ambientais. Ninguém sabe se isso é verdade — e essa é somente uma das muitas coisas que ninguém sabe a respeito de raça e inteligência.

A ferocidade das alegações em ambos os lados dessa questão parece refletir a importância ideológica da disputa — isto é, como isso afeta as visões e as pautas dos intelectuais. Na era progressista, alegações sobre diferenças raciais inatas de inteligência foram a base para que se propusessem intervenções abrangentes a fim de impedir que determinadas raças entrassem no país, e para que se refreasse a reprodução de determinadas raças que já viviam no país. No final do século XX, alegações a respeito da igualdade inata das raças tornaram-se a base para que intervenções abrangentes fossem propostas sempre que houvesse diferenças estatísticas substanciais entre raças em termos de renda, avanço profissional e outros resultados sociais, já que essas diferenças foram consideradas evidência presumida de discriminação, em virtude da suposta igualdade inata das raças.

Capacidade intelectual inata, entretanto, é apenas um dos muitos fatores que podem levar grupos diferentes a alcançarem resultados diferentes, independentemente de esses grupos diferirem por raça, sexo, religião, nacionalidade ou por muitas outras subdivisões da espécie humana. Em outras palavras, a igualdade inata de potencial intelectual nas raças, mesmo que pudesse ser provada, não provaria que as diferenças de resultado entre as raças teriam como causa o tratamento diferenciado da parte de outros — considerando as muitas influências geográficas, históricas, demográficas e outras que afetam o desenvolvimento de indivíduos e raças.

HEREDITARIEDADE E AMBIENTE

Em princípio, todos os fatores que afetam a inteligência podem ser dicotomizados entre os que decorrem da hereditariedade e os que decorrem de todas as influências restantes, que podem ser enquadradas na categoria de ambiente. Contudo, nem sempre a vida coopera com nossas categorias analíticas. Se o ambiente pode determinar quais traços hereditários têm mais probabilidade de sobreviver, então essas duas categorias não estão mais hermeticamente isoladas uma da outra.

Assim, se considerarmos alguma característica que por consenso se aceita e que é afetada sobretudo pela genética — altura, por exemplo —, argumenta-se que a altura média dos franceses diminuiu em razão de enormes baixas na guerra, com a dizimação de soldados franceses nas Guerras Napoleônicas ou na Primeira Guerra Mundial, ou em ambas, já que era mais provável que os homens maiores e mais fortes fossem recrutados para as forças militares e enviados para os combates. Seguindo esse raciocínio, duas raças com potencial genético inicialmente idêntico para altura podem acabar com alturas diferentes, e com potenciais genéticos diferentes para altura em gerações futuras, se uma das raças for exposta com mais frequência a condições mais mortais para pessoas altas em idade jovem, antes que elas se reproduzam o bastante para repor seus números e preservar sua parte no patrimônio genético da sua raça.

De forma semelhante, alguns buscaram explicar a representação excessiva de judeus entre pessoas capazes de grandes realizações intelectuais pelas taxas de sobrevivência diferenciadas dentro da população judaica. É difícil pensar em um grupo que tenha sofrido perseguição tão intensa e implacável, por milhares de anos, quanto a que os judeus sofreram. Essas perseguições, pontuadas de tempos em tempos por violência em massa letal, sem dúvida reduziram as possibilidades de sobrevivência dos judeus. Segundo essa hipótese, se as pessoas de inteligência apenas mediana ou abaixo da média tivessem menores chances de sobreviverem a essas perseguições ao longo de milênios, então — independentemente do potencial intelectual genético inicial dos judeus — um conjunto desproporcional dos que sobreviveriam fisicamente, e sobretudo dos que conseguiriam sobreviver como *judeus*, sem se converterem a alguma outra religião a fim de escapar da perseguição, provavelmente se encontrariam entre os mais engenhosos.

Independentemente de se poder ou não validar essa hipótese por pesquisas empíricas, como a hipótese sobre a altura dos franceses, ela demonstra que as teorias da hereditariedade e as teorias ambientais de diferenças de grupo não são hermeticamente isoladas umas das outras, tendo em vista que o ambiente pode influenciar a taxa de sobrevivência das características hereditárias.

Hereditariedade e ambiente também podem interagir de muitas outras maneiras. Por exemplo, sabe-se que os filhos primogênitos têm em média Q.I. mais alto que o de seus irmãos nascidos depois.[1] Sejam quais forem as razões para isso, se as famílias do grupo *A* tiverem dois filhos em média e as famílias do grupo *B* tiverem seis filhos em média, então o Q.I. médio do grupo *A* será provavelmente maior que o do grupo *B* — mesmo que o potencial genético inato dos dois grupos seja o mesmo —, porque metade das pessoas no grupo *A* são primogênitos, enquanto somente um sexto das pessoas no grupo *B* são primogênitos.

Em algumas culturas, o casamento entre primos em primeiro grau é aceitável, ou até mesmo comum, embora seja tabu em outras culturas. Essas diferenças já existiam muito antes de a ciência descobrir as consequências negativas da endogamia — e em algumas culturas, esses padrões prosseguiram por muito tempo depois dessas descobertas científicas. Raças, classes ou outros grupos sociais com tabus muito diferentes relacionados ao incesto podem, portanto, começar com potencial genético idêntico e, mesmo assim, terminar com habilidades diferentes. O que salta aos olhos aqui é simplesmente que há variáveis demais envolvidas para que se possam fazer pronunciamentos dogmáticos a respeito da igualdade ou desigualdade inata das raças.

Como ainda não foi inventado um método para medir o potencial inato dos indivíduos no momento da concepção, muito menos o potencial inato das raças no despontar da espécie humana, a possibilidade de uma resposta definitiva para a questão da relação entre raça e capacidade mental inata parece remota, se é que existe essa possibilidade.

Dito de outra maneira, a total certeza de muitos que deram respostas a essa questão, em uma direção ou na direção oposta, parece, no mínimo, prematura quando tudo o que temos até o momento, no que diz respeito a raça e inteligência, é uma pequena ilha de conhecimento num imenso mar do desconhecido. Entretanto, não foram necessárias nem certeza nem precisão para que decisões práticas fossem tomadas em muitas outras questões, por isso é preciso avaliar a magnitude do que está em disputa, e então avaliar como as evidências influenciam essa questão prática.

AS MAGNITUDES EM QUESTÃO

Os deterministas genéticos do final do século XIX e início do século XX afirmavam que não somente havia diferenças na capacidade mental média de raças diferentes como também que essas diferenças eram de tal magnitude que se tornava urgente ao menos reduzir a reprodução de algumas raças, como sugeriram pessoas como Margaret Sanger e Madison Grant, ou até mesmo promover "a extinção gradual de uma raça inferior",[2] como defendeu Francis Galton. Os resultados de testes mentais daquela época, que pareciam respaldar não apenas uma diferença na capacidade intelectual entre raças, mas também uma diferença de magnitude suficiente para tornar aconselhável tomar medidas drásticas, desde então mostraram estar longe de serem definitivos como um dia se supôs que fossem.

Tanto a magnitude quanto o caráter irreversível das diferenças raciais em testes mentais foram desmentidos por pesquisas empíricas posteriores, apesar da controvérsia acerca da validade de tais testes. No que diz respeito à magnitude, o professor Arthur R. Jensen, da Universidade da Califórnia, em Berkeley, cuja pesquisa publicada em 1969 reabriu a questão das diferenças de capacidade mental entre as raças e desencadeou uma avalanche de controvérsia,[3] forneceu uma visão especialmente relevante, considerando que ele foi importante (se não notável) entre contemporâneos que apoiavam as teorias hereditárias da inteligência:

> Quando trabalhei numa clínica psicológica, tive de aplicar testes de inteligência individual a várias crianças, grande parte das quais de famílias pobres. Na maioria das vezes eu sentia que essas crianças eram realmente mais perspicazes do que indicava seu Q.I... Elas com frequência se mostravam inibidas em suas reações à situação de teste em sua primeira visita a meu consultório, e, quando isso acontecia, eu providenciava para que elas viessem em dois a quatro dias diferentes para sessões de meia hora comigo em uma sala de "brincadeira terapêutica", na qual não fazíamos nada mais do que nos conhecer melhor jogando bola, fazendo pinturas com os dedos, desenhando no quadro-negro, fazendo coisas de argila e assim por diante. Assim que a criança parecia estar completamente à vontade nesse ambiente, eu voltava a aplicar-lhe o teste de forma semelhante ao de Stanford-Binet. Um aumento de 8 a 10 pontos no Q.I. era a regra; isso raramente falhava, mas o ganho também não costumava ficar muito acima disso.[4]

Tendo em vista que "8 a 10 pontos" é mais da metade da diferença média de Q.I. de 15 pontos entre negros e brancos norte-americanos, o desaparecimento de tanto diferencial de Q.I. em virtude de uma simples mudança nas circunstâncias diretas sugere que a magnitude do que está em questão hoje *não* é se algumas pessoas só têm capacidade para ser "lenhadores e carregadores de água". Em termos práticos, as conclusões do professor Jensen são, portanto, bem diferentes das conclusões de Margaret Sanger, Madison Grant ou Francis Galton em anos passados:

> Sempre que escolhemos uma pessoa para algum objetivo educacional especial, seja para uma instrução especial numa escola primária para crianças com dificuldade de aprendizado, seja para uma classe de "superdotados" com currículo avançado, ou para ingresso na faculdade, ou para admissão em treinamento de pós-graduação ou numa escola profissional, estamos escolhendo um *indivíduo*, e nós o escolhemos e lidamos com ele como um indivíduo por motivos ligados à sua individualidade. De forma similar, quando empregamos alguém, ou quando promovemos alguém a algum cargo, ou damos a alguém uma recompensa ou uma honra especial por suas realizações, fazemos isso a um indivíduo. As variáveis de raça, classe social ou origem nacional estão correlacionadas de maneira tão

imperfeita com qualquer um dos critérios válidos dos quais as decisões mencionadas anteriormente devem depender ou, no que diz respeito ao assunto, com qualquer característica comportamental, que esses fatores são irrelevantes como base
para lidar com indivíduos — como estudantes, como empregados, como vizinhos.
Além disso, considerando que até onde sabemos toda a extensão de talentos humanos está representada em todas as principais raças do homem e em todos os níveis socioeconômicos, é injusto permitir que o simples fato da procedência racial
ou social de um indivíduo afete o tratamento conferido a ele.[5]

Arthur R. Jensen também não estava tão confiante quanto os escritores da
era progressista a respeito do significado da pontuação de um teste mental. O professor Jensen afirmou ter "muito pouca confiança num simples resultado de teste,
especialmente quando se trata do primeiro teste da criança e mais especialmente
quando a criança é de origem pobre e de raça diferente da do examinador".[6] Ele
também admitiu a possível influência do ambiente doméstico. O professor Jensen
ressaltou que "3 de cada 4 negros reprovados no teste de qualificação das Forças
Armadas vêm de famílias com quatro ou mais crianças".[7]

O artigo de Jensen, que retomou uma controvérsia que já durava décadas, in-
titulava-se "How Much Can We Boost IQ and Scholastic Achievement?" [Quan-
to é possível aumentar o Q.I. e o desempenho escolar?, em tradução livre]. Sua
resposta — perdida há muito tempo em meio à avalanche de controvérsias que se
seguiu — foi que o desempenho escolar poderia ser muito melhorado com o uso
de diferentes métodos de ensino, mas que esses diferentes métodos de ensino provavelmente não mudariam muito as pontuações de Q.I.[8]

Longe de concluir que não era possível educar grupos com Q.I. inferior, Jensen disse: "A nossa pesquisa nos mostrou que um dos grandes e relativamente
inexplorados reservatórios de capacidade mental em pessoas desfavorecidas é a capacidade de aprender. Podemos fazer mais para canalizar essa força para objetivos educacionais".[9] Ele defendeu reformas na educação, afirmando que "o
desempenho escolar — a aquisição de habilidades básicas — pode ser muito mais
aumentado do que o Q.I., pelo menos na primeira infância", e que entre os "des-
favorecidos" há "estudantes do ensino secundário que não conseguiram aprender
habilidades básicas que poderiam ter aprendido com facilidade muitos anos antes" se lhes fossem ensinadas de maneiras diferentes.[10]

Como alguém que escreve contra uma ortodoxia recente — uma ortodoxia
na qual apenas fatores não genéticos como a parcialidade dos testes e o ambiente
social eram aceitáveis como fatores por trás das diferenças raciais em pontuações
de Q.I. —, Jensen confrontou não apenas crenças antagônicas, mas também um

dogmatismo sobre essas crenças que lembra o dogmatismo oposto de deterministas genéticos de uma época passada. O professor Jensen escreveu em 1969: "Uma postura doutrinária e predefinida na abordagem dessa questão impede que se alcance uma compreensão científica do problema. Deixar de fora, por assim dizer, toda hipótese razoável com bases puramente ideológicas é argumentar que a ignorância estática é preferível a elevar o nosso conhecimento de realidade".[11]

Jensen também se preocupava com as consequências sociais, bem como com questões de descobertas científicas. Ele ressaltou que "o negro de família de classe média e alta tem menos filhos do que os seus colegas de raça branca, ao passo que o negro de família de classe baixa tem mais filhos", e que esses fatos "têm alguma relação com a capacidade intelectual", como foi demonstrado pela presença desproporcional de negros de famílias grandes entre os que foram reprovados no teste de qualificação das Forças Armadas. Ele afirmou que "políticas atuais de bem-estar social" — aparentemente porque elas subsidiam o nascimento de mais crianças de famílias negras de classe baixa — poderiam trazer efeitos negativos ao desempenho educacional dos negros. Jensen concluiu que essas políticas de bem-estar e "as possíveis consequências da nossa incapacidade de estudar com seriedade essas questões podem muito bem ser consideradas pelas gerações futuras como a maior injustiça da nossa sociedade contra os negros norte-americanos".[12]

Embora as controvérsias sobre raça e Q.I. se concentrem nas explicações para as diferenças em Q.I.s médios entre grupos, a magnitude dessas diferenças é também fundamental. Uma pesquisa realizada pelo professor James R. Flynn, um norte-americano exilado na Nova Zelândia, concluiu que o Q.I. médio de sino-americanos de 1945 a 1949 foi de 98,5, em comparação com uma média de 100 para brancos.[13] Ainda que presumíssemos de maneira arbitrária, para fins de argumentação — coisa que o professor Flynn *não fez* —, que essa diferença naquela época se devia somente à genética, a magnitude da diferença dificilmente justificaria os tipos severos de políticas defendidos pelos eugenistas. Na verdade, o desempenho profissional tanto de sino-americanos como de nipo-americanos superou o de norte-americanos brancos com o mesmo Q.I. Descobriu-se que nipo-americanos tinham desempenho profissional igual ao de brancos com Q.I.s 10 pontos mais altos que os desses nipo-americanos; e que sino-americanos tinham desempenho profissional igual ao de brancos com 20 pontos a mais de Q.I. do que esses nipo-americanos.[14]

Em resumo, embora muitas pesquisas tenham mostrado que as diferenças de Q.I. são importantes para o êxito nos campos educacional, profissional e em outros,[15] a magnitude dessas diferenças também é importante, e, em casos específicos, outros fatores podem sobrepujar as diferenças de Q.I. na determinação de resultados.

A propósito, outros estudos sobre Q.I. em diferentes épocas e lugares mostram pessoas de origem chinesa e japonesa com Q.I.s *maiores* que os de brancos,[16] embora as diferenças também sejam similarmente pequenas nesses estudos.

A importância de outros fatores além do Q.I. não significa carta branca para subestimar ou desconsiderar os resultados de testes mentais em escolhas para emprego, admissão em faculdades ou outras decisões. Embora as evidências empíricas mostrem que os sino-americanos e os nipo-americanos tendem a ter melhor desempenho em instituições educacionais do que os brancos com as mesmas pontuações de testes mentais, outras evidências empíricas mostram que negros tendem a ter desempenho *abaixo* do nível do de brancos com as *mesmas* pontuações em testes.[17] Não resta dúvida, então, que com negros, com sino-americanos e com nipo-americanos *outros* fatores além do Q.I. têm influência significativa sobre resultados educacionais concretos, ainda que esses fatores operem em direção diferente para diferentes grupos.

Nada disso significa que testes mentais — quer sejam testes de Q.I., testes de aptidão para a faculdade ou outros — podem ser negligenciados quando é necessário tomar decisões práticas com relação a indivíduos, mesmo que não justifiquem conclusões abrangentes a respeito de genes ou discriminação. Quando se trata de decidir quem contratar, admitir numa faculdade ou selecionar para outros tipos de atividade, a pergunta apropriada sobre testes é: qual foi a trajetória de determinado teste na previsão de desempenhos futuros — tanto de modo absoluto quanto em comparação com critérios alternativos? É essencialmente uma questão estatística empírica, não uma questão de especulação ou ideologia.

A questão não é nem mesmo saber se as perguntas específicas do teste parecem plausivelmente relevantes para o objetivo em causa, já que até mesmo tribunais às vezes interpretam equivocadamente a questão.[18] Se conhecer o fato *A* lhe permite fazer previsões sobre o resultado *B* com um histórico melhor do que critérios alternativos, então a plausibilidade não é mais relevante do que era quando os especialistas em vinho não fizeram caso do uso de estatísticas climáticas pelo professor Orley Ashenfelter para prever os preços dos vinhos — e essas previsões mostraram ter um histórico melhor do que os métodos utilizados por especialistas em vinho.[19]

VALIDADE DA PREVISÃO

Ainda que testes de Q.I. ou testes de admissão para a faculdade não avaliem de modo preciso a inteligência "real" de possíveis estudantes ou funcionários — por mais que a inteligência "real" possa ser definida —, a questão prática é saber se o que avaliam está correlacionado com o sucesso futuro em determinado empreendimento. Não obstante haja inúmeras queixas de que testes mentais subestimam a inteligência "real" de negros, um enorme conjunto de pesquisas demonstrou repetidas vezes que os desempenhos escolares futuros de negros *não são* subestimados por esses testes, os quais tendem, quando muito, a prever um nível de desempenho levemente superior àquele que se verifica de fato, ao contrário da situação com sino-americanos ou nipo-americanos. Embora os negros tendam a obter pontuações inferiores às dos brancos em vários testes de aptidão, de desempenho acadêmico e de emprego, as evidências empíricas indicam que brancos com as *mesmas* pontuações de negros em testes têm, na média, histórico de desempenho futuro superior ao dos negros, seja no meio acadêmico, seja no trabalho. Isso inclui o desempenho acadêmico em faculdades, faculdades de direito e de medicina, e desempenho profissional no serviço público e na Força Aérea.[20]

Esse padrão não é exclusividade dos negros norte-americanos. Nas Filipinas, por exemplo, estudantes de baixa renda do interior não apenas obtiveram pontuações de teste abaixo da média, mas também tiveram, na Universidade das Filipinas, um desempenho pior que o de outros estudantes que tinham a *mesma* baixa pontuação que a sua.[21] Na Indonésia, onde homens têm média de pontuação em testes menor que a de mulheres, homens com a mesma pontuação de mulheres em testes mostraram desempenho acadêmico inferior ao das mulheres na Universidade da Indonésia.[22]

Um estudo de longo prazo de Lewis Terman, iniciado em 1921, acompanhou crianças com Q.I.s de 140 e acima disso na vida subsequente delas e constatou que as crianças provenientes de casas onde os pais eram menos instruídos, e eram de nível socioeconômico inferior, não alcançaram projeção na própria vida tanto quanto alcançaram outras crianças na mesma faixa de Q.I. que tinham a vantagem adicional de ter crescido em casas com nível cultural superior.[23] Em suma, outros fatores além dos que são detectados por testes de Q.I. afetam desempenhos em vários propósitos — e os afetam diferentemente para grupos diferentes. Mas não se pode simplesmente rejeitar resultados de testes de modo arbitrário a fim de obter, para grupos raciais ou outros grupos com menor pontuação em testes, mais "representação" demográfica como funcionários, estudantes ou em outros contextos.

QUESTÕES ABSTRATAS

Entre grupos com baixa pontuação em testes mentais, em vários países mundo afora, é comum verificar falta de interesse e de capacidade para responder perguntas abstratas. Um estudo na Inglaterra, por exemplo, mostrou que meninos da classe trabalhadora rural eram superados por seus colegas da cidade mais em questões abstratas do que em outras questões.[24] Nas Ilhas Hébridas da Escócia, onde o Q.I. médio das crianças falantes de gaélico era de 85 — o mesmo que se verifica entre os negros nos Estados Unidos —, os jovens falantes de gaélico tiveram bom desempenho em aspectos informativos, mas foram superados por seus colegas falantes de inglês em aspectos que envolviam abstrações como tempo, lógica e outros fatores não verbais.[25] Na Jamaica, onde os Q.I.s ficam em média abaixo do normal, o pior desempenho foi registrado no teste menos verbal.[26] Um estudo de 1932 sobre crianças brancas que viviam em comunidades numa montanha isolada nos Estados Unidos mostrou que elas não apenas tinham baixas pontuações de Q.I. de modo geral como também eram particularmente deficientes em questões que envolviam a compreensão abstrata.[27]

Crianças indianas que passaram por testes na África do Sul demonstraram, como foi relatado, "falta de interesse por materiais não verbais".[28] Na Venezuela, jovens de classe baixa foram descritos como "inviáveis" num dos conhecidos testes de abstração lá empregados.[29] Habitantes das Ilhas Hébridas também deram mostras de que não estavam totalmente familiarizados com essas questões.[30] Soldados negros norte-americanos testados durante a Primeira Guerra Mundial tendiam a "oscilar entre a desatenção e o sono" durante os testes abstratos, de acordo com observadores.[31]

Não surpreende o fato de as diferenças entre negros e brancos nas pontuações de testes mentais nos Estados Unidos serem igualmente mais elevadas em questões abstratas,[32] já que esse padrão é comum entre os grupos que alcançam pontuações baixas em vários países do mundo, seja qual for a raça do grupo em questão. Mas o fato de que os grupos com pontuações baixas tendem a ter desempenho pior em questões abstratas também contraria a alegação de alguns críticos dos testes mentais de que as diferenças de grupo em pontuações nesses testes se devem, sobretudo, às palavras empregadas nesses testes ou aos assuntos culturalmente carregados nas perguntas. Contudo, o interesse por abstrações é, em si mesmo, característico de determinadas culturas e não de outras. Quando H. H. Goddard disse que os imigrantes que ele testou em Ellis Island "não conseguiam lidar com abstrações", ele ignorou a possibilidade de que esses imigrantes não tivessem interesse real em abstrações.

Ainda que aqueles que fazem testes tentem dar seu melhor em questões abstratas, bem como em outras questões, toda uma vida de desinteresse por essas coisas pode indicar que seu melhor não é muito bom, mesmo que o motivo para isso não seja falta de potencial inato. Se em dado dia jovens asiático-americanos derem seu melhor jogando basquetebol contra jovens negros norte-americanos, talvez seu melhor não seja tão bom quanto o melhor de jovens que dedicaram muito mais tempo a essa atividade. O mesmo ocorrerá se jovens negros derem seu melhor em um teste de avaliação de habilidades mentais, as quais eles não passaram tanto tempo desenvolvendo quanto passaram os jovens asiáticos.

Nem genes nem um teste tendencioso são necessários para explicar tais resultados. Se houvesse algum grupo que perseguisse de forma contínua o desenvolvimento intelectual e mesmo assim só obtivesse Q.I.s baixos, o caso do determinismo genético seria irrefutável. Mas não parece existir um grupo assim em lugar nenhum.

Se escolhermos considerar culturalmente tendenciosos os testes que exigem o domínio das abstrações, porque algumas culturas colocam maior ênfase em abstrações do que outras, isso levanta questões fundamentais acerca do propósito dos testes. Em um mundo no qual a capacidade de dominar abstrações é fundamental para matemática, ciências e outras aplicações, a mensuração dessa capacidade não é um viés arbitrário. Um teste isento de cultura poderia ser adequado numa sociedade isenta de cultura — mas sociedades assim não existem.

A importância de determinados tipos de habilidades também não é constante ao longo do tempo, até nas mesmas atividades. Critérios que já foram apropriados para selecionar indivíduos para a função de pastor ou de fazendeiro em séculos passados podem não ser apropriados para selecionar indivíduos para uma gama diferente de ocupações nos dias de hoje — ou nem mesmo para o trabalho de pastor ou de fazendeiro nos dias atuais, numa era de agricultura científica e criação científica de animais.

DIFERENÇAS NAS PONTUAÇÕES DE TESTES

Independentemente de os fatores que estão na origem de pontuações elevadas ou baixas em testes mentais tornarem esses testes uma boa medida do potencial mental inato, do ponto de vista prático, o que importa é saber se esses fatores são relevantes na educação, na economia e na vida. Desprezar pontuações em testes a fim de ter uma maior "representação" demográfica de estudantes negros em faculdades e universidades, por exemplo, sistematicamente levou esses alunos a não corresponderem às instituições específicas nas quais estavam matriculados.

Quando as faculdades e universidades de primeira linha aceitam estudantes negros cujas pontuações em testes se assemelham às de estudantes em instituições acadêmicas de segunda linha, então as faculdades e universidades de segunda linha, que agora contam com um grupo menor de candidatos negros cujas qualificações se adequam às suas instituições, são obrigadas a aceitar estudantes negros cujas pontuações nos testes se assemelham mais às dos estudantes de instituições de terceira linha — e assim sucessivamente. Em outras palavras, a incompatibilidade nas instituições de topo tem um efeito dominó em todo o campo das instituições acadêmicas, levando a taxas de insucesso acadêmico bem mais altas entre estudantes negros do que entre outros estudantes.

Um livro bastante elogiado sobre os efeitos da ação afirmativa, *The Shape of the River* [A forma do rio, em tradução livre], dos ex-reitores de faculdade William Bowen e Derek Bok, afirmou ter refutado a hipótese de incompatibilidade com dados que mostravam que os estudantes negros "se graduaram a taxas *mais elevadas* quanto mais seletiva era a escola em que estudavam" (em destaque no original). Mas o que seria relevante para testar a hipótese da incompatibilidade é a *diferença* nas pontuações entre estudantes brancos e negros nas mesmas instituições — e essa diferença foi menor em Harvard (95 pontos nas pontuações combinadas de exames de admissão) do que em Duke (184 pontos) ou em Rice (271 pontos).[34] Outros dados também indicam que os estudantes negros se formam a uma taxa mais alta em universidades nas quais seus resultados nos testes são mais semelhantes aos dos estudantes brancos nas mesmas instituições.[35] Nas próprias palavras de Bowen e Bok: "Houve uma redução muito mais acentuada da distância entre negros e brancos nas pontuações de exames de admissão entre candidatos às faculdades mais seletivas".[36]

É verdade que a taxa elevada de evasão escolar que se verifica entre estudantes negros em geral não é tão grande em instituições nas quais a diferença racial na pontuação em testes mentais não tem tanta relevância — mas isso é uma *confirmação* da hipótese de incompatibilidade que Bowen e Bok afirmam ter *refutado*. O fato de eles terem recusado a outros o acesso a seus dados brutos[37] sugere que os grandes elogios que o livro recebeu nos meios de comunicação podem refletir uma aprovação a sua mensagem e a sua visão, em lugar de uma investigação crítica das suas evidências e argumentos.

Embora, em sua maioria, as controvérsias acerca de diferenças raciais de inteligência se concentrem em *médias*, como as pontuações de Q.I., o *alcance* dessas pontuações também é relevante. Muito do que foi dito no início do século XX pareceu indicar uma crença de que havia algum limite para a inteligência, um "teto", que era mais baixo para algumas raças do que para outras. Nisso também o professor Jensen diferiu dos adeptos do determinismo genético do início do século XX, pois ele reconheceu que "até onde se sabe, toda a extensão dos talentos humanos está representada em todas as principais raças humanas".[38]

Entre os "homens derrotados de raças derrotadas" desprezados na era progressista encontravam-se os judeus — que mais tarde integraram a linha de frente do grupo cujo trabalho científico tornou os Estados Unidos a primeira potência nuclear; e os judeus estão representados de forma completamente desproporcional entre os laureados com o Nobel no mundo inteiro.[39] Campeonatos mundiais de xadrez foram vencidos por um grande número de outro grupo de "homens derrotados de raças derrotadas", os eslavos — e o primeiro ser humano enviado ao espaço foi um eslavo. A ideia de um teto intelectual para determinadas raças parece insustentável, independentemente do que se possa dizer sobre médias intelectuais.

Estudos sobre negros com Q.I. consideravelmente acima da média nacional mostraram pontuações de 120, 130 e 140 como as mais baixas.[40] Um desses estudos revelou uma menina de nove anos de idade "de raça negra pura, aparentemente" com Q.I. de 143 no teste dos labirintos de Porteus, de 180 no teste de Otis e de "aproximadamente 200" no teste de Q.I. de Binet.[41] Se existe um teto de inteligência para os negros, e esse teto for próximo de um Q.I. de 200, então seu significado prático seria bastante diferente do que foi anunciado pelos deterministas genéticos da era progressista, que retrataram algumas raças como incapazes de sobreviver em qualquer função que estivesse além dos proverbiais "lenhadores e carregadores de água". Evidentemente, ninguém sabe se existe um teto racial para o Q.I. das pessoas, muito menos qual seria esse teto.

Embora as controvérsias mais comuns e mais acaloradas envolvendo diferenças raciais no Q.I. tenham se concentrado em norte-americanos negros e brancos, a seleção de determinado grupo racial ou étnico para comparação com a média nacional em qualquer país gera uma implicação de unicidade que é desmentida pelos fatos empíricos, já que a própria média nacional é simplesmente um amálgama de níveis de Q.I. bastante diferentes entre diversos grupos raciais, sociais, regionais e outros.[an]

Não há nada de singular no Q.I. médio de 85 dos negros norte-americanos em comparação com a média nacional de 100. Em vários tempos e lugares, outros grupos raciais ou sociais tiveram Q.I.s muito semelhantes. Estudos realizados na época das imigrações em massa para os Estados Unidos no início do século XX revelaram crianças imigrantes de vários países com Q.I. médio de cerca de 80. Uma pesquisa de 1923 sobre estudos de Q.I. de ítalo-americanos, por exemplo, mostrou que o Q.I. médio era de 85 em um estudo, 84 em três estudos, 83 em outro estudo e 77,5 ainda em outro estudo. Uma pesquisa de 1926 sobre estudos de Q.I. revelou Q.I.s médios de 85,6 para eslovacos, 83 para gregos, 85 para polacos, 78 para espanhóis e 84 para portugueses.[42]

Verificaram-se Q.I.s semelhantes na faixa de 80 entre pessoas que viviam nas Ilhas Hébridas, na Escócia e em comunidades de brancos montanheses nos

Estados Unidos na década de 1930[43] — sendo ambos os grupos de origem nórdica, pessoas que se supunha serem intelectualmente superiores, segundo Madison Grant e outros. Um estudo de 1962 de crianças de pessoas da Índia testadas na África do Sul constatou que elas tinham um Q.I. médio de 86,8, o mesmo das crianças africanas de lá.[44]

Embora o pioneiro em testes mentais Carl Brigham tenha escrito em 1923 que os testes do Exército proporcionavam um "estoque" de "capacidade mental" com "base científica",[45] em 1930 ele repudiou seu ponto de vista inicial de que a pontuação baixa em testes mentais entre vários grupos de imigrantes nos Estados Unidos refletia baixa inteligência inata. Ele tardiamente ressaltou em 1930 que muitos imigrantes homens testados pelo Exército na Primeira Guerra Mundial haviam crescido em casas nas quais a língua que se falava não era o inglês. Embora Brigham tenha registrado em seu livro de 1923 que ele e outros examinadores haviam "demonstrado a precisão da escala combinada como medida da inteligência dos grupos sob análise",[46] ele disse com franqueza num artigo de 1930 que suas conclusões anteriores foram — em suas próprias palavras — "sem embasamento".[47]

Para os negros que realizaram esses mesmos testes, o nível muito baixo de alfabetização na época era também um aspecto a ser levado em conta, embora poucos comentadores tenham levado isso em consideração. Uma indicação desse baixo nível de alfabetização entre os soldados negros que faziam os testes mentais do Exército, e do modo como isso afetava os resultados, era que havia mais soldados negros capazes de responder algumas das perguntas mais difíceis do teste, que não exigiam a compreensão do significado das palavras escritas, do que soldados negros capazes de responder perguntas muito mais simples, mas que exigiam a compreensão das palavras escritas.[ao]

Uma parte de um dos testes do Exército exigia informações tais como a cor das safiras, a localização da Universidade de Cornell, a profissão de Alfred Noyes e a cidade na qual os automóveis Pierce Arrow eram produzidos.[48] Por que os negros teriam algum motivo para saber essas coisas naquela época é um mistério — e por que essas perguntas foram consideradas indicadores da inteligência inata de brancos e de negros é um mistério ainda maior.

DURAÇÃO DOS RESULTADOS DOS TESTES MENTAIS

Durante a era progressista, um dos argumentos mais sólidos em favor da eugenia era que pessoas com Q.I. mais baixo tendiam a ter famílias maiores, o que com o passar do tempo levaria a uma queda do Q.I. nacional. Mas uma pesquisa posterior do professor James R. Flynn revelou que, em mais de uma dúzia de países ao redor do mundo, o desempenho médio em testes de Q.I. *aumentou* significativamente — por um desvio-padrão ou mais — em uma ou duas gerações.⁴⁹ O simples fato de os testes de Q.I. passarem por renormalização repetidamente para que o Q.I. médio se mantivesse em seu nível definidor de 100, conforme o número médio de perguntas corretamente respondidas aumentava, havia ocultado esse aumento — e o simples fato de o professor Flynn ter voltado às pontuações brutas originais revelou os dados que a renormalização ocultara.

Muito se tem comentado sobre o fato de o Q.I. médio dos negros ter permanecido em cerca de 85 ao longo de gerações, sugerindo que os testes estão medindo um potencial genético inalterável. Mas a aparente continuidade do desempenho entre os negros norte-americanos nos testes de Q.I. é produto da renormalização desses testes. O número médio de perguntas respondidas corretamente em testes de Q.I. por negros em 2002 lhes teria dado um Q.I. médio de 104 de acordo com as normas usadas em 1947-1948, isto é, levemente superior ao desempenho médio dos norte-americanos em geral durante o período anterior. Em outras palavras, o desempenho dos negros em testes de Q.I. aumentou significativamente ao longo do tempo, assim como o desempenho de outras pessoas nos Estados Unidos e em outros países, embora a renormalização desses testes tenha ocultado essas mudanças. Embora a persistência de uma distância entre negros e brancos nos Estados Unidos em testes de Q.I. leve alguns a concluírem que o motivo para isso são as diferenças genéticas, as grandes mudanças no desempenho em testes de Q.I. por negros e brancos norte-americanos, bem como por populações de outras nações mundo afora, enfraquece a crença de que testes de Q.I. meçam um potencial genético imutável.

Não se pode supor que o fervor e a persistência do debate sobre Q.I. racial sejam uma medida das suas implicações práticas,ᵃᵖ diferentemente da sua importância ideológica para visões sociais concorrentes. Como já foi dito, até mesmo o principal defensor das teorias genéticas das diferenças de Q.I., o professor Arthur R. Jensen, considerou o desempenho escolar sensível a diferentes métodos de ensino e tratou as diferenças de Q.I. como um exagero das diferenças de inteligência entre crianças de classe socioeconômica inferior e outras. Tendo em vista que as capacidades concretas importam muito mais no mundo real do que potencialidades abstratas, os resultados educacionais são a questão de ordem prática, por mais que essa questão tenha sido ofuscada por elementos ideológicos.

O principal acadêmico da escola de pensamento ambientalista antagônica, o professor James R. Flynn, expressou a estreiteza das questões práticas em 2008:

O debate envolvendo raça e q.i. já dura quase quarenta anos. Estou enredado nele faz trinta anos. Trata-se de uma companhia constante e indesejável, mais ou menos como viver com um cônjuge incompatível num casamento arranjado. Ocupou o tempo de multidões de acadêmicos e devastou hectares de árvores. Será que veremos seu fim chegar algum dia? Pelo menos o debate está entrando numa etapa nova e mais sofisticada. Tendo em vista os valores relativamente elevados de q.i. dos negros na infância e aos quatro anos de idade, o enfoque agora deve ser sobre o que causa a diminuição do q.i. do negro (em comparação com o do branco) com a idade. Se for possível resolver isso, o evento principal terá terminado.[51]

O professor Flynn argumentou que a cultura na qual a maioria dos negros norte-americanos cresceu teve efeito negativo em seu desenvolvimento intelectual. Ressaltou que os descendentes de soldados norte-americanos brancos e negros, que tiveram filhos com mulheres alemãs durante a ocupação norte-americana da Alemanha depois da Segunda Guerra Mundial, não tinham diferenças de q.i. semelhantes às que existiam entre crianças negras e brancas nos Estados Unidos. O professor Flynn concluiu que os resultados foram diferentes na Alemanha porque os filhos de soldados negros na Alemanha "cresceram numa nação sem subcultura negra".[52]

Existe outra evidência de que a subcultura negra tem efeito negativo no desempenho intelectual. Um estudo empírico publicado pelo National Bureau of Economic Research [Departamento Nacional de Pesquisa Econômica] revelou que "uma porcentagem mais elevada de colegas de escola negros tem um forte efeito adverso sobre o desempenho dos negros e, além disso, que os efeitos estão muito concentrados na metade superior da distribuição de habilidades".[53] Em outras palavras, os estudantes negros mais brilhantes não apresentam desempenho tão bom em ambientes onde há muitos outros estudantes negros em torno deles, contrariando a teoria segundo a qual em instituições educacionais é necessário uma "massa crítica" maior de estudantes negros, a fim de que eles se sintam socialmente tranquilos e, portanto, capazes de obter os melhores resultados acadêmicos. Mesmo assim, a infundada teoria da "massa crítica" prosperou a partir de periódicos acadêmicos e chegou aos relatórios da Suprema Corte.[54]

Outro estudo, centrado no efeito do agrupamento de habilidades no desempenho dos alunos de modo geral, menciona entre suas conclusões: "A instrução em um grupo homogêneo de alunos parece ter efeito positivo nos resultados de alunos com capacidades elevadas, e efeitos ainda mais intensos nos resultados de jovens com capacidades superiores pertencentes a minorias". Em outras palavras, os jovens de minorias com capacidades elevadas apresentam melhor desempenho em turmas *intelectualmente* homogêneas, não em turmas racialmente homogêneas.[55]

Os efeitos negativos que a subcultura negra tem no desenvolvimento intelectual se manifestam também de outras maneiras. Um estudo envolvendo adultos negros com Q.I. elevado revelou que eles descreveram suas infâncias como "extremamente infelizes" com mais frequência do que outros negros.[56] Esse estudo foi feito muito antes dos relatos atuais de estudantes negros com destaque acadêmico sendo acusados por seus colegas de "agirem como brancos". Estudos empíricos realizados durante essa época posterior mostram uma correlação negativa entre o desempenho acadêmico de estudantes negros e sua popularidade entre outros estudantes negros. Um padrão oposto foi encontrado entre brancos norte-americanos e asiático-americanos.[57] Na Inglaterra, brancos de classe mais baixa exibem um padrão surpreendentemente semelhante ao de negros norte-americanos que se ressentem de colegas de classe academicamente bem-sucedidos. O médico britânico Theodore Dalrymple relata que crianças de classe baixa são espancadas com tanta violência por seus colegas de classe baixa que acabam precisando de tratamento hospitalar, simplesmente porque vão bem na escola.[58]

Existem mais evidências contra a teoria da "massa crítica". Em tempos passados, de 1892 a 1954, a escola para negros Dunbar High School enviou 34 formandos para o Amherst College, em geral, um número bastante pequeno em qualquer época e com certeza nada que se pudesse chamar de "massa crítica". E 74% desses estudantes negros formaram-se na Amherst, 28% dos quais como membros da Phi Beta Kappa.[59] A Dunbar não promove uma subcultura negra. Nas palavras do senador Edward Brooke, um dos seus ex-alunos: "A Semana da História dos Negros era celebrada, e em História dos Estados Unidos nos ensinavam sobre a emancipação dos escravos e sobre a luta pela igualdade e pelos direitos civis. Mas os alunos não buscavam mais que isso, não havia real interesse pela África e seu patrimônio. Nós sabíamos sobre a África tanto quanto sabíamos sobre a Finlândia".[60]

Ainda assim, a teoria da "massa crítica" continuou prosperando, sem nenhuma evidência que a amparasse, mas contando com o consenso entre pares da *intelligentsia*, que aparentemente é o que basta para muitos.

A explicação cultural para as diferenças de Q.I. entre negros e brancos também está em conformidade com o fato de que, em testes mentais, crianças negras norte-americanas muito jovens não ficam atrás das crianças brancas norte-americanas muito jovens, mas a distância começa a surgir e se amplia à medida que elas crescem. Pesquisas que remontam à década de 1920 descobriram esse padrão, como relatou Otto Klineberg num documento de 1941:

Um estudo realizado por Lacy, por exemplo, mostrou que o q.i. médio das crianças de cor declinava constantemente de 99 para 87 nos primeiros quatro anos escolares, enquanto o q.i. dos brancos permanecia quase estacionário. Wells também observou que as crianças negras eram iguais às brancas aos seis, sete e oito anos; apenas levemente inferiores aos nove, dez e onze anos; e mostravam uma inferioridade que se acentuava mais progressivamente dos doze aos dezesseis anos de idade.[61]

O professor Jensen oferece uma explicação genética alternativa para esse padrão,[62] mas um padrão similar também foi encontrado entre grupos de imigrantes europeus de q.i. baixo em estudos de 1916 a 1920, e entre crianças norte-americanas brancas em comunidades montanhesas isoladas estudadas em 1930 e 1940,[63] por isso não se trata de peculiaridade racial no sentido genético.

A explicação do professor Flynn para esse mesmo padrão é condizente com os dados citados por Klineberg. Mas esses dados são totalmente incompatíveis com a doutrina multiculturalista dominante segundo a qual todas as culturas são iguais. A explicação cultural de Flynn para as diferenças de q.i. entre brancos e negros também é condizente com a anomalia, de resto curiosa, de que as pontuações dos testes mentais de soldados brancos de vários estados do Sul na Primeira Guerra Mundial eram inferiores às pontuações dos testes mentais de soldados negros de diversos estados do Norte nessa ocasião.

Diferenças impressionantes[64] entre as culturas regionais do Sul e do Norte em tempos passados foram percebidas por muitos, entre os quais Alexis de Tocqueville, Frederick Law Olmsted e Hinton Helper no século xix e Gunnar Myrdal no século xx.[65] Além disso, essas diferenças remontam a séculos, quando havia diferenças similares em diferentes regiões da Grã-Bretanha, entre pessoas que mais tarde se estabeleceriam no sul dos Estados Unidos e outras que posteriormente se estabeleceriam na Nova Inglaterra.[66]

Algumas dessas diferenças culturais foram detalhadamente descritas em *Cracker Culture* [Cultura presunçosa, em tradução livre], de Grady McWhiney, e em *Albion's Seed* [Sementes de Albião, em tradução livre], de David Hackett Fischer, bem como no meu livro *Black Rednecks and White Liberals* [Caipiras negros e liberais brancos, em tradução livre]. O fato de os brancos saídos dessa cultura sulista terem pontuação mais baixa nos testes mentais do que os brancos do Norte — e também o fato de os brancos de alguns estados do Sul terem obtido pontuação mais baixa que os negros de alguns estados do Norte — é bem mais difícil de conciliar com as teorias genéticas do que com explicações culturais. Com efeito, nenhuma das duas principais explicações dadas pela *intelligentsia* do século xx para as diferenças de pontuação nos testes mentais — diferenças genéticas ou discriminação racial — pode justificar o fato de os sulistas brancos terem obtido pontuações baixas nos testes mentais do Exército na Primeira Guerra Mundial. Mas a explicação cultural é condizente com os negros e os brancos sulistas com pontuações baixas nesses testes naquela época.

Muitas coisas mudaram no Sul nas gerações que se seguiram, e sobretudo nas últimas décadas do século XX, em parte como resultado das migrações inter-regionais que alteraram a configuração demográfica e cultural do Sul, talvez mais do que em outras regiões do país. Contudo, até meados do século XX, os negros norte-americanos em sua maioria haviam nascido no antigo Sul, mesmo quando viviam no Norte, de modo que a cultura do Sul, que Gunnar Myrdal considerava comum a negros e brancos nascidos nessa região, permanecia nos guetos negros do país inteiro.[67] Até os dias de hoje muitas características dessa cultura continuam vivas, geralmente protegidas contra a mudança por serem consideradas parte sagrada da cultura e da identidade negras.

Existe outro fenômeno impressionante que não pode ser explicado nem pela teoria hereditária nem pela teoria ambiental das diferenças de Q.I. — como hereditariedade e ambiente costumam ser compreendidos. Trata-se do fato de que há muito mais mulheres do que homens entre os negros com Q.I. elevado,[68] apesar de os homens e as mulheres negros terem herdado os mesmos genes e terem crescido nas mesmas casas e vizinhanças. Entretanto, uma explicação cultural também parece mais condizente com essas descobertas, tendo em vista que a cultura específica na qual a maior parte dos negros viveu por séculos, como a cultura dos sulistas brancos no passado, reforçou especialmente o papel machista reservado aos homens.[aq] Não causa surpresa que tal cultura inibisse o desenvolvimento intelectual tanto de negros como de brancos — principalmente homens — no Sul.

Outra evidência de que a diferença de Q.I. de homens e mulheres entre negros é cultural é que órfãos negros criados por famílias brancas não mostram essa superioridade feminina no Q.I., sem mencionar que, em ambos os sexos, o Q.I. médio é maior do que o de outras crianças negras.[69] Também é preciso observar que a diferença na *média* de Q.I.s de homens e mulheres entre negros é de alguns pontos apenas, mas, devido às características de uma curva do sino, uma pequena diferença em Q.I.s médios se traduz numa grande diferença na representação de homens e mulheres em níveis elevados de Q.I. Considerando que esses níveis de Q.I. elevados são comuns entre estudantes de escolas de elite e entre pessoas em ocupações de elite, o seu impacto na representação demográfica em lugares de tanto destaque pode ser considerável.

Existem outras evidências de que não há proveito em definir o "ambiente" somente em termos de circunstâncias externas categóricas atuais, como níveis de renda ou mesmo níveis de educação. Mais importante ainda é que o ambiente não pode ser definido apenas em termos de circunstâncias imediatas *em determinado momento*.

Durante a época da imigração em massa para os Estados Unidos, por exemplo, era comum que crianças italianas e judias crescessem em vizinhanças de baixa renda semelhantes e se sentassem lado a lado nas mesmas salas de aula. Contudo, as crianças judias começaram a melhorar em termos educacionais antes das crianças italianas, que em sua maioria eram filhos de pais do sul da Itália. Isso não chegava a surpreender, tendo em vista as atitudes culturais diferentes que preponderavam entre pessoas judias e entre pessoas do sul da Itália bem antes do nascimento dessas crianças. Até mesmo judeus sem instrução respeitavam a educação, ao passo que a introdução da educação obrigatória no sul da Itália enfrentou não apenas resistência, mas também evasão, e em certos lugares levou a tumultos e à queima de escolas.[70] Por mais semelhantes que fossem as circunstâncias imediatas das crianças judias e italianas em idade escolar no bairro de Lower East Side, em Nova York, cada uma delas trazia consigo a longa sombra da história e da tradição cultural nas quais foram criadas, histórias e tradições que foram bem diferentes.

Assim como as preferências de intelectuais da era progressista por explicações genéticas para diferenças de grupo os levaram a dar pouca atenção a explicações culturais para diferenças entre grupos relacionadas a desempenho educacional, assim também as preferências de intelectuais na segunda metade do século XX por explicações sociais externas — as mais usadas eram segregação racial e/ou discriminação em escolas — os levaram a também negligenciar as explicações culturais. Mas uma pesquisa feita numa escola em uma grande área metropolitana no Norte entre 1932 e 1953 concluiu que diferenças de Q.I. entre crianças judias e italianas que frequentavam essa escola eram tão persistentes no decorrer dos anos quanto as diferenças de Q.I. entre negros e brancos em escolas racialmente segregadas no Sul, e que as diferenças de Q.I. entre jovens judeus e porto-riquenhos nessa mesma escola eram não apenas tão persistentes, mas também tão grandes quanto as diferenças de Q.I. entre jovens brancos e negros que frequentavam escolas diferentes e com segregação racial no Sul da era Jim Crow.[71]

Houve diferenças de Q.I. similares entre jovens mexicanos americanos e nipo-americanos que viviam no mesmo distrito escolar no Oeste, em um lugar e uma época em que havia pouca diferença ocupacional entre seus pais.[72] Diferenças culturais com consequências educacionais não são peculiares aos Estados Unidos. Quando estudantes maoris, admitidos sob a proteção de políticas preferenciais na Universidade de Auckland, na Nova Zelândia, não vão às aulas de reforço com a mesma frequência que os outros estudantes,[73] seus malogros acadêmicos não podem ser automaticamente atribuídos a racismo institucional ou à falta de suficientes "modelos a seguir" — não se o objetivo for promover os maoris em vez de proteger uma visão.

É de se notar que uma explicação *interna* acerca das diferenças raciais — mesmo que seja cultural, e não genética — priva os intelectuais de um melodrama moral e da oportunidade que isso proporciona para que eles se coloquem ao lado dos anjos contra as forças do mal. Evidentemente há ocasiões em que é necessário assumir posições morais em questões específicas, mas isso é bem diferente de dizer que as questões em geral, ou questões raciais em específico, devem ser concebidas automaticamente de modo a produzir um melodrama moral. Contudo, explicações intrínsecas sobre as diferenças nos resultados econômicos entre os norte-americanos se tornaram um tabu tão grande que literalmente foram notícia de primeira página no *New York Times* quando se realizou uma conferência sobre a possibilidade de existir uma "cultura de pobreza", e de que essa cultura ajudasse a explicar resultados econômicos e outros resultados discrepantes entre os pobres de modo geral ou entre os negros em particular.[74]

Próximo do final do século XX, outro incêndio entre os intelectuais foi iniciado pela publicação de um importante estudo sobre testes de inteligência em geral e as implicações sociais dos resultados, por Richard J. Herrnstein e Charles Murray, no livro *The Bell Curve*. Embora a maioria dos dados e análises desse livro envolva exemplos de norte-americanos brancos, seus dois capítulos sobre diferenças étnicas em pontuações em testes mentais dominaram as discussões sobre o livro, e principalmente ataques ao livro. Entretanto, uma das declarações mais importantes — e mais ignoradas — em *The Bell Curve* aparece nele inteiramente destacada em itálico: "*O fato de uma característica ser geneticamente transmitida aos indivíduos não significa que as diferenças de grupo nessa característica sejam também de origem genética*".[75]

Para exemplificar esse princípio: sabe-se que diferenças entre indivíduos se devem principalmente à genética, mas a diferença em altura entre pessoas da Coreia do Norte e da Coreia do Sul não pode ser explicada dessa maneira, porque os norte-coreanos não eram mais baixos que os sul-coreanos antes que diferenças extremas nos padrões de vida entre as duas metades da Coreia tivessem início, com a divisão do país depois da Segunda Grande Guerra[76] e com a ascensão ao poder de uma ditadura draconiana que arrastou seu povo para um miséria medonha. Desse modo, embora a genética possa explicar *a maior parte* das diferenças de altura entre a maioria dos indivíduos e dos grupos, ela não pode explicar *todas* as diferenças na altura entre todos os indivíduos e grupos.

Se existem, ou existiram, diferenças ambientais de magnitude comparável entre outros grupos em vários tempos e lugares que quais pudessem afetar as capacidades mentais, é uma questão aberta à investigação empírica. Mas o que *The Bell Curve* diz a respeito dos efeitos relativos da hereditariedade e do ambiente sobre as diferenças entre os grupos é que simplesmente não há nenhuma conclusão obrigatória quanto a isso — ao contrário do que foi dito pela maioria dos intelectuais, tanto da era progressista como das eras liberal e multicultural posteriores. Embora em *The Bell Curve* se afirme que "a instabilidade das pontuações em testes entre gerações deve servir de alerta contra tomar como algo definitivo as atuais diferenças étnicas",[77] os autores também se recusam a aceitar os argumentos daqueles que "negam que os genes tenham *alguma coisa* a ver com diferenças de grupo, uma afirmação bem mais ambiciosa".[78] Os autores Richard J. Herrnstein e Charles Murray se declararam "decididamente agnósticos" quanto ao peso relativo da hereditariedade e do ambiente nas diferenças étnicas em capacidades cognitivas, porque "as evidências ainda não justificam uma estimativa".[79]

Afirmar que as evidências existentes são inadequadas para que se chegue a conclusões abrangentes sobre uma questão complexa como a existência ou não de diferenças no potencial mental inato pode não parecer algo que desperte controvérsias acaloradas, a menos que evidências definitivas possam ser mostradas de alguma maneira; mas ninguém tem essas evidências.[ar] Seja como for, *The Bell Curve* foi amplamente tratado nos meios de comunicação, e até mesmo entre muitos acadêmicos, como se fosse somente uma reformulação dos argumentos de pessoas como Madison Grant, apesar do fato de que (1) apenas dois dos seus 22 capítulos tratam de diferenças étnicas; e (2) suas conclusões a respeito dos fatos e também das políticas são tão diferentes das conclusões da era progressista quanto das conclusões das eras liberal e multicultural posteriores.

Como James R. Flynn, Herrnstein e Murray mencionam o fato de que os filhos de soldados negros e brancos que participaram da força de ocupação na Alemanha após a Segunda Guerra Mundial não mostraram as mesmas diferenças de Q.I. encontradas entre crianças negras e brancas nos Estados Unidos,[80] embora Herrnstein e Murray não discutam essa questão extensamente nem ofereçam explicação. É simplesmente parte de uma apresentação geral de evidências de ambos os lados da questão, num livro que se recusa a fingir que o conhecimento da época permite uma resposta definitiva que validaria as visões raciais predominantes entre intelectuais da era progressista ou de eras posteriores.

Os méritos ou deméritos de *The Bell Curve* de maneira geral (os quais eu já abordei em outra parte)[as], sejam quais forem, não parecem explicar as reações febris que provocou. Talvez o fato de Herrnstein e Murray terem tratado publicamente de um assunto tabu como raça e Q.I. — e de terem feito isso sem repetir as virtudes sociais predominantes — foi o que ofendeu um grande número de pessoas, entre as quais muitas que nunca leram o livro. Os autores de *The Bell Curve* também não compartilham o otimismo que é habitual entre pessoas que veem uma explicação ambiental para as diferenças intergrupais na capacidade cognitiva como uma prova de que essas diferenças são facilmente assimiláveis por políticas sociais esclarecidas. Herrnstein e Murray salientaram que diferenças ambientais entre grupos são transmitidas de pais para filhos, assim como diferenças genéticas,[81] por isso sua concepção de ambiente claramente não se limita a condições socioeconômicas vigentes, mas abrange também a herança cultural. Além disso, eles não acreditavam que os testes mentais que *transmitem* notícias indesejáveis sobre diferenças nas capacidades mentais vigentes entre grupos fossem a *causa* dessas diferenças, nem acreditavam que essas diferenças se devessem ao "viés cultural" nos próprios testes.

Assim como Franz Boas teve de argumentar contra o *dogmatismo* da visão de raça predominante entre os progressistas na década de 1920 a fim de conseguir que a sua evidência empírica em contrário fosse pelo menos levada em consideração, os autores de *The Bell Curve* tiveram de fazer a mesma coisa numa época posterior e supostamente mais esclarecida. Mesmo sua postura agnóstica diante das respostas definitivas dadas às questões muito complexas que eles exploraram não foi suficiente para poupá-los da ira daqueles cuja pauta e visão social esses dois autores questionaram.

Em um padrão muito familiar, a análise e as evidências em *The Bell Curve* foram evitadas com frequência pelos críticos, que preferiram atacar os autores por motivos desprezíveis. John B. Judis, do *The New Republic*, afirmou com desdém que *The Bell Curve* era "uma combinação de fanatismo e metafísica", usando "prestidigitação linguística".[82] Michael Lind, da revista *Harper's*, disse que o livro contribuía para a "legitimação assombrosa" de "uma vertente de pseudociência racista", representando "uma represália da direita", e "um apelo dissimulado a ressentimentos raciais por parte de norte-americanos brancos".[83] A revista *Time* classificou o livro como um trabalho de "premissas duvidosas e conclusões nocivas".[84] Tais argumentos sem argumentos não ficaram restritos aos meios de comunicação; também foram utilizados por acadêmicos, entre os quais muitos professores conhecidos de Harvard.

O professor Randall Kennedy, por exemplo, declarou que Herrnstein e Murray eram "financiados por apoiadores ricos de direita",[85] como se projetos de pesquisa de grande envergadura de todos os tipos — incluindo os de Harvard — não fossem financiados por alguém e, mais fundamentalmente, como se caracterizar de maneira arbitrária aqueles que financiaram a pesquisa dissesse algo a respeito da validade ou da falta de validade do trabalho propriamente dito. O professor Stephen Jay Gould descreveu Herrnstein e Murray como promotores de um "darwinismo social antiquado" e de "um manifesto de ideologia conservadora".[86] O professor Henry Louis Gates afirmou que "o mais pernicioso aspecto do desprezo de Murray e de Herrnstein pelo papel do ambiente" é a implicação de que os programas sociais voltados para o progresso dos negros são inúteis,[87] embora o professor Gates não tenha citado nada do livro *The Bell Curve* para confirmar essa afirmação.

O professor Nathan Glazer também questionou "as motivações dos autores"[88] e concluiu que mesmo que Herrnstein e Murray estivessem certos ao afirmarem que as crenças atualmente predominantes são baseadas em uma inverdade, "eu me pergunto se a inverdade não é melhor para a sociedade norte-americana do que a verdade".[89]

Por retratarem falsamente os autores de *The Bell Curve* como deterministas genéticos, e ainda oferecer-lhes nada além de injúrias, os intelectuais podem inadvertidamente promover a falsa conclusão de que não há evidências nem argumentos sérios contra o determinismo genético. Com uma longínqua certeza e as magnitudes agora em disputa de consequências sociais questionáveis, a ferocidade dos ataques àqueles que se afastam da ortodoxia predominante pode indicar não muita coisa além de santidade de uma visão ou medo da verdade.

CAPÍTULO 18
LIBERALISMO E MULTICULTURALISMO

> *Nenhum assunto na sociedade norte-americana em tempos recentes gerou mais retórica piedosa, bajulação e pura hipocrisia do que as relações de raça e os problemas raciais.*
>
> Paul Hollander[1]

Entre os primeiros anos do século XX e sua última metade, as ideologias predominantes entre os intelectuais acerca de raça passaram por uma total reversão. Porém, tal como não havia uma perspectiva apenas entre os intelectuais em ambos os períodos, assim também houve transições tanto na primeira como na segunda metade do século. A maior transição durante a segunda metade do século XX foi a transição para o que se pode chamar de era liberal a respeito de raça nos Estados Unidos, a qual, por sua vez, metamorfoseou-se em era multicultural. Além disso, essas transições não se limitaram aos Estados Unidos; foram comuns na civilização ocidental, seja na Europa, no hemisfério ocidental ou na Austrália e na Nova Zelândia. Tanto na era liberal quanto na multicultural, a questão da "justiça racial" teve grande importância, embora o significado dessa expressão tenha mudado ao longo do tempo, e também diferido entre diferentes intelectuais ao mesmo tempo.

A ERA LIBERAL

Assim como os horrores da Primeira Guerra Mundial levaram a uma reviravolta entre os progressistas, que a princípio haviam apoiado as expansões ultramarinas, que conquistaram outras raças durante a Guerra Hispano-Americana e as intervenções norte-americanas posteriores na América Latina, bem como a intervenção na guerra que devastava a Europa, assim também os horrores da Segunda

Guerra Mundial — e mais especificamente o Holocausto — levaram a penosas reconsiderações a respeito de crenças e políticas raciais no mundo ocidental.

Isso não equivale a dizer que não houve nenhuma mudança relacionada à raça desde a era progressista até a Segunda Guerra Mundial. Uma corrente de pensamento coerente, oposta à visão predominante de raça da era progressista, surgiu na década de 1920 sob a liderança do antropólogo Franz Boas, professor da Universidade de Columbia, para mudar a ortodoxia da era progressista. Boas e seus seguidores deram destaque a explicações ambientais de diferenças raciais e étnicas, e essa abordagem aparentemente provocou algumas alterações no ponto de vista de alguns intelectuais a respeito de raça. Algumas mudanças eram visíveis na década de 1930. Como já vimos, em 1930, Carl Brigham repudiou suas opiniões anteriores a respeito da implicação dos testes mentais do Exército sobre a inteligência de homens de várias etnias.

À medida que a população judia nos Estados Unidos — à qual Brigham dera destaque especial por suas pontuações baixas nos testes mentais do Exército durante a Primeira Guerra Mundial — se tornava mais assimilada e mais educada, estudos posteriores de testes mentais em geral mostraram que eles se saíam bem melhor do que nos testes do Exército — e melhor do que a população norte-americana como um todo.[2]

Na década de 1930, o clima de opinião havia mudado o bastante para que o último livro de Madison Grant, *The Conquest of a Continent* [A conquista de um continente, em tradução livre], fosse duramente criticado por comentadores, e *Clashing Tides of Color* [Marés conflitantes de cor, em tradução livre], do seu discípulo Lothrop Stoddard, fosse ridicularizado.[3] A revista *The Christian Century* afirmou sobre o livro de Grant: "Deu ao preconceito e ao ódio a falsa racionalização de um argumento com a forma, se não a substância, da ciência".[4] Uma pesquisa de opinião de 1934 entre psicólogos revelou que 25% deles ainda acreditavam que os negros tinham inteligência inferior de nascimento, enquanto 11% acreditavam que os negros tinham inteligência igual e 64% acreditavam que os dados eram inconclusivos.[5]

Não apenas as crenças típicas da era progressista haviam se desgastado, como também o tom dogmático de certeza dos progressistas. Otto Klineberg, um dos discípulos de Boas que promoveram a explicação ambiental alternativa das diferenças em testes mentais, fez isso sem a pretensão de certeza científica que tinham os progressistas quando disse: "Não temos o direito de concluir que não existem diferenças raciais na capacidade mental, considerando que é concebível que um dia novas técnicas possam ser desenvolvidas e acabem por indicar que tais diferenças de fato existem".[6]

A Visão Liberal

Apesar desses desenvolvimentos tanto nas crenças como nos métodos, foi a Segunda Guerra Mundial que marcou uma reviravolta decisiva no ponto de vista dos intelectuais norte-americanos sobre relações raciais. Se fosse possível mencionar um único livro que tenha marcado esse momento decisivo no pensamento a respeito de raça no âmbito da *intelligentsia*, esse livro seria *An American Dilemma* [Um dilema americano, em tradução livre], do economista sueco Gunnar Myrdal, publicado em 1944. Trata-se de um enorme estudo — de mais de mil páginas — acerca dos muitos aspectos das relações entre negros e brancos nos Estados Unidos, e sua tese era a de que as políticas raciais norte-americanas, sobretudo no Sul, assinalavam uma evidente contradição entre os princípios fundamentais de liberdade e igualdade da nação e suas práticas reais em relação aos negros. Como solucionar essa contradição foi o dilema apresentado por Myrdal.

Na época em questão, os progressistas passaram a se autodenominar liberais, de forma que essa se tornou a visão liberal prevalecente à medida que se desenvolvia na segunda metade do século XX.

De maneira geral, enquanto na era progressista as diferenças socioeconômicas entre raças eram atribuídas à raça — à genética —, na era liberal tais diferenças entre raças eram com frequência atribuídas ao racismo. Explicações alternativas não foram levadas a sério por grande parte da *intelligentsia* em nenhuma dessas duas eras. Na era liberal, atribuir qualquer parcela das diferenças entre negros e brancos em renda, crime, educação etc. a causas intrínsecas — ainda que sociais ou culturais, não genéticas — era muitas vezes rejeitado como "culpar a vítima", uma frase que remove o problema em vez de colocá-lo em discussão.

Se a hereditariedade foi a ortodoxia imperante da era progressista, o ambiente se tornou a ortodoxia imperante da era liberal. Além disso, "ambiente", no mais das vezes, significava o ambiente contemporâneo externo, não o ambiente cultural interno das próprias minorias. Se as minorias eram vistas como o problema antes, agora a maioria passou a ser vista como o problema.

Essas premissas foram expostas de modo bastante claro na introdução a *An American Dilemma*, na qual o dilema foi descrito como "um problema do homem branco"; e Myrdal acrescentou: "Pouca coisa, ou mesmo nada, pode-se explicar cientificamente em termos de peculiaridades dos próprios negros".[7] Apesar da invocação da ciência, que tanto faz lembrar os intelectuais da era progressista anterior, essa foi uma premissa arbitrária que, se fosse sistematicamente seguida, trataria os negros norte-americanos simplesmente como pessoas abstratas com pele mais escura, que eram vítimas do que Myrdal chamou de "atitudes confusas e contraditórias" na mente dos norte-americanos brancos.[8] Contudo, o extenso estudo de Myrdal realçou muitas diferenças comportamentais e de atitude entre negros e brancos, embora nada disso no final tenha alterado a premissa básica de *An American Dilemma*, que dali por diante se tornaria a premissa central dos intelectuais liberais durante décadas.

Essa premissa — de que o problema racial existia essencialmente na mente dos brancos — simplificou sobremaneira a tarefa dos intelectuais, que não precisaram pesquisar as muitas diferenças comportamentais entre negros e brancos nos Estados Unidos — ou as muitas diferenças comparáveis ou mais acentuadas entre outros grupos em outros países ao redor do mundo — que levaram a outras complicações, desacordos e polarizações entre grupos, que em muitos casos foram, no mínimo, tão sérios quanto os que aconteceram entre negros e brancos norte-americanos. Os intelectuais também não precisaram enfrentar as restrições, os custos e os perigos inerentes a diferenças de comportamento e valores de grupos. Para os intelectuais desse período posterior, os problemas raciais podiam ser reduzidos a problemas existentes na mente das pessoas, e reduzidos principalmente a racismo, não somente tornando mais simples os problemas como também abrindo caminho para que os intelectuais assumissem sua postura familiar de se colocarem ao lado dos anjos contra as forças do mal — postura moralmente superior à da sociedade na qual eles viviam.

A revista *Life*, por exemplo, saudou a publicação de *An American Dilemma* por mostrar que os Estados Unidos eram "um caso psicótico entre nações".[9] Como acontece com muitos pronunciamentos precipitados, esse não se baseou em nenhuma comparação empírica. Por exemplo, o número de negros linchados em toda a história dos Estados Unidos seria uma fração do número de armênios massacrados por multidões turcas em *um ano* no Império Otomano, de ibos massacrados por multidões hausa-fulani em um ano na Nigéria, para não mencionar o número de judeus massacrados por multidões num ano em vários países e em várias épocas ao longo da história. Embora as relações específicas entre brancos e negros nos Estados Unidos — principalmente no Sul — tenham sido mais polarizadas que as relações entre brancos e negros em outros países, houve relações ainda mais polarizadas entre outros grupos que não tinham cor de pele diferente, em muitos outros lugares e épocas; os Bálcãs e Ruanda são apenas dois exemplos em nossos tempos.

A premissa básica de Gunnar Myrdal — de que os problemas raciais nos Estados Unidos eram fundamentalmente problemas que existiam dentro da cabeça dos brancos, e de que a discriminação ou negligência resultantes disso explicavam as diferenças entre negros e brancos nas finanças e em outros aspectos — permaneceu como pressuposto fundamental do pensamento e das políticas liberais por décadas adiante. Nas palavras do professor Alfred Blumrosen, da Universidade de Rutgers — figura importante na evolução das políticas raciais federais —, a discriminação deveria ser "definida de modo amplo", por exemplo, "incluindo todos os comportamentos que afetam de modo negativo as oportunidades de emprego de um grupo minoritário".[10] Essa formulação específica anula a possibilidade de que qualquer comportamento ou desempenho da parte das próprias minorias tenha uma função nas "disparidades" e "lacunas" comuns entre grupos raciais ou outros grupos em países mundo afora.

Semelhantes façanhas em termos de virtuosismo verbal não eram exclusividade do professor Blumrosen: eram comuns entre os intelectuais da era liberal. Mesmo quando havia diferenças irrefutáveis no comportamento entre grupos raciais ou étnicos — em índices de criminalidade ou índices de maternidade fora do casamento, por exemplo —, essas diferenças eram mais ou menos automaticamente atribuídas a tratamento negativo da parte da maioria branca, no passado ou no presente.

O celebrado escritor negro James Baldwin, por exemplo, declarou que os negros consideraram a construção de um conjunto habitacional subsidiado no Harlem como "mais uma prova de quão completamente o mundo branco os despreza", porque "as pessoas no Harlem sabem que estão morando lá porque os brancos não acham que elas sejam boas o bastante para morarem em nenhuma outra parte". Portanto, "eles haviam acabado de se mudar" para o novo conjunto habitacional quando, "naturalmente", eles "começaram a quebrar janelas, manchar paredes, urinar nos elevadores e fornicar nos playgrounds".[11]

Por essa perspectiva, qualquer coisa desagradável que os negros façam é culpa dos brancos. Mas, por mais que a imagem de Baldwin corresponda à visão predominante dos anos 1960, qualquer pessoa realmente interessada em saber se essa imagem também corresponde aos fatos teria de perguntar: (1) houve um tempo antes da década de 1960 em que era comum os negros urinarem nas áreas comuns dos prédios onde eles moravam?; e (2) se não faziam isso, era porque sentiam que os brancos tinham mais consideração por eles no passado? Fazer tais perguntas é respondê-las, e a óbvia resposta nos dois casos é *Não!*[ht] Ocorre que poucos fazem essas perguntas, que continuam fora da bolha lacrada da visão predominante. Na década de 1960, o que houve de diferente foi a proliferação de pessoas como James Baldwin, que promoviam ressentimento e polarização e inventavam justificativas para o comportamento contraproducente e até mesmo bestial. Mas esse fenômeno não se restringe apenas aos negros, tampouco apenas aos Estados Unidos. Escrevendo sobre brancos de classe baixa em projetos de habitação pública britânicos, o doutor Theodore Dalrymple observou: "As áreas comuns e os elevadores de todos os blocos do conjunto habitacional público que eu conheço estão

tão profundamente impregnados de urina que é impossível eliminar o odor. E tudo o que poderia ser quebrado foi quebrado".[12]

As pessoas que se comportam dessa maneira na Grã-Bretanha não têm nada em comum com a história que supostamente explica o comportamento dos negros nos Estados Unidos. Em ambas as situações, o que houve em comum foi o compasso feroz e constante das críticas ideológicas movidas a ressentimento e vitimização vindas dos meios de comunicação, das instituições de ensino e de outras instituições impregnadas da visão da *intelligentsia*. Nos Estados Unidos, a versão racial dessas concepções não se restringia a extremistas isolados. O diretor da Urban League Whitney M. Young, considerado um moderado em questões raciais, reafirmou a mesma visão da década de 1960 quando disse, em um artigo da revista *Ebony*: "A maioria dos norte-americanos brancos não vincula ao racismo a rápida propagação da deterioração e da decadência das nossas principais cidades. Mas essa é a causa principal". E acrescentou que "o branco produz os guetos, brutaliza e explora as pessoas que vivem neles — e depois passa a temê-las, e daí passa a fugir delas". O branco, segundo Young, "gera um clima de desespero e então se mostra surpreso quando as marchas de protesto tomam as ruas e os tumultos explodem".[13]

Jean-Paul Sartre foi creditado, por assim dizer, por dar origem à prática de justificar a violência ao retratar os atos violentos de alguns como reações a outras coisas que foram comparadas com violência ou redefinidas como violência.[14] Essa tática verbal cruzou o Atlântico. Após os tumultos no gueto da década de 1960, cuja violência chocou muitos norte-americanos, o professor Kenneth B. Clark, mais conhecido por ter seu trabalho citado no caso de *Brown v. Board of Education*, reagiu dizendo: "O perigo real do Harlem não está nas raras explosões de desordem aleatória. O apavorante horror do Harlem é a violência crônica e silenciosa do dia a dia contra o espírito humano, violência que existe e é aceita como normal".[15]

Na revista *The Nation*, um escritor também fez menção à "violência silenciosa na própria operação do sistema". A "forma institucional de violência silenciosa opera quando as pessoas são sistematicamente privadas de escolhas pelo próprio modo como as transações costumam ocorrer".[16] Um comitê de clérigos negros publicou um anúncio no *New York Times* criticando duramente "o silêncio e a violência dissimulada que a classe média branca norte-americana impõe às vítimas da periferia".[17]

Embora muitos dos que diziam tais coisas falassem em nome da comunidade negra, ou alegassem que estavam comunicando aquilo em que a maioria dos negros acreditava, uma pesquisa de opinião de 1967 revelou que 68% dos negros disseram que tinham mais a perder do que a ganhar com os tumultos.[18] Depois dos tumultos do caso de Rodney King, em 1992, 58% dos negros condenaram esses tumultos, enquanto apenas 32% consideraram a violência justificável em parte.[19] Porém, essa não foi a impressão transmitida pela mídia, nem nos primeiros nem nos últimos tumultos no gueto. Em 1967, com a manchete "The Hard-Core Ghetto Mood" [O clima espinhoso do gueto, em tradução livre], a *Newsweek* citou indivíduos de dentro e de fora do gueto que expressavam a visão militante aceita pela *intelligentsia*. "A raiva é comum a todos eles", disse sobre os negros do gueto o acadêmico negro Alvin Poussaint. Um acadêmico na Califórnia também disse que os tumultos de Watts representaram "a metamorfose dos negros" de vítimas para mestres. "As pessoas de Watts sentiram que, naqueles quatro dias, representaram todos os negros; os problemas históricos dos negros; todas as revoltas contra toda a injustiça... O que o restante dos Estados Unidos deve compreender é que, para o negro de classe baixa, tumultos não são criminosos, mas, sim, uma arma legítima numa guerra civil moralmente justificada."[20] Pessoas que fazem esse tipo de pronunciamento exasperado precisam oferecer provas concretas para terem suas declarações transmitidas pelos meios de comunicação.

Nada é mais fácil do que encontrar indivíduos — em qualquer grupo — que compartilhem a opinião de algum escritor, e citar esses indivíduos como se seus pontos de vista fossem definitivos. Essa abordagem se tornou comum na cobertura dos tumultos no gueto pela mídia. A revista *Newsweek*, por exemplo, citou vários jovens negros, entre os quais um descrito como *"uma criança do gueto desolado de Detroit"*,[21] ainda que: (1) a taxa de pobreza entre a população negra de Detroit antes dos tumultos fosse de apenas metade da que se verificava entre a população negra de todo o país; (2) o número de proprietários de imóveis entre os negros de Detroit fosse o mais elevado da nação; e (3) a taxa de desemprego dos negros de Detroit fosse de 3,4% — menor que a taxa entre os brancos no país inteiro.[22]

Foi *depois* dos tumultos que Detroit se tornou uma comunidade desolada, e assim permaneceu por décadas, enquanto as empresas debandavam, levando consigo empregos e impostos. Mas em Detroit, como em outros lugares, a ideia que se ajustou à visão não teve de satisfazer a condição adicional de se ajustar aos fatos.

Racismo e Causalidade

No centro da atual visão liberal predominante de raça está a noção de "racismo" — um conceito com significados múltiplos, enganosos e por vezes mutuamente contraditórios. Algumas vezes o termo diz respeito simplesmente a alguma opinião negativa sobre algum grupo racial diferente, seja uma minoria em dada sociedade ou um grupo que pode representar a maioria em alguma outra sociedade. Isso transforma imediatamente qualquer julgamento negativo sobre qualquer aspecto de um grupo racial diferente numa acusação contra quem quer que expresse esse julgamento negativo, sem nenhuma necessidade de avaliar as evidências ou a análise por trás dela. Em outras palavras, essa abordagem se junta à longa lista de argumentos sem argumentos.

Há ocasiões em que o termo "racismo" diz respeito mais especificamente a uma conclusão negativa baseada na crença de que a dotação genética de um grupo racial específico limita seu potencial. Outros significados incluem uma preferência por colocar os interesses de uma raça acima dos de outra, com ou sem teorias genéticas ou mesmo com ou sem avaliação negativa de comportamento, desempenho ou potencial do grupo a ser desfavorecido. Por exemplo, em diversos países do mundo são defendidas políticas que tendem a favorecer um grupo em detrimento de outro, sob a argumentação de que o grupo a ser discriminado é poderoso demais para que outros possam competir com ele em igualdade de condições. Esse argumento foi empregado no Sri Lanka, na Nigéria, na Malásia, nos estados de Assam e Andhra Pradesh, na Índia, e até nos Estados Unidos no início do século xx, onde os imigrantes japoneses causavam preocupação — temia-se que, em razão da sua elevada capacidade e de seus padrões modestos de vida, eles pudessem cobrar mais barato do que fazendeiros, trabalhadores ou donos de estabelecimentos comerciais.[23]

Em outras palavras, o racismo definido como a preferência por uma raça em detrimento de outra não precisa depender de nenhuma crença de que o grupo a ser discriminado é inferior em desempenho ou em potencial, e em várias épocas e lugares se baseou na crença oposta de que o grupo que sofreria discriminação era eficiente demais para que outros pudessem competir com ele em igualdade de condições, por esse ou aquele motivo. Como se afirma em um livro que defende a preferência por grupos malaios na Malásia, "tudo o que os malaios fazem, os chineses podem fazer melhor e mais barato".[24] O líder de uma campanha para políticas preferenciais no estado de Andhra Pradesh, na Índia, disse: "Nós não temos direito a emprego só porque não temos as mesmas qualificações?".[25] Na Nigéria, um defensor de políticas de representação de grupos lamentou o que chamou de "tirania das habilidades".[26]

O racismo não apenas tem definições variadas como também seu papel nos argumentos dos intelectuais pode variar muito, desde seu uso como apenas um termo descritivo, até sua função como explicação causal. Como alguém escolhe caracterizar decisões negativas contra um grupo racial particular pode ser uma questão de preferências semânticas pessoais. Contudo, reivindicar um papel causal é ingressar no mundo da evidência e da verificação, mesmo que a reivindicação não conte com nenhuma das duas. Por exemplo, um editorial do *New York Times* ofereceu um exemplo clássico da visão liberal de racismo:

> Cada um dos indicadores de miséria continua a mostrar que os efeitos devastadores do racismo perduram nos Estados Unidos. Os negros constituem um grupo desproporcional de cidadãos que dependem de assistência pública. Os índices de desemprego entre homens e adolescentes negros ainda são pelo menos duas vezes mais altos que os dos brancos. A proporção de negros que deixam completamente a força de trabalho duplicou no decorrer das duas últimas décadas.[27]

Os fatos citados são verdadeiros, não resta dúvida. Mas dois dos três fatos — desemprego maior e participação dos negros na força de trabalho menor que a dos brancos — estão piores hoje do que em tempos passados. Pela lógica desse editorial, isso implicaria que o racismo no passado foi menor, *algo em que ninguém acredita*.

Os índices de participação dos negros na força de trabalho foram maiores do que os dos brancos gerações atrás.[28] Os índices de desemprego entre os negros foram menores do que os dos brancos em 1890 e, pela última vez, em 1930.[29] Jovens negros de dezesseis e dezessete anos tiveram uma taxa de desemprego um pouco menor do que a de jovens brancos da mesma idade em 1948, e taxas de desemprego apenas ligeiramente mais altas do que as de jovens brancos de mesma idade em 1949.[30] Além disso, essas taxas de desemprego para adolescentes negros eram uma *fração* do que se tornariam posteriormente. Essas taxas de desemprego baixas existiam pouco antes de a lei do salário mínimo ser modificada, em 1950, a fim de compensar a inflação da década de 1940, que, para todos os efeitos práticos, anulou a lei do salário mínimo, já que os salários, até mesmo para a mão de obra sem qualificação, geralmente estavam bem acima do nível do salário mínimo quando a Fair Labor Standards Act [Lei de Padrões Justos de Trabalho] foi aprovada, em 1938.

O papel crucial das leis federais de salário mínimo pode ser constatado no fato de que o desemprego entre adolescentes negros, mesmo no ano de recessão de 1949, foi uma fração do que se tornaria mesmo nos anos posteriores mais prósperos, depois da escalada de aumentos do salário mínimo que teve início em 1950.[31]

O último ano em que o nível de desemprego entre os negros ficou abaixo do dos brancos — 1930 — foi também o último ano antes de existir lei federal de salário mínimo. A Lei Davis-Bacon, de 1931, foi abertamente defendida por alguns membros do Congresso sob a alegação de que impediria que trabalhadores negros da construção tirassem empregos de trabalhadores brancos da construção ao aceitar salários menores do que os salários sindicalizados dos trabalhadores brancos.[32]

Mas o uso de leis de salário mínimo para deliberadamente afastar trabalhadores concorrentes do mercado de trabalho não foi exclusividade da Lei Davis-Bacon nem dos Estados Unidos. Argumentos semelhantes foram usados no Canadá na década de 1920, quando o objetivo foi empurrar os imigrantes japoneses para fora do mercado de trabalho, e foram também usados na África do Sul na época do Apartheid, para empurrar não brancos para fora do mercado de trabalho.[33]

Qualquer grupo cuja força de trabalho é menos solicitada, por falta de qualificação ou por outras razões, é desproporcionalmente tirado dos mercados de trabalho quando há leis de salário mínimo, que em geral são estabelecidas sem que sejam levadas em conta diferenças de capacitação ou de experiência. Não é incomum na Europa Ocidental, por exemplo, que as taxas de desemprego entre os jovens fiquem acima de 20%.[34]

O objetivo aqui não é afirmar que expulsar competidores do mercado foi a motivação para todos ou para a maioria dos apoiadores da Fair Labor Standards Act. Ocorre que esse foi o efeito da lei, independentemente das intenções. Em resumo, a evidência empírica é muito mais compatível com as mudanças de padrão dos índices de participação da força de trabalho negra e dos índices de desemprego ao longo do tempo resultantes das leis de salário mínimo do que com mudanças no grau de racismo na sociedade norte-americana. Na verdade, esses padrões ao longo do tempo são totalmente incompatíveis com o fato de que o racismo foi pior no período anterior. Apenas o fato de que a *intelligentsia* tende a fazer do racismo a definição padrão para explicar as condições desfavoráveis entre os negros permite que afirmações como as do editorial do *New York Times* sejam aprovadas para publicação sem a menor preocupação com evidências nem com análise.

Não é muito diferente quando o racismo é usado como explicação para a existência de guetos negros. Se o racismo é simplesmente uma caracterização, pode haver outros que prefiram caracterizações diferentes, mas essa é uma questão de preferências subjetivas. Contudo, se uma proposição *causal* é sugerida, isso pede verificação empírica como outras proposições causais.

Quando o racismo é oferecido como explicação *causal* e não como caracterização, isso torna a predisposição dos brancos o motivo para a segregação residencial dos negros, entre outras formas de tratamento racialmente discrepante. Mas considerar isso como uma hipótese a ser testada nos coloca face a face com os inconvenientes, porém incontestáveis, fatos da história. Por exemplo, os negros, em sua maioria, não estavam segregados em cidades como Nova York, Chicago, Detroit, Filadélfia e Washington no final do século XIX — embora já tivessem estado antes e voltassem a estar no século XX. As predisposições raciais das pessoas brancas simplesmente vão e vêm imprevisivelmente? Isso seria algo particularmente estranho para predisposições, mesmo que opiniões fundamentadas mudem com a mudança das circunstâncias.

Trata-se de registro histórico que tenham de fato existido circunstâncias mutáveis precedendo políticas raciais mutáveis nos Estados Unidos, tanto no caso de mudanças para melhor como no caso de mudanças para pior. Além disso, onde as circunstâncias mudaram em ocasiões diferentes de um lugar para outro, atitudes e políticas raciais também mudaram de maneira correspondente em ocasiões diferentes.[35]

Desde o início do século XIX, a segregação residencial foi apenas uma de várias restrições impostas aos negros livres tanto no Norte como no Sul. Contudo, na última década do século XIX, essas restrições residenciais perderam a força nas cidades do Norte, a ponto de W. E. B. Du Bois escrever, na década de 1890, sobre um "crescente espírito liberal em relação ao negro na Filadélfia", com "a comunidade disposta a se livrar dos embaraços, remover pequenos impedimentos e atenuar a dureza do preconceito de raça" — levando, entre outras coisas, à possibilidade de que negros morassem em bairros de brancos.[36] Isso não aconteceu somente na Filadélfia. Houve eventos semelhantes em Nova York, Detroit, Washington e outras cidades do Norte.[37] Dados do recenseamento de 1890-1910 mostram uma taxa de separação urbana residencial de negros em todo o país menor que em décadas posteriores do século XX, e menor até que a do recenseamento de 2010.[38]

Outras restrições também desapareceram. Em Detroit, negros aos quais o voto havia sido negado em 1850 estavam votando na década de 1880, e, na década de 1890, os negros estavam sendo eleitos para cargos públicos por um eleitorado predominantemente branco em Michigan. A classe alta negra de Detroit, na época, tinha interações sociais regulares com brancos, e seus filhos frequentavam escolas de ensino médio e faculdades com brancos. Durante essa mesma época, em Illinois, restrições legais ao acesso a instalações públicas por negros foram retiradas da lei, embora não houvesse, na época, número suficiente de eleitores negros para influenciar a política pública, de modo que isso representou mudanças na opinião pública branca.[39]

Na cidade de Nova York, na década de 1890, a maioria dos negros não atuava como trabalhadores não qualificados, mas mantinha trabalhos modestos, porém respeitáveis, como barbeiros, garçons, fornecedores e artesãos habilidosos. O respeitado historiador Oscar Handlin caracterizou negros na Nova York da época como "melhores do que a recente massa de imigrantes brancos".[40] A visível melhora no padrão de vida dos negros foi notada no clássico de 1890 de Jacob Riis, *How the Other Half Lives* [Como vive a outra metade, em tradução livre].[41]

Na Filadélfia, os negros estavam entre os principais fornecedores de alimentos da cidade, e serviam uma clientela predominantemente branca.[42] Em Chicago, havia também negócios bem-sucedidos de proprietários negros cuja clientela era composta predominantemente de brancos,[43] e, ainda em 1910, mais de dois terços dos moradores negros da cidade moravam em bairros onde os brancos eram maioria.[44]

Sustentar a ideia de que as restrições residenciais e outras restrições raciais contra os negros foram motivadas apenas por predisposição da população branca — racismo — nos faz imediatamente perguntar por que essas predisposições teriam mudado tanto no decorrer do século xix — para acabarem mudando de novo, de maneira drástica e no intervalo de alguns poucos anos, durante o início do século xx. Mas esse padrão de progresso nas relações entre raças nas comunidades urbanas durante o século xix, seguido de retrocesso no início do século xx, e mais uma vez seguido de avanço na parte final do século xx, é mais facilmente compreensível em termos de causas outras que não as puras alterações subjetivas de humor na população branca. Em suma, quer as atitudes no universo da população branca mereçam ou não a *caracterização* de racismo, uma análise *causal* das principais mudanças que ocorrem na restrição residencial e em outras restrições aos negros não pode explicar tais mudanças simplesmente dizendo "racismo".

Passando da população branca para a população negra, nos deparamos com eventos que tornam possível explicar os padrões residenciais mutáveis sem recorrer a mudanças inexplicáveis dentro das cabeças das pessoas brancas. Começando do princípio, os escravos africanos foram trazidos para a sociedade norte-americana e concentrados no Sul — uma região com suas próprias barreiras culturais, que produziu diferenças acentuadas entre as populações *brancas* do Norte e do Sul que muitos observadores apontaram durante a época anterior à Guerra Civil norte-americana.[45] Isso significava que os negros que se deslocavam do Sul para viverem nas cidades do Norte seriam bem diferentes, de muitas maneiras, das populações brancas dessas cidades. As diferenças raciais visíveis tornavam fácil identificar e restringir os negros.

No decorrer do século xix, contudo, durante um período de gerações, os negros do Norte tenderam a adquirir mais da cultura da população urbana branca circundante do Norte, assim como muitas vezes acontece com outros grupos que vivem cercados por uma população vastamente maior, de cultura diferente e nível socioeconômico mais elevado. No final do século xix, essa assimilação cultural havia alcançado um ponto no qual as barreiras raciais diminuíram expressivamente nas cidades do Norte; agora as populações negras dessas cidades eram, em sua maioria, residentes nativos, não migrantes do Sul.[46]

Essa situação mudou drasticamente, entretanto, e em relativamente poucos anos, com as migrações em massa de milhões de negros do Sul, começando no início do século XX. Isso aumentou acentuadamente a população negra que vivia em muitas cidades do Norte, e os recém-chegados foram vistos — tanto pelas populações de negros que já viviam na região como pelas populações de brancos dessas cidades — como fonte de grandes problemas sociais, tais como crime, violência e comportamento ofensivo de modo geral.[47]

Se essas reações não passaram de "preconceito", "percepções" ou "estereótipos" na mente dos brancos, como tantos juízos negativos foram automaticamente caracterizados, por que os mesmos juízos negativos apareceram ao mesmo tempo entre negros nascidos no Norte?

Quando há dados concretos disponíveis, esses dados confirmam o padrão das diferenças de comportamento entre as populações negras que já viviam no Norte e as populações de negros recém-chegados do Sul. Na Pensilvânia do início do século XX, por exemplo, o índice de crimes violentos entre negros vindos do Sul era quase cinco vezes maior que o índice entre negros nascidos na Pensilvânia.[48] Em Washington, D.C., onde o fluxo migratório do Sul ocorrera décadas antes, o efeito da chegada dos sulistas pôde ser visto décadas antes. Por exemplo, os nascimentos fora do casamento ficavam um pouco abaixo de 10% de todos os casamentos entre negros em Washington em 1878; mas essa porcentagem mais que dobrou em 1881, depois de um grande fluxo migratório de negros do Sul, e continuou alta nos anos seguintes.[49]

As novas maiorias de negros do Sul nas comunidades negras urbanas do Norte eram tão grandes, e sua cultura tão reforçada pela chegada contínua de migrantes vindos do Sul, que seu ritmo de assimilação das normas culturais da sociedade branca circundante não foi nem tão rápido nem tão completo quanto o ritmo do número muito menor de negros que os haviam precedido nessas cidades no século XIX. Além disso, ainda em 1944, *An American Dilemma*, de Gunnar Myrdal, salientava que a maioria dos negros que vivia no Norte naquela época havia nascido no Sul.[50]

Durante os primeiros anos da migração em massa de negros saindo do Sul, muitos negros nascidos no Norte condenaram os recém-chegados do Sul, e viram neles o risco de que a população branca impusesse novas barreiras a todos os negros[51] — o que de fato aconteceu. Depois da enorme afluência de negros do Sul para as cidades do Norte, nas quais pequenas populações de negros haviam vivido até então, espalhados por bairros onde os brancos predominavam, essas cidades se tornaram lugares onde os negros eram impedidos de viver em bairros de brancos, e esse impedimento se deu por métodos que variavam de proibições legais e acordos de restrição até a violência pura e simples. Tudo isso aconteceu poucos anos após as migrações em massa dos negros do Sul para as cidades do Norte.

Os enormes guetos negros que se tornaram comuns no século XX foram somente um aspecto de um retrocesso mais geral nas relações entre raças, em cuja esteira várias instalações públicas antes abertas aos negros foram fechadas para eles, e crianças negras que antes iam para as escolas junto com crianças brancas nas cidades do Norte eram agora segregadas em escolas diferentes.[52]

A conclusão de que essa mudança foi uma reação a uma migração em massa de negros do Sul menos assimilados culturalmente é reforçada pela história das cidades da costa oeste, que foram o destino dessa migração em massa do Sul décadas mais tarde, em grande parte durante a Segunda Grande Guerra; nessas cidades, após essa migração, também houve retrocessos nas relações raciais na época posterior.[53] Um padrão semelhante já estava em processo entre judeus nos Estados Unidos no final do século XIX, quando judeus alemães, extremamente aculturados, perderam grande parte da aceitação social que já haviam conquistado, depois que grandes massas de judeus muito menos aculturados da Europa Oriental chegaram e, em consequência da sua chegada, novas barreiras contra judeus em geral foram instituídas. Dizer que esse retrocesso foi causado por antissemitismo também seria transformar uma caracterização numa explicação causal, implicitamente tratando aqueles que foram afetados negativamente como pessoas abstratas cujos problemas tiveram origem apenas na mente de outras pessoas.

Líderes dentro desses próprios grupos — quer sejam grupos de negros, de judeus ou outros — perceberam problemas de comportamento entre integrantes da sua própria gente, problemas que repercutiam de forma negativa na sociedade que os cercava e, assim, acabavam causando sofrimento a todo o grupo. Como resultado disso, grupos sociais organizados para elevação e melhoramento pessoal, tanto seculares como religiosos, surgiram dentro da comunidade negra, da comunidade judaica e dentro também de outras comunidades, com o objetivo de modificar o comportamento de membros dos seus próprios grupos a fim de facilitar a evolução desses grupos como um todo.[54]

Entre os judeus, durante a época da migração em massa da Europa Oriental, os já aculturados judeus alemães que viviam nos Estados Unidos assumiram a dianteira na busca pelo aculturamento dos judeus recém-chegados da Europa Oriental. Uma publicação judaico-alemã da época descreveu os judeus da Europa Oriental como "desmazelados no vestir, grosseiros no trato e de discurso vulgar".[55] Como se observou em um importante estudo sobre judeus norte-americanos: "Os alemães tiveram dificuldade em compreender o que serviria melhor a seus primos mal-educados do que lições rápidas de civismo, de inglês e sobre o uso do sabão". Esses problemas não eram exclusividade dos judeus; eram comuns entre os imigrantes irlandeses antes deles, e entre os negros depois deles.

Durante as migrações em massa de negros vindos do Sul no início do século XX, o *Chicago Defender* (um jornal negro) e a Urban League ofereceram conselhos em publicações, tais como:

> NÃO USE LINGUAGEM VIL EM LUGARES PÚBLICOS.
> NÃO JOGUE LIXO NO QUINTAL NEM NA RUA, E NÃO DEIXE O JARDIM DA FRENTE SUJO.
> NÃO CONVERSE EM VOZ ALTA EM BONDES E EM LOCAIS PÚBLICOS.[56]

Embora esses esforços tenham produzido resultados positivos ao longo dos anos, seja entre negros, judeus ou outros, essa abordagem era incoerente para uma nova filosofia social que emergiu no final do século XX: o multiculturalismo.

A ERA MULTICULTURALISTA

A era do multiculturalismo pode ser considerada uma extensão da era liberal, mas desenvolveu características que não apenas vão além como também, em alguns casos, são contrárias às características da era liberal tal como essa era se desenvolveu na esteira de *An American Dilemma*, de Myrdal, e dos anos que se seguiram imediatamente após a Segunda Guerra Mundial. O liberalismo anterior era universalista, tendo em vista que enfatizava tratamento igual para todos os indivíduos "independentemente de raça, cor ou credo", para mencionar uma frase comum na época. Em alguns lugares nem mesmo se permitia que a raça fosse registrada em candidaturas de emprego e em vários outros registros. O impulso inicial do movimento pelos direitos civis, e de leis como a Lei dos Direitos Civis de 1964, foi a extensão dos mesmos direitos a todos os cidadãos, independentemente da raça.

Compreendeu-se que tal extensão de direitos seria especialmente valiosa para os cidadãos — como os negros e outros membros de grupos minoritários — aos quais já haviam sido negados anteriormente alguns desses direitos de uma maneira ou de outra. Contudo, embora tais políticas favorecessem principalmente grupos específicos, as implicações mais amplas do movimento pelos direitos civis foram vistas, na verdade, como uma consumação da Revolução Norte-Americana, possibilitando que todos usufruíssem de seus ideais, com o objetivo de tornar a raça irrelevante para leis e políticas. Sejam quais forem os méritos ou deméritos dessa concepção específica, ela atraiu um amplo consenso entre as raças, entre intelectuais e também o público em geral, e apoio bipartidário no Congresso, onde uma porcentagem maior de republicanos que de democratas votou pelas Leis dos Direitos Civis de 1964, já que os democratas do Congresso eram a principal oposição.

Apesar da amplitude desse conceito, ele não durou muito. Vários segmentos da população começaram a tomar direções diferentes, por diferentes razões. Os tumultos em guetos que varreram muitas cidades norte-americanas na década de 1960 — que começaram em Los Angeles, alguns dias depois da aprovação da Voting Rights Act [Lei dos Direitos de Voto] de 1965, e terminaram numa onda de tumultos em cidades de todo o país depois do assassinato de Martin Luther King Jr., em 1968 — conquistaram muita simpatia do público em favor dos negros. Entre os negros, o fato de os avanços econômicos e sociais não terem satisfeito as grandes expectativas da revolução social que as políticas e as leis de direitos civis iriam produzir causou decepção, o que forneceu terreno fértil para que mais elementos radicais exigissem mais ações extremas.

O consenso em torno de questões raciais que existia apenas alguns anos antes estava dando lugar à polarização sobre essas questões, dentro das populações de brancos e de negros e também entre essas populações, e entre intelectuais. Embora houvesse pouco ou nenhum apoio entre os intelectuais para a anulação dos recentes avanços dos direitos civis, ocorriam disputas ferozes com relação à direção que as políticas raciais estavam tomando, enquanto essas políticas seguiam rumo ao que se pode chamar, em termos gerais, de multiculturalismo.

A Visão Multiculturalista

O multiculturalismo envolve mais do que o simples reconhecimento das diferenças culturais entre diferentes grupos. É a insistência, *a priori*, de que os efeitos dessas diferenças têm saldo positivo e de que as culturas específicas encontradas entre grupos menos favorecidos não devem ser responsabilizadas pelas disparidades de renda, educação, taxas de criminalidade ou desintegração familiar, sob pena de que os observadores sejam culpados por "culpar a vítima" em vez de acusar a sociedade. Considerando essa premissa, para os multiculturalistas era coerente censurar educadores que buscavam fazer jovens negros falarem inglês padrão ou forçar estudantes hispânicos a falarem inglês em vez de espanhol na escola. Exemplo típico disso foi um autor que fez menção a "uma professora branca exigente do Harlem que critica os alunos que falam de forma diferente da dela".[57]

De modo geral, a tentativa de levar grupos minoritários a assimilarem as normas sociais, linguística e outras da sociedade que os cerca é vista negativamente por multiculturalistas como forma de imperialismo cultural.

A palavra-chave entre defensores do multiculturalismo passou a ser "diversidade". Declarações inflamadas sobre os benefícios da diversidade demográfica e cultural em incontáveis instituições e circunstâncias prevaleceram sem que para isso uma fagulha de evidência fosse pedida ou oferecida. É um dos exemplos mais rematados de argumentos sem argumentos, e da força da repetição, da insistência e da intimidação.

Entre muitos multiculturalistas, dizer a palavra "diversidade" sobrepuja a preocupação com consequências empíricas e converte o tratamento preferencial por raça — princípio que os liberais combateram por tanto tempo — em "justiça social" quando as preferências recaem sobre as minorias atualmente favorecidas pela *intelligentsia*. A preferência por negros e hispânicos para admissões em faculdades pode ter efeito negativo nas admissões de americanos asiáticos, sem mencionar as admissões de brancos; porém, isso costuma ser ignorado ou deixado de lado. Tratar raças como abstrações intertemporais autoriza os adeptos dessa visão a tratarem a discriminação contra brancos contemporâneos seus como uma espécie de compensação pela discriminação contra negros no passado. Por exemplo, o professor James M. McPherson, um respeitado historiador da Universidade Princeton, defendeu a ação afirmativa da seguinte maneira:

> Depois de ter me beneficiado de tantas maneiras dessas formas mais antigas de ação afirmativa que favoreciam os homens brancos, não posso receber com censura a versão mais recente dessa ação, que parece desvantajosa para essa mesma categoria — seja no recrutamento de professores, seja na admissão de estudantes. E na área de promoções do corpo docente, ou até na de recrutamento, homens brancos ainda predominam nas chefias de muitos departamentos de história.[58]

Ao reduzir indivíduos do mundo contemporâneo a uma "categoria" verbalmente coletivizada, além de retratar brancos como uma abstração intertemporal, o professor McPherson torna a discriminação contra pessoas de carne e osso agradável — ou pelo menos algo que se pode fazer expressando uma casual "empatia" por eles.[59] Mas a ação afirmativa não custa nada para os indivíduos da sua geração que, supostamente, receberam as vantagens injustas que devem ser ressarcidas por meio de discriminação contra indivíduos mais jovens, que não tiveram nada a ver com vantagens ou desvantagens do passado.

Algumas vezes há uma suposição implícita de que todos os casos de falta de habilidade ou de outras qualificações entre os negros nos dias de hoje são apenas consequência de discriminação anterior — não de nenhum dos incontáveis outros fatores que produzem diferenças iguais ou maiores entre outros grupos raciais ou étnicos em outros países mundo afora. Por vezes essa crença chega a se tornar explícita, como quando o juiz Harry Blackmun declarou, no caso *Weber*, em 1979, que não podia haver "muita dúvida de que qualquer falta de habilidade tem sua origem na discriminação intencional ocorrida no passado".[60] O juiz William J. Brennan apresentou uma argumentação semelhante no caso *Bakke*, afirmando que Allan Bakke, um candidato branco à faculdade de medicina que foi preterido enquanto negros com menos qualificações foram admitidos, "não teria obtido qualificações para ser admitido em circunstâncias não discriminatórias, e, sob essas circunstâncias hipotéticas, teria sido superado por vários candidatos de minorias, cujo insucesso atual para obter qualificações no mundo contemporâneo se deve sobretudo aos efeitos da discriminação do passado".[61]

Dadas essas premissas, quatro juízes no caso *Bakke* consideraram tarefa da Suprema Corte "colocar candidatos das minorias na posição em que eles teriam estado se não fosse o mal da discriminação racial".[62] Em outras palavras, os que veem as coisas dessa maneira consideram os brancos que superam negros em desempenho — econômico, educacional ou em outras áreas — simplesmente como pessoas que se beneficiaram de modo injusto da discriminação do passado. Nada exceto a suposição implícita e infundada de que os negros teriam as mesmas habilidades que outros se não existisse discriminação racial dá a essa linha de raciocínio algum aspecto de plausibilidade. É como se os negros tivessem chegado aos Estados Unidos vindos da África com as mesmas habilidades que as dos brancos que chegaram aos Estados Unidos vindos da Europa. O fato de que brancos de diferentes partes chegaram aos Estados Unidos com habilidades diversas e também com culturas distintas, de modo geral, não foi suficiente para perturbar essa visão que procede como se estivessem em discussão pessoas abstratas num mundo abstrato.

As grandes e numerosas diferenças numa ampla variedade de habilidades entre vários grupos étnicos brancos nos Estados Unidos hoje são totalmente ignoradas em argumentos como esses, bem como são ignoradas diferenças igualmente amplas (ou mais amplas) entre inúmeros outros grupos em outros países ao redor do mundo, o que se reflete no fato de minorias dominarem indústrias inteiras em muitos desses países.

Embora a *intelligentsia* possa se surpreender ou se indignar com a baixa representatividade de negros entre os principais executivos das maiores corporações norte-americanas, e considerar isso prova de discriminação, mesmo assim os negros são mais bem representados nessas posições de elite do que os turcos foram entre banqueiros ou corretores de ações no Império Otomano, *controlado pelos turcos*; e mais bem representados do que os malaios na década de 1960 entre os que tinham diplomas de engenharia das universidades da Malásia, *controladas pelos malaios*, portanto ninguém estava em posição de praticar discriminação contra eles.

Em vários lugares e épocas, coisas parecidas poderiam ser ditas a respeito de fijianos em Fiji, de poloneses na Polônia, de argentinos na Argentina, de ugandenses em Uganda e de muitas outras maiorias flagrantemente superadas em desempenho por suas respectivas minorias.

Embora os fatos ponham por terra a hipótese de que as atuais diferenças entre grupos resultam automaticamente de discriminação atual ou do passado, tais fatos não têm efeito sobre crenças que são tratadas como axiomas essenciais a uma conclusão desejada, não como hipóteses sujeitas a verificação. Aqueles que questionam a visão predominante são acusados de negar a história da discriminação racial. Embora essa discriminação exista, assim como existe o câncer, não se pode presumir, *a priori*, que diferenças entre grupos se devam à discriminação, não mais do que se pode presumir, *a priori*, que mortes podem ter o câncer como causa.

As premissas do multiculturalismo são mais do que uma preocupação intelectual que pode ser debatida em torno de uma mesa ou em publicações acadêmicas. Elas têm consequências no mundo real; afetam milhões de seres humanos, de minorias ou não minorias, bem como a coesão ou a polarização de sociedades inteiras. Essas consequências foram práticas e também psíquicas, afetando resultados econômicos e educacionais, bem como o senso de identidade de grupo das pessoas. Aqueles que promovem a preservação das identidades raciais ou étnicas raramente investigam o que acontece quando grupos atrasados fazem isso, em comparação com o que acontece quando eles seguem a abordagem oposta. Os benefícios de culturas e identidades separadas são, em vez disso, tratados como axiomas, não como hipóteses — em suma, como argumentos sem argumentos.

Mudanças Culturais

Se, em vez de avaliarmos quão bem as crenças sobre culturas e identidades se ajustam à visão multicultural predominante, tratássemos essas questões avaliando quão bem elas se ajustam aos fatos, chegaríamos a conclusões bastante diferentes. No século XVIII, a insistência de David Hume para que seu colega Scots aprendesse a língua inglesa e a impressionante ascensão de Scots como resultado do seu ingresso num mundo mais amplo de possibilidades culturais por meio da obtenção do conhecimento e das habilidades disponíveis na língua inglesa foram comentadas no Capítulo 16. Algo muito semelhante aconteceu no Japão do século XIX, na época um país atrasado tecnológica e economicamente, bastante ciente do seu atraso e que lamentava publicamente esse atraso, que o deixava atrás de países como os Estados Unidos.[63]

Além de importar tecnologia ocidental em enorme escala, o Japão importava especialistas em tecnologia europeus e norte-americanos e enviava seus jovens promissores para nações ocidentais, para que estudassem tecnologia e métodos de organização ocidentais.[64] Nesse momento, no século XIX, o Japão se lançou num impressionante processo de difamação de sua própria cultura, um dos maiores jamais vistos em uma nação importante, exaltando os Estados Unidos como um "paraíso na Terra",[65] como parte de uma representação geral de povos e nações ocidentais como invejáveis, belos e grandes.[66] Livros didáticos produzidos pelo governo no Japão mostravam Abraham Lincoln e Benjamin Franklin como modelos a serem imitados, mais ainda que os heróis japoneses.[67] A língua inglesa não só foi introduzida nas escolas secundárias japonesas como também se sugeriu, durante algum tempo, que o inglês se tornasse a língua nacional do Japão.[68]

Se esse tipo de comportamento, que com frequência é rejeitado como "submissão cultural", for comparado em suas consequências ao que é exaltado como o orgulho da "identidade", não fica nada claro se o que os intelectuais exaltam tem histórico melhor do que o que eles deploram. Contudo, sabe-se bem que tal comparação empírica muito provavelmente não será feita. A Escócia e o Japão não são os únicos exemplos de busca deliberada por uma cultura diferente que resultou em avanços formidáveis. Em uma escala muito menor, aconteceram coisas semelhantes, em épocas e lugares isolados, na história dos negros norte-americanos.

Na esteira da Guerra Civil e da emancipação de milhões de escravos negros do Sul, milhares de brancos da Nova Inglaterra e outros brancos da região Norte foram para o Sul a fim de educar crianças negras lá. Quer essa educação se concentrasse em disciplinas acadêmicas tradicionais, quer enfatizasse o treinamento vocacional como o que era ensinado no Hampton Institute, na Virgínia, e no Tuskegee Institute, no Alabama, essas duas escolas de pensamento enfatizavam a importância de *substituir* a cultura sulista vigente, da qual os negros estavam impregnados, por uma cultura muito diferente. Tanto o líder da American Missionary Association [Associação Missionária Americana] como o líder do Hampton Institute, onde Booker T. Washington foi educado, destacou de maneira bastante clara a importância de superar a cultura que predominava entre os negros do Sul com uma cultura importada do Norte de modo geral, e muitas vezes da Nova Inglaterra especificamente.

Em um discurso de 1882, o diretor da American Missionary Association declarou que a geração mais jovem de negros precisava de "uma total mudança de ambiente" para que os jovens fossem removidos para instituições residenciais "onde os princípios morais são puros; onde as maneiras são refinadas; onde a linguagem é gramatical".[69] O fundador do Hampton Institute, general Samuel Chapman Armstrong, declarou que "o estudante negro médio" necessitava de um colégio interno que pudesse "controlar inteiramente as 24 horas de cada dia — somente dessa maneira as velhas ideias e costumes podem ser eliminados e substituídos por novos".[70] Referindo-se à American Missionary Association em 1877, o general Armstrong disse: "Não faltam pessoas dotadas de capacidade mental. Não é questão de cérebro, mas dos instintos certos, de princípios, e de trabalho duro".[71] Ao contrário de caricaturas posteriores, nem o Hampton Institute nem o Tuskegee Institute se baseavam na suposição de que os negros só tinham capacidade para ser lenhadores ou carregadores de água.

Para os jovens negros que foram educados dentro dessas edificações pequenas e extremamente atípicas, esses esforços educacionais isolados começaram a valer a pena em um intervalo de tempo surpreendentemente curto após a abolição da escravidão. Em 1871, uma junta oficial de visitantes brancos da Universidade de Atlanta expressou surpresa diante das habilidades que estudantes negros demonstraram ter em latim, grego e geometria, como foi relatado no *Atlanta Constitution*, segundo o qual eles mal podiam acreditar em seus próprios olhos.[72] Outra dessas instituições educacionais atípicas para negros, fundada por pessoas também orientadas por uma tradição cultural muito diferente da do Sul, foi uma escola secundária acadêmica em Washington que, em 1899, superou em pontuação duas de três escolas secundárias acadêmicas brancas na mesma cidade, em testes que todos fizeram.[73] Mas isso não foi somente um acaso feliz. Essa escola teve registros acadêmicos impressionantes durante 85 anos.[74] Ironicamente, ela ficava perto da Suprema Corte, que praticamente declarou impossível sua existência quando determinou, em 1954, que escolas racialmente separadas eram "inerentemente desiguais".[75]

Por mais radicalmente diferentes que fossem as realizações acadêmicas dessa escola secundária específica em relação às realizações da maioria das outras escolas negras, essa escola não foi a única a mostrar tal desempenho. Outras escolas negras dos nossos dias com resultados semelhantes diferem de modo igualmente radical do padrão comum das escolas negras de hoje. Em 2010, o *Wall Street Journal* informou:

> Em escala nacional, o aluno negro comum do último ano do ensino médio tem o mesmo desempenho em leitura que um aluno branco do oitavo ano. Mesmo assim, estudantes do Harlem em escolas como KIPP e Democracy Prep estão superando em desempenho os estudantes brancos de subúrbios ricos.[76]

Muitas das escolas que obtiveram êxito com estudantes negros foram na contramão dos valores culturais que permeiam as comunidades dos guetos e as escolas dos guetos — e por isso, suas práticas também foram contrárias às teorias do multiculturalismo.

O Universo Cultural

Na cena mundial, o dogma multicultural da igualdade de culturas se contrapõe aos enormes empréstimos de avanços culturais, tecnológicos e outros de uma civilização para outra, empréstimos que ocorrem há milênios.[77] Não faria sentido abandonar características da própria cultura e substituí-las por características de uma cultura estrangeira, a não ser que as substitutas fossem consideradas melhores.

Os algarismos arábicos, por exemplo, foram de fato criados na Índia e então levados para o Ocidente depois que europeus encontraram esses números em uso entre os árabes. Além disso, algarismos arábicos não são simplesmente *diferentes* de numerais romanos — como os fetiches verbais do multiculturalismo exigiriam que afirmássemos; eles são *superiores* aos numerais romanos, como ficou demonstrado pelo fato de terem substituído os numerais romanos até em nações cujas civilizações derivaram de Roma, e também pelo fato de terem substituído outros sistemas numéricos em países mundo afora.

É difícil até mesmo imaginar as operações complexas da matemática avançada sendo realizadas hoje em dia com o uso de incômodos numerais romanos, quando o simples ato de expressar o ano da independência dos Estados Unidos — MDCCLXXVI — exige mais que o dobro de numerais romanos que de algarismo arábicos. Além disso, numerais romanos oferecem mais oportunidades para erros, já que o mesmo dígito pode ser acrescentado ou subtraído, dependendo do seu lugar na sequência. O mais importante é que os numerais romanos não têm zero nem números negativos para indicar débitos ou declinar funções matemáticas. Como outras características culturais, os números não existem simplesmente como emblema de identidade cultural, mas para realizarem um trabalho específico — e algumas características culturais fazem o trabalho melhor que outras, motivo pelo qual praticamente todas as culturas descartam algumas de suas próprias características e as substituem por características emprestadas de outras culturas.

Perpetuar características culturais como se fossem borboletas preservadas em âmbar, ou peças de museu, e utilizar-se de virtuosismo verbal para fazer isso parecer justiça cósmica pode enaltecer os ungidos, porém condena grupos atrasados — os supostos beneficiários do multiculturalismo — a inúteis obstáculos no mundo real, onde capacidades concretas importam mais do que igualdade puramente simbólica. Por motivos semelhantes, a promoção de identidades de grupo separadas não apenas fragmenta uma sociedade em facções beligerantes como também impede que os grupos atrasados — educacional e economicamente ou ambos — utilizem de maneira completa e para o próprio desenvolvimento a cultura vigente da sociedade mais ampla que os cerca.

Os enormes empréstimos de uma cultura a outras não só desmentem o pronunciamento multicultural arbitrário de que todas as culturas são iguais — num sentido indefinível e que, portanto, não pode ser testado empiricamente — como ainda levantam questões mais profundas sobre a extensão em que esses empréstimos são facilitados ou inibidos pelos contextos específicos nos quais determinados grupos raciais evoluíram. Em outras palavras, a questão não se resume aos tipos de culturas que foram internamente produzidas por raças específicas, mas à dimensão do universo cultural do qual a evolução cultural de outros pode ser emprestada.

Quando os britânicos atravessaram o Atlântico pela primeira vez para se estabelecerem na América do Norte, eles conseguiram navegar no mar usando o conhecimento das estrelas derivado do Oriente Médio, um dos diversos tipos de conhecimento armazenado nas letras de um alfabeto criado pelos romanos e disseminado pela impressão em massa, inventada pelos chineses. Os cálculos de navegação dos bretões eram feitos com um sistema de numeração criado na Índia, e eles usavam bússolas inventadas na China. Sociedades isoladas de fontes de conhecimento tão distantes — quer estejam isoladas por desertos, montanhas ou outros impedimentos, como a ausência de animais de tração — viram todo um modo de vida lhes ser negado apenas devido à geografia. Culturas que evoluem no decorrer dos séculos em ambientes radicalmente distintos não devem ter os mesmos valores ou imperativos, sobretudo quando não são moduladas por meio da exposição a outras culturas.

Quando os britânicos confrontaram os iroqueses na costa oriental da América do Norte, suas diferenças culturais não se deviam somente às características geradas internamente pelos próprios britânicos e pelos próprios iroqueses. Essas diferenças refletiam o universo cultural vastamente maior com o qual os britânicos contavam, incluindo a vantagem decisiva da pólvora, inventada na China. Sem as vantagens do transporte de longo alcance dos europeus, em última análise baseadas em animais de tração,[au] os iroqueses não tinham meios de saber nem sequer da existência dos incas e dos maias, muito menos incorporar características culturais das sociedades inca e maia a sua própria sociedade. Não é necessário recorrer a genes, racismo, percepções ou injustiças para explicar por que os britânicos acabaram prevalecendo sobre os iroqueses.

Em diversas outras partes do mundo o universo cultural poderia estar contido nas dimensões de uma aldeia isolada, quer nos vales montanhosos dos Bálcãs, quer em regiões fragmentadas geograficamente da África subsaariana. A alfabetização poderia expandir as dimensões da mente para além do cenário físico direto, e o analfabetismo poderia encolher o universo cultural, mesmo entre povos não tão seriamente limitados pela geografia como outros. Mas o acesso à alfabetização também tem sido radicalmente distinto para diferentes povos em partes diferentes do mundo.

O universo cultural também pode ser afetado por algo que apropriadamente recebeu o nome de "raio de confiança", que pode afetar profundamente o desenvolvimento econômico. Sem a capacidade de extrair recursos econômicos de um número vastamente maior de pessoas que não se conhecem, não seria possível levar a cabo grandes projetos econômicos ao criar grandes economias de escala, a não ser nos raros casos nos quais um número bastante pequeno de pessoas muito ricas tem recursos e disposição para comprometer um montante considerável da sua fortuna pessoal em determinado empreendimento. Em qualquer tipo de sociedade, milhões de desconhecidos raras vezes confiam o dinheiro cegamente a outros desconhecidos; porém, em sociedades cujas instituições legais e políticas podem ser de confiança para que se mantenha algum nível de integridade na proteção a retornos sobre investimentos, as somas modestas investidas por milhões de indivíduos podem ser agregadas às gigantescas quantias de dinheiro necessárias para a realização de grandes empreendimentos econômicos, tais como construir ferrovias ou financiar corporações multinacionais.

Por outro lado, nas sociedades em que o raio de confiança raramente se estende para além da família e em que as pessoas da aldeia vizinha são uma incógnita, enquanto as instituições políticas e jurídicas podem ser um mistério distante e duvidoso, as atividades econômicas podem ser seriamente restringidas, independentemente das dotações naturais da terra ou das pessoas. Além disso, interações econômicas também podem significar interações culturais limitadas. Não é à toa que as cidades portuárias, sobretudo as que estão envolvidas no comércio internacional, foram muitas vezes centros de desenvolvimento cultural mais do que o interior. Mesmo os povos mais avançados emprestam de outros, incluindo características particulares de outros povos que se encontram atrasados no que toca a desenvolvimento tecnológico, cultural ou econômico geral, mas que mostram avanços específicos que outros não apresentam.

Em outras palavras, a dimensão do universo cultural tem sido de suma importância para o desenvolvimento cultural e econômico de povos, raças e nações, por mais que o aspecto dos universos culturais possa ser desprezado ou desvalorizado por aqueles que perseguem as visões mais embriagantes do determinismo genético ou da injustiça social.

Para a geografia, não existem melodramas morais. Nas palavras do famoso historiador econômico David S. Landes (no livro *The Wealth and Poverty of Nations* [A Riqueza e a Pobreza das Nações, em tradução livre]): "Ninguém pode receber elogios nem ser responsabilizado pela temperatura do ar, pelo volume e época das chuvas ou pela configuração do solo".[78]

CAPÍTULO 19
RAÇA E JUSTIÇA CÓSMICA

O tipo de justiça coletiva exigido por grupos raciais ou étnicos é muitas vezes defendido como "justiça social", mas seria mais apropriado dar-lhe o nome de justiça *cósmica*, já que busca desfazer desigualdades nascidas das circunstâncias, e também as que nasceram das injustiças dos seres humanos. Além disso, a justiça cósmica não se estende apenas dos indivíduos para os grupos; ela transcende grupos contemporâneos para perseguir abstrações intertemporais, das quais os grupos de hoje são concebidos como personificações vigentes.

DISPARIDADES *VERSUS* INJUSTIÇAS

No cenário da história mundial, é um dogma a ideia de que a ausência de uma distribuição uniforme de grupos em determinados empreendimentos seja algo estranho ou uma séria indicação de discriminação, e, para esse dogma, raramente são solicitadas ou fornecidas evidências — e é um dogma que desafia uma enorme quantidade de evidências em contrário. Porém, esse dogma sobrevive com base no consenso contemporâneo entre pares, mesmo entre os que se orgulham de se considerarem "pessoas pensantes". Contudo, essa pressuposição não fundamentada da visão prevalecente é tão poderosa que é possível sentir suas reverberações, não só entre as pessoas nos meios de comunicação social, que estão prontas para explodir em indignação ou ultraje diante das diferenças estatísticas entre grupos quanto a resultados, mas mesmo em tribunais, nos quais se supõe que empregadores, credores hipotecários e outros cujas decisões *transmitem* algumas das diferenças entre os grupos sejam a *causa* dessas diferenças — e são obrigados a provar sua inocência, algo que vai totalmente contra o que é praticado na maioria dos outros aspectos da lei norte-americana.

Entre intelectuais que confundem culpa com causalidade, a questionável frase "culpar a vítima" tornou-se um elemento central nas discussões acerca de diferenças entre grupos. Nenhum indivíduo ou grupo pode ser culpado por ter nascido em circunstâncias (incluindo culturas) que não trazem as vantagens que as circunstâncias de outras pessoas trazem. Por outro lado, não se pode supor automaticamente que a "sociedade" seja a causa ou a cura para tais disparidades. Muito menos se pode supor automaticamente que a *causa* dessas disparidades seja determinada instituição cujas decisões a respeito de emprego, preço ou empréstimo *transmitam* essas diferenças entre grupos.

Mesmo que se acredite que o ambiente seja a chave para as diferenças intergrupais, esse ambiente inclui uma herança cultural do passado — e o passado está tão além do nosso controle quanto as ambientações geográficas e os eventos históricos que deixaram diferenças não somente entre raças ou indivíduos, mas também entre nações e civilizações inteiras, com heranças bastante distintas. Muitas vezes o "ambiente" é concebido como o contexto imediato atual, quando a herança cultural do passado pode ser uma influência ambiental maior, dependendo das circunstâncias.

Se os dogmas do multiculturalismo declaram que as diferentes culturas são igualmente válidas, portanto sacrossantas contra os esforços que buscam mudá-las, então esses dogmas simplesmente completam o isolamento de uma visão dos fatos — e o isolamento de muitas pessoas em grupos atrasados dos progressos disponíveis em outras culturas ao redor delas, deixando não mais que uma pauta de construção de ressentimento e cruzadas do lado dos anjos contra as forças do mal —, por mais fútil ou até contraproducente que possa vir a ser para os beneficiários declarados desses melodramas morais.

Também não é possível manter culturas inteiras sempre intactas, meramente acrescentando novas aptidões, considerando que o próprio desejo, esforço e perseverança exigidos para adquirir e dominar essas aptidões não são independentes da cultura vigente. Além disso, o corolário da suposta igualdade de culturas — de que as disparidades existentes se devem a injustiças impostas por outros — diminui a necessidade que sentimos de nos sujeitarmos ao árduo processo de mudança das nossas próprias capacidades, hábitos e pontos de vista.

A perspectiva da justiça cósmica está implícita em muito do que é dito e feito por diversos intelectuais a respeito de várias questões — por exemplo, a percepção do autor de sucesso Andrew Hacker de pessoas como ele que têm tendência a "murmurar, quando veem o que tantos negros suportam, que só por um acidente de nascimento isso acontece".[1] Por mais que isso possa ser válido como afirmação geral da visão da justiça e injustiça cósmica, a palavra "suportar" implica mais que isso. Ela implica que os infortúnios dos que recebem a pior parte das injustiças cósmicas se devem ao que eles têm de suportar por estarem à mercê de outras pessoas, não a circunstâncias externas que lhes conferiram menos oportunidades para que adquirissem capital humano valioso nem a valores culturais internos que funcionaram contra seu aproveitamento das oportunidades que já se apresentavam a eles.

Nesse aspecto, o professor Hacker integra a longa tradição de intelectuais que transformam mais ou menos automaticamente as diferenças em desigualdades e as desigualdades em males ou defeitos da sociedade. Entre as muitas façanhas de virtuosismo verbal de Andrew Hacker e de outros, podemos mencionar a transformação de fatos negativos relacionados ao grupo considerado vítima da sociedade como meras *noções* dessa sociedade. Assim, o professor Hacker faz referência "àquilo que chamamos de crime", "àquilo que se convencionou chamar de tumulto" e ao "que escolhemos chamar de inteligência".[2] Esses exercícios de limpeza verbal se estendem ao racismo, do qual os negros estão, por definição, isentos, de acordo com Hacker, pela nova cláusula de deter poder[3] — cláusula essa que não tem outro propósito a não ser fornecer uma escapatória para o óbvio. Tudo isso posiciona Hacker claramente ao lado dos anjos, bastante explicitamente quando ele diz que "de modo geral, os conservadores não têm real interesse em saber se os negros norte-americanos são felizes ou infelizes", não como supostamente liberais como o próprio Hacker têm.

O professor Hacker expressa pena pelos negros que trabalham em organizações predominantemente brancas, negros dos quais "se espera que pensem e ajam como os brancos" — o mesmo tipo de objeção feita a letões e checos no passado, quando adquirir outra cultura era o preço para ascenderem em um mundo no qual sua própria cultura não lhes proporcionava os mesmos pré-requisitos para o sucesso que os alemães já tinham. As pessoas aparentemente devem pensar e se comportar como no passado, e obter de algum modo melhores resultados no futuro — e, se não alcançarem melhores resultados, a sociedade será considerada culpada por isso. Alcançar, sem ter que mudar, os mesmos resultados que os outros alcançaram, para (sem ter que mudar) adquirir os mesmos pré-requisitos culturais que outros adquiriram, seria uma justiça cósmica, *caso acontecesse*; mas dificilmente seria uma pauta promissora no mundo real.

Assim como o sistema de castas, o multiculturalismo tende a congelar as pessoas onde o evento do seu nascimento as colocou. Ao contrário do sistema de castas, o multiculturalismo abraça a perspectiva de que todas as culturas são iguais e por isso as oportunidades de vida de cada um devem ser as mesmas — e se essas oportunidades não forem as mesmas, então a culpa será da sociedade. Tanto o sistema de castas como o multiculturalismo anulam as oportunidades individuais, mas eles diferem sobretudo no fato de que o sistema de castas prega a resignação de cada um a seu próprio destino, ao passo que o multiculturalismo prega o ressentimento com o destino de cada um. Outra diferença significativa entre o sistema de castas e o multiculturalismo é que ninguém pode afirmar que o sistema de castas foi uma bênção para as castas mais baixas.

Com relação a questões mais gerais acerca da identidade racial ou étnica, os custos de uma ideologia identitária incluem não apenas a perda do avanço, mas também as desvantagens desnecessárias de permitir que as pessoas que representam o menor denominador comum de um grupo tenham influência desproporcional no destino do grupo inteiro.

Se criminosos, agitadores e vândalos que integram o grupo são automaticamente defendidos ou perdoados em nome da solidariedade de grupo, então os custos dessa solidariedade incluem não somente um baixo padrão de vida — considerando que essas pessoas aumentam os custos de fazer negócios em suas vizinhanças, levando os preços de bens e serviços a subirem acima dos preços praticados em outros bairros —, mas também a diminuição do número de empresas localizadas nesses bairros e dos táxis dispostos a levar as pessoas até eles. Para piorar, os danos cometidos por aqueles que representam o menor denominador comum — incluindo toda sorte de crimes, até mesmo assassinato — recaem predominantemente sobre outros membros do próprio grupo.

O alto custo de tornar mais importante a solidariedade racial do que o comportamento e suas consequências inclui permitir que o mais baixo denominador comum se torne uma influência desproporcional na definição da própria comunidade como um todo, não apenas aos olhos do resto da sociedade, mas também dentro da comunidade. Quando jovens negros de classe média sentem necessidade ou pressão para adotar algumas das atitudes, valores ou estilos de vida contraproducentes do mais baixo denominador comum, incluindo atitudes negativas com relação à educação, temendo ser acusados de "agir como brancos", então as chances da vida de gerações inteiras podem ser sacrificadas no altar da solidariedade racial. Contudo, um senso da importância prioritária da solidariedade baseada na raça vai muito além das crianças na escola e remonta a um passado muito distante na história. O já citado clássico de 1944 de Gunnar Myrdal, *An American Dilemma*, salientou que muito tempo atrás era prática de negros norte-americanos "proteger qualquer negro dos brancos, mesmo que se trate de um negro de quem eles não gostem".[6]

Quando observadores externos fazem críticas a algum segmento de uma comunidade e essas críticas não podem ser aceitas nem refutadas, muitas vezes a reação é afirmar que essas críticas "culpam a vítima". Mas esse conceito confunde culpa com causalidade. As massas de negros menos educados e menos aculturados cujas migrações a partir do Sul no século XX e cuja chegada às cidades do Norte levaram a retrocessos nas relações entre raças no começo do século — e cuja chegada posteriormente a cidades da costa oeste durante a Segunda Guerra Mundial levou a retrocessos similares na costa oeste —, essas massas não podem ser acusadas de terem nascido onde nasceram nem de terem absorvido a cultura que as rodeava no Sul. Mas isso não anula o papel essencial desses migrantes nas mudanças para pior que aconteceram em cidades fora do Sul depois que os negros sulistas chegaram a essas cidades.

Ninguém na "posição original" de John Rawls, como um ser desencarnado a contemplar circunstâncias alternativas para o nascimento, teria escolhido nascer negro no Sul na época em questão. De uma perspectiva cósmica, foi uma injustiça para aqueles que nasceram. Mas isso é bem diferente de afirmar que suas migrações em massa em busca de uma vida melhor não impuseram pesados custos às populações negra e branca que já viviam nas cidades do Norte para as quais os negros sulistas se transferiram, ou que essas cidades não tinham o direito de se ressentir desses custos ou de tentar proteger-se deles. O conflito inerente desses diferentes desejos e interesses legítimos em cada um desses grupos é parte da tragédia da condição humana — em contraste com um simples melodrama moral estrelado pela *intelligentsia* ao lado dos anjos contra as forças do mal.

RAÇA E CRIME

As proezas de virtuosismo verbal da *intelligentsia* alcançam o ápice — ou mergulham nas profundezas — ao tratarem do índice de criminalidade entre os negros da América. Por exemplo, o colunista do *New York Times* Tom Wicker, comentando um incidente no qual uma mulher branca que corria no Central Park foi violentada por jovens negros, opôs-se à ideia de que o crime tenha tido motivação racial. Wicker disse: "O fato de a vítima ser branca e os agressores serem negros não parece ter sido a motivação para o crime". E ele acrescentou:

> A raça não explica esse crime, mas foi relevante para que ele tenha acontecido. Os agressores viviam rodeados e, sem dúvida, influenciados pelas patologias sociais das periferias. Dificilmente eles chegariam à adolescência sem se darem conta e se ressentirem do abismo econômico e social que ainda segrega negros e brancos neste país; e eles não poderiam deixar de ver, e provavelmente de devolver, a hostilidade que os encara explicitamente através desse abismo. Essas influências estão destinadas a ter

algumas consequências — talvez refreadas por um longo tempo, provavelmente não notadas ou compreendidas — em suas atitudes e seu comportamento.[7]

O "abismo econômico e social" entre negros e brancos ao qual Wicker se referiu era ainda maior em anos anteriores, quando era comum que brancos fossem ao Harlem à noite em busca de diversão em estabelecimentos ou em festas privadas, e comum também que negros e brancos dormissem nos parques da cidade em noites quentes de verão, numa época na qual as pessoas, em sua maioria, não podiam pagar para ter ar-condicionado. Porém, dormir em parques — ou algumas vezes simplesmente caminhar em certos parques em plena luz do dia — tornou-se perigoso em tempos posteriores e mais prósperos. Contudo, aqui como em outros lugares, a visão predominante muitas vezes parece impermeável até aos fatos mais evidentemente claros.

O papel desempenhado por muitas pessoas que, assim como o próprio Tom Wicker, enfatizaram incessantemente "abismos" e "disparidades" como injustiças que, obrigatoriamente, causam ressentimento, não como atrasos a serem superados, raras vezes é considerado um candidato a ser incluído entre as "principais causas" do crime, embora o crescimento do crime esteja mais ligado ao aumento da predominância dessas ideologias de ressentimento e injustiça do que a outros fatores considerados "causas principais", tais como os níveis de pobreza, que têm diminuído enquanto a taxa de criminalidade cresce. Ressentimentos, baseados em ideologias de justiça cósmica, não estão restritos ao universo dos intelectuais, mas "gotejam" para outros. Por exemplo, logo depois que acusações de estupro coletivo de uma mulher negra foram feitas contra estudantes brancos do time de lacrosse da Universidade Duke em 2006, reações furiosas numa faculdade negra na mesma cidade refletiram a mesma visão em questão, conforme publicado na *Newsweek*:

> Do outro lado da cidade, na NCCU, a faculdade predominantemente negra onde a suposta vítima está matriculada, os alunos pareciam rancorosamente resignados por verem os jogadores saírem impunes. "É uma questão racial", disse Candice Shaw, 20. "As pessoas na Duke têm muito dinheiro do seu lado." Chan Hall, 22, declarou: "É a mesma história de sempre. Duke dez, NCCU zero". Hall disse ainda que desejava ver os estudantes da Duke processados "tendo ou não acontecido o ataque. Seria justiça pelas coisas que aconteceram no passado".[8]

Embutidos nessas declarações estão os elementos principais da visão da justiça cósmica da *intelligentsia* — ver na boa fortuna de outras pessoas motivo de ressentimento em vez de incentivo para também ter êxito, e ver conterrâneos de carne e osso meramente como parte de uma abstração temporal, de modo que uma injustiça atual contra eles não seja mais do que uma compensação por outras injustiças do passado. Não poderia haver inspiração mais mortal para um ciclo sem fim de vingança, com uma sociedade inteira presa no fogo cruzado.

A justificativa intrínseca se tornou tão padronizada quanto infundada em discussões sobre crimes de negros, a não ser pelo consenso de pares entre os intelectuais. A expressão "jovem problemático" é exemplo comum de desculpa sem fundamento, mas intrínseca, já que os que empregam essa expressão não costumam sentir necessidade de oferecer nenhuma evidência específica sobre os indivíduos específicos de quem estão falando, que podem estar causando grandes problemas a outras pessoas e divertindo-se ao fazer isso. Tornou-se padrão demasiado comum no país inteiro um caso ocorrido em Milwaukee:

> Shaina Perry se recorda do soco que levou no rosto, do sangue escorrendo de um corte sobre o olho, sua mochila com seu inalador para asma, cartão de débito e o celular roubados, e então a risada (...). "Eles apenas disseram: 'Hum, garota branca sangra tanto'", contou Perry, 22, que foi atacada no Killbourn Reservoir Park durante o fim de semana de 4 de Julho... O chefe de polícia de Milwaukee, Edward Flynn, comentou na terça-feira que o crime não teve motivação racial. (...) "Eu vi alguns dos meus amigos no chão, sendo duramente espancados." (...) Perry precisou levar três pontos para fechar o corte sobre o olho. Ela disse que viu um amigo ser chutado, e quando se aproximou para perguntar o que estava acontecendo, um homem a esmurrou no rosto. "Eu ouvi risadas enquanto eles batiam em todo mundo. Estavam comendo salgadinhos, como se fosse um piquenique", relatou Perry, que é caixa de restaurante. (...) Mais de 11 pessoas que contaram ao Journal Sentinel que foram atacadas ou que testemunharam os ataques a amigos disseram que a polícia não levou a sério as queixas. (...) "Cerca de vinte de nós ficaram para dar depoimentos e ter certeza de que tudo fosse relatado. A polícia não deu ouvidos, não anotaram nosso nome nem nossos depoimentos. Isso nos deixou totalmente enfurecidos."[9]

Variações desses episódios de violência gratuita praticados por gangues de jovens negros contra brancos em praias, shoppings e outros locais públicos ocorreram na Filadélfia, em Nova York, Denver, Chicago, Cleveland, Washington, Los Angeles e outros lugares em todo o país, muitas vezes com os agressores gritando injúrias contra brancos e zombando dos que deixavam feridos ou sangrando.[10] Mas quase sempre esses casos são ignorados ou minimizados na maior parte dos meios de comunicação, e pelas autoridades — e o *Chicago Tribune* ainda apresentou uma desculpa para não informar a raça dos agressores numa série desses casos que alarmaram as pessoas na cidade.[11] Entretanto, a raça é amplamente informada quando se trata de índices de encarceramento ou outras disparidades raciais. Por exemplo:

> Em março de 2010, o secretário de Educação Arne Duncan fez um discurso em que ressaltou as disparidades raciais em suspensões e expulsões escolares, e nesse discurso, pediu uma fiscalização mais rigorosa dos direitos civis na educação. Ele sugeriu que estudantes com deficiência e estudantes negros, principalmente do sexo masculino, receberam suspensão com muito mais frequência do que seus semelhantes brancos. Ele também observou que esses estudantes muitas vezes foram punidos com mais severidade por cometerem transgressões similares. Poucos meses depois, em setembro de 2010, um relatório analisando dados de 2006 reunidos pelo U.S. Department of Education's Office for Civil Rights [Escritório de Direitos Civis do Departamento de Educação dos Estados Unidos] concluiu que mais de 28% dos estudantes do sexo masculino negros do ensino médio haviam sido suspensos pelo menos uma vez. Isso é quase o triplo do índice de 10% para brancos do sexo masculino. Além disso, 18% de mulheres negras no ensino médio foram suspensas, com uma frequência mais de quatro vezes maior que a das mulheres brancas (4%). Mais tarde, nesse mesmo mês, o procurador-geral Eric Holder e o secretário Duncan discursaram numa conferência de advogados de direitos civis em Washington e confirmaram o compromisso dos seus departamentos em dar fim a essas disparidades.[12]

Nem mesmo a possibilidade de que haja diferenças de comportamento por trás das diferenças de punição é aventada nessas discussões. Acreditar que não existem diferenças de comportamento entre homens negros e brancos em idade escolar é pressupor que as grandes e inegáveis diferenças nos índices de criminalidade — incluindo índices de homicídio — entre jovens adultos negros e brancos se materializam de modo inexplicável depois que terminam a escola.

O professor David D. Cole, da Faculdade de Direito da Universidade de Georgetown, expressou opiniões semelhantes às de Tom Wicker e de muitos outros intelectuais da era multicultural quando lamentou o aumento das prisões de homens negros:

> Na década de 1950, quando a segregação ainda era legal, afro-americanos compunham cerca de 30% da população prisional. Sessenta anos depois, afro-americanos e latinos compõem 70% da população encarcerada, e essa população disparou

As disparidades são maiores onde raça e classe se cruzam — quase 60% de todos os homens jovens negros nascidos entre 1965 e 1969 que abandonaram o ensino médio foram presos pelo menos uma vez por condenação por crime grave antes de completarem 35 anos.[13]

O professor Cole apresentou a questão explicitamente nos termos da justiça cósmica de John Rawls: "Se nos encontrássemos na 'posição original' de John Rawls, sem fazer ideia se nasceríamos um homem negro numa casa empobrecida da cidade... nós aceitaríamos um sistema no qual um em cada três homens negros nascidos hoje pode esperar passar algum tempo na prisão no decorrer da sua vida?".[14]

De passagem, a afirmação preventiva de que a causa do problema é o *sistema* — algo externo, criado por outros na sociedade como um todo — arbitrariamente afasta desde o início a mera possibilidade de que o problema seja outro. Por meio de simples virtuosismo verbal, não por meio de fatos ou evidências, a responsabilidade coletiva é atribuída à sociedade como um todo. Existe claramente *algo* nas circunstâncias em que muitos homens negros nascem que torna muito mais provável que eles cometam crimes do que a população de maneira geral, incluindo a maior parte da população negra que *não* acaba atrás das grades. Porém, isso não nos diz nada a respeito do que possa vir a ser esse "algo". Se está sendo empobrecido, então claramente existe muito menos pobreza hoje do que em 1950, quando a taxa de aprisionamento entre homens negros era menor, embora invocar a pobreza continue pelo menos parte dos rituais — e não dos argumentos — dos intelectuais de hoje, assim como dos daquela época.

O professor Cole acrescenta algumas outras estatísticas, como "apenas 5% dos afro-americanos com formação universitária" passam pela prisão, ao passo que a taxa de aprisionamento entre homens negros que abandonaram o ensino médio "é quase cinquenta vezes a média nacional".[15] Ele também observa que "crianças com pais na prisão têm probabilidade sete vezes maior que a de outras crianças de serem presas em algum momento de sua vida".[16] Nada disso dá sustentação à alegação de que a causa seja um "sistema" externo, como declarou o professor Cole, em vez de uma cultura interna contraproducente, talvez apoiada e estimulada por observadores externos que justificam, ou até mesmo celebram, essa cultura contraproducente da classe baixa — uma cultura que produziu resultados bastante parecidos entre brancos de classe baixa na Grã-Bretanha,[17] onde ideologias similares de inveja e ressentimento são promovidas há muito tempo pela *intelligentsia* britânica.

Na Grã-Bretanha e nos Estados Unidos, assim como em outros países, existe uma retórica ideológica invariável da parte de intelectuais que descrevem "abismos" e "disparidades" como queixa contra as pessoas que estão em melhor situação. Tanto na Grã-Bretanha como nos Estados Unidos, esse ressentimento e hostilidade gerados pela *intelligentsia* são dirigidos contra membros da sociedade como um todo, que mostram aceitação, mas também contra membros dos próprios grupos que se esforçam para obter bom desempenho na escola a fim de terem uma vida melhor mais tarde.

O que realmente impressiona nessas implicações é o contraste entre o índice mais alto de aprisionamento entre homens jovens nos guetos negros dos Estados Unidos hoje em comparação com a década de 1950, e como isso mina a própria argumentação sob a qual esses índices de aprisionamento são apresentados. Sem dúvida, as supostas "causas principais" para o crime — pobreza, discriminação e coisas do gênero — não eram *menos graves* na década de 1950, antes das leis e políticas dos direitos civis dos anos de 1960. E quanto aos negros que não abandonam o ensino médio e chegam à faculdade — e raramente acabam presos? Também é preciso notar que, de 1994 até o século XXI, o índice de pobreza entre famílias negras de marido e mulher foi inferior a 10%.[18] Esses negros vivem num "sistema" externo diferente ou eles têm uma cultura interna diferente, representando valores diferentes em suas famílias ou entre outros que os influenciaram?

Porém, essas perguntas raramente são feitas, muito menos respondidas. Em vez disso, os índices mais altos de encarceramento atuais são atribuídos às leis antidrogas, às regras de sentença mais severas e ao fracasso da sociedade de maneira geral. No fim das contas, a culpa é da sociedade, exceto, aparentemente, dos membros da sociedade que de fato cometem os crimes. Contudo, sejam quais forem as razões para que os índices de criminalidade sejam mais altos agora do que em tempos passados, ou entre negros e brancos, é sem dúvida uma trágica injustiça — *de uma perspectiva cósmica* — nascer em circunstâncias que aumentam a probabilidade de que alguém cometa crimes e seja preso, com consequências negativas para o resto da sua vida. Se o próprio destino personificado tivesse decretado isso, então esse seria o perpetrador da injustiça. Mas se isso for simplesmente o mundo em seu processo de desenvolvimento, trata-se então de injustiça cósmica — se algo tão impessoal quanto o cosmo pode ser considerado capaz de ser injusto.

Como mencionamos no Capítulo 8, uma injustiça *cósmica* não é uma injustiça *social*, e proceder como se a sociedade tivesse tanto a onisciência como a onipotência para "resolver" o "problema" é correr o risco de ter uma justiça antissocial, que põe outros em risco ou os sacrifica na esperança de colocar integrantes de um segmento específico da população onde estariam "se não tivessem" nascido em circunstâncias adversas que não foram escolhidas por eles. Certamente não traz benefícios aos negros em geral ter uma atitude simpática com os negros que cometem crimes, já que a maioria dos crimes cometidos por negros — sobretudo assassinato — são crimes contra outros negros.

Sejam quais forem as injustiças da sociedade que possam ser apontadas como as "causas principais" para o crime, as vítimas negras do crime não são responsáveis por essas injustiças. Principalmente aqui, "justiça social" na teoria se torna justiça *antissocial* na prática, sacrificando o bem-estar de pessoas inocentes — ou até sacrificando a própria vida —, porque se acredita que alguns outros indivíduos não nasceram em circunstâncias que lhes teriam permitido uma oportunidade tão boa quanto a que outros tiveram de obter seu próprio bem-estar sem escolherem o caminho do crime. Além disso, é totalmente arbitrário que alguém se imagine na "posição original" de Rawls como um criminoso negro em potencial, em lugar de se imaginar como um dos negros muito mais numerosos que são vítimas de criminosos.

Aqueles que afirmam que devemos "fazer alguma coisa" raras vezes enfrentam o fato de que tudo depende do que seja exatamente essa coisa. Ser tolerante com os criminosos não surtiu efeito. Diminuir a pobreza não reduziu a criminalidade. E a postura de "não julgamento" também não adiantou. As taxas de criminalidade dispararam quando se tentou tudo isso, seja entre negros ou brancos, seja nos Estados Unidos ou na Inglaterra.

A "celebração" automática de diferenças culturais, ou a visão livre de julgamentos de comportamentos socialmente contraproducentes, por exemplo, não pode continuar se o objetivo for melhorar o bem-estar de pessoas reais de carne e osso, em vez de buscar justiça cósmica para uma abstração intertemporal. Só podemos ser humanos ou desumanos com pessoas vivas, não com abstrações.

ESCRAVIDÃO

Em parte alguma os intelectuais consideraram questões raciais como questões relacionadas a abstrações intertemporais mais do que em discussões sobre a escravidão. Além disso, poucos fatos da história foram tão distorcidos por uma filtragem extremamente seletiva quanto a história da escravidão. Nos dias de hoje, para muitas pessoas, escravidão significa pessoas negras mantidas em cativeiro por pessoas brancas. Os vastos milhões de pessoas mundo afora que não eram nem brancas nem negras, mas que durante séculos escravizaram ou foram escravizadas, não fazem parte dessa visão de escravidão, como se jamais tivessem existido — embora possam perfeitamente ter excedido em número tanto negros quanto brancos. Estima-se que houve mais escravos na Índia do que em todo o hemisfério ocidental.[19] Na época da escravidão, a China foi descrita como "um dos maiores e mais abrangentes mercados para o comércio de seres humanos do mundo".[20] Os escravos eram a maioria da população em algumas cidades do sudeste da Ásia.[21] Em um ou outro período da história, como ressaltou John Stuart Mill, "quase todas as pessoas, agora civilizadas, foram em sua maioria escravas".[22]

Quando Abraham Lincoln disse "se a escravidão não for errada, nada será errado",[23] expressava uma ideia singular na civilização ocidental na época, mas de modo nenhum aceita universalmente na civilização ocidental. O que parece quase incompreensível hoje é que não houve nenhuma contestação séria à legitimidade moral da escravidão antes do século XVIII. Mosteiros cristãos na Europa e mosteiros budistas na Ásia tinham escravos. Até mesmo a sociedade ideal ficcional de Thomas More, Utopia, tinha escravos.

Embora os intelectuais de hoje condenem a escravidão como um mal histórico da "nossa sociedade", peculiar na sociedade ocidental não era o fato de que mantinha escravos, como outras sociedades no mundo, mas o fato de que foi a primeira civilização a se voltar *contra* a escravidão — e de que passou mais de um século destruindo a escravidão, não somente dentro da própria civilização ocidental, mas também em outros países em todo o mundo, enfrentando resistência muitas vezes feroz e por vezes armada de pessoas em outras sociedades. Só o poder militar avassalador das nações ocidentais durante a época do imperialismo tornou isso possível. A escravidão não morreu com tranquilidade, por si mesma. Ela caiu lutando até o amargo fim, em países no mundo todo, e ainda não foi totalmente eliminada até os dias de hoje em partes do Oriente Médio e da África.[24]

É a imagem da escravidão *racial* — pessoas brancas escravizando pessoas negras — que foi permanentemente gravada na consciência de norte-americanos negros e brancos hoje pela *intelligentsia*; e não simplesmente como um fato relacionado ao passado, mas como um fator causal usado para explicar muito do presente e uma eterna condenação *moral* da raça que escraviza. Contudo, dois fatos fundamentais foram filtrados desse quadro: (1) a instituição da escravidão não foi baseada em raça; e (2) tanto brancos como negros foram escravizados. A própria palavra "escravo" [*slave*, em inglês] deriva do nome de um povo europeu — os eslavos [*Slavs*, em inglês] — que foi escravizado durante séculos antes que o primeiro africano fosse levado como escravo ao Hemisfério Norte. Não foi apenas em inglês que a palavra para "escravo" derivou da palavra para "eslavo"; a mesma coisa aconteceu em várias outras línguas europeias e em Árabe.[25]

Durante a maior parte da história da escravidão, que existiu na maior parte da história da raça humana, a maioria dos escravos não diferia racialmente daqueles que os escravizaram. Europeus escravizaram outros europeus, asiáticos escravizaram outros asiáticos, africanos escravizaram outros africanos, polinésios escravizaram outros polinésios e povos indígenas do hemisfério ocidental escravizaram outros povos indígenas do hemisfério ocidental.

Ademais, depois que se tornou tecnológica e economicamente possível transportar escravos em massa de um continente para outro — isto é, ter toda uma população de escravos de uma raça diferente —, europeus, bem como africanos, eram escravizados e transportados dos seus países de origem para o cativeiro em outro continente.

Sozinhos, piratas transportaram um milhão de europeus ou mais como escravos para a Berbéria, no noroeste da África — pelo menos o dobro de escravos europeus em comparação com os escravos africanos transportados para os Estados Unidos e para as Treze Colônias que os formaram.[26] Além disso, escravos brancos ainda eram comprados e vendidos no mundo islâmico décadas depois que os negros foram libertados nos Estados Unidos.

O que marcou a era moderna da escravidão no Ocidente foi o fato de que, como ressaltou o respeitado historiador Daniel Boorstin, "agora, pela primeira vez na história do Ocidente, a condição de escravo coincidia com uma diferença racial".[27] Mas afirmar que raça ou racismo foram a base da escravidão é citar como causa algo que aconteceu milhares de anos depois do seu suposto efeito. Quanto ao legado de escravidão no mundo de hoje, isso é algo que vale muito a pena investigar — em lugar de simplesmente tecer conjecturas sobre o assunto de maneira tendenciosa. Muitas das hipóteses que foram elaboradas sobre os efeitos da escravidão sobre negros e brancos não resistiriam a uma análise mais aprofundada.

Na época da escravidão nos Estados Unidos, escritores importantes como o visitante e observador francês Alexis de Tocqueville, o viajante do Norte no Sul antes da Guerra de Secessão, Frederick Law Olmsted, e o escritor sulista Hinton Helper apontaram diferenças evidentes entre o Norte e o Sul, e atribuíram as deficiências da região Sul aos efeitos da escravidão na população branca do Sul.[28] Essas diferenças entre os brancos do Norte e os do Sul não eram meras "percepções" ou "estereótipos". Eram realmente demonstráveis em aspectos que iam desde índices de alfabetização até índices de maternidade fora do casamento, bem como em atitudes relacionadas ao trabalho e à violência.[29] Mas atribuir essas diferenças à escravidão não levava em consideração o fato de que os ancestrais dos brancos do Sul difeririam nos mesmos aspectos dos ancestrais dos brancos do Norte quando viviam todos em partes diferentes da Grã-Bretanha, e quando nenhum desses ancestrais de sulistas e nortistas havia visto sequer um escravo negro.

A enormidade moral da escravidão lhe confere um peso *causal* mais decisivo para explicar a situação dos negros de hoje do que para explicar a dos brancos no

Sul antes da Guerra de Secessão? Não há resposta *a priori* para essa pergunta, que deve ser avaliada empiricamente, como muitas outras perguntas.

O fato de tantas famílias negras hoje serem formadas por mulheres com filhos órfãos de pai é considerado por muitos um legado dos escravistas. Contudo, a maior parte das crianças negras cresceu em famílias com os dois pais, mesmo durante a própria escravidão, e durante gerações depois disso.[30] Ainda em 1960, dois terços das crianças negras ainda viviam em famílias com os dois pais.[31] Um século atrás, negros casados representavam uma porcentagem ligeiramente mais alta que a de brancos casados.[32] Em alguns anos, uma porcentagem levemente maior de negros que de brancos fazia parte da força de trabalho.[33] Em 1890 e em 1930, a taxa de desemprego entre os negros foi menor que a dos brancos.[34] Os motivos para as mudanças para pior nesse e em outros padrões devem ser buscados em nossas próprias épocas. Sejam quais forem as razões para a desintegração das famílias negras, ela cresceu até alcançar o atual nível desastroso bem depois de um século do fim da escravidão, porém bem menos que uma geração depois de uma grande expansão do Estado assistencialista e da ideologia de não julgamento que o acompanhou.

Dizer que a escravidão não levará todo o peso da responsabilidade por todos os problemas sociais posteriores entre os negros norte-americanos não equivale a dizer que ela teve consequências insignificantes para negros ou brancos, ou que suas consequências terminaram quando a escravidão acabou. Equivale a dizer simplesmente que as respostas a perguntas sobre escravidão ou raça devem ser procuradas nos fatos, não em suposições ou visões, e certamente não em tentativas de reduzir as questões causais apenas àquelas que proporcionam melodramas morais e uma oportunidade para que os intelectuais se coloquem ao lado dos anjos.

Tal como os europeus ocidentais na era pós-romana se beneficiaram com o fato de que seus antepassados foram conquistados pelos romanos, com toda a brutalidade e a opressão que isso significou, os negros nos Estados Unidos hoje têm um padrão de vida muito superior ao da maioria dos africanos na África, como resultado das injustiças e abusos que seus antepassados sofreram no cativeiro. Não resta dúvida de que tanto a conquista como a escravidão foram experiências traumáticas para as pessoas às quais elas foram impostas. Nenhuma dessas duas experiências é moralmente justificada por nenhum benefício que daí possa sobreviver para as gerações seguintes de seus descendentes. Mas a história não pode ser desfeita. Nem conceber as raças como abstrações intertemporais mostra algum registro que faça essa abordagem parecer promissora para o presente ou para o futuro.

PARTE 8
VISÃO GERAL

O estudo da história é um antídoto poderoso contra a arrogância contemporânea. É humilhante descobrir quantas de nossas eloquentes hipóteses, que nos parecem tão originais e plausíveis, já foram testadas antes, não uma, mas muitas vezes e de incontáveis maneiras; e descobrimos que são, com grande prejuízo humano, totalmente falsas.

Paul Johnson[1]

CAPÍTULO 20
PADRÕES E VISÕES

Tratamos de muitas questões específicas nos capítulos anteriores, não somente com o intuito de analisar essas questões (muitas delas agora irrelevantes) nem de avaliar esse ou aquele intelectual específico (muitos dos quais estão agora mortos e em sua maioria esquecidos), mas para compreender padrões persistentes entre intelectuais em geral — e o impacto que esses padrões tiveram na sociedade no passado, e ainda o impacto que se pode esperar que tenham na sociedade no futuro. Esses padrões incluem as suposições subjacentes que dão coerência a conclusões às quais os intelectuais chegam numa ampla gama de questões normalmente desvinculadas umas das outras, seja no âmbito do direito, da economia, da guerra, da raça ou outros. Essas questões subjacentes podem ser premissas de valor intrínsecas de intelectuais, ou podem ser suposições acerca dos fatos do mundo externo. Precisamos analisar ambas as possibilidades a fim de compreender o espírito das ideias dos intelectuais e os imperativos que dão sentido a esse espírito.

Para compreendermos o papel dos intelectuais na sociedade, temos de compreender o que eles fazem — não o que eles dizem que fazem, nem mesmo o que eles pensam estar fazendo, mas quais são de fato suas ações e as consequências sociais dessas ações. Para isso, precisamos compreender não apenas seus pressupostos intrínsecos, mas também os incentivos e restrições externos e inerentes à função dos intelectuais em comparação com pessoas que exercem outras ocupações. Intelectuais tomados individualmente podem dizer e fazer todos os tipos de coisas por todos os tipos de motivos; mas, quando tentamos entender os padrões gerais da *intelligentsia* como um todo, precisamos examinar as circunstâncias nas quais eles operam, seu histórico e seu impacto sobre a sociedade mais ampla ao redor.

Considerando que essa é uma tentativa de descobrir padrões entre os intelectuais e de buscar razões para esses padrões, é evidente que a história fornece uma amostra muito mais ampla que a do presente. É também uma amostra de muitas eras bastante diferentes, abarcando variações muito maiores nas circunstâncias do que o atual pedaço da história que temos diante dos nossos olhos. Padrões que perduraram por gerações, ou por séculos, sugerem razões mais fundamentais e duradouras para as maneiras de pensar e de agir dos intelectuais. Além disso, nossa capacidade de examinar de modo imparcial as ideias do passado (com as quais não temos o envolvimento emocional que podemos ter com as ideias do nosso próprio tempo) pode nos proporcionar uma visão mais clara dos padrões e de suas implicações.

Nada é mais fácil de detectar do que os absurdos contidos nas ideias do passado. E não se trata apenas de absurdos do idiota da aldeia. Com grande frequência esses absurdos são produzidos pelo gênio da aldeia, que pode não perceber que a profundidade do seu gênio nada diz sobre os limites da sua esfera de ação. Além disso, parece improvável que o idiota da aldeia tenha adquirido a mesma influência do gênio da aldeia, ou que tenha a mesma capacidade para produzir grandes desastres. Intelecto — até mesmo o intelecto alçado ao nível de gênio — não é o mesmo que sabedoria.

Quando pesquisamos o passado, nós nos concentramos especialmente nas ideias de pensadores de destaque do passado, pessoas que não só faziam parte da "corrente predominante de pensamento" como também eram a própria elite dessa corrente, pessoas reconhecidas pelas muitas honras que lhes foram oferecidas por seus conterrâneos, mesmo que seu brilho tenha diminuído com o passar do tempo e com o desdobramento das consequências das suas ideias quando colocadas em prática. No mínimo, seus óbvios — em retrospectiva — erros com relação à lógica e às vastas falhas na evidência empírica podem deixar cruelmente claro que o consenso dos pares é um galho frágil no qual buscar sustentação, mesmo quando se trata de pares que se consideram "cérebros pensantes". Contudo, por mais elevada que seja a capacidade de pensar, a capacidade não utilizada é tão infrutífera no cérebro quanto em uma economia com mão de obra desempregada e fábricas inativas. A questão em ambos os casos é saber por que recursos valiosos não são utilizados.

PREMISSAS DE VALOR

Não há dúvida de que pessoas diferentes veem o mundo de maneiras fundamentalmente diferentes. Entre as explicações oferecidas para isso estão as diferenças em suas premissas de valor e as diferenças em suas concepções acerca dos fatos do mundo real.

Muitos intelectuais dizem que o modo de conceber questões ou chegar a conclusões políticas depende das "premissas de valor" das quais se parte. Por mais plausível que isso possa soar, e por mais que essa crença possa ter aprovação dos pares entre intelectuais, no final das contas, trata-se de uma afirmação sujeita a confirmação. Um modo alternativo de explicar como as pessoas chegam a pontos de vista opostos sobre conclusões políticas específicas, ou diferenças em suas posições ideológicas mais gerais, é que elas partem de diferentes crenças acerca dos fatos do mundo (incluindo a natureza dos seres humanos) e/ou uma análise diferente de causalidade.[1] A distinção entre essas duas explicações de diferenças nas visões sociais é simples: a prioridade categórica que John Rawls dá à justiça é uma premissa de valor, mas as teorias sobre oferta e demanda de Alfred Marshall são hipóteses testáveis sobre fatos observáveis.

Teoricamente, as premissas de valor intrínsecas ou as hipóteses relacionadas aos fatos do mundo externo podem compor a base das conclusões sobre por que as coisas são o que são, ou sobre o que é desejável na vida individual ou na política social. Contudo, a explicação das premissas de valor para as diferenças nas visões sociais parece ser bem mais amplamente aceita, e é mais compatível com a ferocidade dos ataques contra aqueles que divergem da visão predominante do ungido. Mas será precipitado concluir que, em última análise, as diferenças ideológicas se baseiam em premissas de valor diferentes?

É difícil pensar em dois economistas cujas posições ideológicas sobre o capitalismo sejam mais diferentes uma da outra do que as posições de Adam Smith e Karl Marx. Entretanto, as extensas considerações de Marx sobre Adam Smith em suas *Teorias sobre a Mais-Valia* não criticam as premissas de valor de Smith. Também não são óbvias as diferenças fundamentais entre Marx e Smith no que toca às suas premissas de valor. J. A. Schumpeter, talvez o mais destacado estudioso da história do pensamento econômico, chamou a atenção para um "espaço inconvenientemente extenso de terreno comum" entre Marx e os liberais clássicos em geral[2] — isto é, inconveniente para um revolucionário.[3] Smith e Marx, na verdade, tinham opiniões muito parecidas a respeito de homens de negócios, por exemplo, e é até possível afirmar que as opiniões de Smith sobre homens de negócios eram ainda mais negativas que as de Marx.[4]

As diferenças entre Smith e Marx residiam em suas análises econômicas e em suas hipóteses sobre fatos empíricos nos quais essas análises se baseavam. Porém, mesmo em suas críticas às concepções e análises econômicas de Smith, Marx o considera historicamente "justificado" como um pioneiro que abriu um cuidadoso caminho para o desenvolvimento de novos conceitos para o campo emergente da economia.[5] Marx foi ainda além na defesa de Adam Smith e chegou a rejeitar algumas críticas de aspectos específicos da análise econômica de Smith feitas por economistas posteriores, que chamou de "cavalo de pau de segunda categoria".[6]

Em sua extensa crítica a outro grande economista clássico, David Ricardo, também não há críticas às premissas de valor de Ricardo,[7] muito menos o tipo de difamação promovida por críticos de esquerda posteriores contra economistas de livre mercado de que eles fazem apologia ao *status quo* ou são defensores dos poderes constituídos. Marx não hesitou em fazer acusações como essas contra determinados indivíduos, mas não foi uma acusação abrangente que incluía economistas do calibre de Smith e Ricardo.

Em geral, de modo algum está claro que as diferenças nas conclusões sobre questões sociais entre outros intelectuais se devam a diferenças nas premissas de valor, e não a diferenças nas suposições acerca da natureza dos fatos do mundo real ou nas abordagens analíticas. A solução para essa questão pode variar de acordo com o intelectuais envolvidos, em vez de ser uma conclusão imediata. Mas o argumento das "premissas de valor" raras vezes é questionado pela maioria dos intelectuais hoje, talvez porque isso lhes proporcione um porto seguro quando suas posições sobre alguma questão são desafiadas no campo lógico ou empírico.

Quando nenhuma outra contestação a seus críticos é possível, os intelectuais podem pelo menos dizer que se baseiam em suas próprias "premissas de valor", que, assim como os gostos, não podem ser contestadas. A suposição de longa data — e durante muito tempo não testada — entre os ungidos de que os que têm uma visão de mundo diferente da deles não são tão humanos quanto eles próprios é uma suposição condizente com a visão de que diferentes premissas de valor explicam diferenças ideológicas. Mas se é ou não condizente com os fatos, essa já é outra questão. O que impressiona é que a suposição de premissa de valor não foi, no mais das vezes, nem sequer tratada como abordagem, mas, sim, como axioma.

Quando um grande número de pessoas muda subitamente de opinião acerca de questões ideológicas, seja como reação à Primeira Guerra Mundial, que transformou muitos apoiadores da guerra em pacifistas, seja como reação ao Pacto Nazi-Soviético, que levou a muitas deserções do Partido Comunista nas democracias modernas, é difícil explicá-las ao alegar mudanças nas premissas de valor. Ambas aconteceram rápido demais para que um grande número de pessoas tenha mudado coincidentemente seus valores fundamentais ao mesmo tempo. O que esses eventos revelaram foram novos *fatos* que minaram antigas suposições acerca das realidades do mundo. Ocorreu o mesmo com a Revolução Francesa, a Grande Depressão e outros acontecimentos traumáticos que levaram muitas pessoas a uma mudança súbita na maneira de refletir sobre os *fatos* da vida, o que resultou no abandono das suposições anteriores e das posições políticas baseadas nessas suposições.

SUPOSIÇÕES A RESPEITO DE FATOS

É notável quão poucas são as diferenças nas suposições subjacentes necessárias para a produção de uma ampla gama de pontos de vista opostos sobre um vasto espectro de questões bastante distintas. Os séculos de conflitos entre os detentores da visão trágica e os detentores da visão dos ungidos tiveram muitas ramificações, mas esses conflitos pareciam exigir apenas algumas diferenças no modo como o conhecimento é concebido e como a razão efetiva é assumida no mundo real.

Quando o conhecimento é concebido como toda a informação que tem consequências no mundo real, então a distribuição desse conhecimento difere radicalmente da distribuição do conhecimento, que é concebido como a gama muito mais limitada de informações nas quais os intelectuais se especializam. Grande parte deste último tipo de conhecimento pode ser pouco conhecida ou compreendida pela população em geral, cujo raciocínio articulado também pode não ter um grau de desenvolvimento tão elevado quanto o dos intelectuais. Mas as implicações práticas de tais discrepâncias entre a *intelligentsia* e as massas dependem da importância que tanto o conhecimento como a razão — concebidos de forma restrita — têm no mundo real.

Apenas um lado e dois ângulos bastam para determinar todas as dimensões e relações de um triângulo (princípio no qual os telêmetros são baseados), então essas poucas suposições sobre conhecimento e razão parecem determinar os contornos gerais das diferenças em um amplo espectro de conclusões acerca de questões distintas na sociedade que marcaram um conflito de visões que data de séculos atrás.

No século XX, por exemplo, o economista sueco Gunnar Myrdal e Peter Bauer, da London School of Economics [Escola de Economia de Londres], ofereceram soluções diametralmente opostas para aumentar o desenvolvimento econômico das nações do Terceiro Mundo, com base em diferentes avaliações da quantidade e da relevância do conhecimento de intelectuais ocidentalizados nesses países.[8] Embora Myrdal tenha insistido na importância das premissas de valor,[9] as diferenças nas premissas de valor que existiam entre Myrdal e Bauer estão longe de serem claras. Embora Myrdal colocasse mais ênfase na igualação na distribuição de renda, a ênfase diferente de Bauer *não era* baseada na preferência pela desigualdade, mas, sim, em uma análise diferente das consequências: "A promoção da igualdade econômica e o alívio da pobreza são distintos e muitas vezes conflitantes".[10] Independentemente dos méritos ou deméritos da conclusão do professor Bauer, ela foi baseada em sua avaliação de fatos diferente, não em uma diferença de valores.

De maneira semelhante, como se observou no Capítulo 11, H. G. Wells via os problemas sociais como problemas fundamentalmente *intelectuais*, atribuindo aos intelectuais um papel importante na resolução desses problemas; por outro lado, George J. Stigler, numa época posterior, rejeitou a ideia de que até mesmo uma tragédia humana de proporções monumentais pediria uma nova intervenção intelectual. Para Wells, "escapar da frustração econômica para a abundância universal e a justiça social" exige "um gigantesco esforço intelectual"[11], e construir uma paz duradoura "exige uma engenharia mental imensa, intensa, complexa e angustiante".[12] Para Stigler, porém, "uma guerra pode devastar um continente ou destruir uma geração sem propor novas questões teóricas".[13] Essas visões contrastantes *não* se baseiam em crenças diferentes sobre a necessidade da guerra — isto é, diferentes premissas de valor —, mas, sim, se baseiam em diferenças no papel de evitar a guerra assumido pela atividade intelectual.

A vasta discrepância de conhecimento e de compreensão entre intelectuais e a população como um todo que a *intelligentsia* dá por certa é crucial para a visão dos ungidos, em discussões seja acerca de direito, economia, raça, guerra ou inúmeras outras. Contudo, se o conhecimento relevante inclui uma gama de informação mundana vasta demais para ser apreendida por determinado indivíduo — faça ele parte da intelectualidade ou das massas —, então os processos de tomada de decisão de cima para baixo como o planejamento econômico central, controlados por uma elite intelectual, são menos promissores que a concorrência de mercado, na qual milhões de decisões individuais e acomodações mútuas empregam uma gama imensamente maior de conhecimento relevante, mesmo que esse conhecimento seja acessível para cada indivíduo em pequenos fragmentos insignificantes do conhecimento total na sociedade. Como Robert L. Bartley, do *Wall Street Journal*, expressou neste ponto de vista: "Em geral, 'o mercado' é mais esperto que o mais esperto dos seus participantes individuais".[14]

A ascensão acentuada e a queda ainda mais acentuada do planejamento central no século XX, mesmo nos países governados por comunistas ou socialistas, sugerem uma falha nas suposições dos que têm a visão dos ungidos, uma falha não necessariamente limitada às políticas econômicas. O fracasso do planejamento central, mesmo contando com todas as vantagens que a *intelligentsia* considera fundamentais — vantagens do intelecto, da educação, de enormes quantidades de informação estatística e não somente estatística, e um plano coerente aprovado pelo poder governamental —, sugere que alguma coisa deve ter sido deixada de fora da equação. A enorme fragmentação do conhecimento relevante é uma dessas coisas, e a outra é a heterogeneidade das pessoas, não somente entre grupos, mas mesmo entre indivíduos, incluindo membros da mesma família. Pensar em termos de pessoas abstratas em um mundo abstrato torna possível desconsiderar essas coisas. Mas a realidade não desaparece quando é ignorada.

As mesmas suposições sobre conhecimento e razão — sua definição, distribuição e eficácia — dão sustentação aos conflitos de visão no direito. Se o conhecimento mais importante é o conhecimento mundano — como indicou Oliver Wendell Holmes em sua famosa declaração "a alma do direito não é a lógica, mas, sim, a experiência"[15] —, então os processos sistêmicos associados às experiências de milhões de contemporâneos, bem como às experiências de gerações anteriores, contam mais do que inovações brilhantes de uma elite intelectual contemporânea. [av] A Constituição dos Estados Unidos controla um desses processos sistêmicos pelos quais as leis são criadas, modificadas ou revogadas em resposta a um amplo eleitorado, que pode, com um esforço suficientemente constante — diferentemente de uma maioria transitória —, alterar a própria Constituição.

Para os que têm a visão dos ungidos, porém, todo esse processo — que desvaloriza qualquer reinvindicação de influência especial das elites intelectuais nas tomadas de decisão — é limitado demais para o papel das políticas governamentais "esclarecidas", que essas elites imaginam ser necessárias para que a inércia e as deficiências das massas sejam superadas. Nem fazer emendas à Constituição é considerado solução suficiente, já que também depende das decisões de muitos em lugar das ideias de uma elite intelectual. Tão logicamente quanto os que têm a visão trágica — mas com suposições contrárias —, os que têm a visão dos ungidos buscam ter o poder de inovação legal concedido a juízes, aos quais, segundo Woodrow Wilson, compete determinar "a adequação da Constituição em relação às necessidades e interesses da nação" e ser "a consciência" da nação em questões de direito, exercendo "controle judicial de estadista".[16] Essa retórica imponente se reduz a uma tomada de decisão substituta, confiscando as decisões dos indivíduos a respeito da própria vida e os direitos constitucionais dos eleitores de viverem segundo leis aprovadas por seus representantes eleitos, não segundo regras arbitrárias impostas por juízes que estão em sintonia com a opinião da elite; isso sem mencionar o insulto adicional de fingirem estar somente "interpretando" a Constituição — o que significa governar segundo os "valores" ou o "espírito" subjacentes da Constituição em lugar de governar segundo suas instruções explícitas, e usar as ideias da "ciência social moderna" ou de leis estrangeiras para obter decisões que atendam "às necessidades da época". O que os "valores", a "ciência social moderna", as "necessidades da época" e leis estrangeiras têm em comum é que eles estendem o poder arbitrário de juízes para além das leis escritas e aprovadas por representantes eleitos pela população e para além da Constituição dos Estados Unidos.

A concepção do direito forjada no início do século XIX pelos intelectuais da era progressista tornou-se, na segunda metade do século XX, a concepção predominante nas escolas de direito das elites, e em considerável medida nos próprios tribunais, e predominava também entre a *intelligentsia* nos meios de comunicação e nas instituições educacionais.

Com outras questões e em outras áreas, o poder de tomar decisões do público em uma democracia constitucional também se tornou algo a ser burlado ou redirecionado conforme a pauta dos ungidos. A filtragem e a adulteração de informações — quer nos meios de comunicação, quer em instituições educacionais, das escolas públicas às universidades — ajustam-se perfeitamente a essa visão. Também se ajusta a essa visão a postura de tomar opiniões divergentes como algo a não ser considerado, e sim a ser desacreditado, e se possível penalizado, seja por meio de sanções informais, seja por regulações e limites ao discurso ou leis contra o "discurso de ódio". Nem todos os intelectuais apoiaram essas táticas, pois a influência constante dos princípios e ideias de tempos passados não desapareceu de imediato. A tendência, no entanto, é visível — e perfeitamente condizente com as suposições implícitas de conhecimento e raciocínio superiores concentrados em uma elite intelectual.

Em resumo, as táticas empregadas por muitas dessas elites — sobretudo a recusa a enfrentar seriamente pontos de vista divergentes — mostram que as pautas dos intelectuais podem estar em desacordo com *padrões* intelectuais, e não se pode prever o resultado em nenhum caso específico; desse modo, o melhor que podemos fazer é investigar como ocorre esse desacordo de maneira geral.

PADRÕES INTELECTUAIS

Embora a palavra "intelectual" como substantivo diga respeito a um conjunto de pessoas em determinada gama de ocupações, como adjetivo a palavra indica um conjunto de padrões e realizações que podem ou não caracterizar o comportamento real da maioria das pessoas nessas ocupações.

É certo que, como intelectuais públicos, comentando questões e eventos fora da esfera de suas respectivas especialidades, os intelectuais nem sempre aderiram aos padrões intelectuais, para dizer o mínimo. Mesmo assim, as muitas violações desses padrões pelos próprios intelectuais demonstraram repetidas vezes a distinção que eles com frequência tentam obscurecer entre o substantivo e o adjetivo. Essas violações de padrões intelectuais incluem exemplos gritantes de irracionalismo, como a "tendência" de uma observação qualquer (por exemplo, a de que o capitalismo tornou os trabalhadores pobres, como se antes eles fossem mais prósperos) e a comparação internacional nebulosa na qual o professor Lester Thurow declarou que os Estados Unidos eram "a pior" das nações industriais no que dizia respeito a desemprego, citando problemas de desemprego somente nos Estados Unidos e ignorando problemas de desemprego cronicamente piores na Europa Ocidental e em outras partes.

Uma das violações mais comuns de padrões intelectuais feita pelos próprios intelectuais é a prática de atribuir uma emoção (racismo, sexismo, homofobia, xenofobia etc.) àqueles cujas opiniões diferem das suas, em lugar de usarem argumentos para confrontar argumentos.[aw] Além dos exemplos extraídos da história que já comentamos em capítulos anteriores, nos dias atuais o professor Robert H. Nelson, da Universidade de Maryland, está entre os que utilizam essa tática, descrevendo "o antagonismo comum da maioria dos membros principais da escola de Chicago à gestão científica da sociedade por meio de planejamento e implementação governamentais".[17] Invocar a "ciência" como apoio a uma preferência política também é um recurso que remonta a séculos.

Outra tática comum e deficiente em argumentos da *intelligentsia* é *eternizar o temporário*. Desse modo, as tendências estatísticas para a parcela da renda nacional que vai para "os ricos" (independentemente da sua definição) e para "os pobres" (independentemente da sua definição) tratam as pessoas nessas diferentes faixas de renda como se elas estivessem permanentemente presas a essas faixas, apesar de todas as evidências de que a rotatividade inclui a maioria das pessoas nessas faixas, em virtude do simples e mundano fato de que as pessoas, em sua maioria, iniciam carreiras em posições mais modestas, inferiores, e galgam posições à medida que progridem. O mesmo princípio de eternizar o temporário existia também no cerne do determinismo genético da *intelligentsia* da era progressista, para a qual as diferenças contemporâneas demonstráveis de desempenho entre diferentes raças, nações e civilizações eram sinais de superioridade e inferioridade inatas — e mais uma vez os intelectuais ignoraram as mudanças que ocorrem com o passar do tempo (séculos, nesse caso) nos desempenhos relativos de raças, nações e civilizações.

O que os progressistas do início do século XX e os progressistas do final do século XX tinham em comum, além da sua fé nas tomadas de decisão por substitutos das elites, era a crença de que a distribuição desigual de realizações entre grupos raciais ou étnicos era uma forte evidência da existência de algum fator preponderante — a genética, no início do século XX, ou a discriminação, no final do mesmo século.

A confusão entre o significado do substantivo "intelectual" e as conotações da mesma palavra como adjetivo é grande o bastante para que críticos do comportamento de intelectuais sejam desacreditados como pessoas hostis ao esforço intelectual, ou como pessoas incapazes de apreciar processos intelectuais ou realizações intelectuais. Richard Hofstadter, ganhador do Pulitzer com seu livro *Anti-Intellectualism in American Life*, perpetuou essa confusão, tanto no título do livro como no conteúdo, em que pessoas que criticaram intelectuais foram descritas como pessoas que mostram "o desrespeito nacional pelo intelecto" e "antipatia por especialistas e estudiosos".[18] H. L. Mencken, também nessa linha de pensamento, descreveu os Estados Unidos como um país "não apenas com grande deficiência de ideias, mas também com uma ativa e implacável hostilidade a ideias".[19] Até mesmo a derrota numa eleição sofrida por Adlai Stevenson — um homem que de intelectual tinha apenas a imagem — foi vista por Russell Jacoby, em *Os Últimos Intelectuais*, como um exemplo do "anti-intelectualismo endêmico da sociedade norte-americana".[20]

No entanto, o público norte-americano honra as realizações intelectuais na ciência, na engenharia ou na profissão médica, entre outras áreas — em outras palavras, campos nos quais os profissionais exibem elevada capacidade intelectual, mas que não são intelectuais no sentido ocupacional definido aqui. Como em muitos outros contextos, atribuir a outros influências nocivas como o "anti-intelectualismo" substitui a necessidade de lhes responder com argumentos.

Apesar do alto nível de inteligência que os intelectuais apresentam para a análise de problemas e o confronto de questões, é de impressionar a enorme variedade de maneiras que os intelectuais inventam para *não* analisar problemas e *não* confrontar questões. A prevenção ou antecipação verbal substituiu o teste de hipóteses em questões que vão desde pobreza e raça até guerra e paz.

Qual a alternativa mais provável para se preservar a paz, a dissuasão militar ou o desarmamento? Trata-se de duas hipóteses que podem ser testadas. Mas com frequência os intelectuais simplesmente se previnem contra essa questão ao rotular a dissuasão militar como "corrida armamentista" e os defensores do desarmamento como "movimento pela paz" — no mais completo desprezo às evidências históricas que, se examinadas, podem demonstrar qual abordagem produziu quais resultados com mais frequência. Questões envolvidas em formas alternativas de organizar uma sociedade ou uma economia também costumam ser alvo de prevenção quando defensores de algumas políticas ou instituições são retratados como apoiadores da "mudança", ao passo que os que têm opiniões diferentes são retratados como "defensores do *status quo*", mesmo que os pormenores defendidos por estes últimos estejam mais afastados do *status quo* do que os pormenores defendidos pelos primeiros, como já se observou no Capítulo 9. A capacidade de descartar realidades com o uso de uma frase é um dos talentos mais perigosos dos intelectuais.

O arsenal de evasivas inclui "simplista", "culpar a vítima", "não é nenhuma panaceia", "mal-intencionado", "racista", "sexista", "homofóbico" e até diferenciais sensíveis, como na declaração "conservadores não se importam realmente em saber se os negros norte-americanos são felizes ou infelizes", de Andrew Hacker.[21] Evasivas mais sofisticadas incluem o argumento de que não há argumento — de que a "ciência" já provou alguma coisa, ou seja, coisas que supostamente a ciência teria provado, como a desigualdade genética entre as raças ou as consequências catastróficas do aquecimento global causado pelo homem. Está associada a isso a ideia de que algumas declarações são simplesmente "discurso de ódio", não pontos de vista alternativos, e precisam, portanto, ser banidas e punidas, como costuma acontecer em *campus* acadêmicos, as instituições mais diretamente controladas por intelectuais.

A mesma mentalidade foi demonstrada nas reações contrárias e alarmadas da *intelligentsia* à decisão da Suprema Corte em 2010 — *Citizens United versus FEC* — dando conta de que uma lei que restringe os gastos de empresas e sindicatos para financiamento de campanhas eleitorais é inconstitucional, como uma violação da Primeira Emenda, que garante o direito ao livre discurso.

Com uma manchete no *New York Review of Books* anunciando essa decisão como uma "ameaça à democracia", o professor Ronald Dworkin declarou que "permitir que corporações ricas engulam as eleições" resultará em um público "mais mal-informado", porque a "propaganda corporativa iludirá o público".[22] Dada a propensão política da mídia atual, sem mencionar a do meio acadêmico, parece risível a ideia de que, se as empresas tiverem permissão para veicularem anúncios, apresentando seu lado da história, elas "engolirão" todo o resto, se a mensagem for séria, caso contrário parece uma cínica tática de intimidação. Mais importante, isso revela uma crença de que outros não devem ter os mesmos direitos que tem a *intelligentsia*, e remete aos tempos de intolerância religiosa nos quais "o erro não tem direitos" era a doutrina a ser obedecida. No mínimo, é mais uma tentativa de limitar ou de contornar a relevância dos argumentos divergentes. Também refletindo a ideia de que não há argumento, existem expressões como "elevar a consciência" dos outros, em oposição a discutir pontos de vista utilizando evidências e lógica em igualdade de condições — algo que obrigaria os ungidos a renunciarem à visão que têm de si mesmos.

A filtragem de fatos divergentes nos meios de comunicação e a recusa em tornar disponíveis dados brutos com os quais alguma conclusão favorável foi obtida — seja sobre o suposto sucesso da ação afirmativa em admissões à faculdade, seja sobre provas concludentes do caso do aquecimento global catastrófico — são parte do padrão de prevenir-se contra as divergências em vez de confrontá-las.

A filtragem pode distorcer a realidade, não somente naquilo que apresenta ao público em geral, como também no que apresenta aos próprios filtradores. Embora o filtrador saiba qual parte da realidade foi eliminada, o que ele não pode saber é qual parte da realidade inúmeros colegas de mentalidade semelhante eliminaram e, portanto, até que ponto são válidas ou inválidas as bases empíricas para suas próprias conclusões gerais, as quais, por sua vez, estimularam sua decisão de filtrar determinadas partes da realidade.

Se de fato houvesse uma conspiração coordenada para ludibriar o público, então pelo menos os próprios conspiradores saberiam o que é verdadeiro e o que é falso. Porém, quando o que existe é devoção a uma visão e esforços individuais descoordenados para defender e sustentar essa visão, nenhum dos envolvido em tais esforços pode saber quanto de suas próprias crenças se baseiam em mentiras ou filtragem de fatos por pares de mentalidade semelhante. Por exemplo: uma pessoa que filtra fatos relacionados a raça ou crime pode estar fazendo isso por acreditar em distorções filtradas sobre disparidades de renda, ou nos efeitos de intervenções do governo na economia. Em outras palavras, pessoas que praticam filtragem podem ludibriar umas às outras da mesma maneira que ludibriam o público, acrescentando uma sombria importância contemporânea ao adágio "Ah, que intrincada teia tecemos quando decidimos elaborar mentiras".

Alterar o significado das palavras é mais uma das muitas maneiras de *não* confrontar a relevância das questões; foi o que aconteceu, por exemplo, com a redefinição de "ativismo judicial" discutida no Capítulo 12, com a redefinição de "poder" discutida no Capítulo 5 ou com a redefinição de "racismo" mencionada no Capítulo 19.

A "democracia" foi redefinida há muito tempo para conferir um brilho positivo a coisas que seriam mais difíceis de promover ou defender de forma direta por meio da lógica ou de fatos. Já na era progressista do começo do século xx, *The Promise of American Life*, de Herbert Croly, mudou o significado de "democracia" de processo político específico para projeto social específico — nas próprias palavras de Croly, "o projeto democrático",[23] um "projeto coletivo" que, entre outras coisas, incluía regular "a distribuição de riqueza em nome do interesse nacional".[24] Variações posteriores desse tema realizadas por outros incluíram "democracia econômica", e alguns até se referiram a várias ditaduras comunistas como "democracias populares", aparentemente perseguindo "projetos democráticos" sem os obstáculos da democracia política.

Também a liberdade foi redefinida para significar coisas distantes do que a maior parte das pessoas entende há um longo tempo por liberdade — ou seja, liberação das restrições de outras pessoas. Graças ao virtuosismo verbal, ela agora é "liberdade *de*", mas não "liberdade *para*". No livro *The New Freedom* [A nova liberdade, em tradução livre], de Woodrow Wilson, essa "nova liberdade" foi descrita como "uma liberdade ampliada e aprofundada para ser compatível com a vida abrangente do homem na América moderna" — uma liberdade cujo significado foi estendido daqueles "dias do passado em que a vida era muito simples". Segundo Wilson, "a vida se tornou complexa", por isso, "liberdade hoje em dia é mais do que apenas ser deixado em paz".[25]

A redefinição de liberdade continua até os dias atuais. Um livro conhecido de dois professores de Yale definiu liberdade como "a ausência de obstáculos à realização de desejos".[26] Essa liberdade "depende da conquista dos objetivos mais importantes, como dignidade, respeito, amor, afeto, solidariedade, amizade. Sem isso os indivíduos não podem ser livres".[27] Quem "não consegue alcançar essas metas" não é livre, dizem eles.[28] E ainda acrescentaram: "Segurança e liberdade são basicamente a mesma coisa".

Valendo-se desse virtuosismo verbal, aqueles que promovem uma pauta *dirigista* podem afirmar que não estão reduzindo a liberdade das pessoas, mas, sim, aumentando-a, fazendo o governo lhes proporcionar coisas com as quais de outra maneira elas não poderiam arcar. Desse modo, esses intelectuais não precisam entrar em debate com os críticos que dizem que um mundo *dirigista* diminui a liberdade das pessoas; podem se esquivar de debates desse tipo com alguma artimanha verbal, redefinindo liberdade.

Outra maneira de escapar de pontos de vista divergentes é simplesmente fazer recair o ônus da prova nos outros. Qual é o significado da expressão "teto de *vidro*", exceto o de que nenhuma evidência visível é necessária para dar sustentação à conclusão de que um número insuficiente de mulheres em dado nível ocupacional se deve à discriminação, e não a incontáveis outros fatores envolvidos?[29]

E qual é o significado de "impacto díspar", exceto o de que é supostamente o critério particular usado para julgar e selecionar pessoas que gera uma falsa aparência de diferenças em capacidades entre as pessoas, quando, na verdade, não existe nenhuma diferença real ou relevante entre as próprias pessoas? Do mesmo modo, os benefícios da "diversidade" precisam apenas ser afirmados, reiterados e repisados — porém jamais demonstrados ou mesmo ilustrados empiricamente, muito menos provados.

A superficialidade, para não dizer boçalidade, de algumas dessas várias maneiras de fugir à responsabilidade de lidar seriamente com argumentos contrários não é apenas impressionante em si mesma, mas é ainda mais impressionante no êxito que alcança, sobretudo entre aqueles que se consideram "pessoas pensantes". A mera menção de expressões como "diversidade", "teto de vidro" ou "impacto díspar" elimina toda e qualquer necessidade de evidência para alimentar o consenso entre pares, produzindo reações automáticas que não são diferentes das do cão de Pavlov.

Algumas crenças podem carecer de lógica e/ou de evidências, mas isso não significa que essas crenças sejam só incongruências aleatórias. Pode haver coerência e lógica em padrões de crenças incoerentes e ilógicos. Um exemplo dessa coerência que já foi visto em vários momentos nos capítulos anteriores é que crenças podem sobreviver a evidências divergentes quando dão aos intelectuais a possibilidade de ver as questões como melodramas morais, que eles podem protagonizar ao lado dos anjos contra as forças do mal. A ênfase nas "disparidades" entre grupos e em processos de soma zero da economia impulsiona esses melodramas morais, por mais que esses conceitos distorcidos causem dano à elaboração de políticas e à coesão social. Crenças que oferecem oportunidades para influência, reputação, poder, popularidade ou avanço na carreira também podem ser adotadas sem a exigência de uma lógica rigorosa ou de evidências convincentes.

Às vezes as crenças precisam apenas ser emocionalmente satisfatórias para terem aprovação. Por exemplo, descrever pessoas que são invejadas ou que despertam ressentimento como a causa da defasagem ou das desventuras dos outros sem dúvida satisfaz esse padrão modesto, seja no nível das teorias da "exploração" de indivíduos, classes ou raças nacionalmente, seja no nível das teorias "imperialistas" como explicações de diferenças no plano econômico entre nações.[ax] Tais acusações não precisam ser especificadas nem muito menos provadas para receberem aprovação política. Simplicidade é outro motivo para que algumas teorias tenham preferência sobre outras. Contudo, quando satisfazem critérios emocionais ou outros critérios, as teorias mais complexas podem ter preferência sobre teorias mais simples. Teorias da conspiração, por exemplo, muitas vezes são mais complexas do que uma teoria clara que não consegue proporcionar uma explicação satisfatória nem emocional nem ideologicamente.

Embora as diversas razões para dar preferência a crenças ou teorias que não satisfazem critérios intelectuais se apliquem a qualquer pessoa em qualquer setor da vida, quando esses critérios não intelectuais prevalecem nos meios intelectuais — o que não poucas vezes ocorre, como tem sido tristemente óbvio —, isso representa um mistério, considerando a evidente capacidade mental dos intelectuais para fazer melhor. Mas deixa de ser um mistério quando nos lembramos da distinção entre a palavra "intelectual" como substantivo com o significado de ocupação específica e a palavra "intelectual" como adjetivo significando certos processos ou padrões mentais. Quando essa distinção é clara, torna-se uma questão pendente se os intelectuais mantêm padrões intelectuais mais elevados do que

— ou mesmo tão bons quanto — as pessoas em outras ocupações, sejam elas de elite ou comuns.

Por mais contraproducentes que as ideias de intelectuais sejam para a sociedade como um todo, para os próprios intelectuais elas trazem poucas consequências negativas, se é que trazem alguma. Por isso, explicar os padrões de comportamento dos intelectuais resulta em considerar os incentivos e limitações específicos com os quais eles lidam, e que afetam tanto a oferta quanto a demanda por intelectuais.

CAPÍTULO 21
INCENTIVOS E LIMITAÇÕES

Entre as pessoas cujas ocupações exigem elevados níveis de capacidade mental — incluindo matemáticos, cientistas, enxadristas e outros —, definimos como intelectuais aqueles cujos produtos finais são ideias, não criações concretas como as de engenheiros, nem serviços como os de médicos ou pilotos.[ay] Essa divisão não é arbitrária. Ela está mais ou menos de acordo com o uso geral, e, o que é mais importante, existem diferenças comportamentais entre os intelectuais definidos dessa maneira e outros cujo trabalho é igualmente intenso do ponto de vista mental e que podem, em muitos casos, ser colegas acadêmicos nos mesmos *campi*.

Essas diferenças têm grande ligação tanto com a oferta como com a procura de intelectuais no seu papel de intelectuais públicos, pessoas cujas palavras influenciam o clima geral no qual decisões importantes são tomadas para a sociedade como um todo. Às vezes os intelectuais públicos exercem influência em resultados sociais com sua defesa direta de políticas específicas, mas algumas vezes essa influência é indireta, quando eles simplesmente explicam sua especialidade diferencial — seja economia, criminologia ou algum outro assunto com implicações políticas — em termos que podem ser compreendidos por leigos e que têm, portanto, influência sobre a consciência do público e sobre a opinião pública, quer ou não esses intelectuais públicos defendam diretamente alguma política.

Talvez mais relevante do que qualquer uma dessas funções de intelectuais seja a criação de um conjunto geral de suposições, crenças e imperativos — uma visão — que serve como um sistema de referência para o modo como questões e eventos específicos são percebidos pela população como um todo. Para isso, não é necessário ser um "intelectual público" que se dirige à população em geral. Figuras tão díspares quanto Sigmund Freud e Friedrich Hayek exerceram enorme influência sobre pessoas que nunca leram uma palavra do que eles escreveram, mas que absorveram sua visão por meio de outros que leram suas obras e receberam diretamente seu impacto. O que John Maynard Keynes chamou de "invasão gradual de ideias" pode mudar o modo como vemos o mundo tal como ele existe, e mudar a forma como pensamos que o mundo deveria ser.[1]

A OFERTA DE INTELECTUAIS PÚBLICOS

Uma pesquisa de opinião após a outra tem mostrado que há mais sociólogos e acadêmicos de humanidades, por exemplo, politicamente liberais ou de esquerda do que engenheiros ou cientistas. Além dessas diferenças ideológicas, existem mais diferenças fundamentais nos incentivos e limitações entre intelectuais no sentido aqui definido e outros acadêmicos ou não acadêmicos especialistas em áreas que exigem grande esforço mental. Para começar, um engenheiro pode se tornar famoso por seu trabalho *como engenheiro*, mas é improvável que a principal autoridade mundial em literatura francesa ou em história da civilização maia seja conhecida (muito menos celebrada) fora dos limites estreitos da sua especialidade.

Os incentivos para que uma pessoa se torne um intelectual público — que é alguém conhecido por tecer comentários sobre questões cotidianas, dentro ou fora da sua especialidade — são obviamente maiores para os intelectuais, conforme definidos aqui, do que para outros que podem alcançar fama e/ou fortuna sem precisarem se preocupar em ir além da sua própria especialidade diferencial ou explicar sua especialidade em linguagem leiga para o público em geral. Um pioneiro em cirurgia cardíaca pode conquistar reconhecimento nacional ou até mundial sem jamais precisar explicar nem o coração nem a cirurgia para um público leigo, muito menos se oferecer para dar opiniões acerca de política ou filosofia social. Mas um pioneiro em linguística como Noam Chomsky jamais se tornaria tão largamente conhecido fora dos limites da sua especialidade quanto se tornou fazendo explanações sobre questões e acontecimentos que vão muito além do âmbito da linguística.

Os intelectuais que estudamos aqui foram, no mais das vezes, intelectuais públicos, pessoas cujos comentários ajudam a forjar um clima de opinião no qual questões cotidianas são debatidas e acabam influenciando pessoas com poder político. Pessoas em áreas mais funcionais, seja no mundo acadêmico ou não, também podem escolher, como qualquer um, ultrapassar os limites da sua competência para tecerem comentários sobre uma série de questões gerais, mas há menos incentivos internos para fazerem isso.

Public Intellectuals, importante estudo do professor Richard A. Posner, ressalta que muitos indivíduos podem se tornar bem mais conhecidos e mais conceituados pelo público em geral do que são por seus pares dentro das suas próprias profissões. "Muitos intelectuais públicos são acadêmicos de pouco destaque acidentalmente postos em evidência" por suas atividades como intelectuais públicos, ele afirma, percebendo uma "tendência para que a fama de um intelectual público na mídia seja inversa a sua fama acadêmica".[2]

Embora não seja difícil pensar em indivíduos que se encaixem nessa descrição[3] e que, portanto, contem com incentivos para buscar fora das suas respectivas especialidades o reconhecimento que não obtiveram dentro dessas especialidades, também não seria difícil pensar em outros indivíduos donos dos mais elevados níveis de desempenho dentro das suas próprias especialidades que escolhem escrever livros didáticos introdutórios para estudantes ou artigos e livros populares para o público em geral sobre assuntos que vão de astronomia a zoologia. Entre os intelectuais que popularizaram a área da sua própria especialidade encontram-se economistas ganhadores do prêmio Nobel como Paul Samuelson, Milton Friedman e Gary Becker. Contudo, entre os cem intelectuais públicos mencionados com mais frequência nos meios de comunicação, Posner encontrou somente 18 que também estavam entre os cem intelectuais mencionados com mais frequência na literatura escolar.[4]

Seja qual for a validade da observação do professor Posner como explicação do que motiva os intelectuais, o que em última análise nos preocupa é a validade empírica das crenças desses intelectuais, sobretudo quando se trata de crenças invocadas como base para decisões governamentais. Nesse contexto, o que pode ser bem mais relevante do que a conclusão de Posner é a seguinte observação de Schumpeter: "O grau de verdade de uma doutrina não está de modo algum sempre positivamente correlacionado com a capacidade dos seus defensores".[5]

Muitos dos principais intelectuais dos Estados Unidos, por exemplo, pediram votos para o Partido Comunista dos Estados Unidos em 1932, e muitos intelectuais de renome internacional de democracias ocidentais em geral defenderam durante a década de 1930 a União Soviética como um contraste preferível ao capitalismo norte-americano e um modelo para o mundo — o "topo moral do mundo", nas palavras do renomado crítico literário Edmund Wilson[6] — numa época na qual literalmente milhões de pessoas morriam de fome na União Soviética, e muitas outras mais eram enviadas para campos de trabalho escravo. Um acadêmico culto como o professor Harold Laski passou anos denunciando fabricantes de equipamento militar na Grã-Bretanha que eram sua única barreira contra a desumanização e o extermínio num campo de concentração nazista.

O mais importante é que não há motivo para adotar os critérios dos intelectuais para avaliações entre si mesmos como critérios de avaliação da validade ou do valor do que eles dizem para a sociedade em geral. Intelectuais acadêmicos, principalmente, são avaliados de acordo com suas ideias originais, não ideias "derivadas" — a pior humilhação. Mas Edmund Burke disse: "Eu não busco a singularidade". E acrescentou: "Eu lhes dou opiniões que foram aceitas entre nós desde os tempos iniciais até o momento presente, com aprovação constante e geral, e que estão tão desenvolvidas em minha mente que não sou capaz de diferenciar o que aprendi de outros dos resultados das minhas próprias reflexões".[7] Ele declarou abertamente que suas ideias eram derivadas, sugerindo, porém, que eram ideias válidas para o mundo real, não para o engrandecimento da sua própria reputação.

Por outro lado, muitos intelectuais, se não a maioria deles, têm como meta a singularidade; e os intelectuais acadêmicos especialmente devem fazer isso, desde o momento das suas teses de doutorado em diante. Mas isso não é razão para que o resto da sociedade adote critérios semelhantes ao decidir quais ideias dos intelectuais levar a sério como guias para práticas no mundo real. Fazer isso seria negligenciar o histórico das consequências trágicas de ser influenciado por ideias até mesmo de intelectuais de destaque, de capacidade indiscutível, que apoiaram ou promoveram tendências que levaram a coisas como a ditadura totalitária e o Holocausto.

Quando falamos dos erros cometidos por intelectuais da década de 1930 sobre a União Soviética ou sobre a política externa relacionada à Alemanha nazista, não estamos falando simplesmente de erros como aqueles que todos cometem ocasionalmente. Estamos falando de cometer erros monumentais e grotescos e, ao mesmo tempo, fazer isso com presunção e arrogância. O mesmo se pode dizer dos primeiros intelectuais da era progressista, que descreveram judeus, entre outros, como "homens derrotados de raças derrotadas". A ligação entre os escritos de Madison Grant e as perseguições nazistas não é especulação; é tão palpável quanto uma carta que Hitler enviou a Grant — e que Grant mostrou com orgulho a outras pessoas — chamando, conforme mencionado anteriormente, de sua "Bíblia" o livro *The Passing of the Great Race*. Mesmo os intelectuais de hoje, que prontamente reconhecem e condenam esses erros do passado, raras vezes fazem a partir disso deduções a respeito de confiar no consenso de pares conceituados e a respeito de rejeitar opiniões divergentes como simplesmente inaceitáveis.

Ser celebridade de mídia e ter renome acadêmico são de fato coisas que costumam atrair diferentes pessoas. Sejam quais forem os atrativos relacionados às duas condições, ser ao mesmo tempo um acadêmico renomado e um intelectual público popular renomado exigiria uma rara habilidade para escrever em níveis intelectuais e em estilos muito diferentes para um público acadêmico e para o público em geral. John Maynard Keynes, por exemplo, tinha essa rara habilidade. Ele era internacionalmente conhecido como intelectual público e escrevia sobre assuntos relacionados ou não à economia anos antes de se tornar a um só tempo o economista mais famoso e o mais profissionalmente influente do século xx. Milton Friedman, bastante diferente de Keynes em outros aspectos, também tinha a mesma rara habilidade de escrever no mais alto nível de sua profissão e ao mesmo tempo escrever e falar de um modo que tornava a economia compreensível para pessoas sem nenhuma formação nessa matéria. Mas pessoas com a versatilidade intelectual e literária de Keynes e Friedman são extremamente raras.

Embora determinados indivíduos intelectualmente brilhantes possam optar por se tornarem intelectuais públicos por diversos motivos, existem poucos incentivos geralmente convincentes para que se aventurem fora dos limites da sua especialidade, exceto para aqueles que definimos como intelectuais no sentido de pessoas que têm nas ideias o seu produto final. Para os intelectuais que se enquadram nessa definição, muitas vezes a escolha pode ser aceitar limites rigorosos no âmbito do reconhecimento e da influência públicos de que dispõem, mesmo quando são os melhores do mundo naquilo que fazem, ou aventurar-se fora dos limites da sua especialização profissional — ou até mesmo fora da sua competência profissional — para atrair um público bem mais vasto e bem menos criterioso.[az]

Para intelectuais em geral, que têm como principal restrição a opinião de seus pares, as atitudes predominantes entre esses pares podem ter mais peso do que princípios sólidos ou evidências. Isso pode produzir padrões muito semelhantes aos que encontramos entre outro grupo intensamente influenciado por seus pares — os adolescentes, em meio aos quais modas e novidades podem se tornar quase obrigatórias por determinado tempo, para, mais tarde, serem totalmente rejeitadas como coisas ultrapassadas, sem ter sido, em momento algum, submetidas a exame sério, nem empírica nem analiticamente. Questões raciais são um exemplo disso. Como observou Oliver Wendell Holmes na década de 1920, o infinito ultraje exibido pelos intelectuais pelo julgamento de Sacco e Vanzetti contrastava nitidamente com sua falta de interesse nas paródias legais e nas tragédias pessoais dos julgamentos contemporâneos de réus negros condenados por júris compostos inteiramente de brancos no Sul segregacionista.

Nos dias de hoje, em que negros são muitas vezes tratados pelos intelectuais como mascotes, estudantes negros espancarem estudantes asiáticos em escolas de Nova York e da Filadélfia *durante anos*[8] simplesmente não é um assunto que os meios de comunicação nem o meio acadêmico queiram discutir, muito menos um que suscite ultraje moral. Se os estudantes atacados fossem hispânicos, por exemplo, e os espancadores fossem brancos, gritos de ultraje sem dúvida ecoariam por todo o país vindos dos meios de comunicação, do meio acadêmico e do meio político. Não há princípio envolvido nessas inconsistências — só o simples fato de que alguns grupos entram em voga nos meios intelectuais em determinadas épocas, e outros grupos, não —, e esse consenso entre pares exerce grande poder até mesmo sobre indivíduos dotados de elevada capacidade intelectual e que se consideram "pessoas pensantes". Esse consenso entre pares pode ser ameaçado se houver crítica a um grupo que está atualmente na moda por violência contra um grupo que atualmente não está na moda.

Como manias de adolescente, muitas outras crenças podem prosperar entre os intelectuais sem contestação se forem compartilhadas por seus pares. Por exemplo, a ideia de "tempos antigos e mais simples" foi incessantemente repetida sem que se citasse uma fagulha de evidência, muito menos algo que fosse semelhante a um exame meticuloso da história, necessário para estabelecer a validade dessa suposição abrangente. A popularidade da ideia de "tempos antigos e mais simples" não tem amparo nenhum em termos de evidências nem de lógica, mas tem muito valor por facilitar o desrespeito à experiência histórica, aos valores tradicionais e aos limites constitucionais à esfera de ação do governo.

A DEMANDA POR INTELECTUAIS PÚBLICOS

Deixando os incentivos que geram uma oferta de intelectuais públicos e passando para a demanda por essas pessoas, voltamos a nos deparar com uma distinção importante entre pessoas com capacidade mental superior, que são intelectuais no sentido de que seu produto final são ideias, e pessoas de áreas que exigem intenso esforço mental, cujos produtos finais são mais palpáveis ou mais empiricamente testáveis. Há uma procura espontânea da sociedade como um todo pelos produtos finais das profissões de engenharia, medicina e ciência, ao passo que a demanda pelos produtos finais de sociólogos, linguistas ou historiadores, seja ela qual for, vem em grande parte de instituições educacionais ou é gerada pelos próprios intelectuais, principalmente os que saem da especialidade acadêmica em que se encontram para atuarem como "intelectuais públicos", oferecendo "soluções" para "problemas" sociais ou lançando alarmes sobre terríveis perigos que eles alegam ter descoberto.

Em outras palavras, a demanda por intelectuais públicos é, numa extensão significativa, produzida por eles próprios. Caso contrário, fossem quais fossem as opiniões desses intelectuais sobre a atual situação do mundo, ou o que se deveria fazer para melhorá-la, dificilmente tais opiniões fariam diferença para o público ou teriam muito efeito em alguma política governamental enquanto esses intelectuais se mantivessem dentro dos limites da sua especialidade.

O público em geral contribui de várias formas para o ganho financeiro dos intelectuais, muitas vezes involuntariamente, como pagadores de impostos que sustentam escolas, faculdades e várias outras instituições e programas que subsidiam iniciativas intelectuais e artísticas.

As humanidades são um exemplo clássico de área na qual o único critério relevante de sucesso é o que é aceito ou recompensado pelos pares. Com as pressões do meio acadêmico para "publicar ou morrer", e com a oferta crescente de recompensas para a publicação disponibilizadas em organizações como a National Endowment for the Humanities [Fundo Nacional para as Humanidades], financiada por impostos, o número de publicações sobre figuras literárias de longa data como Shakespeare e Milton disparou, ao passo que diminuiu o número de leitores desse tipo de publicação. Além disso, o objetivo da crítica literária deixou de ser a tentativa de explicar ou desenterrar o significado do que essas figuras literárias históricas haviam escrito, e passou a ser a busca por um novo significado que o crítico literário pudesse ler nas obras clássicas.[9] Ou seja, recompensava-se aqueles que, familiarizados com literatura, fossem além da sua competência e se aventurassem em especulações subjetivas desgovernadas, por mais elegantemente redigidas que fossem essas especulações.

Por outro lado, outras profissões que exigem grande capacidade mental — engenheiros, por exemplo — contam com um enorme mercado espontâneo para seus produtos finais, quer sejam computadores, aviões ou prédios. Mas isso acontece muito mais raramente com pessoas cujo produto final são ideias. Para essas pessoas, não há na sociedade papel nem grande nem de destaque a ser desempenhado, a menos que elas produzam esse papel para si mesmas fora da sua própria especialidade.

Sobretudo entre intelectuais acadêmicos, a demanda espontânea, e até os aplausos, para o trabalho dos seus colegas nas ciências, na engenharia, na medicina e em outros campos proporciona ainda mais um incentivo para que eles busquem seu próprio "lugar ao sol". Dessa maneira também ganham destaque muitas pessoas fora do mundo acadêmico — pessoas do ramo político, de esportes ou de entretenimento, por exemplo. Porém, esses não intelectuais, em sua maioria, primeiro conquistam reconhecimento ou aprovação pública por suas realizações em suas respectivas áreas de especialização, ao passo que muitos intelectuais só conseguem obter reconhecimento público equivalente ultrapassando os limites da sua especialidade ou competência. Eles não precisam ser perfeitos charlatões, apenas pessoas cujo amplo conhecimento e compreensão sobre determinado assunto podem esconder delas próprias e também dos outros sua primordial ignorância a respeito das coisas que as levam à atenção do público.

INCENTIVOS E LIMITAÇÕES

Não poderia haver conjunto de incentivos e limitações mais favorável para levar pessoas dotadas de um grande intelecto a dizerem coisas radicais, temerárias e até mesmo tolas. Algumas dessas coisas tolas e perigosas já foram mencionadas em capítulos anteriores, mas, ainda assim, são exemplos que mal arranham a superfície de uma vasta extensão de pronunciamentos temerários da *intelligentsia*, que remetem a gerações e, sem dúvida, também se estendem rumo ao futuro.

Nota-se uma linha ideológica divisória entre intelectuais definidos como pessoas que têm como produtos finais ideias cujo processo de validação consiste na aprovação de seus pares e intelectuais com habilidades mentais de alto nível, mas cujos produtos finais são bens e serviços tecnológicos, médicos e científicos ou outros. Embora a existência dessa linha ideológica divisória tenha sido demonstrada por um grande número de estudos,[10] os motivos para essa linha não são tão facilmente demonstráveis. Sem dúvida, é verdade que um conjunto particular de suposições — determinada visão —, quando é aceito, vem acompanhado de toda uma gama de posições relacionadas a questões específicas, diferindo em cada caso das posições adotadas por aqueles que começaram com uma visão distinta. Contudo, considerando que tinham acesso a ambas as visões, por que tantos intelectuais escolheram uma e não a outra?

Talvez não haja uma resposta definitiva para essa pergunta, mas existem alguns padrões sugestivos. Os intelectuais, definidos como pessoas cujo trabalho começa e termina com ideias validadas por consenso entre pares, trabalham em áreas que costumam ser consideradas "brandas" — isto é, áreas com padrões menos rigorosos de validação e que são, como um todo, mais fáceis de dominar. Considerando que essas são também áreas para as quais não há grande demanda automática de mercado por parte da população em geral, há muito tempo se teme que exista um excesso crônico de oferta de pessoas treinadas para trabalhar nessas áreas em relação à procura. Nesse caso muitos indivíduos decepcionados se frustrariam tentando encontrar ocupações, renda ou reconhecimento proporcionais a seu investimento de tempo, talento e esforço e às expectativas que esses investimentos geram.

Essas preocupações não são exclusividade dos nossos tempos, tampouco da civilização ocidental. Estudos realizados em países do Terceiro Mundo com frequência revelam grande número de pessoas instruídas sem habilidades de valor comercial, muitas das quais desempregadas ou subempregadas, que não raro têm ressentimento ou hostilidade contra outras que não contam com esse nível educacional, mas têm habilidades técnicas ou econômicas muito mais procuradas e mais bem remuneradas. Como se observou no Capítulo 16, os jovens checos "instruídos, mas desempregados" promoveram movimentos pela identidade étnica no

Império Habsburgo do século XIX,[11] como também fez a recém-educada classe de letões no Império Russo.[12] O mesmo se deu com uma intelectualidade recém-educada no Império Otomano[13] — e, da mesma maneira, os intelectuais, com seu espírito tão brando, promoveram a polarização, a discriminação e a violência em uma longa lista de outros países.

Estudos destacaram o papel do excesso de pessoas com ensino superior em insurgências na Europa, na Ásia, na África e no Hemisfério Ocidental.[14] Em alguns países, burocracias foram ampliadas para absorver essas pessoas altamente instruídas, mas economicamente supérfluas, a fim de neutralizar a ameaça política que elas podem representar.

Não é difícil perceber por que intelectuais desse tipo acabam mais inclinados a se aproximarem da visão dos ungidos — em que a sociedade é considerada injusta — do que da visão trágica, que considera as imperfeições da natureza humana o ponto de partida para grande parte da infelicidade e das frustrações da vida. As instituições sociais buscam mitigar esses problemas, mas acabam por fazê-lo de maneira imperfeita, já que essas instituições são, elas próprias, trabalho de seres humanos imperfeitos. Até mesmo intelectuais que passam a adotar a visão trágica muitas vezes iniciam a vida adulta seguindo a visão dos ungidos, seja devido à sua vida pessoal, seja devido à predominância da visão dos ungidos nas instituições nas quais foram educados.[15]

Os exemplos mais óbvios no contexto norte-americano foram os líderes do movimento neoconservador, como Norman Podhoretz e Irving Kristol, que começaram na esquerda. Mas muitos outros que acabaram se tornando líderes "conservadores", entre os quais Milton Friedman e Friedrich Hayek, começaram como "liberais" (no caso de Friedman) ou como socialistas convictos (no caso de Hayek). Em outras palavras, a visão dos ungidos é tão encantadora para os intelectuais que chegou a atrair até aqueles que mais tarde a repudiaram e se tornaram seus maiores oponentes.

Burocracias, movimentos ideológicos e bolsas de pós-doutorado até podem absorver grande parte do excedente de pessoas com nível elevado de formação que não são absorvidas pelo mercado; contudo, existe pouca restrição à produção excessiva e continuada dessas pessoas. Ao longo de gerações, persistiram reclamações sobre a produção excessiva de doutoramentos em ciências humanas, por exemplo, com um número de candidatos ao posto de professor nessas áreas bem superior ao número de vagas disponíveis. Mas as universidades têm pouco incentivo para diminuir a oferta, que muitas vezes é subsidiada pelo governo, por fundações e por doadores particulares ou empresariais. Ademais, a quantidade de estudantes de pós-graduação permite que os professores contem com assistentes de pesquisa e de ensino, e ainda impõe a necessidade de ensinar esses estudantes, o que proporciona uma justificativa para que se empregue o número exigido de professores que estiverem disponíveis nessas áreas.

Em suma, os incentivos institucionais parecem bastante insuficientes para adaptar a oferta de intelectuais à demanda por eles, muito menos à demanda automática da sociedade como um todo, para a qual o excesso de oferta dessas pessoas é não só um custo como também um perigo.

UM SENSO DE MISSÃO

O comportamento dos intelectuais não envolve somente incentivos de carreira. Muitas vezes existe também um senso de missão social — incluindo, talvez, um sentimento de agravo pessoal resultante das frustrações inerentes ao excesso crônico de oferta desse profissional — que pode durar muito mais do que um eventual êxito e renome individuais.

Muitos intelectuais que têm a visão dos ungidos se empenham para conduzir pessoas a conclusões que facilitem os tipos de mudanças econômicas e sociais que eles preferem, sobretudo no que diz respeito à distribuição de riqueza. Isso contrasta flagrantemente com seu interesse bastante limitado ou mesmo inexistente por economia de modo geral, e contrasta particularmente com sua falta de interesse em duas questões cruciais: como a riqueza é produzida, em primeiro lugar, e o que facilitará ou impedirá sua futura produção. Não são apenas as origens e a produção da riqueza real que despertam pouco interesse nos intelectuais. O mesmo acontece com o capital humano — as habilidades, a experiência e as orientações culturais que permitem aos seres humanos produzir não apenas riqueza tangível, mas também sociedades viáveis e substanciais, nas quais possam conviver com incontáveis estrangeiros sem atritos destrutivos e com adaptação e cooperação mútuas.

Quando a riqueza tangível e o capital humano são tratados como coisas que simplesmente existem de alguma maneira, evita-se não só um árduo esforço de explicação como também a possibilidade de produzir — de modo e em graus muito diferentes, em circunstâncias geográficas distintas, históricas e sociais — pessoas extremamente desiguais na capacidade de gerar riqueza ou de manter sociedades em larga escala de estranhos que se adaptam mutuamente. Porém, a história e o mundo contemporâneo mostram que essas diferenças são a regra, não a exceção. Ainda assim, um grande número de intelectuais, se não a maioria deles, age como se diferenças estatísticas em resultados — muitas vezes batizadas de "disparidades", "desigualdades" ou "injustiças" — fossem exceções à regra e merecessem explicação, bem como condenação.

Em vez da igualdade de pessoas abstratas num mundo abstrato, as diferenças no alcance da confiança e na dimensão do universo cultural existente para diferentes grupos sociais, raciais ou outros tornam a igualdade de resultados quase impossível no mundo real, mesmo na total ausência de distinções genéticas ou injustiças sociais. Essas diferenças culturais não são defeitos pelos quais os menos afortunados são pessoalmente responsáveis; mas os menos afortunados também não são automaticamente "vítimas" de outros. Por mais injusta que seja a distribuição estatística da capacidade de produção de riqueza, e as diferenças resultantes em renda e riqueza, trata-se de injustiça de uma perspectiva cósmica — destinos imerecidos —, mas não necessariamente do resultado de decisões sociais. A confusão entre injustiças *cósmicas* e injustiças *sociais* é crucial, e permite que muitos intelectuais vejam assunto após assunto como oportunidades de estar ao lado dos anjos contra as forças do mal.

As coisas se mostram bem diferentes numa visão construída sobre um base de limitações inerentes — isto é, a visão trágica. O progresso, incluindo o impressionante progresso que se verifica quando condições favoráveis são mantidas por longos intervalos de tempo, é possível na visão trágica. Mas esse progresso não implica necessariamente nem o extermínio nem a sujeição dos que são presentemente menos capazes, como muitos intelectuais presumiram na era progressista. O progresso também não assume necessariamente a forma de "libertação" dos menos afortunados dos males gerados pelos mais afortunados, como grande parte da *intelligentsia* presumiu em tempos posteriores. Reconhecer isso significa diminuir muito o papel dos intelectuais em ambos os casos; talvez por esse motivo não haja pressa para levar em consideração essa conclusão. Além disso, o que se denomina "libertação" é muitas vezes o abandono das restrições socialmente desenvolvidas pela experiência no decorrer de gerações ou de séculos, assim sua substituição por restrições e tabus recém-criados por intelectuais contemporâneos são muito diferentes.

A visão trágica e a visão dos ungidos têm concepções muito diferentes quanto ao caminho para o progresso. Uma dessas diferença reside em escolher se o círculo de confiança e o universo cultural devem ser ampliados ou contraídos. Quando se acredita que os menos afortunados se encontram nessa condição porque são vítimas dos mais afortunados, promover o conflito entre ambos, como fazem muitos dos que têm a visão dos ungidos, é o contrário de ampliar o círculo de confiança ou mesmo de adaptação mútua. Para aqueles que têm a visão dos ungidos, a vitimização é a principal explicação para diferenças de resultados entre grupos; essa abordagem deixa menos motivo para que se enfatize a mudança das culturas grupo que alcançaram menos sucesso. O "multiculturalismo" é praticamente a negação de qualquer necessidade desse tipo; ele afasta essa necessidade, colocando os menos bem-sucedidos no canto das contingências culturais em que nasceram.

Nisso, como em outras coisas, um número de diferenças relativamente pequeno em pressupostos fundamentais entre as duas visões leva a um amplo espectro de conclusões opostas acerca de uma série de questões bastante diferentes.

Entre aqueles que têm um senso de missão há os que ensinam os jovens, sejam professores nas escolas ou em faculdades e universidades. Acadêmicos ou professores de escola que não têm nem talento nem inclinação para se tornarem intelectuais podem, em lugar disso, expressar opiniões em sala de aula para uma audiência cativa de estudantes, atuando em uma arena menor, mas num ambiente com pouca chance de serem seriamente desafiados. Nesses ambientes, sua influência acumulada na mentalidade de uma geração pode ser desproporcional em comparação com sua competência — não apenas no que comunicam diretamente, mas sobretudo no fato de habituarem seus alunos a tirarem conclusões radicais depois de ouvirem apenas um lado de determinada questão, e então descarregarem emoções ou entrarem em ação, quer escrevendo cartas a funcionários públicos como parte de tarefas de sala de aula, quer participando de outros tipos de ativismo mais direto. Também nesses casos há poucas restrições prévias, se é que existe alguma, e nenhuma responsabilização por consequências mais tarde.

Professores escolares são um dos componentes da intelectualidade na penumbra que rodeia o cerne dessa *intelligentsia*. Como muitos outros, o papel dos professores é bastante modesto e pouco perceptível, e sua influência no curso da política nacional ou dos eventos históricos é quase nula, desde que se mantenham dentro dos limites da sua competência na função de transmitir à geração mais jovem realizações culturais do passado.

Apenas quando saem desse papel e assumem responsabilidades para as quais não têm qualificações é que ampliam fortemente sua influência — quer por meio da doutrinação ideológica dos estudantes, quer por meio da manipulação psicológica dos estudantes a fim de mudar os valores que esses estudantes receberam dos pais.[16]

Em nenhum dos dois casos os professores são responsabilizados pelas consequências, seja para os alunos, seja para a sociedade. Por exemplo, quando a longa tendência decrescente de gravidez e de doenças venéreas na adolescência se inverteu subitamente depois que os exercícios de mudança de atitude conhecidos como "educação sexual" foram introduzidos nas escolas norte-americanas na década de 1960,[17] os pais tiveram de arcar com as consequências da gravidez de uma filha adolescente ou de um filho que contraiu doença venérea. Nenhum professor teve de pagar nada pelos custos financeiros, nem perder um instante de sono com o que houve na vida pessoal desses jovens, e o virtuosismo verbal possibilitou a mudança de valores na qual a educação sexual se tornou solução, mesmo quando mostrou empiricamente agravar o problema.

Como muitas outras coisas, a "educação sexual" se ajustava à visão, o que a isentava da exigência de se ajustar aos fatos. Além disso, como esses exercícios de doutrinação para promover valores diferentes eram chamados de "educação", sua legitimidade nas escolas escapou a um exame sério, tal como seu papel nos resultados que se seguiram.

Já no ensino primário, os alunos têm sido encorajados ou recrutados para se posicionarem com relação a questões políticas complexas, que incluem até políticas relacionadas a armas nucleares, sobre as quais turmas inteiras têm sido encarregadas de escrever aos membros do Congresso ou ao presidente. Os comitês de admissão de faculdades podem dar peso a diversas formas de ambientalismo ou qualquer outro tipo de ativismo ao analisarem os candidatos à admissão, e é comum as faculdades exigirem "serviço comunitário" como pré-requisito para que os candidatos sejam considerados — com o comitê de admissão determinando de maneira arbitrária o que se deve considerar "serviço comunitário", como se, por exemplo, fosse absolutamente claro que apoiar e estimular a vadiagem ("os sem-teto") é um serviço, e não um desserviço, à comunidade.

Dessa e de outras maneiras, pré-requisitos para chegar a conclusões políticas sérias são, ironicamente, minados pelos próprios intelectuais. Em resumo, em todos os níveis da *intelligentsia* e numa vasta gama de especialidades, os incentivos tendem a recompensar o gesto de extrapolar qualquer conhecimento especializado que integrantes específicos da intelectualidade possam ter, e as restrições contra a falsidade são poucos ou inexistentes. Não que os intelectuais, em sua maioria mintam deliberadamente numa tentativa cínica de adquirir notoriedade ou de promover a si mesmos ou suas causas por vias alternativas. Contudo, a capacidade geral que as pessoas têm de se convencerem de algo, e de convencerem outra pessoas, sem dúvida abunda no meio intelectual.

Sociedades inteiras devem ser colocadas em risco pelas futilidades e conceitos que se desenvolvem dentro de um segmento relativamente pequeno da população? Como já vimos, sobretudo avaliando o papel dos intelectuais ocidentai entre as duas Guerras Mundiais, nações inteiras já foram colocadas sob ameaça efetivamente empurradas para o desastre por um clima de opinião para cuja for mação os intelectuais contribuíram enormemente. Nem tudo isso é simplesmen te uma questão de história, como se pode constatar pelo ressurgimento entre *intelligentsia* e a mídia, em nossos tempos, de atitudes, argumentos e até mesm expressões usadas no período entre as duas Guerras Mundiais.

Restrições

Ao contrário do que acontece com engenheiros, médicos ou cientistas, os intelectuais não enfrentam restrição ou punição sérias com base em verificação empírica. Ninguém pode ser processado por negligência por ter, por exemplo, contribuído para a histeria envolvendo o inseticida DDT, histeria que levou à proibição desse inseticida em muitos países pelo mundo todo, o que acabou custando a vida de literalmente milhões de pessoas devido ao ressurgimento da malária. Por outro lado, médicos cujas ações tiveram ligação muito mais tênue com complicações clínicas sofridas por seus pacientes precisaram pagar milhões de dólares em danos — o que mais uma vez ilustra uma diferença fundamental entre as circunstâncias sob as quais vive a *intelligentsia* e as circunstâncias sob as quais vivem pessoas em outras profissões que exigem grande esforço mental.

Até mesmo a responsabilidade de jornalistas sujeitos às leis contra calúnia e difamação foi reduzida até quase desaparecer no caso de pessoas caluniadas ou difamadas que são consideradas "figuras públicas". Contudo, em termos de consequências sociais, calúnia ou difamação contra indivíduos que têm altos cargos governamentais ou que aspiram a esses cargos prejudicam esses indivíduos, que são o alvo específico e também o público em geral. Se os eleitores são persuadidos a abandonarem alguém em quem antes estavam preparados para votar, levados a mudarem de ideia por acusações falsas propagadas pela mídia, isso é tão prejudicial quanto qualquer outra fraude eleitoral. Se os indicados para juízes federais, incluindo juízes da Suprema Corte, tiverem nomeações inviabilizadas por falsas acusações de racismo ou assédio sexual propagadas pelos meios de comunicação, isso pode privar o público não somente dos serviços desses indivíduos em específico, mas também dos serviços de muitos outros mais tarde que se recusam a comprometer reputações, construídas ao longo de uma vida, entrando num processo de confirmação no qual já se tornaram norma acusações irresponsáveis e incendiárias difundidas pela mídia no país inteiro, acusações contra as quais é praticamente impossível alguém provar sua inocência.

Não é apenas o mundo externo que impõe poucas restrições aos intelectuais; até seus pares profissionais fazem isso — contanto que esses intelectuais proponham a visão preponderante dos ungidos, sobretudo para um público leigo. Nem o maior constrangimento — os padrões pessoais — impõe uma restrição da qual seja difícil escapar. Como observou Jean-François Revel: "Cada um de nós deve se dar conta de que tem dentro de si a formidável capacidade de construir um sistema que explica o mundo, e junto com esse sistema uma máquina para rejeitar todos os fatos contrários a esse sistema".[18]

Os intelectuais sem dúvida não são desprovidos da capacidade de interpretar; na verdade, provavelmente têm mais desse talento do que a maioria das outras pessoas. Tendo em vista os incentivos que recebem — e as restrições frágeis ou inexistentes —, é possível compreender por que tantos intelectuais não conseguem perceber que saltar para fora dos limites do seu campo de conhecimento pode ser como saltar do alto de um penhasco. Por exemplo: muitos intelectuais, ou até a maioria deles, não têm conhecimento nenhum sobre economia, mas, mesmo assim, insistem em fazer declarações categóricas sobre questões econômicas. Alguns podem ter muitas informações variadas sobre assuntos relacionados a economia, mas não têm conceitos de *análise* econômica. Conhecer todos os numerais romanos e todos os numerais arábicos não seria o bastante para tornar uma pessoa competente em aritmética, muito menos em cálculo, sem a análise sistemática que constitui a matemática.

Da mesma maneira, nenhuma quantidade de informação básica sobre economia pode substituir a análise sistemática que constitui a economia. Também em várias outras áreas especializadas, ter uma vasta quantidade de informação básica não impede de modo algum que uma pessoa seja fundamentalmente ignorante — ou mal-informada, o que é ainda pior — sem a análise especializada para que possa chegar a conclusões válidas e comprováveis.

Embora a tendência humana de superestimar a extensão da própria competência não seja exclusividade dos intelectuais, a capacidade de insistir nesse erro é limitada pelos contextos nos quais a maioria das pessoas atua. A General Motors, por exemplo, produz milhões de automóveis, mas não produz pneus — não pela modéstia inata dos executivos da General Motors de perceber que sua habilidades na produção de automóveis não poderiam se traduzir em habilidades comparáveis na fabricação de pneus, mas porque a inevitável realidade econômica do mercado lhes poderia custar milhões de dólares se tentassem fabricar seus próprios pneus, em vez de comprá-los de empresas cujos anos de conhecimento especializado e experiência na produção de pneus permitem que produzam pneus melhores a custo mais baixo do que conseguiria produzir um fabricante de automóveis.

Da mesma maneira, o treinador principal de uma equipe de futebol americano conta com especialistas que treinam jogadores de defesa, planejam jogadas de ataque ou treinam grupos de atletas que entram em campo para chutes. Mais uma vez, nesse caso não é a modéstia inata que leva os treinadores a reconhecerem suas próprias limitações inerentes, mas o fato inevitável de que perder jogos de futebol pode rapidamente levar alguém a perder o emprego. Mas existem poucos incentivos para que os intelectuais ao menos considerem as consequências serem ignorantes ou mal-informados fora do universo restrito da sua própria especialidade, já que eles têm em seus pares a validação definitiva, e esses pares tendem a compartilhar seus talentos e suas limitações, bem como sua visão social.

Considerando esse cenário de incentivos e restrições, muitas das coisas ditas e feitas por intelectuais são compreensíveis, por mais prejudiciais ou até desastrosas que essas coisas tenham sido para as sociedades ao redor deles.

CAPÍTULO 22
A INFLUÊNCIA DOS INTELECTUAIS

Antes de avaliarmos a influência dos intelectuais, devemos definir em que sentido entendemos influência. O professor Richard A. Posner, por exemplo, não acredita que os intelectuais públicos sejam muito influentes e considera que as previsões desses intelectuais "geralmente não são levadas a sério".[1] É bem possível que ele esteja correto nos termos em que comenta a questão. Em outras palavras, o público não entrou em pânico porque Paul Ehrlich fez previsões sobre desastres econômicos e ambientais iminentes, nem porque George Orwell fez demonstrações fictícias sobre o que se deveria esperar em 1984. É preciso, contudo, distinguir a influência de determinados intelectuais, com suas próprias pautas e previsões especiais, da influência da *intelligentsia* como um todo em questões nas quais, como um grupo, ela costuma promover a mesma visão preponderante e, em muitos casos, filtra fatos que contrariam essa visão.

Embora não tenham sido seguidas as recomendações específicas de Bertrand Russell para a dissolução das Forças Armadas às vésperas da Segunda Guerra Mundial, isso é bem diferente de afirmar que a invariável e batida retórica antimilitar cultivada entre os intelectuais em geral não impediu a formação de uma estratégia de defesa ou de dissuasão militar para neutralizar o rearmamento da Alemanha promovido por Hitler. Os líderes britânicos não necessariamente acreditavam no que diziam os intelectuais, mas esses líderes tinham de levar em consideração as coisas nas quais os eleitores acreditavam e que resultavam do clima de opinião gerado pelos intelectuais.

O impacto das opiniões daqueles que definimos como intelectuais — isto é pessoas cujo trabalho começa e termina com ideias — cresceu ao longo dos séculos, com o número cada vez mais elevado de intelectuais que as sociedades mais abastadas são capazes de suportar, com o público crescente para suas ideias proporcionado pela disseminação cada vez mais ampla da alfabetização e da educação superior e com o enorme crescimento do alcance dos meios de comunicação de massa. A influência dos intelectuais foi sentida não apenas no direito e em assuntos de defesa nacional, mas também no desgaste da coesão social sem a qual uma sociedade não pode continuar sendo uma sociedade. Essa influência se mostra mais acentuada em nações modernas e democráticas, nas quais os intelectuais têm maior margem de ação.

Um renomado historiador mencionou a existência de uma "fina camada da elite da sociedade czarista que compunha uma opinião pública significativa".[2] Uma camada ainda mais fina de pessoas com opiniões importantes caracterizou as ditaduras totalitárias modernas, seja na Rússia ou em outros países mundo afora. Mas as democracias são mais vulneráveis às noções sem fundamento que predominam nos meios intelectuais e são divulgadas para o público pelos meios de comunicação e transmitidas à geração seguinte por meio de instituições educacionais.

A NATUREZA DA INFLUÊNCIA DOS INTELECTUAIS

Tão importante quanto a questão da magnitude da influência dos intelectuais é a questão das direções nas quais essa influência é exercida. Além das formas específicas como os intelectuais influenciaram questões particulares, sua influência teve certos padrões gerais. Alguns desses padrões são a tendência de localizar verbalmente em "nossa sociedade" os males e defeitos mundiais da raça humana, a confusão de transmissão com causa, a exaltação do intelecto sobre a experiência e o fato de restringirem o próprio significado do conhecimento à estreita faixa de aprendizado em que se sobressaem. Em todas essas coisas, os intelectuais mostraram uma impressionante capacidade de ignorar ou desafiar evidências em contrário.

Os intelectuais têm todos os incentivos para acreditarem na eficácia da sua própria especialidade — ideias articuladas — e igualmente para desvalorizarem aspectos conflitantes, tais como a experiência das massas ou principalmente o uso da força pela polícia ou pelos militares. As expressões culturais não articuladas da experiência das massas no decorrer de gerações muitas vezes acabam sumariamente rejeitadas como meros preconceitos. A força ou a ameaça de força também é considerada bastante inferior à razão articulada, quer se lide com criminosos, crianças ou nações hostis. "O serviço militar é o remédio para a falta de esperança — esperança no poder da inteligência",[3] nas palavras John Dewey.

A razão tende a ser *categoricamente* considerada preferível; pouca atenção se dá às diferentes circunstâncias nas quais uma dessas abordagens — isto é, razão ou força — possa ser mais cabível que a outra, dependendo da situação com a qual se lide. Os intelectuais parecem rejeitar especialmente a ideia de pessoas físicas usarem de força em defesa de si próprias e da sua propriedade, ou a ideia de pessoas físicas possuírem armas para fazê-lo.[ba]

Em questões internacionais envolvendo guerra e paz, os intelectuais costumam afirmar que a guerra deve ser "um último recurso". Mas muito depende do contexto e do significado específico dessa frase. É evidente que a guerra deva ser um "último recurso" no que diz respeito a nossas *preferências*. Mas cirurgia cardíaca, divórcio e muitas outras experiências negativas também deveriam ser em outros contextos. Contudo, em vários contextos, reconhecemos de imediato que nossas próprias preferências não são de maneira alguma tudo o que importa, nem são necessariamente relevantes quando confrontadas com circunstâncias realmente graves e alternativas catastróficas. Dizer que a guerra deve ser um "último recurso" é bem diferente de simplesmente agarrar-se a uma esperança remota enquanto perigos e provocações se acumulam sem resposta, e enquanto o pensamento positivo ou acordos ilusórios substituem a preparação militar séria — ou mesmo uma ação militar, caso necessário. A persistente indecisão da França durante os anos 1930, e no período da "guerra falsa" que terminou com o seu colapso súbito em 1940, mostrou ao mundo, de forma dolorosa, o que pode acontecer quando se mantém a cautela até o ponto em que ela se torna perigosa.

Embora os tipos de ideias comuns entre os intelectuais dos dias de hoje tenham uma longa linhagem, que remonta pelo menos ao século XVIII, a *predominância* dessas ideias — tanto nos círculos intelectuais como na sociedade em geral, por meio da sua influência no sistema educacional, nos meios de comunicação, nos tribunais e na política — é um fenômeno muito mais recente. A título de exemplo, diversas profissões que não exigiam anos de formação acadêmica passaram a exigir. Antigamente os advogados, por exemplo, não precisavam ter passado por faculdades de direito; podiam estudar direito por conta própria, como fizeram Abraham Lincoln e vários outros. O significado disso, não somente para advogados, mas também para pessoas em muitas outras ocupações, é que o preço da sua formação profissional é passar anos como público cativo para intelectuais acadêmicos que propagam a visão dos ungidos.

Isso não quer dizer que os intelectuais não tiveram nenhuma influência em épocas anteriores; ocorre que, nos séculos passados, existiam menos intelectuais e muito menos da sua penumbra ao redor para propagar suas ideias em escolas, nos meios de comunicação, nos tribunais e na arena política. Em épocas anteriores, eles ainda não haviam adquirido a capacidade de filtrar informações e ideias que chegavam ao público pela mídia e pelo sistema educacional, nem as ideias que se tornariam o referencial de excelência nos tribunais. Para começar, as crenças tradicionais herdadas — tanto religiosas como seculares — representavam uma limitação maior à influência das ideias recém-surgidas entre os intelectuais.

A influência dos intelectuais sobre o curso dos eventos na sociedade como um todo, por meio da sua influência sobre o público em geral, antigamente era menor do que hoje, porque, na maioria dos países, o próprio público em geral influenciava muito menos na direção da política nacional em épocas passadas. Afinal, o governo norte-americano representou uma importante e histórica mudança nos tipos de governo existentes no mundo quando os Estados Unidos foram fundados, em 1776. Antes disso — e muito depois disso em outros países —, mesmo que a *intelligentsia* tivesse sobre o público uma influência semelhante à que tem hoje, isso não teria feito grande diferença nas políticas governamentais controladas por governantes autocráticos. Ademais, nem as massas nem a elite esperavam que os intelectuais tivessem uma influência significativa nas decisões governamentais. Essa influência se elevou nos últimos séculos com a disseminação da alfabetização e a propagação do poder político pela pirâmide socioeconômica.

Em nações autocráticas, o entendimento que conta — para a tomada de decisões e para o curso dos acontecimentos que se seguem — é o entendimento dos que exercem o poder. Sejam quais forem os equívocos que possam surgir entre o povo em geral, espontaneamente ou induzidos pela *intelligentsia*, eles têm influência bem menor nas decisões tomadas em sociedades autocráticas do que nas tomadas em nações democráticas. Em outras palavras, os benefícios de uma sociedade livre e democrática são acompanhados do perigo inerente de um público confiante e vulnerável às modas e presunções contidas nas visões de uma intelectualidade que busca seu lugar ao sol.

O período entre as décadas de 1960 e 1980 talvez tenha marcado o auge da influência dos intelectuais nos Estados Unidos. Embora as ideias da *intelligentsia* ainda predominem, o seu domínio ideologicamente avassalador teve alguma redução devido a contra-ataques vindos de várias áreas — por exemplo, a visão alternativa apresentada por Milton Friedman e a escola de economistas de Chicago, o surgimento de números pequenos mas significativos de intelectuais conservadores e neoconservadores em geral e a ascensão de conservadores a um papel minoritário, porém não mais negligenciável, na mídia —, sobretudo no rádio, na televisão a cabo e na internet — que reduziram a capacidade dos intelectuais partidários da visão dos ungidos de impedirem que chegue ao público informação que poderia enfraquecer essa visão.

Ainda assim, qualquer anúncio da dissolução da visão dos ungidos seria bastante prematuro, ilusão e nada mais, diante da incessante predominância dessa visão no sistema educacional, na televisão e em filmes que tratam de questões sociais ou políticas. Em outras palavras, a visão de mundo dos intelectuais — como é e como deveria ser — continua sendo prevalecente.

Desde os tempos do direito divino dos reis não se via tão grande pretensão de direito de controlar os outros e de influenciar decisões, em grande parte por meio da expansão de poderes do governo. Da planificação da economia até o ambientalismo, tudo simboliza a crença de que elites saibam o que é melhor e devem ter o poder de anular as decisões dos outros. Isso inclui impedir que as crianças cresçam com os valores que os pais lhes ensinaram, pois valores diferentes — e supostamente mais "avançados" — têm a preferência dos que ensinam nas escolas e faculdades.

Como já vimos, Ronald Dworkin chegou a declarar que "uma sociedade mais igual é uma sociedade melhor, mesmo que seus cidadãos prefiram a desigualdade".[4] No mesmo espírito, Simone de Beauvoir disse: "Nenhuma mulher deveria ser autorizada a ficar em casa para criar os filhos. A sociedade deveria ser completamente diferente. As mulheres não deveriam ter essa escolha, justamente porque, se tiverem tal escolha, muitas delas irão ficar".[5] Mesmo em tempos passados, como observamos no Capítulo 6, quando o acadêmico Woodrow Wilson considerava seu trabalho "tornar os jovens cavalheiros da atual geração tão diferentes de seus pais quanto possível".[6] Não havia nenhum indício de que alguém lhe tivesse dado tal mandato, nem de que os pais tolerariam e pagariam por tal missão se soubessem que essa era sua intenção. Sobrepor-se aos valores e escolhas das outras pessoas ou esquivar-se desses valores e escolhas é a própria essência da visão dos ungidos.

Expressar de maneira tão franca o desejo de tomar decisões por outros pode ser raro, mas há muito tempo as ideias por trás dessas declarações são comunicadas de maneira cautelosa. *The Promise of American Life*, clássico de Herbert Croly da era progressista, defendeu que se superasse a democracia "definida como governo popular"[7] e se passasse a um governo que buscasse um "propósito democrático",[8] que incluiria regular "a distribuição do poder econômico" e um "sistema econômico democrático".[9] Com a redefinição de "democracia" em termos de metas sociais, e não de processos políticos, mesmo aqueles que buscam iludir o eleitorado e microgerenciar a própria vida por meio do governo podem se dizer democratas, como fez Herbert Croly um século atrás, e como outros intelectuais ainda hoje fazem.

Nessa perspectiva, é importante ler a descrição que o professor Tony Judt, da Universidade de Nova York, fez sobre os liberais: "Um liberal é alguém que se opõe a interferências nos assuntos dos outros; alguém que tolera atitudes divergentes e comportamento incomum. Os liberais são historicamente favoráveis a manter outras pessoas fora de nossa vida, permitindo que tenham todo o espaço necessário para viverem e prosperarem do modo que escolherem".[10]

Essa é uma perspectiva clara e comum entre os que têm a visão dos ungidos. Porém, por mais compatível que seja com essa visão, é extremamente incompatível com os fatos, quer se trate dos fatos das políticas de eugenia e das leis antimiscigenação promovidas por intelectuais da era progressista, quer se trate dos códigos de discurso restritivos das atuais universidades, que tornaram os *campi* universitários um dos fóruns menos livres em nações livres para ideias que divergem da visão preponderante entre os acadêmicos. Comunidades há longo tempo dominadas politicamente pela esquerda, como São Francisco e Nova York, estão mergulhadas em restrições de Estado-babá que microgerencia o que as pessoas podem ou não fazer na própria vida cotidiana. A tolerância com violações das normas da sociedade mais ampla de modo algum se traduz em tolerância com a violação das normas estabelecidas pela visão predominante entre os intelectuais.

Semelhante desdém ou desrespeito por opiniões de pessoas comuns tem implicações adicionais. Dada a falibilidade dos seres humanos — a qual os intelectuais já demonstraram fartamente que se aplica a eles próprios tanto quanto às demais pessoas —, o feedback a respeito das reais consequências das ideias dos intelectuais pode ser importante ou até mesmo fundamental. Mas quando o feedback de pessoas com experiências ou perspectivas diferentes é considerado nada mais do que um sinal de hiato moral ou intelectual entre essas pessoas e os intelectuais, dotados de capacidade superior de compreensão, então o feedback não é apenas negado, mas também visto como uma confirmação da correção do que está sendo dito ou feito pelos ungidos. Portanto, pode ser uma questão de honra ignorar o "clamor público" contra palavras ou ações de juízes, políticos ou membros "progressistas" da *intelligentsia*.

No Capítulo 2, vimos como os avisos de um comissário de polícia aposentado foram não apenas rejeitados como também ridicularizados numa conferência de juízes e professores de direito. Atitudes muito parecidas podem prevalecer entre os ungidos em diferentes contextos. Por exemplo, o editor do *New York Times* disse a uma multidão de pessoas "que desagradar leitores brancos e mais velhos do sexo masculino significava que 'nós estamos fazendo alguma coisa certa', e que, se eles *não* reclamassem, 'seria uma indicação de que nós falhamos'".[11]

Uma das muitas pressuposições arrogantes da *intelligentsia* é a de que estranhos têm de trazer sentido à vida das pessoas comuns, mobilizá-las em torno de uma causa comum e lhes dar um senso de importância. Mas todo aquele que acredita que uma mãe não é importante para uma criança, ou que uma criança não é importante para uma mãe, não compreende o ser humano. Para os amantes, há poucas coisas tão importantes quanto o próprio fato de se amarem. As pessoas, em sua maioria, já têm alguém que é de extrema importância na própria vida, e, sem esse alguém, a vida delas nunca mais seria a mesma. Que tais pessoas possam parecer desimportantes para os intelectuais diz muito a respeito dos intelectuais, não das outras pessoas. Projetar esse sentido de falta de importância nas próprias pessoas é uma das muitas violações de padrões intelectuais feitas pelos próprios intelectuais.

O que realmente tem importância para os intelectuais é o aspecto *de injustiça* do que é publicamente exibido para estranhos. Mas o sentido de importância de uma mãe em relação ao filho, e do filho em relação à mãe, não é de modo algum diminuído pelo fato de que se trata de algo de importância dentro dos limites da família, nem pelo fato de haver milhões de outras mães em outros lugares com milhões de crianças que sentem o mesmo. No mínimo, esse senso de propósito e importância pode ser reforçado pelo fato de que a maternidade é uma função de importância reconhecida no mundo inteiro e ao longo dos séculos. As mães não precisam que intelectuais tragam significado para a vida delas, nem precisam da bênção deles. E os amantes precisam menos ainda da atenção de terceiros.

A ênfase no que é injusto não é simples acaso nem idiossincrasia individual. É um aspecto essencial na evolução das carreiras de intelectuais de modo geral, e muitas vezes um componente importante em sua percepção de si mesmos. Tratados como pessoas especiais e únicas desde a escola primária até o colégio e a universidade, os indivíduos intelectualmente bem-dotados teriam de ser mais que humanos para não se considerarem a si mesmos, e a outros semelhantes a eles, superiores aos meros mortais. Além disso, as condições de competição entre eles reforçam igualmente as comparações injustas.

UMA ELITE COGNITIVA

Tal como os intelectuais propriamente ditos estão rodeados pela penumbra de outros integrantes da *intelligentsia*, a *intelligentsia* como um todo faz parte de uma elite cognitiva mais ampla, que engloba pessoas cujo trabalho exige níveis elevados de capacidade mental, mas cuja produção não se limita a ideias. Entre essas pessoas estão tecnólogos de vários tipos, médicos, advogados e gestores administrativos em organizações privadas e governamentais, por exemplo. Embora essas profissões não precisem envolver a produção ou a promoção ativas de visões ideológicas, elas não são imunes a essas visões. Além disso, esses outros membros da elite cognitiva foram geralmente formados nas mesmas instituições acadêmicas que a intelectualidade, e sua educação de graduação incluiu ser ensinado por muitos dos mesmos professores com a mesma orientação ideológica.

Talvez seja igualmente importante, ou até mais importante, o fato de que esses outros membros da elite cognitiva têm mais possibilidade de continuarem a se movimentar em muitos dos mesmos círculos sociais que a *intelligentsia*, em vez de viverem ao acaso entre os integrantes da sociedade como um todo. Sempre existiram elites de um tipo ou de outro, mas a natureza dessas elites mudou em diferentes épocas, não raro com consequências significativas para a sociedade em geral. A evolução da elite cognitiva do nosso próprio tempo é bastante relevante para a influência dos intelectuais.

No decorrer do tempo — e sobretudo durante o século XX —, o acesso cada vez maior de indivíduos com níveis elevados de capacidade mental a instituições de ensino superior, mesmo quando esses indivíduos são provenientes de famílias que não possuem recursos para pagar todos os custos do ensino superior, teve consequências econômicas e sociais. Entre as consequências econômicas evidentes, encontra-se não apenas a mobilidade social da qual desfrutam os indivíduos que tiveram a educação subsidiada por filantropia privada ou pelo governo, mas também, sobretudo, uma crescente capacidade da sociedade em geral de se beneficiar de uma oportunidade crescente de explorar e desenvolver habilidades e talentos extraordinários, em qualquer lugar que ocorram, num horizonte social mais abrangente. Contudo, esses benefícios econômicos têm um custo social considerável para a influência da *intelligentsia*.

No início do século XX, a maioria das pessoas com Q.I. elevado dificilmente ia para a faculdade, em sua maioria, as pessoas que iam para a faculdade não eram escolhidas por habilidades mentais ou por desempenho acadêmico, pelo menos não como se viu acontecer no final do século. Durante muitos anos, o que mais importou foi a capacidade de pagar. Ainda em 1952, dois terços dos candidatos a Harvard eram admitidos,[12] em comparação com menos de um décimo hoje. Durante a década de 1950, porém, algumas mudanças marcantes aconteceram. No final dessa década, a maior parte dos candidatos a Harvard era rejeitada à medida que os padrões acadêmicos se elevavam, de maneira que a média das pontuações do SAT — teste de avaliação exigido para se ingressar em curso superior nos EUA — dos calouros de Harvard subiu quase 100 pontos nas partes de linguagem e matemática. Mudanças nas origens sociais acompanharam as mudanças nos padrões intelectuais. A proporção de calouros que ingressavam em Harvard vindos de escolas particulares diminuiu, e eles foram ultrapassados em número por calouros provenientes de escolas públicas.[13]

O que estava acontecendo em Harvard era parte de uma tendência mais geral no sentido de um alcance mais amplo da educação superior como um todo

— e especialmente a educação nas faculdades e universidades de elite — para estudantes selecionados mais por habilidades mentais do que por origens socioeconômicas. São evidentes os benefícios que isso traz a esses indivíduos, e que acaba trazendo também para a sociedade. Mas existem outras consequências. Quando uma sociedade dividida em compartimentos socioeconômicos é substituída por uma sociedade dividida em compartimentos cognitivos, continua existindo um isolamento social de pessoas nos compartimentos de elite em relação à grande maioria de pessoas, de cujas vidas aqueles nos compartimentos de elite vivem distantes e inevitavelmente têm dificuldade em compreender — embora as elites, em ambos os casos, tenham influência excessiva sobre a vida das pessoas que não fazem parte dos seus círculos íntimos. Em outras palavras, um acesso mais igualitário à formação superior pode gerar outras divisões sociais:

> Para pessoas que vivem em mundos encapsulados, torna-se difícil, mesmo quando suas intenções são as melhores, apreender as realidades de mundos dos quais elas têm pouca experiência, mas sobre os quais exercem grande influência, tanto pública como privada. Muitos desses estudantes universitários promissores nunca viverão numa comunidade em que sejam dissuadidos de suposições equivocadas, porque, depois da educação, segue-se outro mecanismo de seleção, as profissões, e muitos dos buracos que ainda permanecem nas fronteiras cognitivas começam a ser fechados.[14]

Esse isolamento social de uma elite cognitiva da vida da grande maioria da sociedade na qual essa elite vive — e que essa elite influencia — é um dos principais temas de *The Bell Curve*, livro do qual essa observação foi extraída. Embora encontros casuais possam continuar entre os membros da sociedade como um todo, a vida íntima deles se desenrola em diferentes órbitas no que toca a casamentos, carreiras e estilos de vida. Mesmo que a elite cognitiva se interesse pelos outros e apoie esforços para melhorar a vida deles, o isolamento da experiência pessoal direta dessas vidas pode privar a compreensão do conhecimento mundano que só essa experiência pessoal direta — que não pode ser substituída por noções abstratas sobre pessoas abstratas — pode proporcionar.

Em resumo, mesmo o interesse generoso de uma elite cognitiva por pessoas diferentes dela, cujas realidades ela tem poucas maneiras de compreender, pode dar a essa elite uma influência cujas consequências concretas podem variar de sinistras a catastróficas. É demasiado fácil para as elites cognitivas generalizarem com base em sua superioridade, repetidamente demonstrada dentro dos domínios em que se movimentam há anos, para imaginarem que o consenso dos seus igualmente isolados pares é superior à experiência cotidiana direta das pessoas em geral. Isso é confundir inteligência com sabedoria, mesmo que a história tenha registros dolorosos sobre a frequência e a intensidade com que ambas podem divergir.

OS INTELECTUAIS E OS POLÍTICOS

Embora as profissões de políticos e intelectuais sejam distintas, e apenas dois presidentes dos Estados Unidos — Theodore Roosevelt e Woodrow Wilson — tenham sido intelectuais no sentido que empregamos aqui, pode haver uma relação simbiótica entre intelectuais e políticos de maneira geral, ou entre intelectuais e políticos específicos. Intelectuais podem alcançar maior visibilidade, associando-se a políticos famosos, e políticos podem ter nos intelectuais uma fonte útil de ideias, ou ao menos um instrumento para melhorar sua imagem, mostrando-se como políticos que põem em prática grandes ideias.

Relações simbióticas entre intelectuais e políticos podem assumir muitas formas. Uma das formas mais comuns é a ampla promoção, por parte dos intelectuais, da preferência governamental pela tomada de decisões por indivíduos e organizações privadas. O virtuosismo verbal dos intelectuais pode facilitar esse processo de muitas formas, até mesmo fazendo parecer que esse processo não está acontecendo. Por exemplo, o uso da palavra "sociedade" em lugar da palavra "governo" — como nas afirmações de John Rawls sobre o modo como a "sociedade" deve "organizar" determinados resultados,[15] ou a defesa de John Dewey da "inteligência organizada socialmente na condução de assuntos públicos"[16] e "reconstrução social organizada"[17] ou do modo como "nós" devemos "colocar em prática com esperança um plano de intervenção social e engenharia experimental".[18]

Tal camuflagem verbal para a transferência de decisões de indivíduos e organizações privadas para os políticos, burocratas e juízes torna mais fácil realizar essa transferência quando a consciência dela é reduzida. O emprego da palavra "público" como eufemismo para "governo" — como em "escolas públicas" ou "serviço público" — serve ao mesmo propósito.

Quando a *intelligentsia* fala abertamente do governo, descreve-o como se fosse simplesmente a expressão de uma "vontade geral" rousseauniana, e não um grupo de políticos, burocratas e juízes reagindo a incentivos e restrições diante de políticos, burocratas e juízes. A existência de uma especialidade tão independente como a economia da "escolha pública" — na qual as ações dos funcionários públicos são analisadas em termos dos incentivos e constrangimentos das suas circunstâncias — mostra quão atípica é essa abordagem entre os intelectuais.

A relação entre políticos e intelectuais também depende, é claro, do tipo de político que está envolvido. Políticos à moda antiga, como os dois prefeitos Daley em Chicago, eram essencialmente desvinculados de ideologia e não tinham nenhum interesse especial por intelectuais. Mas políticos com ambições mais amplas não apenas podem perceber utilidade nos intelectuais como também têm em seu caminho incentivos semelhantes aos dos intelectuais — portanto, podem representar uma ameaça semelhante. Juízes são outro grupo de funcionários do governo que podem ter relação simbiótica com intelectuais, quando a corte toma decisões com especial interesse em saber como essas decisões serão recebidas pela "parcela pensante" da população, como expressou a Suprema Corte dos Estados Unidos em sua decisão em *Planned Parenthood versus Casey*.[19]

Além de políticos que têm êxito no sentido mais ou menos rotineiro de serem eleitos e reeleitos, ou talvez de serem designados para cargos de prestígio no governo ou no Judiciário, há políticos com ambições maiores em termos de visibilidade no cenário nacional ou mundial e nas páginas da história. Os incentivos que esses políticos encontram são particularmente similares aos que os intelectuais recebem. Quando olham para sua própria sociedade e nação, nenhum deles tem a alternativa válida de se dar por satisfeito e deixar tudo como está, o que os deixaria bem menos visíveis para seus contemporâneos e, muito provavelmente, invisíveis para a história.

Abraham Lincoln compreendeu esses incentivos e os perigos que eles escondiam. Um quarto de século antes do discurso de Gettysburg, Lincoln expôs os perigos internos e inerentes a uma sociedade livre em outro discurso, este realizado em Springfield, Illinois. Além disso, Lincoln explicitou esses perigos dentro da estrutura de uma visão limitada — uma visão trágica — da natureza humana quando falou a respeito do "ciúme, da inveja e da avareza inerentes a nossa natureza" e também dos "princípios profundamente arraigados do *ódio* e da motivação poderosa da *vingança*". Durante a guerra pela independência dos Estados Unidos, os norte-americanos dirigiram esses sentimentos de ira contra os britânicos, ele disse, "Em vez de se voltarem uns contra os outros".[20] Mas esses foram tempos sem paralelo.

Segundo Lincoln, muitos "imortalizaram seus nomes" ao formar os Estados Unidos da América. No entanto, depois que isso foi levado a cabo, esse "campo de glória" específico havia sido "colhido". De que maneira os indivíduos extremamente talentosos e ambiciosos das gerações seguintes alcançariam semelhante glória? Lincoln disse:

> Nós negamos o que a história do mundo nos diz ser verdade quando supomos que homens de ambição e talento não continuarão surgindo entre nós. E quando

surgirem, eles buscarão a gratificação da sua paixão predominante com a mesma naturalidade com que outros buscaram antes deles. Sendo assim, o que importa é saber se essa gratificação pode ser obtida em apoiar e manter um edifício que foi construído por outros — e certamente não pode.[21]

Embora muitas pessoas extremamente talentosas "não aspirem a nada mais que um assento no Congresso, uma cadeira de governador ou uma cadeira presidencial", Lincoln disse, há outras pessoas com ambições maiores:

> O gênio grandioso despreza o caminho já trilhado. Ele busca regiões ainda inexploradas. Não vê *distinção* em acrescentar história à história, sobre os monumentos da fama erguidos à memória de outros. *Nega* que seja glória suficiente servir sob qualquer chefe, seja ele quem for. *Recusa-se* a trilhar os passos de *todo e qualquer* predecessor, por mais ilustre que seja. Tem sede de distinção, anseia por distinção — e, se possível a terá, à custa seja da emancipação de escravos, seja da escravização de homens livres.[22]

Lincoln argumentou que a preservação de uma sociedade livre exigia cautela contra líderes guiados por tal motivação, pois, em tempos de confusão e desordem, "homens com talento e ambição suficientes não deixarão que lhes escape a oportunidade de desferir o golpe e destruir essa harmoniosa estrutura que, durante a última metade de século, foi a mais cara esperança dos amantes da liberdade em todo o mundo".[23] Lincoln compreendeu com clareza que o objetivo declarado não era o mais importante, pois era possível satisfazer as ambições de conquista fazendo-se o oposto de qualquer objetivo declarado — isto é, "emancipando escravos ou escravizando homens livres".

Se os riscos internos a uma sociedade livre residissem apenas em indivíduos "de gênio grandioso", esses riscos poderiam não ser tão sérios quanto são hoje. Mas a *pretensão* de ser um gênio grandioso pode levar políticos e intelectuais a solaparem ou destruírem as instituições e normas da sociedade vigente, justamente porque são as normas *vigentes* da sociedade *vigente,* e políticos ambiciosos — assim como intelectuais — querem criar normas diferentes e uma sociedade diferente, mesmo que isso signifique sacrificar a liberdade de outras pessoas. Nesse aspecto, alguns políticos não apenas são como os intelectuais nos incentivos aos quais respondem; também podem ter a mesma visão dos ungidos que têm os intelectuais, e da mesma maneira tratar seus princípios e crenças como axiomas, e não como hipóteses. A coligação de um líder político decidido a refazer uma sociedade livre segundo uma visão amplamente compartilhada pelos intelectuais pode combinar os ingredientes de uma "tempestade perfeita" à qual uma sociedade livre pode ou não conseguir sobreviver.

O HISTÓRICO DOS INTELECTUAIS

O que os intelectuais fizeram de fato pela sociedade — e a que custo?

As áreas nas quais assistimos a grandes avanços — ciência, indústria e medicina, por exemplo — são, em grande parte, fora do domínio e da influência dos intelectuais, no sentido que damos aqui ao termo "intelectual". Em áreas mais dentro do domínio e da influência da *intelligentsia*, como educação, política e direito, vimos retrocessos significativos e até perigosos.

A partir dos anos 1960, na sequência de novas teorias educacionais "inovadoras" e "excitantes" da *intelligentsia*, as notas dos testes declinaram nas escolas norte-americanas, apesar do grande aumento dos gastos por aluno. Também iniciando nos anos 1960, a redução na taxa de homicídios, que perdurava havia décadas, teve uma súbita inversão e triplicou após a aplicação das novas teorias dos intelectuais sobre o crime nos tribunais. Da mesma maneira, a tendência de queda das doenças sexualmente transmissíveis e da gravidez na adolescência teve uma acentuada inversão na década de 1960, à medida que os programas de doutrinação chamados pelos intelectuais de "educação sexual" se espalharam pelas escolas. A família negra, que havia sobrevivido a séculos de escravidão e a gerações de discriminação, começou a se desintegrar de modo desastroso na esteira das políticas estaduais assistencialistas e das correspondentes doutrinas sociais isentas de julgamento promovidas pela *intelligentsia*.

Muitos dos grandes avanços em medicina, ciência e tecnologia vieram das universidades, dos institutos de pesquisa e dos departamentos de desenvolvimento industrial de empresas, beneficiando a sociedade como um todo e, em última análise, as pessoas no mundo inteiro. Muitos desses benefícios foram produzidos por indivíduos dotados de extraordinária capacidade mental, e de outras qualidades valiosas — mas raras vezes esses indivíduos foram intelectuais no sentido que empregamos aqui, ou seja, de pessoas cujos produtos finais são ideias que têm como único processo de validação a aprovação de colegas dessas pessoas. Nesse sentido, é surpreendente constatar quão difícil é apontar benefícios conferidos pelos intelectuais a alguém fora dos seus próprios círculos — e como é lamentável evidenciar o quanto custaram verdadeiramente ao resto da sociedade como um todo, não só em termos econômicos, mas também de diversas outras maneiras, incluindo a vulnerabilidade a inimigos externos empenhados na destruição da sociedade.

A INFLUÊNCIA DOS INTELECTUAIS

Praticamente qualquer pessoa é capaz de citar uma lista de produtos médicos, científicos ou tecnológicos que tornaram a vida da geração atual melhor, em vários aspectos, que a vida das pessoas do passado, incluindo pessoas de apenas uma geração atrás; por outro lado, seria desafiador até mesmo para alguém muito bem-informado citar três aspectos da nossa vida atual que melhoraram como resultado das ideias de sociólogos ou desconstrutivistas. Evidentemente, alguém poderia definir "melhorar" como ter consciência da sociologia, da desconstrução etc., ou falar da execução das suas pautas políticas, mas esse raciocínio circular só faria aumentar a já grande quantidade de argumentos sem argumentos.

As chamadas ciências sociais produziram escritos memoráveis, até mesmo trabalhos geniais. Mas grande parte disso foram ataques implícitos ou diretos a coisas ditas por outros escritores no âmbito das ciências sociais, por isso não se pode avaliar com clareza quanta perda efetivamente a sociedade teria sofrido se nenhum deles tivesse se pronunciado sobre nada em toda a sua profissão. Por exemplo, os escritos de James Q. Wilson sobre criminalidade foram extremamente valiosos, mas principalmente por refutarem as ideias predominantes de outros escritores sobre criminalidade, ideias que produziram desastres sociais nos dois lados do Atlântico. Foi de outros intelectuais — não do público em geral — que se originaram as ideias modernas da moda por trás de políticas contraproducentes sobre o crime, e também sobre outras questões sociais. Antes de as ideias dos intelectuais ingressarem no sistema de justiça criminal dos Estados Unidos, os índices de homicídio só caíam havia décadas, como reflexo das ideias e práticas tradicionais tão desprezadas pela *intelligentsia*.

Coisa semelhante poderia ser dita de outros escritos excepcionais que refutaram outras modas de intelectuais; porém, esses escritos não teriam sido necessários se essas modas não tivessem surgido e predominado entre os intelectuais — encontrando depois o caminho para as políticas públicas.

Obviamente o peso pode ser diferente a depender da área de especialização. Áreas empiricamente fundamentadas, como história e economia, podem enriquecer a compreensão das pessoas quando os profissionais dessas áreas agem como historiadores ou economistas, não como reis-filósofos. Contudo, mesmo supondo que o trabalho de intelectuais contemporâneos tenha gerado um saldo positivo em termos de benefícios, é difícil acreditar que tenham se aproximado dos benefícios de áreas como engenharia, medicina ou agricultura.

Diz um velho ditado que até mesmo um relógio parado está certo duas vezes por dia. Os intelectuais podem reclamar o crédito por apoiar amplamente a revolução pelos direitos civis norte-americanos da década de 1960, mas grande parte do crédito deve ser atribuída a pessoas que colocaram a vida em risco no Sul, ou aos que colocaram suas carreiras políticas em jogo em prol dos direitos civis, a começar com o presidente Harry Truman, na década de 1940, a fim de realizar as mudanças legais que derrubaram a discriminação racial patrocinada pelo Estado. Além disso, sejam quais forem as contribuições que a *intelligentsia* tenha feito para o progresso da questão racial na segunda metade do século XX, essas contribuições devem ser confrontadas com o papel dos intelectuais da era progressista na promoção da discriminação racial e até mesmo, no caso de Madison Grant, na justificação das convicções raciais de Hitler, que acabaram em genocídio.

Mesmo no que respeita à *intelligentsia* do final do século XX, suas contribuições em favor da questão racial, quaisquer que tenham sido elas, têm de ser confrontadas com seu papel na justificação ou na ratificação do enfraquecimento da lei e da ordem, em contextos raciais e não raciais, tendo sido os negros as principais vítimas do crescimento da violência, incluindo, em alguns anos, mais assassinatos de negros que de brancos em números absolutos, apesar das grandes diferenças de tamanho das duas populações.

Em tempos passados, os intelectuais na França, liderados por Émile Zola, expuseram a fraude das acusações que haviam enviado o capitão Alfred Dreyfus para a prisão da Ilha do Diabo. Na verdade, diz-se que o próprio termo "intelectual" teve origem nesse acontecimento.[24] Embora outros na França — alguns militares e Georges Clemenceau na política — tenham apoiado a causa do capitão Dreyfus, mesmo antes do famoso artigo "J'accuse",[25] o episódio de Dreyfus pode ser computado como crédito no livro-razão para a *intelligentsia*. Mas já vimos a enorme quantia de débito registrada nesse livro-razão, sobretudo na França.

É bastante difícil mostrar alguma situação em que os intelectuais, enquanto produtores de ideias, geraram benefícios importantes e duradouros para a maioria das pessoas — comparáveis a benefícios que foram gerados por pessoas de outras profissões, ou mesmo de muitas ocupações comuns; por outro lado, bem menos desafiador seria citar as coisas que os intelectuais *pioraram*, tanto em nossa como em outras épocas. Muitas dessas coisas podem ser relacionadas aqui de maneira resumida, porque já foram abordadas com alguma profundidade em capítulos anteriores ou porque são questões de conhecimento comum.

COESÃO SOCIAL

Uma das coisas que há muito tempo os intelectuais fazem é enfraquecer os laços que mantêm uma sociedade coesa. Eles buscam substituir os grupos em que as pessoas se associaram por grupos organizados e impostos pela *intelligentsia*.

Laços de família, religião e patriotismo, por exemplo, há muito são considerados suspeitos ou prejudiciais pela *intelligentsia*, ao passo que novos laços promovidos pelos intelectuais, como os de classe — e mais recentemente os de "gênero" —, foram planejados como mais reais ou mais importantes. Falando de maneira mais geral, a tendência que tem a intelectualidade de transformar discrepâncias estatísticas em melodramas morais praticamente garante fontes de polarização entre seres humanos de carne e osso que diferem uns dos outros de inúmeras maneiras, diferentemente de pessoas abstratas num mundo abstrato.

A tendência dos intelectuais para explicações extremas e dramáticas dos fenômenos sociais — determinismo genético ou injustiça social, por exemplo — pode gerar situações intoleráveis para os que creem na alternativa. Grandes diferenças econômicas, seja entre indivíduos ou grupos em determinado país ou entre nações, têm sido atribuídas em várias épocas e lugares à inferioridade inata dos que são mais pobres, e, em outras épocas e lugares, à injustiça e à exploração da parte dos que são mais prósperos. Dadas as alternativas propostas, aqueles que são menos prósperos acabam se defrontando com uma escolha: acreditar que são inferiores ou odiar aqueles que são mais prósperos e, portanto, culpados de torná-los pobres. E aqueles mais prósperos são convidados a escolher entre aceitar a culpa ou censurar os pobres — se aceitarem as visões predominantes entre os intelectuais no início ou no final do século XX.

Dificilmente se encontraria um conjunto de alternativas mais polarizado. Dificilmente poderia haver incentivo maior para se abraçar uma teoria sem fundamento do que ter como alternativa outra teoria sem fundamento, que tem a qualidade adicional de ser profundamente ofensiva. Esse é o alto preço que se paga pelas visões dramáticas, e o motivo que as torna perigosas para a coesão social que é fundamental para uma sociedade viável.

Ambas as crenças podem ter consequências devastadoras. Relegar raças inteiras ao papel de lenhadores e carregadores de água é uma óbvia tragédia para elas, e uma perda nada pequena para uma sociedade que desperdiça os talentos e as potencialidades de milhões. Os descendentes dos supostos "homens derrotados de raças derrotadas" fizeram descobertas médicas, tecnológicas e outras que beneficiaram seres humanos mundo afora. Incluem-se entre esses o inventor da corrente alternada, que tornou economicamente viável a eletrificação do mundo (Nikola Tesla), o cientista que criou a primeira reação nuclear controlada (Enrico Fermi) e o homem que revolucionou toda a concepção científica do universo (Albert Einstein) — um sérvio, um italiano e um judeu, respectivamente. Só nos resta imaginar quantos outros poderiam ter feito contribuições semelhantes se não tivessem morrido no Holocausto, o resultado final de especulações de intelectuais traduzidas em ideologia política.

A visão oposta, segundo a qual a pobreza do pobre é causada pelas injustiças do rico, levou gerações inteiras a permanecerem desnecessariamente pobres nos países de Terceiro Mundo, até que alguns desses países — sobretudo a China e a Índia — abriram com muito atraso seus mercados para investimentos internos e internacionais, o que levou a um acentuado aumento do crescimento econômico e permitiu que milhões de pessoas saíssem da pobreza. Em tempos passados, a teoria marxista da "exploração" resultou nas sociedades comunistas na União Soviética e na China sob Mao, e, em cada uma delas, as mortes por fome foram mais numerosas do que as mortes que ocorreram no Holocausto. Mais uma vez aqui, especulações pelas quais os intelectuais não pagaram preço algum acabaram impondo custos medonhos a milhões de outras pessoas.

Vimos no Capítulo 14 de que maneira os principais intelectuais das democracias ocidentais acabaram por minar a defesa nacional de seus próprios países entre as duas Guerras Mundiais. Mas antes que possa haver defesa nacional num sentido militar, tem de haver algum sentimento de que vale a pena defender a nação, em sentido social, cultural ou outro. A maioria dos intelectuais modernos raras vezes promove esse sentimento. Alguns até chegaram a fazer declarações como esta, de George Kennan: "Mostrem-me uma América que obteve êxito no enfrentamento a problemas como o crime, as drogas, os padrões educacionais deteriorados, a decadência urbana, a pornografia e a decadência generalizada — mostrem-me uma América que é o que deveria ser, e então eu lhes direi como nos defenderemos dos russos".[26]

Nem todos os intelectuais são tão diretos assim, mas está longe de ser incomum que alguns intelectuais se expressem sobre os Estados Unidos como se o país estivesse sendo julgado e precisasse provar sua inocência — um padrão raramente aplicado a outros países — para que eles pudessem pedir a lealdade do público na defesa do país contra outras nações, ou talvez até mesmo para que suas leis e normas pudessem esperar acatamento voluntário no país. Porém, isso não acontece apenas nos Estados Unidos. Em algumas nações europeias, a *intelligentsia* foi ainda mais longe: pedindo desculpa aos muçulmanos em casa e no exterior, e concordando com a criação de redutos muçulmanos com suas próprias regras e padrões na Europa, além de fazer vista grossa para as violações por esses imigrantes muçulmanos das leis nacionais desses países europeus onde se estabeleceram.[27]

O que significa a moda entre os intelectuais de "não julgar", a não ser a recusa em respeitar as normas e os valores da sociedade, mesmo que essas normas e valores possam ser responsáveis pelos benefícios que os membros dessa sociedade herdaram? De que modo pode haver respeito pelas normas e valores se aqueles que os violam não pagam preço nenhum por isso, nem pela lei nem pela reprovação dos outros a sua volta?

Descrições fictícias e lisonjeiras de países estrangeiros são um dos muitos recursos empregados pelos intelectuais para enfraquecer seu próprio país. Os intelectuais também contam com outras formas de desgastar ou destruir o sentido que há nos valores e nas realizações compartilhados que tornam possível uma nação, ou o sentido de coesão nacional com o qual opor resistência a quem ataque a nação de dentro ou de fora. Condenar os inimigos seria agir como as massas, mas condenar a própria sociedade destaca os ungidos como modelos morais e mentes perspicazes — pelo menos na avaliação dos seus colegas.

Se tomarmos a palavra "crítico" como "algo que envolve ou exige um julgamento competente quanto à verdade, ao mérito etc.",[28] então aquilo a que se chama "pensamento crítico", sobretudo nas instituições acadêmicas, muitas vezes é um negativismo *acrítico* em relação à própria sociedade e uma admiração acrítica ou apologética em relação a outras sociedades. Os intelectuais que condenam uma visão "eurocêntrica" do mundo costumam ser, eles próprios, bastante eurocêntricos quando se trata de criticar os pecados e deficiências comuns à raça humana no mundo inteiro.

Considerando os incentivos e as restrições, é difícil perceber como os intelectuais poderiam agir de outra maneira, pois qualquer importância que possam ter na sociedade como um todo depende muitas vezes das críticas que eles fazem a essa sociedade e das suas alegações de que produziram "soluções" para o que quer que considerem como "problemas". Isso não equivale a dizer que os intelectuais manipulam cinicamente a credulidade do público para transformarem sua experiência profissional em consagração social ou influência política. Talvez eles acreditem sinceramente no que dizem, mas muitas vezes essas crenças não têm nenhum fundamento por trás, tampouco — o que é ainda pior — nenhuma prova à frente.

Sob a influência dos intelectuais, nós nos transformamos em uma sociedade que premia pessoas que se comprazem com a violação das normas da própria sociedade e com a fragmentação dessa sociedade em segmentos dissonantes. Além de difamarem abertamente a própria sociedade em razão da sua história ou de deficiências atuais, os intelectuais muitas vezes estabelecem padrões que nenhuma sociedade formada por seres humanos jamais atingiu, nem provavelmente atingirá. Nem a norte-americana nem nenhuma outra sociedade jamais foi simplesmente a materialização de ideais, "o verbo feito carne".

Comparar uma sociedade, qualquer que seja ela, a ideais é praticamente garantir que ela seja condenada ao fracasso, até porque é bastante fácil imaginar algo melhor do que o que já existe — ou seja, criar ideais —, ao passo que tudo o que é criado no mundo real tem um custo. Além disso, no mundo real só podemos escolher entre diferentes sociedades comparadas umas com as outras — não comparadas a ideais tais como a "justiça social". A enorme influência de forças geográficas, climáticas e outras, totalmente fora do controle de qualquer sociedade, torna as desigualdades flagrantes que resultam entre os povos — não somente em circunstâncias econômicas imediatas, mas também no próprio "capital humano" interno, desenvolvendo-se em universos culturais de tamanhos muito variados — algo muito maior que uma injustiça que possa ser atribuída a essa ou àquela sociedade, ou que possa ser alegremente considerada remediável por todas as sociedades.

Dar a padrões irrealistas o nome de "justiça social" permite que os intelectuais se envolvam em reclamações infindáveis contra determinada sociedade que, de formas específicas, não satisfaz seus critérios, juntamente com um desfile de grupos com direito a um sentimento de injustiça, exemplificado na fórmula "raça, classe e gênero" hoje em dia, embora o mesmo tipo de pensamento implícito nessa fórmula tenha sido usado também para retratar crianças como vítimas dos pais e os imigrantes ilegais como vítimas de uma sociedade intolerante ou xenófoba no país em que entram já violando as leis.

"É obra de intelectuais a formação de nações a partir de tribos, no início dos tempos modernos na Europa, na Ásia e na África contemporâneas", segundo o respeitado acadêmico Edward Shils.[29] Mas os intelectuais das nações ocidentais dos dias atuais estão fortemente empenhados em formar tribos a partir de nações. Aquilo a que Peter Hitchens, na Grã-Bretanha, chamou acertadamente de "atomização da sociedade", que "rompeu muitos dos laços invisíveis que antes mantinham unida a nossa sociedade",[30] é um padrão que não se limita à Grã-Bretanha ou mesmo às nações ocidentais.

As conquistas positivas da sociedade na qual os intelectuais vivem raras vezes recebem atenção que se compare ao menos remotamente à quantidade da atenção que se concentra em descontentamentos ou em supostos descontentamentos. Essa desproporção, aliada às deficiências factuais e lógicas de muitos lamentos feitos em nome da "justiça social", pode construir a imagem de uma sociedade que não vale a pena ser preservada, muito menos defendida. Os benefícios dos arranjos sociais existentes são subestimados, considerados como coisas que acontecem mais ou menos de maneira automática — mesmo que eles raramente aconteçam em outros países —, e não como coisas que exigiram sacrifício (ou pelo menos tolerância) para serem obtidas, muito menos como coisas que podem ser colocadas em risco pela preocupação fervorosa com a "mudança" indefinida, muitas vezes promovida com pouco respeito às várias repercussões possíveis dessas mudanças

A civilização ocidental, com todas as suas deficiências, pode mesmo assim proporcionar uma vida mais decente para mais pessoas do que qualquer civilização concorrente que, supostamente, possa substituí-la. Mas a filtragem e as distorções de informações praticadas pela *intelligentsia* podem impedir que um grande número de pessoas compreenda isso por inteiro sem de fato ter a experiência da mudança; e, desse modo, o conhecimento pode chegar tarde demais, quando tudo já estiver irremediavelmente perdido.

Graças aos intelectuais, as grandes realizações e recompensas de alguns membros da sociedade foram transformadas de fonte de inspiração em fonte de ressentimento e desgosto para outros. Os intelectuais encorajam pessoas que em nada contribuem para o mundo a reclamarem e até mesmo organizarem protestos porque os outros não estão fazendo o bastante por elas. Eles justificaram a violação de leis por aqueles que preferem se considerar pobres coitados que lutam contra um "sistema" opressivo mesmo quando são estudantes universitários de famílias abastadas, subsidiados pelos pais e/ou pelos contribuintes. Nos Estados Unidos e na França, os intelectuais reduziram verbalmente heróis militares — que arriscaram a própria vida pelo país — a vítimas da guerra, pessoas das quais devemos sentir piedade, mas que jamais devemos querer emular.

Eles colocaram pessoas cujo trabalho gera os bens e serviços que sustentam um nível crescente de vida no mesmo patamar de pessoas que se recusam a trabalhar, mas que mesmo assim teriam direito a receber sua "parte justa" do que foi produzido por outros — direito esse que não depende de seus beneficiários respeitarem ou não a decência comum, muito menos as leis.

Os intelectuais têm amplamente ignorado ou desprezado as coisas nas quais os norte-americanos são líderes no mundo — entre elas, filantropia, tecnologia e a criação de avanços médicos que salvam vidas — e têm tratado como defeitos só vistos em "nossa sociedade" os erros, imperfeições e deficiências que os norte-americanos compartilham com seres humanos do mundo inteiro.

INTELECTUAIS ANTI-INTELECTUAIS

Depois que uma de suas ideias ou políticas é adotada, a *intelligentsia* nunca se pergunta o que melhorou em termos de resultados. No mais das vezes, as coisas comprovadamente pioram[31] — e então o virtuosismo verbal da *intelligentsia* é acionado para alegar que as evidências não provam nada, porque a causa do fracasso não foi necessariamente o que eles fizeram. Embora seja bom alertar contra a falácia *post hoc*, os intelectuais raramente colocam sobre si mesmos o ônus da prova e mostram o que melhorou quando suas ideias foram colocadas em prática.

Os intelectuais têm *capacidade* para analisar e esclarecer crenças e questões, porém as confusões recorrentes exibidas e disseminadas pela *intelligentsia* envolvem *causas* e *transmissões*. Talvez o maior dano causado pelos intelectuais que confundem transmissão com causa é transformar as inúmeras diferenças entre raças, classes e outras subdivisões da espécie humana em fontes de conflito sem fim que podem destruir nações inteiras. Num mundo onde níveis de capacidade em diversos empreendimentos podem ter grandes variações, tanto entre indivíduos como entre grupos — com variações correspondentes em termos de recompensa — por inúmeros motivos, alguns dos quais com origem no passado, os intelectuais tornaram essas diferenças em razões para rotular os que são malsucedidos como irremediavelmente inferiores (como no início do século XX) ou para culpar os que são bem-sucedidos pela situação dos que ficam para trás (como no final do século XX).

Quando abordam questões relacionadas a raças, classes, nações ou outros ramos da espécie humana, muitos intelectuais costumam retratar os grupos mais afortunados como a *causa* de outros serem menos afortunados. Em muitos casos não existem evidências que levem a essa conclusão, e, em outros, as evidências disponíveis apontam para a direção oposta — ou seja, que a presença de grupos mais afortunados (por exemplo, alemães que viveram na Europa Oriental em séculos passados ou corporações multinacionais em países do Terceiro Mundo nos dias de hoje) não encolheu, mas, sim, ampliou as oportunidades para outros.

Em escolas e universidades, a função da educação era equipar estudantes com conhecimento e habilidades intelectuais; a *intelligentsia* transformou essa função em ponderação de questões para chegar às próprias opiniões, num processo de doutrinação com as conclusões já obtidas pelos ungidos.

A *intelligentsia* tratou as conclusões da sua visão como axiomas a serem propagados, não como hipóteses a serem testadas — e os professores costumam repassar esse mesmo dogmatismo aos estudantes, juntamente com o hábito de usar argumentos sem argumentos.

Alguns intelectuais chegam a tratar a própria realidade como subjetiva ou ilusória, colocando dessa maneira modas e novidades intelectuais no mesmo patamar do conhecimento demonstrado e atestado e da sabedoria cultural transmitida através de gerações, ou mesmo de milênios, de experiência humana.

Os intelectuais romantizaram culturas que deixaram pessoas atoladas em pobreza, ignorância, violência, doenças e caos, e criticaram duramente culturas que são líderes no mundo em prosperidade, educação, avanços médicos e segurança pública. Ao fazer isso, a *intelligentsia* muitas vezes negligenciou, ou até mesmo ocultou o fato de que massas de pessoas estavam fugindo das sociedades romantizadas pelos intelectuais para irem para as sociedades que os intelectuais condenavam.

A *intelligentsia* foi rápida em encontrar justificativas para o crime, e igualmente rápida em atribuir transgressões à polícia, mesmo quando estavam em discussão coisas nas quais os intelectuais não tinham nem experiência nem qualificação, como disparos de arma de fogo.

Os intelectuais dão às pessoas que enfrentam o obstáculo da pobreza o obstáculo adicional do complexo de vítima. Encorajaram os pobres a acreditarem que a pobreza é causada pelos ricos — uma mensagem que pode ser um aborrecimento passageiro para o rico, mas é um obstáculo constante para o pobre, que pode acreditar que há menos necessidade de fazer mudanças fundamentais na própria vida que lhe servissem de incentivo do que de concentrar esforços para arrastar outros para baixo. A *intelligentsia* age como se sua ignorância a respeito dos motivos pelos quais algumas pessoas têm ganhos financeiros particularmente elevados fosse uma razão para que esses ganhos se tornassem suspeitos ou não fossem permitidos.

Em questões que vão desde políticas de habitação a leis que regulam os transplantes de órgãos, os intelectuais têm se empenhado para que o poder de decidir seja retirado daqueles que têm envolvimento direto com uma questão — que contam com conhecimento pessoal e participação direta — e transferido para terceiros que não contam nem com um nem com outro e que não pagam preço nenhum por estarem errados. A pretensão de sabedoria e virtude superiores dos intelectuais tornou o histórico real dos intelectuais do passado, seja em matéria de política externa ou de política interna, um assunto que desperta pouquíssimo interesse em seus sucessores, se é que desperta algum interesse.

IMPLICAÇÕES

As características dos intelectuais e os papéis que eles procuram desempenhar se combinam bem. Isso se aplica tanto aos intelectuais propriamente ditos — pessoas cuja ocupação é produzir ideias como produtos finais — quanto à *intelligentsia* como um todo, incluindo a grande penumbra circundante daqueles cujas visões refletem e disseminam as opiniões dos intelectuais.

A preferência revelada pela *intelligentsia*, seja qual for o assunto específico — crime, economia ou outras coisas —, é ser não apenas manifestamente diferente da sociedade como um todo, mas também, e quase de forma axiomática, superior à sociedade, quer do ponto de vista intelectual, quer do moral, ou de ambos. Sua visão não é somente uma de causalidade no mundo tal como ele existe e de como o mundo deveria ser; é também uma visão de *si próprio* como uma vanguarda que se ungiu a si mesma, conduzindo rumo a esse mundo melhor.

Essa visão dos ungidos representa um enorme investimento do ego em determinado conjunto de crenças, e esse investimento é um sério obstáculo à reavaliação dessas crenças à luz das evidências e da experiência. Ninguém gosta de admitir que errou, mas poucos têm um investimento pessoal tão significativo num conjunto de crenças quanto aqueles com a visão dos ungidos — ou tão poucos incentivos compensatórios para reconsiderar. A crueldade com que os ungidos atacam os outros[32] e a determinação com que se agarram às próprias crenças, desafiando as evidências cada vez mais numerosas contra as "causas profundas" da criminalidade e outras teorias sociais, por exemplo, é prova desse grande investimento do ego num conjunto de crenças relacionadas a questões sociais ou políticas, que também envolve crenças sobre os próprios ungidos.

Os intelectuais não têm o monopólio do dogmatismo nem do ego, tampouco do poder de racionalização. Mas as limitações institucionais enfrentadas pelas pessoas em várias outras áreas, da ciência ao atletismo, impõem a essas pessoas custos elevados e muitas vezes vultosos por persistirem em ideias que acabam não funcionando na prática. A história de cientistas que foram obrigados a abandonar crenças predominantes em face de evidências contrárias a essas crenças é parte importante de toda a história da ciência. No atletismo, quer profissional ou universitário, nenhuma teoria ou crença sobrevive a derrotas contínuas, assim como raramente sobrevive um dirigente ou um treinador.

Esses constrangimentos inevitáveis não existem para as pessoas cujo produto final são ideias, e cujas ideias esbarram apenas na validação de colegas que compartilham as mesmas ideias. Isso acontece principalmente com intelectuais acadêmicos, que controlam as próprias instituições e escolhem os próprios colegas e sucessores. Nenhum professor titular pode ser despedido por ter votado a favor de políticas universitárias que se mostraram econômica ou educacionalmente desastrosas para a faculdade ou universidade, ou por ter defendido políticas que se mostraram catastróficas para a sociedade como um todo.

Essa inimputabilidade perante o mundo externo não é mero acaso, mas, sim, um princípio profundamente arraigado, e consagrado sob o título de "liberdade acadêmica". Da inimputabilidade à irresponsabilidade, o passo pode ser bastante pequeno. Outros membros da *intelligentsia*, incluindo a mídia de difusão e de entretenimento, têm também uma grande liberdade no que toca ao controle da veracidade do que propagam. Sua principal restrição é a necessidade de atrair público, seja com verdades ou com falsidades, e independentemente de seus efeitos na sociedade em geral serem construtivos ou destrutivos.

Por menores que sejam as restrições ao trabalho dos intelectuais, o papel que eles pretendem desempenhar na sociedade como um todo só pode ser alcançado se o resto da sociedade aceitar de bom grado o que dizem, sem examinar seu histórico. Apesar das extraordinárias armas que brandiu em suas cruzadas por hegemonia cultural, moral e ideológica, a *intelligentsia* nem sempre conseguiu neutralizar a força contrária dos fatos, da experiência e do senso comum. Isso ocorre especialmente nos Estados Unidos, onde os intelectuais jamais tiveram o tipo de deferência que há muito tempo recebem na Europa e em algumas outras partes do mundo. Contudo, mesmo entre os norte-americanos, a invasão constante de políticas, práticas e leis baseadas nas ideias e ideologias predominantes entre os intelectuais tem reduzido, pouco a pouco, o alcance das liberdades de que tradicionalmente desfrutam as pessoas comuns para gerirem a própria vida e moldarem as leis que as governam.

O menosprezo que alguns intelectuais mostram pela realidade objetiva e por critérios duradouros vai além dos fenômenos sociais, científicos ou econômicos e se estende à arte, à música e à filosofia. O único aspecto coerente em todas essas áreas é a exaltação que os intelectuais fazem de si mesmos. Ao contrário das grandes realizações culturais do passado, como as magníficas catedrais que se destinavam a inspirar reis e camponeses indistintamente, a marca característica da arte e da música autoconscientes e "modernas" é sua inacessibilidade às massas, e muitas vezes até a agressividade ou o escárnio que dirigem às massas.

Da mesma forma que um corpo físico pode continuar vivendo mesmo tendo em seu interior determinada quantidade de microrganismos cuja preponderância o destruiria, assim também uma sociedade pode sobreviver a determinada quantidade de forças desintegradoras em seu seio. Mas isso é bem diferente de afirmar que não há limite para a quantidade, a ousadia e a ferocidade dessas forças desintegradoras às quais uma sociedade pode sobreviver sem pelo menos a vontade de resistir.

NOTAS

a
Ver Sowell, Thomas. Ethnicity and IQ. *The Bell Curve Wars*, editado por Steven Fraser, Basic Books, Nova York, 1995, p. 79.

b
Embora eu tenha afirmado repetidas vezes que este livro trata de *padrões gerais* entre intelectuais, alguns comentaristas da 1ª edição pareceram atribuir à abordagem limitada de Milton Friedman, entre outros, uma confusão ou uma falha. Os motivos para essas omissões foram explicados no início do prefácio, e Milton Friedman, citado por nome como um expoente da intelectualidade que neste trabalho receberia quantidade limitada de atenção porque não se aplicam a ele, e a alguns outros, os padrões gerais explorados aqui. Obviamente, padrões gerais e padrões universais não são a mesma coisa. Um dos benefícios de escrever para o público em geral é que, ao contrário de quando se escreve para intelectuais, pode-se habitualmente esperar que os leitores tenham senso comum e não estejam em busca de oportunidades para impressionar com sua inteligência.

c
Para as poucas pessoas cuja riqueza lhes possibilita seguir uma carreira da qual não venha o seu sustento, "ocupação" não significa necessariamente uma ocupação remunerada.

d
Isso não seria surpresa para John Stuart Mill, que no século XIX disse que "ainda que um governo fosse superior em inteligência e conhecimento a qualquer indivíduo na nação, ele seria inferior a todos os indivíduos da nação tomados em conjunto". Mill, John Stuart. *Principles of Political Economy*, editado por W. J. Ashley, Longmans, Green and Co., Nova York, 1909, p. 947.

e
Alguns querem afirmar que, como consumidores que compram os produtos das empresas cujos executivos recebem salários elevados, eles são afetados nos preços dos produtos que compram. Contudo, se todos os executivos das companhias petrolíferas, por exemplo, concordassem em trabalhar sem receber absolutamente nenhum salário, isso não seria suficiente para diminuir o preço de um galão de gasolina nem em um centavo, porque os lucros totais das empresas de petróleo são uma pequena fração do preço de um galão de gasolina — em geral bem menos do que os impostos cobrados pelos governos em níveis estadual e nacional. Para uma discussão mais completa acerca da remuneração dos executivos, consulte o meu *Economic Facts and Fallacies*, 2ª edição, Basic Books, Nova York, 2011, pp. 159-164.

f
A título de observação, certa vez ensinei tiro de pistola no Corpo de Fuzileiros Navais e não fiquei nada surpreso com o número de tiros disparados pela polícia.

g
Um economista calculou que o custo da reconstrução de Nova Orleans permitiria dar a cada família de quatro pessoas a quantia de 800 mil dólares, que essas famílias poderiam usar para se mudarem para um local mais seguro. Mas a ideia de não reconstruir Nova Orleans foi considerada parte da "reação que parece insensível de muitos economistas urbanos à destruição de Nova Orleans". Harford, Tim. *The Logic of Life*, Random House, Nova York, 2008, p. 170.

h
Um dos problemas é que o que chamamos de "juros" engloba os custos de processamento — e esses custos de processamento tendem a ser uma porcentagem mais alta dos custos totais para empréstimos de menor monta. Em outras palavras, não é provável que o custo de processamento tenha grande variação entre um empréstimo de 100 dólares e um empréstimo de 1.000 dólares. Para um empréstimo de 10 mil dólares, o mesmo custo de processamento pode ser uma fração insignificante dos juros cobrados.

i
Tentativas de argumentar que comparar negros e brancos com a mesma renda significa eliminar diferenças econômicas, que podem explicar diferentes índices de recusa de empréstimos, ignoram as muitas outras variáveis econômicas, como o patrimônio líquido e o histórico de crédito, que variam bastante mesmo entre negros e brancos com renda semelhante. Essas questões são exploradas mais detalhadamente em meu livro *The Housing Boom and Bust*, edição revisada, Basic Books, Nova York, 2010, pp. 101-109.

j
A "ganância" como explicação intencional para as ações econômicas tem o mesmo defeito que teria a gravidade se usada para explicar as quedas de aviões. A gravidade de fato puxa os aviões em queda para o chão; porém, quando milhares de aviões voam milhões de milhas todos os dias sem cair, usar a gravidade para explicar por que determinado avião caiu não leva a nada.

k
Ver, por exemplo, o Capítulo 3 do meu *Basic Economics*, 4ª edição, Basic Books, Nova York, 2011.

l
Em suas memórias, Herbert Hoover enfatizou que havia um número muito maior de empresas cortando salários em 1921 do que sob sua administração uma década mais tarde — e considerou isso uma de suas "conquistas". Ele não explorou as implicações do fato de que a economia se recuperou muito mais rápido da recessão anterior. Hoover, Herbert. *The Memoirs of Herbert Hoover: The Great Depression 1929-1941*, The Macmillan Company, Nova York, 1952, p. 46.

m
Para mais detalhes, ver *FDR'S Folly*, de Jim Powell, Crown Forum, Nova York, 2003, que também tece comentários sobre a insensatez de Hoover.

n
As batalhas de rua entre nazistas e comunistas na Alemanha dos anos de 1920 foram uma guerra interna entre grupos que disputavam a lealdade do mesmo eleitorado, assim como os comunistas mataram socialistas durante a guerra civil espanhola, e assim como Stalin fez o expurgo de trotskistas na União Soviética.

NOTAS

o
"Os alemães em St. Louis concentravam-se principalmente nos setores norte e sul da cidade. Os irlandeses também tinham sua própria área, e nunca era seguro aventurar-se de um setor para outro. (...) Ocorriam tumultos quando baderneiros irlandeses interferiam com piqueniques germânicos, muitas vezes sem nenhuma razão aparente a não ser tornar mais movimentado um domingo monótono." Wittke, Carl. *The Irish in America*, Russell & Russell, Nova York, 1970, p. 183.

p
Por exemplo, um estudo sobre forças militares em países ao redor do mundo revelou que "militares estão muito longe de espelhar, mesmo que aproximadamente, as sociedades multiétnicas" das quais vêm. Enloe, Cynthia H. *Police, Military and Ethnicity: Foundations of State Power*, Transaction Books, New Brunswick, 1980, p. 143. Outro grande estudo acadêmico sobre grupos étnicos em países de todo o mundo concluiu que "quando se discute a 'representação proporcional' de grupos étnicos, poucas sociedades alguma vez se aproximaram dessa descrição, se é que alguma se aproximou". Horowitz, Donald L. *Ethnic Groups in Conflict*, University of California Press, Berkeley, 1985, p. 677. Ainda outro estudo internacional sobre grupos étnicos fez referência à "universalidade da desigualdade étnica" e ressaltou que essas desigualdades são multidimensionais: "Todas as sociedades multiétnicas mostram uma tendência de que os grupos étnicos se envolvam em diferentes ocupações, tenham níveis diferentes (e muitas vezes tipos diferentes) de educação, recebam rendas diferentes e ocupem um lugar diferente na hierarquia social". Weiner, Myron. "The pursuit of ethnic equality through preferential policies: a comparative public policy perspective." *From Independence to Statehood*, editado por Robert B. Goldmann e A. Jeyaratnam Wilson, Frances Pinter, Londres, 1984, p. 64.

q
Isso por vezes se estende à omissão de títulos que distinguem as diferentes realizações ou os relacionamentos pessoais diversos entre indivíduos. Chamar de "Bill" um desconhecido cujo nome seja William Smith — em lugar de chamá-lo de senhor Smith, doutor Smith, coronel Smith ou seja qual for o seu título — é apenas uma dessas práticas cada vez mais comuns que eliminam verbalmente as diferenças. Isso pode se estender a crianças chamando adultos, incluindo seus professores e até os pais, pelo primeiro nome. Mas uma mãe não é só mais uma mulher chamada Maria ou Elizabeth. Seu relacionamento com a criança é diferente de qualquer outro relacionamento que essa criança provavelmente encontrará na vida. Além do mais, determinado indivíduo terá vários nomes diferentes, indicando relacionamentos bastante variados com os outros. William Smith, por exemplo, pode ser o tio Bill para os filhos dos seus irmãos, "Billy" quando criança, "amor" para a esposa, "treinador" para um time da escola e assim por diante. Muitas vezes essas são realidades que as pessoas em ambos os lados de um relacionamento podem precisar ter em mente para se lembrarem de que não são só pessoas abstratas num mundo abstrato, mas, sim, pessoas com funções limitadas ou responsabilidades particulares em relação a outras pessoas específicas.

r
O mesmo tipo de argumento — ou falta de argumento — é comum quando se trata de apontar barreiras discriminatórias como motivo para a sub-representação de determinados grupos raciais ou étnicos. A ausência de evidências disso é explicada pela alegação de que a discriminação simplesmente se tornou "mais sutil, menos evidente e mais difícil de detectar". Espenshade, Thomas J.; Radford, Alexandria Walton. *No Longer Separate, Not Yet Equal: Race and Class in Elite College Admission and Campus Life*, Princeton University Press, Princeton, 2009, p. 1.

s
Por mais economicamente incoerente que fosse ter taxas de impostos muito elevadas sobre rendas elevadas, e ao mesmo tempo oferecer uma grande brecha pela qual os ricos podiam evitar pagar esses impostos, era politicamente proveitoso para funcionários eleitos, que podiam atrair votos com uma

retórica de luta de classes e, ao mesmo tempo, atrair doações dos ricos, proporcionando uma fuga fácil do pagamento efetivo desses impostos — e às vezes de todos os impostos.

t
Essa confiança no consenso entre pares não se limita aos historiadores nem a nosso tempo. Mesmo uma figura intelectual tão notável como John Stuart Mill atacou críticos da proposição econômica conhecida como Lei dos Mercados de Say, sem citar uma única declaração real desses críticos sobre o assunto, descaracterizando ao mesmo tempo argumentos, em seu enorme e muito bem-sucedido livro *Princípios de Economia Política*. O consenso entre colegas no qual John Stuart Mill se baseou incluiu as opiniões do seu pai, James Mill, um defensor da Lei dos Mercados de Say, que colaborou para o desenvolvimento dessa lei. Ver Sowell, Thomas. *On Classical Economics*, Yale University Press, New Haven, 2006, pp. 135-136. Como comentou J. A. Schumpeter em seu *History of Economic Analysis* [História da análise econômica, em tradução livre]: "Mill, embora fosse ele próprio uma pessoa modesta, não era nem um pouco modesto com relação a seu tempo" (Schumpeter, Joseph A. *History of Economic Analysis*, Oxford University Press, Nova York, 1954, p. 530). Em outras palavras, John Stuart Mill confiou no consenso de pares entre os principais economistas do seu tempo, em vez de reexaminar pessoalmente os escritos dos economistas que discordavam da Lei de Say.

u
Com a alegação de que apenas os que têm poder podem ser racistas — uma condição que nunca fez parte da definição antes, e que implicaria que os nazistas não eram racistas na década de 1920, quando ainda não haviam tomado o poder.

v
Um dos pequenos mas reveladores sinais do grande interesse que muitos têm na visão predominante é a reação negativa de muitos intelectuais ao fato de asiático-americanos serem chamados de "minoria modelo". Tendo em vista todas as coisas de que várias minorias foram chamadas em diversas épocas e lugares, a ferocidade da reação contra esse rótulo em particular sugere haver muito mais em jogo do que a felicidade de uma frase.

w
Evidentemente, nenhum deles era um intelectual no sentido que definimos aqui, mas a questão é que os intelectuais consideravam Stevenson um dos seus, mas não consideravam Truman, muito mais envolvido em assuntos da mente do que Stevenson.

x
Em 1994, por exemplo, o *Far Eastern Economic Review* comunicou tumultos em massa em Bombaim (Mumbai), e inclui citações do *The Times of India*: "Essas estatísticas transmitem pouco do verdadeiro horror das hordas que 'param veículos e incendeiam os passageiros'; dos 'homens que se esvaem em sangue levados para o hospital e mais uma vez esfaqueados'; do condutor de riquixá que 'atraiu para uma emboscada fatal um casal de muçulmanos'; de vizinhos que levaram amigos de longa data a uma morte cruenta'; das mulheres que enlouqueceram depois de 'verem seus filhos atirados no fogo, seus maridos esfaqueados, suas filhas molestadas e filhos sendo arrastados', e das 150 mil pessoas expulsas da cidade" ("Devils and enemies." *Far Eastern Economic Review*, 7 de julho, 1994, 53). Em 2001, o alvo foram os cristãos, segundo informou a edição de 11 de março de 2001 da publicação indiana *The Hindu*: "Bíblias foram queimadas, padres e freiras, agredidos, igrejas, depredadas e capelas, incendiadas. Graham Staines foi queimado até a morte junto com seus filhos. O padre Christudas desfilou nu e humilhado pelas ruas de Dumka, e uma freira em Bihar foi forçada a beber dejetos humanos". Justificar o não julgamento seria violar a premissa do próprio não julgamento, pois seria como dizer que não é apenas *diferente* adotar o não julgamento, mas *melhor*.

z
Ver, por exemplo, Schuettinger, Robert L.; Butler, Eamonn F. *Forty Centuries of Wage and Price Controls: How Not to Figh Inflation*, Heritage Foundation, Washington, 1979 ou o meu *Basic Economics*, 4ª edição, Basic Books, Nova York, 2011, cap. 3.

aa
Por exemplo, Breyer, Stephen. *Making Our Democracy Work: A Judge's View*, Alfred A. Knopf, Nova York, 2010, p. 78.

ab
Na mesma linha, as conclusões econômicas foram atribuídas por um escritor posterior ao "antagonismo comum da maioria dos membros mais importantes da escola de Chicago à gestão científica da sociedade por meio de planejamento e execução governamentais". Nelson, Robert H. *The New Holy Wars: Economic Religion vs. Environmental Religion in Contemporary America*, Pennsylvania State University Press, University Park, Pensilvânia, 2010, p. 283.

ac
Essas frases remetem pelo menos à época de Theodore Roosevelt. Ver, por exemplo, Roosevelt, Theodore. *The Rough Riders: An Autobiography*, The Library of America, Nova York, 2004, pp. 720-721.

ad
A palavra "vitoriano" foi descrita no *New York Review of Books* como "sinônimo para atitudes estranhas, antiquadas, repressivas ou reprimidas quanto a costumes, maneiras e moral modernos". Filler, Martin. "The most happy couple." *New York Review of Books*, 19 de Agosto, 2010, p. 67.

ae
Um membro da delegação britânica para a Conferência de Paris que organizou o mundo pós-guerra escreveu para a sua mulher descrevendo os líderes dos aliados vitoriosos — Wilson, o primeiro-ministro da Grã-Bretanha, David Lloyd George e o primeiro-ministro da França, Georges Clemenceau — como "três homens ignorantes e irresponsáveis que cortavam a Ásia Menor em pedaços como se estivessem dividindo um bolo". Moynihan, Daniel Patrick. *Pandaemonium*, Oxford University Press, Oxford, 1993, p. 102.

af
Como exemplo do que isso significa, os obsoletos bombardeiros torpedeiros norte-americanos na Batalha de Midway alcançavam velocidade máxima de pouco mais de 160 quilômetros por hora, e os caças Zero japoneses, bem mais rápidos, abateram a maioria deles no céu. Dos 82 norte-americanos que voaram para lutar na Batalha de Midway nesses bombardeiros, somente 13 retornaram com vida. Hanson, Victor Davis. *Carnage and Culture: Landmark Battles in the Rise of Western Power*, Doubleday, Nova York, 2001, pp. 342-351.

ag
Quando os aliados ocidentais se recusaram a ceder às ameaças soviéticas de impedir o acesso a Berlim Ocidental em 1961, o famoso dramaturgo e crítico britânico Kenneth Tynan, em artigo intitulado "The Price of Berlin", indagou se valia a pena correr o risco de aniquilação nuclear. Foi o mesmo argumento do "Por que morrer por Danzig", de 1939, ressuscitado e aprimorado com descrições dos horrores da guerra nuclear, e uma banalização das liberdades que o Ocidente proporcionava. Ver Tynan, Kenneth. "The price of Berlin." *Time and Tide*, 3 de Agosto, 1961, p. 1263.

ah
Chamberlain, Neville. *In Search of Peace*, G. P. Putnam's Sons, Nova York, 1939. Essas ideias da década de 1930 que ressurgiram na década de 1960 e posteriormente incluem a oposição a uma

INTELECTUAIS E A SOCIEDADE

"competição sem sentido pelo rearmamento" (p. 45); a inutilidade da guerra (pp. 140, 288); declarações de que as pessoas de todos os países são "seres humanos como nós" (p. 252) e desejam a paz (pp. v, 192, 210); o nivelamento moral de ambos os lados em conflitos internacionais (pp. 19, 27); a importância de levar em conta o ponto de vista dos adversários (pp. 53, 174); afirmações de que vários tipos de problemas psicológicos — animosidade, medos, suspeitas e mal-entendidos — geram um perigo de guerra (pp. 5, 14, 50, 52, 53, 74, 97, 105, 106, 112, 133, 210, 212, 252); de maneira que um relaxamento das tensões internacionais é crucial (pp. 158, 185); e por isso o "contato pessoal" entre líderes de estado é vital (pp. 34, 40, 120, 187, 209, 210, 216, 230, 242, 251-252, 271). O que Chamberlain chamou de "contatos pessoais" entre líderes de Estado seria rebatizado de "reuniões de cúpula" mais tarde, mas os argumentos e as conclusões eram semelhantes.

ai
As referências públicas veladas de Baldwin a coisas que ele poderia dizer se seus lábios não estivessem selados renderam-lhe o apelido popular de "Old Sealed Lips" [Velhos lábios selados] e levaram o famoso cartunista britânico David Low a desenhar caricaturas de Baldwin com fita tapando sua boca. Low, David. *Years of Wrath: A Cartoon History 1932-1945*, Victor Golancz, Londres, 1949, p. 37.

aj
"Devo confessar que o espetáculo desses enormes gastos com meios de destruição em vez de meios de construção inspirou-me um sentimento de revolta contra a insensatez da humanidade. O custo é estupendo, e o pensamento do sacrifício que isso representará para nós, e para os que virão depois de nós, leva o governo a buscar sempre uma saída, a procurar algum meio de fazer cessar essa competição sem sentido por rearmamento, que constantemente anula os esforços que cada nação faz para garantir vantagem sobre as outras." Chamberlain, Neville. *In Search of Peace*, G. P. Putnam's Sons, Nova York, 1939, p. 45. A falácia nisso é que nem todas as nações buscavam obter vantagem por meio do rearmamento. Algumas delas estavam se rearmando para evitar que outras nações obtivessem vantagem suficiente para atacá-las. A equiparação verbal mais uma vez ocultou profundas diferenças no mundo real. Além disso, "humanidade" não é uma unidade de tomada de decisão. Cada nação é uma unidade de tomada de decisão, e não há "insensatez" numa nação que se recusa a se desarmar quando outras nações estão armadas.

ak
"Gorbachev ficou pasmo. Os soviéticos já haviam comunicado que estavam dispostos a passar mais um dia em Reykjavik. Gorbachev tinha mais a dizer. Enquanto Reagan vestia seu casaco, Gorbachev disse a ele: 'Podemos fazer algo a respeito disso?'. Para Reagan, já era o suficiente. 'É tarde demais', respondeu ele." Cannon, Lou. *President Reagan: The Role of a Lifetime*, Public Affairs, Nova York, 2000, p. 690.

al
"No começo de 1986, tínhamos evidências cada vez maiores de que a economia soviética estava em situação calamitosa. Isso me fez acreditar que, se tudo corresse bem, a derrocada da economia soviética obrigaria Mikhail Gorbachev a aceitar um acordo de redução de armas com o qual ambos conseguiríamos viver. Se nós não nos desviássemos de nossas políticas, eu estava convencido de que isso aconteceria." Reagan, Ronald. *An American Life*, Simon and Schuster, Nova York, 1990, p. 660. Arthur M. Schlesinger, apesar da sua manifesta falta de interesse em economia, como vimos no Capítulo 5, declarou que aqueles que acreditavam que a União Soviética enfrentava problemas em sua economia estavam "se enganando". Robinson, Peter. "Who was that Reagan man?" *Washington Times*, 12 de Novembro, 1997, p. A19.

am
Além de enviarem seus jovens para o estrangeiro a fim de que estudassem tecnologia e ciência, os japoneses trouxeram tantos engenheiros escoceses para seu próprio país que uma igreja presbiteriana se estabeleceu no Japão.

an

Essas diferenças não se limitam de modo algum a grupos raciais ou étnicos. Na Indonésia, residentes de Java tiveram pontuação mais alta do que os indonésios que viviam nas outras ilhas, e as mulheres tiveram pontuação maior que a dos homens (Klitgaard, Robert. *Elitism and Meritocracy in Developing Countries*, Johns Hopkins University Press, Baltimore, 1986, pp. 119, 124). Na China, jovens de baixa renda e da área rural têm notas mais baixas em exames (Ibid., p. 19). Filhos primogênitos em geral tendem a obter notas mais altas em testes mentais e a ter melhor desempenho na escola do que crianças que nascem depois nas mesmas famílias (Belmont, Lillian; Marolla, Francis A. "Birth order, family size, and intelligence." *Science*, 14 de dezembro, 1973, p. 1096. Mas ver também Kunz, Phillip R.; Peterson, Evan T. "Family size and academic achievement of persons enrolled in high school and the university." *Social Biology*, Dezembro 1973, pp. 454-459. Kunz, Phillip R.; Peterson, Evan T. "Family size, birth order, and academic achievement." *Social Biology*, pp. 144-148).

ao

Em muitas partes do teste Army Alpha usado durante a Primeira Guerra Mundial, a pontuação média dos soldados negros foi *zero* — obtida subtraindo-se as respostas incorretas das respostas corretas, para neutralizar o efeito da adivinhação —, embora a substância intelectual real de algumas dessas perguntas envolvesse apenas saber que "sim" e "não" eram opostos, assim como eram opostos "noite" e "dia", "amargo" e "doce" e outras perguntas igualmente facílimas — perguntas simples demais para se errar quando se sabia o significado da palavra "oposto". Contudo, no teste Army Beta, ministrado aos soldados que não conseguiam ler, algumas das perguntas envolviam olhar imagens de uma pilha de blocos e determinar quantos blocos havia, incluindo blocos que não estavam visíveis, mas cuja presença tinha de ser deduzida (e contada) a partir do formato das pilhas. Entretanto, menos da metade dos soldados negros teve nota zero nessas questões, mais desafiadoras intelectualmente, mas que não exigiam que se soubesse ler e entender palavras. Para mais detalhes, ver Brigham, Carl. *A Study of American Intelligence*, Princeton University Press, Princeton, 1923, pp. 16-19, 36-38. [Robert M. Yerkes], National Academy of Sciences, *Psychological Examining in the United States Army*, Government Printing Office, Washington, 1921, vol. 15, parte lll, pp. 874, 875. Sowell, Thomas. "Race and IQ reconsidered." *Essays and Data on American Ethnic Groups*, editado por Thomas Sowell e Lynn D. Collins, The Urban Institute, Washington, 1978, pp. 226-227.

ap

Qualquer pessoa com experiência de ensino em escolas ou faculdades norte-americanas pode perfeitamente questionar se o aluno médio, negro ou branco, está trabalhando tão perto da sua capacidade mental máxima que essa capacidade possa ser questão de caráter prático.

aq

Pode existir outro motivo ambiental para as diferenças homem-mulher em $Q.I.$s entre negros. Há evidências de que mulheres, em geral, são menos afetadas por vários tipos de desvantagens ambientais do que os homens (Jensen, Arthur R. "How much can we boost IQ and scholastic achievement?" *Harvard Educational Review*, 1969, pp. 32, 67). Essa possibilidade não depende das peculiaridades da cultura do Sul e se aplicaria a outros grupos com uma cultura bem diferente, mas que têm baixos $Q.I.$s por outros motivos. É difícil determinar qual fator é mais relevante. Como não foram realizados testes mentais em massa em mulheres brancas sulistas na época em que houve testes mentais em massa em homens brancos sulistas no Exército dos Estados Unidos, não é possível saber se havia uma diferença semelhante de $Q.I.$ entre os sexos na população branca do Sul na época. Contudo, existem dados sobre diferenças entre judeus do sexo masculino e feminino que remetem ao início do século XX, quando judeus tiveram pontuação abaixo da média em testes mentais. Nessa época, garotas judias alcançaram pontuação mais alta que garotos judeus em testes mentais. Kirkpatrick, Clifford. *Intelligence and Immigration*, The Williams & Wilkins Co., Baltimore, 1926, pp. 26-27.

INTELECTUAIS E A SOCIEDADE

ar
Ainda que essa evidência definitiva fosse possível, seu efeito prático seria questionável, dada a extensão limitada das diferenças na disputa científica nos dias atuais. Se a ciência provasse, por exemplo, que os negros têm potencial mental inato 5% maior que o dos brancos, que valor prático teria isso a não ser nos fazer saber que o desperdício de potencial era ainda maior do que imaginávamos? Isso não nos mostraria como impedir esse desperdício. Além disso, a relevância prática das preocupações sobre os limites do potencial mental parece questionável quando não está claro de maneira nenhuma que os estudantes norte-americanos negros ou brancos estejam operando perto desses limites.

as
Meus comentários sobre ambos podem ser encontrados no ensaio "Ethnicity and IQ", em *The Bell Curve Wars*, editado por Steven Fraser, Basic Books, Nova York 1995, pp. 70-79.

at
A título de comentário, eu morei no Harlem nas décadas de 1940 e 1950, quando ninguém esperava que o cheiro de urina fosse a regra em lugares onde negros viviam. Outras pessoas familiarizadas com o período em questão descrevem de modo radicalmente diferente os conjuntos habitacionais da época. Por exemplo: "Esses não eram os empreendimentos com elevadores malcheirosos e quebrados, de escadarias tomadas por gangues que vendiam drogas. Nas décadas de 1940, 1950 e 1960, quando foi construída a maioria das habitações públicas da cidade, um senso de orgulho e de comunidade permeava os corredores, apartamentos e áreas bem conservados". Alvarez, Lizette. "Out, and up." *New York Times*, 31 de maio de 2009, seção Metropolitan, 1. Os conjuntos habitacionais onde o economista Walter Williams cresceu na Filadélfia, na época em questão, também eram radicalmente diferentes de conjuntos habitacionais de anos posteriores. Williams, Walter E. *Up From the Projects: An Autobiography*, Hoover Institution Press, Stanford, 2010, pp. 4-8. Certamente não havia menos discriminação ou racismo nesse período anterior, portanto a diferença não se deveu aos brancos. Uma das diferenças entre as duas épocas era que os intelectuais, tanto negros quanto brancos, tornaram-se mais dispostos, no período posterior, a dar justificativas como as que foram dadas por James Baldwin para a sordidez moral e o comportamento bárbaro. Depois que essas opiniões foram introduzidas na sociedade, o comportamento bárbaro e a sordidez moral tornaram-se norma aceita dentro de alguns segmentos da sociedade — e entre muitos intelectuais que observavam esses segmentos da sociedade.

au
Embora diversas características culturais de sociedades distantes tenham chegado por navio, os navios se tornaram economicamente viáveis — milhares de anos antes que a tecnologia moderna de transporte criasse veículos motorizados — graças à disponibilidade de animais de tração para levar as grandes cargas que esses navios transportavam. Quando não havia animais de carga para serviços pesados no hemisfério ocidental, a ausência de navios em larga escala não causava surpresa.

av
Segundo Holmes, alguns "grandes intelectos" colaboraram para o desenvolvimento do direito, e "o maior deles", acrescentou, "é insignificante quando comparado com o poderoso todo". Holmes Jr., Oliver Wendell. *Collected Legal Papers*, Peter Smith, Nova York, 1952, p. 194.

aw
Ironicamente, um exemplo clássico do recurso de atribuir atitudes negativas a uma pessoa a fim de fugir ao confronto com os argumentos sólidos apareceu em uma análise crítica da 1ª edição deste livro. Ver Wolfe, Alan. "The joyless mind." *New Republic*, 9 de fevereiro, 2010, edição online.

ax
A teoria de Lenin sobre o imperialismo é quase risivelmente fácil de refutar. Ver, por exemplo, o meu *Economic Facts and Fallacies*, 2ª edição, Basic Books, Nova York, 2011, pp. 225-227.

NOTAS

ay
Também faz parte da nossa definição que essas são ideias validadas por consenso entre colegas. Os produtos finais de matemáticos são ideias, porém são sujeitas à validação empírica. O teorema de Pitágoras não teria sobrevivido por milhares de anos se medições reais não tivessem confirmado o raciocínio.

az
Em discrepância com o padrão que estamos considerando, o renomado economista Frank Knight foi descrito da seguinte maneira por um dos seus alunos ganhadores do prêmio Nobel: "Ele não era consultor de grandes ou pequenas organizações, públicas ou privadas; ele não frequentava o círculo de palestras; não buscava um lugar na imprensa popular. Comportava-se como se a busca por conhecimento acadêmico fosse uma carreira em tempo integral valiosa para uma mente de primeira classe". Stigler, George J. *Memoirs of an Unregulated Economist*, Basic Books, Nova York, 1988, p. 18.

ba
Quando se usa uma arma de fogo em defesa própria, não é necessário puxar o gatilho, pois os supostos ladrões ou assaltantes têm juízo suficiente para recuarem quando alguém lhes aponta uma arma.

NOTAS NUMÉRICAS

PREFÁCIO

1. SCHUMPETER, Joseph Alois. *History of Economic Analysis*. Nova York, Oxford University Press, 1954, p. 475.
2. LILLA, Mark. *The Reckless Mind: Intellectuals in Politics*. Nova York, New York Review Books, 2001, p. 198.

PARTE 1: INTRODUÇÃO
CAPÍTULO 1: INTELECTO E INTELECTUAIS

1. Whitehead, Alfred North. December 15, 1939. *Dialogues of Alfred North Whitehead as Recorded by Lucien Price*, Little, Brown and Company, Boston, 1954, p. 135.
2. Packe Michael St. John. *The Life of John Stwart Mill*, The Macmillan Company, Nova York, 1954, p. 315.
3. Por exemplo, segundo o *Chronicle of Higher Education*: "Conservadores são mais raros em ciências humanas (3,6%) e em ciências sociais (4,9%), e mais comuns em negócios (24,5%) e em ciências da saúde (20,5%)". Do corpo docente de ciências sociais e de ciências humanas em universidades de elite que concedem doutorado, "nem um único professor declarou voto no presidente Bush em 2004", quando a maioria da população do país votou no presidente. Ver Glenn, David, "Few conservatives but many centrists teach in academe". *Chronicle of Higher Education*, 19 de outubro, 2007, p. A10. Nas ciências de saúde, um estudo mostrou que a proporção de professores que se disseram conservadores foi a mesma proporção dos que se disseram liberais (20,5%), e os restantes se definiram como moderados. Na área de negócios, os autodenominados conservadores eram em número um pouco maior que os autodenominados liberais (24,5% *versus* 21,3%). Gross, Neil; Simmons, Solon. "The social and political views of American professors." *Working Paper*, 24 de setembro, 2007, p. 28. Mas nas áreas de ciências sociais e de ciências humanas, as pessoas que se identificaram como liberais eram maioria absoluta, e entre os restantes os moderados superaram largamente os conservadores em número. Ver também KURTZ, Howard. "College Faculties a Most Liberal Lot, Study Finds", *Washington Post*, 29 de março, 2005, p. C1; Rothman, Stanley; Lichter, S. Robert; Nevitte, Neil. "Politics and professional advancement among college faculty." *The Forum*, vol. 3, artigo q, 2005, p. 6; Cardiff, Christopher F.; Klein, Daniel B. "Faculty partisan affiliations in all disciplines: a voter-registration study." *Critical Review*, vol. 17, n°s. 3-4, pp. 237-255.
4. Holmes, Oliver Wendell. "The profession of the law." *Collected Legal Papers*, Peter Smith, Nova York, 1952, p. 32.

5. Gunnar Myrdal, por exemplo, disse: "As reformulações mais importantes que associamos aos nomes de Adam Smith, Malthus, Ricardo, List, Marx, John Stuart Mill, Jevons e Walras, Wicksell e Keynes foram todas respostas a mudanças nas condições e oportunidades políticas". Myrdal, Gunnar. *Asian Drama: An Inquiry Into the Poverty of Nations*, Pantheon, Nova York, 1968, vol. 1, p. 9.

6. Stigler, George J. *Essays in the History of Economics*, University of Chicago Press, Chicago, 1965, p.21.

7. Ver Sowell, Thomas. *On Classical Economics*, Yale University Press, New Haven, 2006, pp. 143-146.

8. Hoffer, Eric. *Before the Sabbath*, Harper & Row, Nova York, 1979, p. 3. Richard Posner também disse que intelectuais públicos "que não esperam ter de passar pelo escrutínio exigente de um biógrafo pagam um preço pequeno em reputação mesmo quando os eventos provam repetidas vezes que eles estão errados". Posner, Richard A. *Public Intellectuals: A Study of Decline*, Harvard University Press, Cambridge, Massachusetts, 2001, p. 63.

9. Ehrlich, Paul R. *The Population Bomb*, Ballantine Books, Nova York, 1968, p. xi.

10. Os resultados do estudo governamental sobre a segurança do Corvair foram informados no *Congressional Record: Senate*, 27 de março, 1973, 9748-9774.

CAPÍTULO 2: CONHECIMENTO E NOÇÕES

1. Flynn, Daniel J. *Intellectual Morons: How Ideology Makes Smart People Fall for Stupid Ideas*, Crown Forum, Nova York, 2004, p. 4.

2. Russell, Bertrand. *Which Way to Peace?*, Michael Joseph Ltd., Londres, 1937, p. 146.

3. League of Professional Groups for Foster and Ford. *Culture and the Crisis: An Open Letter to the Writers Artists, Teachers, Physicians, Engineers, Scientists and Other Professional Workers of America*, Workers Library Publishers, Nova York, 1932, p. 32.

4. "Shaw bests army of interviewers." *New York Times*, 25 de março de 1933, p. 17.

5. "G. B. Shaw 'praises' Hitler." *New York Times*, 22 de março de 1935, p. 21.

6. Carta para *The Times* de Londres, 28 de agosto de 1939, p. 11.

7. Stigler, George J. *Memoirs of an Unregulated Economist*, Basic Books, Nova York, 1988, p. 178. "Uma coletânea completa de declarações públicas assinadas por laureados cujo trabalho não lhes deu nem ao menos algum conhecimento profissional sobre o problema abordado na declaração seria uma coleção enorme e um tanto deprimente." Ibid, p. 89.

8. Harrod, Roy. *The Life of John Maynard Keynes*, Augustus M. Kelley, Nova York, 1969, p. 468.

9. Overy, Richard. *The Twilight Years: The Paradox of Britain Between the Wars*, Viking, Nova York, 2009, p. 374.

10. Stone, Brad. "The Empire of Excess." *New York Times*, 4 de julho de 2008, C1. O Wal-Mart também levou muito a sério a escolha dos locais das suas lojas. Vedder, Richard; Cox, Wendell. *The Wal-Mart Revolution: How Big-Box Stores Benefit Consumers, Workers, and the Economy*, AEI Press, Washington, 2006, pp. 53-54.

11. Hayek, Friedrich A. *The Constitution of Liberty*, University of Chicago Press, Chicago, 1960, p. 26.

12. Bartley, Robert L. *The Seven Fat Years: And How To Do It Again*, The Free Press, Nova York, 1992, p. 241.

13. Dewey, John. *Human Nature and Conduct: An Introduction to Social Psychology*, The Modern Library, Nova York, 1957, p. 148.

14. Morris, Edmund. *The Rise of Theodore Roosevelt*, Modern Library, Nova York, 2001, p. 466.

15. Padilla, Eligio R.; Wyatt, Gail E. "The effects of intelligence and achievement testing on monitory group children." *The Psychosocial Development of Minority Group Children*, editado por Gloria Johnson Powell et al, Brunner/Mazel, Publishers, Nova York, 1983, p. 418.

16. Taylor Jr., Stuart; Johnson, K. C. *Until Proven Innocent: Political Correctness and the Shameful Injustices of the Duke Lacrosse Rape Case*, St. Martin's Press, Nova York, 2007, pp. 12-13, 186, 212, 233-234.

17. Schultz, Jeff. "Wrong message for duke women." *Atlanta Journal-Constitution*, 27 de maio de 2006, C1; ARATON, Harvey. "At duke, freedom of speech seems selective." *New York Times*, 26 de maio de 2006, D1 e seguintes; Smallwood, John. "School should ban 'innocent' sweatbands." *Philadelphia Daily News*, 26 de maio de 2006, Sports, p. 107; Smith, Stephen A. "Duke free-falling from grace." *Philadelphia Inquirer*, 28 de maio de 2006, D1.

18. Ver Sowell, Thomas. *Basic Economics: A Common Sense Guide to the Economy*, 4ª edição, Basic Books, Nova York, 2011, pp. 319-326, para uma reflexão sobre a alocação de recursos ao longo do tempo, e pp. 21-24 e 29-30, para uma reflexão sobre a alocação de recursos a partir de determinado momento.

19. Ver, por exemplo, ibid., p. 275.

20. O'Toole, Randal. *The Best-Laid Plans: How Government Planning Harms Your Quality of Life, Your Pocketbook, and Your Future*, Cato Institute, Washington, 2007, p. 190.

21. Ibid., p. 194.

22. Shmelev, Nikolai; Popov Vladimir. *The Turning Point: Revitalizing the Soviet Economy*, Doubleday, Nova York, 1989, p. 170.

23. Ver, por exemplo, Sowell, Thomas. *The Vision of the Anointed: Self-Congratulation as a Basic for Social Policy*, Basic Books, Nova York, 1995, cap. 2.

24. Zion, Sidney E. "Attack on court heard by Warren." *New York Times*, 10 de setembro de 1965, pp. 1 e seguintes.

25. U. S. Bureau of the Census, *Historical Statistics of the United States: Colonial Times to 1970*, Government Printing Office, Washington, 1975, parte 1, p. 414.

26. Wilson, James Q.; Herrnstein, Richard J. *Crime and Human Nature*, Simon and Schuster, Nova York, 1985, p. 409.

27. Godwin, William. *Enquiry Concerning Political Justice and Its Influence on Morals and Happiness*, University of Toronto Press, Toronto, 1946, vol. I, p. 85.

28. Hurley, Michael J. *Firearms Discharge Report*, Police Academy Firearms and Tactics Section, Nova York, 2006, p. 10. Ver também BAKER, Al. "A hail of bullets, a heap of uncertainty." *New York Times*, 9 de dezembro de 2007, seção Week in Review, p. 4.

29. Holmes, Oliver Wendell. *Colected Legal Papers*, Peter Smith, Nova York, 1952, p. 197.

30. Epstein, Richard A. *How Progressives Rewrote the Constitution*, The Cato Institute, Washington, 2006, p. viii.

31. Pounds, N. J. G. *The Culture of the English People: Iron Age to the Industrial Revolution*, Cambridge University Press, Cambridge, 1994, p. 303.

32. "A alma do direito não é a lógica: é a experiência. As necessidades percebidas da época, as teorias morais preponderantes, as intuições de política pública, manifestas ou inconscientes, até mesmo os preconceitos que os juízes compartilham com seus semelhantes, tiveram muito mais peso do que o silogismo na determinação das regras por meio das quais os homens devem ser governados." Holmes Jr., Oliver Wendell. *The Common Law*, Little, Brown and Company, Boston, 1923, p. 1.

33. Davidson, Eugene. *The Unmaking of Adolf Hitler*, University of Missouri Press, Colúmbia, Missouri, 1996, p. 198.

34. Churchill, Winston. *Churchill Speaks 1897-1963: Collected Speeches in Peace & War*, editado por Robert Rhodes James, Chelsea House, Nova York, 1980, p. 552.

35. Ibid., pp. 642-643.

PARTE 2: OS INTELECTUAIS E A ECONOMIA

Stigler, George J. *The Economist as Preacher and Other Essays*, University of Chicago Press, Chicago, 1982, p. 61.

CAPÍTULO 3: "DISTRIBUIÇÃO DE RENDA"

1. Citado em BROOKS, Arthur C. "Philanthropy and the non-profit sector." *Understanding America: The Anatomy of An Exceptional Nation*, editado por Peter H. Schuck e James Q. Wilson, Public Affairs, Nova York, 2008, pp. 548-549.
2. "Class and the American dream." *New York Times*, 30 de maio de 2005, p. A14.
3. Thomas, Evan; Gross, Daniel. "Taxing the super rich." *Newsweek*, 23 de julho de 2007, p. 38.
4. Robinson, Eugene. "Tattered dream; who'll tackle the issue of upward mobility?" *Washington Post*, 23 de novembro de 2007, p. A39.
5. Hook, Janet. "Democrats pursue risky raising-taxes strategy." *Los Angeles Times*, 1º de novembro de 2007.
6. Dionne, E. J. "Overtaxed rich is a fairy tale of supply side." *Investor's Business Daily*, 29 de julho de 2010, p. A11.
7. Corning, Peter. *The Fair Society: The Science of Human Nature and the Pursuit of Social Justice*, University of Chicago Press, Chicago, p. ix.
8. Hacker, Andrew. *Money: Who Has How Much and Why*, Scribner, Nova York, 1997, p. 10.
9. Ver, por exemplo, Wessel, David. "As rich-poor gap widens in the U.S., class mobility stalls." *Wall Street Journal*, 13 de maio de 2005, pp. A1 e seguintes.
10. "Movin' on up." *Wall Street Journal*, 13 de novembro de 2007, p. A24.
11. Johnston, David Cay. "Richest are leaving even the rich far behind." *New York Times*, 5 de junho de 2005, seção 1, pp. 1 e seguintes.
12. U.S. Department of the Treasury. "Income mobility in the U.S. from 1996 to 2005." 13 de novembro de 2007, p. 12.
13. Herman, Tom. "There's rich, and there's the 'Fortunate 400'." *Wall Street Journal*, 5 de março de 2008, p. D1.
14. U.S. Department of the Treasury. "The 400 individual income tax returns reporting the highest adjusted gross incomes each year, 1992-2000." Estatísticas de Boletim de Renda, 2003, publicação 1136 (revisada em 3 de junho).
15. Cox, W. Michael; Alm, Richard. "By our own bootstraps: economic opportunity & the dynamics of income distribution." *Annual Report*, Federal Reserve Bank of Dallas, 1995, p. 8.
16. Saunders, Peter. "Poor statistics: getting the facts right about poverty in Australia." *Issue Analysis*, Centre for Independent Studies (Austrália), 3 de abril de 2002, nº 23, p. 5; Green, David. *Poverty and Benefit Dependency*, New Zealand Business Roundtable, Wellington, 2001, pp. 32, 33. Clements, Jason; Emes Joel. "Time reveals the thruth about low income." *Fraser Forum*, setembro de 2001, pp. 24-26.
17. U.S. Department of Labor, Bureau of Labor Statistics. *Characteristics of Minimum Wage Workers: 2005*, Department of Labor, Bureau of Labor Statistics, Washington, 2006, p. 1 e tabela 1.
18. U.S. Department of the Treasury. "Income mobility in the U.S. from 1996 to 2005." 13 de novembro de 2007, p. 2.
19. Calculado com base em DeNavas-Walt, Carmen et al. "Income, poverty, and health insurance coverage in the United States: 2005." *Current Population Reports*, P60-231, U.S. Bureau of the Census, Washington, 2006, p. 4.
20. Ver, por exemplo: "The rich get richer, and so do the old." *Washington Post*, National Weekly Edition, 7 de setembro de 1998, p. 34; Schmitt, John. "No economic boom for the middle class." *San Diego Union-Tribune*, 5 de setembro de 1999, p. G3.
21. Calculado a partir do *Economic Report of the President*, U.S. Government Printing Office, Washington, 2009, p. 321.
22. Miller, Herman P. *Income Distribution in the United States*, U.S. Government Printing Office, Washington, 1966, p. 7.
23. Kreider, Rose M.; Elliott, Diana B. "America's family and living arrangements: 2007." *Current Population Reports*, P20-561, U.S. Bureau of the Census, Washinton, 2009, p. 5.

24. Rector, Robert; Hederman, Rea S. *Income Inequality: How Census Data Misrepresent Income Distribution*, The Heritage Foundation, Washington, 1999), p. 11.

25. Os dados sobre o número de chefes de família que trabalhavam em famílias de alta e baixa renda em 2000 são da Tabela HINC-06 do *Current Population Survey*, baixada do site do Departamento do Censo.

26. Reynolds, Alan. *Income and Wealth*, Greenwood Press, Westport CT, 2006, p. 28.

27. Harrington, Michael. *The Other America: Poverty in the United States*, Penguin Books, Nova York, 1981, pp. xiii, 1, 12, 16, 17.

28. Reynolds, Alan. *Income and Wealth*, p. 67.

29. Corning, Peter. *The Fair Society*, p. ix.

30. Hacker, Andrew. *Money*, p. 14.

31. Ibid., 31.

32. DiMeglio, Steve. "With golf needing a boost, its leading man returns." *USA Today*, 25 de fevereiro de 2009, pp. 1A e seguintes.

33. Gurock, Jeffrey S. *When Harlem Was Jewish: 1870-1930*, Columbia University Press, Nova York, 1979.

34. Dougherty, Conor. "States imposing interest-rate caps to rein in payday lenders." *Wall Street Journal*, 9-10 de agosto de 2008, p. A3.

35. "Pay pals." *New York Times*, 10 de junho de 2009, p. A26.

CAPÍTULO 4: SISTEMAS ECONÔMICOS

1. Dewey, John. *Liberalism and Social Action*, Prometheus Books, Amherst, N. Y., 2000, p. 43.

2. Shaw, Bernard. *The Intelligent Woman's Guide to Socialism and Capitalism*, Brentano's Publishers, Nova York, 1928, p. 208.

3. Russell, Bertrand. *Sceptical Essays*, W.W. Norton & Co., Inc., Nova York, 1928 p. 230.

4. Dewey, John. *Liberalism and Social Action*, p. 65.

5. Donald, Aida D. *Lion in the White House: A Life of Theodore Roosevelt*, Basic Books, Nova York, 2007, p. 10.

6. Reich, Robert B. *Supercapitalism: The Transformation of Business, Democracy, and Everyday Life*, Vintage Books, Nova York, 2008, p. 21.

7. Blac, Harold A. et al. "Do black-owned banks discriminate against black borrowers?" *Journal of Financial Services Research*, fevereiro de 1997, pp. 185-200.

8. Board of Governors of the Federal Reserve System. *Report to the Congress on Credit Scoring and Its Effects on the Availability and Affordability of Credit*, submetido ao Congresso de acordo com a Seção 215 da Fair and Accurate Credit Transactions Act [Lei de Transações de Crédito Justas e Precisas], de 2003, agosto de 2007, p. 80.

9. U.S. Commission on Civil Rights. *Civil Rights and the Mortgage Crisis*, Washington, 2009, p. 53.

10. Marx, Karl. *Capital: A Critique of Political Economy*, Charles H. Kerr & Co., Chicago, 1909, vol. 3, pp. 310-311.

11. Marx, Karl. "Wage labour and capital, seção V, Karl Marx e Frederick Engels." *Selected Works*, Foreign Languages Publishing House, Moscou, 1955, vol. 1, p. 99. Ver também Marx, Karl. *Capital*, vol. III, pp. 310-311.

12. Marx, Karl. *Theories of Surplus Value: Selections*, International Publishers, Nova York, 1952, p. 380.

13. Marx, Karl; Engels, Frederick. *Selected Correspondence 1846-1895*, tradução para o inglês de Dona Torr, International Publishers, Nova York, 1942, p. 476.

14. Ibid., p. 159.

NOTAS NUMÉRICAS

15. Dewey, John. *Liberalism and Social Action*, p. 73. "A menos que a liberdade de ação individual seja orientada por uma convicção informada pela inteligência, é praticamente certo que sua manifestação resulte em confusão e desordem." Dewey, John. *Intelligence in the Modern World: John Dewey's Philosophy*, editado por Joseph Ratner, Modern Library, Nova York, 1939, p. 404.
16. Dewey, John. *Human Nature and Conduct: An Introduction to Social Psychology*, Modern Library, Nova York, 1957, p. 277.
17. Dewey, John. *Liberalism and Social Action*, p. 56.
18. Ibid., p. 50.
19. Ibid., p. 65.
20. Dworkin, Ronald. *Taking Rights Seriously*, Harvard University Press, Cambridge, Massachusetts, 1980, p. 147.
21. Adam Smith denunciou "a rapacidade sovina, o espírito de monopólio dos comerciantes e produtores" e "o clamor e o sofisma de comerciantes e produtores", os quais ele definiu como pessoas que "raramente se reúnem, mesmo para ter diversão, mas a conversa acaba em conspiração contra o público". Quanto às políticas recomendadas por essas pessoas, Smith disse: "A proposta de qualquer nova lei ou regulação de comércio que venha dessa classe deve sempre ser ouvida com grande precaução, e jamais deve ser adotada até que tenha sido longa e cuidadosamente examinada, não somente com a atenção mais meticulosa, mas também com a atenção mais desconfiada. Isso vem de uma classe de homens que jamais têm exatamente o mesmo interesse que o público, uma classe cujo interesse no mais das vezes é enganar e até mesmo oprimir o público, o que de fato aconteceu em muitas ocasiões". Smith, Adam. *The Wealth of Nations*, Modern Library, Nova York, 1937, pp. 128, 250, 460. No prefácio do primeiro volume de *O Capital*, Karl Marx escreveu: "Eu não vejo de modo algum com bons olhos o capitalista e o senhorio. Mas aqui os indivíduos são tratados somente até o ponto em que são personificações de categorias econômicas, materializações de relações de classes e interesses particulares de classe. O meu ponto de vista, segundo o qual a evolução da formação econômica da sociedade é vista como um processo de história natural, menos que qualquer outro pode tornar o indivíduo responsável pelas relações de que é socialmente criatura, por mais que se eleve subjetivamente acima delas". No Capítulo X, Marx fez previsões terríveis a respeito do destino dos trabalhadores, mas não como resultado de deficiências morais subjetivas do capitalista, pois Marx afirmou: "Como capitalista, ele é apenas capital personificado" e "de fato, isso não depende da boa ou da má vontade do capitalista individual". Marx, Karl. *Capital: A Critique of Political Economy*, Charles H. Kerr & Company, Chicago, 1919, vol. 1, pp. 15, 257, 297.
22. Smith, Adam. *The Wealth of Nations*, p. 423.
23. Meu próprio esboço desses argumentos se encontra no Capítulo 2 e no Capítulo 4 do meu *Basic Economics: A Common Sense Guide to the Economy*, 4ª edição, Basic Books, Nova York, 2011. Explicações mais elaboradas e mais técnicas podem ser encontradas em textos mais avançados.
24. Croly, Herbert. *The Promise of American Life*, Northeastern University Press, Boston, 1989, pp. 44, 45.
25. Ver, por exemplo, Shmelev, Nikolai; Popov Vladimir. *The Turning Point: Revitalizing the Soviet Economy*, Doubleday, Nova York, 1989, pp. 141, 170. Decter, Midge. *An Old Wife' Tale: My Seven Decades in Love and War*, Regan Books, Nova York, 2001, p. 169.
26. Engels, Frederick. "Introduction to the first German edition." Marx, Karl. *The Poverty of Philosophy*, International Publishers, Nova York, 1963, p. 19.
27. Dewey, John. *Characters and Events: Popular Essays in Social and Political Philosophy*, editado por Joseph Ratner, Henry Holt and Company, Nova York, 1929, vol. 2, p. 555.
28. Marx, Karl. *Capital*, vol. 1, p. 15.
29. Corning, Peter. *The Fair Society: The Science of Human Nature and the Pursuit of Social Justice*, University of Chicago Press, Chicago, 2011, p. 125.
30. Laski, Harold J. Letter to Oliver Wendell Holmes, September 13, 1916, *Homes-Laski Letters: The Correspondence of Mr. Justice Holmes and Harold J. Laski 1916-1935*, editado por Mark DeWolfe Howe, Harvard University Press, Cambridge, Massachusetts, 1953, vol. 1, p. 20.

31. Jenkins Jr., Holman W. "Business world: shall we eat our young?" *Wall Street Journal*, 19 de janeiro de 2005, p. A13.

32. Thurow, Lester C. *The Zero-Sum Society: Distribution and the Possibilities for Economic Change*, Basic Books, Nova York, 2001, p. 203.

33. Moro, Beniamino. "The economists' 'manifesto' on unemployment in the EU seven years later: which suggestions still hold?" *Banca Nazionale del Lavoro Quarterly Review*, junho-setembro de 2005, pp. 49-66; *Economic Report of the President*, U.S. Government Printing Office, Washington, 2009, pp. 326-327.

34. Caplow, Theodore; Hicks, Louis; Wattenberg, Ben J. *The First Measured Century: An Illustrated Guide to Trends in America, 1900-2000*, AEI Press, Washington, 2001, p. 47.

35. Thurow, Lester C. *The Zero-Sum Society*, p. 203.

36. The turning point. *The Economist*, 22 de setembro de 2007, p. 35.

37. Dewey, John. *Liberalism and Social Action*, p. 53. Ver também p. 88.

38. Ibid., p. 89.

39. Ibid., p. 44.

CAPÍTULO 5: O GOVERNO E A ECONOMIA

1. Dewey, John. *Liberalism and Social Action*, Prometheus Books, Amherst, Nova York, 2000, p. 78.

2. Bellamy, Edward. *Looking Backward: 2000-1887*, Modern Library, Nova York, 1917, p. 43.

3. Lenin, Vladimir I. *The State and Revolution*, Progress Publishers, Moscou, 1969, p. 92.

4. Lenin, Vladimir I. "The role and functions of the trade unions under the new economic policy." *Selected Works*, Foreign Languages Publishing House, Moscou, 1952, vol. 2, parte 2, p. 618.

5. Lenin, Vladimir I. "Ninth congress of the Russian communist party (Bolsheviks)." ibid., p. 333.

6. Morris, Edmund. *Theodore Rex*, Modern Library, Nova York 2002, p. 360.

7. Ibid., pp. 10-11.

8. Loc. cit.

9. Keynes, John Maynard. *The General Theory of Employment Interest and Money*, Harcourt, Brace and Company, Nova York, 1936, p. 19.

10. Wilson, Woodrow. *Woodrow Wilson: Essential Writings and Speeches of the Scholar-President*, editado por Mario R. DiNunzio, New York University Press, Nova York, 2006, p. 342.

11. Howlett, Charles F. *Troubled Philosopher: John Dewey and the Struggle for World Peace*, Kennikat Press, Port Washington, Nova York, 1977, p. 31.

12. Flynn, Daniel J. *A Conservative History of the American Left*, Crown Forum, Nova York, 2008, p. 137.

13. Galbraith, John Kenneth. *American Capitalism: The Concept of Countervailing Power*, edição Sentry, Houghton Mifflin Co., Boston, 1956, p. 113.

14. Ibid., pp. 114-115.

15. Ibid., p. 136.

16. Ibid., p. 137.

17. Ibid., p. 44.

18. Ibid., p. 26.

19. Powell, Jim. *Bully Boy: The Truth About Theodore Roosevelt's Legacy*, Crown Forum, Nova York, 2006, pp. 82, 89-90.

20. Roosevelt, Theodore. *The Rough Riders: An Autobriography*, The Library of America, Nova York, 2004, p. 692.

21. Ibid., p. 685.

22. Ibid., p. 691.

23. Powell, Jim. *Bully Boy*, p. 112.

24. Ibid., p. 111.
25. Ibid., pp. 109-110.
26. Morris, Edmund. *Theodore Rex*, p. 427.
27. Powell, Jim. *Bully Boy*, p. 135.
28. "Spare a dime? A special report on the rich." *The Economist*, 4 de abril de 2009, p. 4 do relatório especial.
29. Vedder, Richard; Gallaway, Lowell. *Out of Work: Unemployment and Government in Twentieth-Century America*, Holmes & Meier, Nova York, 1993, p. 77.
30. Ibid.
31. Friedman, Milton; Schwartz, Anna Jacobson. *A Monetary History of the United States: 1867-1960*, Princeton University Press, Princeton, 1963, p. 407; Galbraith, John Kenneth. *The Great Crash, 1929*, Houghton Mifflin, Boston, 1961, p. 32.
32. Powell, Jim. *FDR's Folly: How Roosevelt and His New Deal Prolonged the Great Depression*, Crown Forum, Nova York, 2003, p. 92.
33. Cole, Harold L.; Ohanian, Lee E. "New Deal policies and the persistence of the Great Depression: a general equilibrium analysis." *Journal of Political Economy*, vol. 112, n° 4, agosto de 2004, pp. 779-816.
34. "Reagan fantasies, budget realities." *New York Times*, 5 de novembro de 1987, p. A34.
35. McGrory, Mary. "Fidding while Wall St. Burns." *Washington Post*, 29 de outubro de 1987, p. A2.
36. "What the US can do." *Financial Times*, Londres, 28 de outubro de 1987, p. 24.
37. Altman, Roger C." If Reagan were F.D.R." *New York Times*, 20 de novembro de 1987, p. A39.
38. "The turning point." *The Economist*, 22 de setembro de 2007, p. 35.
39. Powell, Jim. *FDR's Folly*, pp. xv-xvi.

PARTE 3: OS INTELECTUAIS E AS VISÕES SOCIAIS

Lippmann, Walter. *Public Opinion*, The Free Press, Nova York 1965, p. 80.

CAPÍTULO 6: UM CONFLITO DE VISÕES

1. Johnson, Paul, *Enemies of Society*. Nova York: Atheneum, 1977, p. 145.
2. Schumpeter, Joseph A. *History of Economic Analysis*. Nova York: Oxford University Press, 1954, p. 41.
3. Mill, John Stuart. "Utilitarianism." *Collected Works of John Stuart Mill*, University of Toronto Press, Toronto, 1969, vol. 10, 215. Em sua autobiografia, contudo, Mill disse ter percebido quando jovem que, se todos os objetivos que perseguia fossem realizados, isso não o faria feliz. Mill, John Stuart. Autobiography. *Collected Works of John Stuart Mill*, University of Toronto Press, Toronto, 1963, vol. 1, p. 139.
4. Mill, John Stuart. "De Tocqueville on democracy in America." *Collected Works of John Stuart Mill*, University of Toronto Press, Toronto, 1977, vol. 18, p. 86. Mill, John Stuart. "Civilization", ibid., pp. 121, 139. Mill, John Stuart. "On liberty", ibid., p. 222.
5. Rousseau, Jean-Jacques. *The Social Contract*, traduzido para o inglês por Maurice Cranston, Penguin Books, Nova York, 1968, p. 49.
6. Kagan, Donald. *On the Origins of War and the Preservation of Peace*, Doubleday, Nova York, 1995, p. 414.
7. Howe, Mark DeWolfe, editor. *Holmes-Laski Letters: The Correspondence of Mr. Justice Holmes and Harold J. Laski 1916-1935*, Harvard University Press, Cambridge, Massachusetts, 1953, vol. 1, p. 12.
8. Epstein, Richard A. *Overdose: How Excessive Government Regulation Stifles Pharmaceutical Innovation*, Yale University Press, New Haven, 2006, p. 15.
9. Smith, Adam. *The Wealth of Nations*, Modern Library, Nova York, 1937, livro I, cap. I.

10. John Rawls, por exemplo, afirmou: "Devo notar que uma sociedade bem ordenada não dispensa a divisão do trabalho no sentido mais geral. Os piores aspectos dessa divisão podem ser superados, sem dúvida: ninguém precisa depender servilmente dos outros e ser obrigado a escolher entre ocupações enfadonhas e rotineiras que são mortíferas para o pensamento e a sensibilidade humana. A cada um podem ser oferecidas diversas tarefas para que os diferentes elementos de sua natureza encontrem uma expressão apropriada". Rawls, John. *A Theory of Justice*, Harvard University Press, Cambridge, Massachusetts, 1971, p. 529.

11. Ver meu *A Conflict of Visions*, 2ª edição, Basic Books, Nova York, 2007.

12. Ibid., pp. 9-17, 166-167, 198-199.

13. Ibid., pp. 147-153.

14. Ver, por exemplo: Godwin, William. *Enquiry Concerning Political Justice and Its Influence on Morals and Happiness*, University of Toronto Press, Toronto, 1946, vol. 2, cap. XVI. Dewey, John. *Human Nature and Conduct: An Introduction of Social Psychology*, Modern Library, Nova York, 1957, pp. 114-115. Shaw, Bernard. *The Intelligent Woman's Guide to Socialism and Capitalism*, Brentano's Publishers, Nova York, 1928, pp. 158-160.

15. Kagan, Donald. *On the Origins of War and the Preservation of Peace*, p. 212.

16. Durant, Will; DURANT, Ariel. *The Lessons of History*, Simon and Schuster, Nova York, 1968, p. 81.

17. Hamilton, Alexander et al. *The Federalist Papers*, New American Library, Nova York, 1961, p. 87.

18. Ibid., p. 46.

19. Goldberg, Jonah, *Liberal Fascism: The Secret History of the American Left from Mussolini to the Politics of Meaning*, Doubleday, Nova York, 2008, pp. 17, 25-26.

20. Ver, por exemplo: Kinne, G. "Nazi stratagems and their effects on Germans in Australia up to 1945." *Royal Australian Historical Society*, vol. 66, Parte 1, junho de 1980, pp. 1-19. Roche, Jean. *La Colonisation Allemande et Le Rio Grande do Sul*, Institut des Hautes Études de L'Amérique Latine, Paris, 1959, pp. 541-543.

21. Lumans, Valdis O. *Himmler's Auxiliaries*, University of North Carolina Press, Chapel Hill, 1993, pp. 77-87.

22. d'Encausse, Hélène Carrère. *Decline of an Empire: The Soviet Socialist Republics in Revolt*, Newsweek Books, Nova York, 1980, pp. 146, 150-151.

23. Goldberg, Jonah. *Liberal Fascism*, pp. 45-46, 410-413.

24. Ibid., pp. 324-325, 344-357. Godwin, William. *Enquiry Concerning Political Justice*, vol. 1, p. 47.

25. Ver, por exemplo, Capítulo 3 do meu *Inside American Education: The Decline, the Deception, the Dogmas*, The Free Press, Nova York, 1993.

26. Coser, Lewis A. *Men of Ideas: A Sociologist's View*, The Free Press, Nova York, 1970, p. 141.

27. O estadista que tentasse orientar pessoas físicas quanto à forma como deveriam empregar seus capitais não só se sobrecarregaria com uma preocupação desnecessária como também assumiria uma autoridade que não poderia ser confiada com segurança, não apenas a pessoa alguma, mas a nenhum conselho ou senado, e que não seria mais perigosa em parte alguma do que nas mãos de um homem com suficiente loucura e presunção para se considerar capaz de levá-la a cabo. Smith, Adam. *The Wealth of Nations*, p. 423.

28. Holmes Jr., Oliver Wendell. *The Common Law*, Little, Brown and Company, Boston, 1923, p. 1.

29. Goldberg, Jonah. *Liberal Fascism*, p. 52.

30. Rousseau, Jean-Jacques. *The Social Contract*, traduzido para o inglês por Maurice Cranston, p. 89.

31. Godwin, William. *Enquiry Concerning Political Justice*, vol. 1, p. 446; Antoine-Nicolas de Condorcet, *Sketch for a Historical Picture of the Progress of the Human Mind*, traduzido para o inglês por June Barraclough, Weidenfeld and Nicolson, Londres, 1955, p. 114.

32. Marx, Karl; Engels, Frederick. *Selected Correspondence 1846-1895*, traduzido para o inglês por Dona Torr, International Publishers, Nova York, 1942, p. 190.

33. Shaw, Bernard. *The Intelligent Woman's Guide to Socialism and Capitalism*, p. 456.

34. Wilson, Edmund. *Letters on Literature and Politics 1912-1972*, editado por Elena Wilson, Farrar, Straus and Giroux, Nova York, 1977, p. 36. Isso também não se deveu ao racismo dos brancos sulistas, pois o próprio Wilson mencionou quão desagradável considerava Chattanooga em razão "dos negros e das fábricas". Ibid., pp. 217, 220. Anos mais tarde, quando testemunhou a pobreza da Itália, no fim da Segunda Guerra Mundial, Wilson declarou: "Gente branca não deveria viver dessa maneira". Ibid., p. 423.

35. Citado em Goldberg, Jonah. *Liberal Fascism*, p. 38.

36. Steffens, Lincoln. "Stop, look, listen!" *The Survey*, 1º de março de 1927, pp. 735-737, 754-755. Ele também não foi o único radical ou progressista norte-americano proeminente a fazê-lo. Ver Goldberg, Jonah. *Liberal Fascism*, pp. 28-29.

37. Goldberg, Jonah. *Liberal Fascism*, p. 21. Um ano mais tarde, depois de Hitler chegar ao poder, Wells o caracterizou como "um idiota grosseiro" com "seus símbolos estúpidos" e sua "crueldade imbecil". H.G. Wells scores nazis as "louts"'. *New York Times*, 22 de setembro, 1933, p. 13. Em 1939, ele atacava tanto Hitler como Mussolini, embora isentasse a União Soviética da sua condenação. Ver: "Wells sees in U.S. hope for mankind". *New York Times*, 4 de agosto, 1939, p. 3.

38. Goldberg, Jonah. *Liberal Fascism*, pp. 100-101, 103-104.

39. Ibid., pp. 26-27.

40. Ibid., p. 103.

41. Ibid., p. 10.

42. Flynn, Daniel J. *Intellectual Morons: How Ideology Makes Smart People Fall for Stupid Ideas*, Crown Forum, Nova York, 2004, p. 173.

43. Goldberg, Jonah. *Liberal Fascism*, p. 140.

44. Ibid., pp. 122-123, 146-148.

45. Baker, Keith Michael, editor. *Condorcet: Selected Writings*, The Bobbs-Merrill Company, Indianápolis, 1976, pp. 5-6.

46. Godwin, William. *Enquiry Concerning Political Justice*, vol. 1, p. 107.

47. Ibid., p. 47.

48. Godwin, William. *The Enquirer: Reflections on Education, Manners, and Literature*, G. G. and J. Robinson, Londres, 1797, p. 70.

49. Ibid., p. 67.

50. Smith, Adam. *The Theory of Moral Sentiments*, Liberty Classics, Indianápolis, 1976, p. 529.

51. Burke, Edmund. *Speeches and Letters on American Affairs*, E. P. Dutton & Co., Inc., Nova York, 1961, p. 203.

52. Wilson, Woodrow. "What is progress?" *American Progressivism: A Reader*, editado por Ronald J. Pestritto e William J. Atto, Lexington Books, Lanham, MD, 2008, p. 48.

53. Mill, John Stuart. On liberty. *Collected Works of John Stuart Mill*, vol. 18, p. 245.

54. Hofstadter, Richard. *Anti-Intellectualism in American Life*, Vintage Books, Nova York, 1963, p. 361.

55. Ibid.

56. Dewey, John. *Democracy and Education: An Introduction to the Philosophy of Education*, The Free Press, Nova York, 1966, p. 79.

57. Dewey, John. *The Child and the Curriculum and The School and Society*, University of Chicago Press, Chicago, 1956, p. 18. Apesar da moda muito posterior de se considerar várias coisas como um microcosmo de um mundo mais amplo, escolas são uma instituição especializada que realiza um trabalho especializado — assim como o olho não é um microcosmo do corpo, mas uma parte especializada do corpo que faz algo que nenhuma outra parte faz.

CAPÍTULO 7: PESSOAS ABSTRATAS EM UM MUNDO ABSTRATO

1. Handlin, Oscar. *Boston's Immigrants*, Atheneum, Nova York, 1970, p. 114.
2. Wittke, Carl. *The Irish in America*, Russell & Russell, Nova York, 1970, p. 101. Handlin, Oscar, *Boston's Immigrants*, pp. 169-170. Dolan, Jay P., *The Irish Americans: A History*, Bloomsbury Press, Nova York, 2008, pp. 118-119.
3. Jensen, Arthur R. "How much can we boost IQ and scholastic achievement?" *Harvard Educational Review*, 1969, vol. 39, n° 1, p. 35. Herrnstein Richard J.; Murray, Charles, *The Bell Curve: Intelligence and Class Structure in American Life*, The Free Press, Nova York, 1994, p. 110.
4. Harrison, Lawrence E. *Underdevelopment Is a State of Mind: The Latin American Case*, Center for International Affairs, Harvard University, Cambridge, Massachusetts, 1985, p. 164.
5. Herman, Arthur. *How the Scots Invented the Modern World*, Crown Publishers, Nova York, 2001, cap. 5. Jones, Maldwyn A. "Ulster emigration, 1783-1815." *Essays in Scotch-Irish History*, editado por E. R. R. Green, Routledge & Kegan Paul, Londres, 1969, p. 49. Richards, Eric. "Australia and Scottish connection 1788-1914." *The Scots Abroad: Labour, Capital, Enterprise, 1750-1914*, editado por R. A. Cage, Croom Helm, Londres, 1984, p. 122. Richards, Eric. "Highland and Gaelic immigrants." *The Australian People*, editado por James Jupp, Angus & Robertson, North Ryde, Austrália, 1988, pp. 765-769.
6. Vernon, Philip E. *Intelligence and Cultural Environment*, Methuen & Co. Ltd., Londres, 1970, pp. 157-158.
7. Glazer, Nathan; Moynihan, Daniel Patrick. *Beyond the Melting Pot: The Negroes, Puerto Ricans, Jews, Italians, and Irish of New York City*, 2ª edição, MIT Press, Cambridge, Massachusetts, 1963, pp. 257-258. Greeley, Andrew M. *That Most Distressful Nation: The Taming of the American Irish*, Quadrangle Books, Chicago, 1972, p. 132.
8. Treml, Vladimir G. *Alcohol in the USSR: A Statistical Study*, Duke University Press, Durham, NC, 1982, p. 73.
9. Hashim, Mohamed Suffian bin. "Problems and issues of higher education development in Malaysia." *Development of Higher Education in Southeast Asia: Problems and Issues*, editado por Yip Yat Hoong, Regional Institute of Higher Education and Development, Singapura, 1973, tabela 8, pp. 70-71.
10. Ver, por exemplo, Wu, Yuan-li; Wu, Chun-hsi. *Economic Development in Southeast Asia: The Chinese Dimension*, Hoover Institution Press, Stanford, 1980, p. 70. Chattopadhyaya, Haraprasad. *Indians in Africa: A Socio-Economic Study*, Bookland Private Limited, Calcutá, 1970, p. 69. Leighton, Neil O. "Lebanese emigration: its effect on the political economy of Sierra Leone." *The Lebanese in the World: A Century of Emigration*, editado por Albert Hourani e Nadim Shehadi, The Center for Lebanese Studies, Londres, 1992, p. 582. Roche, Jean. *La Colonisation Allemande et le Rio Grande do Sul*, Institut Des Hautes Études de L'Amérique Latine, Paris, 1959, pp. 385-386. Hoyer, Hans Juergen. Germans in Paraguay, 1881-1945: a study of cultural and social isolation. Tese de doutorado, *American University*, 1973, pp. 46, 49, 51-56.
11. Issawi, Charles. "The transformation of the economic position of the *millets* in the nineteenth century." *Christians and Jews in the Ottoman Empire: The Functioning of a Plural Society*, editado por Benjamin Braude e Bernard Lewis, Holmes and Meier, *The Central Lands*, Nova York, 1982, vol. 1, pp. 262-263.
12. Lewis, Bernard. *The Jews of Islam*, Princeton University Press, Princeton, 1984, p. 214.
13. Wu, Yuan-li; Wu, Chu-hsi. *Economic Development in Southeast Asia*, p. 51.
14. Winder, R. Bayly. "The Lebanese in West Africa." *Comparative Studies in Society and History*, 1961-1962, vol.IV , p. 309.
15. Issawi, Charles. "The transformation of the economic position of the *millets* in the nineteenth century." *Christians and Jews in the Ottoman Empire*, editado por Benjamin Braude e Bernard Lewis, , *The Central Lands*, vol. 1, pp. 262-263, 266.

16. Wright, Winthrop R. *British-Owned Railways in Argentina: Their Effect on Economic Nationalism, 1854-1948*, University of Texas Press, Austin, 1974.

17. McKay, John P. *Pioneers for Profit: Foreign Entrepreneurship and Russian Industrialization 1885-1913*, University of Chicago Press, Chicago, 1970, p. 35.

18. Israel, Jonathan I. *European Jewry in the Age of Mercantilism 1550-1750*, Clarendon Press, Oxford, 1985, p. 139.

19. Solberg, Carl. *Immigration and Nationalism: Argentina and Chile, 1890-1914*, University of Texas Press, Austin, 1970, p. 68.

20. Thambiah, S. J. "Ethnic representation in Ceylon's Higher Administrative Services, 1870-1946." *University of Ceylon Review*, 1955, vol. 13, p. 130.

21. Roche, Jean. *La Colonisation Allemande et le Rio Grande do Sul*, pp. 388-389.

22. Tigner, James L. "Japanese immigration into Latin America: a survey." *Journal of Interamerican Studies and World Affairs*, 1981, p. 476.

23. Laan, H. L. van der. *The Lebanese Traders in Sierra Leone*, Mouton & Co., Haia, 1975, p. 65.

24. Ibid., p. 137.

25. Mendelsohn, Ezra. *The Jews of East Central Europe between the World Wars*, Indiana University Press, Bloomington, 1983, pp. 23, 26.

26. Chattopadhyaya, Haraprasad. *Indians in Africa*, p. 394.

27. Chattopadhyaya, Harprasad. *Indians in Sri Lanka: A Historical Study*, O. P. S. Publishers Private Ltd., Calcutá, 1979, pp. 143, 144, 146.

28. Solberg, Carl. *Immigration and Nationalism*, p. 50.

29. Bonadio, Felice A. *A. P. Giannini: Banker of America*, University of California Press, Berkeley, 1994, p. 28.

30. Solberg, Carl. *Immigration and Nationalism*, p. 63.

31. Macera, Pablo; Hunt, Shane J. "Peru." *Latin America: A Guide to Economic History 1830-1930*, editado por Roberto Cortés Conde e Stanley J. Stein, University of California Press, Berkeley, 1977, p. 565.

32. Cipolla, Carlo M. *Clocks and Culture: 1300-1700*, W. W. Norton & Co., Nova York, 1978, p. 68.

33. Vreeland, Nena et al. *Area Handbook for Malaysia*, 3ª edição, U. S. Government Printing Office, Washington, 1977, p. 303.

34. Wright, Winthrop R. *British-Owned Railways in Argentina*. Germanik, Gino. "Mass immigration and modernization in Argentina." *Studies in Comparative International Development*, 1966, vol. 2, p. 170.

35. McKay, John P. *Pioneers for Profit*, pp. 33-35.

36. Sedlar, Jean W. *East Central Europe in the Middle Ages, 1000-1500*, University of Washington Press, Seattle, 1994, p. 131.

37. Issawi, Charles. "The transformation of the economic position of the *millets* in the nineteenth century." *Christians and Jews in the Ottoman Empire*, editado por Benjamin Braude e Bernard Lewis, *The Central Lands*, vol. 1, pp. 262, 263, 265, 266, 267.

38. Purcell, Victor. *The Chinese in Southeast Asia*, 2ª edição, Oxford University Press, Kuala Lampur, 1980, pp. 7, 68, 83, 180, 245, 540, 559.

39. Sharer, Robert J. *The Ancient Maya*, 5ª edição, Stanford University Press, Stanford, 1994, p. 455.

40. Ver, por exemplo, Mellor Roy E. H.; Smith, E. Alistair. *Europe: A Geographical Survey of the Continent*, Columbia University Press, Nova York, 1979, pp. 1-17. Pounds, Norman J. G. *An Historical Geography of Europe: 1800-1914*, Cambridge University Press, Cambridge, 1985, pp. 37-65. Murray, Jocelyn, editora. *Cultural Atlas of Africa*, Facts on File Publications, Nova York. 1981, pp. 10-22. Sowell, Thomas. *Conquests and Cultures: An International History*, Basic Books, Nova York, 1998, pp. 99-109.

41. Ajayi, J. F. Ade; Crowder, Michael, editores. *Historical Atlas of Africa*, Cambridge University Press, Cambridge, 1985, seção 2; Baker, Kathleen. "The changing geography of West Africa." *The Changing Geography of Africa and the Middle East*, editado por Graham P. Chapman e Kathleen M. Baker, Routledge, Londres, 1992, p. 105.

42. Braudel, Fernand. *The Mediterranean and the Mediterranean World in the Age of Philip II*, traduzido para o inglês por Siân Reynolds, University of California Press, Berkeley, 1995, vol. 1, p. 35.

43. Maltby, William S. *The Rise and Fall of the Spanish Empire*, Palgrave Macmillan, Nova York, 2009, p. 18. Pierson, Peter. *The History of Spain*, Greenwood Press, Westport, CT, 1999, pp. 7-8.

44. Chambers, John H. *A Traveller's History of Australia*, Interlink Books, Nova York, 1999, pp. 22-24.

45. Blij, H. J. de; Muller, Peter O. *Geography: Regions and Concepts*, 6ª edição, John Wiley & Sons, Inc., Nova York, 1992, p. 394.

46. Handlin, Oscar. "Introduction." *The Positive Contribution by Immigrants*, United Nations Educational, Scientific and Cultural Organization, Paris, 1955, p. 13.

47. Phillips, Ulrich Bonnell. *The Slave Economy of the Old South: Selected Essays in Economic and Social History*, editado por Eugene D. Genovese, Louisiana State University Press, Baton Rouge, 1968, p. 269.

48. Ver, por exemplo, Sowell, Thomas. *Conquests and Cultures*, pp. 175-176.

49. Ver, por exemplo: "We're doing all right, but what about you?" *The Economist*, 16 de agosto de 2003, p. 43. A Rússia tem um PIB per capita menor que a metade do PIB da Grã-Bretanha, da França ou da Alemanha, e de menos de um terço do da Noruega ou de Luxemburgo. The Economist, *Pocket World in Figures*, Profile Books, Ltd, Londres, 2010, p. 27. Enquanto isso, a renda per capita dos norte-americanos negros é 64% da renda dos norte-americanos brancos. DeNavas-Walt, Carmen, et al. "Income, poverty, and health insurance coverage in the United States: 2009." *Current Population Reports*, pp. 60-238, US Census Bureau, Washington, 2010, p. 6.

50. Codevilla, Angelo M. *The Character of Nations: How Politics Makes and Breaks Prosperity, Family, and Civility*, Basic Books, Nova York, 1997, p. 50.

51. Ver Sowell, Thomas. *Conquests and Cultures*, pp. 177-184.

52. Bartlett, Robert. *The Making of Europe: Conquest, Colonization and Cultural Change, 950-1350*, Princeton University Press, Princeton, 1993, p. 235.

53. Sedlar, Jean W. *East Central Europe in the Middle Ages, 1000-1500*, pp. 126-127.

54. Tais disparidades, encontradas apenas em minha própria pesquisa, incluem o seguinte: *Conquests and Cultures*, pp. 125, 210, 211, 217; *Migrations and Cultures: A World View*, Basic Books, Nova York, 1996, pp. 4, 17,31, 57, 123, 130, 135, 152, 154, 157, 176, 179, 193, 196, 211, 258, 265, 275, 277, 278, 289, 297, 298, 300, 320, 345-346, 353-354, 355, 358, 366, 372-373.

55. *Wal-Mart Stores, Inc. v. Dukes et al.* (decisão provisória), 20 de junho de 2011, decisão da juíza Ginsburg, pp. 3, 11.

56. Wiskemann, Elizabeth. *Czechs & Germans: A Sduty of the Struggle in the Historic Provinces of Bohemia and Moravia*, Oxford University Press, Londres, 1938, pp. 142, 148.

57. Steinberg, Stephen. *The Ethnic Myth: Race, Ethnicity, and Class in America*, Atheneum, Nova York, 1981, pp. 99-103.

58. Ver, por exemplo, U. S. Bureau of the Census. *We the People: Asians in the United States*, Census 2000 Special Reports, dezembro de 2004, p. 6; U. S. Bureau of the Census. *We the People: Hispanics in the United States*, Census 2000 Special Reports, dezembro de 2004, p. 5; U. S. Bureau of the Census. *We the People: Blacks in the United States*, Census 2000 Special Reports, agosto de 2005, p. 4.

59. U. S. Bureau of Census. *We the People: Asians in the United States*, Census 2000 Special Reports, dezembro de 2004, p. 6.

60. *The Economist*. Pocket world in figures, edição de 2011, p. 18.

61. "Discrimination and Loans." *USA Today*, 23 de outubro de 1991, p. 12A; "Racial Gap Persists in Mortgage Lending." *St. Louis Post-Dispatch*, 25 de outubro de 1991, p. 2C. Quint, Michael. "Racial gap detailed on mortgages." *New York Times*, 22 de outubro de 1991, p. D1.

62. United States Commission on Civil Rights. *Civil Rights and the Mortgage Crisis*. U.S. Commission on Civil Rights, Washington, 2009, p. 53.

63. Black, Harold A. et al. "Do black-owned banks discriminate against black borrowers?" *Journal of Financial Services Research*, fevereiro de 1997, pp. 185-200.

64. Gladwell, Malcolm. *Outliers: The Story of Success*, Little, Brown and Co., Boston, 2008, p. 112.

65. Velaskar, Padma Ramkrishna. "Inequality in higher education: a study of scheduled caste students in medical colleges of Bombay", tese de doutorado, Tata Institute of Social Sciences, 1986.

66. Ver, por exemplo, Klitgaard, Robert. *Choosing Elites*, Basic Books, Nova York, 1985, p. 162. Smooha, Sammy; Peres, Yochanan. "The dynamics of ethnic inequalities: the case of Israel." *Studies of Israeli Society*, editado por Ernest Krausz New Brunswick, Transaction Books, Nova Jersey, 1981, vol. 1, p. 173.

67. Condorcet, Antoine-Nicolas de. *Sketch for a Historical Picture of the Progress of the Human Mind*, traduzido para o inglês por June Barraclough, Weidenfeld and Nicolson, Londres, 1955, p. 174.

68. "Desigualdades imerecidas pedem reparação; e tendo em vista que desigualdades de nascimento e por dotação natural são imerecidas, é necessário que, de algum modo, haja compensação para essas desigualdades. Portanto, o princípio assevera que, a fim de tratar todas as pessoas com igualdade, de proporcionar genuína igualdade de oportunidade, a sociedade deve dar mais atenção àqueles que nasceram com menos vantagens, e aos que nasceram em posições sociais menos favoráveis." Rawls, John. *A Theory of Justice*, Harvard University Press, Cambridge, Massachusetts, 1971, p. 100.

69. Furchtgott-Roth, Diana. "Testimony on the gender pay gap." *Hearing Before the Joint Economic Committee*, Congress of the United States, 28 de setembro de 2010, p. 9.

70. Furchtgott-Roth, Diana; Stolba, Christine. *Women's Figures: An Illustrated Guide to the Economic Progress of Women in America*, American Enterprise Institute, Washington, 1999, p. 33.

71. Farrell, Warren. *Why Men Earn More: The Startling Truth Behind the Pay Gap and What Women Can Do About It*, Amacom, Nova York, 2005, p. xxiii.

72. Furchtgott-Roth, Diana. "Testimony on the gender pay gap." *Hearing Before the Joint Economic Committee*, Congress of the United States, 28 de setembro de 2010, p. 5.

73. Ibid., pp. 1-17.

74. Ibid., p. 10.

75. Ibid., p. 11.

76. Loney, Martin. *The Pursuit of Division: Race, Gender, and Preferential Hiring Canada*, McGill-Queen's University Press, Montreal, 1998, p. 28.

77. Furchtgott-Roth, Diana. Testimony on the gender pay gap. *Hearing Before the Joint Economic Committee*, Congress of the United State, 28 de setembro de 2010, p. 12.

78. Ver, por exemplo, estudos citados no Capítulo 3 do meu *Economic Facts and Fallacies*, 2ª edição, Basic Books, Nova York, 2011.

CAPÍTULO 8: ARGUMENTOS SEM ARGUMENTOS

1. Schumpeter, Joseph A. *History of Economic Analysis*, Oxford University Press, Nova York, 1954, p. 90.

2. Ayres, Ian. *Super Crunchers: Why Thinking-by-Numbers Is the New Way to Be Smart*, Bantam Books, Nova York, 2007, p. 3.

3. Ibid., pp. 1-9. Ver também Strauss, Mark. "The grapes of math." *Discover*, janeiro de 1991, pp. 50-51. Palmer, Jay. Grape expectations. *Barron's*, 30 de dezembro de 1996, pp. 17-19.

4. Ayres, Ian. *Super Crunchers*, pp. 82-83.

5. Wicker, Tom. "Freedom for what?" *New York Times*, 5 de janeiro de 1990, p. A31.

6. Epstein, Joseph. "True virtue." *New York Times Magazine*, 24 de novembro de 1985, p. 95.

7. Malthus, Thomas Robert. *Population: The First Essay*, University of Michigan Press, Ann Arbor, 1959, p. 3.

8. Godwin, William. *Of Population*, Longman, Hurst, Rees, Orme, and Brown, Londres, 1820, pp. 520, 550, 554.

9. Burke, Edmund. *The Correspondence of Edmund Burke*, editado por R. B. McDowell, University of Chicago Press, Chicago, 1969, vol. 8, p. 138.

10. Hamilton, Alexander et al. "Federalist nº 1: general instruction for the independent journal." Sábado, 27 de outubro de 1787. *The Federalist Papers*. New American Library, Nova York, 1961, p. 34.

11. Hayek, Friedrich A. *The Road to Serfdom*, University of Chicago Press, Chicago, 1944, pp. 55, 185.

12. Murray, Charles. Introduction to the tenth-anniversary edition. *Losing Ground: American Social Policy, 1950-1980*, Basic Books, Nova York, 1994, p. xv.

13. Churchill, Winston. *The Second World War: The Gathering Storm*, Houghton Mifflin Co., Boston, 1983, vol. 1, p. 346.

14. Churchill, Winston. *Churchill Speaks 1897-1963: Collected Speeches in Peace & War*, editado por Robert Rhodes James, Chelsea House, Nova York, 1980, pp. 734-735.

15. Ibid., p. 866.

16. Ver meu *A Conflict of Visions*, 2ª edição, Basic Books, Nova York, 2007, pp. 58-60, 256-260.

17. Feuer, Lewis. *Imperialism and the Anti-Imperialist Mind*, Prometheus Books, Buffalo, Nova York, 1986, p. 154.

18. Hacker, Andrew. *Two Nations: Black and White, Separate, Hostile, Unequal*, Charles Scribner's Sons, Nova York, 1992, p. 52.

19. Brooks, Arthur C. *Who Really Cares: The Surprising Truth About Compassionate Conservatism*, Basic Books, Nova York, 2006, pp. 21-22, 24.

20. Schweizer, Peter. *Markers and Takers*, Doubleday, Nova York, 2008, p. 63.

21. Russell, Bertrand. *Which Way to Peace?*, Michael Joseph, Ltd., Londres, 1937, p. 179.

22. Dewey, John. "If war were outlawed." *New Republic*, 25 de abril de 1923, p. 235.

23. Priestley, John B. The public and the Idea of peace. *Challenge to Death*, editado por Storm Jameson, E.P. Dutton & Co., Inc., Nova York, 1935, p. 313.

24. Ibid., p. 309.

25. Ver, por exemplo, Godwin, William. *Enquiry Concerning Political Justice and Its Influence on Morals and Happiness*, University of Toronto Press, Toronto, 1946, vol. 1, pp. 456-457.

26. Robin, Corey. "Why conservatives love war." *Chronicle of Higher Education*, 29 de outubro de 2010, p. B10. Nelson, Michael. "Warrior nation", ibid., p. B7.

27. Ver, por exemplo: "Fuzzy economic thinking; job czar for the jobless". *New York Times*, 3 de setembro de 2003, p. A18. "Yo-yo economics." *Washington Post*, 23 de maio de 2003, p. A24. Frank, Robert H. "In the real world of work and wages, trickle-down theories don't hold up." *New York Times*, 12 de abril de 2007, p. C3. Krugman, Paul. "The hostage economy." *New York Times*, 28 de março de 2001, p. A21. Corning, Peter. *The Fair Society: The Science of Human Nature and the Pursuit of Social Justice*, University of Chicago Press, Chicago, 2011, p. 117. Shlaes, Amity. *The Forgotten Man: A New History of the Great Depression*, HarperCollins, Nova York, 2007, p. 128. Michael, S. M., editor. *Dalits in Modern India*, Vistaar Publications, Nova Delhi, 1999, p. 288.

28. John Maynard Keynes. "The means to prosperity." *The Means to Prosperity*, Economica Books, Buffalo, 1959, p. 11.

29. "Em resumo, é uma verdade paradoxal que as taxas de imposto sejam tão altas hoje e as receitas fiscais tão baixas, e a maneira mais segura de aumentar as receitas no longo prazo seja cortar os impostos agora." *Public Papers of the Presidents of the United States: John F. Kennedy, 1962*, U.S. Government Printing Office, Washington, 1963, p. 879.

30. Shlaes, Amity. *The Forgotten Man*, p. 128. O mesmo argumento foi usado antes, no famoso discurso da "cruz de ouro", de William Jennings Bryan de 1896.

31. Wells, M. Jay. "Why the mortgage crisis happened." *Investor's Business Daily*, 30 de outubro de 2008, p. A1.

32. Mellon, Andrew W. *Taxation: The People's Business*, The Macmillan Company, Nova York, 1924, pp. 127-138, 199-204.

33. Alguns anos atrás, em minha coluna divulgada em vários veículos, desafiei qualquer pessoa a citar algum economista, de qualquer escola de pensamento, que já tenha defendido uma teoria do

gotejamento. Nenhum exemplo foi oferecido até agora, embora tenham sido sugeridos muitos exemplos de críticos que disseram que outros tinham uma teoria do gotejamento.

34. Gwartney, James; Stroup, Richard. "Tax cuts: who shoulders the burden?" *Federal Reserve Bank of Atlanta Economic Review*, março de 1982, pp. 19-27. Rader, Benjamin G. "Federal taxation in the 1920s: a re-examination." *Historian*, vol. 33, n° 3, p. 433. Bartley, Robert L. *The Seven Fat Years: And How to Do It Again*. The Free Press, Nova York, 1992, pp. 71-74. Folsom Jr., Burton W. *The Myth of the Robber Barons: A New Look at the Rise of Big Business in America*, 6ª edição, Young America's Foundation, Herndon, VA, 2010, pp. 108, 116. Dungan, Adrian; Mudry, Kyle. "Individual income tax rates and shares, 2007." *Statistics of Income Bulletin*, 2010, p. 63.

35. Rader, Benjamin G. "Federal taxation in the 1920s: a re-examination." *Historian*, vol. 33, n° 3, pp. 432-433.

36. Mellon, Andrew W. *Taxation*, pp. 72, 74.

37. Ibid., p. 76.

38. Ibid., p. 201.

39. Folsom Jr., Burton W. *The Myth of the Robber Barons*, 6ª edição, p. 109.

40. Mellon, Andrew W. *Taxation*, p. 72.

41. Ibid., pp. 152, 158.

42. Ibid., p. 160.

43. Ibid., pp, 79-80, 141-142, 171-172.

44. Ibid., pp. 13, 15-16, 81-82, 141-142, 170.

45. Ibid., p. 79.

46. Ibid., pp. 106-107.

47. Ibid., p. 167.

48. Ibid., p. 79.

49. Treasury Department, U. S. Internal Revenue. *Statistics of Income from Returns of Net Income for 1925*, U. S. Government Printing Office, Washington, 1927, p. 21.

50. U. S. Bureau of the Census. *Historical Statistics of the United States: Colonial Times to 1970*, Government Printing Office, Washington, 1975, parte 1, p. 126.

51. *The Facts: La Follette-Wheeler Campaign Text-Books*, La Follette-Wheeler Campaign Headquarters, Chicago, 1924, pp. 77, 80, 81.

52. Hacker, Jacob S.; Pierson, Paul. *Winner-Take-All Politics: How Washington Made the Rich Richer — and Turned Its Back on the Middle Class*. Simon and Schuster, Nova York, 2010, p. 20.

53. Schlesinger Jr., Arthur M. *The Age of Roosevelt: The Crisis of the Old Order, 1919-1933*, Houghton Mifflin Company, Boston, 1957, p. 62.

54. U. S. Bureau of the Census. *Historical Statistics of the United States: Colonial Times to 1970*, parte 2, p. 1117.

55. Unger, Irwin. *These United States: The Questions of Our Past*, edição concisa, Prentice Hall, Upper Saddle River, NJ, 1999, p. 591.

56. Folsom Jr., Burton W. *The Myth of the Robber Barons*, 6ª edição, p. 116.

57. Blum, John M. et al. *The National Experience: A History of the United States*, 8ª edição, Harcourt, Brace and Jovanovich, Nova York, 1991, p. 640.

58. Mellon, Andrew W. *Taxation*, p. 9.

59. Ibid., pp. 54-57.

60. Ibid., pp. 61-62.

61. Garraty, John A. *The American Nation: A History of the United States*, Harper & Row, Nova York, 1966, p. 713.

62. Bailey, Thomas A.; Kennedy, David M.; Cohen, Lizabeth. *The American Pageant: A History of the Republic*, 11ª edição, Houghton-Mifflin, Boston, 1998, p. 768.

63. Wicker, Tom. "A trojan horse *indeed*." *New York Times*, 13 de novembro de 1981, p. A35.

64. Broder, David S. "The Reagan year: conviction and callousness." *Washington Post*, 20 de janeiro de 1982, p. A23.

65. Johnson, Haynes. "Resurrection of coolidge — the stamping of nostalgia's clay feet." *Washington Post*, 7 de junho de 1981, p. A3.

66. Galbraith, John Kenneth. "The heartless society." *New York Times Magazine*, 2 de setembro de 1984, p. 44.

67. Silk, Leonard. "A tax policy for the rich." *New York Times*, 12 de junho de 1981, p. D2. Brinkley, Alan. Calvin Reagan. *New York Times*, 4 de julho de 1981, p. 19. Green, Mark. "Economic democracy." *New York Times*, 7 de março de 1982, p. E19. Magaziner, Ira C. "Trickle down' and away." *New York Times*, 25 de maio de 1982, p. A23. "After the tax spree." *New York Times*, 29 de julho de 1981, p. A22. "There is a better bet." *New York Times*, 31 de janeiro de 1982, p. E20.

68. *Public Papers of the Presidents of the United States: George W. Bush, 2001*, U. S. Government Printing Office, Washington, 2003, pp. 144-145.

69. Schlesinger Jr., Arthur. "A poor tax reduction strategy." Letters to the Editor, *Washington Post*, 25 de março de 2001, p. B6. Krugman, Paul. "The hostage economy." *New York Times*, 28 de março de 2001, p. A21. Chait, Jonathan. "Going for gold." *New Republic*, 21 de maio de 2001, p. 25. Broder, David S. "Return to reaganomics." *Washington Post*, 6 de fevereiro de 2001, p. A17.

70. *Public Papers of the Presidents of the United States: John F. Kennedy, 1962*, pp. 878, 880. "De modo semelhante, décadas antes Andrew Mellon lamentou a "fuga do capital para formas de investimento seguras, porém improdutivas." Mellon, Andrew W. *Taxation*, p. 93.

71. "Special Message to the Congress on Tax Reduction and Reform", 24 de janeiro de 1963, *Public Papers of the Presidents of the United States: John F. Kennedy, 1963*, U. S. Government Printing Office, Washington, 1964, p. 75.

72. "Address Before a Joint Session of the Congress on the Program for Economic Recovery." *Public Papers of the Presidents of the United States: Ronald Reagan, 1981*, U. S. Government Printing Office, Washington, 1982, 112, 113.

73. Andrews, Edmund L. "Surprising jump in tax revenues curbs U.S. deficit." *New York Times*, 9 de julho de 2006, p. A1.

74. Ver, por exemplo: Dworkin, Ronald. "The court's embarrassingly bad decisions." *New York Review of Books*, 26 de maio de 2011, p. 50. Packer, George. "The broken contract: inequality and American decline." *Foreign Affairs*, novembro/dezembro de 2011, pp. 23-25.

75. Lief, Alfred, editor. *Representative Opinions of Mr. Justice Holmes*, Greenwood Press, Westport, CT, 1971, pp. 160, 282.

76. Howe, Mark DeWolfe, editor. *Holmes-Laski Letters: The Correspondence of Mr. Justice Holmes and Harold J. Laski 1916-1935*, Harvard University Press, Cambridge, Massachusetts, 1953, vol. 2, p. 888.

77. Ibid., pp. 822-823. Ele também usou a frase em uma carta ao jurista britânico Sir Frederick Pollock. Howe, Mark DeWolfe, editor. *Homes-Polock Letters: The Correspondence of Mr. Justice Holmes and Sir Frederick Pollock 1874-1932*, Harvard University Press, Cambridge, Massachusetts, 1942, vol. 2, p. 215.

78. Lief, Alfred, editor. *The Dissenting Opinions of Mr. Justice Holmes*, The Vanguard Press, Nova York, 1929, p. 33.

79. Bartlett, John. *Bartlett's Familiar Quotations*, Little, Brown and Company, Boston, 1968, p. 802.

80. Burke, Edmund. *Reflections on the Revolution in France*, Everyman's Library, Nova York, 1967, p. 56.

81. Hamilton, Alexander. *The Papers of Alexander Hamilton*, editado por Harold C. Syrett, Columbia University Press, Nova York, 1961, vol. 1, p. 104.

82. Hamilton, Alexander. *The Works of Alexander Hamilton*, editado por Henry Cabot Lodge, G. P. Putnam's Sons, Nova York, 1904, vol. 1, p. 410.

83. Sacks, Peter. "How colleges perpetuate inequality." *Chronicle of Higher Education*, 12 de janeiro de 2007, p. B9.

84. Rawls, John. *A Theory of Justice*, Harvard University Press, Cambridge, Massachusetts, 1971, pp. 3-4.
85. Corning, Peter. *The Fair Society*, p. 124.
86. Dworkin, Ronald. *Taking Rights Seriously*, Harvard University Press, Cambridge, Massachusetts, 1980, p. xi. Tribe, Laurence H. *Constitutional Choices*, Harvard University Press, Cambridge, Massachusetts, 1985, p. 5.
87. Godwin, William. *Enquiry Concerning Political Justice*, vol. 1, p. 166.
88. Smith, Adam. *The Theory of Moral Sentiments*, Liberty Classics, Indianápolis, 1976, p. 167.
89. Ibid., p. 169.
90. Burke, Edmund. *Reflections on the Revolution in France*, p. 253.
91. Burke, Edmund. *The Correspondence of Edmund Burke*, editado por Alfred Cobban e Robert A. Smith, University of Chicago Press, Chicago, 1967, vol. 6, p. 47.
92. Hayek, Friedrich A. *Law, Legislation and Liberty*, vol. 2: *The Mirage of Social Justice*, University of Chicago Press, Chicago, 1976, p. 78.
93. Posner, Richard A. *The Economics of Justice*, Harvard University Press, Cambridge, Massachusetts, 1981.
94. Ver, por exemplo: Rawls, John. *A Theory of Justice*, pp. 43, 60, 61, 265, 302.
95. Ibid., p. 15.
96. Ibid., p. 104.
97. Ibid., p. 73.
98. Ibid., p. 278.
99. Ibid., p. 276.
100. Ibid., p. 301.
101. Ibid., pp. 3-4.
102. Lief, Alfred, editor. *Representative Opinions of Mr. Justice Holmes*, p. 69.
103. Holmes JR., Oliver Wendell. *Collected Legal Papers*, Peter Smith, Nova York, 1952, p. 304.
104. Loc. cit.
105. Holmes Jr., Oliver Wendell. *The Common Law*, Little, Brown and Company, Boston, 1923, p. 43.
106. Ibid., p. 48.
107. Holmes, Mark DeWolfe, editor. *Holmes-Laski Letters*, vol. 1, p. 264.
108. Burke, Edmund. *Reflections on the Revolution in France*, p. 28.
109. *Terminiello v. Chicago*, 337 U. S. 1, 1949, p. 37.
110. Wilson, Margaret Bush. "Commentary: reflections on discrimination in the private sector." *Washington University Law Quarterly*, vol. 1979, p. 785.
111. *Public Papers of the Presidents of the United States: Lyndon B. Johnson, 1965*, livro II, U. S. Government Printing Office, Washington, 1966, p. 636.
112. Smith, Adam. *The Theory of Moral Sentiments*, pp. 380-381.

CAPÍTULO 9: OS PADRÕES DOS UNGIDOS

1. Dewey, John. *Liberalism and Social Action*, Prometheus Books, Amherst, Nova York, 2000, p. 13.
2. Burke, Edmund. A letter to the right hon. Henry Dundas, one of his majesty's principal secretaries of state with the sketch of negro code. Burke, Edmund. *The Works of the Right Honorable Edmund Burke*, 3ª edição, Little, Brown and Company, Boston, 1869, vol. VI, pp. 256-289.
3. Smith, Adam. *The Theory of Moral Sentiments*, Liberty Classics, Indianápolis, 1976, p. 337.
4. Dewey, John. *Liberalism and Social Action*, p. 66.
5. Williams, Joe. "New attack at horror HS: top senior jumped at Brooklyn's Troubled Lafayette." *New York Daily News*, 7 de dezembro de 2002, p. 7. Becker, Maki. "Asian students hit in rash of HS attacks." *New York Daily News*, 8 de dezembro de 2002, p. 7. Texeira, Erin. "Asian Americans bullied at

school; Laws and Conferences Address Problem." *Washington Post*, 25 de dezembro de 2005, A10. Freedman, Samuel G. "Students and teachers expect a battle in their visits to the principal's office." *New York Times*, 22 de novembro de 2006, B7. Graham, Kristen A. "Asian students describe violence at South Philadelphia High." *Philadelphia Inquirer*, 10 de dezembro de 2009, p. A1; Miller III, G. W. "Aggregated assault: Asian students seek refuge from school violence." *Philadelphia Weekly*, 2-8 de setembro de 2009, pp. 15, 17, 19-20. Graham, Kristen A. "Attacking immigrant students not new, say those involved." *Philadelphia Inquirer*, 18 de dezembro de 2009, p. B1. Graham, Kristen A. "Other Phila. Schools handle racial, ethnic tensions." *Philadelphia Inquirer*, 4 de fevereiro de 2010, p. A1. Gammage, Jeff; Graham, Kristen A. "Feds find merit in Asian student's claims against Philly School." *Philadelphia Inquirer*, 28 de agosto de 2010, A1. Graham, Kristen p. A.; Gammage, Jeff. "Two immigrant students attacked at Bok." *Philadelphia Inquirer*, 21 de setembro de 2010, p. B1.

6. Howe, Mark DeWolfe, editor. *Holmes-Laski Letters: The Correspondence of Mr. Justice Holmes and Harold J. Laski 1916-1935*, Harvard University Press, Cambridge, Massachusetts, 1953, vol. 2, p. 974.

7. Landes, David S. *The Wealth and Poverty of Nations: Why Some Are So Rich and Some So Poor*, W. W. Norton, Nova York, 1998, p. 94.

9. Ibid., p. 95.
9. Ibid., p. 96.
10. Ibid., p. 135.

11. Larkin, John. "Newspaper Nirvana?" *Wall Street Journal*, 5 de maio de 2006, p. B1. Harford, Tim. *The Undercover Economist*, Oxford University Press, Nova York, 2005, p. 3.

12. Aron, Raymond. *The Opium of the Intellectuals*, traduzido para o inglês por Terence Kilmartin, Secker & Warburg, Londres, 1957, p. 227.

13. Ver, por exemplo: Thernstrom, Abigail; Thernstrom, Stephan. *No Excuses: Closing the Racial Gap in Learning*, Simon & Schuster, Nova York, 2003, pp. 43-50. Sowell, Thomas. Patterns of black excellence. *The Public Interest*, 1976, pp. 26-58.

14. Eliot, Thomas S. "The cocktail party." *The Complete Poems and Plays*, Harcout, Brace and Company, Nova York, 1952, p. 348.

15. Myrdal, Gunnar. *Asian Drama: An Inquiry Into the Poverty of Nations*, Pantheon, Nova York, 1968, vol. 3, pp. 1569-1570.

16. Olson, Walter. "Law school and leftist orthodoxy." *Commentary*, março de 2011, p. 45.

PARTE 4: REALIDADE OPCIONAL

Revel, Jean-François. *The Flight from Truth: The Reign of Deceit in the Age of Information*, traduzido para o inglês por Curtis Cate, Random House, Nova York, 1991, p. 34.

CAPÍTULO 10: FILTRANDO A REALIDADE

1. Schumpeter, J. A. *History of Economic Analysis*, Oxford University Pres, Nova York, 1954, p. 43n.
2. Flynn, Daniel J. *A Conservative History of the American Left*, Crown Forum, Nova York, 2008, p. 214.
3. Revel, Jean-François. *The Flight from Truth: The Reign of Deceit in the Age of Information*, traduzido para o inglês por Curtis Cate, Random House, Nova York, 1991, p. 259.
4. DeNavas-Walt, Carmen et al. "Income, poverty, and health insurance coverage in the United States: 2006." *Current Population Reports*, P60-233, U. S. Bureau of the Census, Washington, 2007, p.
5. Cannet, Glenn B. et al. "Home mortgage disclosure act: expanded data on residential lending." *Federal Reserve Bulletin*, novembro de 1991, p. 870. Canner, Glenn B.; Smith, Dolores S. "Expanded HMDA data on residential lending: one year later." *Federal Reserve Bulletin*, novembro de 1992, p. 808. Sharpe, Rochelle. "Unequal opportunity: losing ground on the employment front." *Wall Street Journal*, 14 de setembro de 1993, pp. A1 e seguintes.

5. Goldberg, Bernard. *Bias: A CBS Insider Exposes How the Media Distort the News*, Regnery Publishing Inc., Washington, 2002, p. 63.
6. Anderson, Brian C. *South Park Conservatives: The Revolt Against Liberal Media Bias*, Regnery Publishing Inc., Washington, 2005, p. 14. Um estudo anterior revelou que mais da metade dos diretores de empresas em dramas televisivos "fazem algo ilegal, variando de fraude a assassinato". Hollander, Paul. *Anti-Americanism: Critiques at Home and Abroad 1965-1990*, Oxford University Press, Nova York, 1992, p. 231.
7. Goldberg, Bernard. *Bias*, p. 81.
8. Golden, Daniel. "Aiming for diversity, textbooks overshoot. *Wall Street Journal*, 19 de agosto de 2006, pp. A1 e seguintes.
9. Duranty, Walter. "All Russia suffers shortage of food; supplies dwindling." *New York Times*, 25 de novembro de 1932, p.1.
10. Taylor, S. J. *Stalin's Apologist: Walter Duranty, The New York Time's Man in Moscou*, Oxford University Press, Nova York, 1990, p. 182.
11. Ibid., p. 205.
12. Wolfe, Gregory. *Malcolm Muggeridge: A Briography*, William B. Eerdmans Publishing Co., Grand Rapids, 1997, p. 119.
13. Conquest, Robert. *The Harvest of Sorrow: Soviet Collectivization and the Terror-Famine*, Oxford University Press, Nova York, 1986, p. 303.
14. Ver, por exemplo: Ellman, Michael. "A note on the number of 1933 famine victims." *Soviet Studies*, vol. 43, n° 2,1991, p. 379. Davies, R. W.; Wheatcroft, Stephen G. *The Years of Hunger: Soviet Agriculture, 1931-1933*, Palgrave Macmillan, Nova York, 2004, p. 415. Smith, Steve. "Comment on Kershaw." *Contemporary European History*, fevereiro de 2005, p. 130. Mace, James E. "The politics of famine: American government and press response to the Ukrainian famine, 1932-1933." *Holocaust and Genocide Studies*, vol. 3, n° 1,1988, p. 77. Kuromiya, Hiroaki. *Stalin*, Pearson Education Limited, Harlow, Inglaterra, 2005, pp. 103-104. Até as publicações soviéticas divulgaram relatórios sobre o país como um todo, informando que "o número de vítimas da fome e do terror durante os anos de 1930 e durante a guerra, segundo os demógrafos soviéticos (que já não se calam mais), ultrapassou em muito as piores avaliações da historiografia anticomunista". Revel, Jean-François. *The Flight from Truth*, traduzido para o inglês por Curtis Cate, p. 208.
15. Taylor, S. J. *Stalin's Apologist*, p. 206.
16. Mace, James E. "The politics of famine: American government and press response to the Ukrainian famine, 1932-1933." *Holocaust and Genocide Studies*, 1988, vol. 3, n° 1, 1988, p. 82.
17. Dworkin, Ronald. Affirming affirmative action. *New York Review of Books*, 22 de outubro de 1998, pp. 91 e seguintes. Wolfe, Alan. "Affirmative action: the Fact gap." *New York Times*, 25 de outubro de 1998, seção Book Review, p. 15. Flacks, Richard. "Getting to yes." *The Shape of the River. Los Angeles Times*, 4 de julho de 1999, seção Book Review, p. 7. Cose, Ellis. "Cutting through race rhetoric." *Newsweek*, 28 de setembro de 1998, p. 75. Karen, David. "Go to the head of the class." *The Nation*, 16 de novembro de 1998, pp. 46 e seguintes.
18. Thernstrom, Stephan; Thernstrom, Abigail. Reflections on *The Shape of the River. UCLA Law Review*, vol. 46, n° 5, junho de 1999, p. 1589.
19. Heriot, Gail. "Affirmative action backfires." *Wall Street Journal*, 24 de agosto de 2007, p. A15. "Race data for bar admissions research stays under wraps." *California Bar Journal*, dezembro de 2007, pp. 1 e seguintes.
20. Hitchens, Peter. *A Brief History of Crime: The Decline of Order, Justice and Liberty in England*, Atlantic Books, Londres, 2003, p. 168.
21. Mauser, Gary. "Some international evidence on gun bans and murder rates." *Fraser Forum*, outubro de 2007, p. 24. Um estudo estatístico internacional constatou que Suíça, Israel e Nova Zelândia "têm leis de controle de armas relativamente brandas e/ou grande disponibilidade de arma de fogo, e mesmo assim têm índices de homicídio que diferem um pouco dos de Inglaterra e Japão" — ou seja, os índices de homicídio são uma fração dos índices registrados nos Estados Unidos. Miron, Jeffrey A.

"Violence, guns, and drugs: A cross-country analysis." *Journal of Law and Economics*, vol. 44, n° 2, parte 2, outubro de 2001, p. 616. Há mais de dois séculos, a cidade de Nova York tem um índice de homicídios muitas vezes superior ao índice de homicídios de Londres — e durante a maior parte desses dois séculos, nenhum dos dois lugares teve leis sérias de controle de armas. Malcolm, Joyce Lee. *Guns and Violence: The English Experience*, Harvard University Press, Cambridge, Massachusetts, 2002, p. 225.

22. Malcolm, Joyce Lee. *Guns and Violence*, p. 225.
23. Kopel, David B. "Children and guns." *Guns: Who Should Have Them?*, editado por David B. Kopel, Prometheus Books, Amherst, Nova York, 1995, p. 346.
24. Wilson, James Q. "Criminal justice." *Understanding America: The Anatomy of an Exceptional Nation*, editado por Peter H. Schuck e James Q. Wilson, Public Affairs, Nova York, 2008, p. 479.
25. Malcolm, Joyce Lee. *Guns and Violence*, p. 61.
26. Ibid., p. 82.
27. Ibid., p. 92.
28. Ibid., p. 128.
29. Ibid., 167.
30. Jacobs, James B. *Can Gun Control Work?*, Oxford University Press, Nova York, 2002, p. 13.
31. McGowan, William. *Coloring the News: How Crusading for Diversity Has Corrupted American Journalism*, Encounter Books, São Francisco, 2001, pp. 99-100.
32. Por exemplo, num artigo do Family Research Institute, em junho de 2005, intitulado "Homosexual Child Molestation: Part 2", e em outro artigo da mesma organização intitulado "Domestic Violence Higher Among Homosexuals?", em agosto de 2008.
33. McGowan, William. *Coloring the News*, p. 105.
34. Ibid., pp. 235, 236.
35. Harper, Jennifer. "To Be 'illegal' or not to be: newsroom question." *Washington Times*, 6 de março de 2009, p. A1.
36. McGowan, William. *Coloring the News*, p. 89.
37. Ibid., p. 90.
38. Loc. cit.
39. Ibid., pp. 90-94.
40. Murray, David; Schwartz, Joel; Lichter, S. Robert. *It Ain't Necessarily So: How Media Make and Unmake the Scientific Picture of Reality*, Rowman & Littlefield, Lanham, Maryland, 2001, p. 71.
41. Media eat up hunger study. *Media Watch*, abril de 1991, p. 1.
42. Loc. cit.
43. Rector, Robert E. Hunger and malnutrition among American children. *Backgrounder*, n° 843, 2 de agosto de 1991, The Heritage Foundation, p. 2.
44. Goldberg, Jonah. *Liberal Fascism: The Secret History of the American Left from Mussolini to the Politics of Meaning*, Doubleday, Nova York, 2008, pp. 127-128.
45. Ver, por exemplo: Galbraith, John Kenneth. *The Great Crash, 1929*, Houghton Mifflin, Boston, 1961, pp. 143-146. Schlesinger, Arthur M. *Paths to the Present*, Houghton Mifflin, Boston, 1964, p. 237.
46. Shlaes, Amity. *The Forgotten Man: A New History of the Great Depression*, HarperCollins, Nova York, 2007, pp. 148-149.
47. Johnson, Paul. *A History of the American People*, HarperCollins, Nova York, 1997, p. 757.
48. Hoover, Herbert. *The Memoirs of Herber Hoover: The Great Depression, 1929-1941*, The Macmillan Company, Nova York, 1952, p. 29.
49. Hoover, Herbert. *The Memoirs of Herbert Hoover: The Cabinet and the Presidency 1920-1933*, The Macmillan Company, Nova York, 1952, pp. 99, 103-104.
50. Shlaes, Amity. *The Forgotten Man*, p. 131.
51. Hoover, Herbert, *The Memoirs of Herber Hoover: The Great Depression, 1929-1941*, pp. 43-46.
52. Villard, Oswald Garrison. "Pity Herbert Hoover." *The Nation*, 15 de junho de 1932, p. 669.
53. "Wanted — a government." *New Republic*, 4 de março de 1931, p. 58.

NOTAS NUMÉRICAS

54. Wilson, Edmund. *The Shores of Light: Literary Chronicle of the Twenties and Thirties*, Farrar, Straus and Young, Inc., Nova York, 1952, p. 498.
55. Wilson, Edmund. *The American Jitters: A Year of the Slump*, Charles Scribner's Sons, Nova York, 1932, p. 296.
56. Allen, Robert S.; Drew Pearson. *Washington Merry-Go-Round*, Horace Liveright, Nova York, 1931, p. 55.
57. Laski, Harold. "Persons and personages: President Hoover." *Living Age*, junho de 1931, p. 367.
58. "Ickes says Hoover let needy 'Starve'." *New York Times*, 7 de abril de 1936, p. 5.
59. McElvaine, Robert S. *The Great Depression: America, 1929-1941*, Times Books, Nova York, 1993, p. 52.
60. Krugman, Paul. "Fifty Herbert Hoovers." *New York Times*, 29 de dezembro de 2008, p. A25.
61. McCullough, David. *Truman*, Simon & Schuster, Nova York, 1992, pp. 389-390.
62. Miller, Merle. *Plain Speaking: An Oral Biography of Harry S. Truman*, Berkley Publishing Corp., Nova York, 1974, p. 220.
63. Adlai E. Stevenson. *New York Times*, 15 de julho de 1965, p. 28.
64. Jacoby, Russell. *The Last Intellectuals: American Culture in the Age of Academe*, Basic Books, Nova York, 2000, p. 81.
65. Beschloss, Michael. "How well-read should a president be?" *New York Times*, 11 de junho de 2000, seção 4, p. 17.
66. McCullough, David. "Harry S. Truman: 1945-1953." *Character Above All: Ten Presidents from FDR to George Bush*, editado por Robert A. Wilson, Simon & Schuster, Nova York, 1995, p. 58.
67. Ferrell, Robert H. *Harry S. Truman: A Life*, University of Missouri Press, Colúmbia, Missouri, 1994, p. 19.
68. Straight Michael. "Truman should quit." *New Republic*, 5 de abril de 1948, p. 5.
69. "Truman as leader." *New Republic*, 17 de maio de 1948, p. 13.
70. Pearson, Drew. "Washington merry-go-round: Truman explains 'Rights' Passion." *Washington Post*, 7 de novembro de 1948, p. B5.
71. Miller, Merle. *Plain Speaking*, p. 243.
72. Jeansonne, Glen. *A Time of Paradox: America from the Cold War to the Third Millenium, 1945-Present*, Rowman & Littlefield, Lanham, Maryland, 2007, p. 225.
73. Suskind, Ron. *A Hope in the Unseen: An American Odyssey from the Inner City to the Ivy League*, Broadway Books, Nova York, 1998, p. 116.
74. Toobin, Jeffrey. "The burden of Clarence Thomas." *The New Yorker*, 27 de setembro de 1993, p. 43.
75. Rowan, Carl T. "Thomas is far from 'Home'." *Chicago Sun-Times*, 4 de julho de 1993, p. 41.
76. McGrory, Mary. "Thomas walks in Scalia's shoes". *Washington Post*, 27 de fevereiro de 1992, A2.
77. Merida, Kevin et al. "Enigmatic on the bench, influential in the halls." *Washington Post*, 10 de outubro de 2004, pp. A1 e seguintes.
78. Loc. cit.
79. Foskett, Ken. *Judging Thomas: The Life and Times of Clarence Thomas*, William Morrow, Nova York, 2004, pp. 274-276.
80. Merida, Kevin; Fletcher, Michael A. *Supreme Discomfort: The Divided Soul of Clarence Thomas*, Doubleday, Nova York, 2007, p. 340.
81. Lipscomb, David C. "Thomas inspires boys school grads." *Washington Times*, 30 de maio de 2008, p. A1.
82. Greenburg, Jan Crawford. *Supreme Conflict: The Inside Story of the Struggle for Control of the United States Supreme Court*, Penguin Press, Nova York, 2007, p. 117.
83. Ward, Arch. "Talking it over." *Chicago Daily Tribune*, 10 de fevereiro de 1937, p. 27.
84. Cuddy, Jack. "Condemned man' arrives for Louis Bout." *Los Angeles Times*, 22 de abril de 1936, p. A9.
85. "$500,000 Bid for Contest Claimed." *Whasington Post*, 17 de dezembro de 1936, p. X22.

86. Pegler, Westbrook. "Adolph Hitler's boy." *Washington Post*, 15 de dezembro de 1936, p. X9.
87. Ross, Albion. "Nazi regime backs Berlin Fight Plan." *New York Times*, 12 de março de 1937, p. 27.
88. D'O'Brian, Joseph. "The businesss of *boxing*." *American Heritage*, outubro de 1991, p. 78.
89. "Schmeling's departure for U. S. practically ignored in Germany." *New York Times*, 16 de abril de 1936, p. 31. "Hitler still frowns on Max fighting Joe Louis in U. S." *Chicago Defender*, 2 de maio de 1936, p. 14.
90. Ross, Albion. "Schmeling, home, hailed by Reich." *New York Times*, 27 de junho de 1936, p. 12.
91. Ibid.
92. Povich, Shirley. "This morning..." *Washington Post*, 16 de junho de 1936, p. 19.
93. Cuddy, Jack. "Condemned man' arrives for Louis Bout." *Los Angeles Times*, 22 de abril de 1936, p. A9.
94. Weisbord Robert; Hedderich, Norbert. "Max Schmeling: righteous ring warrior?" *History Today*, janeiro de 1993, p. 40.
95. Deford, Frank. "Almost a hero." *Sports Illustrated*, 3 de dezembro de 2001, p. 74.
96. Wilson, Edmund. *Travels in Two Democracies*, Harcourt, Brace and Company, Nova York, 1936, p. 321.
97. "After the slaughter, what hope?" *The Economist*, 9 de março de 2002, p. 45.
98. "Caste and the Durban Conferente." *The Hindu* (Índia), 31 de agosto de 2001 (on-line).
99. Reservation policy not implemented in full. *The Hindu*, Índia, 18 de novembro de 2001 (on-line).
100. O'Neill, Tom. "Untouchable." *National Geograhic*, junho de 2003, pp. 2-31.
101. Yardley, Jim. "In India, castes, honor and killings intertwine." *New York Times*, 10 de julho de 2010, pp. A1 e seguintes.
102. Klein, Martin A. "Introduction." *Breaking the Chains: Slavery, Bondage, and Emancipation in Modern Africa and Asia*, editado por Martin A. Klein, University of Wisconsin Press, Madison, 1993, pp. 19-20. Em 1840, ainda havia mais escravos na Índia do que os escravos emancipados pelos britânicos no Caribe. Davis, David Brion. *The Problem of Slavery in the Age of Revolution, 1770-1823*, Cornell University Press, Ithaca, 1975, p. 63.
103. Kristof, Nicholas D. "She's 10 and may be sold to a brothel." *New York Times*, 2 de junho de 2011, p. A23.
104. Winston Churchill foi um dos que não se deixaram enganar pelas descrições benévolas da Índia feitas por intelectuais ocidentais ou indianos. "Esses brâmanes que tagarelam em defesa dos princípios do liberalismo ocidental e se passam por políticos filosóficos e democráticos são os mesmos brâmanes que negam direitos básicos de existência a quase 60 milhões dos seus próprios compatriotas, a quem chamam 'intocáveis' e a quem ensinaram a aceitar essa triste posição no decorrer de milhares de anos de opressão." Churchill, Winston. *Churchill Speaks 1897-1963: Collected Speeches in Peace & War*, editado por Robert Rhodes James, Chelsea House, Nova York, 1980, p. 536.
105. Hollander, Paul. *Political Pilgrims: Travels of Western Intellectuals to the Soviet Union, China, and Cuba 1928-1978*, Oxford University Press, Nova York, 1981, p. 13.
106. Daniels, Anthony. "Preface." Revel, Jeans-François. *Last Exit to Utopia: The Survival of Socialism in a Post-Soviet Era*, traduzido para o inglês por Diarmid V. C. Cammell, Encounter Books, Nova York, 2000, p. xvii.
107. "A reaffirmation of principle." *New York Times*, 26 de outubro e 1988, p. A21.
108. Hofstadter, Richard. *Anti-Intellectualism in American Life*, Vintage Books, Nova York, 1963, pp. 3, 24.
109. Kristof, Nicholas D. "Obama and the war on brains." *New York Times*, 9 de novembro de 2008, seção Week in Review, p. 10.
110. Barzun, Jacques. *The House of Intellect*, Perennil Classics, Nova York, 2002, p. 2.
111. Hoyt, Clark. "Keeping their opinions to themselves." *New York Times*, 19 de outubro de 2008, seção Week in Review, p. 12.
112. Schumpeter, Joseph A. *History of Economic Analysis*, p. 43.

113. Hardcover advice & misc. *New York Times*, 20 de março de 2011, seção Book Review. Ver também ibid., 27 de março de 2011.

CAPÍTULO 11: VERDADE SUBJETIVA

1. Goldberg, Jonah. *Liberal Fascism: The Secret History of the American Left from Mussolini to the Politics of Meaning*, Doubleday, Nova York, 2008, p. 343.
2. Bureau of the Census. *Historical poverty tables: table 4. U. S.*, Current Population Survey, Annual Social and Economic Supplements. Baixado em 29 de junho de 2007.
3. Hinchliffe, Arnold P. *Harold Pinter*, Twayne Publishers, Inc., Nova York, 1967, p. 101.
4. Johnson, Paul. *Enemies of Society*, Atheneum, Nova York, 1977, p. 230.
5. Rogers, Will. *A Will Rogers Treasury: Reflections and Observations*, editado por Bryan B. Sterling e Frances N. Sterling, Crown Publishers, Nova York, 1982, p. 88.
6. Barzun, Jacques. *The House of Intellect*, Perennial Classics, Nova York, 2002, p. 15.
7. Revel, Jean-François. *The Flight from Truth: The Reign of Deceit in the Age of Information*, traduzido para o inglês por Curtis Cate, Random House, Nova York, 1991, p. 16.
8. Sugar, Peter F. *Southeastern Europe under Ottoman Rule, 1354-1804*, University of Washington Press, Seattle, 1977, pp. 55-56.
9. Shmelev, Nikolai; Popov, Vladimir. *The Turning Point: Revitalizing the Soviet Economy*, Doubleday, Nova York, 1989, p. 170.
10. Hoffer, Eric. *First Things, Last Things*, Harper & Row, Nova York, 1971, p. 117.
11. Wells, Herbert G. *The Anatomy of Frustration: A Modern Synthesis*, The Macmillan Company, Nova York, 1936, p. 115.
12. Ibid., p. 100.
13. Stigler, George J. *Essays in the History of Economics*, University of Chicago Press, Chicago, 1965, pp. 20-22, *passim*.
14. Hartford, Tim. *The Undercover Economist*, Oxford University Press, Nova York, 2005, p. 3.
15. Johnson, Paul. *Intellectuals*, Harper & Row, Nova York, 1988, p. 319.
16. Ibid., p. 246.
17. Hoffer, Eric. *First Things, Last Things*, p. 117.

PARTE 5: OS INTELECTUAIS E A LEI

Epstein, Richard A. *How Progressives Rewrote the Constitution*, The Cato Institute, Washington, 2006, p. viii.

CAPÍTULO 12: MUDANDO A LEI

1. *Constitution of the United States*, artigo I, seção 9 (3).
2. Holmes Jr., Oliver Wendell. *The Common Law*, Little, Brown and Company, Boston, 1923, p. 1.
3. *Lauren Hill Cemetery v. City and County of San Francisco*, 216 U.S. 358, 1910, 366.
4. Holmes, Oliver Wendell. *Colected Legal Papers*, Peter Smith, Nova York, 1952, p. 194.
5. Condorcet, Antoine-Nicolas de. *Sketch for a Historical Picture of the Progress of the Human Mind*, traduzido para o inglês por June Barraclough, Weidenfeld and Nicolson, Londres, 1955, p. 112.
6. Dworkin, Ronald. *Taking Rights Seriously*, Harvard University Press, Cambridge, Massachusetts, 1980, p. 147.
7. Ibid., p. 145.
8. Ibid., p. 239.

9. Roosevelt, Theodore. *The Rough Riders: An Autobiography*, The Library of America, Nova York, 2004, p. 614. Ver também p. 721.
10. Morris, Edmund. *Theodore Rex*, The Modern Library, Nova York, 2002, p. 165.
11. Milkis, Sidney M. *Theodore Roosevelt, the Progressive Party, and the Trasformation of American Democracy*, University of Kansas Press, Lawrence, Kansas, 2009, p. 186.
12. Loc. cit.
13. Wilson, Woodrow. *Constitutional Government in the United States*, Transaction Publishers, New Brunswick, N. J., 2006, p. 158.
14. Ibid., p. 167.
15. Ibid., p. 169.
16. *Roe v. Wade*, 410 U.S. 113 (1973).
17. *Engel v. Vitale*, 370 U.S. 421 (1962).
18. *Miranda v. Arizona*, 384 U.S. 436 (1966).
19. *Brown v. Board of Education of Topeka, Kansas*, 347 U.S. 483 (1954).
20. *Furman v. Georgia*, 408 U.S. 238 (1972).
21. Lynch v. Donnelly, 465 U.S. 668 (1984); *Allegheny County v. American Civil Liberties Union*, 492 U.S. 573 (1989); *Rosenberg v. Rector and Visitors of University of Virginia*, 515 U.S. 819 (1995); *McCreary County, Kentucky v. Amerian Civil Liberties Union*, 545 U.S. 844 (2005); *Van Orden v. Perry*, 545 U.S. 677 (2005).
22. *Baker v. Carr*, 369 U.S. 186 (1962).
23. Croly, Herbert. *The Promise of America Life*, Northeastern University Press, Boston, 1989, pp. 35-36.
24. Ibid., p. 200.
25. Breyer, Stephen. *Making Our Democracy Work: A Judge's View*, Alfred A. Knopf, Nova York, 2010, p. 230.
26. Pound, Roscoe. Mechanical jurisprudence. *Columbia Law Review*, vol. 8, dezembro de 1908, p. 615.
27. Ibid., pp.605, 609, 612.
28. Ibid., pp. 612, 614.
29. Pound, Roscoe . "The need of a sociological jurisprudence." *The Green Bag*, outubro de 1907, pp. 611, 612.
30. Pound, Roscoe. Mechanical jurisprudence. *Columbia Law Review*, vol. 8, dezembro de 1908, p. 614.
31. Pound, Roscoe. "The need of a sociological jurisprudence." *The Green Bag*, outubro de 1907, pp. 614, 615.
32. Ibid., pp. 612, 613.
33. Pound, Roscoe. "Mechanical jurisprudence." *Columbia Law Review*, vol. 8, dezembro de 1908, 605, 606, 610, 612, 613, 618, 620, 622.
34. Epstein, Richard A. *How Progressives Rewrote the Constitution*, The Cato Institute, Washington, 2006, pp. 4-5, 39.
35. Brandeis, Louis D. "The living law." *Illinois Law Review*, fevereiro de 1916, p. 461.
36. Ibid., p. 462.
37. Ibid., p. 464.
38. Loc. cit.
39. Loc. cit.
40. Ibid., p. 471.
41. Cox, Archibald. "The effect of the search for equality upon judicial institutions." *Washington University Law Quarterly*, vol. 1979, p. 795.
42. Ibid., pp. 804-805.
43. Ginsburg, Ruth Bader. "Sexual equality under the fourteenth and equal rights amendments" ibid., p. 161.
44. Dewey, John. *Liberalism and Social Action*, Prometheus Books, Amherst, Nova York, 2000, p. 68.
45. Croly, Herbert, *The Promise of American Life*, p. 150.

46. *Dred Scott v. Stanford*, 60 U.S. 393 (1857), p. 407.
47. Ibid., pp. 562, 572-576.
48. *Wickard v. Filburn*, 317 U.S. 111 (1942), p. 114.
49. Ibid., p. 118.
50. Ibid., p. 128.
51. Breyer, Stephen. *Making Our Democracy Work*, p. 128.
52. Ibid., p. 127.
53. *United Steelworkers v. Weber*, 443 U.S. 193 (1979), pp. 201, 202.
54. Ibid., p. 222.
55. "United States Equal Employment Opportunity Comission." *Legislative History of Titles VII and XI of the Civil Rights Act of 1964*, U.S. Government Printing Office, Washington, sem data, p. 3005.
56. Holmes, Oliver Wendell. *Collected Legal Papers*, p. 307.
57. *Adkins v. Children's Hospital*, 261 U.S. 525 (1923), p. 570.
58. *Constitution of the United States*, artigo VI (2).
59. Ver, por exemplo: *Day-Brite Lighting, Inc. v. Missouri*, 342 U. S. 421 (1952), p. 423.
60. *Griswold v. Connecticut*, 381 U.S. 479 (1965), p. 484.
61. Kinsley, Michael. "Viewpoint: rightist judicial activism rescinds a popular mandate." *Wall Street Journal*, 20 de fevereiro de 1986, p. 25.
62. Greenhouse, Linda. "Justices step in as federalism's referee." *New York Times*, 28 de abril de 1995, pp. A1 e seguintes.
63. Colker, Ruth; Brudney, James J. "Dissing Congress." *Michigan Law Review*, outubro de 2001, p. 100.
64. "Federalism and guns in school." *Washington Post*, 28 de abril de 1995, p. A26.
65. Biskupic, Joan. "Top court ruling on guns slams brakes on Congress." *Chicago Sun-Times*, 28 de abril de 1995, p. 28.
66. Greenhouse, Linda. "Farewell to the old order in the court." *New York Times*, 2 de julho de 1995, seção 4, pp. 1 e seguintes.
67. Sustein, Cass R. "Tilting the scales rightward." *New York Times*, 26 de abril de 2001, p. A23.
68. Sustein, Cass R. "A hand in the matter." *Legal Affairs*, março-abril de 2003, pp. 26-30.
69. Rosen, Jeffrey. "Hyperactive: how the right learned to love judicial activism." *New Republic*, 31 de janeiro de 2000, p. 20.
70. Cohen, Adam. "What chief justice Roberts forgot in his first term: judicial modesty." *New York Times*, 9 de julho de 2006, seção 4, p. 11.
71. "The vote on judge Sotomayor." *New York Times*, 3 de agosto de 2009, p. A18.
72. Dworkin, Ronald. "The 'devastating' decision." *New York Review of Books*, 25 de fevereiro de 2010, p. 39.
73. Blinder, Alan S. "It's time for financial reform plan C." *Wall Street Journal*, 16 de fevereiro de 2010, p. A19.
74. Dworkin, Ronald. "The 'devastating' decision." *New York Review of Books*, 25 de fevereiro de 2010, p. 39.
75. Dworkin, Ronald. "The court's embarrassingly bad decisions." *New York Review of Books*, 26 de maio de 2011, p. 40.
76. *Constitution of the United States*, emenda I.
77. Dworkin, Ronald. "The 'devastating' decision." *New York Review of Books*, 25 de fevereiro de 2010, p. 39.
78. Sunstein, Cass R. "Tilting the scales rightward." *New York Times*, 26 de abril de 2001, p. A23.
79. "Inside politics." CNN *Transcripts*, 11 de julho de 2005.
80. Ver, por exemplo: Lewis, Anthony. "A man born to act, not to muse." *New York Times Magazine*, 30 de junho de 1968, pp. 9 e seguintes.
81. Rakove, Jack N. "Mr. Meese, meet Mr. Madison." *Atlantic Monthly*, dezembro de 1986, p. 78.

82. Scalia, Antonin. *Matter of Interpretation: Federal Courts and the Law*, Princeton University Press, Princeton, 1997, pp. 17, 45.
83. Blackstone, William. *Commentaries on the Laws of England*, Oceana Publications, Nova York, 1966, vol. 1, p. 59.
84. Holmes, Oliver Wendell. *Collected Legal Papers*, p. 204.
85. Ibid., p. 207.
86. Howe, Mark DeWolfe, editor. *Holmes-Pollock Letters: The Correspondence of Mr. Justice Holmes and Sir Frederick Pollock 1874-1932*, Harvard University Press, Cambridge, Massachusetts, 1942, vol. 1, p. 90.
87. *Northern Securities Company v. United States*, 193 U.S. 197 (1904), 401.
88. Bork, Robert H. *Tradition and Morality in Constitutional Law*, American Enterprise Institute, Washington, 1984, p. 7.
89. *Constitution of the United States*, artigo I, seção 9 (3).
90. *McDonald et al. v. City of Chicago, Illinois* (decisão provisória), 28 de junho de 2010, opinião divergente do juiz Breyer, p. 5.
91. Holmes, Oliver Wendell. *Collected Legal Papers*, p. 289.
92. Rakove, Jack N. "Mr. Meese, meet Mr. Madison." *Atlantic Monthly*, dezembro de 1986, p. 81.
93. Ibid., pp. 81, 82.
94. Ibid, p. 84.
95. Dworkin, Ronald. *A Matter of Principle*, Harvard University Press, Cambridge, Massachusetts, 1985, pp. 40, 43, 44.
96. Ibid., p. 42.
97. Rakove Jack. N. "Mr. Meese, meet Mr. Madison." *Atlantic Monthly*, dezembro de 1986, p. 78.
98. Lews, Anthony. "A supreme difference." *New York Review of Books*, 10 de junho de 2010, pp. 49-50.
99. Dworkin, Ronald. *A Matter of Principle*, p. 318.
100. Ibid., p. 331.
101. "The High Court loses restraint." *New York Times*, 29 de abril de 1995, seção 1, p. 22.
102. Howe, Mark DeWolfe, editor. *Holmes-Laski Letters: The Correspondence of Mr. Justice Holmes and Harold J. Laski 1916-1935*, Harvard University Press, Cambridge, Massachusetts, 1953, vol. 1, p. 752.
103. *Abrams v. United States*, 250 U.S. 616 (1919), 629.
104. Howe, Mark DeWolfe, editor. *Holmes-Laski Letters*, vol. 1, p. 389.
105. Howe, Mark DeWolfe, editor. *Holmes-Laski Letters*, vol. 2, p. 913.

CAPÍTULO 13: LEI E "RESULTADOS"

1. Palmer, Robert R. *Twelve Who Ruled: The Year of the Terror in the French Revolution*, Princeton University Press, Princeton, 1989, pp. 132-133.
2. Ver, por exemplo: Rothfeld, Michael. "Officials urge end to prison oversight." *Los Angeles Times*, 28 de janeiro de 2009, p. B1. Moore, Solomon. "The prison overcrowding fix." *New York Times*, 11 de fevereiro de 2009, p. A17. Robbins, William. "Tax for school desegregation upheld." *New York Times*, 20 de agosto de 1988, seção 1, p. 7. Murray, Frank J. "Schools plan will end; feud will not; desegregation case leaves judge Bitter." *Washington Times*, 27 de março de 1997, p. A1. Jordan, Mary. "Kansas City's costly integration strategy; results mixed in $1.2 billion school plan." *Washington Post*, 11 de abril de 1992, p. A1.
3. Ver, por exemplo: Murray, Charles. *Human Acomplishment: The Pursuit of Excelence in the Arts an Sciences, 800 B.C. to 1950*, HarperCollins, Nova York, 2003, pp. 92, 99,100, 101, 258, 279, 282, 301-304, 356. Gladwell, Malcolm. *Outliers: The Story of Success*, Little, Brown and Co., Nova York, 2008, cap. 1. Sowell, Thomas. *The Vision of the Anointed: Self-Congratulation as a Basis for Social Policy*, Basic Books Nova York, 1995, pp. 35-37.

4. Greenhouse, Linda. "The year the court turned right." *New York Times*, 7 de julho de 1989, pp. A1 e seguintes.
5. Greenhouse, Linda. "Shift to right seen." *New York Times*, 13 de junho de 1989, pp. A1 e seguintes.
6. Wicker, Tom. "Bush and the blacks." *New York Times*, 16 de abril de 1990, pp. A19.
7. "A red herring in black and white." *New York Times*, 23 de julho de 1990, p. A14.
8. Coleman Jr., William T. "A false 'quota' call." *Whashington Post*, 23 de fevereiro de 1990, p. A23.
9. "A gentler civil rights approach." *Boston Globe*; 3 de agosto de 1991, p. 18.
10. "A civil rights setback." *Boston Globe*, 9 de junho de 1989, p. 16.
11. Dworkin, Ronald. *Freedom's Law: The Moral Reading of the American Constitution*, Harvard University Press, Cambridge, Massachusetts, 1996, p. 157.
12. Jacoby, Tamar. "A question of statistics." *Newsweek*, 19 de junho de 1989, p. 58.
13. Alleyne, Reginald. "Smoking guns are hard to find." *Los Angeles Times*, 12 de junho de 1989, p. 5.
14. Eglit, Howard. "The age discrimination in employment act, title VII, and the Civil Rights act of 1991: three acts and a dog that didn't bark." *Wayne Law Review*, primavera de 1993, p. 1190.
15. Freeman, Alan. "Antidiscrimination law: the view from 1989." *The Politics of Law: A Progressive Critique*, edição revisada, editada por David Kairys, Pantheon Books, Nova York, 1990, p. 147.
16. Kovacic-Fleischer, Candace S. "Proving discrimination after *Price Waterhouse* and *Wards Cove*: semantics as substance." *American University Law Review*, vol. 39, 1989-1990, p. 662.
17. U.S. Equal Employment Opportunity Commission, *Legislative History of Titles VII and XI of Civil Rights Act of 1964*, D. C. U.S. Government Printing Office, Washington, sem data, pp. 3005, 3006-3007, 3160, e *passim*.
18. Ibid, p. 3015.
19. Ibid., p. 1014.
20. Mills, Edwin S. "The attrition of urban real-property rights." *The Independent Review*, outono de 2007, p. 209.
21. Tribe, Laurence H. *Constitutional Choices*, Harvard University Press, Cambridge, Massachusetts, 1985, p. 187.
22. Loc. cit.
23. Ver, por exemplo: Anderson, Martin. *The Federal Bulldozer: A Critical Analysis of Urban Renewal, 1949-1962*, MIT Press, Cambridge, Massachusetts, 1964, pp. 56-59, 64-65. Carpenter, Dick M.; Ross, John K. *Victimizing the Vulnerable: The Demographics of Eminent Domain Abuse*, Institute for Justice, Arlington, Virgínia, 2007, pp. 1-7. Greenhut, Steven. *Abuse of Power: How the Government Misuses Eminent Domain*, Seven Locks Press, Santa Ana, Califórnia, 2004, p. 109. Fulbright, Leslie. "Neighborhood closes a checkered chapter." *San Francisco Chronicle*, 21 de julho de 2008, p. B1.
24. Por exemplo, ver meu *The Housing Boom and Bust*, 2ª edição, Basic Books, Nova York, 2010, pp. 8-17.
25. Oremus, Will. "Bay Meadows vote to have broad repercussions." *Inside Bay Area*, 21 de abril de 2008.
26. *Home Builders Association of Northern California v. City of Napa*, 90 Cal. App. 4th 188, 6 de junho de 2001.
27. Fulbright, Leslie. "S.F. moves to stem African American exodus." *San Francisco Chronicle*, 9 de abril de 2007, pp. A1 e seguintes. Bureau of the Census, *1990 Census of Population: General Population Characteristics California, 1990*, CP-1-6, seção 1 de 3, pp. 27, 28, 30, 31; U.S. Census Bureau, *Profiles of General Demographic Characteristics 2000, 2000 Census of Population and Housing, California*, tabela DP-1, pp. 2, 20, 39, 42.
28. Ver, por exemplo: Godwin, William. *Enquiry Concerning Political Justice and Its Influence on Morals and Happiness*. University of Toronto Press, Toronto, 1946, vol. 2, p. 462. Dewey, John. *Human Nature and Conduct: An Introduction to Social Psychology*, Modern Library, Nova York, 1957, p. 18. Bellany, Edward. *Looking Backward: 2000-1887*, Houghton Mifflin, Boston, 1926, pp. 200-201.
29. Wilson, James Q.; Herrnstein, Richard J. *Crime and Human Nature*, Simon and Schuster, Nova York, 1985, p. 409.

30. Malcolm, Joyce Lee. *Guns and Violence: English Experience*, Harvard University Press, Cambridge, Massachusetts, 2002, pp. 164-165.
31. Wilson, James Q.; Herrnstein, Richard J. *Crime and Human Nature*, pp. 423-425. Malcolm, Joyce Lee. *Guns and Violence*, pp. 166-168, 171-189. Fraser, David. *A Land Fit for Criminals: An Insider's View of Crime, Punishment and Justice in England and Wales*, Book Guild Publishing, Sussex, 2006, pp. 352-356. Dalrymple, Theodore. "Protect the burglars of Bromsgrove!" *City Journal*, 20 de outubro de 2008.
32. Malcolm, Joyce Lee. *Guns and Violence*, p. 184.
33. Rolph, C. H. "Guns and violence." *New Statesman*, 15 de janeiro de 1965, pp. 71, 72.
34. Rolph, C. H. "Who needs a gun?" *New Statesman*, 16 de janeiro de 1970, p. 70.
35. Hitchens, Peter. *A Brief History of Crime: The Decline of Order, Justice and Liberty in England*, Atlantic Books, Londres, 2003, p. 151.
36. Ibid., p. 166.
37. Malcolm, Joyce Lee. *Guns and Violence*, p. 168.
38. Zimring, Franklin E. *The Great American Crime Decline*, Oxford University Press, Nova York, 2008, pp. 6, 15.
39. Department of the Treasury, Bureau of Alcohol, Tobacco & Firearms. "Commerce in Firearms in the United States", fevereiro de 2000, p. 6.
40. Malcolm, Joyce Lee. *Guns and Violence*, pp. 5, 204.
41. Ibid., p. 184.
42. Henwood, Chris. "Council tells gardener: take down barbed wire in case it hurts thieves who keep burgling you." *Birmingham Evening Mail*, 11 de outubro de 2008, p. 9.
43. Thernstrom, Stephan; Thernstrom, Abigail. *America in Black and White: One Nation, Indivisible*, Simon and Schuster, Nova York, 1997, p. 162.
44. Malcolm, Joyce Lee. *Guns and Violence*, pp. 90-91.
45. Ver, por exemplo: Zimring, Franklin E. *The Great American Crime Decline*, p. 55.
46. Zion, Sidney E. Attack on court heard by Warren. *New York Times*, 10 de setembro de 1965, pp. 1 e seguintes.
47. Wicker, Tom. "In the nation: which law and whose order?" *New York Times*, 3 de outubro de 1967, p. 46.
48. The Unkindest Cut. *The Economist*, 3 de janeiro de 2009, p. 42.
49. Ver, por exemplo: Fraser, David. *A Land Fit for Criminals*, especialmente capítulos 3, 6, 7.
50. Ibid., p. xviii.
51. Butterfield, Fox. "Crime keeps on falling, but prisons keep on filling." *New York Times*, 28 de setembro de 1997, p. WK1. Numa ocasião anterior, Fox Butterfield disse: "Extraordinariamente, durante a década de 1960, quando a criminalidade aumentou, o número de norte-americanos na prisão na verdade diminuiu". Butterfield, Fox. "U.S. expands its lead in the rate of imprisonment." *New York Times*, 11 de fevereiro, 1992, p. A16. Em outras palavras, a relação inversa entre crime e punição pareceu incompreensível em ambas as épocas.
52. "Prision nation." *New York Times*, 10 de março de 2008, p. A16.
53. Wicker, Tom. "The punitive society." *New York Times*, 12 de janeiro de 1991, p. 25.
54. Johnson, Dirk. "More prisons using iron hand to control inmates." *New York Times*, 1º de novembro de 1990, p. A18.
55. Fraser, David. *A Land Fit for Criminals*, p. 97. Saunders, Peter; Billante, Nicole. "Does prision work?" *Policy*, Austrália, vol. 18, nº 4, verão de 2002-2003, pp. 3-8.
56. Fraser, David. *A Land Fit for Criminals*, pp. 71-73.
57. "A nations of jailbirds." *The Economist*, 4 de abril de 2009, p. 40.
58. Fraser, David. *A Land Fit for Criminals*, p. 72.
59. "A Nation of Jailbirds." *The Economist*, 4 de abril de 2009, p. 40.
60. Fraser, David. *A Land Fit for Criminals*, p. 109.
61. Seligman, Daniel; Davis, Joyce E. "Investing in prision." *Fortune*, 29 de abril de 1996, p. 211.

62. Prision nation. *New York Times*, 10 de março de 2008, p. A16.
63. Fraser, David. *A Land Fit for Criminals*, p. 38. Criminal statistics 2004. *Home Office Statistical Bulletin*, novembro de 2005, tabela 1.2.
64. Barrett, David. "Thousands of criminals spared prison go on to offend again." *Daily Telegraph* on-line, Londres, 20 de dezembro de 2008.
65. Fraser, David. *A Land Fit for Criminals*, pp. 7-9, 277-278.
66. Ibid., pp. 13-14.
67. Ibid., capítulos 6, 7.
68. Wilson, James Q.; Herrnstein, Richard J. *Crime and Human Nature*, pp. 428-434.
69. Derbeken, Jaxon Van. "Homicides plummet as police flood tough areas." *San Francisco Chronicle*, 6 de julho de 2009, pp. C1 e seguintes.

PARTE 6: OS INTELECTUAIS E A GUERRA

CAPÍTULO 14: AS GUERRAS MUNDIAIS

1. Weber, Eugen. *The Hollow Years: France in the 1930s*, W. W. Norton, Nova York, 1994, p. 5.
2. Kagan, Donald. *On the Origins of War and the Preservation of Peace*, Doubleday, Nova York, 1995, pp. 132-133.
3. Gilbert, Martin. *The First World War: A Complete History*, Henry Holt, Nova York. 1994, pp. 29, 34. Tuchman, Barbara W. *The Guns of August*, Bonanza Books, Nova York, 1982, pp. 125, 127.
4. Goldberg, Jonah. *Liberal Fascism: The Secret History of the American Left from Mussolini to the Politics of Meaning*, Doubleday, Nova York, 2008, p. 83.
5. Leuchtenburg, William E. "Progressivism and imperialism: the progressive movement and American foreign policy, 1898-1916." *Mississippi Valley Historical Review*, vol. 39, n° 3, dezembro de 1952, pp. 483-504; Goldberg, Jonah. *Liberal Fascism*, pp. 106-111.
6. Croly, Herbert. *The Promise of American Life*, Northeastern University Press, Boston, 1989, p. 259.
7. Ibid., p. 256.
8. Leuchtenburg, William E. "Progressivism and imperialism: the progressive movement and American foreign policy, 1898-1916." *Mississippi Valley Historical Review*, vol. 39, n° 3, dezembro de 1952, pp. 486, 487, 497.
9. Croly, Herbert. *The Promise of American Life*, pp. 302, 303.
10. Ibid., p. 169.
11. Goldberg, Jonah. *Liberal Fascism*, p. 107.
12. Powell, Jim. *Wilson's War: How Woodrow Wilson's Great Blunder Led to Hitler, Lenin, Stalin, and World War II*, Crown Forum, Nova York, 2005, pp. 80-81. Ver também: Link, Arthur S.; *Woodrow Wilson and the Progressive Era: 1910-1917*, Harper & Brothers, Nova York, 1954, capítulos 4, 5.
13. O grande economista Alfred Marshall viu na tentativa da Grã-Bretanha de matar de fome a população germânica uma fonte duradoura de amargor e uma futura guerra. Escrevendo em 1915 para seu aluno mais famoso, John Maynard Keynes, Marshall declarou: "Eu não devo viver para ver a nossa próxima guerra com a Alemanha; mas você, sim, eu suponho". *Memorials of Alfred Marshall*, editado por A. C. Pigou, Kelley & Millman, Inc., Nova York, 1956, p. 482.
14. Wilson, Woodrow; Address to a joint session of Congress calling for a declaration of war. *Woodrow Wilson: Essential Writings and Speeches of the Scholar-President*, editado por Mario R. DiNunzio, New York University Press, Nova York, 2006, p. 401.
15. Ibid., p. 402.
16. Powell, Jim. *Wilson's War*, p. 136.
17. Goldberg, Jonah. *Liberal Fascism*, p. 105.
18. Ibid., p. 63.

19. Howlett, Charles F. *Troubled Philosopher: John Dewey and Struggle for World Peace*, Kenniak Press, Port Washington, N.Y., 1977, p. 20.

20. Knock, Thomas J. *To End All Wars: Woodrow Wilson and the Quest for a New World Order*, Oxford University Press, Nova York, 1992, pp. 77-78. Os intelectuais não eram os únicos a idolatrarem Woodrow Wilson. "Por toda a Europa havia praças, ruas, estações de trem e parques com o nome de Wilson." MacMillan, Margaret, *Paris 1919: Six Months That Changed the World*, Random House, Nova York, 2002, p. 15.

21. Citado em Moynihan, Daniel Patrick. *Pandaemonium: Ethnicity in International Politics*, Oxford University Press, Oxford, 1993, pp. 81, 82.

22. Ibid., p. 83.

23. Smith, David C. *H.G. Wells: Desperately Mortal*, Yale University Press, New Haven, 1986, p. 221.

24. Wells, H. G. *The War That Will End War*, Duffield & Company, Nova York, 1914, p. 54.

25. Moynihan, Daniel Patrick. *Pandaemonium*, p. 100.

26. Wilson, Woodrow. "Address to a joint session of Congress calling for a declaration of war." *Woodrow Wilson*, editado por Mario R. DiNunzio, p. 402.

27. Flynn Daniel J. *A Conservative History of the American Left*, Crown Forum, Nova York. 2008, p. 178.

28. Goldberg, Jonah. *Liberal Fascism*, pp. 108-111, *passim*.

29. Ibid., pp. 112-113.

30. Dewey, John. *Characters and Events: Popular Essays in Social and Political Philosophy*, editado por Joseph Ratner, Henry Holt and Company, Nova York, 1929, vol. 2, p. 517.

31. Weber, Eugen. *The Hollow Years*, p. 11.

32. Horne, Alistair. *To Lose Battle: France 1940*, Penguin Books, Nova York, 1990, p. 49.

33. Weber, Eugen. *The Hollow Years*, pp. 13, 14.

34. Ibid., pp. 18-24.

35. Lawrence, Derek W. "The ideological writings of Jean Giono (1937-1946)." *The French Review*, vol. 45, nº 3, fevereiro de 1972, p. 589.

36. Overy, Richard. *The Twilight Years: The Paradox of Britain Between the Wars*, Viking, Nova York, 2009, p. 370.

37. Shepherd, Robert. *A Class Divided: Appeasement and the Road to Munich, 1938*, Macmillan, Londres, 1988, p. 17.

38. Ceadel, Martin. *Semi-Detached Idealists: The British Peace Movement and International Relations, 1854-1945*, Oxford University Press, Oxford, 2000, p. 242.

39. Laski, Harold J. *A Grammar of Politics*, George Allen & Unwin, Ltd., Londres, 1925, p. 587.

40. Dewey, John. "Outlawing peace by discussing war." *New Republic*, 16 de maio de 1928, p. 370. Dewey, John. "If war were outlawed." *New Republic*, 25 de abril de 1923, p. 235.

41. Shepherd, Robert. *A Class Divided*, p. 50.

42. Ceadel, Martin. *Semi-Detached Idealists*, p. 359.

43. Ceadel, Martin. *Pacifism in Britain 1914-1945: The Defining of a Faith*, Clarendon Press, Oxford, 1980, p. 253.

44. Skidelsky, Robert. *John Maynard Keynes*, vol. 3: *Fighting for Britain 1937-1946*, Viking Penguin, Nova York, 2001, p. 34.

45. Russell, Bertrand. *Which Way to Peace?*, Michael Joseph, Ltd., Londres, 1937, p. 179.

46. Wells, Herbert G. *The Anatomy of Frustration: A Modern Synthesis*, The Macmillan Co., Nova York, 1936, p. 102.

47. Martin, Kingsley. "Russia and Mr. Churchill." *New Statesmanship: An Anthology*, editado por Edward Hyams, Longmans, Londres, 1963, p. 70.

48. Martin, Kingsley. "The educational role of the press." *The Educational Role of the Press*, editado por Henry de Jouvenel, et al, International Institute of Intellectual Co-Operation, Paris, 1934, pp. 29-30.

49. Quando Churchill defendeu que fosse dobrado o tamanho da Força Aérea Real em 1937 — dois anos antes do início da Segunda Guerra Mundial —, o líder do Partido Liberal declarou que se tratava da linguagem de malaios "fora de controle". Um ano mais tarde, quando Churchill mais uma vez se levantou no Parlamento para repreender o governo por não realizar o rearmamento, a resposta foi a seguinte: "Um silêncio constrangido saudou Churchill quando ele terminou. Então os membros do Parlamento, ansiosos por se entregarem a pensamentos mais agradáveis, sacudiram seus papéis, ergueram-se e andaram sem pressa na direção do saguão, muitos deles indo para o chá. Um dos membros disse a Virginia Cowles, sua convidada na galeria de visitantes: 'Esse foi mais um dos discursos de obstrução de Churchill — ele gosta de brandir o sabre e faz isso muito bem, mas é preciso ter um pé atrás quando se trata dele'". Isso aconteceu um ano antes do início da Segunda Guerra Mundial. Humes, James C. *Churchill: Speaker of the Century*, Stein and Day, Nova York, 1982, p. 175.

50. Fisher, David James. *Romain Rolland and the Politics of Intellectual Engagement*, University of California Press, Berkeley, 1988, pp. 61-65.

51. "Ask league to act to end army draft." *New York Times*, 29 de agosto de 1926, p. E1.

52. O livro foi escrito por H. C. Engelbrecht e F. C. Hanighen. Ver Skidelsky, Robert. *John Maynard Keynes*, vol. 3: *Fighting For Britain 1937-1946*, p. 34.

53. Howlett, Charles F. *Troubled Philosopher*, p. 134.

54. Romain Rolland calls for a Congress against war. *New Republic*, 6 de julho de 1932, p. 210.

55. Wells, Herbert G. *The Work, Wealth and Happiness of Mankind*, Doubleday, Doran & Co., Inc., Garden City, Nova York, 1931, vol. 2, p. 669.

56. Laski, Harold J. "If I were dictator." *The Nation*, 6 de janeiro de 1932, p. 15.

57. Huxley, Aldous. *Aldous Huxley's Hearst Essays*, editado por James Sexton, Garland Publishing, Inc., Nova York, 1994, pp. 9-10.

58. Priestley, J. B. "The public and the idea of peace." *Challenge to Death*, editado por Storm Jameson, E.P. Dutton & Co., Inc., Nova York, 1935, p. 319.

59. Forster, E. M. "Notes on the way." *Time and Tide*, 2 de junho de 1934, p. 696. Forster, E. M. "Notes on the way." *Time and Tide*, 23 de novembro de 1935, p. 1703.

60. Howlett, Charles F. *Troubled Philosopher*, pp. 55-56.

61. Kagan, Donald. *On the Origins of War and the Preservation of Peace*, p. 314.

62. "Romain Rolland calls for a Congress against war", *New Republic*, 6 de julho de 1932, p. 210.

63. Duhamel, Georges. *The French Position*, traduzido para o inglês por Basil Collier, Dent, Londres, 1940, p. 107.

64. A speech by Anatole France. *The Nation*, 6 de setembro de 1919, p. 349.

65. Siegel, Mona L. *The Moral Disarmament of France: Education, Pacifism, and Patriotism, 1914-1940*, Cambridge University Press, Cambridge, 2004, pp. 127, 132.

66. Ibid., p. 146.

67. Sherman, Daniel J. *The Construction of Memory in Interwar France*, University of Chicago Press, Chicago, 1999, p. 300.

68. Siegel, Mona L. *The Moral Disarmament of France*, p. 160.

69. May, Ernest R. *Strange Visctory: Hitler's Conquest of France*, Hill and Wang, Nova York, 2000, p. 283.

70. Siegel, Mona L. *The Moral Disarmament of France*, p. 217.

71. Scott, Malcolm. *Mauriac: The Politcs of a Novelist*, Scottish Academic Press, Edinburgh, 1980, p. 79.

72. Churchill, Winston. *Churchill Speaks 1897-1963: Collecte Speeches in Peace & War*, editado por Rober Rhodes James, Chelsea House, Nova York, 1980, p. 554.

73. Horne, Alistair. *To Lose A Battle*, p. 189.

74. May, Ernest R. *Strange Victory*, pp. 18-23.

75. Ver, por exemplo: Hart, B. H. Liddell. *History of the Second World War*, Paragon Books, Nova York, 1979, pp. 35-36. May, Ernst R. *Strange Victory*, pp. 5-6, 278.

76. May, Ernst R. *Strange Victory*, pp. 103-106.
77. Ibid., pp. 215, 220, 245, 252, 276-277, 278 289, 439, 454, 455, 456.
78. Ibid., p. 17.
79. Ibid., pp. 17, 280.
80. Shirer, William L. *Berlin Diary: The Journal of a Foreign Correspondent 1934-1941*, Tess Press, 2004, pp. 167, 189, 201, 219, 242, 260, 332-333, 347, 348, 349, 372. Hitler astutamente antecipou e encorajou a imobilidade dos franceses. Em Berlim, Shirer escreveu em seu diário em 3 de setembro: "O Alto Comando comunica que no front ocidental, os alemães não atirarão primeiro contra os franceses". Ibid., p. 163.
81. Martin, Kingsley. "War and the next generation." *New Statesman and Nation*, 11 de abril de 1931, p. 240.
82. Russell, Bertrand. *Sceptical Essays*, W. W. Norton & Co., Inc., Nova York, 1928, p. 184.
83. Russell, Bertrand. *Pacifism in Britain, 1914-1945*, p. 105.
84. Ibid., pp. 106, 131. Gide, André. *The André Gide Reader*, editado por Davie Littlejohn, Alfred A. Knopf, Nova York, 1971, pp. 804-805.
85. Ceadel, Martin. *Pacifism in Britain 1914-1945*, p. 137.
86. Churchill, Winston. *Churchill Speaks 1897-1963*, editado por Robert Rhodes James, p. 645. Churchill disse anteriormente: "Muitas pessoas acreditam que a melhor maneira de escapar da guerra é enfatizar seus horrores e imprimi-los vividamente na mente das gerações mais jovens. Eles colocam fotografias horríveis bem diante dos seus olhos. Enchem seus ouvidos com histórias de carnificina. Dão destaque à inépcia de generais e almirantes. Denunciam o crime e a tola insensatez da disputa humana". Ibid., p. 586.
87. Smith, David C. *H. G. Wells*, pp. 317, 321.
88. Wells, Herbert G. *The Anatomy of Frustration*, p. 98.
89. Priestley, J. B. "The public and the idea of peace." *Challenge to Death*, editado por Storm Jameson, p. 316.
90. "Spreading the spirit of peace." *The Times*, Londres, 28 de agosto de 1936, p. 8.
91. May, Ernest R. *Strange Victory*, pp. 103-106.
92. Godwin, William. *Enquiry Concerning Political Justice and Its Influence on Morals and Happiness*, University of Toronto Press, Toronto, 1946, vol. 2, pp. 144-145.
93. Russell, Bertrand. *Which Way to Peace?*, p. 139.
94. Ibid., pp. 140, 144.
95. Ibid., pp. 144-145.
96. Buell, Raymond Leslie. "Even in France they differ on armaments." *New York Times*, 21 de fevereiro de 1932, seção Book Review, pp. 10 e seguintes.
97. Russell, Bertrand. *Which Way to Peace?*, pp. 99, 122.
98. Martin, Kingsley. "Dictators and democrats." *New Statesman and Nation*, 7 de maio de 1938, p. 756.
99. Martin, Kingsley. "The inescapable facts." *New Statesman and Nation*, 19 de março de 1938, p. 468.
100. Golsan, Richard J. *French Writers and the Politics of Complicity: Crises of Democracy in the 1940s and 1990s*, Johns Hopkins University Press, Baltimore, 2006, p. 83.
101. Weil, Simone. *Formative Writings 1929-1941*, editado por Dorothy Tuck McFarland e Wilhelmina Van Ness, University of Massachusetts Press, Amherst, 1987, p. 266.
102. Ceadel, Martin. *Pacifism in Britain 1914-1945*, pp. 216, 218.
103. Siegel, Mona L. *The Moral Disarmament of France*, pp. 218-219. O sindicato dos professores encorajou outros professores a se juntarem à resistência. Entre outras coisas, isso indicava que esses professores não eram desprovidos de patriotismo, embora tivessem tentado durante anos misturar internacionalismo e patriotismo quando ensinavam os jovens, produzindo o efeito do trompete proverbial que emite um som vacilante e irônico.
104. Johnson, Paul. *Modern Times: The World from the Twenties to the Nineties*, edição revisada, Perennial Classics, Nova York, 2001, p. 348.

105. Shepherd, Robert. *A Class Divided*, p. 41.
106. Laski, Harold. "The people wait for a lead." *Daily Herald*, 4 de janeiro de 1937, p. 10.
107. Imlay, Talbot C. *Facing the Second World War: Strategy, Politics, and Economics in Britain and France 1938-1940*, Oxford University Press, Nova York, 2003, pp. 199, 303-304. Shepherd, Robert. *A Class Divided*, pp. 102-103. Shay Jr., Robert Paul. *British Rearmament in the Thirties: Politics and Profits*, Princeton University Press, Princeton, 1977, pp. 217-218. Buchanan, Tom. *Britain and the Spanish Civil War*, Cambridge University Press, Nova York, 1997, pp. 78-79.
108. "Trade unionism and democracy." *New Statesman and Nation*, 10 de setembro de 1938, p. 369.
109. Howlett, Charles F. *Troubled Philosopher*, p. 77.
110. Villard, Oswald Garrison. "Issues and men: the president's disarmament opportunity." *The Nation*, 31 de janeiro de 1934, p. 119.
111. Manchester, William. *American Caesar: Douglas MacArthur 1880-1964*, Little, Brown and Company, Boston, 1978, pp. 154, 156. Holland, Matthew F. *Eisenhower Between the Wars: The Making of a General and Statesman*, Praeger, Westport, CT, 2001, pp. 171-172.
112. Howlett, Charles F. *Troubled Philosopher*, pp. 55-56.
113. The way of appeasement. *The Times*, Londres, 25 e novembro de 1937, p. 15.
114. Churchill, Winston. *Churchill Speaks 1987-1963*, editado por Robert Rhodes James, pp. 624, 627.
115. Churchill, Winston. *The Second World War*, vol. 1: *The Gathering Storm* Houghton Mifflin Co., Boston, 1983, p. 216.
116. Ibid., pp. 216-217.
117. Weber, Eugen. *The Hollow Years*, p. 126.
118. May, Ernst R. *Strange Victory*, p. 138.
119. Weber, Eugen. *The Hollow Years*, p. 127.
120. Ibid., p. 126.
121. Ibid., p. 128.
122. Ibid., pp. 102, 107-108.
123. Kershaw, Ian. *Making Friends with Hitler: Lord Londonderry, the Nazis and the Road to World War II*, Penguin Press, Nova York, 2004, pp. 27, 30, 31.
124. Laski, H. J. "Hitler — just a figurehead." *Daily Herald*, 19 de novembro de 1932, p. 8.
125. Kershaw, Ian. *Making Friends with Hitler*, pp. 29-30.
126. Wrench, John Evelyn. *Geoffrey Dawson and Our Times*, Hutchinson, Londres, 1955, p. 361. Em 1935, o correspondente estrangeiro norte-americano William L. Shirer registrou em seu diário que um correspondente do *Times* de Londres "queixou-se comigo privadamente que o *Times* não publica tudo o que ele envia, que não quer ouvir muito a respeito do lado ruim da Alemanha nazista e que aparentemente tornou-se refém dos pró-nazistas em Londres". Shirer, William L. *Berlin Diary*, p. 33. A filtragem de notícias de Dawson se estendia a sua cobertura das tropas alemãs que marchavam para os Sudetos da Checoslováquia em 1938, onde a população predominantemente alemã as recebeu com entusiasmo, enquanto os checos fugiam do domínio nazista. "Todos os dias havia fotografias das tropas germânicas triunfantes marchando para os Sudetos. (...) Nas fotografias, a alegre acolhida aos soldados alemães deu testemunho da aparente validade do acordo de Munique. Fotografias dos refugiados haviam chegado ao *The Times*. Dawson se recusou a publicá-las." Gilbert, Martin; Gott, Richard. *The Appeasers*, Houghton Mifflin Co., Boston, 1963, p. 191.
127. Churchill, Winston. *The Second World War*, vol. 1: The Gathering Storm, p. 73.
128. Shirer, William L. *The Rise and Fall of the Third Reich: A History of Nazi Germany*, Simon and Schuster, Nova York, 1960, pp. 292-294. Ver também Shirer, William L. *Berlin Diary*, pp. 44-45.
129. Shirer, William L. *The Rise and Fall of the Third Reich*, p. 293.
130. Loc. cit. A conclusão de que um recuo alemão poderia ter significado o fim do regime nazista também foi compartilhado por Winston Churchill. Ver Churchill, Winston. *The Second World War*, vol. 1: *The Gathering Storm*, p. 194. Embora um historiador tenha, mais tarde, questionado essa conclusão (May, Ernest R. *Strange Victory*, pp. 36-38), William L. Shirer ressaltou, ao contrário do doutor

May, que as tropas alemãs na Renânia deviam ter recebido ordens de bater em retirada com rapidez pelo Reno caso as tropas francesas investissem. A simples concentração de tropas francesas próximo da fronteira alemã, para reforçar a Linha Maginot, levou os principais generais germânicos a insistirem para que Hitler retirasse as suas tropas da Renânia, e Hitler se recusou a fazer isso (Shirer, William L. *The Rise and Fall of the Third Reich*, pp. 290-291, 293).

131. Churchill, Winston. *The Second World War: The Gathering Storm*, vol. 1, pp. 196-197.
132. Weber, Eugen. *The Hollow Years*, p. 23. May, Ernest R., *Strange Victory*, pp. 142-143.
133. May, Ernest R. *Strange Victory*, pp. 142-143.
134. Churchill, Winston. *The Second World War: The Gathering Storm*, vol. 1, p. 197.
135. "A respeito do período que se seguiu imediatamente a Munique, Harold Macmillan observou mais tarde: 'O mundo inteiro parecia unido em gratidão ao homem que havia impedido a guerra. Não surpreende que o primeiro-ministro vivesse com o ânimo elevado, quase inebriado. Questionar sua autoridade era traição; negar sua inspiração beirava a blasfêmia'." Shepherd, Robert. *A Class Divided*, p. 225. Ver também pp. 1-5.
136. Weber, Eugen. *The Hollow Years*, pp. 175, 260.
137. Ibid., p. 261.
138. May, Ernest R. *Strange Victory*, p. 7.
139. Buchanan, Patrick J. *Churchill, Hitler, and the Unnecessary War: How Britain Lost Its Empire and the West Lost the World*, Crown Publishing, Westminster, MD, 2008, pp. 329-334.
140. Churchill, Winston. *Churchill Speaks, 1897-1963*, editado por Robert Rhodes James, p. 809.
141. "Fui informado de que em agosto Washington quase desistiu da Grã-Bretanha e de que encontrava extremamente apreensivo, temendo que a Marinha Britânica caísse nas mãos de Hitler, o que colocaria a costa leste norte-americana em grande perigo." Shirer, William L. *Berlin Diary*, pp. 444-445. O próprio Winston Churchill havia advertido o presidente Franklin D. Roosevelt, em maio de 1940, que, se ele — Churchill — e seu governo fossem substituídos por outros que "conduzissem uma negociação em meios a ruínas" com uma Alemanha vitoriosa, a frota britânica seria "a única chance de barganha restante" que poderia ser usada numa tentativa de obter "os melhores termos possíveis para os habitantes sobreviventes". Churchill, Winston. *The Second World War: Their Finest Hour*, vol. 2, Houghton Mifflin, Boston, 1949, pp. 56-57.
142. "Numa tarde de domingo, em setembro, no auge do que chamou de Batalha da Grã-Bretanha, Churchill viajou de carro com sua esposa da residência de campo do primeiro-ministro, em Chequers, até Uxbridge, centro nevrálgico subterrâneo da Royal Air Force. Na parede, mapas eletrônicos revelavam a distribuição dos 25 esquadrões da RAF. À medida que os discos começaram a aparecer no mapa eletrificado, indicando cada onda sucessiva de aviões alemães que chegavam da França, o Comando de Caça lançava os seus esquadrões, um a um, para fazerem frente a cada investida. Não demorou para que luzes vermelhas sinalizassem que todos os 25 esquadrões estavam no ar. A essa altura, os caças britânicos voavam com sua última gota de combustível e disparavam sua munição final."
"'Que outras reservas nós temos?', perguntou Churchill. 'Não temos nenhuma', respondeu o marechal do ar. O silêncio tomou conta do recinto." Humes, James C. *Churchill*, p. 191.
143. Hanson, Victor Davis. *Carnage and Culture: Landmark Battles in the Rise of Western Power*, Doubleday, Nova York, 2001, cap. 9.
144. "Policy for a national Opposition." *New Statesman and Nation*, 22 de outubro de 1938, p. 596.
145. Passing the buck. *New Statesman and Nation*, 25 de fevereiro de 1939, p. 272.

CAPÍTULO 15: A GUERRA FRIA E O FUTURO

1. Solzhenitsyn, A. "Nobel lecture in literature, 1970." *Literature 1968-1980: Nobel Lectures Including Presentation Speeches and Laureates' Biographies*, editado por Tore Frängsmyr e Sture Allen World Scientific, Singapura, 1993, p. 42.

2. "Victory in Europe." *Time*, 14 de maio de 1945, p. 17.
3. Halberstam, David. *The Fifties*, Random House, Nova York, 1993, p. 46.
4. Hanson, Victor Davis. If the dead could talk. *Hoover Digest*, 2004, nº 4, pp. 17-18.
5. Russell, Bertrand. "The international bearings of atomic warfare." *United Empire*, vol. 39, nº 1, janeiro-fevereiro de 1948, p. 21. Ver também Russel, Bertrand. "International government." *The New Commonwealth*, janeiro de 1948, p. 80.
6. "Fight before Russia finds atom bomb." *The Observer*, Londres, 21 de novembro de 1948, p. 1. Depois que seus comentários foram divulgados em ambos os lados do Atlântico, Bertrand Russell escreveu numa carta ao *The Times* de Londres: "Eu não recomendei, como foi noticiado, uma guerra imediata com a Rússia. Recomendei que as democracias se *preparassem* para o uso da força se fosse necessário, e que essa prontidão ficasse perfeitamente clara para a Rússia, pois já não há mais nenhuma dúvida de que os comunistas, assim como os nazistas, em suas tentativas de dominar a Europa e a Ásia, só podem ser detidos por uma resistência determinada e combinada, usando todos os meios ao nosso alcance, sem excluir os meios militares caso a Rússia continue a rejeitar todos os acordos". Lord Russell's Address. *The Times*, Londres, 30 de novembro de 1948, p. 5.
7. Alsop, Joseph. "Matter of fact." *Washington Post and Times Herald*, 19 de fevereiro de 1958, A15.
8. Johnson, Paul. *Intellectuals*, Harper & Row, Nova York, 1988, pp. 208, 209, 210.
9. Hayward, Steve F. *Greatness: Reagan, Churchill, and the Makin of Extraordinary Leaders*, Crown Forum, Nova York, 2005, p. 147.
10. Braestrup, Peter. *Big Story: How the American Press and Television Reported and Interpreted the Crisis of Tet 1968 in Vietnam and Washington*, Anchor Books, Garden City, 1978, pp. 49-54.
11. Ibid., pp. ix-xi.
12. Stockdale, Jim; Stockdale, Sybil. *In Love and War: The Story of a Family's Ordeal and Sacrifice During the Vietnam Years*, Harper & Row, Nova York, 1984, p. 181.
13. Karnow, Stanley. "Giap remembers." *New York Times Magazine*, 24 de junho de 1990, p. 36.
14. Ibid., p. 62.
15. "How North Vietnam won the war." *Wall Street Journal*, 3 de agosto de 1995, p. A8.
16. Ibid.
17. Schlesinger Jr., Arthur. "A middle way out of Vietnam." *New York Times*, 18 de setembro de 1966, p. 112.
18. "Needed: a Vietnam strategy." *New York Times*, 24 de março de 1968, seção 4, p. 16.
19. Pearson, Drew. "Gen. Westmoreland Ouster is urged." *Washington Post, Times Herald*, 10 de fevereiro de 1968, p. B11.
20. "The logic of the battlefield." *Wall Streed Journal*, 23 de fevereiro de 1968, p. 14.
21. Braestrup, Peter. *Big Story*, pp. 465-468. Hanson, Victor Davis. *Carnage and Culture: Landmark Battles in the Rise of Western Power*, Doubleday, Nova York, 2001, pp. 404- 405.
22. Lippmann, Walter. "Negotiated settlement in Vietnam — it makes sense." *Los Angeles Times*, 12 de fevereiro de 1967, p. F7; Schlesinger Jr., Arthur. "A middle way out of Vietnam." *New York Times*, 18 de setembro de 1966, pp. 111-112.
23. Brastrup, Peter. *Big Story*, pp. ix-xi.
24. Lippmann, Walter. "The Vietnam debate." *Washington Port, Times Herald*, 18 de fevereiro de 1965, p. A21.
25. Lippmann, Walter. "Defeat." *Newsweek*, 11 e março de 1968, p. 25.
26. Kraft Joseph. "Khesanh situation now shows Viet foe makes strategy work." *Washington Post, Times Herald*, 1º de fevereiro de 1968, p. A21.
27. Parker, Richard. *John Kenneth Galbraith: His Life, His Politics, His Economics*, University of Chicago Press, Chicago, 2005, pp. 432-433.
28. Hanson, Victor Davis. *Carnage and Culture*, p. 425.
29. Ver, por exemplo, Braestrup, Peter. *Big Story*, cap. 6. Hanson, Victor Davis. *Carnage and Culture*, p. 393, 395.

INTELECTUAIS E A SOCIEDADE

30. The Mỹ Lai massacre. *Time*, 28 de novembro de 1969, 17-19. Cite pilot for valor at Mỹ Lai. *Chicago Tribune*, 29 de novembro de 1969, p. 8. Boyce, Neil. "Hugh Thompson: reviled, them honored, for his actions at Mỹ Lai." *U.S. News & World Report*, 27 de agosto de 2001, pp. 33-34. Hanson, Victor Davis. *Carnage and Culture*, p. 394.

31. Braestrup, Peter. *Big Story*, p. 24.

32. Burkett, B. G.; Whitley, Glenna. *Stolen Valor: How the Vietnam Generation Was Robbed of Its Heroes and Its History*, Verity Press, Dallas, 1998, p. 44.

33. Hanson, Victor Davis. *Carnage and Culture*, pp. 422-423.

34. Burkett, B. G.; Whitley, Glenna. *Stolen Valor*, capítulos 4-5, 19.

35. Hanson, Victor Davis. *Carnage and Culture*, p. 393.

36. Loc. cit.

37. Ibid., pp. 394-398.

38. Feuer, Lewis. *Imperialism and the Anti-Imperialist Mind*, Prometheus Books, Buffalo, Nova York, 1986, p. 183.

39. Cauley, Leslie; Geyelin, Milo. "Ex-green Beret Sues CNN, time over retracted nerve-gas report." *Wall Street Journal*, 7 de agosto de 1998, p. 1.

40. Kraus, Albert L. "Two kinds of warfare." *New York Times*, 14 de fevereiro de 1968, p. 61.

41. Hanson, Victor Davis. *Carnage and Culture*, p. 418.

42. Churchill, Winston. *Churchill Speaks 1807-1963: Collected Speeches in Peace & War*, editado por Robert Rhodes James, Chelsea House, Nova York, 1980, p. 881.

43. "Churchill visit Scored." *New York Times*, 7 de março de 1946, p. 5.

44. "Mr. Churchill's plea." *Chicago Daily Tribune*, 7 de março de 1946, p. 18.

45. Childs, Marquis. "Churchill's speech." *Washington Post*, 6 de março de 1946, p. 8.

46. "Press reaction to Churchill's plan for closer U.S. ties with Britain." *United States News*, 15 de março de 1946, p. 39. Lippmann, Walter. Mr. Churchill's speech. *Washington Post*, 7 de março de 1946, p. 11. Let's hang together — Churchill. *Los Angeles Times*, 7 de março de 1946, p. A4.

47. Europe's capitals stirred by speech. *New York Times*, 7 de março de 1946, p. 5. Mr. Churchill's speech. *The Times*, Londres, 6 de março de 1946, p. 5.

48. Tynan, Kenneth. "The price of Berlin." *Time and Tide*, 3 de agosto de 1961, p. 1263.

49. Chamberlain, Neville. *In Search of Peace*, G. P. Putnam's Sons, Nova York, 1939, p. 288.

50. *Public Papers of the Presidents of the United States: John F. Kennedy, 1961*, United States Government Printing Office, Washington, 1962, p. 2.

51. Chamberlain, Neville. *In Search of Peace*, pp. 34, 40, 120, 209, 216, 230, 240, 242, 250, 271. A mesma ideia, expressa com palavras diferentes, é várias vezes repetida em outras partes no mesmo livro.

52. Escrevendo em seu diário em 31 de agosto de 1939 — um dia antes da invasão alemã à Polônia que desencadeou a Segunda Guerra Mundial —, William L. Shirer, correspondente estrangeiro norte-americano em Berlim, disse: "Todos contra a guerra. Pessoas dizendo isso abertamente. Como pode um país se lançar numa grande guerra com uma população tão absolutamente contra isso?". Shirer, William L. *Berlin Diary: The Journal of a Foreign Correspondent 1934-1941*, Tess Press, 2004, p. 153.

53. Howlett, Charles F. *Troubled Philosopher: John Dewey and the Struggle for World Peace*, Kennikat Press, Port Washington, Nova York, 1977, p.53. Dewey, John. *Characters and Events: Popular Essays in Social and Political Philosophy*, editado por Joseph Ratner, Henry Holt and Company, Nova York, 1929, vol. 1, pp. 199, 201. (Essa foi uma reimpressão de um ensaio escrito por Dewey e que foi publicado pela primeira vez em 1922.)

54. Dewey, John. *Characters and Events*, editado por Joseph Ratner, vol. 1, p. 201.

55. Chamberlain, Neville. *In Search of Peace*, pp. 119, 132, 198.

56. Ibid., pp. 53, 174, 208, 251-252.

57. Loc. cit.

NOTAS NUMÉRICAS

58. Ver, por exemplo, Wicker, Tom. "2 dangerous doctrines." *New York Times*, 15 de março de 1983, A25. Talbott, Strobe. "Behind the bear's angry growl." *Time*, 21 de maio de 1984, pp. 24, 27. Lewis, Anthony. "Onward, Christian soldiers." *New York Times*, 10 de março de 1983, p. A27. McCarthy, Colman. "The real Reagan: can he see the forest for the trees?" *Washington Post*, 27 de março de 1983, p. G7. "TRB, Constitutional questions." *New Republic*, 28 de março de 1983, p. 4. "The lord and the freeze." *New York Times*, 11 de março de 1983, p. A30.

59. D'Souza, Dinesh. *Ronald Reagan: How an Ordinary Man Became an Extraordinary Leader*, The Free Press, Nova York, 1997, p. 189.

60. Reagan, Ronald. *An American Life*, Simon and Schuster, Nova York, 1990, pp. 680-681.

61. Ibid., p. 683.

62. Ibid., pp. 677, 679.

63. Raspberry, William. "Why the freeze is on the ballot." *Washington Post*, 29 de outubro de 1982, p. A29.

64. Lewis, Anthony. "The diabolical Russians." *New York Times*, 18 de novembro de 1985, p. A21.

65. Wicker, Tom. "30 years of futility." *New York Times*, 22 de novembro de 1985, p. A35.

66. Kennan, George F. "First things first at the summit." *New York Times*, 3 de novembro de 1985, seção 4, p. 21.

67. McCarthy, Colman. "The disarming, modest manner of Alva Myrdal." *Washington Post*, 24 de outubro de 1982, p. H8.

68. Valentine, Paul W. "Economist hits Reagan policies: Galbraith, as AU speaker, Assails 'Reverse Logic'." *Washington Post*, 14 de maio de 1984, p. B1.

69. Voter's real opportunity to help stop the nuclear arms race. *New York Times*, 1º de novembro de 1982, p. A18.

70. Clymer, Adam. "Strong 1984 rol vowed by Kennedy." *New York Times*, 6 de fevereiro de 1983, p. 28.

71. Hornblower, Margot. "Votes arms freeze; 27 for, 9 against resolution." *Washington Post*, 9 de março de 1983, pp. A1 e seguintes.

72. "The best way to end the nuclear arms race." *New York Times*, 16 de março de 1983, p. A26.

73. Dewar, Helen. "Senate rejects arms freeze; debt ceiling rise voted down." *Washington Post*, 1º de novembro de 1983, pp. A1 e seguintes.

74. Fuerbringer, Jonathan. "Senators reject spending freeze." *New York Times*, 3 de maio de 1984, p. B15. Ver também *Congressional Record*, vol. 130, parte 8, pp. 10671-10679.

75. Ver, por exemplo, Charen, Mona. *Useful Idiots: How Liberals Got It Wrong in the Cold War and Still Blame America First*, Perennial, Nova York, 2004, pp. 110-115.

76. "SDI, Chernobyl helped end Cold War, conference told." *Washington Post*, 27 de fevereiro de 1993, p. A17.

77. Huessy, Peter. "Whining about winners: cold warriors received the cold shoulder." *Washington Times*, 16 de junho de 2004, p. A19.

78. London, Herbert I. *Armageddon in the Classroom: An Examination of Nuclear Education*, University Press of America, Lanham, MD, 1987, p. vii.

79. Siegel, Mona L. *The Moral Disarmament of France: Education, Pacifism, and Patriotism, 1914-1940*, Cambridge University Press, Cambridge, 2004, p. 80.

80. National Education Association, NEA *Handbook 1999-2000*, National Education Association, Washington, 1999, p. 343.

81. National Education Association, NEA *Handbook 1980-81*, National Education Association, Washington, 1980, p. 244.

82. National Education Association, NEA *Handbook 1982-83*, National Education Association, Washington, 1982, p. 237.

83. National Education Association, NEA *Handbook 1985-86*, National Education Association, Washington, 1985, p. 247.

84. Loc. cit.

85. National Education Association. *Proceedings of the Sixty-First Representative Assembly, 1982*, National Education Association, Washington, 1983, p. 62.
86. National Education Association. *Proceedings of the Sixty-First Representative Assembly, 1985*, National Education Association, Washington, 1986, pp.107-108. Luty, Carl. "Thinking the unthinkable... thoughtfully." NEA *Today*, março de 1983, pp. 10-11.
87. Siegel, Mona L. *The Moral Disarmament of France*, p. 136.
88. National Education Association. *Proceedings of the Sixty-First Representative Assembly 1982*, p. 67.
89. National Education Association. NEA *Handbook 1982-83*, p. 237.
90. "Statement of Mr. Willard McGuire." *Twelfth Special Session, United Nations General Assembly*, 25 de junho de 1982, A/S/AC.1/PV.7, p.12.
91. National Education Association. *Proceedings of the Sixty-First Representative Assembly, 1984*, National Education Association, Washington, 1985, p. 10.
92. Geiger, Keith. "The peace dividend: meeting America's needs." NEA *Today*, março de 1990, 2.
93. Geiger, Keith. "A time for hope." *Washington Post*, 23 de dezembro de 1990, p. C4.
94. Novak, Robert D. *The Price of Darkness: 50 Years Reporting in Washington*, Crown Forum, Nova York, 2007, p. 432.
95. Wicker, Tom. "The war option." *New York Times*, 31 de outubro de 1990, p. A25.
96. Lewis, Anthony. "The argument for war." *New York Times*, 14 de dezembro de 1990, p. A39.
97. Gellman, Barton. "How many Americans would die in war with Iraq?" *Washington Post*, 6 de janeiro de 1991, p. A21.
98. Kagan, Donald. "Colin Powell's war." *Commentary*, junho de 1995, p. 45.
99. Dowd, Maureen. "Monkey on a tiger." *New York Times*, 6 de janeiro de 2007, p. A15.
100. Krugman, Paul. "Quagmire of the vanities." *New York Times*, 8 de janeiro de 2007, p. A19.
101. "A detached debate; have the senators arguing over Iraq War resolutions read the national intelligence estimate?" *Washington Post*, 6 de fevereiro de 2007, p. A16.
102. "The one that bring him." *St. Louis Post-Dispatch*, 5 de julho de 2007, p. B8.
103. Walters, Ron. "Bush won't face truth about the war in Iraq." *Philadelphia Tribune*, 21 de janeiro de 2007, p. 6A.
104. "Funeral surge." *New Republic*, 12 de fevereiro de 2007, p. 7.
105. Ward, Jon. "Democrats ready to fight new war plan." *Washington Times*, 11 de janeiro de 2007, p. A1. *Congressional Record: Senate*, 30 de janeiro de 2007, p. S1322. Murray, Shailagh. "Obama Bill sets date for troop withdrawal." *Washington Post*, 31 de janeiro de 2007, p. A4.
106. Ward, Jon. "Democrats ready to fight new war plan." *Washington Times*, 11 de janeiro de 2007, p. A1.
107. *Congressional Record: Senate*, 18 de janeiro de 2007, p. S722.
108. Ward, Jon. "Kennedy proposal uncovers party rift; leave Iraq now vs. slow retreat." *Washington Times*, 10 de janeiro de 2007, p. 1.
109. Pfeiffer, Eric. "Pelosi threatens to reject funds for troop surge." *Washington Times*, 8 de janeiro de 2007, p. A1.
110. Ward, Jon. Democrats ready to fight new war plan. *Washington Times*, 11 de janeiro de 2007, p. A1.
111. O'Hanlon, Michael E.; Campbell, Jason H. *Iraq Index: Tracking Variables of Reconstruction & Security in Post-Saddam Iraq*: (http//www.brookings.edu/iraqindex), 28 de maio de 2009, pp. 5, 14.
112. "Peace talks now." *Los Angeles Times*, 12 de junho de 2007, p. A20.
113. Krugman, Paul. "Snow job in the desert." *New York Times*, 3 de setembro de 2007, p. A13.
114. Rich, Frank. "As the Iraqis stand down, we'll stand up." *New York Times*, 9 de setembro de 2007, seção 4, p. 14.
115. Campbell, Jason et al. "The states of Iraq and Afghanistan." *New York Times*, 20 de março de 2009, p. A27.
116. O'Hanlon, Michael E.; Pollack, Kenneth M. "A war we just might win." *New York Times*, 30 de julho de 2007, p. A17.

117. Krugman, Paul. "A surge, and then a stab." *New York Times*, 14 de setembro de 2007, p. A21.
118. Nathan, Alan. "Slamming the messenger." *Washington Times*, 18 de setembro de 2007, p. A17.
119. Stockman, Farah. "Intelligence calls Iraq's government precarious." *Boston Globe*, 24 de agosto de 2007, p. A1.
120. "Advertisement. General Petraeus or general Betray Us?" *New York Times*, 10 de setembro de 2007, p. A25.
121. Kurtz, Howard. "New York Times says it violates policies over move on ad." *Washington Post*, 24 de setembro de 2007, p. A8.
122. Kiely, Kathy. "Senators have their say during marathon hearings; 'take off your rosy glasses', general told in 10 hours of inquiries." *USA Today*, 12 de setembro de 2007, p. 6A.
123. Ibid.
124. Bumiller, Elisabeth. "A general faces questions from five potential bosses." *New York Times*, 12 de setembro de 2007, p. A10.
125. Miller, S. A. "Petraeus' integrity under fire on hill." *Whashington Times*, 10 de setembro de 2007, p. A1.
126. Page, Susan. "A mixed reception, with no sign of consensus on war." *USA Today*, 11 de setembro de 2007, p. 1A.
127. Rich, Frank. "Will the democrats betray us?" *New York Times*, 16 de setembro de 2007, seção 4, p. 11.
128. Page, Susan. "A mixed reception, with no sign of consensus on war." *USA Today*, 11 de setembro de 2007, p. 1A.
129. Frosch, Dan; Dao, James. "A military deception, made easier by a reluctance to ask questions." *New York Times*, 8 de junho de 2009, p. A10.
130. Henriques, Diana B. "Creditors press troops despite relief act." *New York Times*, 28 de março de 2005, pp. A1 e seguintes. Barry, Dan. "A teenage soldier's goodbyes on the road to over there." *New York Times*, 4 de março de 2007, seção 1, pp. 1 e seguintes.
131. Schmitt, Eric. "Medal of honor to Be awarded to soldier killed in Iraq, a First." *New York Times*, 30 de março de 2005, p. A13. Abruzzese, Sarah. "Bush gives medal of honor to slain navy seals member." *New York Times*, 9 de abril de 2008, p. A14. Hernandez, Raymond. "A protector as a child, honored as a hero." *New York Times*, 22 de outubro de 2007, p. B1.
132. Ver, por exemplo, Burns, John F. "Pillagers strip Iraqi Museum of its treasure." *New York Times*, 13 de abril de 2003, pp. A1 e seguintes. "Lawlessness in Iraq puts U.S. military gains at risk." *USA Today*, 14 de abril de 2003, p. 12A. Puente, Maria. "The looting of Iraq's past." *USA Today*, 15 de abril de 2003, p. 7D. Jehl, Douglas; Becker, Elizabeth. Experts' pleas to Pentagon didn't save museum. *New York Times*, 16 de abril de 2003, p. B5. Lowenthal, Constance; Urice, Stephen. An army for art. *New York Times*, 17 de abril de 2003, p. A25. Rich, Frank. And now: "Operation Iraqi Looting". *New York Times*, 27 de abril de 2003, seção 2, pp. 1 e seguintes. Gumbel, Andrew; Keys, David; "The Iraq conflict: U.S. blamed for failure to stop sacking of museum." *The Independent* (Londres), 14 de abril de 2003, p. 6.
133. Booth, William; Gugliotta, Guy; "All along, most Iraqi relics were 'safe and sound'." *Washington Post*, 9 de junho de 2003, p. A12. Krauthammer, Charles. Hoaxes, hype and humiliation. *Washington Post*, 13 de junho de 2003, p. A29. Bogdanos, Matthew. "The casualties of war: the truth about the Iraq museum." *American Journal of Archaeology*, vol. 109, nº 3, julho de 2005, pp. 477-526.
134. *WWII: Time-Life Books History of the Second World War*, Prentice Hall Press, Nova York, 1989, p. 401. *The Columbia Encyclopedia*, 5ª edição, Columbia University Press, Nova York, 1993, p. 116.
135. Hoyt, Clark. "The painful images of war." *New York Times*, 3 e agosto de 2008, seção Week in Review, p. 10.
136. Ver, por exemplo, Davenport, Christian. "From serving in Iraq to living on the streets; homeless vet numbers expected to grow." *Washington Post*, 5 de março de 2007, pp. B1 e seguintes. Os problemas dos veteranos da guerra do Iraque que regressam e vão para a universidade foram notícia na

seção de educação do *New York Times*: "Salas de aula cheias podem colocá-los em pânico. Eles têm dificuldade de concentração. Não conseguem se lembrar de fatos. E ninguém a sua volta entende o que eles viram. (...) Esses novos alunos vão precisar de ajuda. Os *campi* estão prontos para isso?". *New York Times*, 2 de Novembro, 2008, seção Education Life, p. 1. Tudo o que foi oferecido para fundamentar tais afirmações abrangentes na própria história foram episódios isolados; isso difere radicalmente da experiência de veteranos que foram para a faculdade depois da Segunda Guerra Mundial, na qual as tropas tinham missões de combate individuais mais longas e maiores taxas de mortalidade. Ver Alvarez, Lizette. Combat to college, ibid. pp. 24 e seguintes.

137. Sontag, Deborah; Alvarez, Lizette. "Across America, deadly echoes of foreign battles." *New York Times*, 13 de janeiro de 2008, seção 1, pp. 1, 14.

138. Peters, Ralph. "Smearing soldiers." *New York Post*, 15 de janeiro de 2008.

139. Alvarez, Lizette; Frosch, Dan. "A focus on violence by G.I.'s back from war." *New York Times*, 2 de janeiro de 2009, pp. A1 e seguintes.

140. Suicide rate for soldiers rose in '07. *New York Times*, 30 de maio de 2008, p. A18.

141. Jelinek, Pauline. "Soldier suicides hit highest rate-115 last year." *Associated Press Online*, 30 de maio de 2008.

142. Siegel Mona L. *The Moral Disarmament of France*, pp. 218-219.

143. Burke, Edmund. *The Correspondence of Edmund Burke*, editado por R. B. McDowell, University of Chicago Press, Chicago, 1969, vol. 8, p. 138.

144. Siegel, Mona L. *The Moral Disarmament of France*, p. 167.

145. Godwin, William. *Enquiry Concerning Political Justice and Its Influence on Morals and Happiness*, University of Toronto Press, Toronto, 1946, vol. 2, p. 180.

146. Ibid., 146.

147. Dewey, John. *Characters and Events*, editado por Joseph Ratner, vol. 2, pp. 800, 801.

148. Horne, Alistair. *To Lose A Battle: France 1940*, Penguin Books, Nova York, 1990, p. 189.

149. Chamberlain, Neville. *In Search of Peace*, pp. 307-308.

150. Shirer William L. *The Rise and Fall of the Third Reich: A History of Nazi Germany*, Simon and Schuster, Nova York, 1960, pp. 595-596.

151. Chamberlain, Neville. *In Search of Peace*, p. 33. Convém notar que Hitler apresentou sua posição em termos de "honra nacional de um grande povo" numa carta a Chamberlain. Ibid., p. 170.

152. Ibid., p. 107.

153. Ibid., p. 305.

154. Ibid., p. 170.

155. Ibid., p. 174.

156. Overy, Richard. *The Twilight Years: The Paradox of Britain Between the Wars*, Viking, Nova York, 2009, p. 357.

157. Buchanan, Patrick J. *Churchill, Hitler, and the Unnecessary War: How Britain Lost Its Empire and the West Lost the World*, Crown Publishing, Westminster, MD, 2008, cap. 9.

158. Keynes, J. M. "A positive peace programme." *New Statesman and Nation*, 26 de março de 1938, p. 510.

159. Ibid., p. 509.

160. Horne, Alistair. *To Lose Battle*, p. 129.

PARTE 7: INTELECTUAIS E RAÇA

Trevelyan, G. M. *English Social History: A Survey of Six Centuries, Chaucer to Queen Victoria*, Longmans, Green and Co., Londres, 1942, p. 339.

CAPÍTULO 16: DISPARIDADES E SUAS CAUSAS

1. Ver, por exemplo, diversos títulos de capítulos em Grant, Madison. *The Passing of the Great Race or the Racial Basis of European History*, edição revisada, Charles Scribner's Sons, Nova York, 1918.
2. Ibid., p. 16.
3. Haller, Mark H. *Eugenics: Hereditarian Attitudes in American Thought*, Rutgers University Press, New Brunswick, 1963, p. 11.
4. Grant, Madison. *The Passing of the Great Race*, edição revisada, p. 100. "O livro foi um *best-seller*, segundo Paul Johnson." *Modern Times: The World from the Twenties to the Nineties*, edição revisada, Perennial Classics, Nova York, 2001, p. 203.
5. Reports of the Immigration Commission, *The Children of Immigrants in Schools*, Government Printing Office, Washington, 1911, vol. 1, p. 110.
6. Brigham, Carl C. *A Study of American Intelligence*, Princeton University Press, Princeton, 1923, p. xx.
7. Ibid., p. 119.
8. Yerkes, Robert M. *Psychological Examining in the United States Army*, Memoirs of the National Academy of Sciences, Government Printing Office, Washington, 1921, vol. 15, pp. 123-292. Brigham, Carl C. *A Study of American Intelligence*, pp. 80, 121.
9. Pintner, Rudolph; Keller, Ruth. "Intelligence tests of foreign children." *Journal of Educational Psychology*, vol. 13, questão 4, abril de 1922, p. 215.
10. Hirsch, Nathaniel D. Mttron. "A study of natio-racial mental differences." *Genetic Psychology Monographs*, vol. 1, nº 3 e 4, maio e julho de 1926, p. 302.
11. Klineberg, Otto. *Race Differences*, Harper & Brothers, Nova York, 1935, pp. 183-184.
12. Ibid., p. 182. Para críticas aos dados da Primeira Guerra Mundial, de diferentes pontos de vista, ver Shue, Audrey M. *The Testing of Negro Intelligence*, 2ª edição, Social Science Press, Nova York, 1966, pp. 310-311. Brigham, Carl C. "Intelligence tests of immigrants groups." *Psychological Review*, vol. 37, questão 2, março de 1930. Sowell, Thomas. "Race and IQ reconsidered." *Essays and Data on American Ethnic Groups*, editado por Thomas Sowell e Lynn D. Collins, The Urban Institute, Washington, 1978, 226-227.
13. Brigham, Carl C. *A Study of American Intelligence*, p. 190.
14. Goddard, Henry H. "The Binet tests in relation to immigration." *Journal of Psycho-Asthenics*, vol. 18, nº 2, dezembro de 1913, p. 110.
15. Citado em Kamin, Leon J., *The Science and Politics of I.Q.*, John Wiley and Sons, Nova York, 1974, p. 6.
16. Carl Brigham, por exemplo, disse: "O declínio da inteligência norte-americana será mais rápido do que o declínio da inteligência dos grupos nacionais europeus devido à presença do negro aqui". Brigham, Carl C. *A Study of American Intelligence*, p. 210.
17. The control of births. *New Republic*, 6 de março de 1915, p. 114.
18. Webb, Sidney. "Eugenics and the poor law: The minority report." *Eugenics Review*, vol. 2, abril de 1910-janeiro de 1911, p. 240. Leonard, Thomas C. "Eugenics and economics in the progressive era." *Journal of Economic Perspectives*, vol. 19, nº 4, outono de 2005, p. 216.
19. Overy, Richard. *The Twilight Years: The Paradox of Britain Between the Wars*, Viking, Nova York, 2009, pp. 93, 105, 106, 107, 124-127.
20. Guterl, Matthew Pratt. *The Color of Race in America: 1900-1940*, Harvard University Press, Cambridge, Massachusetts, 2001, p. 67.
21. Grant, Madison. *The Passing of the Great Race*, edição revisada, p. 17.
22. Ibid., p. 48.
23. Ibid., p. 60.
24. Ibid., p. 77.
25. Ibid., p. 32.
26. Ibid., p. 19.

27. Ibid., p.20.
28. Ibid., p. 104.
29. Ibid., p. 257.
30. Ibid., p. 258.
31. Ibid., p. 260.
32. Ibid., p. 101.
33. Ibid., p. 105.
34. Ibid., p. xxi.
35. Ibid., p. 49.
36. Ibid., p. 58.
37. Ibid., p. 59.
38. Ibid., p. 89.
39. Ibid., p. 16.
40. Ibid., p. 91.
41. Ibid., p. 263.
42. Spiro, Jonathan Peter. *Defending the Master Race: Conservation, Eugenics, and the Legacy of Madison Grant*, University of Vermont Press, Burlington, 2009, pp. 6, 10, 17, 22-34.
43. Scientific books. *Science*, vol. 48, n° 1243, 25 de outubro de 1918, p. 419.
44. Grant, Madison. *The Conquest of a Continent or the Expansion of Races in America*, Liberty Bell Publications, York, SC, 2004, p. xii.
45. Spiro, Jonathan Peter. *Defending the Master Race*, pp. 98, 99.
46. Ross, Edward Alsworth. *The Principles of Sociology*, The Century Co., Nova York, 1920, p. 63.
47. Ross, Edward Alsworth. "Who outbreeds whom?" *Proceedings of the Third Race Betterment Conference*, Race Betterment Foundation, Battle Creek, Michigan, 1928, p. 77.
48. Ross, Edward Alsworth. *The Old World in the New: The Significance of Past and Present Immigration to the American People*, The Century company, Nova York, 1914, pp. 285-286.
49. Ibid., p. 288.
50. Ibid., p. 288-289.
51. Ibid., p. 293.
52. Ibid., p. 295.
53. Social Darwinism. *American Journal of Sociology*, vol. 12, n° 5, março de 1907, p. 715.
54. Ross, Edward A. "The causes of race superiority." *Annals of the American Academy of Political and Social Science*, vol. 18, julho de 1901, p. 89.
55. Ibid., p. 85.
56. Walker, Francis A. "Methods of restricting immigration." *Discussions in Economics and Statistics*, vol. 2: *Statistics, National Growth, Social Economics*, editado por by Davis R. Dewey, Henry Holt and Company, Nova York, 1899, p. 430.
57. Ibid., p. 432.
58. Walker Francis A. "Restriction of immigration", ibid., p. 438.
59. Ibid., p. 447.
60. Leonard, Thomas C. "Eugenics and economics in the progressive era." *Journal of Economic Perspectives*, vol. 19, n° 4, outono de 2005, p. 211.
61. *Annual Report of the Commissioner of Indian Affairs to the Secretary of the Interior for the Year 1872*, Government Printing Office, Washington, 1872, p. 11.
62. Ely, Richard T. "Fraternalism vs. paternalism in government." *The Century Magazine*, vol. 55, n° 5, março de 1898, p. 781.
63. Ely, Richard T. "The price of progress." *Administration*, vol. 3, n° 6, junho de 1922, p. 662.
64. Fine, Sidney. "Richard T. Ely, forerunner of progressivism, 1880-1901." *Mississippi Valley Historical Review*, vol. 37, n° 4, março de 1951, pp. 604, 609.
65. Ibid., p. 610.

66. Ibid., p. 603.
67. "Dr. R.T. Ely dies; noted economist." *New York Times*, 5 de outubro de 1943, p. 25. Ely, Richard T. Fraternalism vs. paternalism in government. *The Century Magazine*, vol. 55, nº 5, março de 1898, p. 784.
68. "Dr. R.T. Ely dies; noted economist." *New York Times*, 5 de outubro de 1943, p. 25.
69. Leonard, Thomas C. "Eugenics and economics in the progressive era." *Journal of Economic Perspectives*, vol. 19, nº 4, outono de 2005, p. 215.
70. Ibid., p. 214.
71. Ibid., p. 221.
72. Ibid., p. 212.
73. Ibid., p. 213.
74. Ibid., p. 216.
75. Ibid.
76. Spellman, William E. "The economics of Edward Alsworth Ross." *American Journal of Economics and Sociology*, vol. 38, nº 2, abril de 1979, pp. 129-140. Odum, Howard W. "Edward Alsworth Ross: 1866-1951." *Social Forces*, vol. 30, nº 1, outono de 1951, pp. 126-127. Gillin, John L. "In memorian: Edward Alsworth Ross." *The Midwest Sociologist*, vol. 14, nº 1, outono de 1951, p. 18.
77. Ross Edward Alsworth. *Seventy Years of It: An Autobiography*, D. Appleton-Century Company, Nova York, 1936, pp. 97-98.
78. Weinberg, Julius. *Edward Alsworth Ross and the Sociology of Progressivism*, The State Historical Society of Wisconsin, Madison, 1972, p. 136.
79. Spellman, William E. "The economics of Edward Alsworth Ross." *American Journal of Economics and Sociology*, vol. 38, nº 2, abril de 1979, p. 130.
80. Ross, Edward Alsworth. *Sin and Society: An Analysis of Latter-Day Iniquity*, Houghton-Mifflin Company, Boston, 1907, pp. ix-xi.
81. Ross, Edward Alsworth. *Seventy Years of It*, p. 98.
82. Taylor, Henry C. "Richard Theodore Ely: april 13, 1854-October 4, 1943." *The Economic Journal*, vol. 54, nº 213, abril de 1944, 133. "Dr. R.T. Ely dies; noted economist." *New York Times*, 5 de outubro de 1943, p. 25.
83. Taylor, Henry C. "Richard Theodore Ely: April 13, 1854-October 4, 1943." *The Economic Journal*, vol. 54, nº 213, abril de 1944, 133.
84. Ibid., p. 134.
85. Ibid., p. 137.
86. Loc. cit.
87. McDaniel, George. "Madison Grant and the racialist movement, in Madison Grant." *The Conquest of a Continent*, p. iv.
88. Spiro, Jonathan Peter. *Defending the Master Race*, pp. xv-xvi.
89. Ibid., p. 17.
90. Ibid., p. 250.
91. Cohn, Jan, *Creating America: George Horace Lorimer and the Saturday Evening Post*, University of Pittsburgh Press, Pittsburgh, 1989, p. 5.
92. Ibid., pp. 49, 92, 95-96.
93. Ibid., p. 155.
94. "The great American myth." *Saturday Evening Post*, 7 de maio de 1921, p. 20.
95. Roberts, Kenneth L. "Lest we forget." *Saturday Evening Post*, 28 de abril de 1923, 158, 162.
96. Roberts, Kenneth L. *Why Europe Leaves Home*, Bobbs-Merrill Company, 1922, p. 15.
97. Ibid., p. 21.
98. Ibid., p. 22.
99. Ibid., p. 119.
100. Roberts, Kenneth L. "Slow poison." *Saturday Evening Post*, 2 de fevereiro de 1924, p. 9.

101. Creel, George. "Melting pot or dumping ground?" *Collier's*, 3 de setembro de 1921, p. 10.
102. Ibid., p. 26.
103. Creel, George. "Close the gates!" *Collier's*, 6 de maio de 1922, p. 10.
104. Mencken, Henry L. *The Philosophy of Friedrich Nietzsche*, Luce and Company, Boston, 1908, pp. 167-168.
105. Mencken's reply to La Monte's fourth letter. *Men versus The Man: A Correspondence Between Robert Rives La Monte, Socialist, and H.L. Mencken, Individualist*, Henry Holt and Company, Nova York, 1910, p. 162.
106. Mencken, Henry L. "The Aframerican: new style." *The American Mercury*, fevereiro de 1926, pp. 254-255.
107. Ibid., p. 255.
108. Mencken, Henry L. "Utopia by sterilization." *The American Mercury*, agosto de 1937, 399, p. 408.
109. Wells, Herbert G. *The Work, Wealth and Happiness of Mankind*, Doubleday, Doran & Company, Garden City, Nova York, 1931, pp. 733, 734, 746.
110. Wells, Herbert G. *What Is Coming? A European Forecast*, The Macmillan Company, Nova York, 1916, p. 254.
111. London, Jack. *The Unpublished and Uncollected Articles and Essays*, editado por Daniel J. Wichlan, AuthorHouse, Bloomington, Indiana, 2007, pp. 60, 66.
112. McDaniel, George. Madison Grant and the racialist movement, in Madison Grant, *The Conquest of a Contient*, p. ii.
113. Link, Arthur S. *Woodrow Wilson and the Progressive Era: 1910-1917*, Harper & Brothers Publishers, Nova York, 1954, pp. 64-65. O número de administradores de correspondência negros diminuiu de 153, em 1910, para 78, em 1930. Myrdal, Gunnar. *An American Dilemma: The Negro Problem and Modern Democracy*, Harper & Brothers Publishers, Nova York, 1944, p. 327. Ver também Blumenthal, Henry. "Woodrow Wilson and the race question. *Journal of Negro History*, vol. 48, nº 1, janeiro de 1963, pp. 1-21.
114. Nugent, S. Georgia. "Changing faces: the Princeton student of the twentieth century." *Princeton University Library Chronicle*, 2001, vol. 62, nº 2, pp. 215-216.
115. Morris, Edmund. *The Rise of Theodore Roosevelt*, The Modern Library, Nova York, 2001, p. 483.
116. Em suas memórias, recordando seus dias como comissário de polícia em Nova York, Theodore Roosevelt disse: "As nomeações para a força policial eram feitas como descrevi no último capítulo. Não dávamos a menor importância às posições políticas nem à fé de um homem, contanto que ele fosse cidadão norte-americano; e em média, reunimos de longe os melhores homens que já ingressaram no Departamento de Polícia". Roosevelt, Theodore. *The Rough Riders: An Autobiography*, The Library of America, Nova York, 2004, p. 428.
117. Morris, Edmund. *Theodore Rex*, Nova York: Modern Library, 2002, pp. 52-53.
118. Citado em Lewis, Bernard. *The Muslim Discovery of Europe*, W. W. Norton, Nova York, 1982, p. 139.
119. Reuter, Edward Byron. *The Mulatto in the United States*, Richard G. Badger, The Gorham Press, Boston, 1918.
120. Hershberg, Theodore; Williams, Henry. Mulattoes and blacks: intra-group color differences and social stratification in nineteenth-century Philadelphia. *Philadelphia*, editado por Theodore Hershberg, Oxford University Press, Nova York, 1981, p. 402.
121. Para exemplos da última hipótese, ver, por exemplo, Tonry, Michael. *Punishing Race: A Continuing American Dilemma*, Oxford University Press, Nova York, 2011, pp. 65-66.
122. Ver, por exemplo, Frazier, E. Franklin. *The Negro in the United States*, edição revisada, The Macmillan Co., Nova York, 1957, p. 67. Cohen, David W.; Greene, Jack P. "Introduction." *Neither Slave Nor Free: The Freedmen of African Descent in the Slave Societies of the New World*, editado por David W. Cohen e Jack P. Greene, The Johns Hopkins University Press, Baltimore, 1972, p.7. Russell-Wood A. J. R. Colonial Brazil. ibid., p. 91.

123. Calculado a partir de dados em *The Seventh Census of the United States: 1850*, Robert Armstrong, Washington, 1853, pp. xliii, lxi; U. X. Bureau of the Census, *Historical Statistics of the United States: Colonial Times to 1970*, Government Printing Office, Washington, 1975, parte I, p. 382.
124. Sowell, Thomas. "Three black histories." *Essays and Data on American Ethnic Groups*, editado por Thomas Sowell e Lynn D. Collins, p. 12.
125. Ibid.
126. Grant, Madison. *The Conquest of a Continent*, pp. 283-284.
127. Como foi mencionado no Capítulo 7, um estudo sobre forças militares em países do mundo inteiro revelou que "militares estão longe de espelhar, mesmo que vagamente, as sociedades multiétnicas" das quais provêm. Enloe, Cynthia H. *Police, Military and Ethnicity: Foundations of State Power*, Transaction Books, New Brunswick, 1980, p.143. Outro estudo acadêmico substancial sobre grupos étnicos em países de todo o mundo concluiu que, quando discutem "representação proporcional" de grupos étnicos, "poucas sociedades sequer se aproximaram dessa descrição, se é que alguma se aproximou". Horowitz, Donald L. *Ethnic Groups in Conflict*, University of California Press, Berkeley, 1985, p. 677. Outro estudo internacional a respeito de grupos étnicos fez referência à "universalidade da desigualdade étnica" e ressaltou que essas desigualdades são multidimensionais. "Em todas as sociedades multiétnicas, existe uma tendência de que grupos étnicos exerçam diferentes profissões, tenham diferentes níveis (e tipos, muitas vezes) de educação, recebam diferentes rendas e ocupem um lugar diferente na hierarquia social." Weiner, Myron. "The pursuit of ethnic equality through preferential policies: a comparative public policy perspective." *From Independence to Statehood: Managing Ethnic Conflict in Five African and Asian States*, editado por Robert B. Goldmann e A. Jeyaratnam Wilson, Frances Pinter, Londres, 1984, p. 64.
128. Buchan, James. *Crowded with Genius: The Scottish Enlightenment, Edinburgh's Moment of the Mind*, HarperCollins, Nova York, 2003, p. 129.
129. Ver, por exemplo, Checkland, Olive; Checkland, Sydney. *Industry and Ethos: Scotland 1832-1914*, Edinburgh University Press, Edimburgo, 1989, pp. 147-150. Brock, William R. *Scotus Americanus: A Survey of the Sources for Links between Scotland and America in the Eighteenth Century*, Edinburgh University Press, Edimburgo, 1982, pp. 114-115. Wright, Esmond. "Education in the American colonies: the impact of Scotland." *Essays in Scotch-Irish History*, editado por E. R. R. Green, Routledge & Kegan Paul, Londres, 1969, pp. 40-41. Lenman Bruce. *Integration, Enlightenment, and Industrialization: Scotland 1746-1832*, University of Toronto Press, Toronto, 1981, p. 91.
130. Henriksson, Anders. *The Tsar's Loyal Germans: The Riga German Community: Social Change and the Nationality Question, 1855-1905*, East European Monographs, Boulder, 1983, pp. 1, 4.
131. Fleischhauer, Ingeborg. "The Germans' role in tsarist Russia: a reappraisal." *The Soviet Germans*, editado por Edith Rogovin Frankel, C. Hurst & Company, Londres, 1986, p. 16.
132. Henriksson, Anders. *The Tsar's Loyal Germans*, p. 2.
133. Ibid., pp. 15, 35, 54.
134. Ibid., p. 15.
135. Kann, Robert A.; David, Zdenek V. *The Peoples of the Eastern Habsburg Lands, 1526-1918*, University of Washington Press, Seattle, 1984, p. 201.
136. Cohen, Gary B. *The Politics of Ethnic Survival: Germans in Prague, 1862-1914*, Princeton University Press, Princeton, 1981, p. 3.
137. Ibid., capítulos 1, 2; Henriksson, Anders. *The Tsar's Loyal Germans*, pp. x, 12, 34, 35, 54, 57-59, 61. Horowitz, Donald L. *Ethnic Groups in Conflict*, p. 286.
138. Cohen, Gary B. *The Politics of Ethnic Survival*, p. 28.
139. Myrdal, Gunnar. *Asian Drama: An Inquiry Into the Poverty of Nations*, Pantheon, Nova York, 1968, vol. 3, p. 1642.
140. Katzenstein, Mary Fainsod. *Ethnicity and Equality: The Shiv Sena Party and Preferential Policies in Bombay*, Cornell University Press, Ithaca, 1979, pp. 48-49.
141. Mendelsohn, Ezra. *The Jews of East Central Europe Between the World Wars*, Indiana University Press, Bloomington, 1983, pp. 98-99, 106.

142. Diamond, Larry. "Class, ethnicity, and the democratic state: Nigeria, 1950-1966." *Comparative Studies in Society and History*, vol. 25, nº 3, julho de 1983, pp. 462, 473. Horowitz, Donald L. *Ethnic Groups in Conflict*, p. 225.

143. Khazanov, Anatoly M. "The ethnic problems of contemporary Kazakhstan." *Central Asian Survey*, 1995, vol. 14, nº 2, pp. 244, 257.

144. Rothschild, Joseph. *East Central Europe between the Two World Wars*, University of Washington Press, Seattle, 1992, p. 293. Livezeanu, Irina. *Cultural Politics in Greater Romania: Regionalism, Nation Building, & Ethnic Struggle, 1918-1930*, Cornell University Press, Ithaca, 1995, *passim*.

145. Myrdal, Gunnjar. *Asian Drama*, vol. 1, p. 348. Horowitz, Donald L. *Ethnic Groups in Conflict*, p 133.

146. Black, Conrad. "Canada's continuing identity crisis." *Foreign Affairs*, vol. 74, nº 2, março-abril de 1995, p. 100.

147. Ver, por exemplo, Cohen, Gary B. *The Politics of Ethnic Survival*, pp. 26-28, 32, 133, 236-237. Mendelsohn, Ezra. *The Jews of East Central Europe Between the World Wars*, p. 167. Agnew, Hugh LeCaine. *Origins of the Czech National Renascence*, University of Pittsburgh Press, Pittsburgh, 1993, *passim*.

148. Pfaff, William. *The Wrath of Nations: Civilization and the Furies of Nationalism*, Simon & Schuster, Nova York, 1993, p. 156.

149. Pinard, Maurice; Hamilton, Richard. "The class bases of the Quebec independence movement: conjectures and evidence." *Ethnic and Racial Studies*, vol. 7, questão 1, janeiro de 1984, pp. 19-54.

150. Rothschild, Joseph. *East Central Europe between the Two World Wars*, p. 20. Livezeanu, Irina. *Cultural Politics in Greater Romania*, pp. 56, 218, 242, 298-299.

151. Livezeanu, Irina. *Cultural Politics in Greater Romania*, p. 385.

152. Silva, Chandra Richard de. "Sinhala-Tamil relations and education in Sri Lanka: the university admissions issue — the first phase, 1971-7." *From Independence to Statehood*, editado por Robert B. Goldmann e A. Jeyaratnam Wilson, p. 126.

153. Zimmerman, Warren. "The last ambassador: a memoir of the collapse of Yugoslavia." *Foreign Affairs*, março-abril de 1995, pp. 9-17. Pfaff, William. *The Wrath of Nations*, p. 55.

154. Johnson, Paul. *Modern Times*, edição revisada, pp. 654-655.

155. Citado em Pfaff, William. *The Wrath of Nations*, p. 96.

156. Weiner, Myron. *Sons of the Soil: Migration and Ethnic Conflict in India*, Princeton University Press, Princeton, 1978, p. 107. Horowitz, Donald L. *Ethnic Groups in Conflict*, pp. 219-224.

157. Tambiah, S. J. *Sri Lanka: Ethnic Fratricide and the Dismantling of Democracy*, University of Chicago Press, Chicago, 1986, pp. 20-21, 26. McGowan, William. *Only Man is Vile: The Tragedy of Sri Lanka*, Farrar, Straus and Giroux, Nova York, 1992, pp. 97, 98.

158. Rothschild, Joseh. *East Central Europe between the Two World War*, p. 92.

159. Luza, Radomír. *The Transfer of the Sudeten Germans: A Study of Czech-German Relations, 1933-1962*, New York University Press, Nova York, 1964, pp. 9, 11, 42.

160. Ibid., p. 34.

161. Ibid., p. 290.

162. Rohwedder, Cecilie. "Germans, Czechs are hobbled by history as Europe moves toward united future." *Wall Street Journal*, 25 de novembro de 1996, p. A15.

163. Bauer, P. T. *Equality, the Third World and Economic Delusion*, Harvard University Press, Cambridge, Massachusetts, 1981, pp. 70-71.

164. Ornstein, Michael. *Ethno-Racial Inequality in the City of Toronto: An Analysis of the 1996 Census*, maio de 2000, p. ii.

165. Young, Charles H.; Reid, Helen R. Y. *The Japanese Canadians*, University of Toronto Press, Toronto, 1938, pp. 9-10, 49, 53, 58, 76, 120, 129, 130, 145, 172.

166. Sowell, Thomas. *Black Rednecks and White Liberals*, Encounter Books, São Francisco, 2005, p. 251.

167. Gootman, Elissa. "City to help curb harassment of Asian students at high school." *New York Times*, 2 de junho de 2004, p. B9. Williams, Joe. "New attack at horror HS; top senior jumped at Brooklyn's troubled Lafayette." *New York Daily News*, 7 de dezembro de 2002, p. 7. Becker, Maki. "Asian students

hit in rash of HS attacks." *New York Daily News*, 8 de dezembro de 2002, p. 7. Graham, Kristen A.; Gammage, Jeff. "Two immigrant students attacked at Bok." *Philadelphia Inquirer*, 21 de setembro de 2010, p. B1. Gammage, Jeff; Graham, Kristen A. "Feds find merit in Asian students' claims against Philly school." *Philadelphia Inquirer*, 28 de agosto de 2010, A. Graham, Kristen A.; Gammage Jeff. "Report released on racial violence at S. Phila. High." *Philadelphia Inquirer*, 24 de fevereiro de 2010, p. A1. Graham, Kristen A. Other Phila. schools handle racial ethnic tensions." *Philadelphia Inquirer*, 4 de fevereiro de 2010, p. A1. Graham, Kristen A.; Gammage, Jeff. "Attacking immigrant students not new, say those involved. *Philadelphia Inquirer*, 18 de dezembro de 2009, p. B1. Graham, Kristen A. "Asian students describe violence at south Philadelphia High." *Philadelphia Inquirer*, 10 de dezembro de 2009, p. A1.

168. Ver, por exemplo, Urbina, Ian. "Mobs are born as word grows by text message." *New York Times*, 25 de março de 2010, p. A1. Mitchell, Kirk. Attacks change lives on all sides. *Denver Post*, 6 de dezembro e 2009, pp. A1 e seguintes. Gathright, Alan, 7News Content Producer. "Black gangs vented hatred for whites in downtown attacks." *The DenverChannel.com*, 5 de dezembro de 2009. Jones, Meg. Flynn calls looting, beatings in Riverwest barbaric. *Milwaukee Journal Sentinel*, 6 de julho de 2011, p. A1 e seguintes. Nicosia, Mareesa. "Four Skidmore college students charged in assault; one charged with felony hate crime." *The Saratogian* (on-line), 22 de dezembro de 2010. "Concealing black hate crimes." *Investor's Business Daily*, 15 de agosto de 2011, p. A16. Slobodzian, Joseph A. "West Philly man pleads guilty to 'flash mob' Assault." *Philadelphia Inquirer*, 21 de junho de 2011, pp. B1 e seguintes. Lubrano, Alfred. "What's behind 'flash mobs'?" *Philadelphia Inquirer*, 28 de março de 2010, pp. A1 e seguintes. Farr, Stephanie. "'Geezer' won't let thugs ruin his walks." *Philadelphia Daily News*, 20 de outubro de 2011, seção Local, p. 26; Paddock, Barry; John Lauinger. "Subway gang attack." *New York Daily News*, 18 de julho de 2011, News, p. 3.

CAPÍTULO 17: RAÇA E INTELIGÊNCIA

1. Jensen, Arthur R. *Straight Talk About Mental Tests*, The Free Press, Nova York, 1981, p. 171. Ver também Nichols, Robert C. "Heredity, environment, and school achievement." *Measurement and Evaluation in Guidance*, 1968, vol. 1, nº 2, p. 126.

2. Haller, Mark H. *Eugenics: Hereditarian Attitudes in American Thought*, Rutgers University Press, New Brunswick, 1963, p. 11.

3. O artigo era de Jensen, Arthur R. "How much can we boost IQ and scholastic achievement?" *Harvard Educational Review*, 1969, vol. 39. nº 1. Para exemplos de reações, ver Davies, Lawrence E. "Harassment charged by author of article about negroes' I.Q.'s." *New York Times*, 19 de maio de 1969, p. 33. "Campus totalitarians." *New York Times*, 20 de maio de 1969, p. 46. "Panelists assail view on black I.Q. *New York Times*, 23 de novembro de 1969, p. 88. Reinhold, Robert." Psychologist arouses storm by inking I.Q. to heredity." *New York Times*, 30 de março de 1969, p. 52. "Born dumb?" *Newsweek*, 31 de março de 1969, p. 84. Berube, Maurice R. Jensen's complaint." *Commonweal*, 10 de outubro de 1969, pp. 42-44. "Intelligence and race." *New Republic*, 5 de abril de 1969, pp. 10-11. "The new rage at Berkeley." *Newsweek*, 2 de junho de 1969, p. 69. "Let there be darkness." *National Review*, 7 de outubro de 1969, pp. 996-997. Para as primeiras respostas intelectuais de profissionais, ver *Environment, Heredity, and Intelligence*, Reprint Series nº 2, uma reimpressão de 246 páginas de artigos compilados da *Harvard Educational Review*, vol. 39, nºs 1 e 2, 1969.

4. Jensen, Arthur R. "How much can we boost IQ and scholastic achievement?" *Harvard Educational Review*, 1969, p.100.

5. Ibid., p. 78.
6. Ibid., p. 100.
7. Ibid., p. 95.
8. Ibid., pp. 106, 115-117.
9. Ibid., p. 117.

10. Ibid., pp. 106, 116.
11. Ibid., p. 79.
12. Ibid., p. 95.
13. Flynn, James R. *Asian Americans: Achievement Beyond IQ*, Lawrence Erlbaum Associates, Publisher, Hillsdale, Nova Jersey, 1991, p. 1.
14. Ibid., pp. 116-117.
15. Herrnstein, Richard J.; Murray, Charles. *The Bell Curve: Intelligence and Class Structure in American Life*, The Free Press, Nova York, 1994, pp. 70-74. Klitgaard, Robert. *Choosing Elites*, Basic Books, Nova York, 1985, pp. 104-115. Sue, Stanley; Abe, Jennifer. *Predictors of Academic Achievement Among Asian and White Students*, College Entrance Examination Board, Nova York, 1988, p. 1. Gordon, Robert A.; Rudert, Eileen E. "Bad news concerning IQ tests." *Sociology of Education*, julho de 1979, p. 176. Schmidt, Frank L.; Hunter, John E. "Employment testing: old theories and new research findings." *American Psychologist*, outubro de 1981, p. 1131. Jensen, Arthur R. Selection of minority students in higher education. *University of Toledo Law Review*, 1970, pp. 440-443. Rock, Donald A. "Motivation, moderators, and test bias", ibid., pp. 536-537. Flaugher, Ronald L. *Testing Practices, Minority Groups, and Higher Education: A Review and Discussion of the Research*, Educational Testing Service, Princeton, 1970, p. 11. Jensen, Arthur R. *Bias in Mental Testing*, The Free Press, Nova York, 1980, pp. 479-490.
16. Lynn, Richard. *Race Differences in Intelligence: An Evolutionary Analysis*, Washington Summit Publishers, Augusta, Geórgia, 2006, pp. 124-125.
17. Klitgaard, Robert. *Choosing Elites*, pp. 161-165.
18. A Suprema Corte alegou, em *Griggs versus Duke Power Company*, que qualquer critério de trabalho "deve ter um relacionamento manifesto com o emprego em questão". *Griggs v. Duke Power Company*, 401 U.S. 424 (1971). Mas o que é "manifesto" para terceiros que não têm experiência em psicometria nem prática no negócio específico, muito menos interesse no resultado, é algo que só pode ser conhecido após o fato, portanto é essencialmente uma lei *ex post facto* proibida expressamente pela Constituição no artigo 1, Seção 9.
19. Ayres, Ian. *Super Crunchers: Why Thinking-by-Numbers Is the New Way to Be Smart*, Bantam Books, Nova York, 2007, pp. 2-3, 6. Strauss, Mark. "The grapes of math." *Discover*, janeiro de 1991, pp. 50-51. Palmer, Jay. "Grape expectations." *Barron's*, 30 de dezembro de 1996, pp. 17-19.
20. Klitgaard, Robert. *Choosing Elites*, pp. 161, 165.
21. Klitgaard, Robert. *Elitism and Meritocracy in Developing Countries: Selection Policies for Higher Education*, The Johns Hopkins University Press, Baltimore, 1986, pp. 77-84.
22. Ibid., pp. 124, 147.
23. Gladwell, Malcolm. *Outliers: The Story of Success*, Little, Brown and Company, Nova York, 2008, pp. 74, 112.
24. Vernon, Philip E. *Intelligence and Cultural Environment*, Methuen & Co., Ltd., Londres, 1969, p. 145.
25. Ibid., pp. 157-158.
26. Ibid., p. 168.
27. Sherman, Mandel; Key, Cora B. "The intelligence of isolated mountains children." *Child Development*, vol. 3, nº 4, dezembro de 1932, p. 284.
28. Vernon, Philip E. *Intelligence and Cultural Environment*, p. 104.
29. Ibid., p. 101.
30. Ibid., 155.
31. Yerkes, Robert M. *Psychological Examining in the United States Army*, Memoirs of the National Academy of Sciences, Government Printing Office, Washington, 1921, vol. 15, p. 705.
32. Jensen, Arthur R. "How much can we boost IQ and scholastic achievement?" *Harvard Educational Review*, 1969, p. 81.

33. Bowen, William G.; Bok, Derek. *The Shape of the River, Long-Term Consequences of Considering Race in College and University Admissions*, Princeton University Press, Princeton, 1998, p. 61. Ver também p. 259.

34. Zelnick, Bob. *Backfire: A Reporter's Look at Affirmative Action*, Regnery Publishing, Washington, 1996, p. 132.

35. Lerner, Robert; Nagai, Althea K. Racial preferences in Colorado higher education. *Center for Equal Opportunity*, pp. 6, 11.

36. Bowen, William G.; Bok, Derek, *The Shape of the River*, p. 21.

37. Thernstrom, Stephan; Thernstrom, Abigail. Reflections on *The Shape of the River*, vol. 46, n° 5, junho de 1999, p. 1589.

38. Jensen, Arthur R. "How much can we boost IQ and scholastic achievement?" *Harvard Educational Review*, 1969, p. 78.

39. Murray, Charles. *Human Accomplishment: The Pursuit of Excellence in the Arts and Sciences, 800 B.C. to 1950*, HarperCollins, Nova York, 2003, p. 282.

40. Witty, Paul A.; Jenkins, Margin D. "The educational achievement of a group of gifted negro children." *Journal of Educational Psychology*, vol. 25, questão 8, novembro de 1934, p. 593. Witty, Paul; Theman, Viola. "A follow-up study of educational attainment of gifted negroes." *Journal of Educational Psychology*, vol. 34, questão 1, janeiro de 1943, pp. 35-47. Rodgers, Edelbert G. "The relationship of certain measurable factors in the personal and educational backgrounds of two groups of Baltimore negroes, identified as superior and average in intelligence a fourth-grade children, to their educational, social and economic achievement in adulthood." Tese de doutorado não publicada, *New York University, University Microfilms*, 1956, introdução sem paginação e pp. 75-94.

41. Klineberg, Otto. "Mental testing of racial and national groups." *Scientific Aspects of the Race Problem*, editado por H. S. Jennings et al, Catholic University Press, 1923, p. 282.

42. Pintner Rudolf. *Intelligence Testing: Methods and Results*, Henry Holt and Company, Nova York, 1923, pp. 24, 31, 34.

43. Vernon, Philip E. *Intelligence and Cultural Environment*, p. 155. Wheeler Lester R. A comparative study of the intelligence of east Tennessee mountain children. *The Journal of Educational Psychology*, vol. 33, n° 5, maio de 1942, pp. 322, 324.

44. Vernon, Philip E. *Intelligence and Cultural Environment*, p. 104.

45. Brigham, Carl C. *A Study of American Intelligence*, Princeton University Press, Princeton, 1923, p. xx.

46. Ibid., p. 110.

47. Brigham, Carl C. "Intelligence tests of immigrant groups." *Psychological Review*, vol. 37, questão 2, março de 1930, p. 165.

48. Brigham, Carl C. *A Study of American Intelligence*, p. 29.

49. Flynn, James R. "The mean IQ of Americans: massive gains 1932 to 1978." *Psychological Bulletin*, vol. 95, n° 1, pp. 29-51. Flynn, James R. "Massive IQ gains in 14 nations: what IQ tests really measure." *Psychological Bulletin*, vol. 101, n° 2, pp. 171-191.

50. Flynn, James R. *Where Have All the Liberals Gone? Race, Class, and Ideals in America*, Cambridge University Press, Cambridge, 2008, pp. 72-73, 87.

51. Ibid., pp. 110-111.

52. Ibid., pp. 89, 90.

53. Hanushek, Eric A. et al. "New evidence about *Brown v. Board of Education*: the complex effects of school racial composition on achievement." *National Bureau of Economic Research*, 2002, Working Paper 8741, Abstract.

54. Ver, por exemplo, Brest, Paul. "Some comments on *Grutter v. Bollinger*." *Drake Law Review*, vol. 51, p. 691. Chin, Gabriel J. "*Bakke* to the wall: The crisis of *bakkean* diversity." *William & Mary Bill of Rights Journal*, 1995-1996, vol. 4, n° 3, pp. 888, 921-923. *Hopwood v. Texas Litigation Documents*, parte I, vol. 3, compilado por Kumar Percy, William S. Hein & Co., Inc., Buffalo, N.Y, 2002, documento n° 57, "Deposition of Dean Paul Brest", pp. 32, 33-34, 35, 36, 38-39. *Hopwood v. Texas Litigation*

Documents, parte I, vol. 3, compilado por Kumar Percy, documento nº 58, "Deposition of Lee Carroll Bollinger", pp. 35-36, 38-39. *Hopwood v. Texas Litigation Documents*, parte I, vol. 3, compilado por Kumar Percy, documento nº 60, "Oral Deposition of Judith Wegner", pp. 14-15.

55. Page, Ellis B.; Keith, Timothy Z. "The elephant in the classroom: ability grouping and the gifted." *Intellectual Talent: Psychometric and Social Issues*, editado por Camilla Persson Benbow e David Lubinski, The Johns Hopkins University Press, Baltimore, 1996, p. 208.

56. Rodgers, Edelbert G. "The relationship of certain measurable factors in the personal and educational backgrounds of two groups of Baltimore negroes, identified as superior and average in intelligence as fourth grade children, to their educational, social and economic achievement in adulthood." Tese de doutorado não publicada, *Nova York University*, University Microfilms, 1956, p. 50.

57. Buck, Stuart. *Acting White: The Ironic Legacy of Desegregation*, Yale University Press, New Haven, 2010, pp. 11-17.

58. Dalrymple, Theodore. *Life at the Bottom: The Worldview that Makes the Underclass*, Ivan R. Dee, Chicago, 2001, p. 69.

59. Ver Hundley, Mary Gibson. *The Dunbar Story (1870-1955)*, Vantage Press, Nova York, 1965, p. 75.

60. Anderson, Jervis. "A very special monument." *The New Yorker*, 20 de março de 1978, p. 105.

61. Klineberg, Otto. "Mental testing of racial and national groups." *Scientific Aspects of the Race Problem*, editado por H. S. Jennings et al., p. 280.

62. Jensen, Arthur R.. "How much can we boost IQ and scholastic achievement?" *Harvard Educational Review*, 1969, pp. 86-87.

63. Kirkpatrick, Clifford. *Intelligence and Immigration*, p. 31. Wheeler, Lester R. "A comparative study of the intelligence of east Tennessee mountain children." *The Journal of Educational Psychology*, vol. 33, nº 5, maio de 1942, pp. 326-327.

64. Butcher, H. J. *Human Intelligence: Its Nature and Assessment*, Harper & Row, Nova York, 1968, p. 252.

65. Tocqueville, Alexis de. *Democracy in America*, Alfred A. Knopf, Nova York, 1966, vol. 1, p. 365. Olmsted, Frederick Law. *The Cotton Kingdom: A Traveller's Observations on Cotton and Slavery in the American Slave States*, editado por Arthur M. Schlesinger, Modern Library, Nova York, 1969, pp. 476n: 614-622. Helper, Hinton Rowan. *The Impending Crisis of the South: How to Meet It*. Edição ampliada, A. B. Burdick, Nova York, 1860, p. 34. Myrdal, Gunnar. *An American Dilemma: The Negro Problem and Modern Democracy*, Harper & Brothers, Nova York, 1944, p. 70n.

66. Fischer, David Hackett. *Albion's Seed: Four British Folkways in America*, Oxford University Press, Oxford, 1989, pp. 31-36, 72-77, 89-90, 120-121, 130-134,363, 236-240, 252, 256-261, 284-285, 298, 303, 344-349, 368, 618-639, 674-675, 680-681, 703-708, 721-723. Ver também McWhiney, Grady. *Cracker Culture: Celtic Ways in the Old South*, University of Alabama Press, Tuscaloosa, 1988, pp. 16-18.

67. Myrdal, Gunnar. *An American Dilemma*, p. 70n.

68. Witty, Paul A.; Jenkins, Martin D. "The educational achievement of a group of gifted negro children." *Journal of Educational Psychology*, vol. 25, questão 8, novembro de 1934, p. 593. Witty, Paul; Theman, Viola. "A follow-up study of educational attainment of gifted negroes." *Journal of Educational Psychology*, vol. 34, questão 1, janeiro de 1943, p. 43. Rodgers, Edelbert G. "The relationship of certain measurable factors in the personal and educational backgrounds of two groups of Baltimore negroes, identified as superior and average in intelligence as fourth grade children, to their educational, social and economic achievement in adulthood." Tese de doutorado não publicada, *New York University, University Microfilms*, 1956, introdução não paginada e pp. 75-94.

69. Scarr, Sandra; Weinberg, Richard A. "IQ test performance of black children adopted by white families." *American Psychologist*, outubro de 1876, p. 731.

70. Ver, por exemplo, Covello, Leonard. *The Social Background of the Italo-American School Child*, Rowman and Littlefield, Totowa, Nova Jersey, 1972, pp. 241-161. Murray, Charles. *Human Accomplishment*, p. 291. Gambino, Richard. *Blood of My Blood: The Dilemma of the Italian-Americans*, Doubleday & Co., Garden City, Nova York, 1974, p. 225.

71. Sowell, Thomas. "Assumptions versus history in ethnic education." *Teachers College Record*, 1981, vol. 83, nº 1, pp. 43-45.
72. Ibid., p. 45.
73. Caird, Kathryn G. "A note on the progress of preference students in first year accounting courses." Memorando interno, *University of Auckland* (sem data, mas provavelmente 1989).
74. Cohen, Patricia. "'Culture of poverty' makes a comeback." *New York Times*, 18 de outubro de 2010, pp. A1 e seguintes.
75. Herrnstein, Richard J.; Murray, Charles. *The Bell Curve*, p. 298.
76. Schwekendiek, Daniel. "Height and weight differences between North and South Korea." *Journal of Biosocial Science*, vol. 41, nº 1, janeiro de 2009, pp. 51-55.
77. Herrnstein, Richard J.; Murray, Charles. *The Bell Curve*, p. 309.
78. Ibid., p. 304.
79. Ibid., p. 311.
80. Ibid., p.310.
81. Ibid., p. 314.
82. Judis, John B. "Hearts of darkness." *The Bell Curve Wars: Race, Intelligence, and the Future of America*, editado por Steven Fraser, Basic Books, Nova York, 1995, pp. 126-127, 128.
83. Lind, Michael. *Brave new right*, ibid., 172, 174.
84. Fraser, Steven. Introduction, ibid., 1.
85. Kennedy, Randall. *The phony war*, ibid., 182.
86. Gould, Stephen Jay. *Curveball*, ibid., 11, 20.
87. Gates Jr., Henry Louis. "Why now?" ibid., pp. 95-96. Na realidade, *The Bell Curve* não afirma que o ambiente não desempenha nenhum papel. Além disso, a palavra "repúdio" indica não somente rejeição, mas rejeição sem consideração. No entanto, mesmo quando uma proposição é rejeitada depois de longo exame e consideração, a palavra "repúdio" é usada com frequência por pessoas mais interessadas em efeito propagandístico do que em precisão.
88. Glazer, Nathan. "Scientific truth and the American dilemma", ibid., p. 141.
89. Ibid., p. 147.

CAPÍTULO 18: LIBERALISMO E MULTICULTURALISMO

1. Hollander, Paul. *Anti-Americanism: Critiques at Home and Abroad 1965-1990*, Oxford University Press, Nova York, 1992, p. 455.
2. Ver, por exemplo, Lynn, Richard. "The intelligence of American Jews. *Personality and Individual Differences*, vol. 36, nº 1, janeiro de 2004, p. 204. Lynn, Richard; Longley, David. "On the high intelligence and cognitive achievements of Jews in Britain." *Intelligence*, vol. 34, nº 6, novembro-dezembro de 2006, p. 542.
3. Guterl, Matthew Pratt. *The Color of Race in America 1900-1940*, Harvard University Press, Cambridge, Massachusetts, 2001, p. 67.
4. "The passing of the Nordic myth." *The Christian Century*, 16 de junho de 1937, p. 765.
5. Samelson, Franz (1978). "From 'race psychology': some observations on the thematic reversal in social psychology." *Journal of the History of the Behavioral Sciences*, vol. 14, p. 268.
6. Klineberg, Otto. "Mental testing of racial and national groups." *Scientific Aspects of the Race Problem*, editado por H. S. Jennings et al, Catholic University Press, Washington, 1941, p. 284.
7. Myrdal, Gunnar. *An American Dilemma: The Negro Problem and Modern Democracy*, Harper & Brothers, Nova York, 1944, p. ii. No corpo principal do próprio livro, essa premissa foi explicitamente repetida — "o problema do Negro é sobretudo um problema do homem branco" (p. 669) — bem como estava implícita em toda a abordagem efetuada.
8. Ibid., p. xivii.

9. Southern, David W. *Gunnar Myrdal and Black-White Relations*, Louisiana State University Press, Baton Rouge, 1987, p. 74.
10. Blumrosen, Alfred W. *Black Employment and the Law*, Rutgers University Press, New Brunswick, 1971, p. vii.
11. Baldwin, James. "Fifth avenue, uptown." *Esquire*, julho de 1960, pp. 73, 76.
12. Dalrymple, Theodore. *Life at the Bottom: The Worldview That makes the Underclass*, Ivan R. Dee, Chicago, 2001, p. 150.
13. Young, Whitney M. "The high cost of discrimination." *Ebony*, agosto de 1965, pp. 51.
14. Johnson, Paul. *Enemies of Society*, Atheneum, Nova York, 1977, p. 237.
15. Clark, Kenneth. Behind the Harlem riots — two views. *New York Herald Tribune*, 20 de julho de 1964, pp. 1, 7.
16. Garver, Newton. "What violence is." *The Nation*, 24 de junho de 1968, pp. 821, 822.
17. National Committee of Negro Churchmen, "Black power". *New York Times*, 31 de julho de 1966, p. E5.
18. Harris, Louis. "U.S. riots: negroes, whites offer views." *Los Angeles Times*, 14 de agosto de 1967, p. A5.
19. Clifford, Frank; Farrell, Davis. "L.A. strongly condemns king verdicts, riots." *Los Angeles Times*, 6 de maio de 1992, pp. A1, A4.
20. "The Hard-Core Ghetto Mood." *Newsweek*, 21 de agosto de 1967, pp. 20, 21.
21. Ibid., p. 20.
22. Thernstrom, Stephan; Thernstrom, Abigail; *America in Black and White: One Nation, Indivisible*, Simon & Schuster, Nova York, 1977, p. 162.
23. Horowitz, Donald L. *Ethnic Groups in Conflict*, University of California Press, Berkeley, 1985, pp. 170-181; Wilson, Robert A.; Hosokawa, Bill; *East to America: A History of the Japanese in the United States*, William Morrow, Nova York, 1980, p. 123.
24. Mohamad, Mahathir bin; *The Malay Dilemma*, Asia Pacific Press, Singapura, 1970, p. 25.
25. Weiner, Myron; *Sons of the Soil: Migration and Ethnic Conflict in India*, Princeton University Press, Princeton, 1978, p. 250.
26. Ayoade, John A. A. "Ethnic management of the 1979 Nigerian Constitution." *Canadian Review of Studies in Nationalism*, 1987, p. 127.
27. "America can't be colorblind yet." *New York Times*, 10 de junho de 1981, p. A30.
28. U. S. Bureau of the Census, *Historical Statistics of the United States: Colonial Times to 1957*, U. S. Government Printing Office, Washington, D. C., 1960, p. 72.
29. Vedder, Richard; Galloway, Lowell. "Declining black employment." *Society*, julho-agosto de 1993, p. 57.
30. Williams, Walter. *Race & Economics: How Much Can Ben Blamed on Discrimination?*, Hoover Institution Press, Stanford, 2011, p. 42.
31. Ibid.
32. Ibid., pp. 33-34.
33. Young, Charles H.; Reid, Helen R. Y. *The Japanese Canadians*, University of Toronto Press, Toronto, 1938, p. 49. Lipton, Merle; *Capitalism and Apartheid: South Africa, 1910-84*, Rowman & Allanheld, Totowa, Nova Jersey, 1985, pp. 19-20. Frederickson, George M. *White Supremacy: A Comparative Study in American and South African History*, Oxford University Press, Nova York, 1981, p. 233.
34. "A divided self: a survey of France." *The Economist*, 16 de novembro de 2002, p. 11. Jenkins Jr. Holman W. "Shall we eat our young?" *Wall Street Journal*, 19 de janeiro de 2005, p. A13. Schwartz, Nelson D. "Young, down and out in Europe." *New York Times*, 1º de janeiro de 2010, pp. B1, B4.
35. Ver, por exemplo, Osofsky, Gilbert. *Harlem: The Making of a Ghetto*, Harper and Row, Nova York, 1966, p. 12. Katzman, David. *Before the Ghetto: Black Detroit in the Nineteenth Century*, University of Illinois Press, Urbana, Illinois, 1973, pp. 35, 37, 102, 138, 139, 160. Bois, W. E. B. Du. *The Philadelphia Negro: A Social Study*, Schocken Books, Nova York, 1967, p. 7. Green, Constance McLaughlin. *Th*

Secret City: A History of Race Relations in the Nation's Capital, Princeton University Press, Princeton, 1967, p. 127. Drake, St. Clair; Cayton, Horace R. *Black Metropolis: A Study of Negro Life in Northern City*, Harper & Row, Nova York, 1962, vol. 1, pp. 44-45, 176n. Spear, Allan H. *Black Chicago: The Making of a Negro Ghetto, 1890-1920*, University of Chicago Press, Chicago, 1970, cap. 1. Farley, Reynolds et al. *Detroit Divided*, Russell Sage Foundation, Nova York, 2000, pp. 145-146. Zunz, Oliver. *The Changing Face of Inequality: Urbanization, Industrial Development, and Immigrants in Detroit, 1880-1920*, University of Chicago Press, Chicago, 1982, p. 353. Gatewood, Willard B. *Aristocrats of Color: The Black Elite, 1880-1920*, Indiana University Press, Bloomington, 1990, pp. 119, 125.

36. Bois, W. E. B. Du. *The Philadelphia Negro*, pp. 41-42, 305-306.

37. Riis, Jacob. *How the Other Half Lives: Studies among the Tenements of New York*, Harvard University Press, Cambridge, Massachusetts, 1970, p. 99. Katzman, David. *Before the Ghetto*, pp. 35, 37, 102, 138, 139, 160. Drake, St. Clair; Cayton, Horace R.; *Black Metropolis*, vol. 1, pp. 44-45. Gatewood, Willard B. *Aristocrats of Color*, pp. 119, 125.

38. Glaeser, Edward; Vigdor, Jacob. "The end of the segregated century: racial separation in America's neighborhoods, 1890-2010." *Civic Report*, nº 66, janeiro de 2012, pp. 3-4.

39. Katzman, David. *Before the Ghetto: Black Detroit in the Nineteenth Century*, University of Illinois Press, Urbana, Illinois, 1973, pp. 35, 37, 102, 138, 139, 160. Drake, St. Clair; Cayton, Horace R. *Black Metropolis*, vol. 1, pp. 44-45.

40. Handlin, Oscar. *The Newcomers: Negroes and Puerto Ricans in a Changing Metropolis*, Anchor Books, Nova York, 1962, p. 46.

41. Riis, Jacob. *How the Other Half Lives*, p. 99.

42. Bois, W. E. B. Du. *The Philadelphia Negro*, pp. 33-36, 119-121.

43. Frazier, E. Franklin. *The Negro in the United States*, edição revisada, The Macmillan Company, Nova York, 1957, p. 405.

44. Drake, St. Clair; Cayton, Horace R. *Black Metropolis*, vol. 1, p. 176n. Ver também Spear, Allan H. *Black Chicago*, cap. 1.

45. Ver o artigo do título no meu *Black Rednecks and White Liberals*, São Francisco: Encounter Books, 2005.

46. Bois, W. E. B. Du. *The Black North in 1901: A Social Study*, Arno Press, Nova York, 1969, p. 39.

47. Osofsky, Gilbert. *Harlem*, pp. 43-44.

48. Frazier, E. Franklin. *The Negro in the United States*, edição revisada, p. 643.

49. Ibid., p. 630.

50. Myrdal, Gunnar. *An American Dilemma*, p. 965.

51. Ver, por exemplo, Gatewood, Willard B. *Aristocrats of Color*, pp. 186-187, 332. Spear, Allan H. *Black Chicago*, p. 168. Frazier, E. Franklin. *The Negro in the United States*, edição revisada, pp. 284-285. Henri, Florette. *Black Migration: Movement North, 1900-1920*, Anchor Press, Garden City, Nova York, 1975, pp. 96-97. Osofsky, Gilbert. *Harlem*, pp. 43-44. Light, Ivan H. *Ethnic Enterprise in America*, University of California Press, Berkeley, 1972, figura 1 (depois da p. 100). Bois, W. E. B. Du. *The Black North in 1901*, p. 25.

52. Gatewook, Willard B. *Aristocrats of Color*, pp. 65, 250. Frazier, E. Franklin. *The Negro in the United States*, edição revisada, pp. 250-251, 441. Douglas, Davidson M. *Jim Crow Moves North: The Battle over Northern School Segregation, 1865-1954*, Cambridge University Press, Cambridge, 2005, pp. 37-153.

53. Daniels, Douglas Henry. *Pioneer Urbanites: A Social and Cultural History of Black San Francisco*, Temple University Press, Filadélfia, 1980, pp. 171-173. Frazier, E. Franklin. *The Negro in the United States*, edição revisada, pp. 270-271.

54. Ver, por exemplo, Wilkerson, Isabel. *The Warmth of Other Suns: The Epic Story of America's Great Migration*, Random House, Nova York, 2010, p. 291. Howe, Irving. *World of Our Fathers*, Harcourt Brace Jovanovich, Nova York, 1976, pp. 229-230.

55. Howe, Irving. *World of Our Fathers*, pp. 229-230.

56. Wilkerson, Isabel. *The Warmth of Other Suns*, p. 291.
57. Tobias, Michael. Dialectical dreaming: the western perception of mountain people. *Mountain People*, editado por Michael Tobias, University of Oklahoma Press, Norman, 1986, p. 191.
58. McPherson, James M. "Deconstructing affirmative action." *Perspectives*, American Historical Association, abril de 2003, edição on-line.
59. Ibid.
60. *United Steelworkers of America, AFL-CIO-CLC v. Weber*, 443 U.S., 1979, p. 212.
61. *Regents of the University of California v. Bakke*, 438, U.S., 1978, 265: 365-366.
62. Ibid., 374 n.58.
63. Wakatsuki, Yasuo. Japanese emigration to the United States, 1866-1924: a monograph. *Perspectives in American History*, editado por Donald Fleming, Crimson Printing Company, Cambridge, Massachusetts, 1979, vol. 12, 441-442.
64. Ver, por exemplo, Nakaoka, Tetsuro. "The transfer of cotton manufacturing technology from Britain to Japan." *International Technology Transfer: Europe, Japan and the USA, 1700-1914*, editado por David J. Jeremy, Edward Elgar, Brookfield, VT, 1991, pp. 181-198. Yuzawa, Takeshi. "The transfer of railway technologies from Britain to Japan, with special reference to locomotive manufacture", ibid., pp. 199-218. Uchida, Hoshimi. "The transfer of electrical technologies from de United States to Japan, 1869-1914", ibid., pp. 219-241.
65. Wakatsuki, Yasuo. "Japanese emigration to the United States, 1866-1924: a monograph." *Perspectives in American History*, editado por Donald Fleming, Crimson Printing Company, Cambridge, Massachusetts, 1979, vol. 12, p. 431. Ver também 434.
66. Ibid., pp. 430-434.
67. Ibid., p. 440.
68. Ibid., pp. 430, 438.
69. Patton, President William W. Change of environment. *The American Missionary*, vol. 36, n° 8, agosto de 1882, p. 229.
70. Anderson, James D. *The Education of Blacks in the South, 1860-1935*, University of North Carolina Press, Chapel Hill, 1988, p. 46.
71. "Principal of the Hampton Institute at the anniversary meeting of the American Missionary Association at Syracuse, N.Y., October 24, 1877." *Southern Workman*, vol. 6, n° 12, dezembro de 1877, pp. 94-95.
72. McPherson, James M. *The Abolitionist Legacy: From Reconstruction to the NAACP*, Princeton University Press, Princeton, 1975, p. 178.
73. Robinson, Henry S. "The M street high school, 1891-1916." *Records of the Columbia Historical Society*, Washington, D. C., 1984, vol. 51, p. 122. *Report of the Board of Trustees of Public Schools of the District of Columbia to the Commissioners of the District of Columbia: 1898-99*, Government Printing Office, Washington, 1900, p. 7, 11.
74. Ver meu *Black Rednecks and White Liberals*, pp. 39-40, 204-211, 213-214.
75. Separate educational facilities are inherently unequal. *Brown v. Board of Education*, 347, U.S 483, 1954, 495. Uma das afirmações não fundamentadas da decisão *Brown* foi a de que um sistema escolar segregado racialmente "gera um sentimento de inferioridade relacionado ao status de uma criança na sociedade, que pode afetar seu coração e sua mente de um modo que será difícil desfazer", e esse "sentimento de inferioridade afeta a motivação de uma criança para aprender". Ibid., p. 494. Como um dessas crianças negras enviadas a escolas segregadas no Sul na década de 1930, eu não consigo me lembrar de alguém que tenha ao menos comentado sobre a ausência de crianças brancas em nossa escola muito menos alguém que tenha mostrado preocupação com a possibilidade de que essa ausência inter ferisse em nosso aprendizado. Não havia crianças brancas em nossa vizinhança, nem em nossas áreas de recreação, tampouco em nossas igrejas. Se as encontrássemos em nossas escolas, nós nos perguntaría mos o que estava acontecendo. Se a Constituição dos Estados Unidos permite que o governo segregu racialmente crianças em idade escolar ou outras pessoas, é uma questão jurídica séria. Mas especulaçõe

sociológicas e psicológicas nem de longe parecem uma base jurídica sólida para uma decisão tão sumamente importante.

76. Riley, Jason L. "Charter schools flourish in Harlem." *Wall Street Journal*, 8 de março de 2010, p. A21.

77. Ver, por exemplo, McNeill, William H. *The Rise of the West: A History of the Human Community*, University of Chicago Press, Chicago, 1991, pp. xxvi, 48, 63, 68, 98, 102-103, 108, 148, 168, 229, 233, 250, 251, 252, 272-287, 298, 299, 330, 357, 361, 373-374, 379, 384, 390-391, 392, 398, 412, 419, 420, 437-438, 448n, 464, 465n, 469, 476, 477, 478, 479, 483, 485, 501, 506, 512, 530-531, 535, 536, 548, 550, 555, 558, 566, 578, 599, 600-601, 606, 633, 643, 646n, 651, 656, 660, 665, 666, 671, 674, 730, 776-777, 782, 787-788. Fairbank, John K.; Reischauer, Edwin O.; Craig, Albert M. *East Asia: Tradition & Transformation*, edição revisada, Houghton Mifflin Co., Boston, 1989, pp. 38, 77, 107, 112, 174, 243, 260, 300-302, 301, 324, 335, 354, 355, 429, 515, 530, 562-563. Jones, E. L. *The European Miracle: Environments, Economies, and Geopolitics in the History of Europe and Asia*, 2ª edição, Cambridge University Press, Cambridge, 1987, pp. xxi, 45, 54, 57-58, 60, 73, 83, 115-116, 179-180.

78. Landes, David S. *The Wealth and Poverty of Nations: Why Some Are So Rich and Some So Poor*, W. W. Norton, Nova York, 1998, p. 4.

CAPÍTULO 19: RAÇA E JUSTIÇA CÓSMICA

1. Hacker, Andrew. *Two Nations: Black and White, Separate, Hostile, Unequal*, Charles Scribner's Sons, Nova York, 1992, p. 53.

2. Ibid., pp. xi, 19, 27.

3. Ibid., p, 29.

4. Ibid., p. 51.

5. Ibid., p. 23.

6. Myrdal, Gunnar. *An American Dilemma: The Negro Problem and Modern Democracy*, Harper & Brothers, Nova York, 1944, p. 964.

7. Wicker, Tom. "The worst fear." *New York Times*, 28 de abril de 1989, p. A39.

8. Meadows, Susannah; Thomas, Evan. "What happened at Duke?" *Newsweek*, 1º de maio de 2006, p. 51.

9. Jones, Meg. "Flynn calls looting, beatings in Riverwest barbaric." *Milwaukee Journal Sentinel*, 6 de julho de 2011, pp. A1 e seguintes.

10. Ver, por exemplo, Urbina, Ian. "Mobs are born as word grows by text message." *New York Times*, 25 de março de 2010, p. A1. Mitchell, Kirk. "Attacks change lives on all sides." *Denver Post*, 6 de dezembro de 2009, pp. A1 e seguintes. Gathright, Alan, 7News Content Producer. "Black gangs vented hatred for whites in downtown attacks." *The DenverChannel.com*, 5 de dezembro de 2009. Jones, Meg. "Flynn calls looting, beatings in Riverwest barbaric." *Milwaukee Journal Sentinel*, 6 de julho de 2011, pp. A1 e seguintes. Nicosia, Mareesa. "Four Skidmore college students charged in assault; one charged with felony hate crime." *The Saratogian* (on-line), 22 de dezembro de 2010. "Concealing black hate crimes." *Investor's Business Daily*, 15 de agosto de 2011, p. A16. Slobodzian, Joseph A. "West Philly man pleads guilty to 'flash mob' assault." *Philadelphia Inquirer*, 21 de junho de 2011, pp. B1 e seguintes. Lubrano, Alfred. "What's behind 'flash mobs'?" *Philadelphia Inquirer*, 28 de março de 2010, pp. A1 e seguintes. Far, Stephanie. "'Greezer' won't let thugs ruin his walks." *Philadelphia Daily News*, 20 de outubro de 2011, seção Local, p. 26. Paddock, Barry; Lauinger, John. "Subway gang attack." *New York Daily News*, 18 de julho de 2011, p. 3.

11. Chapman, Steve. "Race and the 'flash mob' attacks." *Chicago Tribune*, 8 de junho de 2011 (on-line).

12. Losen, Daniel J., Executive Summary. "Discipline policies, successful schools, and racial justice." *National Education Policy Center, School of Education, University of Colorado Boulder*, outubro de 2011.

13. Cole, David D. "Can our shameful prisons be reformed?" *New York Review of Books*, 19 de novembro de 2009, p. 41.

14. Ibid.

15. Ibid.

16. Ibid.

17. Ver, por exemplo, Dalrymple, Theodore. *Life at the Bottom: The Worldview That Makes the Underclass*, Ivan R. Dee, Chicago, 2001, p. 69.

18. U. S. Bureau of the Census. "Historical Poverty Tables: Table 4", Current Population Survey, Annual Social and Economic Supplements. Baixado em 29 de junho de 2007 de: http://www.census.govhhes/www/poverty/histpov/hstpov4.html.

19. Klein, Martin A. Introduction. *Breaking the Chains: Slavery, Bondage, and Emancipation in Modern Arica and Asia*, editado por Martin A. Klein, University of Wisconsin Press, Madison, 1993, pp. 19, 20. Em 1840, ainda havia mais escravos na Índia do que os escravos emancipados pelos britânicos no Caribe. Davis, David Brion. *The Problem of Slavery in the Age of Revolution 1770-1823*, Cornel University Press, Ithaca, 1975, p. 63.

20. Klein, Martin A. "Introduction." *Breaking the Chains*, editado por Martin A. Klein, 8.

21. Ibid., p. 11.

22. Mill, John Stuart. "Considerations on representative government." *Collected Works of John Stuart Mill*, editado por J. M. Robson, University of Toronto Press, Toronto, 1977, p. 395.

23. Abraham Lincoln to Albert G. Hodges, 4 de abril de 1864, reimpresso em *The Collected Works of Abraham Lincoln*, editado por Roy. P. Basler, Rutgers University Press, New Brunswick, 1953, vol. 7, p. 281.

24. Bales, Kevin. "The social psychology of modern slavery." *Scientific American*, abril de 2002, pp. 80-88.

25. Patterson, Orlando. *Slavery and Social Death: A Comparative Study*, Harvard University Press, Cambridge, Massachusetts, 1982, pp. 406-407. Watt, W. Montgomery. *The Influence of Islam on Medieval Europe*, Edinburgh University Press, Edimburgo, 1972, p. 19. Lewis, Bernard. *Race and Slavery in the Middle East: An Historical Enquiry*, Oxford University Press, Nova York, 1990, p. 11. Evans, Daniel. "Slave coast of Europe." *Slavery & Abolition*, vol. 6, nº 1, maio de 1985, p. 53, nota 3. Phillips Jr., William D. *Slavery from Roman Times to the Early Transatlantic Trade*, University of Minnesota Press, Minneapolis, 1985, p. 57.

26. Davis, Robert C. *Christian Slaves, Muslim Masters: White Slavery in the Mediterranean, the Barbary Coast, and Italy, 1500-1800*, Palgrave Macmillan, Nova York, 2003, p. 23. Curtin, Philip D. *The Atlantic Slave Trade: A Census*, University of Wisconsin Press, Madison, 1969, pp. 72, 75, 87.

27. Boorstin, Daniel J. *The Americans: The National Experience*, vol. 2, Random House, Nova York, 1965, p. 203.

28. Tocqueville, Alexis de. *Democracy in America*, Alfred A. Knopf, Nova York, 1966, vol. 1, p. 365. Olmsted, Frederick Law. *The Cotton Kingdom: A Traveller's Observations on Cotton and Slavery in the American Slave States*, editado por Arthur M. Schlesinger, Modern Library, Nova York, 1969, pp. 476n, 614-622. Helper, Hinton Rowan. *The Impeding Crisis of the South: How to Meet It*, edição ampliada, A. B. Burdick, Nova York, 1860, p. 34.

29. Fischer, David Hackett. *Albion's Seed: Four British Folkways in America*, Oxford University Press, Oxford, 1989, pp. 31-33, 89-91, 130-134, 252, 284-285, 298, 303, 345-346, 365-368, 621-630, 674-675, 680-682, 703-708, 721-723.

30. Gutman, Herbert G. *The Black Family in Slavery and Freedom, 1750-1925*, Vintage Press, Nova York, 1977, pp. 32, 45. Litwack, Leon F. *Been in the Storm So Long*, Alfred A. Knopf, Nova York, 1979, p. 238.

31. Thernston, Stephan; Thernston, Abigail. *America in Black and White: One Nation, Indivisible*, Simon and Schuster, Nova York, 1997, p. 238.

32. Walker, Henry A. "Black-white differences in marriage and family patterns." *Feminism, Children and the New Families*, editado por Sanford M. Dornbusch e Myra H. Strober, The Guilford Press, Nova York, 1988, p. 92.

33. U. S. Bureau of the Census. *Historical Statistics of the United States: Colonial Times to 1957*, U. S. Government Printing Office, Washington, D. C., 1960, p. 72.
34. Vedder, Richard; Galloway, Lowell. "Declining black employment." *Society*, julho-agosto de 1993, p. 57.

PARTE 8: RESUMO

Johnson, Paul. *The Quotable Paul Johnson: A Tropical Compilation of His Wit, Wisdom and Satire*, editado por George J. Marlin et al, Farrar, Straus and Giroux, Nova York, 1994, p. 138.

CAPÍTULO 20: PADRÕES E VISÕES

1. A questão sobre o efeito das premissas de valor é mais profundamente explorada em meu *A Conflict of Visions*, 2ª edição, Basic Books, Nova York, 2007.
2. Schumpeter, Joseph A. *Capitalism, Socialism, and Democracy*, Harper & Brothers, Nova York, 1950, p. 313.
3. Algumas dessas semelhanças são exploradas em meu "Karl Marx and the freedom of the individual". *Ethics*, vol. 73, nº 2, janeiro de 1963.
4. Ver, por exemplo, Smith, Adam. *The Wealth of Nations*, Modern Library, Nova York, 1937, pp. 128, 150, 460. Marx, Karl. *Capital: A Critique of Political Economy*, Charles H. Kerr & Company, Chicago, 1919, vol. 1, pp. 15, 257, 297.
5. Marx, Karl. *Theories of Surplus Value: Selections*, International Publishers, Nova York, 1952, pp. 202-203.
6. Ibid., p. 175.
7. Com efeito, Marx elogiou Ricardo por sua concepção dos salários como a parte da produção recebida pelos trabalhadores, não como a quantidade absoluta de bens e serviços que o trabalhador poderia comprar. Para Marx: "Um dos maiores méritos de Ricardo foi ter analisado os salários relativos e tê-los estabelecido como uma categoria definida. No passado os salários sempre foram considerados como um simples elemento, e, em consequência disso, o trabalhador era considerado um animal. Em Ricardo, contudo, ele é considerado em sua relação social. A posição das classes umas em relação às outras depende mais da proporção que o salário forma do que do montante absoluto do salário" (Marx, Karl. *Theories of Surplus Value: Selections*, p. 320). Em outras palavras, Marx descreveu a definição de Ricardo dos salários reais como uma indicação de que Ricardo compartilhava uma premissa de valor com Marx. Na verdade, a definição especial de Ricardo dos salários reais em termos relativos não traz tal implicação no que diz respeito ao próprio Ricardo. Em um trabalho inédito na época em que Marx escreveu, Ricardo disse: "Eu deveria primeiro perguntar qual é o salário em dinheiro dos trabalhadores e avaliar sua condição pela abundância de itens indispensáveis que esse salário em dinheiro lhes proporcionaria". Ricardo, David. *The Works and Correspondence of David Ricardo*, editado por Piero Sraffa, *Notes of Malthus's Principles of Political Economy*, Cambridge University Press, Cambridge 1957, vol. 2, p. 250.
8. Ver meu *A Conflict of Visions*, 2ª edição, pp. 174-179.
9. Myrdal, Gunnar. *Asian Drama: An Inquiry Into the Poverty of Nations*, Pantheon, Nova York, 1968, vol. 1, pp. 7n, 49-125.
10. Bauer, Peter. *Equality, The Third World and Economic Delusion*, Harvard University Press, Cambridge, Massachusetts, 1981, p. 23.
11. Wells, Herbert G. *The Anatomy of Frustration: A Modern Synthesis*, The Macmillan Company, Nova York, 1936, p. 115.
12. Ibid., p. 100.
13. Stigler, George J. *Essays in the History of Economics*, University of Chicago Press, Chicago, 1965, pp. 20-22, *passim*.

14. Bartley, Robert L. *The Seven Fat Years: And How to Do It Again*, The Free Press, Nova York, 1992, p. 241.
15. Holme Jr., Oliver Wendell. *The Common Law*, Little, Brown and Company, Boston, 1923, p. 1.
16. Wilson, Woodrow. *Constitutional Government in the United States*, Transaction Publishers, New Brunswick, Nova Jersey, 2006, pp. 158, 167.
17. Nelson, Robert H. *The New Holy Wars: Economic Religion vs. Environmental Religion in Contemporary America*, Pennsylvania State University Press, University Park, Pensilvânia, 2010, p. 283.
18. Hofstadter, Richard. *Anti-Intellectualism in American Life*, Vintage Books, Nova York, 1963, pp. 3, 14. A reprimenda de Hofstadter põe em risco a ideia principal da sua argumentação: "Parece evidente que aqueles que têm alguma picuinha com o intelecto são quase sempre ambíguos a respeito disso: eles misturam respeito e reverência com suspeita e ressentimento; e isso vem ocorrendo em muitas sociedades e fases da história humana. Seja como for, o anti-intelectualismo não é criação de pessoas absolutamente hostis a ideias. Muito pelo contrário, assim como o homem semi-instruído pode ser o inimigo mais ferino do homem instruído, do mesmo modo os anti-intelectuais mais ferrenhos costumam ser homens profundamente engajados com ideias, muitas vezes engajados de maneira obsessiva com essa ou aquela ideia superada ou rejeitada". Ibid., p. 21. Essa reprimenda ainda não diferencia processos e realizações intelectuais, por um lado, do comportamento de pessoas em um subconjunto daqueles cujo trabalho envolve esses processos e realizações; por outro lado, perpetua a confusão de que hostilidade a um é hostilidade ao outro. Ao admitir que muitos dos críticos de intelectuais são eles mesmos homens de ideias, Hofstadter pode descartar essas ideias ao classificá-las como "superadas ou rejeitadas" — ou seja, ideias das quais ele discorda. Em suma, uma discordância ideológica foi verbalmente transformada por Hofstadter numa questão de hostilidade a processos intelectuais, embora ele admita evidências do contrário, incluindo o fato de que Edison "foi quase canonizado pelo público norte-americano" (Ibid., p. 25).
19. Mencken, H. L. *Prejudices: Second Series*, Alfred A. Knopf, Nova York, 1920, p. 47.
20. Jacoby, Russell. *The Last Intellectuals: American Culture in the Age of Academe*, Basic Books, Nova York, 2000, p. 81.
21. Hacker, Andrew. *Two Nations: Black and White, Separate, Hostile, Unequal*, Charles Scribner's Sons, Nova York, 1992, p. 51.
22. Dworkin, Ronald. "The decision that threatens democracy." *New York Review of Books*, 13 de maio de 2010, p. 63.
23. Croly, Herbert. *The Promise of American Life*, Northeastern University Press, Boston, 1989, p. 212.
24. Ibid., p. 409.
25. Wilson, Woodrow. *The New Freedom: A Call for the Emancipation of the Generous Energies of a People*, Doubleday, Page & Company, Nova York, 1913, pp. 19, 283, 284, 294; Ibid, BiblioBazaar, Nova York, 2007, pp. 20, 140, 145.
26. Dahl, Robert A.; Lindblom, Charles E. *Politics Economics and Welfare: Planning and Politico-Economic Systems Resolved into Basic Social Processes*, University of Chicago Press, Chicago, 1976, pp. 29, 36. Eles não criaram essa redefinição, e sim a adotaram como sua, dando crédito — se é que se pode chamar assim — a Bertrand Russell.
27. Ibid., p. 518.
28. Ibid., p. 49.
29. Ver, por exemplo, o Capítulo 3 do meu *Economic Facts and Fallacies*, 2ª edição, Basic Books, Nova York, 2011.

CAPÍTULO 21: INCENTIVOS E LIMITAÇÕES

1. Keynes, John Maynard. *The General Theory of Employment Interest and Money*, Harcourt, Brace and Company, Nova York, 1936, p. 383.

2. Posner, Richard A. *Public Intellectuals: A Study of Decline*, Harvard University Press, Cambridge, Massachusetts, 2001, pp. 5, 7.

3. Entre economistas, por exemplo, os dados do estudo de Posner mostraram que Lester Thurow foi citado na mídia duas vezes mais que o ganhador do prêmio Nobel Gary Becker, ao passo que Becker foi citado mais de oito vezes mais que Thurow em publicações acadêmicas. Ibid., pp. 194, 205.

4. Ibid., pp. 174, 194-206, 209-214.

5. Schumpeter, Joseph A. *History of Economic Analysis*, Oxford University Press, Nova York, 1954, p. 573.

6. Wilson, Edmund. *Travels in Two Democracies*, Harcourt, Brace and Company, Nova York, 1936, p. 321.

7. Burke, Edmund. *Reflections on the Revolution in France*, J. M. Dent & Sons, Ltd., Londres, 1967, pp. 95-96.

8. Gootman, Elissa. "City to help curb harassment of Asian students at high school." *New York Times*, 2 de junho de 2004, p. B9. Williams, Joe. "New attack at horror HS; top senior jumped at Brooklyn's troubled Lafayette." *New York Daily News*, 7 de dezembro de 2002, p. 7. Becker, Maki. "Asian students hit in rash of HS attacks." *New York Daily News*, 8 de dezembro de 2002, p. 7. Graham, Kristen A.; Gammage, Jeff. "Two immigrant students attacked at Bok." *Philadelphia Inquirer*, 21 de setembro de 2010, p. B1. Gammage, Jeff; Graham, Kristen A. "Feds find merit in Asian students' claims against Philly School." *Philadelphia Inquirer*, 28 de agosto de 2010, p. A1. Graham, Kristen A.; Gammage, Jeff. "Report released on racial violence at S. Phila. High." *Philadelphia Inquirer*, 24 de fevereiro de 2010, p. A1. Graham, Kristen A. "Other Phila. schools handle racial, ethnic tensions." *Philadelphia Inquirer*, 4 de fevereiro de 2010, p. A1. Graham, Kristen A.; Gammage, Jeff. "Attacking immigrant students not new, say those involved." *Philadelphia Inquirer*, 18 de dezembro e 2009, p. B1. Graham, Kristen A. "Asian students describe violence at south Philadelphia high." *Philadelphia Inquirer*, 10 de dezembro de 2009, p. A1.

9. Bauerlein, Mark. "Diminishing returns in humanities research." *Chronicle of Higher Education*, 24 de julho de 2009, pp. B4-B5.

10. Segundo o *Chronicle of Higher Education*: "Conservadores são mais raros nas áreas de ciências humanas (3,6%) e ciências sociais (4,9%), e mais comuns nas áreas de negócios (24,5%) e de ciências da saúde (20,5%)". Do corpo docente de ciências sociais e de ciências humanas em universidades de elite que concedem doutorado, "nem um único professor declarou voto no presidente Bush em 2004", quando a maioria da população do país votou no presidente. Ver Glenn, David. "Few conservatives but many centrists teach in academe." *Chronicle of Higher Education*, 19 de outubro de 2007, p. A10. Nas ciências de saúde, um estudo mostrou que a proporção de professores que se disseram conservadores foi a mesma dos que se disseram liberais (20,5%), e os restantes se definiram como moderados. Na área de negócios, os autodenominados conservadores eram em número um pouco maior que os autodenominados liberais (24,5% *versus* 21,3%). Gross, Neil; Simmons, Solon. "The social and political views of American professors." *Working Paper*, 24 de setembro, 2007, p. 28. Mas nas áreas de ciências sociais e de ciências humanas, as pessoas que se identificaram como liberais eram maioria absoluta e, entre os restantes os moderados, superaram largamente os conservadores em número. Ver também Kurtz, Howard. "College faculties a most liberal lot, study finds." *Washington Post*, 29 de Março, 2005, p. C1. Rothman, Stanley; Lichter, S. Robert; Nevitte, Neil. "Politics and professional advancement among college faculty. *The Forum*, vol. 3, artigo q, 2005, p. 6. Cardiff, Christopher F.; Klein, Daniel B. "Faculty partisan affiliations in all disciplines: a voter-registration study." *Critical Review*, vol. 17, n°s. 3-4, pp. 237-255.

11. Cohen, Gary B. *The Politics of Ethnic Survival: Germans in Prague, 1861-1914*, Princeton University Press, Princeton, 1981, p. 28.

12. Henriksson, Anders. *The Tsar's Loyal Germans: Community: Social Change and the Nationality Question, 1855-1905*, East European Monographs, Boulder, 1983, p. 15.

13. Karpat, Kemal H. "*Millets* and nationality: the roots of the incongruity of nation and state in the post-Ottoman Era." *Christians and Jews in the Ottoman Empire: The Functioning of a Plural*

Society, editado por Benjamin Lewis, Holmes and Meier, Nova York, 1982, vol. 1: *The Central Lands*, pp. 159-161.

14. Myrdal, Gunnar. *Asian Drama: An Inquiry Into the Poverty of Nations*, Pantheon, Nova York, 1968, vol. 3, pp. 348, 1642. Mendelsohn, Ezra. *The Jews of East Central Europe Between the World Wars*, Indiana University Press, Bloomington, 1983, pp. 99, 167. Katzenstein, Mary Fainsod. *Ethnicity and Equality: The Shiv Sena Party and Preferential Policies in Bombay*, Cornell University Press, Ithaca, 1979, pp. 48-49. Diamond, Larry. "Class, ethnicity, and the democratic state: Nigeria, 1950-1966." *Comparative Studies in Society and History*, vol. 25, nº 3, julho de 1983, pp. 462, 473; Khazanov, Anatoly M.. "The ethnic problems of contemporary Kazakhstan." *Central Asian Survey*, 1995, vol. 14, nº 2, pp. 244, 257. Rothschild, Joseph. *East Central Europe between the Two World Wars*, University of Washington Press, Seattle, 1992, p. 293. Livezeanu, Irina. *Cultural Politics in Greater Romania: Regionalism, Nation Building, & Ethnic Struggle, 1918-1930*, Cornell University Press, Ithaca, 1995, *passim*. Black, Conrad. "Canada's continuing identity crisis." *Foreign Affairs*, vol. 74, nº 2, março-abril de 1995, p. 100. Cohen, Gary B. *The Politics of Ethnic Survival*, pp. 26-28, 32, 133, 236-237. Agnew, Hugh LeCaine. *Origins of the Czech National Renascence*, University of Pittsburgh Press, Pittsburgh, 1993, *passim*.

15. Embora os acadêmicos de áreas mais rígidas não sejam tão predominantemente de esquerda como os das áreas mais brandas, mesmo assim podem ser de esquerda com mais frequência do que a população de maneira geral. O número de intelectuais "conservadores" importantes que, no início de sua atividade, eram de esquerda pode indicar por que isso acontece. A disseminação da visão da esquerda nas escolas e faculdades significa que aqueles que passam anos recebendo formação em áreas como engenharia ou contabilidade são submetidos durante anos a essa visão em cursos realizados fora das suas especialidades. Em outras palavras, a visão dos ungidos é consequência mais ou menos natural de se passar vários anos recebendo formação em instituições acadêmicas, mesmo que se receba formação em especialidades diferentes daquelas nas quais a maior parte dos intelectuais se especializa, o que leva até mesmo muitos dos que mais tarde se voltam contra essa visão a precisarem de anos adicionais. Engenheiros, contadores e outras pessoas cujo trabalho profissional não os obriga a confrontar as ideias dos intelectuais têm menos razões para investir o tempo e o esforço requeridos para reexaminarem a visão que lhes foi ensinada do que os especialistas em áreas nas quais essa visão está diante deles o tempo todo, quer como algo a se seguir, quer como algo a que se opor.

16. Ver, por exemplo, o Capítulo 3 do meu *Inside American Education: The Decline, the Deception, the Dogmas*, The Free Press, Nova York, 1993.

17. Ver Sowell, Thomas. *The Vision of the Anointed: Self-Congratulation as a Basic for Social Policy*, Basic Books, Nova York, 1995, pp. 15-21.

18. Revel, Jean-François. *The Flight from Truth: The Reign of Deceit in the Age of Information*, traduzido para o inglês por Curtis Cate, Random House, Nova York, 1991, p. 361.

CAPÍTULO 22: A INFLUÊNCIA DOS INTELECTUAIS

1. Posner, Richard A. *Public Intellectuals: A Study of Decline*, Harvard University Press, Cambridge, Massachusetts, 2001, p. 135.

2. Kagan, Donald. *On the Origins of War and the Preservation of Peace*, Doubleday, Nova York, 1995, p. 104.

3. Howlett, Charles F. *Troubled Philosopher: John Dewey and the Struggle for World Peace*, Kennikat Press, Port Washington, Nova York, 1977, p. 73.

4. Dworkin, Ronald. *Taking Rights Seriously*, Harvard University Press, Cambridge, Massachusetts, 1980, p. 239.

5. Charen, Mona. *Do-Gooders: How Liberals Hurt Those They Claim to Help — and the Rest of Us*, Sentinel, Nova York, 2004, p. 124.

6. Wilson, Woodrow. "What is progress." *American Progressivism: A Reader*, editado por Ronald J. Pestritto e William J. Atto, Lexington Books, Lanham, MD, 2008, 48.
7. Croly, Herbert. *The Promise of American Life*, Northeastern University Press, Boston, 1989, p. 177.
8. Ibid., pp. 179, 206.
9. Ibid., pp. 202, 203.
10. Judt, Tony. "Ill fares the land." *New York Review of Books*, 29 de abril de 2010, p. 17.
11. McGowan, William. *Gray Lady Down: What the Decline and Fall of the New York Times Means for America*, Encounter Books, Nova York, 2010, p. 27.
12. Herrnstein, Richard J.; Murray, Charles; *The Bell Curve: Intelligence and Class Structure in American Life*, The Free Press, Nova York, 1994, pp. 30, 31.
13. Ibid., p. 30.
14. Ibid., p. 50.
15. Ver, por exemplo, Rawls, John. *A Theory of Justice*, Harvard University Press, Cambridge, Massachusetts, 1971, pp. 43, 60, 61, 265, 302.
16. Dewey, John; *Liberalism and Social Action*, Prometheus Books, Amherst, Nova York, 2000, p. 53. Ver também p. 88.
17. Ibid., p. 89.
18. Dewey, John. *Human Nature and Conduct: An Introduction to Social Psychology*, The Modern Library, Nova York, 1957, p. 148.
19. *Planned Parenthood of Southeastern Pennsylvania v. Casey*, 505 U.S. 833 (1992), 864.
20. Lincoln, Abraham. "The perpetuation of our political institutions: address before the young men's Lyceum of Springfield." Illinois, January 27, 1838. *Abraham Lincoln: His Speeches and Writings*, editado por Roy P. Basler, Kraus Reprint, Millwood, Nova York, 1981, p. 83.
21. Ibid., p. 82.
22. Ibid, p. 83.
23. Ibid., p. 80.
24. Coser, Lewis A. *Men of Ideas: A Sociologist's View*, The Free Press, Nova York, 1970, p. 215.
25. Ibid., p. 216.
26. Hollander, Paul. *Anti-Americanism: Critiques at Hom and Abroad 1965-1990*, Oxford University Press, Nova York, 1992, p. 242.
27. Ver, por exemplo, Dalrymple, Theodore. *Our Culture, What's Left of It: The Mandarins and the Masses*, Ivan R. Dee, Chicago, 2005, pp. 296-310. Thornton, Bruce. *Decline and Fall: Europe's Slow-Motion Suicide*, Encounter Books, Nova York, 2007, cap. 3. Caldwell, Christopher. *Reflections on the Revolution in Europe: Immigration, Islam, and the West*, Doubleday, Nova York, 2009.
28. *Random House Webster's College Dictionary*, Random House, Nova York, 1991, p. 322.
29. Shils, Edward. *The Constitution of Society*, University of Chicago Press, Chicago, 1982, p. 182.
30. Hitchens, Peter. *The Abolition of Britain: From Winston Churchill to Princess Diana*, Encounter Books, São Francisco, 2002, pp. 4, 7.
31. Ver, por exemplo, o Capítulo 2 do meu *The Vision of the Anointed: Self-Congratulation as a Basis for Social Policy*, Basic Books, Nova York, 1995.
32. Além dos exemplos em capítulos anteriores deste livro, ver *Sandler: Liberal Lies About the American Right*, Crown, Nova York, 2002, por Ann Coulter.

ASSINE NOSSA NEWSLETTER E RECEBA INFORMAÇÕES DE TODOS OS LANÇAMENTOS

www.faroeditorial.com.br